ORIGENES · GEIST UND FEUER

CHRISTLICHE MEISTER
43

ORIGENES

Geist und Feuer

EIN AUFBAU AUS SEINEN SCHRIFTEN

von

HANS URS VON BALTHASAR

JOHANNES

Erstmals erschienen beim Otto Müller Verlag, Salzburg 1938

4. Auflage 2020

Druck: Pustet, Regensburg
ISBN 978 3 89411 304 9

ICH MÖCHTE EIN MANN DER KIRCHE SEIN UND NICHT NACH IRGEND EINEM GRÜNDER EINER HÄRESIE · SONDERN NACH CHRISTI NAMEN BENANNT WERDEN UND DIESEN NAMEN TRAGEN DER AUF ERDEN BENEDEIT IST · UND ES IST MEIN BEGEHREN SO DER TAT ALS DEM GEISTE NACH EIN CHRIST GENANNT ZU WERDEN

WENN ICH · DER ICH DEINE RECHTE HAND ZU SEIN SCHEINE · DER ICH DEN PRIESTERNAMEN TRAGE UND DAS WORT GOTTES ZU VERKÜNDEN HABE · ETWA GEGEN DIE KIRCHLICHE LEHRE UND DIE REGEL DES EVANGELIUMS VERSTIESSE · SO DASS ICH DIR · KIRCHE · ZUM ÄRGERNIS WÜRDE · SO MÖGE MICH DIE GESAMTE KIRCHE IN EINHELLIGEM BESCHLUSS · MICH · IHRE RECHTE · ABHAUEN UND VON SICH WERFEN

ORIGENES

INHALT

III. GEIST

IV. GOTT

EINFÜHRUNG

1

Origenes und seine Bedeutung für die Geschichte des christlichen Denkens zu überschätzen, ist kaum möglich. Ihn an die Seite von Augustinus und Thomas stellen, heißt, ihm den Platz einräumen, der ihm in dieser Geschichte zukommt. Jedem, der sich länger mit Väterforschung befaßt hat, wird es ergehen, wie es dem Bergsteiger geht: Langsam und stetig sinken um ihn her die Gipfel, die noch eben drohend schienen, und hinter ihnen taucht die bislang versteckte, beherrschende Mitte des Massivs königlich empor. Keiner der Großen von den Kappadoziern bis zu Augustinus, bis zu Dionysius, Maximus, Skotus Eriugena und Eckehart, hat sich der fast magischen Strahlungskraft des ‹Manns von Stahl› – so hießen sie ihn – entziehen können. Einige sind ihm vollends verfallen: zieht man den origenistischen Glanz von Eusebius, so bleibt nur ein zweifelhafter halbarianischer Theologe und ein fleißiger Historiker übrig. Hieronymus schreibt ihn schlichtweg ab, wenn er die Schrift kommentiert, selbst dann noch, als er äußerlich hart und zornig die Ketten zerbrochen und die Bande verleugnet hatte, die ihn an den Meister ketteten. Basilius und Gregor von Nazianz sammeln in schwärmerischer Bewunderung die verführendsten Stellen aus den unübersehbaren Werken dessen, zu dem sie zeitlebens heimkehren, wenn der Kampf des Alltags ihnen auf Augenblicke Ruhe gönnt; Gregor von Nyssa ist ihm noch tiefer verfallen. Das kappadozische Schrifttum vermittelt ihn fast unverletzt Ambrosius, der ihn aber auch aus erster Hand kennt und ausschreibt: manche seiner Brevierlesungen (wie freilich auch solche Hieronymus' und Bedas) sind kaum veränderte Origenestexte. So ergießt sich auch, von mehreren Seiten zugleich, das origenistische Erbe bereits anonym, bereits allgemeines Gut der Kirche geworden, über Augustinus, und durch ihn fließt es ins Mittelalter weiter. Im Orient aber wirft die Begeisterung immer wieder Welle auf Welle auf: immer breiter als Strom wird freilich der Origenismus dabei im-

mer seichter: er geht in Hände obskurer Mönchskonventikel über, welche den ‹Buchstaben› des Meisters zäh und gespürlos verteidigen – das also, dem gerade Origenes' letzter Kampf galt. Und je mehr der Geist des Meisters ausduftete und der schale Bodensatz des ‹Systems› zurückblieb, um so schiefer stand dieses vor den Richterschranken der kirchlichen Lehre da. Das Zweideutige, Verdächtige, das schon lange im Westen der peinliche Streit von Hieronymus und Rufin über den Namen des Alexandriners geworfen, traf diesen Namen später, aber gründlicher, im Osten: mit den Verurteilungen Kaiser Justinians ist die Macht des offiziellen Origenismus grundsätzlich gebrochen.
Aber was half es, dieses schon halb verdorrte System von Thesen vollends unschädlich zu machen, gegen die Präexistenz der Seelen, die Engel-Inkarnation des Logos, die Beseeltheit der Himmelskörper, die Kugelförmigkeit der Auferstehungsleiber (die Origenes wohl nie vertreten hat), schließlich gegen die endzeitliche Aufhebung der Hölle anzugehen, wenn aus diesen armseligen Überresten eines genialen Ganzen – man kommt in Versuchung, sie dem Schutt eines abgestürzten Flugzeuges zu vergleichen – schon längst der Geist, der Schwung, das Hinreißende entwichen ist? Aber es geschah dabei nur offen, was sich längst unmerklich vollzogen hatte: indem das Gefäß in tausend Splitter zerbrach und der Name des Meisters gesteinigt und verschüttet wurde, entquoll der Duft des Salböls und ‹erfüllte das ganze Haus›: Es gibt in der Kirche keinen Denker, der so unsichtbar-allgegenwärtig geblieben wäre wie Origenes. Er hat ja selbst nie geschrieben, nur gesprochen, fast Tag und Nacht gesprochen, unermüdlich vor immer neuen, nachrückenden Schreibern. So sind schon seine Werke – die sechstausend Bücher, die Epiphanus erwähnt, sind zwar legendär, aber Eusebius und Hieronymus wissen doch von gegen zweitausend – nichts als das Hallen einer Stimme, einer Stimme, die quer durch alles dringt, immer vorwärts, ohne Aussetzen und ohne Müdigkeit, ja beinah ohne ein absehbares Ziel, mit der Besessenheit fast des Wahnsinns und doch von einer nie wieder gesehenen kühlen, unnahbar geistigen Verhaltenheit. Es ist nicht die Stimme eines Rhetors (deren besitzt die Patristik genug, daß der Unterschied sogleich herausspringt), ja diese Stimme will nicht einmal überzeugen; es ist

auch nicht die begeisterte Stimme eines Dichters (obwohl die Bilder und Gleichnisse allenthalben in Schwärmen aufflattern), dazu ist sie zu gläsern, zu trocken und schmucklos bis zur Armut. Darum ist es auch nicht die Stimme eines Zauberers: Nichts vom bannenden, helldunklen, barocken Prangen des Areopagiten, nichts von der magischen Wortgeometrie des Nazianzeners. Alles hier ist absichtslos, ohne Nötigung und mit einer immer wieder verblüffenden Bescheidenheit gesagt, mit kleinen Formeln der Entschuldigung, wenn ‹etwas Kühneres› ‹gewagt› wird, oder lächelnd mit einem ‹Siehe zu, ob vielleicht› das Erraten dem Hörer anheimgebend. Keine Spur vom augustinischen Pathos, das ohne zu fragen die Türen der Herzen aufbricht und gewohnt ist, wie ein Arzt sie hüllenlos zu sehen und vor Gott zu stellen. Aber nicht weniger fern bleibt das kluge, im besten Sinn humanistische Gleichgewicht des Oberhirten Basilius, dem das Lenken angeboren und das Maß zur andern Natur geworden ist. Die Stimme des Alexandriners gleicht eher jenen glühenden, regenlosen Wüstenwinden, die zu Zeiten über das Nildelta hinfegen, mit einer gänzlich unromantischen Leidenschaft: reines, feuriges Wehen. Zwei Namen bieten sich zum Vergleich an: Heraklit und Nietzsche. Denn auch hier ist das äußere Werk Asche und Widerspruch und gilt nur durch die Feuerseele, die den ungefügen Stoff zur Einheit zwingt und in einem ungeheuren Verbrauch von Brennstoff eine Glutbahn quer über die Erde hinter sich läßt. Nur gilt die Leidenschaft jener beiden dem dionysischen Geheimnis der Welt; hier aber züngelt und leckt die Flamme empor zum Mysterium des überweltlichen Logos-WORTS, das den Erdkreis nur darum erfüllt, um ihn selbst in seinem Feuer zu taufen, zu versengen und in Geist zu verwandeln. Bis in seine Form hinein ist also das origenistische Denken ein Mitvollzug seines einzigen Gegenstandes: des Gottes, der Stimme, Rede, WORT und nichts anderes ist, aber Stimme, die wie ein feuriges Schwert in die Herzen stößt, Rede, die mit überirdischer Zartheit Liebesgeheimnis um Liebesgeheimnis über die Welt hin flüstert, WORT, das Aufblitz und Abglanz der verborgenen Schönheit des Vaters ist. In die Anonymität dieses WORTS ist auch Origenes' Stimme hineingezogen worden, und in dieser Form hat sie jene Allgegenwart im christlichen Denken gewonnen, von der wir sprachen.

2

Aber Origenes ist eben doch, nach langer, verzweifelter Gegenwehr, von der christlichen Theologie abgelehnt und verurteilt worden. Auch wenn dieses Urteil, wie wir sagten, nur das dürre Gerippe seines Denkens traf, ist Origenes doch ein Gezeichneter geblieben. Und am Knochengerüst hält sich die Gestalt aufrecht und sinkt, wenn es seiner beraubt wird, kraftlos in sich zusammen. In keinem großen System lassen sich Form und Gehalt voneinander trennen, auch wo sie nicht so schlechthin zusammenfallen wie etwa bei Hegel. Es ist freilich immer möglich, daß gewisse Sätze eines Denkens wahrer sind als andere, daß man also die einen sich aneignen kann und die andern verwerfen. Aber je reinlicher eine solche Auslese sich vollziehen läßt, je weniger dabei die Teile Einbuße leiden, um so ‹materialer› war eben das ursprüngliche Gefüge, um so weniger besaß es eine zwingende, sich aufdrängende Einheit, einen Stil. Man kann schwerlich in der Logik Hegelianer sein, ohne es auch in Geschichts- und Staatsphilosophie zu sein. Man kann nicht die *Kritik der reinen Vernunft* annehmen und die *Kritik der praktischen Vernunft* ablehnen. Ja, man kann wohl nicht einmal die ersten Sätze der Neunten Symphonie bejahen und den letzten liegen lassen. Denn die Wahrheit aller großen Dinge ruht weniger im Was als im Wie; der Geist des Ganzen gibt dem Ganzen Sinn und Einheit. Und an der Wahrheit der unteilbaren Idee nehmen erst alle Glieder teil. Diese Erwägung stellt uns mitten hinein in das äußerst Fragwürdige unseres Unternehmens. Manche vor uns haben versucht, Origenes auf dem besagten, mechanischen Wege zu ‹ver-christlichen›. Man schaltet dann Präexistenz und Wiederbringung aus, mäßigt da und dort noch einige extravagante Ansichten und behält ein stumpfes, antlitzloses Gebilde voll braver Harmlosigkeit in der Hand, in dem aber auch niemand mehr den Atem der Genialität verspürt. Ein anderer Weg ist die Ausgabe vollständiger Werke des Meisters, wie sie in mustergültiger Weise von der Kirchenväter-Kommission der Preußischen Akademie besorgt wird. Es ist selbstverständlich, daß diese ungeheure Arbeit die größte Bewunderung und Dankbarkeit verdient, da erst sie dem Forscher ein untrüglich zuverlässiges Arbeitsmittel an die Hand gibt. Aber eben doch nur ein Mittel. Mit seiner Hilfe obliegt es dem Philosophen und Theologen, die Gestalt, die darin, wie die Statue im Felsen, schlummert, herauszumeißeln, zu vergleichen, zu werten. Selbst von den mustergültigen deutschen Übertragungen Koetschaus in der Köselschen Bibliothek der Kirchenväter, welche uns den großen Traktat *Gegen Celsus*, die Schrift *Über das Gebet* und die *Rede über das Martyrium* neu erschlossen haben, muß etwas Ähnliches gelten. Sie sind Anlässe für die heutigen Denker, Einladungen, – aber man sieht nicht, daß ihnen jemand gefolgt wäre. Überdies kann die Schrift ‹Gegen Celsus›, voller Längen und teilweise auch voller Schutt, heute nur auf wenige Leser rechnen, die beiden andern kleinen Schriften aber führen nicht in das Herz des origenistischen Denkens. Dies Herz erlauscht einzig, wer sich in die Bibelkommentare versenkt. Nicht etwa in der Jugendschrift *Peri Archon* (*Über die ersten Gründe der Dinge*), sondern in den Erläuterungen zum Alten und Neuen Testament findet sich der lebendige Geist dieses Denkens. Diese Werke aber in ihrer Gänze einem deutschen Leser vorzustellen, wäre ein hoffnungsloses Unterfangen. Nicht nur bestehen viele nur noch aus einem unabsehbaren Trümmerhaufen von Fragmenten, andere nur in alterierten lateinischen Übersetzungen, sie selber sind, als nachgeschriebene Diktate, oft zerfahren, ohne Gliederung und Aufbau, voll Wiederholungen und dem Uneingeweihten voll befremdlicher Stellen. So beschlossen wir, aus allen Werken eine Auswahl des heute noch Gültigen zu treffen, in der Weise, daß aus dem Zusammenhang der Kernstellen wie aus einem Mosaik das wahre Antlitz Origenes' sich ergeben soll. Denn im Grunde ist das ‹heute noch Gültige› auch das damals und immer Lebendige, so daß, wenn nur dieses getroffen worden ist, eine wesentliche Verzeichnung kaum zu befürchten steht.

Aber indem hier das innere ‹geistige Band› im origenistischen Denken aufgesucht wird, stellen wir uns offenbar schon jenseits des rein historischen Interesses (wie sie etwa noch die Köselschen Ausgaben haben) und richten im geisteswissenschaftlichen Raum ein Standbild auf, für dessen Gültigkeit wir uns zu verantworten haben. Nun bemerkten wir oben schon, daß es aussichtslos wäre, bei Origenes das ‹Heterodoxe› vom ‹Orthodoxen› in rein materialer Weise zu scheiden, es ist also unvermeidlich, daß in unserem Bilde beides vertreten sein wird. Es ist darum überflüssig zu bemerken, daß wir uns keineswegs mit allem identifizieren, was in diese Auswahl aufgenommen werden mußte, um das wahre innere Bild des Meisters zu gestalten. Worum es uns zunächst einzig geht, ist die Treue dieses Bildes selber. Auch der Koloß Daniels bestand aus verschiedenen Erzen und stand gar auf tönernen Füßen; dies hinderte ihn nicht, ein Koloß zu sein. Und erst wenn diese objektive Richtigkeit des gezeichneten Bildes gewährleistet ist, können wir unsern zweiten Zweck ins Auge fassen.

Denn angesichts dieser Gestalt erhebt sich unabweislich die Frage: Wenn es wahr ist, daß Origenes der in der christlichen Theologie Allgegenwärtige ist, wenn es anderseits wahr ist, daß bei ihm Form und Gehalt im innigsten Zusammenhang stehen, welche Folgerung wird dann daraus für die christliche Theologie zu ziehen sein? Wenn Origenes jahrhundertelang wie ein breiter Strom durch das Flußbett des christlichen Denkens schäumte – so gewaltig, daß selbst erbitterte Gegner, wie Methodius, seiner Autorität fast vollständig erliegen –, was bedeutet dann demgegenüber das Gitter, das seine ‹Heterodoxie› vom Eindringen ins Heiligtum abhalten sollte? Nichts oder fast nichts, lautet Harnacks bekannte Antwort. Origenes ist für ihn die entscheidende Importation des Weltlich-Griechischen in den Geist des Evangeliums, von der die katholische Kirche sich niemals mehr befreit hat. Der *Peri Archon* sei die erste theologische Summa, der ursprünglichste Versuch, die Offenbarung mit den Mitteln der menschlichen Logik denkerisch zu bewältigen und zu meistern; vor der Verführung dieser subtilsten Gnosis habe die Theologie sich nicht mehr bewahren können.

Es wäre oberflächlich, Harnack mit dem Verweisen auf die vororigenistische Theologie abzutun. Er hatte ein zu feines Gespür, um nicht richtig zu bemerken, daß an dieser Stelle Elemente ins Christentum eindrangen, die als solche nicht dem Evangelium entstammen. Die Auseinandersetzung mit Harnack muß an einem anderen Punkte einsetzen: bei seiner, wie uns scheint, unberechtigten Leugnung jeder menschlichen Entwicklungs- und Entfaltungsmöglichkeit der evangelischen Offenbarung in Theologie und jeder übernatürlichen Lenkung der Kirche im Gebiet der theoretischen Formulierung ihres Glaubensgutes. Harnack fehlt als Protestanten der Begriff eines in der Kirche als seinem Leibe fortlebenden und fortzeugenden WORTES. Darum hat er dem, was er richtig spürt, einen schiefen Ausdruck gegeben. Nicht schon die Tatsache, daß durch Origenes hellenischer Geist in die Kirche einsickert, gibt zu Bedenken Anlaß, sondern erst die konkrete Art, wie diese Aneignung sich vollzieht.

Man könnte, um klarer zu sehen, das gesamte origenistische Gedankengut (vorläufig in völligem Absehen von seiner Beziehung zum Christentum), in drei Gruppen teilen, welche nicht so sehr eine materiale Teilung inhaltreicher Gedanken besagen, als vielmehr drei Querschnitte in verschiedenen Tiefenschichten. Zur ersten Gruppe wären dann jene ‹heterodoxen› Ansichten zu zählen, welche, offenbar durch die platonischen Mythen beeinflußt, nie in der Kirche heimisch wurden und schließlich von ihr offen und energisch abgestoßen worden sind. Dazu gehört natürlich auch, was etwa bei Origenes an die Unterordnung der drei göttlichen Personen erinnert, in der vornicänischen Zeit geläufig war und durch die arianischen Streitigkeiten von selbst überwunden wurde. Niemand hat hier übrigens an Origenes Anstoß genommen, wie er denn auch weit klarer als ein Justin oder Tertullian für die Gleichewigkeit des Sohnes mit dem Vater eintrat. Hierher wäre aber doch auch die starke Trennung der Rollen zu setzen, welche die göttlichen Personen in der Heilsgeschichte einnehmen, vor allem die fast übermäßige und ausschließliche Beziehung der Geschöpfe auf den Sohn in Gott. Die eigentümliche Gestalt der Logosmystik bei Origenes war nur in diesem noch nicht voll entwickelten Stadium der Trinitätslehre möglich. Die Vorstellung, daß die Seele in direkter Weise nur ‹Bild und Gleichnis› des Logos ist, und nur, weil der Logos selbst Bild und Gleichnis des Vaters ist, auch indirekt Bild des Vaters, diese Ansicht ist nach der Trinitätslehre des ersten allgemeinen Konzils von selbst überwunden. Die ganze Tendenz der trinitarischen Unterordnung (Sohn unter Vater, Geist unter Sohn) ist deutlich griechisch-gnostischen Ursprungs und knüpft an an die Überbrückungsversuche der Kluft zwischen Gott und Welt durch ‹Emanationen›, ‹Sphären›, Stufen und Sprossen, auf denen die erlösungsbedürftige Seele zum Himmel aufzusteigen versucht. – In diese Gruppe gehört folgerichtig auch der Gedanke, daß der Logos sich auf allen diesen Stufen und Sprossen inkarniert habe, daß er, wie den Menschen Mensch, so den Engeln Engel, und infolgedessen der Seele, die auf diesen Sprossen zum Vater aufsteigt, zur lebendigen Himmelsleiter, zum kosmischen ‹wahren Weg› wurde. Ja, das Aufrücken der Seele selbst durch verschiedene himmlische Stufen, und damit die grundsätzliche Wesensgleichheit von Mensch und Engel (beide sind, als Geschöpfe, leib-seelisch), gehört noch in diese wesentlich hellenische Vorstellungswelt. Aber dieser Aufstieg ist nur das Gegenstück jenes ersten mythischen Sündenfalls, aus dem zwar nicht die (numerische) Individuation der Seelen, wohl aber ihre qualitative Verschiedenheit sich herleitet. Denn je nach ihrer Abkehr vom Urlicht gab ihnen Gott im folgenden Weltalter einen dichteren, schwereren oder einen geistigeren Leib. So schließt sich der Kreis zwischen Präexistenz, Subordination, All-Inkarnation, Aufstiegsbewegung und Engelwerdung.

Die zweite Gruppe im Gesamtgut des Origenistischen ist schwerer zu kennzeichnen: sie betrifft den gleichsam rein formalen Einfluß der eben entwickelten Lehren auf das Ganze des Denkens: sie ist eine Haltung mehr als ein Inhalt und kann von jenen materialen Lehren fast völlig abgezogen werden. Einer solchen formalen Haltung stand bei der Aufnahme in die Kirche um so weniger eine Schranke entgegen, als die ganze Zeit der ausgehenden Antike in ihr wie in einer allgemeinen Atmosphäre atmete. So genügte der Filter, von dem wir oben sprachen, nicht, diese Schicht des Origenistischen abzuhalten, und *sie* ist es, die in der christlichen Theologie unsichtbar-allgegenwärtig wurde. Dieser Erscheinung hat man verschiedene Namen gegeben. Man sprach vom Platonismus der Väter. Und sofern bei Plato sich das Schema des Falls und Wiederaufstiegs sowie die durchgehende Scheidung von Idee und Erscheinung finden, gehen in der Tat einige platonische Elemente in die Patristik ein. Aber man vergißt dabei, daß im 3. und 4. Jahrhundert die großen Schulen bereits unentwirrbar vermischt sind. Schon in Philon ist ebensoviel Stoa als Platonismus. Sieht man sich den als Platoniker gestempelten Gregor von Nyssa näher an, so entdeckt man bei ihm weit mehr aristotelische und stoische als platonische Elemente. Für Basilius gilt etwas Ähnliches. Aber schon Clemens und Origenes sind Sammelbecken der gesamten philosophischen Kultur ihrer Zeit. ‹Platonismus› trifft also nicht den wahren Sachverhalt. Man hat ferner von Weltflucht der Väter gesprochen: sie hätten sich anstecken lassen von gnostischer Leib- und Ehe-Verachtung, von Enkratismus und Wüstenvätertum aller Art. Aber auch diese Umgrenzung trifft das Gemeinte nicht in seinem Kern. Irenäus ist gegenüber der Gnosis der große Anwalt der Erde, Origenes selbst hat nie daran gedacht, die Auferstehung zu leugnen, er hat die Würde des Leibes nachdrücklich gegenüber Celsus verteidigt, mehr als spätere Väter auf den positiven Wert der sinnlichen Affekte hingewiesen. Sein Wissensideal ist ein ausgesprochen welthaftes: ein unbegrenzter Durst, allen Dingen auf den Grund und ins Wesen zu sehen; die Schau des Logos ist die Schau des persönlichen Reichtums der Einen Welt-Idee und die Schau des Vaters fast nur der Grenzfall dieser kosmischen (irdische und himmlische Dinge umfassenden) Weisheit. Weltflucht ist also nicht das Wort, das die allgemein origenistische Haltung trifft. Vielmehr wird diese am besten durch die formale Richtungsbewegung gekennzeichnet, die sich aus dem Inhalt der ersten Gruppe ablesen läßt: Weg zu Gott als (Wieder-) Aufstieg. Man hat in diesem Sinn von der ausgesprochenen *theologia gloriae* der Griechen überhaupt und Origenes' insbesondere gesprochen. Alles, in der Tat, ist hier nach oben gestuft, alles auf *ascensiones in corde* ausgerichtet, alles von der verhüllenden Niedrigkeit zum strahlenden Taborlicht, zum Durchsichtigwerden der Gewänder, zur lichten Wolke emporgewandt, daraus die offenbarende Stimme bricht. Nicht, daß Kreuz, Grab, Trauer und Schmerz unterschlagen würden; sie sind da, aber immer nur wie eben zerstiebende Wolken, eben aufgezogene Vorhänge, und nie verweilt man in ihnen. Gewiß weiß Origenes, daß alles Christenleben Verfolgung sein muß, hat er die feurige Rede zum Martyrium geschrieben und dieses selber erlitten, gewiß hat er die schöne Theorie der *Aporia* ersonnen, nach welcher die Einsicht in ein Wort des Logos immer erst in dem Augenblicke geschenkt wird, da der Geist in der Ausweglosigkeit und Ratlosigkeit verirrt scheint, gewiß begreift er sogar, daß mit zunehmendem Aufstieg der Ansturm der feindlichen Mächte und der innere Tod wächst – aber dies sind ihm heldische Kämpfe und heroische Anlässe steigender Bewährung. Abenteuer der kosmischen Laufbahn, wie sie ähnlich ein Mithragläubiger auf seiner Sphärenwanderung erleben konnte. So ist es, im tiefen Gedanken der Miterlösung der Welt mit Christus, doch immer der ‹Stärkere›, ‹Fortgeschrittenere›, der für die schwächeren Glieder des mystischen Leibes kämpfen darf; ist es auch stets der Weisere (nicht notwendig der äußerlich Gelehrtere, sondern der mit der Gabe der Weisheit reichlicher Begabte), der das unvermittelt von Christus empfangene Licht den ‹tiefer Stehenden› vermittelt. Man hat dieses Aufstiegsschema oft mit Pelagianismus und eigenmächtiger Werkfrömmigkeit verwechselt. Zu Unrecht, glauben wir, denn nach Origenes (wie später nach Augustinus) ist jeder Schritt empor ein Gehoben- und Gezogenwerden. Darum verbindet sich bei Origenes in so naiver und selbstverständlicher Art das Standesbewußtsein des ‹Fortgeschrittenen› mit einer völlig ungeheuchelten Demut und zerknirschtem Sündenbewußtsein. Alles, was er ist, ist er einzig durch die Gnade Christi. Nur darum rechten wir hier, daß er überhaupt – etwas *ist.*

Es geht uns hier noch nicht um Kritik, sondern nur um Beschreibung. Und nur um die Feststellung, daß es *dieser* Origenes ist, der gleichsam hemmungslos in die breitesten Reihen des kirchlichen Denkens einging. Nicht nur alle folgenden Alexandriner, nicht nur Pamphilus, Gregor der Wundertäter, Didymus, Eusebius und die Kappadozier, Hieronymus, Hilarius, Ambrosius und durch alle diese hindurch Augustinus nahmen das Schema der *ascensiones in corde* auf, sondern durch diese Größten vermittelt auch die kleinern Denker, die Prediger, das Volk. Wie oft liest nicht heute der Priester und der Mönch in seinem Brevier die Ambrosiusworte: ‹Achte genau darauf, wie Christus mit den Aposteln aufsteigt, wie er zur Masse absteigt. Denn wie anders könnte die Masse Christum erblicken, wenn nicht als erniedrigten? Sie folgt Ihm nicht auf die Höhe, sie steigt nicht auf zum Sublimen. Wo er also absteigt, da findet er die Schwachen, denn auf den Höhen vermögen die Schwachen nicht zu sein.› Wenn diese Worte nicht, wie es wahrscheinlich ist, unmittelbar aus dem Meister kopiert sind, so spiegeln sie doch jedenfalls seinen echtesten Geist. Harnack hat aus Pauluskommentaren des Hieronymus verlorene Origeneskommentare hergestellt. In der Berliner Ausgabe des origenistischen Matthäuskommentars sind die von Hieronymus oft wörtlich abgeschriebenen Texte beigegeben. Aber auch für Augustinus (von Gregor von Nyssas Himmelfahrtsmystik ganz zu schweigen) ist die origenistische Basis klar: das Leben des Herrn als *transitorium Domini* und darum für den aufsteigenden Christen als die (gewiß völlig unerläßliche) ‹unterste› Stufe; damit der Glaube als der (wiederum völlig unerläßliche) Ausgangspunkt der Einsicht, genau in dem Sinne, in dem Origenes die Gnosis ‹vollendeten Glauben› und den Glauben ‹beginnende Einsicht› nennt; damit endlich aber die (gewiß nie klar ausgesprochene) Tendenz, den Gnostiker dem Bereich des bloßen Hör-Glaubens entwachsen zu lassen. In diesen Dingen liegt der fast unabsehbare Origenismus der Väter.

Es gibt aber noch eine dritte, unterste Schicht in Origenes, und diese ist wiederum, wie die erste, von der Tradition nicht aufgenommen worden. Nicht weil sie, wie jene, sich als unvereinbar mit ihr erwies, sondern weil sie als das unverlierbar Persönliche, das Geheime und Unnachahmliche des großen Geistes dem eigentlichen Tradieren unzugänglich war. Das ‹Schema›, die formalen Denkgewohnheiten ließen sich zu allen Zeiten in die Schulform umprägen. Die Leidenschaft, der Atem der Genialität entgehen dieser Form notwendig. So ist es geradezu auffällig, wie rasch der lebendigste Kern im Denken des Meisters selbst von den beflissensten Nachbetern übersehen wurde. Gedanken, die zwar noch an dieses Innerste rühren, aber doch ihren vollen Glanz erst dann erhalten, wenn sie von diesem Zentrum aus gesehen und gedeutet und nicht als freischwebende ‹erbauliche› Gedanken in ein anderes geistiges Milieu versetzt werden, solche Vorstellungen schwirren noch lange Zeit in der Luft, bevor sie aus Mangel an Boden und Klima gleichsam eingehen oder bei späten Abseitern wie Eriugena noch eine kurze Nachblüte erfahren. Der tragende Grund und Mittelpunkt dieses innersten Kreises ist die ebenso leidenschaftliche als zarte Liebe zum WORTE. Aus dieser Liebe heraus verwandelten sich für Origenes manche Dinge aus Alltäglichkeit in eine unendlich geheimnisvolle, mystische Wirklichkeit, fast nur ihm allein zugänglich. In dieser Innerlichkeit glühender Liebe geschieht nun das Wunder: der Sinn der zweiten Stufe erscheint wie aufgehoben und umgekehrt; aus dem unmittelbarsten und von keiner Philosophie als Medium getrübten Einssein mit dem Gott-WORT brechen plötzliche Einsichten wie Blitze durch, die zu den unverlierbarsten und doch vergessensten der christlichen Denkgeschichte gehören.

Da ist zunächst, eine breite Schicht in seinem Denken einnehmend, die Einsicht in das Wesen der Schrift als dem großen Sakrament der realen Gegenwart des göttlichen WORTS in der Welt. Nur wer versteht, was für Origenes diese Gegenwart besagte, wird auch einen Zugang zu dem finden, was heute oft so unvergleichlich seicht und oberflächlich als ‹Allegorisieren› abgetan wird. War denn Origenes nicht auch der größte Philologe des christlichen Altertums, dem wir die Hexapla danken, daß er etwa Maß und Gewicht des Buchstabens nicht zu wägen wußte? Seine Schriften wimmeln von wertvollsten grammatischen Hinweisen, Konkordanzversuchen und Erläuterungen zum wörtlichen Textsinn. Aber wenn ihm dies alles nur Mittel war, wenn er das nur wie einen Leib abtastete nach dem inwendig schlagenden Herzen des göttlichen WORTES, das Sich in diesem ‹Leib der Niedrigkeit› aus Buchstaben und Buchrollen inkarnierte, so mußte man endlich einsehen lernen, daß dies etwas anderes ist als ein müßiges, heute längst überwundenes Spiel. Die späteren Väter wußten darum noch tiefer. Aber auch bei ihnen quoll die ‹allegorische› Methode schon nicht mehr stets aus der innersten Quelle, war sie da und dort schon zur ‹Technik› und Routine geworden. Höchste Fruchtbarkeit kann diese Methode nur da entfalten, wo die Bibel im unmittelbaren Zusammenhang mit der Menschwerdung begriffen und die gleichen Gesetze des Verstehens auf beide angewandt werden. Wir sagen dies nicht, um die Allegorien von Origenes in ihren Einzelheiten zu verteidigen. Es mag sogar irgendwo ein grundsätzliches Mißverständnis über die Anwendung der Methode bei ihm vorliegen, auf das noch zu kommen sein wird. Aber ein Mißverständnis in der Anwendung gehört bereits in eine abgeleitete Zone und berührt die innerste, wahre Intuition nicht.

Neben der Schriftmystik steht eine zweite, nicht minder von allen Heutigen mißverstandene, ja von den einstigen Schülern nur äußerlich weitergesprochene, nicht mehr im Innersten erlebte und begriffene Lehre, die darum auch bald dem Verwelken anheimfiel: die Wahrheit von der geistlichen Kommunion des WORTES. Splitter davon hat vor kurzem Ferdinand Ebner in *Wort und Liebe* aufgegriffen. Bei Origenes aber gründet das Ganze im allertiefsten Wissen um ein absolutes Sein, das WORT ist und zugleich substantielle Nahrung des geschaffenen, bedürftigen Geistes. Losgelöst von diesem tragenden Grunde, wird die Lehre sogleich zum geistvollen und erbaulichen Gleichnis: viel mehr bedeutet es schon bei Basilius und Augustinus nicht mehr. Hieronymus und Ambrosius haben das Verdienst, die Origenestexte in ihrer unverminderten Schärfe übernommen und dem Mittelalter vermittelt zu haben, wo sie da und dort in tiefer Blikkenden (etwa im Eucharistietraktat eines Wilhelm von Saint Thierry) heimliche Auferstehung feiern.

Ein letzter Gedanke aus dem Kreise der Wortmystik, und der innerste: die Passion des WORTES. Es ist die Einsicht, daß der Lanzenstich von Golgatha nur das sakramentale Gleichnis eines andern Speeres war, der geistig das WORT traf und es zum Ausfließen brachte. Die Ahnung, daß alles in der Welt vergossene Gotteswort dieser Lanze verdankt wird. In diesen Winkel des Origenismus ist kein Schüler gekrochen. Darum sind später ähnlich blitzhafte Einsichten in das Geheimnis der Kenosis, der Selbstentleerung Gottes, selten. Auch bei Origenes tauchen sie ja nur kurz auf und das nur gegen den Strich und die Richtung des Gedankenstroms: daß Entleerung Weisheit sei, Abstieg Weisheit, Vergeblichkeit Weisheit, Schwäche und Ohnmacht Weisheit – aber ausgeleerte, vergossene, gekreuzigte Weisheit, das mußte in seltenen Augenblicken diesem höchsten Liebhaber der Weisheit aufdämmern. Aber müßten dann nicht, um der Richtung der Weisheit Gottes zu folgen, ‹descensiones in corde› bereitet werden? Und zwar *descensiones*, die nicht schon heimliche Mittel und Vorbereitungen zu einem komplizierteren, raffinierteren *ascensus* wären, sondern Mitvergossenwerden des substantiellen geistigen Blutes?

Diese Möglichkeit wird seltsam greifbar in der Vision, die Origenes von der Kirche seiner Zeit besaß: Der urchristliche Traum der sündelosen Gottesbraut war zu Ende geträumt. Origenes als erster schaut der ganzen Wahrheit ins Auge: Diese Makellose ist rein nur, weil sie täglich, stündlich vom Blute Christi entsühnt wird von ihrer täglich, stündlich neuen Treulosigkeit und Hurerei. Wenn hier *ascensio* stattfindet, so nur in einer immer gleichzeitigen *descensio* – bis auf die Straße. Immer wieder hat Origenes die Tränen des Erlösers über Jerusalem auf seine Trauer über die Kirche angewendet. Später hat diese Trauer auch Augustinus zerrissen. Aber wenn Augustinus lyrischer und schmerzlicher klagt, das unvergleichlich harte Bild, das Origenes anzuwenden wagte, hat er nicht ausgesprochen.

Durch diese paar angedeuteten Gedanken, die das Heiligtum des origenistischen Denkens umstehn und behüten, schauen wir zuletzt ahnend hinein in das mittelste Geheimnis dieser Seele. *Geist und Feuer* nannten wir dies Buch, denn beides, Geist als Feuer, Feuer als Geist, lodert allein noch in dieser Mitte: ‹Flamme bin ich sicherlich›! Es ist ein Feuer, das zugleich Liebe und Weisheit ist, zugleich reine Glut und reines Licht, in derselben Doppelheit, in der diese Seele ihren Gott erlebte: Als das ‹verzehrende Feuer› und als ‹das Licht, in dem keine Finsternis ist›. Als Liebe ist dies Feuer reine Ungeduld, die kein Vorläufiges und Gleichnishaftes erträgt, sondern es sogleich verzehrt, zu Geist läutert und aufhebt; als Einsicht ist es ein röntgenhaftes Durchstrahlen der endlichen Dinge bis zum Sichtbarwerden ihres Wesens. In dieser Mitte reinen Glühens im größern Feuer Gottes erreichen wir gleichsam den Ort, der aller Theorie der *ascensiones in corde* vorausliegt, den Vorgang, der erst nachträglich in der Richtung dieser *ascensio* ausgelegt wird. Denn gewiß ist das Feuer ein Züngeln und Lecken nach oben, aus dem verzehrten Stoffe der Endlichkeit ins Grenzenlose sich reckend. Aber als *Gottes* Feuer, das die Eingeweide des Geistes verzehrt, ist es zugleich das immer tiefer Herabgebranntwerden, die fortschreitende Aushöhlung des Herzens, bis daß es reiner Raum und reiner Äther des nur noch durchstrahlenden Lichts geworden ist. Wenn aber dies letzte als das Entscheidende erkannt ist, dann mag die Flamme der Sehnsucht nur nach oben schlagen: dies Steigen ist dann nicht mehr ein himmelstürmendes Stufenklimmen, sondern geistiger Weltbrand, geistige Opferfackel zu Gott.

3

Diese Aufteilung des origenistischen Denkguts in drei Schichten verrät nun schon die zweite Absicht dieser Auswahl. Indem sie die geistige Gestalt des Alexandriners ohne Gewand und Zutat zu umreißen sucht, möchte sie gleichzeitig seine theologiegeschichtliche Bedeutung zur Evidenz bringen. Wir sagen nicht, wie Harnack, daß die Theologie durch Origenes auf einen Irrweg gelockt worden sei, von dem sie nie zurückgefunden. Aber wir glauben, daß durch seinen ungeheuren Einfluß Elemente in die Theologie eingedrungen sind, welche in *dieser* Form sich in der Bibel nicht finden, und welche wir als die zweite Schicht, die *theologia ascendens* zu umreißen suchten. Wir betonten, daß diese Schicht viel weniger etwas Inhaltliches (und deshalb auch nichts das Dogma als solches direkt Berührendes), als vielmehr das formale Residuum eines Inhaltlichen sei, mehr eine Haltung als ein Gehalt. Weil diese Haltung nun gleichsam anonym und unbeachtet durch die ganze Theologiegeschichte sich durchhält, darum schien es uns von Interesse, diesen Weg einmal zurückzugehen bis zu dem Punkt, wo diese Haltung in Reingestalt auftritt und mit ihrem (von der Kirche verworfenen) Gehalt noch unmittelbar eins ist. Unsere Auswahl wird demnach von der ersten Schicht nur das aufnehmen, was notwendig ist zur Sichtbarmachung dieser Einheit. Wir haben, nach einigem Schwanken, darauf verzichtet, die bekannten Haupttexte zum Mythus der Seelen-Präexistenz zu bringen. Wir setzen dessen Bekanntheit vielmehr voraus, aber scheuen uns nicht, Texte einzufügen, die offen auf diesen Mythus anspielen, doch aus anderen Gründen wichtig sind: sei es, daß sie einen Blick gestatten in das ungeheure kosmische Bewußtsein von Origenes, welches zum ersten- und letztenmal in der christlichen Denkgeschichte den Horizont des Geschichtlichen maßlos erweitert und in eine unabsehbare Schicksalsebene mit Gerichten, Erlösungen, Sündenfällen den Blick öffnet (immer freilich innerhalb einer einzigen Weltperiode, welche mit dem ‹Gott alles in allem› schließt), sei es einfach, weil an diesen Texten die Haltung der ascensio oder der Geheimnisbegriff ablesbar wird. Daher wurden auch die ex professo subordinationistischen Trinitätstexte ausgeschaltet. Sie bilden in ihren Aussagen keinerlei Bereicherung unseres heutigen theologischen Welt- und Gottesbildes. Daß aber diese Unterordnung trotzdem an vielen Stellen indirekt durchbrach, weil sie mit der Grundstruktur des origenistischen Weltaufbaus unlöslich verquickt ist, war unvermeidbar. Man darf aber auch, wie schon angedeutet, diese Unterordnung der göttlichen Personen nicht übertreiben. Origenes ist sogar in dieser Beziehung der orthodoxeste der vornicänischen Theologen. Deutlich scheidet er die innergöttlichen Prozessionen von der Weltschöpfung. Der Sohn ist nicht, wie für Arius und manche früheren, ein ‹Mittel› zu dieser letzten, sondern die ewige Liebesgeburt des Vaters. Die Subordination hat bei Origenes ein stärker heilsgeschichtliches Gesicht und läßt sich so besser mit der nicänischen Theologie vereinbaren. Die eindeutige Unterordnungslinie ist hierdurch gebrochen. Denn einerseits wird der Vater dadurch zum Bekanntesten in Gott, der Sohn zum Geheimeren, der Geist zum innersten, nur den Christen bekannten Mysterium (PA 1, 3, 1); anderseits führt der Heilsweg von der objektiven Offenbarung des Sohns über die subjektive Aneignung im Geiste zum vollendeten Leben im Vater. Dieses letzte trinitarische Schema, das den Geist zwischen Sohn und Vater stellt, scheint uns so sehr die innere, implizite Form des ganzen origenistischen Weltbilds zu sein, daß wir es zur Haupteinteilung verwendet haben. Was also an innertrinitarischer Theologie bei Origenes noch fehlt, das ersetzt er durch seinen großartigen heilsgeschichtlichen Trinitarismus.

Bewußt ausgeschaltet wurde ferner die Sakramenten-, vor allem die Beichtlehre. Obwohl für Taufe, Eucharistie, Ehe (Fragmente zum 1. Korintherbrief bei Cramer!) und Beichte Origenes einer der bedeutendsten Zeugen der christlichen Frühzeit ist, weiß doch jeder Unterrichtete, wie schwer es ist, die origenistische Taufidee in ihrem Zusammenhang mit der Johannestaufe, der Feuer-, Geist-, und Bluttaufe eindeutig klarzustellen, die Eucharistielehre in ihrem (zweifellos vorhandenen) Realismus gegen die sogenannte Allegorisierung als geistliche WORT-Kommunion abzugrenzen, vor allem die sehr schweren Fragen der unvergebbaren Sünden und der Beichtgewalt der Laien zu entwirren[1].

[1] Für die Beichte ist auf die Artikel von Karl Rahner: *La doctrine d'Ori-*

Aber indirekt, wie bei der Trinitätstheologie, werden sich manche der ausgewählten Texte mit diesen Sakramenten befassen. Wenn also mancherorts die ‹geistliche› Deutung der Sakramente allein vertreten scheint, so sei hier erinnert, daß Origenes überall, auch bei der Eucharistie, den sakramentalen Realismus zugrunde legt und zum Teil wesentlich stärker betont als spätere Väter, ein Gregor von Nazianz, Basilius, Augustinus. Der Grund dafür liegt in der sakramentalen Grundstruktur des ganzen Heilsplans (der seinerseits wieder auf einer quasi-sakramentalen Struktur des Seins selber ruht), der in dem Aufbau der Auswahl nachdrücklich herausgestellt wird.
Präexistenzidee, innergöttliche Trinitätsspekulation und Sakramentenlehre sind die einzigen durchgehenden Denkmotive, die nicht thematisch behandelt werden. Der ganze Ton sollte auf der zweiten und dritten Schicht liegen: Herausstellung der formalen theologischen Haltung einerseits, des innersten persönlichen Wesenskerns des Denkers und des Mystikers anderseits. Mitten durch diese zwei Schichten aber hat die Krisis zu gehen.

4

Diese Krisis sei in ihrer Tiefe dem Leser überlassen. Wir begnügen uns damit, einige Fingerzeige und Fragezeichen beizufügen. In erster Linie scheint es wichtig zu sein anzugeben, in welcher Richtung die Origeneskritik (von der ersten Gruppe von Motiven ist hier nicht mehr die Rede) *nicht* zu gehen hat. Es unterliegt heute keinem Zweifel mehr, daß Hieronymus in seiner leidenschaftlichen Polemik gegen den einst vergötterten Meister dessen Ideen vergröbert und oft ins Gegenteil verbogen hat. Origenes hat in seinen Werken oft γυμναστικῶς gesprochen, ver-

gène sur la Pénitence (Rev. Sc. Rel. 37 [1951] Heft 1) und A. d'Alès (L'Edit de Calliste. Paris 1914) zu verweisen. Für die Taufe vgl. Hugo Rahner: *Taufe und geistliches Leben bei Origenes (Zft. f. Aszese u. Mystik.* 1932) sowie meine Artikel in Recherches de science religieuse 1936 u. 1937: *Le Mysterion d'Origène.* Daselbst auch eine Kritik der üblichen Eucharistie-Interpretation. Vgl. auch meine demnächst erscheinenden Esquisses patristiques.

schiedene Hypothesen ausgebaut, die er selbst nicht hielt, die er aber doch als achtbar und erwägenswert betrachtete. Eine solche Lehre war zum Beispiel die Seelenwanderung, die Origenes aber in allen Schriften scharf bekämpft, ebenso die Lehre, daß die Seele in ihren höchsten Aufstiegen den Körper ablege, eine Ansicht, die gegen alle Prinzipien der origenistischen Ontologie und gegen seine im Kern durchaus orthodoxe Auferstehungslehre verstößt. Endlich gehört daher die ihm (wie wir glauben) fälschlich zugeschriebene Lehre, daß nach dem (über mehrere Äonen, Weltenjahre sich erstreckenden) Weltprozeß, wenn das Ende gekommen ist und Gott alles in allem ist, ein erneuerter Abfall möglich sei. Diese Lehre zählte für Origenes, wie die eben angeführten, unter die philosophisch diskutierbaren (so ist auch *CCels* 8, 72 zu deuten), nicht aber unter die zu haltenden.
Die Origeneskritik hat sich demnach nicht gegen einen rohen, wörtlich verstandenen Spiritualismus zu ereifern. Der Weg vom Leib zum Geist, vom stofflichen Gleichnis zur ideellen Wahrheit ist nicht ein Weg zur Vernichtung des Leibes und des Gleichnisses, sondern zu seiner Verklärung, Überstrahlung, ‹Aufhebung› nur im Hegelschen Sinn. Der Ausspruch, der (wohl fälschlich) dem hl. Maximus Confessor zugeschrieben wird: ‹Alles Erscheinungshafte bedarf des Kreuzes, … alles Geistige des Begrabenwerdens›[1], kann über die ganze Aufhebungslehre von Origenes gesetzt werden. ‹Niemand sieht mein Angesicht und lebt›, sagte Gott zu Moses, und darum hat auch ‹kein Auge gesehen›, was Gott Seinen Erwählten bereitet hat. Alles nur Sinnliche muß vom Feuer Gottes verzehrt werden, wenn es vor sein Angesicht tritt, und nur durch dieses Feuer hindurch, quasi per ignem, wird es gerettet. Daß Origenes dieses Grundgesetz überall anwendet, wo ein Gleichnis-Wahrheit-Verhältnis besteht, zeugt nur für seine Folgerichtigkeit. Keiner hat tiefer als er die Aufhebung des Alten Bundes, des Gesetzes mit seiner gleichnishaften Mannigfaltigkeit und seiner sichtbaren Priesterhierarchie in der Einheit Christi begriffen. ‹Das Gesetz ist geistig›, sagte Paulus, und: ‹Dem Geistigen ist kein Gesetz.› Christus aber hatte selbst die Vielheit der früheren Moralregeln und Gebote in die Einheit

[1] PG 90, 1108 B.

des Liebesgesetzes aufgehoben, genauso, wie Er die Vielheit des Priestertums in sein ewiges Hohepriestertum überwand. Dahin gehört aber weiterhin die Aufhebung der Vielheit des ‹Buchstabens› der Schrift in die Einheit ihres einzigen Sinnes: Christus. Aus *diesem* Vergeistigen der gleichnishaften Stofflichkeit Origenes einen Vorwurf machen, hieße das Christentum selbst mißkennen und ‹zu jüdischen Fabeln› sich zurückwenden. Daß aber im Christentum selber einerseits der volle Gehalt des Aufgehobenen in der Einheit bewahrt ist, anderseits die Zeichen und Gleichnisse und sinnlichen Formen ihre hinweisende Funktion behalten, das zu bestreiten, ist Origenes weit entfernt. Man achte nur einmal auf die fast übertriebene Bedeutung, die er, auch was den einfachen Christen betrifft, der Kenntnis des Alten Testamentes zuschreibt, oder der Heilsnotwendigkeit, welche bei ihm Taufe und Beichte besitzen.

Ein zweiter Irrweg der Kritik scheint uns die prinzipielle Verwerfung des origenistischen Esoterismus zu sein. Dieser Esoterismus liegt in seiner Seinslehre selbst grundgelegt und ist darum durch eine äußerliche Vergleichung mit heidnischen Mysterienbünden nicht abzutun. Der Esoterismus von Origenes ist vielmehr nur die furchtlos gezogene Konsequenz aus der christlichen Idee, daß wahres Wissen nur durch Tat errungen wird, daß also das Antizipieren eines höheren Wissens durch einen noch Ungereinigten und Unvorbereiteten diesem schädlich und für ihn geradezu existentiell falsch sein kann. Denn jede Reifestufe der Existenz hat ihre entsprechende Wahrheitsstufe. Dieser philosophischen Wahrheit aber entspricht die theologische, daß das WORT Gottes in seiner Menschwerdung jeder dieser Existenzstufen sich anpaßt und so allen alles wird. Daß dadurch eine Art von Wahrheits-Relativismus entstehe, daß das WORT in die Abenteuer der Götter-Metamorphosen sich verirre und ‹lüge›, das wurde Origenes schon von Celsus vorgeworfen. Aber die Tatsache dieses existentiellen Wahrheits-Relativismus ist als solche nicht zu leugnen, selbst nicht der daraus folgende Esoterismus der Wahrheit. Nur betont Origenes mit Recht, daß das WORT, die persönliche, absolute und einzige Wahrheit durch seine Anpassung an verschiedene Reifestufen nicht zum Lügner werde. Sonst wären Kindheit und Knabenalter als solche Lüge, weil sie nicht Mannestum sind. Sonst wäre ‹Milch› darum giftig, weil sie nicht ‹feste Speise› ist. Oder, wie Origenes einmal paradox und hegelisch sagt: Weil etwas nicht wahr ist, braucht es darum nicht schon falsch zu sein. Denn es gibt ein Drittes: ein Hinweis, eine Analogie zur Wahrheit hin zu sein. – Spätere Theologie hat diesen Esoterismus aufgegeben. Sie konnte dies nur um den Preis einer fortschreitenden Trennung zwischen Schultheologie und mystischer (oder existentieller Erfahrungs-) Theologie, die beide bei Origenes noch eine strenge Einheit bilden.

Die Krisis des Origenismus wird erst dort mit Erfolg einsetzen, wo sie die formale Haltung der *ascensio in corde* und ihre weitschichtigen inhaltlichen Folgen zum Gegenstand nimmt. Wenn Origenes das abgründige Wort gefunden hat: ‹Da er sich aber ausleerte, in dieses Leben kommend, so war gerade dies Leersein selber Weisheit› – so hat er doch nie die letzten Folgerungen aus diesem Satze gezogen. Immer gemahnt die alexandrinische Menschwerdungsidee an die Bewegung eines Balls, der, aus großer Höhe geworfen, eine Sekunde auf dem Boden auffällt, um mit größter Wucht von der Erde abzuschnellen und zum Ausgangspunkt zurückzukehren. Aber die Kenosis müßte, um bei Bildern zu bleiben, richtiger der Meereswoge verglichen werden, die überstürzend am flachen Strande ausläuft, immer dünner, durchsichtiger, und in ihrem Ausmünden nicht zurückkehrt, sondern im Sande versinkt und untergeht. Das Versinken und Untergehen des ausgeleerten WORTES ist als solches, unmittelbar und ohne stufenweisen Regreß, die ‹Übergabe des Reiches an den Vater›. Die Ausleerung des Todes und der Schmach ist als solche schon das Ausräumen der Vielheit, der Gleichnisse und Buchstaben, des Gesetzes und der Propheten und das vergehende und vergleitende Raumschaffen für die Glorie des Herrn. *Dieses* ‹Ich muß abnehmen› ist das Wachstum Christi in uns, und nur in *dieser* Form hat die ganze Pneuma- und Vergeistigungs-Theologie bei Origenes ihr gegründetes Recht.

Im Gegensatz dazu aber entspricht es dem Schema der *ascensus*-Theologie, das ‹Ich muß abnehmen› nur vom ‹äußeren› Menschen zu verstehen, während im ‹Er muß wachsen› der innere, pneumatische Mensch mit-wächst. Hier erweist sich eben die Gefahr der mystischen Einwohnungslehre, wonach im ‹Seelengrund› pneuma und geschaffener Geist sich unmittelbar berühren und (im Geheimnis der Gnade als Teilnahme an Gott) gleichsam flüssig ineinander übergehen. Ohne Unterlaß hat Origenes das Wort Pauli im Munde: ‹Wer dem Herrn anhängt – wörtlich: anklebt, angeschmolzen ist –, der ist *ein* Geist mit ihm.› Aber die konkrete Weise, wie diese Einheit sich bildet, lehrt doch erst das andere Pauluswort: ‹Die Welt ist mir gekreuzigt und ich der Welt› und, von diesem erhellt: ‹Ich lebe, doch nicht mehr ich, Christus lebt in mir.› Origenes, der sonst mit unvergleichlichem Freimut den Schrifttexten ins Auge und ins Herz zu schauen weiß, beginnt nicht selten vor den entscheidenden Worten von der ‹Torheit des Kreuzes›, der ‹Ohnmacht› und ‹Schwäche› des Christen, gleichsam zu blinzeln und zu schielen. Denn wie heute so manche, verwechselt er im letzten das Heldische und das Christliche. Das Heldische ist ein erhabener natürlicher Tugendwert, das Christliche dagegen ist die über die ganze natürliche Wertewelt gebreitete übernatürliche Form des Todes und der Auferstehung Christi. Für Origenes besteht zwischen dem ‹einfachen Christen› und dem ‹Gnostiker› ein eindeutiger *ascensus*, weil im ‹Gnostiker› (aus Gnade und einzig aus ihr) das innere pneumatische Leben höher, stärker, lebendiger lebt. Diese Stufung ist für ihn ein *Wesens*gesetz, kein empirisches. Im Empirischen kann es wohl sein, daß der scheinbar geistige Mensch es innerlich doch nicht ist, daß er stolz ist oder in ständiger Gefahr, stolz zu werden, während die ‹arme Witwe› in Wirklichkeit viel demütiger ist, d. h. viel existentieller ihr Christentum durchlebt, d. h. viel ‹höher› steht als der scheinbare Pneumatiker. So dreht sich nur der empirische Tatbestand um 180 Grad; das Wesensgesetz aber bleibt unverändert. Man sieht daran, daß die Theologie des *ascensus* sehr wohl mit ‹Demut›, ‹Selbsterniedrigung›, ‹Selbstverleugnung› und den strengsten Formen mönchischer Aszese vereinbar ist. Der unwiderlegliche Beweis dafür ist die ganze östliche Mönchskultur bis zum ‹hohen Athoslicht› hin, wo überall im echten Absterben des ‹äußeren Menschen› der ‹innere Mensch› aufsteigt bis zur Teilnahme an der immer volleren Taborverklärung Christi. Der Abstieg des

Kreuzes ist nur das Fallen der Hülle des Sinnlichen von der Auferstehungswirklichkeit des Geistes.
Es ist hier nicht unsere Aufgabe, den Einfluß dieser *ascensus*-Theologie von Origenes auf die Geschichte der folgenden Jahrhunderte zu erforschen. Es genüge der Hinweis darauf, daß unter dem Primat dieses Gedankens auch die früher aus der Kritik ausgeschalteten Systemteile ihre Alteration und gleichsam Färbung erhalten.
Gewiß ist Origenismus nicht ‹Spiritualismus›. Der Leib bewahrt sein Recht, die Welt wird nicht pantheistisch verflüchtigt. Aber unter der Neigung, Mensch-Geist und Gott-Geist ins Unendliche anzunähern, muß der materielle Pol der Schöpfung doch wachsend der Entwertung verfallen. Vereinfachend gesprochen ist nur er es, der dem Kreuzestode verfällt. Freilich auch alles, was im Geiste selbst stofflich, ‹pathisch› ist. Es ist bezeichnend genug, daß Origenes in seiner herrlichen Brunnen-Homilie die Wiederherstellung des Gottesbildes in der Seele mit der Reinigung eines Bildes von fremden Übermalungen vergleicht. Bewegung ist gleichsam nur im stofflichen Pol des Geschöpfs, während der innerste Punkt des geistigen gotthaft unbewegt bleibt. Und wenn es in jenem angeführten Maximus-Wort auch vom Geiste heißt, daß er des Begrabenwerdens bedürfe, so wird dies Begräbnis doch sogleich näher erklärt als ‹die Unbeweglichkeit› in bezug auf alle ‹naturhaften Tätigkeiten›. Wir haben vereinfacht, denn es handelt sich überall nur um eine Tendenz, keinen inhaltlich formulierten Satz. Aber eine Tendenz ist beweglicher als ein Satz und kann sich bis in die letzten Ritzen eines Denkens einschleichen.
Aber auch auf den ‹Esoterismus› von Origenes erstreckt sich der Einfluß der formgebenden Haltung. Denn wie dort der (Gott-) Geist unbewegt *hinter* dem Wandel des Materiellen lag, so hier nun der esoterische geistige Sinn gleichsam fertig, eindeutig, starr *hinter* dem Gleichnis des Buchstabens. Anstatt das eine leibgeistige, beseelte Weltding als ein einheitliches Gleichnis zu fassen, das über sich hinaus geheimnisvoll ins Unendliche Gottes weist, wird nun der Leib, der Buchstabe für sich allein schon zum Gleichnis, das auf die Wahrheit der Geistsphäre überhaupt hindeutet. So kommt es, daß Origenes in der biblischen, irdi-

schen Geschichte das Gleichnis der himmlischen Geschichte der Seele sucht, anstatt die eine leib-seelische, menschliche Geschichte als Gleichnis der göttlichen, zu uns absteigenden Geschichte zu deuten. Und daraus folgt dann weiter, daß jene himmlische kosmische Seelengeschichte weniger wie echter ‹Geist›, denn wie ein zweiter Buchstabe hinter dem ersten anmuten muß. Erst hier also, und nicht schon bei der ‹allegorischen› Methode, hätte die Kritik einzusetzen. Aber selbst hier noch, wo Origenes im Allegorisieren *nicht* zu weit geht, sondern vielmehr einen falschen Seitenweg einschlägt, muß man stets sein einzigartiges Gespür für die geistigen Schriftsinne bewundern. Seine Auslegungen haben so viel Mäßigkeit, so viel gesunden Sinn und Geschmack (und stechen dabei deutlich von vielen andern allegorisierenden Exegeten ab), daß eine in Bausch und Bogen verwerfende Kritik schlechthin danebengreift. Aber wenige wissen heute, im Zeitalter der philologischen Akribie und Sezierkunst, daß die Bibel Gott zum Autor hat und, wie Origenes unvermeidlich wiederholt, einen Gottes würdigen Sinn haben muß – oder gar keinen.

Und so ist es bei Origenes überall: stets blickt durch alle objektiven Irrtümer und Schiefheiten ein letzter christlicher und kirchlicher Sinn durch, der den Kritiker immer wieder entwaffnet und staunend stehen läßt vor so viel unverfälschtem Wert. Jene dritte Schicht, die wir aufdeckten, bricht sich überall Bahn und besiegt zuletzt die gnostischen Tendenzen. Nur in zweitletzten Dingen ist Origenes ‹heterodox›. In letzten ist er katholisch. Dies zeigt auch noch sein kindliches Festhalten an der sichtbaren Kirche, ihrem Dogma und ihrer Tradition, ihrem Priestertum und ihren Sakramenten. Es war der Grundfehler des sonst so trefflichen Buches von Walther Völker: *Das Vollkommenheitsideal des Origenes* (1931), diese durchgängige sakramentale Struktur des ganzen Weltbaus bei Origenes zu übersehen. Wir hoffen, ohne der geistigen Gestalt des Meisters den geringsten Zwang anzutun, diese sakramentale Struktur im ganzen Aufbau des vorliegenden Buches aufweisen zu können. Kirche selbst ist für Origenes so wenig eine innerliche Gemeinde, daß gerade schon ihm die grundlegende Spannung zwischen Ritual- und Hierarchie-Kirche und Corpus mysticum zu einem tragischen Erleben wurde. Aber nie hat er daran gedacht, sich diesem Konflikt durch die Leugnung des ersten Aspekts der Kirche zu entschlagen. Die Kirche ist für ihn das große Gesamt-Sakrament, welches das ‹Sakrament› des Leibes Christi fortsetzt, das ‹Sakrament› des Schriftworts in sich bewahrt und die Sakramente der Taufe, der Eucharistie, der Beichte und der Ehe als ihre Ausprägungen und Funktionen betätigt.

5

Am Ende dieser Einführung seien noch einige Bemerkungen zur Gestalt der gebotenen Auswahl beigefügt. Die Texte wurden aus allen überlieferten Werken gleichmäßig ausgewählt. Die meisten Forscher geben heute zu, daß die früher so verdächtigten Übersetzungen Rufins diese Verwerfung nicht verdienen. Daß er besonders heterodoxe Stellen des *Peri Archon* übermalt und den ihm selbst lückenhaft überkommenen Römerbriefkommentar frei bearbeitet hat, steht außer Zweifel. Aber auch im letzteren Werk bezeugen die Katenenfragmente, daß er mit Gewissenhaftigkeit zu Werke ging. Daß die übrigen Homilien fast durchweg treu und sinngemäß übertragen sind, erweisen außer den griechischen Fragmenten die möglichen Vergleichungen mit anderen griechisch erhaltenen Werken. Wir bedienten uns also, wie jedermann, der lateinischen Übersetzungen. Nur an zwei bedeutenden Stellen mußte eigens auf die Authentizität der griechischen Stellen hingewiesen werden, weil der Gedanke einer Rufinschen Übermalung nahe lag (485–487 und 1030).
Berücksichtigt wurden außer den in der Berliner Ausgabe und bei Migne vorfindlichen Werken die Ausgabe des Apokalypsenkommentars durch Harnack (*Texte und Untersuchungen* 38, 3), die von Gregg veranstaltete kritische Ausgabe der bei Cramer schon veröffentlichten Fragmente zum Epheserbrief (*Journal of theological studies* III, 1903), die reichen, aus vatikanischen Katenen von Pitra veröffentlichten Fragmente (*Analecta sacra* II, 349–483; III, 1–588), wenn sie aus innern und textlichen Gründen unzweifelhaft erschienen; die kritische Ausgabe einer Athoshandschrift von E. v. der Goltz (*Eine textkritische Arbeit des 10. bzw. 6. Jahrhunderts.*

1899, *Texte und Untersuchungen* 17), endlich die noch reiche Schätze bergende *Catena Patrum Graecorum* von Cramer (8 Bände, 1838–1844), sowie die kleine, aber wertvolle Fragmentenausgabe von Cadiou: *Commentaires inédits* des Psaumes, étude sur les textes d'Origène *contenus dans le manuscrit Vindobonensis* 8 (Paris, Belles-Lettres 1936).

Bei der Auswahl und Gestaltung der Texte wurde auf möglichste Kürze und Präzision des Gedankens gesehen, so daß auch innerhalb der Texte Kürzungen angebracht schienen (kenntlich an drei Punkten: ...). Durch diese Kürze wird der Text nun freilich stark zerrissen und in seiner Gedrängtheit vielleicht ermüdend erscheinen. Diesem Nachteil suchten wir durch eine möglichst natürliche Aufeinanderfolge der Texte sowie durch kurze Inhaltsübersichten zu steuern, welche dem Leser gleichsam den Ariadnefaden durch das Labyrinth der Fragmente an die Hand geben möchten.

Die angeführten Schriftstellen, soweit sie sich als solche deutlich herausheben, wurden durch doppelte Anführungszeichen herausgehoben. Doch ist Origenes' Stil sosehr von dem Wortschatz der Schrift durchtränkt, daß notgedrungen keine festen Grenzen zwischen Zitat, vager Reminiszenz und persönlicher Sprache zu ziehen waren.

Den trockenen, schmucklos-sachlichen, jeder Sentimentalität abholden Stil suchten wir nicht künstlerisch aufzuputzen. Origenes wirkt gerade durch den Gegensatz von Form und Gedanke. Er selbst war mißtrauisch gegen die Kunst der Rhetoren und hat dies Mißtrauen auch gelegentlich ausgesprochen.

Wir haben endlich kein Kunstwort für den unübersetzbaren Terminus *Logos* prägen wollen, sondern es schlicht mit WORT wiedergegeben. Die Majuskeln erinnern daran, daß die deutsche Wiedergabe keine Übersetzung sein will, sondern nur ein Hinweis auf einen umfassenderen Begriff. Nur an wenigen Stellen war die Übersetzung REDE oder Vernunft-WORT unumgänglich. Auf Anführung von Literatur über Origenes und auf einen gelehrten Apparat wurde durchweg verzichtet, denn der Zweck der vorliegenden Auswahl ist schon erreicht, wenn sie einen weiteren, nicht nur theologisch geschulten Kreis von Lesern mit den Grundgedanken des Alexandriners bekannt werden läßt und in ihm die Neugierde weckt, sich selbständig an die Werke des Meisters zu wagen, oder doch die Befriedigung, einmal in jene Esse geblickt zu haben, in der, zweihundert Jahre nach Christi Tod und zweihundert vor dem Tod Augustinus, die Gestalt der christlichen Theologie gehämmert wurde.

PROLOG

Von Zelten und Brunnen

Der unterscheidende Zug im origenistischen Denken ist der Eros unersättlichen Weisheitsdurstes. Werke sind endlich, Wissen ist unendlich (1). Aber diese Unendlichkeit ist weniger, wie im steigenden Eros Platons, durch das unendliche Hin-zu-Gott des Geschöpfes bedingt, als durch das Persönlich-Unendliche Wesen Gottes selbst (2–3). So ist in alle Ewigkeit die Hoffnung nach oben offen (4–6). Die wahre Weisheit ist Leben: ewigsprudelnde Quelle. Sie ist im Leib des WORTS, in der Schrift die lebendige Seele. Diese Inwendigkeit aber ist zugleich der Innenraum jeder Seele (7). Weisheit erfüllt sich ganz nur als das Mitströmen und Mit-Überquellen des Lebens mit Christus zusammen (8–10). Urgrund dieses Quellens ist die Dreieinigkeit (11–12).

(1) «Wie gut sind deine Häuser, Jakob, deine Zelte, Israel.» Fragst du nach dem Unterschied von «Haus» und «Zelt» und nach der Verschiedenheit zwischen «Jakob» und «Israel», so ist auch hier eine Unterscheidung zu treffen. Ein «Haus» ist ein eingegründetes, unverrückbares Ding, zwischen sicheren Grenzen abgesteckt; «Zelte» dagegen sind eine Art Unterschlupf für solche, die immer unterwegs sind, immer wandern und noch kein Ziel ihrer Wanderung gefunden haben. Demnach hat «Jakob» hier die Rolle derer, die in Tat und Werk vollkommen sind, «Israel» aber bedeutet jene, die sich um Weisheit und Wissenschaft mühen. Weil also die Übung der Werke und Taten einmal ein sicheres Ende hat – grenzenlos nämlich ist die Vollkommenheit der Werke nicht –, so besitzt, wer alles Schuldige erfüllt hat und an die Grenze der Werke gelangt ist, an Vollendung selbst seiner Werke ein gutes «Haus». Derer aber, die sich um Weisheit und Wissenschaft mühen, weil es da ein Ende nicht gibt – denn was könnte ein Grenzstein in der Weisheit Gottes sein, wo einer um so Tieferes findet, je weiter er voranschreitet, und je mehr er forscht, um so unaussprechlicher und unbegreiflicher erscheint es ihm, denn unumfaßbar und unabschätzbar ist Gottes Weisheit – dar-

um preist er nicht «Häuser» derer, die die Wanderung der Weisheit unternahmen – sie gelangten ja zu keiner Grenze – sondern wundert sich ihrer «Zelte», in welchen sie immerdar wandern und immer vorangehn, und je weiter sie fortschreiten, um so weiter dehnt sich ihnen der Weg des Fortschreitens aus und spannt sich ins Grenzenlose, und darum, im Geiste eben diese Fortschritte erschauend, nennt er sie «Zelte Israels». Und wahrlich, wenn einer im Wissen einigen Fortschritt machte, einige Erfahrung in solchen Dingen gewann, der weiß es wahrlich: wenn man bis zu einer gewissen Einschau und Anerkenntnis der geistigen Geheimnisse gekommen ist, dann ruht dort gewissermaßen die Seele wie in einem «Zelt». Wenn sie aber aus dem, was sie da fand, sich anderes wiederum reimt und zu anderen Einsichten fortgeht, dann strebt sie gleichsam mit zusammengelegtem «Zelt» zu Höherem und pflanzt sich dort ihren Sitz, angepflockt mit haltbaren Ergebnissen, und wiederum findet sie aus diesen andere geistige Sinne, welche ihr ohne Zweifel die Schlüsse der früheren aufgebreitet, und so erscheint sie, immer nach dem, was vor ihr liegt, gespannt, gleichsam in «Zelten» einherzuziehn. Nie mehr nämlich, ist einmal die Seele vom Feuerpfeile des Wissens getroffen, kann sie in Muße sinken und ausruhn, sondern immerdar wird sie vom Guten zum Bessern und vom Bessern wieder zum Höhern vorangerufen.

(2) Der Demütige wandelt in großen und wunderbaren Dingen, die über ihm sind, in den Lehren nämlich, die wahrhaftig groß und in den Gedanken, die wunderbar sind, und doch «demütigt er sich unter die gewaltige Hand Gottes».

(3) «O Tiefe des Reichtums der Weisheit und Wissenschaft Gottes.» Und daß er dies verzweifelnd je völlig zu fassen ausrief, dafür höre, wie er sagt: «Wie unerforschlich sind die Gerichte Gottes und wie unaufspürbar Seine Wege.» Nicht nämlich sagt er «schwer-erspürbar», sondern «unaufspürbar». Denn soweit immer einer im Grübeln und in der Anstrengung des Wissens vorangeht, auch von Gottes Gnade beigestanden und erleuchteten Sinnes, zum vollen Ziele dessen, was er sucht, kann er nicht gelangen, sowenig als irgendein erschaffener Sinn, der auf keine Art es jemals umfassen kann, sondern sobald er etwas von dem Gesuchten gefunden, erblickt er je Neues, das zu suchen ist ...

Darum ist wünschbar, daß jeder nach Kräften «sich spanne zu dem, was vor ihm liegt» und «vergesse, was hinten zurückbleibt», sowohl zu besseren Werken als auch zu reinerem Sinnen und Begreifen durch Jesus Christus unsern Erlöser.

(4) Die hoffen, behalten nicht die gleiche Hoffnung, die sie anfangs hatten. Vielmehr, wenn sie fortschreiten gemäß Gott, so wachsen sie in der Hoffnung, und je mehr ihre Liebe sich ausdehnt, um so stärker wird auch ihre Hoffnung ... und aus der Gottesliebe erwächst ihnen Zuwachs der Hoffnung.

(5) Und ich will nicht nur hoffen, sondern «über-hoffen», im Fortschritt der Liebe. Denn «die Liebe hofft alles».

(6) «Ich aber will immerdar hoffen.» Wohl ist es möglich, daß Gott immerdar besungen werde, immerdar benedeit werde, daß immerdar keusch gelebt und gerecht gehandelt werde. Wer aber kann «immerdar hoffen»? Denn wer immer hofft, der erreicht nie, was er erhofft. So mag denn der eine sagen, das «Immerdar» beziehe sich nicht auf die Länge der Ewigkeiten, sondern nur auf dieses Leben. Ein zweiter wird das «Immerdar» im Gegenteil von den Zeiträumen der Ewigkeiten verstehen, aber so, daß die Grenze der Hoffnung die Erkenntnis der Dreieinigkeit sei. Der dritte aber wird sagen, daß das «Immerdar» gerade in Hinsicht auf die Heilige Dreieinigkeit gemeint sei: diese Einsicht allein sei nämlich grenzenlos[1].

(7) Immer gleich haben es die Patriarchen mit den Brunnen getrieben. Denn siehe: es berichtet die Schrift, daß Isaak, nachdem der Herr ihn gesegnet und er sehr verherrlicht worden war, ein großes Werk unternahm: «Er begann», heißt es, «Brunnen zu graben», Brunnen, die seine Knechte zu Zeiten seines Vaters Abraham gegraben und die die Philister verstopft und mit Erde angefüllt hatten. Zuerst also wohnt er beim Brunnen «Schau», und erleuchtet vom Brunnen «Schau» geht er daran, die andern

[1] Der Gedanke eines durch alle Ewigkeit währenden Fortschritts ist in den ersten Jahrhunderten der griechischen Patristik geläufig. Irenäus läßt mitten in der Schau Gottes den Glauben fortdauern, weil Gott immer neue Offenbarungen seiner Herrlichkeit bereit hat. Gregor von Nyssa verlegt geradezu das Wesen der Seligkeit in die bewegte und doch selige Sehnsucht nach dem stets unerreichbaren und entfliehenden Gott.

Brunnen zu öffnen, und nicht zuerst neue, sondern die, die sein Vater Abraham gegraben hatte. Und da er den ersten Brunnen gegraben, «da erbrannten», heißt es, «die Philister gegen ihn». Er aber ließ sich durch ihren Eifer nicht abschrecken und wich nicht dem Neide, sondern, heißt es, grub wiederum Brunnen ..., grub auch andere, neue im «Tale Gerar», nicht zwar er selbst, sondern seine Knechte, «und er fand daselbst», heißt es, «einen Brunnen lebendigen Wassers». Aber da begannen die Hirten Isaaks zu streiten, indem sie behaupteten, das sei ihr Wasser, und er nannte den Brunnen «Zank». Zänkerisch nämlich waren sie dort mit ihm umgegangen. Aber Isaak wich vor ihrer Bosheit aus und grub wiederum einen anderen Brunnen, und nichtsdestoweniger, heißt es, gerieten sie auch darüber wieder in Streit, und er nannte seinen Namen «Anfeindung». Und er wich von dort zurück und grub wiederum einen anderen Brunnen, über den man nicht mit ihm stritt, und er nannte seinen Namen «Ausweitung», denn, sagte er, «nun hat uns Gott freien Raum gegeben, so daß wir uns auf dem Lande ausweiten können».

Trefflich sagt irgendwo der heilige Apostel, die Größe der Geheimnisse betrachtend: «Und wer mag dazu fähig sein?» Auf ähnliche Weise, oder vielmehr auf weit unähnliche – so weit nämlich, als wir unter ihm stehen –, sagen auch wir beim Anblick so großer Geheimnisse der Brunnen: «Und wer mag dazu fähig sein?» Denn wer möchte wohl würdig erklären solcher Brunnen Geheimnis oder der Taten, die um sie erzählt werden, es sei denn, wir rufen den Vater des lebendigen WORTES an, und er selber würdige sich, uns sein WORT in den Mund zu legen, damit wir euch Dürstenden ein wenig lebendiges Wasser schöpfen können aus diesen so reichlichen und vielgestaltigen Brunnen.

Es gibt also Brunnen, welche die Knechte Abrahams gruben, aber die hatten die Philister mit Erde angefüllt. Diese schickt sich also Isaak vorerst zu reinigen an. Philister hassen die Wasser, lieben die Erde. Isaak liebt die Wasser, er sucht immer Brunnen; reinigt die alten, öffnet die neuen. Blicke nun auf *unseren* Isaak, der für uns als Opfer dargebracht wurde, wie er ins «Tal Gerar» kommt ...; vor allem will er jene Brunnen graben, welche die Knechte seines Vaters gegraben hatten, das heißt, er will die

Brunnen des Gesetzes und der Propheten erneuen, welche die Philister mit Erde erfüllt hatten. Wer sind die, welche die Brunnen mit Erde anfüllen? Jene ohne Zweifel, welche das Gesetz irdisch und fleischlich verstehen wollen und den geistigen und mystischen Sinn verwerfen, so daß sie weder selber trinken, noch andern zu trinken gestatten. Höre unsern Isaak, den Herrn Jesus, im Evangelium sagen: «Weh euch, Schreiber und Pharisäer, denn ihr traget den Schlüssel des Wissens und ihr geht weder selber ein noch erlaubt ihr andern, einzugehn» ... Er «geht von ihnen weg»; denn er kann nicht mit solchen sein, die in den Brunnen kein Wasser wollen, sondern Erde, und er sagt zu ihnen: «Siehe, verlassen wird euer verödetes Haus.» Es gräbt also Isaak neue Brunnen, ja auch die Knechte Isaaks graben. Die Knechte Isaaks sind Matthäus, Markus, Lukas, Johannes, seine Knechte sind Petrus, Jakobus, Judas, sein Knecht ist der Apostel Paulus, die alle die Brunnen des Neuen Bundes graben. Aber auch um dieser willen erwächst ihm «Zank» von denen, die auf Erdhaftes sinnen, und die weder dulden, daß man neue gräbt, noch daß man die alten reinigt. Den Brunnen des Evangeliums widersprechen sie, den Aposteln sind sie entgegen. Und weil sie allem widersprechen, in allem zänkisch sind, so wird zu ihnen gesagt: «Weil ihr euch unwert machtet der Gnade Gottes, darum wenden wir uns nun zu den Heiden.»

Danach also gräbt Isaak einen dritten Brunnen und er nannte den Namen jenes Ortes «Ausweitung» ... Denn wahrlich ist Isaak nun geweitet und «sein Name ist über die Erde vermehrt», da er uns das Wissen um die Dreieinigkeit brachte ... Hinaus zogen die Knechte Isaaks über den ganzen Erdkreis und gruben überall Brunnen und zeigten allen lebendiges Wasser, «taufend alle Völker im Namen des Vaters und des Sohnes und des Heiligen Geistes». «Denn des Herrn ist die Erde mit all ihrer Fülle.» Aber auch ein jeder von uns, die das Wort Gottes bedienen, gräbt einen Brunnen und sucht lebendiges Wasser, womit er die Hörer erquicke. Wenn nun also auch ich beginne, die Sprüche der Alten durchzureden und geistigen Sinn in ihnen zu suchen, wenn ich versuche, den Schleier des Gesetzes zu lüften, ... so grab ich zwar Brunnen, aber allsogleich bereiten mir Nachreden die Freunde des Buchstabens und verfolgen mich, sofort rüsten sie Feindschaft und Nachstellungen, indem sie behaupten, die Wahrheit könne nur auf der Erde stehen. Wir aber lassen niemals ab, Brunnen lebendigen Wassers zu graben ... Doch vielleicht ist unter denen, die mich da reden hören, einer, der in weltlicher Wissenschaft bewandert ist und der mir sagt: Unser ist, was du da vorbringst, aus unserer Kunst ist es gelernt, diese selbst, die du da erörterst und lehrst, ist unsere Redekunst! Und er triebe «Zank» mit mir wie ein Philister und sagte: auf meinem Grunde gräbst du den Brunnen, und er schiene mit Recht für sich zu fordern, was seiner eigenen Erde ist. Dennoch würde ich darauf erwidern, daß jede Erde Wasser enthält; wer aber ein Philister ist und auf Erdhaftes sinnt, der weiß das nicht, daß man in jeder Erde Wasser findet, der weiß nicht in jeder Seele einen Sinn und ein Bild Gottes zu finden, der weiß nicht, daß Glaube, Ehrfurcht und Frömmigkeit in allen entdeckt werden kann. Was nützt es dir, Gelehrsamkeit zu haben und nicht zu wissen, wie du sie anwenden sollst, die Worte zu haben und nicht reden zu können. Das eben ist das Werk der Knechte Isaaks, die in aller Erde Brunnen lebendigen Wassers graben, das heißt aller Seele das WORT Gottes reden. Und sie finden Frucht.

Dergestalt also wurden die Brunnen, welche Abraham grub, die Schriften des Alten Bundes, mit Erde gefüllt von den Philistern – sei's schlechten Lehrern, Schreibern und Pharisäern, sei's auch von den feindlichen Gewalten –, und ihre Adern wurden verstopft, damit sie denen, die aus Abraham sind, keinen Trank gewährten. Denn nicht vermochte jenes Volk von den Schriften zu trinken, sondern erleidet Durst am WORTE Gottes, bis Isaak kam und sie auftat, damit seine Diener trinken ... Er öffnete sie denen, die da sagten: «Brannte nicht unser Herz, da er uns die Schriften öffnete?» Er öffnete also diese Brunnen und «nannte sie ebenso», heißt es, «wie sein Vater Abraham sie genannt hatte». Denn er veränderte nicht die Bezeichnungen der Brunnen. Es ist bedeutsam, daß auch bei uns Moses noch Moses genannt wird und jeder der Propheten mit seinem [ursprünglichen] Namen. Nicht nämlich veränderte Christus in ihnen den Namen, sondern das Begreifen. Er verändert es aber darin, daß wir nun nicht mehr achten sollen auf die «jüdischen Fabeln» und «unendlichen Genealogien» («denn sie kehren ihr Gehör von der Wahrheit ab, kehren sich aber Fabeln zu»). Er öffnete also die Brunnen und lehrte uns, daß wir nicht an irgendeinem Orte Gott suchen sollten, sondern wissen, daß in aller Erde ein Opfer dargebracht wird, «denn jetzt ist die Zeit gekommen, da die wahren Anbeter den Vater anbeten weder in Jerusalem noch auf dem Berge Garizim, sondern im Geiste und in der Wahrheit». Nicht also an einem Orte, nicht in einer Erde wohnt Gott, sondern im Herzen wohnt er. Und wenn du den Ort Gottes suchst: ein reines Herz ist sein Ort. An diesem Orte, sagte er nämlich, würde er wohnen, als er durch den Propheten sprach: «Ich werde in ihnen wohnen und wandeln, und sie werden mir Volk sein und ich ihnen Gott, spricht der Herr.» Siehe also, welch ein Brunnen lebendigen Wassers vielleicht auch in der Seele eines jeden von uns ist: ein gewisser himmlischer Sinn und ein heimliches Gottesbild, und diesen Brunnen haben die Philister, das sind die widrigen Mächte, mit Erde gefüllt. Mit was für Erde? Mit fleischlichem Sinnen und erdhaften Gedanken, und darum trugen wir «das Bild des Irdischen». Damals also, da wir «des Irdischen Bild trugen», hatten die Philister unsere Brunnen gefüllt. Jetzt aber, weil unser Isaak gekommen, laßt uns seiner Ankunft entgegengehn und unsere Brunnen graben, aus ihnen heraus die Erde werfen, sie reinigen von allem Unrat, von allen Kot- und Erdgedanken, dann werden wir in ihnen lebendiges Wasser finden, jenes, von dem der Herr sagte: «Wer an mich glaubt, aus dessen Leibe werden Ströme lebendigen Wassers fließen.» Schau, wie groß die Freigebigkeit des Herrn ist: Brunnen hatten die Philister gefüllt, dünne und dürftige Adern Wassers neideten sie uns, und an ihrer Statt werden uns Quellen und Ströme gegeben! Wenn also auch ihr, die ihr heute dies hört, treulich das Vernommene aufnehmt, so wirkt auch in euch Isaak, er reinigt eure Herzen, und ihr, beim Anblick so großer in den göttlichen Schriften verhüllter Geheimnisse, wachset in Einsicht, wachset in den geistlichen Sinnen. Und auch ihr beginnt dann Lehrende zu sein, und es fließen aus euch Ströme lebendigen Wassers. Denn eben jetzt ist das WORT Gottes gegenwärtig, und dies ist jetzt sein Wirken, daß er von der Seele eines jeden von euch die Erde weghebt und deinen Brunnen öffnet. Denn innen in dir ist er und kommt nicht von außen, wie auch «das Reich Gottes in euch» ist. Und jenes Weib, das «die Drachme verloren», fand sie nicht draußen, sondern drinnen im Hause, nachdem sie «eine Leuchte angezündet» und «das Haus gereinigt» von dem Schmutz und Unrat, den Weichlichkeit und Trägheit einer langen Zeit gehäuft, und da fand sich die Drachme. Auch du also, wenn du die «Leuchte» ansteckst, wenn du die Einleuchtung des heiligen Geistes berührst und «in seinem Lichte das Licht schaust», findest innen in dir die Drachme. Denn inwendig in dich ist es geheftet, das Bild des himmlischen Königs. Als nämlich im Anfang «Gott den Menschen machte, da schuf er ihn nach seinem Bild und Gleichnis», und dieses Bild prägte er nicht außen an, sondern innen ein. Es konnte in dir nicht geschaut werden, solange dein Haus schmutzig war und mit Unrat und Abraum gefüllt. Dieser Quell der Weisheit war innen in dir und konnte doch nicht fließen, denn die Philister hatten ihn mit Erde gefüllt und in dir «das Bild des Irdischen» gewirkt … Du aber, vom WORTE Gottes gereinigt, laß «das Bild des Himmlischen» in dir erstrahlen … Der Sohn Gottes ist der Maler dieses Bildes. Und weil er ein so tüchtiger, ein so großer Maler ist, darum kann sein Bild wohl durch Vernachlässigung sich verdunkeln, aber es kann durch Bosheit nicht ausgelöscht werden. Denn immer bleibt das Bild Gottes, auch wenn du dir selber das Bild des Irdischen darübermalst. *Dieses* Gemälde malst du dir selbst. Denn wenn dich Begier verdunkelt, hast du eine Erdfarbe aufgetragen, brennst du aber in Habsucht, so mischest du eine andere. Macht dich dann noch der Zorn blutrot, so fügst du die dritte Farbe hinzu. Stolz bringt ein neues Schwarz und Gottlosigkeit ein anderes. Und so malst du mit allen Gestalten des Bösen wie mit ebensoviel Farben dir selbst dieses «Bild des Irdischen», das nicht Gott in dir schuf. Darum müssen wir auch zu jenem flehen, der durch den Propheten sagt: «Siehe, ich zerstreue wie Gewölk deine Missetaten und wie die Dunkelheit deine Sünden.»

(8) Versuchen wir auch das zu tun, wozu uns die Weisheit ermahnt mit den Worten: «Trinke Wasser aus deinen Quellen und deinen Brunnen, und es soll ein Brunnen sein, der dein eigen ist.» Versuche also auch du, der du mich hörst, deinen eigenen Brunnen zu haben und deine eigene Quelle. … Es ist innen in dir eine Natur aus lebendigem Wasser, es sind unversiegbare

Adern und bewässernde Bäche vernünftigen Sinnes, wenn anders sie nur nicht mit Erde und Schlamm verstopft sind. Auf denn, grabe deine Erde heraus und reinige den Schmutz, entschlag dich der Trägheit des Gemütes, schüttle ab die Erstarrung des Herzens.

(9) Kehren wir zu Isaak zurück und graben wir mit ihm Brunnen lebendigen Wassers ... graben wir so lange, bis daß die Wasser des Brunnens an unsern Wegen überfließen und sie unsere Plätze [überschwemmen], damit nicht nur für uns das Verstehen der Schriften genüge, sondern wir auch andere unterweisen und es anderen zeigen, auf daß trinken «die Menschen», trinken auch «die Herden». Hören mögen die Klugen, hören auch die Einfältigen ... während unsere Herzen erleuchtet und reinigt unser Herr und Erlöser Jesus Christus selber, dem Ruhm und Macht sei von Ewigkeit zu Ewigkeit. Amen.

(10) Komm, ich bitte dich, Herr Jesu, Sohn Gottes, leg ab deine «Kleider», die du für mich angenommen, und gürte dich für mich und gieße «Wasser in das Becken» und wasche «die Füße» deiner Knechte, schwemme hinweg den Schmutz deiner Söhne und Töchter. Wasche «die Füße» unserer Seelen, auf daß wir dich nachahmen und gleich dir unsere alten «Kleider» ablegen und sprechen: «Nachts habe ich mein Kleid von mir getan, wie sollte ich's wiederum anziehn?», und auch dies sagen: «Ich habe meine Füße gewaschen, wie sollte ich sie wieder beflecken?» Denn sobald du meine «Füße» gewaschen hast, läßt du mich an «deiner Seite» mich niederlegen, damit ich von dir höre: «Ihr nennt mich Herr und Meister, und ihr sagt recht, denn ich bin's. Wenn also ich, euer Herr und Meister, eure Füße gewaschen habe, so sollt auch ihr einander die Füße waschen.» So will denn auch ich es jetzt unternehmen, meinen Brüdern «die Füße zu waschen», meiner Mitjünger «Füße zu waschen». Und darum nehme ich Wasser, das ich aus den Brunnen Israels trinke ... und gieße es in die Schale meines Herzens, indem ich den SINN in meinem Herzen empfange, und ergreife die «Füße» derer, die sich hergeben und sich bereiten, gewaschen zu werden, und so weit es in meinem Vermögen steht, begehre ich die «Füße» meiner Brüder zu waschen ..., damit wir alle zugleich durch das WORT in Christo gereinigt, nicht wegen schmutzigen Kleidern «aus dem

Brautgemach» des Bräutigams «geworfen werden», sondern, mit weißen angetan, mit gewaschenen Füßen, reinen Herzens beim Gastmahl des Bräutigams liegen dürfen, unseres Herrn Jesus Christus.

(11) «Wie der Hirsch dürstet zu den Wasserquellen, so dürstet meine Seele zu dir, o Gott.» Wenn wir nicht zu diesen drei «Wasserquellen» dürsten, so werden wir keine Wasserquelle finden. Eine einzige «Wasserquelle», Gott, schienen die Juden ersehnt zu haben, aber weil sie nicht zu Christus und zum Heiligen Geiste dürsteten, so erhielten sie auch nichts von Gott zu trinken. Es schienen die Häretiker Jesus Christus heftig erdürstet zu haben, aber weil sie nicht zum Vater des Gesetzes und zum Gott der Propheten dürsteten, darum trinken sie auch nicht von Jesus Christus. Die aber Einen Gott verehren, doch die Prophezeiungen geringschätzen, diese dürsten nicht zum Heiligen Geiste, der in den Propheten sprach, und darum trinken sie auch nicht vom väterlichen Brunnen und nicht von jenem, der im Tempel die Worte rief: «Wenn einer dürstet, so komme er zu mir und trinke.» Es verdorrten also nicht die Brüste des «Felsens», sondern jene verließen den Brunnen lebendigen Wassers ... Gott nämlich entfernt sich selber von niemandem, die aber, die sich von ihm entfernen, gehen zugrunde. Vielmehr nähert sich Gott manchem und eilt dem entgegen, der zu ihm kommt ... indem er sagt: «Ich werde mich ihnen nähern wie das Kleid ihres Körpers, denn ich bin ein nähernder Gott und nicht ein Gott von Ferne, spricht der Herr ...» Nicht flieht das Wasser des Heiligen Geistes, sondern ein jeder von uns, wenn er sündigt, flieht, um nicht vom Wasser des Heiligen Geistes zu trinken.

(12) Diese Rede ist auch ein Lobgesang – und darin besteht die Theologie.

I.
SEELE

Die Welt und die Seele

SELBSTERKENNTNIS

Der unendliche Durst nach Weisheit (13) muß sich als ersten Gegenstand die Seele wählen. Dies heißt gewiß zunächst ein betontes Nach-Innen und damit das Schließen der Augen gegenüber der äußern Welt. Aber die Seele ist selbst Mittelpunkt der Welt, und vor dem innern Auge entrollen sich sogleich Dimensionen, wie sie die äußere Körperwelt nicht kennt. Nach der Seele fragen heißt Blicke tun in die Abgründe ewiger Äonen, unabsehbarer Schicksalswellen (14). Weil in diesem die Ränder der Zeitlichkeit weit überströmenden Geschehen Heil und Unheil der Seele sich abspielt, darum wird Selbsterkenntnis strengste Forderung (15).

Der innere Raum ist eine neue, geistige Welt (16), die im Wunder des Gedächtnisses die ganze Weite der Körperwelt in sich faßt (17), die aber noch eine ganz andere Fassungskraft besitzt: Raum des Wohnens und Wandelns Gottes zu sein (18–20).

(13) Wie, wenn unser Auge das Werk eines Künstlers erblickt, … der Geist sogleich entbrennt, zu wissen, wie und auf welche Weise und wozu das Ding gemacht ist, so und noch weit mehr entbrennt unser Geist in einer unaussprechlichen Sehnsucht, den Grund der Werke Gottes, die wir erblicken, zu erkennen. Diese Sehnsucht, diese Liebe ist uns zweifellos, wie wir glauben, von Gott eingepflanzt, und wie das Auge naturgemäß das Licht und die Schau sucht, wie unser Leib seinem Wesen gemäß Speise und Trank verlangt, so trägt unser Geist in sich eine eigentümliche und naturhafte Sehnsucht, die Wahrheit Gottes und die Urgründe der Dinge zu erkennen. Wir haben aber diese Sehnsucht von Gott nicht dazu erhalten, daß sie niemals erfüllt werden könnte oder sollte, denn sonst wäre vom Schöpfer Gott die Liebe zur Wahrheit vergeblich eingepflanzt worden.

(14) «Feiert und erkennt, daß ich der Herr bin.» Es ist die erste Aufgabe der Wissenschaft, die Dreieinigkeit zu erkennen, an zweiter Stelle aber seine Geschöpfe zu erkennen, nach dem Wor-

te dessen, der sprach: «Er gab mir von diesen Dingen, die sind, eine wahre Erkenntnis, das Wesen der Welt, die Kraft der Elemente, Anfang, Ende und Mitte der Zeiten» und so weiter. Darunter wird also auch eine gewisse Selbsterkenntnis der Seele fallen, wodurch sie wissen muß, was ihr Wesen ist, ob es körperlich oder unkörperlich ist, und ob einfach oder aus zwei oder drei oder mehreren Teilen zusammengesetzt und, nach der Fragestellung gewisser, ob geschaffen oder durchaus von niemandem geschaffen, und wenn geschaffen, wie sie gemacht wurde, ob (wie einige annehmen) im körperlichen Samen auch ihre Substanz enthalten sei und ihr Anfang zugleich mit dem Anfang des Leibes weitergegeben wird, oder ob sie, fertig von außen her kommend, den schon bereiten und gebildeten Leib im Mutterschoße anzieht. Und wenn es sich so verhält, ob sie neugeschaffen hinzukommt und erst dann entsteht, wenn der Körper gebildet erscheint (so daß als Grund ihres Gebildetwerdens die Notwendigkeit erscheint, einen Körper zu beseelen), oder ob sie früher schon und von alters geschaffen aus einem bestimmten Grunde hinzutritt, um einen Leib anzunehmen, und wenn sie aus einem Grunde dazu geführt zu werden scheint, welches dieser Grund sei. Ihn zu erkennen, ist «Wissenschaft» vonnöten. Ferner wird gefragt, ob sie nur einmal den Körper anzieht und ihn, einmal abgelegt, nicht wieder aufsucht, oder ob sie den einmal abgelegten erneut an sich nimmt, und wenn ja, ob sie den wieder aufgenommenen ewig behält oder einmal wieder ablegt. Und da nach der Autorität der Schrift die Vollendung der Welt bevorsteht und dieser verwesliche Zustand in einen unverweslichen umgewandelt werden soll, so kann darüber kein Zweifel herrschen, daß sie kein zweites und drittes Mal in einem Leib in den Zustand des jetzigen Lebens gelangen kann. Denn würde dies angenommen, so folgte notwendig daraus, daß die Welt wegen dieser sich ablösenden Folgen kein Ende nähme. Und weiterhin forsche die Seele in ihrer Selbsterkenntnis, ob es eine geordnete Gemeinschaft gibt, nämlich gewisse Geister, die gleichen Wesens wie sie, andere die ungleichen Wesens sind, das heißt, ob es auch andere vernunftbegabte Wesen gibt neben ihr, und auch vernunftlose, ob ihre Natur dieselbe ist wie die der Engel, da doch Vernünftiges von Vernünftigem sich nicht zu unterscheiden scheint. Ferner, ob sie zwar nicht durch ihr Wesen, wohl aber durch Gnade, wenn sie es verdient hat, [ihnen ähnlich] sein wird, oder ob sie überhaupt den Engeln ähnlich werden könnte, wenn sie die Ähnlichkeit nicht als eine naturhafte bekommen hätte, denn es scheint ihr wohl wiedergegeben werden zu können, was sie verloren hat, nicht aber etwas zuerteilt werden zu können, was ihr der Schöpfer nicht von Anfang gegeben. Und auch das überlege die Seele zu ihrer Selbsterkenntnis, ob die Tugend ihres Geistes ihr zukommen und wieder entweichen kann und veränderlich ist, oder ob sie, einmal erworben, niemehr zerfließt. Und was bedarf es noch weiterer Aufzählungen, aus was für Gründen die Seele sich selbst erkennen soll, damit sie nicht etwa, wenn sie es versäumt, vollkommen «sich zu erkennen», geheißen werde, «hinauszugehen in den Spuren der Herden und die Böcke zu weiden›, und das nicht im eigenen Zelt, sondern «in den Zelten der Hirten», während doch für den Willigen unter den obenerwähnten Gegenständen reichliche Gelegenheit wäre, sich in «der Rede der Wissenschaft» nach Kräften zu üben. – Es können diese Worte aber auch vom WORTE Gottes zu der Seele gesagt sein, die zwar im Fortschreiten begriffen ist, aber noch nicht zur höchsten Vollendung aufstieg. Sie wird zwar dafür, daß sie fortschreitet, «schön» genannt; damit sie aber zur Vollendung gelangen kann, muß notwendig eine Drohung an sie ergehen: daß, wenn sie sich nicht (in jenen oben angegebenen Punkten) selbst erkannt und sorgsam im WORTE Gottes und im göttlichen Gesetze geübt hat, sie dann das Schicksal treffen wird, darüber die Vermutungen irgendwelcher Leute zusammenzuraffen und solchen zu folgen, die nichts Ordentliches, nichts aus dem Heiligen Geiste geredet haben. Das nämlich heißt: «hinausgehn in die Spuren der Herden» und der Lehre derer folgen, die selber Sünder blieben und so kein Heilmittel für Sünder aufstellen konnten. Wer diesen «Böcken» folgt (welche die Sünder bedeuten), der wird umherstreifend bei «den Zelten der Hirten» weiden, das heißt immer neue Philosophenschulen aufsuchen. Bedenke also noch tiefer, wie schrecklich das ist, was in diesem Bilde verborgen ist: «Geh hinaus in den Spuren der Herden», heißt es; gleich als ob die Seele schon drinnen wäre und im Innern der Mysterien weilte, und sie es versäumt hätte, sich selbst zu erkennen und zu suchen, was sie sei und was oder wie sie zu handeln habe und was sie nicht tun solle; «Geh hinaus» wird zu ihr gesagt, als ob sie von dem Vorstehenden wegen der Schuld dieses Müßiggangs hinausgewiesen würde. So ist es eine ungeheure Gefahr für die Seele, das Wissen über sich selbst und ihre Selbsterkenntnis zu vernachlässigen. Weil wir aber eine doppelte Auslegung von der Selbsterkenntnis der Seele gaben, so könnte man sagen, daß sie nach jener, in der sie es vernachlässigt, sich über ihre Taten zu erforschen und ihren Fortschritt zu überwachen oder ihre Fehler zu suchen, zu ihrem Nutzen das Wort hört: «Geh hinaus», durch welches sie gleichsam aus dem Innern nach außen gewiesen wird. Fassen wir es aber nach der andern Auslegung, in der wir sagten, sie müsse ihre Natur und ihr Wesen und ihren Stand erkennen (sei es den frühern, sei es den kommenden), so ist es eine ernste Sache. Denn wo findet sich leicht eine solche Seele, die so vollkommen, so überlegen ist, daß ihr der Sinn und das Verständnis all dieser Dinge offenstünden? Da aber antworten wir, daß die vorliegende Stelle sich nicht an alle Seelen richtet, und daß der «Bräutigam» hier nicht an die «Mädchen» sich wendet und auch nicht an die andern «Frauen» und die «achtzig Nebenweiber» oder die «sechzig Königinnen», sondern an jene, die unter allen Frauen die «einzig Schöne und Vollkommene» genannt wird. Zu gewissen geliebten Seelen also ist das gesprochen.

(15) Einer der Sieben, von denen die Sage berichtet, daß sie bei den Griechen in der Weisheit einzigartig waren, soll unter anderem dieses wundersame Wort gesprochen haben: «Kenne dich selbst», oder: «Erkenne dich selbst.» Aber schon Salomon, von dem wir lehren …, daß er allen diesen der Zeit wie der Weisheit und Wissenschaft nach voraus ist, hat zur Seele wie zu einem Weib mit einer gewissen Drohung gesprochen: «Wenn du dich selbst nicht erkennst, o Schöne unter den Frauen», wenn du nicht anerkennst, daß die Ursprünge deiner Schönheit daher stammen, daß du nach dem Bilde Gottes geschaffen bist, wodurch dir gar große Lieblichkeit in die Natur geschenkt wurde, wenn du nicht erkennst, wie schön du am Anfang gewesen bist (auch wenn du selbst jetzt die andern Frauen an Schönheit übertriffst und allein unter ihnen «schön» genannt wirst) – dennoch:

«wenn du dich nicht selbst erkennst», wie du bist – denn ich will deine Schönheit nicht durch Vergleich mit Niedrigerem hervorragend finden, sondern dadurch, daß du dir selbst und deiner Schönheit verglichen und angeglichen standhältst –, wenn du das nicht tust, so heiße ich dich «hinausgehn», ... so lasse ich dich die schlimmsten Übel sehen, ... bis du aus Erfahrung und Erprobung lernst, was für ein Übel das ist, daß eine Seele sich nicht erkenne und um ihre Schönheit nicht wisse.

(16) Begreife, daß du eine zweite Welt im Kleinen bist, daß es in deinem Innern Sonne und Mond gibt und auch Sterne. Wäre dies nicht so, so hätte der Herr niemals zu Abraham gesagt: «Blick auf zum Himmel und siehe die Sterne, ob sie zählbar sind in ihrer Menge. So wird dein Same sein ...» Höre ein Weiteres, das der Herr zu seinen Jüngern sagt: «Ihr seid das Licht der Welt.» Zweifelst du noch, daß in dir Sonne und Mond sei, da doch zu dir gesagt wird, du seiest «das Licht der Welt»? Willst du noch ein Weiteres über dich selber hören, damit du nicht etwa klein und niedrig von dir denkend dein Leben wie etwas Verächtliches vernachlässigst? Es besitzt diese Welt ihren Lenker, sie besitzt einen, der sie beherrscht und in ihr wohnt, den allmächtigen Gott, wie er selbst durch den Propheten spricht: «Erfülle nicht ich den Himmel und die Erde, spricht der Herr?» Höre also, was der allmächtige Gott auch über dich, das heißt über die Menschen sagt: «Ich werde in ihnen wohnen und in ihnen wandeln.» Und noch etwas fügt er, dich betreffend, hinzu: «Und ich werde ihnen ein Vater sein, und sie werden mir Söhne und Töchter sein, spricht der Herr.» Es besitzt diese Welt den Sohn Gottes, sie besitzt den Heiligen Geist, wie der Prophet sagt: «Im WORTE Gottes sind die Himmel gefestigt und im Geist Seines Mundes all ihre Kraft ...» Und vernimm, was auch zu dir Christus sagt: «Und siehe, ich bin mit euch alle Tage bis zur Vollendung der Welt.» Und vom Heiligen Geiste heißt es: «Und ich werde von meinem Geist über alles Fleisch ausgießen, und sie werden weissagen.»

(17) «Bereitet den Weg des Herrn.» Welchen «Weg des Herrn» werden wir bereiten? Etwa einen körperlichen? Oder kann etwa das WORT Gottes auf einem solchen Weg einhergehen? Oder ist nicht innen dem Herrn ein Weg zu bereiten und sind nicht in

unserem Herzen rechte und geebnete Pfade zu bahnen? Das ist der Weg, durch den das WORT Gottes hereinkam, das im Fassungsraum des menschlichen Herzens wohnt. Groß ist das Menschenherz und geräumig, und es faßt viel, wenn anders es rein ist ... Was immer für Städte wir durchwandern, wir behalten sie im Geiste; mitsamt ihrer Beschaffenheit und der Lage der Plätze und der Mauern und Gebäude wohnen sie in unserem Herzen. Den Weg, auf welchem wir in sie eintraten, behalten wir im Gemälde und in der Beschreibung des Gedächtnisses zurück; das Meer, auf dem wir schifften, wir umfangen es in einem schweigenden Gedanken. Nicht ist, ich sagte es, klein das Menschenherz, das so Großes halten kann. Wenn aber nicht klein ist, was solches faßt, so muß in ihm der «Weg des Herrn bereitet» und «der Pfad gerade» gemacht werden, damit darauf das WORT Gottes und die Weisheit wandle.

(18) Nicht an einem Orte soll das Heilige gesucht werden, sondern in Taten und Leben und Sitten. Sind diese Gott gemäß und werden sie dem Gebote gemäß erfunden, so dienst du dem WORTE Gottes auch, wenn du zu Hause bist, auch wenn du auf dem Markte bist, und was sage ich auf dem Markte –: auch wenn du im Theater sitzest, zweifle nicht, daß du an heiliger Stätte stehst. Oder scheint dir Paulus, als er das Theater betrat oder als er in den Areopag hineinging und den Athenern Christus verkündete, nicht an heiligem Orte gestanden zu sein? Und auch als er unter den Altären und Götzen der Athener umherwandelte, wo er die Aufschrift: «Dem unbekannten Gott» fand, aus der er den Anknüpfungspunkt seiner Predigt über Christus machte, auch als er «die Altäre» der Heiden «durchstreifte», war er an heiligem Orte, weil er Heiliges dachte.

(19) Einen heiligen Ort suche ich nicht auf der Erde, sondern im Herzen. «Heiliger Ort» wird nämlich die vernunfthafte Seele genannt. Darum sagt auch der Apostel: «Gebt nicht Raum dem Teufel.»

(20) Ich glaube, wir haben unsere Seele selbst und unseren Leib als eine «Leihgabe» von Gott erhalten. Und willst du eine noch größere Leihgabe sehen, die du von Gott erhalten? Gott vertraute deiner Seele selbst «sein Bild und Gleichnis» an. Diese Leihgabe also mußt du ebenso unversehrt zurückerstatten, wie du sie ohne

Zweifel bekommen hast. ... War es nicht das, was der Apostel seinem geliebten Jünger Timotheus auftrug, als er sprach: «O Timotheus, bewache das Gute Hinterlegte!» Und ich will noch dies beifügen, daß wir auch Christus den Herrn als Leihgabe empfingen, und den Heiligen Geist als Leihgabe halten.

ZWISCHEN STOFF UND GEIST

In der Selbsterkenntnis öffnet sich vor der Seele der Blick für ihre Stellung im Kosmos und für dessen allgemeinste Struktur: Alles Geschöpfliche ist untrennbar Geist-Leib (21), und dies so, daß Leiblichkeit, obwohl vom Geist unterschieden, doch nur dessen Begleiterscheinung (22–23) und Schatten (24–25) ist. Die Grundbeziehung beider Pole aber ist die von Einheit-Vielheit (27–29), Wahrheit-Gleichnis (26–30), Kern-Hülle (31), Idee-Sinnlichkeit (32). Weil diese Struktur die durchgängige und allgemeinste ist, kann die Seele von jedem Sinnlichen zu einem Geistigen vorspüren, alles Leibliche als Ausdruck und Gleichnis verstehen (33).

(21) Gott hat zwei allgemeinste Naturen geschaffen: die sichtbare Natur, das heißt die körperliche, und die unsichtbare, welche die unkörperliche ist. Diese beiden Naturen können mancherlei Veränderungen durchmachen. Die unsichtbare, welche die vernunftbegabte ist, verändert sich durch Vorsatz und Absicht, weil sie mit Willensfreiheit begabt ist, und wird so das einemal im Guten, das anderemal im Gegenteil erfunden. Die körperliche Natur hingegen ist substantieller Veränderung fähig, und darum bietet sich der Stoff zu allem, was Gott, der Bildner aller Dinge, formen und bauen oder neugestalten will, als gehorsames Werkzeug.

(22) Das eine ist im eigentlichen Sinne und für sich selbst geschaffen, das andere als Mit-Folge um des Eigentlichen willen. Eigentlich und für sich besteht das Vernunftbegabte, zu dessen Förderung aber die Tiere und die Pflanzen der Erde.

(23) Im eigentlichen Sinn und für sich wurden die vernunftbegabten Wesen geschaffen, die materielle Substanz aber wird davon einzig dem Begriff und dem Gedanken nach unterschieden und

ist für sie oder ‹nach› ihnen geschaffen, aber sie haben niemals ohne sie bestanden und werden es auch nie tun, denn mit Recht gilt das Leben der Dreieinigkeit als das einzige unkörperliche.

(24) Wenn jemand uns irgendeinen körperlichen Gegenstand schenkt, so sagen wir nicht, daß er uns auch den Schatten des Dinges schenkte, denn nicht mit der Absicht, uns zweierlei zu geben, den Gegenstand und den Schatten, hat er uns das Ding geschenkt, sondern die Absicht des Gebers ist das Geschenk des Gegenstandes und bei der Übergabe des Dinges mit-folgt die Übernahme des Schattens. In gleicher Weise werden wir, wenn wir etwas geistige Großmut zeigen und überlegen, was für Dinge uns von Gott im eigentlichen Sinn und um ihrer selbst willen gegeben werden, durchaus treffend sagen müssen, daß die körperlichen Dinge uns als Mitfolge der großen und himmlischen geistigen Gaben geschenkt werden, jedem der Heiligen «nach Maßgabe des Nutzens» oder «nach der Analogie des Glaubens» oder «wie der Geber will» ausgeteilt.

(25) Alle stofflichen und körperlichen Dinge, was immer sie schließlich sein mögen, haben das Wesen eines bestandlosen und zerbrechlichen Schattens.

(26) «Jesus ist nicht in ein von Händen gebautes Heiligtum eingetreten, das ein Gleichnis der wahren Dinge ist, sondern in den Himmel selbst.» Also die Dinge, die im Himmel sind, die unsichtbar und unkörperlich sind, die sind die wahren Dinge; diese irdischen aber, die sichtbaren und körperlichen, werden «Gleichnisse der wahren Dinge», nicht selbst «wahr» genannt.

(27) Und wahrlich, man muß sich wundern, wie sehr alle fleischlichen Dinge dieser Welt dahinfließen, und wie flüssig und zerbrechlich all das ist, was bei den Ungläubigen als das Bestehende und Ewige angesehen wird. Wer aber den Sinn der Dinge erwägt, und die vermeintlichen Güter dieses Lebens betrachtet, wie sie immerdar sich verändern und vorübergehen, der mag wohl sagen: «Wie fließt es!»

(28) Im Stoffe nämlich und in den Körpern ist nichts eins, sondern alles, was eins scheint, ist zerschnitten und zerspalten und zerteilt in vieles, das die Einheit verloren hat. Eins nämlich ist die GUTHEIT, vieles das Böse, eins die WAHRHEIT, vieles das Falsche, eins die wahre GERECHTIGKEIT, vieles die Haltun-

gen, die sie heuchlerisch nachahmen, eins die WEISHEIT Gottes, vieles die «Weisheiten dieser Welt und der Fürsten dieser Welt, die einst zerstört werden», und eins ist das WORT Gottes, vieles die Gott fremden Worte.

(29) Wer eins ist, wird, wenn er sündigt, zu einem Vielen, abgeschnitten von Gott und in Teile zerteilt und aus der Einheit fallend.

(30) Wenn auch nichts von allem, was mit den Sinnen wahrgenommen wird, ‹wahr› ist, so kann man doch nicht sagen, daß das Sinnliche, weil es nicht ‹wahr› ist, darum ‹falsch› sei, denn es kann das Sinnliche eine Analogie zum Geistigen hin haben.

(31) Die vernünftigen Wesen, die ja die im eigentlichen Sinn und die vorzüglich bestehenden sind, sind ihrer Bedeutung nach die geborenen Kinder, die unvernünftigen und seelenlosen aber die Hülle, die zugleich mit dem Kinde im Mutterschoße sich bildet.

(32) Es gibt neben dieser sichtbaren und sinnlichen Welt, die aus Himmel und Erde besteht, oder aus Himmeln und Erde, noch eine andere Welt, welche die unsichtbaren Dinge umfaßt, und dies Ganze ist eine unsichtbare Welt, eine unschaubare Welt, eine geistige Welt. Ihrer Schau und ihrer Schönheit werden sich erfreuen die «reinen Herzens sind», und durch ihren Anblick ganz bereit gemacht dringen sie vor bis zur Schau Gottes selbst, soweit Gott überhaupt geschaut werden kann.

(33) Der Apostel Paulus lehrt uns, daß «das Unsichtbare Gottes» aus den sichtbaren Dingen «eingesehen wird» und «das Ungesehene durch das Gesehene ...», und zeigt damit, daß diese sichtbare Welt eine Unterweisung über die unsichtbare enthält und dieser irdische Bestand gewisse «Gleichnisse der himmlischen Dinge» in sich faßt, damit wir von den Dingen, die unten sind, aufsteigen könnten zu denen, die oben sind, und aus den Dingen, die wir auf Erden sehen, etwas erspüren und begreifen könnten von denen, die im Himmel sind. Nach deren Bilde gab der Schöpfer den irdischen Geschöpfen eine gewisse Ähnlichkeit, aus der ihre Mannigfaltigkeit leichter zusammengefaßt und durchschaut werden sollte. Und vielleicht hat Gott, wie er den Menschen «nach seinem Bild und Gleichnis» schuf, so auch die übrigen Geschöpfe mit der Ähnlichkeit anderer himmlischen Urbilder ausgestattet, und vielleicht hat sogar jenes Irdische so

sehr ein Gegenbild und eine Ähnlichkeit im Himmlischen, daß auch noch «das Senfkörnlein, welches das kleinste unter allen Samenkörnern ist», sein Bild und seine Ähnlichkeit im Himmel besitzt, und daß die Eigenschaft seiner Natur, «während es das kleinste unter allen Samenkörnern ist, größer» zu werden «als alle Sträucher, so daß die Vögel des Himmels kommen und in seinen Zweigen wohnen» nicht nur das Abbild irgendeines himmlischen Bildes enthält, sondern des Himmelreiches als ganzem. In diesem Sinne ist es auch möglich, daß die andern irdischen Samenkörner eine gewisse Ähnlichkeit und eine Bedeutung himmlischer Dinge enthalten. Und wenn das von den Samen gilt, so gewiß auch von den Sträuchern, und wenn von den Sträuchern, so zweifellos auch von den Tieren, seien es Vögel oder Kriechtiere oder Vierfüßler. Aber auch das kann noch begriffen werden, daß wie das «Senfkorn» nicht nur das eine Gleichnis enthält des «Himmelreiches», wegen des Wohnens der Vögel in ihm, sondern noch ein anderes Sinnbild in sich faßt, nämlich das der Vollkommenheit des Glaubens (so daß «wer Glauben hat auch nur wie ein Senfkörnlein», er zum «Berg sprechen kann: hebe dich weg, und er wird sich wegheben»), so es möglich ist, daß auch die anderen Dinge nicht nur in einer Hinsicht, sondern in mehreren «Gleichnis und Bild der himmlischen Dinge» enthalten ... So kann man auch von allen andern Dingen annehmen, seien es Samen oder Sträucher oder Wurzeln oder auch Tiere, daß sie zwar auf der einen Seite den Menschen einen leiblichen Nutzen und Dienst gewähren, anderseits aber Gestalt und Bild des Unsichtbaren enthalten, damit die Seele daraus angeleitet und erzogen werde, auch die unsichtbaren und himmlischen Dinge zu schauen. Und das ist vielleicht gemeint, wenn der Schreiber der göttlichen Weisheit sagt: «Er gab mir von den seienden Dingen die wahre Wissenschaft, daß ich wisse das Wesen der Welt und die Kräfte der Urstoffe, Anfang, Ende und Mitte der Zeiten, die Wechsel der Umläufe und die Veränderungen der Zeiten, die Kreise der Jahre und die Stellungen der Sterne, die Natur der Lebewesen, die Wut der Bestien, das Ungestüm der Geister und die Gedanken der Menschen, die Unterschiede der Pflanzen und die Kräfte der Wurzeln; alles Verborgene und Offenbare ist mir bekannt.» Siehe zu, ob wir nicht aus dieser Schriftstelle erklären und erhellen können, was wir untersuchen. Denn dieser Schreiber der göttlichen Weisheit sagt am Schluß seiner Aufzählung, daß er die Erkenntnis «alles Verborgenen und Offenbaren» erhalten habe, und er zeigt ohne Zweifel dadurch an, daß ein jedes «Offenbare» sich in einer Beziehung befinde auf ein «Verborgenes», das heißt, jedes einzelne der sichtbaren Dinge ein Sinnbild und eine Sinnbeziehung zu den unsichtbaren hat. Da es also dem Menschen, der im Fleische lebt, unmöglich ist, etwas vom Verhüllten und Unsichtbaren zu erkennen, wenn er nicht davon irgendein Bild und eine Ähnlichkeit aus diesen sichtbaren Dingen in sich aufgenommen hat, darum glaube ich, daß der, der «alles in Weisheit schuf», jede einzelne sichtbare irdische Gestalt so schuf, daß er in sie eine gewisse Lehre und Erkenntnis der unsichtbaren und himmlischen legte, damit der menschliche Geist durch sie hindurch aufsteige zu geistiger Einsicht und er die Gründe der Dinge im Himmlischen suche, um durch die Weisheit Gottes belehrt nun auch seinerseits sagen zu können: «Alles Verborgene und Offenbare ist mir bekannt.»

GLEITENDE MITTE

Die Seele aber ist weder Geist noch Leib, sondern die übergängliche Mitte zwischen beiden. Dies ist freilich nicht im Wesenssinne gemeint. Denn für Origenes besteht (wie für die Mehrzahl der frühen Väter) der Mensch unveränderlich aus Leib, Seele und Geist. Geist ist das himmlische, gnadenhafte Element, das von den Verdammten zwar einst genommen werden wird, in den Seligen aber auf ewig der Seele vereint bleibt. Seele ist die vitale Mitte zwischen Stoff und Geist, als solche aber zugleich der Ort der Wahl, ob der Mensch fleischlich oder geistig sein will. Wählt die Seele das Geistige als Lebensform, so wandelt sie sich in ‹Geist›: nicht ihrer Wesenheit, aber ihrer tiefsten Seinsweise nach. Sie wird ‹Fleisch›, wenn sie das Stoffliche wählt.

Diese Wahl ist unausweichlich (34) und letztlich der einzige religiöse Akt (35). Er allein entscheidet über Gut und Böse (36). Gut ist die Bewegung der (an sich indifferenten) Mitte vom Gleichnis zur Wahrheit, vom Stoff zum Geist (37–39). Diese Wahl ist Schicksal: Das Heil ist

nicht notwendig (40–41), sondern steht in unserer Hand (42). Seine Verwirklichung ist freie Tat (43).
Die wahre Ordnung ist daher: Leib unter Seele, Seele unter (Gott-) Geist (43–45). Der Leib ist zu beherrschen und sinnvoll zu gebrauchen, seine Triebe sind nicht schlecht (46–49), sie sind aber zu vergeistigen (48). Die Seele muß dazu selbst im Geiste hängen (50). Nur im Geist ist sie, was sie sein soll: in sich ist sie unvollkommen (52). Der Geist des Menschen ist nicht ‹das Göttliche in ihm› (51), sondern im eigentlichen Wesen die aus Gnade und als Gnade geschenkte unmittelbare Teilnahme der Seele am göttlichen Leben, die dem Verdammten entzogen wird (53).

(34) Jede Seele ist entweder Gottes oder eines derer, die Macht erhalten haben über die Menschen.
(35) Ein jeder steht unter der Herrschaft entweder der Sünde oder der Gerechtigkeit.
(36) Die menschliche Weisheit ist unvermögend, den Herrn zu erkennen und einzusehen, noch seine Gerichte und seine Barmherzigkeit und Gerechtigkeit auf Erden zu fassen, und darum ist sie indifferent und ‹mittel› … Wenn aber das ‹Mittlere› zur Tugend der Seele und Frucht des guten Werkes hingewendet wird, so wird es des Lobes wert, wie umgekehrt, wenn es zu schlechtem Werke verwendet wird (wie wenn jemand durch Reichtum einen Armen bedrückt, oder durch Stärke einen Schwachen niederwirft), dies Mittlere nicht mehr als indifferent, sondern als schlecht anzusehen ist … Wer es aber ohne diese Hinneigung zu einem der beiden gut nennt, ist für unerfahren und unwissend in den Begriffsbestimmungen und Bezeichnungen zu halten.
(37) Du siehst also, daß ein Werk, das ein und dasselbe zu sein scheint, wie zum Beispiel die Enthaltung von Ehebruch, doch je nach den innern Beweggründen der sich Enthaltenden nicht dasselbe, sondern ein verschiedenes ist, indem sich die einen aus guten Gründen, die andern aus schlechten und gottlosen enthalten.
(38) Alles, was ist oder getan wird, ist entweder gut oder böse oder indifferent … Gut im eigentlichen Sinne wird gewiß das genannt, was zu den Tugenden der Seele gehört, als böse kann allein das bezeichnet werden, … was gegen das Gesetz Gottes verstößt. Alles übrige muß als indifferent, das heißt als weder gut

noch böse bezeichnet werden, als da ist: Reichtum, körperliche Schönheit, Stärke oder hohe Gestalt und alles, was zum Dienste des Leibes bestimmt ist. Wenn einer diese Unterscheidungen nicht kennt und sich in Dingen rühmt, die nicht wahrhaft gut sind, … so rühmt er sich schuldhafter Weise.

(39) Wie es in uns ein gewisses indifferentes Leben gibt, das weder gut noch böse ist und nach welchem wir auch die Bösen und die vernunftlosen Tiere ‹lebend› nennen, und ein anderes, das nicht indifferent ist, sondern gut, und von dem Paulus sagt: «unser Leben ist mit Christus in Gott verborgen», und unser Herr selbst über sich: «Ich bin das Leben», ebenso gibt es auch einen Tod, der indifferent zu nennen ist, jener, der dem indifferenten Leben entgegengesetzt ist, und einen andern, der böse und schlimm ist und der Feind dessen, der sagt: «Ich bin das Leben.»

(40) Weil aber zuweilen auch in den Heiligen und Treuen das göttliche Feuer ausgehen kann, darum höre den Apostel, wie er denen, die die Gaben des Geistes und die Gnade zu empfangen verdienten, einschärft: «Löschet den Geist nicht aus.»

(41) Die Heiligkeit ist in jedem Geschöpf etwas Zufallendes. Was aber zufällt, das kann auch wieder abfallen.

(42) Dem Leibe nach zu wachsen und groß zu werden, liegt nicht in unserer Macht. Denn der Leib empfängt aus der Zeugung das Maß seiner Stofflichkeit, daß er groß oder klein wird; die Seele aber in uns hat ihre Gründe und ihre freie Wahl, groß oder klein zu sein.

(42a) «Gott hat den Tod nicht geschaffen», er hat auch das Böse nicht gemacht; er hat aber die Willensfreiheit zu allem dem Menschen und dem Engel eingeräumt. Hier ist nun einzusehen, wie durch die Wahlfreiheit die einen zum Gipfel der Güter emporsteigen, die anderen in den Abgrund der Bosheit stürzen. Du aber, Mensch, warum willst du nicht deinem freien Willen anheimgegeben sein? Warum ist es dir zu viel, zu streben, dich zu mühen, dich anzuspannen und durch gute Taten dich selbst zur Ursache deines Heiles zu machen? Oder würde es dich mehr ergötzen, schlafend und in einem müßigen Dasein in einem ewigen Wohlergehen dich auszuruhen? «Mein Vater», heißt es, «wirkt bis jetzt, und auch ich wirke». Und dir mißfiele, zu wirken, der du zu Werken geschaffen wurdest?

(43) «Wer im Fleische sät, wird vom Fleische Verwesung ernten, und wer im Geiste sät, wird vom Geiste ewiges Leben ernten.» Weil also ein anderer es ist, der sät, ein anderer, in dem gesät wird (gesät aber wird entweder im Fleisch, auf daß Verwesung geerntet werde, oder im Geiste, wenn Gott gemäß gelebt wird, damit das ewige Leben geerntet werde), so steht fest, daß es die Seele ist, die entweder im Fleische oder im Geiste sät, und daß sie es ist, die entweder in Sünde stürzen oder sich aus der Sünde bekehren kann. Denn der Leib ist nur ihr Gefolge, auf was immer sie ihn hinleiten mag, und der Geist ist ihr Führer zur Tugend, wenn anders sie ihm folgen will.

(44) Denn nicht darum hat uns Gott nach seinem Bilde erschaffen, daß wir dem Dienste des Fleisches ergeben seien, sondern dazu vielmehr, daß die Seele, im Dienste ihres Schöpfers stehend, sich selbst der Dienste und der Hilfeleistungen des Fleisches bediene.

(45) Werkzeuge der Seele sind die Leiber der Menschen, und wenn die Seele befiehlt, gehorcht der Leib, und sie bedient sich seiner, wozu sie will. Das WORT Gottes aber will, daß unsere Leiber nicht mehr von unsern Seelen belebt und bewegt werden, sondern als sein Eigentum durch Christus selbst. Darum sagt Paulus: «Ich lebe, doch nicht mehr ich, es lebt aber in mir Christus.» Wir werden also dann Glieder Christi, wenn wir uns alle nach seinem WORTE regen.

(46) Denn es will Gott, daß jenes große Werk, der Mensch, um dessentwillen auch die ganze übrige Welt geschaffen wurde, sich nicht nur [vom Tierischen] reinhalte, sondern auch darüber herrsche.

(47) Mir scheint, daß Begierlichkeit und Zorn, die in jeder Seele stecken, notwendig, sofern sie dem Menschen zum Sündigen helfen, unrein genannt werden müssen, sofern aber weder die Folge der Nachkommenschaft ohne Begierlichkeit gesichert noch irgendwelcher Besserung ohne Zorn und Züchtigung vonstatten gehen kann, beide notwendig und zu bewahren sind.

(48) Den Geist erfreuen die Dinge darum, weil er sich leidenschaftlich nach ihnen sehnt. So erquickt das Wasser den Dürstenden seines Durstes wegen und das Brot den Hungernden seines Hungers wegen. Was also sagt der Arzt der Seelen hierzu? Weder

zerstört er die Dinge, deren Schöpfer er selbst ist, noch zwingt er die Seele, diese Dinge mit Nichtbeachten zu übergehen, die doch geschaffen wurden, um erkannt zu werden. Aber durch geistige Unterweisung und Anleitung macht er jenen Leidenschaften ein Ende, die unsern Gedanken und selbstbeherrschten Taten fremd sind, und befreit so die Seele aus ihren Fesseln.

(49) «Als Mann und als Weib schuf er sie.» Sehen wir zu, wie auch im allegorischen Sinn der Mensch, der nach Gottes Bild geschaffen wurde, als Mann und Frau geschaffen wurde. Unser innerer Mensch besteht aus Geist und Seele ... Wenn diese unter sich zusammenstimmen und einträchtig sind, so wachsen sie durch Vereinigung miteinander und vermehren sich und zeugen Kinder: gute Sinne und Einsichten oder nützliche Gedanken, wodurch sie «die Erde erfüllen» und über sie «herrschen», das heißt, sie verwenden den ihnen untergebenen fleischlichen Sinn zu bessern Unternehmungen und herrschen über ihn ... Wenn hingegen die Seele, die dem Geiste verbunden und, wenn ich so sagen darf, mit ihm in einer Ehe verknüpft ist, gelegentlich zu den fleischlichen Wollüsten abweicht und ihren Sinn den Ergötzlichkeiten des Fleisches zuneigt, und das einemal den heilsamen Ermahnungen des Geistes zu gehorchen scheint, das anderemal aber den fleischlichen Neigungen nachgibt, so ist eine solche Seele gleichsam von einem Ehebruch mit dem Leibe befleckt und man kann von ihr nicht sagen, daß sie wachse und sich richtig vermehre.

(50) Nach einer andern Weise verharrt die Seele und der Geist und die Kraft im Leibe, nach einer andern der Leib des Gerechten in den vornehmeren Teilen, gleichsam in sie hineingelehnt und an ihnen hängend. «Die aber im Fleische sind, können Gott nicht gefallen; ihr aber seid nicht im Fleische, sondern im Geiste, da ja der Geist Gottes in euch wohnt.» Denn die Seele des Sünders ist im Fleische, die des Gerechten aber im Geiste.

(51) Es erhebt sich die Frage, ob der «Geist des Elias» derselbe ist wie «der Geist Gottes, der in Elias ist», oder ob sie voneinander verschieden sind ... Es deutet aber der Apostel klar an, daß der Geist Gottes, auch wenn er in uns wohnt, ein anderer ist als der Geist des Menschen, der in ihm ist, indem er sagt: «Der Geist selbst bezeugt es unserem Geiste, daß wir Kinder Gottes sind.»

Und anderswo: «Kein Mensch weiß, was in einem Menschen ist, außer der Geist des Menschen, der in ihm ist; so weiß auch niemand, was Gottes ist, als der Geist Gottes.»

(52) Definiert wird die Seele als eine vorstellende und sich regende Substanz ... Paulus redet von einem «seelischen» Menschen, und er spricht ihm die Fähigkeit ab, «das, was des Geistes Gottes ist», zu «fassen», vielmehr komme ihm die Lehre des Heiligen Geistes «töricht» vor und er begreife nicht, «was geistig entschieden werden müsse». Und an einer andern Stelle sagt er, es werde «ein seelischer Leib gesät», es stehe auf «ein geistiger Leib», dadurch anzeigend, daß bei der Auferstehung der Gerechten in denen, die das Leben der Seligen verdienen, nichts ‹Seelisches› mehr sein werde. Und so fragen wir uns, ob es nicht vielleicht eine Substanz ist, die, sofern sie Seele ist, unvollkommen ist ... Und sehen wir zu, ob man nicht etwa sagen kann, daß, wie der Erlöser kam, «das Verlorene zu retten», und wenn das Verlorene einmal gerettet ist, es nicht mehr «Verlorenes» ist, in gleicher Weise, wenn Er die Seele zu «retten» kam, wie Er «das Verlorene zu retten» kam, die gerettete Seele nicht mehr Seele bleibt ... Der Geist, abstürzend, wurde Seele, und die Seele, in Tugenden gebildet, wird wiederum Geist werden[1].

(53) [«Er wird sie teilen.»] Wer sündigt, wird geteilt und ein Teil von ihm wird «mit den Ungläubigen» zusammengetan, der Teil aber, der nicht von ihm ist, «kehrt zu Gott zurück, der ihn gab» ... «Teilen» wird er sie, wenn der Geist «zu Gott zurückkehrt, der ihn gab», die Seele aber mit ihrem Leibe in die Hölle geht. Der Gerechte jedoch wird nicht geteilt, sondern seine Seele geht

[1] Gewiß leitet Origenes den Namen der Seele (*Psyche*) von ‹Erkaltung› (*Psychros*) ab: die Seele ist der in der Vorexistenz von der Glut der Gottesliebe abgekehrte und herabgestürzte ‹Geist›. Damit ist aber nicht gesagt, daß die präexistente Seele (die auch in ihrer Präexistenz von Origenes gelegentlich schon ‹Seele› genannt wird) durch den Sündenfall zu einer anderen Substanz geworden ist, sondern nur, daß ‹Seele›, wenn sie nicht in Gott wohnt, wenn sie nur in sich selbst lebt, notwendig unvollkommen, ja ‹verloren› ist. Sie ist ein so beschaffenes Wesen, daß sie nur in einem höheren Medium ihre Wesensbestimmung erfüllen kann, wie der Fisch nur im Wasser leben kann.

mit dem Geiste zum himmlischen Reiche … Jene aber, die geteilt werden, legen ihren Geist ab, und sie haben fürderhin keinen Teil mehr in sich, der aus Gott wäre, es wird ihnen ihr eigener Teil überlassen, das heißt die Seele, welche mit ihrem Leibe gestraft wird.

Das Gottesbild

TEILNAHME AN GOTT

Ist ‹Geist› Teilnahme der Seele an Gott, so bestimmt sich ihr letztes Wesen eben aus dieser Teilnahme. Nur zu Gott hin ist sie unsterblich (54), nur von ihm her je neu im Sein (55–57), nur durch Beziehung auf ihn gut und glückselig (56–61). So ist alles an ihr, ‹Gnade› (64) und jedes Gerechtigkeitsverhältnis von einem solchen der Barmherzigkeit umgriffen (62–63). Darum hat die Seele nach dieser Teilnahme zu streben (64) mit der vollsten Unbedingtheit (65) und auf dem Grund dieser ungesollten Gnade ihr Leben aufzubauen (66).

(54) Jedes Ding, das an etwas teilhat, ist zweifellos mit dem, das des gleichen Dinges teilhaft ist, gleichen Wesens und gleicher Natur. So haben zum Beispiel alle Augen am Lichte teil, und darum sind alle Augen, die am Lichte teilnehmen, eines Wesens … Jeder Geist, der am geistigen Lichte teilhat, ist mit jedem Geiste, der in gleicher Weise am geistigen Lichte teilhat, ohne Zweifel von gleicher Natur … So scheinen auch [die Menschen] eine gewisse Blutsverwandtschaft mit Gott zu besitzen, und wenn auch nur Gott alles weiß und nichts Einsichtiges ihm verborgen ist (denn einzig der Vater und sein eingeborener Sohn und der Heilige Geist besitzen das Wissen nicht nur der von ihnen geschaffenen Dinge, sondern auch ihrer selbst), so kann doch auch ein vernunftbegabter Geist, fortschreitend von Kleinem zu Größerem und von Sichtbarem zu Unsichtbarem, zu höherer Einsicht gelangen … Gott besitzt eine geistige und vernünftige Natur und ebenso sein eingeborener Sohn und der Heilige Geist, es besitzen sie die Engel und Mächte und die andern Himmelsgewalten, es besitzt sie der innere Mensch, der nach dem Bilde Gottes gegründet ist. Daraus kann man schließen, daß Gott und diese Wesen in einer gewissen Hinsicht gleichen Wesens sind … Unverweslich aber sind und unsterblich die himmlischen Gewalten, unsterblich und unverweslich ist [also] ohne Zweifel auch das Wesen der menschlichen Seele. Und

nicht nur das, sondern weil das Wesen des Vaters und des Sohnes und des Heiligen Geistes, an dessen rein geistigem Lichte die gesamte Schöpfung teilhat, unverweslich und ewig ist, ist es durchaus folgerichtig und notwendig, daß jedes Wesen, das an jener ewigen Natur teilhat, selbst immerdar besteht, unverwüstlich und ewig, damit die Ewigkeit der göttlichen Güte auch darin zum Ausdruck komme, daß ewig auch die seien, die ihre Wohltaten empfangen ... Schiene es nicht gottlos, anzunehmen, daß ein Geist, der Gottes fähig ist, der Substanz nach zugrunde gehen könnte? Gleich als genügte selbst dies, Gott einsehen und spüren zu können, nicht, ihm ewige Dauer zu sichern!

(55) Denn dazu schuf Gott die Dinge, daß sie seien, und dazu geschaffen, daß sie seien, können sie nicht nichtsein.

(56) «Seid heilig, denn auch ich bin heilig.» Aber sosehr einer auch in der Heiligkeit fortschreiten mag, soviel Reinheit und Lauterkeit einer auch erwerben mag, der Mensch kann nicht so heilig sein, wie der Herr es ist, weil dieser der Spender der Heiligkeit ist, jener ihr Empfänger. Dieser ist die Quelle der Heiligkeit, jener der Trinker an der heiligen Quelle, dieser ist das Licht der Heiligkeit, jener der Beschauer des heiligen Lichtes, und darum: «Keiner ist heilig wie der Herr, und keiner ist außer dir.» Was ist's, daß er sagt: «Keiner ist außer dir? » Ich verstehe nicht. Wenn er gesagt hätte: Es ist kein Gott außer dir, oder: es ist kein Schöpfer außer dir, oder wenn er etwas Ähnliches zugefügt hätte, so wäre nichts weiter zu suchen gewesen. Wenn er nun aber sagt: «Keiner ist außer dir», so scheint mir damit dies gemeint: Keines der seienden Dinge hat dies, daß es ist, von Natur aus; du bist der einzige, dem dies, daß du bist, von keinem gegeben ist. Denn wir alle, das heißt, die gesamte Kreatur, waren nicht, bevor wir geschaffen wurden, und darum ist unser Dasein der Wille des Schöpfers. Und weil wir einmal nicht waren, so ist es nicht unbedenklich, wenn von uns gesagt wird, wir seien ... Denn auch der Schatten ist nicht, verglichen mit dem Körper; und verglichen mit dem Feuer, ist auch der Rauch nicht.

(57) Gott allein ist's, der sagt: «Ich bin, der ich bin.» Und Eines ist das Wesen Gottes, das immerdar ist; gesellt sich aber einer zu ihm, so wird er «ein Geist mit ihm», und durch den, der immer ist, wird dann auch er seiend genannt. Wer aber weit von ihm ist,

und keine Teilnahme an ihm hat, von dem kann man nicht einmal sagen, daß er ist. So stand es mit uns Heiden, bevor wir zur Anerkenntnis der göttlichen Wahrheit gelangten, und darum heißt es, daß Gott «das, was nicht ist, ruft, gleichsam wie solches das ist».

(58) Jedes vernunftbegabte Geschöpf bedarf der Teilnahme an der Dreieinigkeit.

(59) «Der allein die Unsterblichkeit besitzt.» Es wird mitangedeutet, daß jegliches andere vernünftige Wesen die Seligkeit nicht wesenhaft besitzt, als eine unabtrennbare Eigenschaft.

(60) Die Gerechtigkeit in uns ist gleichsam ein Echo, das von der ersten Gerechtigkeit her durch einen fernen Widerhall herüberdringt.

(61) Und es ist nicht möglich, daß einer, der am Leben teilnimmt und daher den Namen eines ‹Lebenden› tragen darf, jemals das Leben selbst wird, oder daß einer, der an der Gerechtigkeit teilnimmt und darum ein ‹Gerechter› heißt, jemals der Gerechtigkeit selbst gleichgeachtet werde.

(62) Ein jeder bedarf, sofern er Mensch ist, der Barmherzigkeit Gottes.

(63) Auch der gerechteste Mensch, wenn er vor der Schärfe des Gottesgerichtes steht, bedarf der Barmherzigkeit Gottes, denn dies selbst, daß er gerecht geworden scheint, geschah durch die Barmherzigkeit Gottes. Denn was hätte einer der ewigen Seligkeit Würdiges tun können?

(64) Gnade also ist, was immer der, der nicht war und jetzt ist, empfängt und besitzt von dem, der immerdar war und ist und sein wird in Ewigkeit.

(65) Ein jeder aus euch strebe also danach, ein Zerteiler der «Wasser» zu werden, die «oberhalb» sind und die «unterhalb» sind, das heißt, daß er, Einsicht und Teilnahme gewinnend an dem geisthaften Wasser, «das über dem Firmament liegt, Ströme aus seinem Innern» hervorfließen lasse «lebendigen Wassers, das aufspringt ins ewige Leben», abgetrennt ohne Zweifel und geschieden von dem «Wasser», das «unterhalb» liegt, dem Wasser des Abgrunds, in dem, wie es heißt, die Finsternisse liegen.

(66) Denn wir müssen in Gott allein hängen und in keinem anderen; selbst wenn einer aus dem Paradiese Gottes hervorschritte,

wie Paulus sagt: «selbst wenn uns ein Engel vom Himmel verkünden wollte, ... er sei im Bann».

(67) Unmöglich ist es, daß in einem Menschen, der schon das Alter erreicht hat, in welchem er die Fähigkeit hat, das Gute und Böse zu unterscheiden, weder Gerechtigkeit noch Ungerechtigkeit wohne. Verhält sich das so, dann kann die Seele nicht ohne eines von den zweien bestehen, und es ist gewiß, daß, wenn sie sich vom Bösen abwendet, sie schon im Guten sich befindet ... Darum sagt der Apostel mit Recht (da er von der Vergebung der Sünden und der Bedeckung der Schulden handelt und davon, daß Gott die Sünden nicht anrechne), daß dies «dem Menschen zur Gerechtigkeit angerechnet» werde, auch wenn er noch keine guten Werke aufzuweisen hat, sondern einzig dafür, weil er dem Rechtfertigenden geglaubt hat. Denn der Anfang der Rechtfertigung durch Gott ist der Glaube an den Rechtfertigenden. Und dieser Glaube, der da gerechtfertigt ist, wird gleichsam zur Wurzel, die nach Empfang des Regens der Rechtfertigung im Boden der Seele festhaftet, so daß, wenn sie durch das Gesetz Gottes gepflegt zu werden beginnt, aus ihr Triebe und Zweige hervorgehn, die die Früchte der Werke tragen. Nicht also entsteht die Wurzel der Gerechtigkeit aus den Werken, sondern aus der Wurzel der Gerechtigkeit wachsen die Früchte der Werke.

BILD GOTTES

‹Teilnahme› an Gottes Leben hat unter allem Geschaffenen nur die vernunfthafte Seele. Der Mensch ist so zugleich an Gott ‹teilnehmend› (als Geist-Seele: ‹innerer Mensch›) und von Gott ‹geschaffen› (als vitale Seele und Leib: ‹äußerer Mensch›) (68–70). Diese Doppelheit verbindet sich bei Origenes im Sinne des Mythus des Vorlebens mit der Doppelheit der ‹himmlischen› (Vor-) Existenz und der ‹irdischen› aus Sünde zugezogenen Existenz (71), und damit auch mit dem paulinischen ‹pneumatischen› und ‹psychischen› Menschen, wie mit dem Doppelbericht der Genesis: Mensch nach ‹Bild und Gleichnis Gottes› und Mensch aus ‹Ton der Erde› (69–72). Dabei ist nur zu beachten, daß die Seele (als geschaffene) auch im Himmel einen Leib hatte, obzwar einen geistförmigen. Leib ist also nicht an sich Sündenfolge, sondern nur der grobe, ungeordnete irdische Leib.

In Christus erscheint uns das Urbild des himmlischen Menschen, nach dessen Vorbild lebend wir das überdeckte ‹Bild des Himmlischen› in uns wiederherstellen können (72–74). Ja, durch unser freies Bemühen wird der Endzustand sogar höher sein als der Ursprung: zum seinshaften ‹Bilde› tritt die frei-erworbene ‹Ähnlichkeit› (75), (ein Motiv, das durch Origenes in der späteren Patristik große Bedeutung erlangt).

(68) Erst schuf [Gott] den Himmel, von dem er sagt: «Der Himmel ist mein Sitz.» Nach diesem machte er auch das Firmament, das heißt, den körperlichen Himmel ... Denn weil alles, was Gott schaffen sollte, aus Geist und Körper besteht, darum heißt es, daß «im Anfang» und vor allem andern «der Himmel» geschaffen wurde, das heißt alle geistige Kreatur, über der Gott wie auf einem Throne und einem Sitze ruht. Dieser Himmel aber hier, das «Firmament», ist körperlich. Und so ist jener erste Himmel, den wir geistig nannten, unser Seelengrund, welcher selbst Geist ist, nämlich unser «geistiger Mensch», welcher Gott sieht und anschaut. Dieser körperliche Himmel dagegen, der «Firmament» genannt wird, ist unser «äußerer Mensch», welcher körperhaft schaut.
(69) Auch diesen Vorzug, der anderswo nicht erwähnt wird, finde ich im Schöpfungsbericht des Menschen, daß «Gott den Menschen schuf», und er ihn «nach dem Bilde Gottes schuf». Das finden wir weder vom Himmel noch von der Erde noch von Sonne oder Mond erwähnt. Den Menschen freilich, der «nach dem Bilde Gottes» geschaffen wurde, verstehen wir nicht als den körperlichen. Denn nicht enthält das Leibgebilde das Gottesbild, und es wird vom körperlichen Menschen auch nicht gesagt, daß er geschaffen wurde, sondern geformt wurde er, wie im folgenden geschrieben steht. Es heißt nämlich: «und Gott formte den Menschen», das heißt, er knetete ihn «aus Erdenton». Jener aber, der «nach dem Bilde Gottes» geschaffen wurde, unser innerer Mensch, ist unsichtbar und unkörperlich und unverweslich und unsterblich.
(70) Der Mensch, der «nach Bild und Gleichnis Gottes» geschaffen ward, wurde als erster mit dem Menschennamen betraut, und so durfte er es sein, der auch im eigentlichen Sinne Mensch ist.

(71) Zwei sind der Bilder im Menschen: eines, das er von Gott im Anfang empfing, wie in der Genesis geschrieben steht: «nach dem Bild und Gleichnis Gottes», das andere, das nachher kommt, «des Erdhaften», das er bekam, als er wegen Ungehorsams und Sünde aus dem Paradies hinausgeworfen wurde, vom Trug des «Fürsten dieser Welt» überlistet.

(72) Wer immer zu [Christus] herantritt und des vernunfthaften Bildes teilhaft zu werden sich bemüht, wird in seinem Fortschreiten «täglich dem inneren Menschen nach erneuert» nach dem Bilde dessen, der ihn schuf, so daß er «dem Leibe seiner Herrlichkeit gleichgestaltet» werden kann, ein jeder aber nach seinen Kräften ... Er selber hatte nämlich schon seinen Vater für seine Jünger gebeten, daß ihnen die ursprüngliche Ähnlichkeit zurückgegeben werde, als er sagte: «Vater gib, daß wie ich und du eins sind, so auch diese in uns eins seien.» Immerdar also schauen wir dieses Bild an, um nach seiner Ähnlichkeit erneuert und wiederhergestellt werden zu können. Wenn nämlich der Mensch, der «nach dem Bilde Gottes» geschaffen worden war, wider seine Natur das Bild des Teufels durch die Sünde betrachtend, ihm ähnlich geworden ist, so wird er doch viel mehr noch durch Betrachtung des Bildes Gottes, nach dessen Gleichnis er von Gott selbst geschaffen wurde, mit Hilfe des WORTES und seiner Kraft jene Gestalt erhalten können, die ihm einst von Natur gegeben worden war.

(73) Es wird nicht vorgeschrieben, daß wir die natürlichen Triebe der Seele ausreißen und vernichten, sondern daß wir sie reinigen, das heißt, daß wir den Schmutz und die Unreinigkeiten, die sich durch unsere Nachlässigkeit auf sie legten, entfernen und vertreiben, damit der natürliche Jugendglanz ihrer eigenen und eingeborenen Kraft wieder herausleuchte.

(74) «Wer ist dir gleich unter den Göttern, Herr»? «Götter» nennt er die, die durch Gnade und Teilnahme an Gott den Namen von «Göttern» verdienen ... Und doch, wenn auch diese Gottes fähig sind und diesen Namen durch Gnade zu tragen scheinen, ist unter ihnen keiner, der Gott ähnlich erfunden würde, sei es der Macht, sei es der Natur nach. Und wenn auch der Apostel Johannes sagt: «Meine Kindlein, noch wissen wir nicht, was wir sein werden, wenn er uns aber offenbart sein wird» – er redet

nämlich vom Herrn –, «so werden wir ihm ähnlich sein», so ist diese Ähnlichkeit doch nicht auf die Natur, sondern auf die Gnade zu beziehen. Wenn wir zum Beispiel sagen, daß ein Gemälde dem ähnlich sei, dessen Bild auf dem Gemälde ausgedrückt erscheint, so bezieht sich die Ähnlichkeit auf die Wohlgestalt des Ausdrucks [*gratia*], während die Substanz durchaus unähnlich ist. Denn das eine ist Schönheit des Fleisches und Lieblichkeit eines lebenden Leibes, das andere Farbenschein und Wachs, auf seelloses Holz aufgetragen. Keiner also «unter den Göttern ist dem Herrn ähnlich», denn keiner ist unsichtbar, keiner unkörperlich, keiner unveränderlich, keiner ohne Anfang und Ende, keiner Schöpfer von allem.

(75) Das höchste Gut, zu dem jedes vernunftbegabte Wesen hineilt, das auch Sinn und Ende von allem heißt, ... ist, nach dem Maße des Möglichen, Gott ähnlich zu werden ... Darauf nämlich deutet Moses vor allen andern, als er die Schöpfung des Menschen erzählte: «Gott sprach: Laßt uns den Menschen machen nach unserem Bild und unserer Ähnlichkeit.» Und dann fährt er fort: «Und es schuf Gott den Menschen, nach dem Bilde Gottes schuf er ihn, als Mann und Weib schuf er sie und segnete sie.» Wenn er also sagt: «Gott schuf ihn nach Seinem Bilde» und er von der Ähnlichkeit weiter nichts mehr erwähnt, so deutet er damit auf nichts anderes hin, als daß der Mensch die Würde des Bildes zwar in der ersten Schöpfung erhalten hat, die der Ähnlichkeit aber für die Vollendung aufbewahrt wird, damit er sie sich nämlich durch die Anstrengung der eigenen Bemühung in Nachahmung Gottes erlange. Während ihm am Anfang nur die Möglichkeit der Vollkommenheit durch die Bildeswürde gegeben ward, sollte er sich selbst am Ende durch die Ausführung der Werke die vollendete Ähnlichkeit verschaffen. Aber klarer noch und einleuchtender zeigt der Apostel Johannes auf diese Tatsache hin mit den Worten: «Meine Kindlein, noch wissen wir nicht, was wir sein werden, wenn er uns aber offenbart sein wird», – er redet zweifellos vom Erlöser – «so werden wir ihm ähnlich sein» ... Und im Evangelium bezeichnet der Herr selber dies nicht nur als das Kommende, sondern genauer noch als das durch Seine Fürbitte Kommende, da er sich würdigt, dies selbst für seine Jünger vom Vater zu erbitten: «Vater ich will, daß, wo ich bin,

auch diese mit mir seien.» Und weiter: «Wie ich und du eins sind, so sollen auch diese in uns eins sein.» Worin sich aber schon zeigt, wie sozusagen die Ähnlichkeit selbst fortschreitet und aus Ähnlichkeit zu Einheit wird, in der Hinsicht offenbar, daß bei der Vollendung oder beim Ende «Gott alles in allem» sei.

BILD DES WORTES

Das ‹Bild Gottes› in der Seele ist aber näherhin das Bild des Logos (76). Denn in Ihm hat der Vater alles geschaffen, nach Seinem Urbild alle Abbilder gestaltet. Der Logos ist die Urvernunft, der Urgeist, das Urleben, und nur in einem durchaus persönlichen und dynamischen Verhältnis zu ihm lebt und wächst der innere Mensch (77–84). Der Seelengrund ist gleichsam ein offenes Fenster, durch das die erleuchtenden Strahlen des Logos eindringen, der ebenso als personales Gewissen in jedem Geiste zugegen ist (83). Die Frage, ob sich Logos und Menschengeist unterscheiden, umgeht Origenes durch das Schriftbild der ‹Nähe› (82). Aber keinen Augenblick dachte er darum an Pantheismus (84).

(76) «Es schuf» also «Gott den Menschen, nach dem Bilde Gottes schuf er ihn.» Laßt uns also zusehen, welches denn dieses «Bild Gottes» sei … Welches wäre dieses «Bild Gottes», … wenn nicht unser Erlöser? Er, der «der Erstgeborene aller Kreatur» ist.
(77) Es ist klar, daß der Ursprung des durchsichtigen und von jeder Vermischung freien Lebens im «Erstgeborenen aller Schöpfung» ruht, von welchem her die an Christus Teilnehmenden schöpfen, um das wahrhafte Leben zu leben, während jene, die ohne Zusammenhang mit diesem Ursprung ein Scheinleben führen, so wenig das wahre Leben besitzen, als sie das wahrhafte Licht haben.
(78) Denn da er selber das unsichtbare Bild des unsichtbaren Gottes ist, so verleiht er selbst auf unsichtbare Weise allen vernunfthaften Geschöpfen Teilnahme an sich, in der Ordnung, daß ein jeder soviel Teilnahme an ihm erhält, als er ihm mit Liebesleidenschaft anhing[1].

[1] Manche Formel klingt bei Origenes wie bei andern voraugustinischen Vätern pelagianisch, ohne es in Wirklichkeit zu sein. Gemeint ist nur der

(79) «Er war das wahre Licht, das jeden Menschen erleuchtet, der in diese Welt kommt.» Was immer Vernunft hat, nimmt an diesem wahren Lichte teil. Vernunft aber hat jeder Mensch. Während also alle Menschen so am Worte teilhaben, wächst in den einen die Kraft des WORTES, in den andern nimmt sie ab. Siehst du eine Seele voll sinnlicher Leidenschaft und Sünde, so wirst du sehen, wie dort die Kraft des WORTES abnimmt. Entdeckst du aber eine heilige und gerechte Seele, so wirst du sehen, wie von Tag zu Tag die Kraft des WORTES Früchte trägt, und du wirst das über Jesus gesagte Wort auf die Gerechten anwenden können. Denn nicht nur für sich selbst ist Jesus «gewachsen in Weisheit und Alter und Gnade vor Gott und den Menschen».

(80) Wie die, die aus diesem Leben schieden und zu Besserem hinübergingen, da sie den «Leib des Todes» mit all seinen Lokkungen zum Bösen abgelegt haben, nun *wirklicher* leben, ebenso leben jene, die «das Absterben Jesu an» ihrem «Fleische mit sich tragen», keineswegs dem Fleische gemäß, sondern dem Geiste, und sie leben in dem, der das LEBEN ist, und in ihnen lebt Christus, von dem geschrieben steht: «Lebendig ist das WORT Gottes und wirksam.»

(81) Die Heiligen sind die Lebendigen und die Lebendigen sind die Heiligen.

(82) Weiter ist nun zu untersuchen, ob man das Wort, das in uns ist, als dasselbe bezeichnen kann, wie das WORT, das «im Anfang ist und bei Gott ist und Gott ist», vor allem deshalb, weil der Apostel jenes nicht als etwas Fremdes dem WORTE gegenüber, das «im Anfang bei Gott war», aufzufassen scheint, wenn er lehrt: «Sage nicht in deinem Herzen: Wer wird zum Himmel aufsteigen? Nämlich um Christus herabzuholen. Oder: Wer wird in den Abgrund hinabsteigen? Nämlich um Christus von den Toten herauszuholen. Vielmehr sagt die Schrift: Gar nahe ist das WORT deinem Munde und in deinem Herzen»[1].

Übergang der potentiellen Gegenwart des WORTES in der Seele in eine aktuelle und lebendige. Dieser Übergang vollzieht sich nur durch die mitwirkende Aneignung der Seele selbst (vgl. 682–684). Zur Gnadenlehre des Origenes vgl. 474–488.

[1] Der Schöpfungsbegriff ist bei Origenes viel zu klar ausgeprägt, als daß

(83) Da das WORT in einer gewissen Weise das Gesetz und das Gebot ist, und es keine Sünde gäbe, wenn das Gesetz nicht wäre, ... so gäbe es auch keine Sünde, wenn das WORT nicht wäre. «Wenn ich nicht gekommen wäre», sagt es, «und zu ihnen geredet hätte, so hätten sie keine Sünde». So aber wird jede Ausflucht dessen abgeschnitten, der sich in seiner Sünde rechtfertigen möchte, da er dem WORTE, das in ihm ist und ihm zeigt, was zu tun ist, nicht gehorcht ... Wie nämlich der Lehrer untrennbar ist vom Schüler, so auch das WORT, das dem Wesen des vernünftigen Geistes einwohnt, je das Zutuende unterbreitend, auch wenn wir seinen Geboten nicht gehorchen.

(84) Wie also viele «Götter» sind, und uns doch nur ein Gott ist, der Vater, und wie es viele ‹Herren› gibt, und auch viele ‹Worte›, und doch beten wir darum, daß uns das eine WORT einwohne, das «im Anfang war», das «als Gott bei Gott war ...» [Wie wir] «Götter» sind, als teilnehmend an Gott und so genannt werden, ohne es wesenhaft zu sein ... so [sind wir] sozusagen wortlose WORTE [oder vernunftlose VERNUNFT].

man ihm Pantheismus vorwerfen könnte. Die Sache liegt vielmehr ähnlich wie bei Eckeharts Lehre vom Seelenfünklein, das nur durch ein grobes Mißverständnis als Pantheismus gedeutet werden konnte (vgl. Alois Dempf, Meister Eckhart 1934). Eckehart steht übrigens in direkter und indirekter Abhängigkeit von Origenes.

Abfall und Rückkehr

DER GEISTIGE TOD

Sünde ist Abkehr von dieser Quelle von Licht, Leben und Heiligkeit, Fall ins wesentliche Nichtsein und darum gleichsam aus dem Wissen Gottes heraus. Sünde ist der eigentliche Tod, von dem der leibliche nur ein Bild ist (85–90).

(85) Ein einziger Gerechter gilt soviel wie eine ganze Welt, die Ungerechten aber gelten, auch wenn sie zahlreich sind, als wertlos und gleichsam als nichts bei Gott.

(86) Der Apostel scheint «nicht-seiend» nicht das zu nennen, was in keiner Weise Dasein hat, sondern vielmehr das Böse, indem er das Schlechte als «nicht-seiend» achtet: «Denn das Nicht-seiende hat Gott wie Seiendes gerufen», sagt er ... So ist Gutsein und Dasein dasselbe.

(87) «Denn es kennt der Herr den Weg der Gerechten und der Weg der Gottlosen wird vergehen.» Nichts Böses wird von Gott gekannt, sondern vielmehr «der Weg der Gerechten». Denn «es kannte der Herr die Seinen». Der «Weg der Gerechten» aber ist jener, der sprach: «Ich bin der Weg ...» Er kennt aber nicht das Böse und weiß es nicht, nicht sofern er mit seinem Wissen nicht alles umspannen und erfassen kann – das auch nur von Gott zu denken, wäre gottlos –, sondern sofern es seiner Erkenntnis unwürdig ist.

(88) So können wir ohne Zögern sagen, daß nach der Schrift Gott nicht alles weiß. Gott weiß die Sünde nicht und die Sünder kennt Gott nicht; die Ihm fremd sind, ignoriert er ... Höre, wie der Erlöser sagt: «Weichet von mir alle, ihr, die ihr Böses getan, ich kenne euch nicht.» Und wiederum Paulus: «Wenn einer unter euch die Gabe der Weissagung hat oder den Geist, so erkenne er, daß, was ich schreibe, des Herrn ist. Wer aber nicht erkennt, wird auch nicht erkannt.»

(89) Tot nämlich ist die Seele, die gesündigt hat, und die Schlange wird der Lüge überführt, da sie gesprochen: «Ihr werdet des Todes nicht sterben.»

(90) Daß der Teufel «die Macht des Todes» besitzt, ist nicht auf jenen ‹mittleren› und indifferenten Tod zu beziehen, den die sterben, die aus Leib und Seele zusammengesetzt sind, wenn ihre Seele sich vom Körper trennt, sondern auf jenen Tod, der entgegengesetzt und feindlich ist dem, der gesagt hat: «Ich bin das Leben.»

DIE SÜNDE DES GESCHLECHTS

Wenn es auch wahr ist, daß der Mythus des (individuellen) Sündenfalls in einem Vorleben den theologischen Begriff der Erbsünde verunmöglicht, so hat Origenes doch eine tiefe Einsicht in die ausnahmslose Solidarität aller Menschen in der Schuld. Alle außer Christus sind von der Wahrheit abgeglitten (91). Adam heißt Mensch, heißt die Ureinheit der Menschennatur, die urzeitlich als ganze vom Himmel gestürzt ist (92–97). Erbsünde heißt daher für Origenes nicht zeitliche, horizontale Rückbeziehung auf einen Stammvater, sondern senkrechte Beziehung zum überweltlichen, gemeinsamen Sündenfall (98–99).
Christus ist es, der das Geschlecht wieder zurückholt (100), das erst durch den Fall die gleichsam experimentelle Einsicht in Gottes Gnade gewann (101); stets aber sind die zweiten Dinge dauernder als die ersten (102).

(91) Ich frage mich, ob «in der Wahrheit stehen» nicht etwas Immergleiches und Eingestaltiges sei, vielfältig aber und mannigfach das Nichtstehen in ihr. Die einen versuchen wohl in ihr zu stehen, aber es zittern ihnen sozusagen die Füße und sie schwanken und erreichen es nicht, andern stößt dies zwar nicht zu, aber sie sind doch in Gefahr, so weit zu kommen; wie jener zum Beispiel, der sprach: «Mir aber wären beinahe die Füße ausgeglitten ...» Und wenn einer die menschliche Natur genauer besieht, ... der entdeckt auch, daß wie «jeder Mensch ein Lügner» ist, so auch kein Mensch in der Wahrheit steht.
(92) Über Adam und über seine Sünde werden das philosophische Verstehen die gewinnen, die wissen, daß in der [hebräischen] Sprache Adam Mensch bedeutet und daß an den Stellen, die scheinbar von Adam handeln, Moses die Wesenslehre vom Men-

schen entwickelt. «Denn», so sagt die Schrift, «in Adam sterben alle» und werden gerichtet «in der Ähnlichkeit der Übertretung Adams». Und das WORT Gottes sagt dies nicht sosehr von einem einzelnen Menschen, als von dem ganzen Geschlecht. Denn wenn auch der Fluch über Adam scheinbar gegen einen einzigen sich richtet, so ergibt doch der Zusammenhang, daß er sich gegen alle wendet, und es gibt kein Weib, auf das nicht zuträfe, was gegen das eine Weib gesagt wurde. Und auch die Vertreibung des Mannes mit dem Weibe aus dem Paradiese und die Bekleidung mit den «Röcken aus Fellen», welche Gott wegen der Übertretung der Menschen den Sündigenden zubereitet hat, hat einen verborgenen und mystischen Sinn, der erhabener ist, als Platos Herabsteigen der Seele, die ihre Flügel verliert und hierher fortgerissen wird, ‹bis sie irgendwo festen Boden fassen kann›.

(93) Beachte auch das Wort: «In Adam sterben alle und in Christus werden alle wiederbelebt werden» (wobei mit dem Wort «in Adam sterben alle» nicht jener ‹mittlere› Tod bedeutet wird, und mit dem Wort «in Christus werden alle wiederbelebt werden» nicht jenes indifferente Leben, das an sich selbst weder gut noch böse ist). Du findest darin das Leben des Menschen «nach dem Bilde». Begreifst du aber sein Leben, so verstehst du auch auf welche Weise der «Menschenmörder» den lebenden Menschen umgebracht hat, der nicht wegen irgendeines einzelnen, sondern wegen des ganzen Geschlechts, das er tötete (in *diesem* Sinn «sterben alle in Adam») mit Recht der «Menschenmörder» genannt wird.

(94) «Er richtet den Erdkreis auf in seiner Weisheit.» Wir wollen uns bemühen, daß auch unser «Erdkreis» [unsere Seele], die vielleicht gefallen ist, aufgerichtet werde. Denn gefallen ist der «Erdkreis», als wir sündigten, gottlos und ungerecht handelten, und er bedarf der Aufrichtung. Gott ist es also, der den «Erdkreis» aufgerichtet hat. Wenn du das Wort ... aber nicht auf diese Art auffassen willst, sondern den «Erdkreis» auf die gewöhnliche Art verstehst, so suche, in welchem Sinne er den «Erdkreis aufrichtet». Suche den Fall des «Erdkreises», damit du aus seinem Fall seine Aufrichtung begreifest ...: «In Adam sterben alle», so ist der ganze «Erdkreis» gefallen und bedarf der Aufrichtung, damit «in

Christus alle wiederbelebt werden». So habe ich in einem doppelten Sinne vom Erdkreis gesprochen, einmal als einzelne Seele ... dann dem Wortsinn von Erdkreis entsprechend.

(95) Zugleich zeigt sich, was die [Gott] unterbreitete Menschennatur betrifft, daß, wie dem Töpfer eine einzige Masse vorliegt, aus welchem ‹Teig› die «Gefäße zur Ehre und zur Unehre» entstehen, so auch die einzige Natur aller Seelen Gott unterbreitet ist (da sämtliche vernunftbegabten Wesen sozusagen *ein* ‹Teig› sind) und er nach vorausliegenden Gründen «die Einen zur Ehre die andern zur Unehre bildet»[1].

(96) «In der Mitte der Gefangenschaft am Ufer des Flusses Chobar» – was übersetzt wird: ‹Schwere›. Schwer aber ist der Fluß dieser Welt, und an einer anderen Stelle wird es geheimnisvoll angedeutet (zwar für die Einfachen ist es nur eine geschichtliche Feststellung, für die aber, welche die Schrift geistig hören, besagt es den Fall der Seele in die Wirbel dieses Lebens): «Über den Flüssen Babylons, dort saßen wir und weinten, während wir Sions gedachten ...» Das himmlische Vaterland ist es, was sie in Erinnerung betrauern und beweinen.

(97) Denn es sündigt jeder Mensch, «es ist kein Gerechter auf Erden, der das Gute täte und nicht sündigte. Niemand ist frei von Schmutz, auch wenn sein Leben nur einen Tag dauerte».

(98) Jede Seele treibt, wenn sie zur Verstandesreife gelangt und gleichsam ein naturhaftes Gesetz in ihr seine Rechte zu verteidigen beginnt, ohne Zweifel als erste Regungen solche fleischlicher Begierlichkeit hervor, welche das Triebhafte aus dem Herde des Begehrens oder des Zornes aufweckt. Daher erwähnt der Prophet als etwas Außergewöhnliches und mit den andern Menschen nicht Gemeinsames von Christus: «Er wird Butter und Honig essen, bevor er das Böse tut oder ausspricht, wird er das Gute wählen.» Denn noch bevor dieser Knabe «Gut und Böse unterscheiden» kann, widersteht er schon dem Bösen, um das Gute zu wählen. Ein anderer Prophet aber sagt, von sich selber redend: «Gedenke nicht der Vergehen meiner Jugend und meiner Unwissenheiten.» Die ersten Regungen der Seele also sind dem Fleische gemäß hervorgetrieben und fallen in Sünde.

[1] Vgl. unten Text 789.

(99) Darum scheint mir einer der Weisen nicht unvernünftig festgestellt zu haben, daß im gesamten Geschlechte der Sterblichen, wenn der Mensch zu dem Alter kommt, wo er infolge des Eintritts des Naturgesetzes die Unterscheidung des Guten und Bösen erhält, vor allem andern das Böse sich regt, und man dann erst durch Erziehung, Schulung, Mahnung es allmählich überwindet und zur Tugend übergeht. Denn auch Paulus scheint mir eine übereinstimmende Ansicht zu vertreten, wenn er sagt: «Als aber das Gesetz kam, da lebte die Sünde wieder auf.»

(100) Wir alle sind zwar Geschöpfe Gottes, ein jeder aber ist durch seine Sünden verkauft worden und hat sich nach dem Maße seiner Ungerechtigkeiten vom eigenen Schöpfer abgewandt. Gottes also sind wir, sofern wir von ihm geschaffen wurden, aber wir wurden Sklaven des Teufels, sofern wir durch unsere Sünden verkauft wurden … Und so kann [Christus] die, die er geschaffen hat, als die Seinen entgegennehmen, und sie doch wie Fremde erwerben, die sich durch Sündigen einen fremden Herrn gesucht hatten.

(101) Die vernunftbegabten Wesen würden [Gottes] Wohltun nicht begreifen, wenn sie sich nicht vorher selbst verurteilen müßten. Das bringt jeden dazu, sein eigenes Können zu spüren und die Gnade Gottes. Denn wer seine eigene Ohnmacht und die göttliche Gnade nicht gespürt hat, auch wenn er solche Wohltat empfängt, wer sich selbst nicht erfahrungsmäßig kennen gelernt hat und sich nicht verurteilen mußte, der wird, was ihm durch himmlische Gnade zugestanden ist, für eigene Heldentat halten. Diese Meinung aber bewirkt eitles Sichblähen und wird so Ursache des Falls.

(102) «Und [Gott] zeigte [Abraham] die Sterne des Himmels und sprach: so wird dein Same sein.» Und er fügt den Grund bei, warum er die Verheißung mit einem Eide bekräftigte: «Weil du diesen Auftrag erfüllt hast und deinen Sohn nicht geschont hast.» Er zeigt also, daß wegen der Aufopferung und dem Leiden des Sohnes die Verheißung ihre Festigkeit hat, ohne Zweifel damit bedeutend, daß dem Volke, das aus dem Heidentum kommt und «aus dem Glauben Abrahams» ist, wegen des Leidens Christi die Verheißung gesichert bleibt. Und ist etwa nur in diesem Fall das Zweite fester als das Erste? Noch an vielen Stellen wirst du ein

ähnliches Geheimnis angedeutet finden. Die ersten Tafeln des Gesetzes im Buchstaben zerbrach Moses und warf sie weg, er empfängt ein zweites Gesetz im Geiste, und das zweite ist fester als das erste. Und wiederum, nachdem er das ganze Gesetz in vier Büchern zusammengestellt, schreibt er das Deuteronomium, das heißt, das zweite Gesetz. Ismael war der Erste, Isaak der Zweite, und wieder ist dem letztern ein ähnlicher gleichnishafter Vorzug gegeben. Und dasselbe wirst du bei Esau und Jakob, bei Ephrem und Manasse und in tausend andern Fällen geheimnisvoll angedeutet finden.

WANDERUNG DURCH DIE WÜSTE

Der Wiederaufstieg zur himmlischen Urheimat, die Ausgleichung von ‹Bild› und ‹Ähnlichkeit›, der regressus in Gott ist die Geschichte jeder Seele, aber auch die Geschichte der ganzen Menschheit und der Welt selbst, eine Geschichte, in der dieser Weltäon nur eine verschwindende Episode darstellt: Wanderung durch die Wüste der Jahrmillionen, in denen Steigerung und Fallen noch möglich sind, bis immer mehr Seelen sich aus dem Samsara der Weltwege, durch die unermüdliche Vorsehung geleitet, zum überhimmlischen Orte versammeln und endlich der mystische Leib Christi die ‹Vollreife› erlangt.

Das Pathos des Auszuges, der Wanderung, des immer neuen Aufschwungs aus dem Stoff und Buchstaben zum Geist, der Drang, die Eile, das unaufhaltsame Hindurch durch alles Vorläufige, die Leidenschaft des makrokosmischen Abenteuers, die verzehrende Sehnsucht durch die Bilder durchzustoßen ins Eigentliche, aber ebenso das steigende Ergriffensein von der ziehenden und lockenden Gnade, die betende Einsicht, daß der endlose Wüstenpfad kein anderer ist, als ‹Christus, der Weg›, und die blinde Übergabe seiner selbst an diesen Weg –: das ist origenistische Existenz (103–122).

(103) Aus dem «Land der Chaldäer» … (weil sie das meiste der irdischen Vorkommnisse dem Einfluß der Sterne zuschreiben und sowohl unsere Sünden wie unsere Tugenden auf ihre Bewegungen zurückführen) stammen solche, die sich derartigen Überzeugungen hingeben … Gott aber hatte Abraham zu Besserem aus-

ersehen und sprach zu ihm: «Ich bin es, der dich aus dem Land der Chaldäer hinausführe.»

(104) Ausziehen müssen wir aus Ägypten, die Welt müssen wir verlassen, wenn wir «dem Herrn dienen» wollen. Verlassen aber meine ich nicht im örtlichen Sinne, sondern mit der Seele, nicht auf einer Straße wandernd, sondern durch Glauben voranschreitend.

(105) Um einer verborgenen und mystischen Bedeutung willen wird nämlich das Volk aus diesem irdischen Ägypten herausgeführt und tritt die Wanderung durch die Wüste an, «wo die beißende Schlange und der Skorpion war und der Durst und kein Wasser» und all das andere, was darüber aufgezeichnet ist.

(106) Das Sinnbild des Auszugs aus Ägypten kann auf zweifache Weise genommen werden ... Denn auch wenn einer aus der Finsternis des Irrtums zum Licht der Anerkenntnis gelangt und sich von erdhaftem Wandel zu geistiger Lebensführung bekehrt, zieht er aus Ägypten aus und gelangt in jene einsame Wüste, nämlich in jenen Abschnitt seines Lebens, wo er durch Schweigen und Ruhe sich in den göttlichen Gesetzen üben und die himmlischen Aussprüche in sich einsickern lassen muß, um dadurch neugestaltet und geleitet den Jordan zu durchschreiten und weiterzueilen bis zum verheißenen Land, das heißt, durch die Gnade der Taufe bis zum Leben gemäß dem Evangelium zu gelangen. Aber der Auszug aus Ägypten ist auch das Gleichnis der Seele, die die Finsternis dieser Welt und die Blindheit der körperlichen Natur verläßt, um in eine andere Welt überzusiedeln, welche entweder «Schoß Abrahams», wie in der Lazarusgeschichte, oder «Paradies», wie beim gläubigen Schächer am Kreuz genannt wird, oder wenn es sonst noch Orte und «Wohnungen» gibt, die Gott kennt, durch welche die gottgläubige Seele hindurchwandert, um hinzugelangen zu jenem Flusse, der «die Stadt Gottes erfreut», und an seinem andern Ufer das den Vätern verheißene Los zu empfangen.

(107) «Und es beeilte sich das Volk und durchschritt [den Jordan].» Ich glaube nicht, daß der Heilige Geist es müßig sagte, daß das Volk «sich beeilte», hindurchzuschreiten. Darum will es mir scheinen, daß auch für uns, wenn wir zur heilsamen Taufe kommen und die Sakramente des WORTES Gottes empfangen, die Dinge nicht müßig und schläfrig zu betreiben sind, sondern daß

wir uns beeilen müssen und uns keine Ruhe lassen, bis wir durch alles hindurch sind. Alles «durchschreiten» heißt nämlich: alles erfüllen, was geboten ist. Eilen wir also, zu «durchschreiten», das heißt zu erfüllen, und vor allem dies, was geschrieben steht: «Selig sind die Armen im Geiste», damit wir, alle Anmaßung ablegend und die Demut Christi annehmend, dadurch zur verheißenen Seligkeit zu gelangen verdienen. Aber auch wenn wir das schon erfüllten, so dürfen wir doch nicht stehen bleiben und aufhören, sondern auch alles folgende ist zu durchschreiten: daß wir «hungern und dürsten nach Gerechtigkeit», und auch das weitere ist zu durchschreiten: daß wir in dieser Welt «trauern», und eilig müssen wir vorbeiziehen daran, daß wir «sanftmütig» werden und daß wir «friedfertig» bleiben, um dadurch [den Namen] «Gottessöhne» hören zu dürfen. Eilen müssen wir weiter, daß wir auch die Last der Verfolgung durch die Kraft der Geduld durchschreiten. All dies, was zum Glanze der Tugend gehört, nicht nachlässig und faul, sondern mit aller Dringlichkeit und Schnelligkeit zu erkämpfen, scheint mir das Wort sagen zu wollen: «Mit Eile den Jordan durchschreiten».

(108) Besser ist es für den, der das vollkommene Leben sucht, unterwegs zu sterben, als überhaupt nicht zur Suche der Vollkommenheit auszuziehen.

(109) Hast du einmal eingesehen, wieviel Ruhe der Weg der Weisheit enthält, wieviel Anmut, wieviel Erfreuliches, so entwinde dich nicht, sei nicht nachlässig, sondern unternimm die Wanderung und fürchte dich nicht vor der Einsamkeit der Wüste. Denn auch dir, wenn du in solchen Zelten zu wohnen beginnst, wird das himmlische Manna begegnen und du wirst «das Brot der Engel essen». Nur mußt du anfangen, und es darf dich, wie wir sagten, die Verlassenheit der Wüste nicht schrecken.

(110) Denen, die einen geistigen und erhabenen Sinn [der Schrift und der Natur] annehmen, und die begreifen, daß größere Wahrheit ruht in den Dingen, die nicht gesehen werden, als in denen, die gesehen werden, und daß das Unsichtbare und Geistige Gott benachbarter ist als das Sichtbare und Leibliche, wird ein solcher Sinn ohne Zweifel wert erscheinen, umfaßt und befolgt zu werden, sie erkennen nämlich darin den Wandergang der Wahrheit, auf dem man zu Gott gelangt.

(111) Zu dieser schönen und wohlgestalteten Seele [redete] das WORT Gottes, das ihr durch die leiblichen Sinne (das heißt durch den Anblick der Schrift und das Hören der Lehre) wie durch «Fenster» erschien und ihr die Größe Seiner Gestalt erwies, … als es sich in sie «hineinlehnte» und sie dann aufrief, herauszukommen und außerhalb der Sinne des Leibes nicht mehr «im Fleische» zu weilen, damit sie zu hören verdiene: «Ihr aber weilt nicht im Fleische, sondern im Geiste.» Denn nicht würde sie sonst das WORT Gottes seine «Nächste» nennen, wenn es sich ihr nicht verbunden hätte und sie mit ihm nicht «ein Geist» geworden wäre, und es würde sie nicht die «Liebliche» heißen, wenn es nicht sähe, wie «ihr Bild von Tag zu Tag erneuert wird», und wenn es sie nicht fähig erblickte des Heiligen Geistes, der in Taubengestalt am Jordan über Jesus herabstieg, so würde es sie nicht «meine Taube» nennen.

(112) Die Seele besitzt die Freiheit des Wählens, und es steht ihr offen, auf welche Seite sie will, sich zu neigen; darum ist Gottes Gericht gerecht, weil sie aus eigenem Antrieb sei es guten, sei es schlimmen Ratgebern folgt. Soll ich dir aber noch ein Weiteres aus den Heiligen Schriften beweisen, nämlich um wieviel größer Gottes Bemühen um das Heil der Menschen ist, als des Teufels um ihr Verderben? Hätte etwa die Sorge der Engel nicht genügt gegen die Nachstellungen der Teufel und derer, die die Menschen zum Sündigen verführen? Der Einziggeborene selbst, der Sohn Gottes selber ist da, er selber verteidigt uns, er beschützt uns, er zieht uns zu sich. Höre, wie er selbst sagt: «Und siehe, ich bin bei euch alle Tage bis an die Vollendung der Welt.» Und es ist ihm nicht genug, bei uns zu sein, sondern er tut uns gewissermaßen Gewalt an, uns zum Heil zu ziehen. Er sagt nämlich noch anderswo: «Wenn ich aber erhöht sein werde, will ich alles an mich ziehen.» Siehst du, wie er nicht nur die Willigen einladet, sondern auch die Zögernden «zieht»? Willst du hören, wie er es macht, auch die Zögernden zu «ziehen»? Dem, der «gehen» wollte und seinen Vater «begraben», räumte er nicht einmal den kleinen Augenblick ein, sondern sagte zu ihm: «Laß die Toten die Toten begraben, du aber folge mir.» Und anderswo spricht er: «Keiner, der seine Hand an den Pflug legt und rückwärts schaut, ist geeignet für das Reich Gottes.» Und woll-

test du noch mehr von diesem Geheimnis erfahren, so kann ich dir aus der Schrift zeigen, daß auch Gott Vater die Ordnung unseres Heils nicht vernachlässigt, sondern uns zum Heile nicht nur ruft, sondern auch zieht. So sagt der Herr im Evangelium: «Niemand kommt zu mir, wenn ihn nicht mein Vater im Himmel zieht ...» So werden wir also nicht nur von Gott zum Heile eingeladen, sondern auch gezogen und zum Heile hingezwungen.

(113) Erwäge, in wie große Hoffnung du berufen bist, o Mensch, der du von Fleisch umgeben sagst: «Wie Milch hast du mich gemolken und wie Käse mich gerinnen lassen, mit Haut und Fleisch hast du mich bekleidet und aus Knochen und Sehnen mich zusammengeflochten.» Du also, der du dein Los schilderst ... bist [als Heide] in dieselbe Hoffnung berufen, aus der [der Jude] fiel. «Durch die Sünde Israels kam das Heil den Heiden herein.» Und noch etwas Geheimnisvolleres will ich sagen: An die Stelle der Engel, die «gefallen sind», wirst du aufsteigen und das Mysterium, das ihnen anvertraut war, wird einst dir anvertraut werden, ... du bist zum «Licht der Welt» geworden, du wurdest an der Stelle jenes andern zum ‹Lucifer›: einer der Sterne, die vom Himmel fielen, war Lucifer, du aber, wenn anders du aus «Abrahams Samen» bist, wirst unter die «Sterne des Himmels» gerechnet werden.

(114) Wenn die Seele aus dem Ägypten dieses Lebens auszieht, um zum verheißenen Land zu wandern, schlägt sie notwendig gewisse Wege ein ... und kommt durch bestimmte Haltestellen. Deren gedachte, wie mich dünkt, der Prophet, als er sprach: «Dieser gedenke ich und gieße meine Seele über mich aus, weil ich ausschreite zum Orte des wunderbaren Zeltes, bis zum Hause des Herrn ...» Darum sagt an einer andern Stelle auch der Prophet: «Gar viel ist meine Seele gewandert.» Begreife also, wenn du es vermagst, welches diese Wanderungen der Seele sind, in denen so lange wandern zu müssen sie mit Seufzen und Klagen betrauert. Freilich, solange sie noch wandert, stockt die Einsicht dieser Dinge und ist verhüllt; erst wenn sie zu ihrem Vaterland, ihrer Ruhe, dem Paradies gelangt sein wird, wird sie wahrer darüber belehrt werden und es klarer einsehen, welches der Wegsinn ihrer Wanderung war; was in geheimnisvoller

Voraussicht der Prophet so ausdrückt: «Bekehre dich, meine Seele, zu deiner Ruhe, denn der Herr hat dir Wohltaten erwiesen.» Unterdessen aber wandert sie und geht ihren Weg und legt ihre Haltestellen zurück, ohne Zweifel aus einem nützlichen Grunde von Gottes Vorsicht auf diese Straße gestellt ... Auch einen Wegführer hat sie, nicht Moses (denn dieser wußte selbst nicht, wohin es ging), sondern die Feuersäule und die Wolke, das heißt den Sohn Gottes und den Heiligen Geist, wie es an einer andern Stelle heißt: «Gott selbst führte sie dahin.» Also beginnt der Aufstieg der seligen Seele, nachdem alle Ägypter ertränkt sind, und die Amalekiter und alle andern, die sie bekämpften, um so durch die verschiedenen Wohnungen wallend (jene nämlich, von denen es heißt, sie seien «zahlreich beim Vater») immer mehr erleuchtet zu werden ... bis sie sich daran gewöhne, den Glanz der wahren Majestät zu ertragen ... Und bevor sie zum Vollkommenen gelangt, muß sie in der Wüste wohnen, wo sie sich nämlich üben muß in den Gesetzen Gottes und wo ihr Glaube sich durch Anfechtungen bewähren muß. Und hat sie eine Versuchung besiegt, und hat sich ihr Glaube in der einen bewährt, so wandert sie gleichsam weiter von einer Lagerstelle zur nächsten ... und es erfüllt sich dabei, was geschrieben steht: «Sie werden von Tugend zu Tugend schreiten», bis daß man zum Letzten kommt, zum höchsten Grad der Tugend, bis man den Fluß Gottes überschreitet und die verheißene Erbschaft in Besitz nimmt ... – Es ziehen also die Kinder Israel aus Ägypten aus ... und kommen zuerst nach Sochoth, ... Sochoth aber wird übersetzt: Zelte. Der erste Fortschritt der Seele also ist, ... zu wissen, daß sie als ein Wanderer und als einer, der unterwegs ist, in Zelten zu hausen hat, wobei sie gleichsam immer in Atem gehalten wird und flink und unbehindert jeden Augenblick gegen Angreifer losziehen kann. Dann, wenn sie sich gut vorbereitet fühlt, «zieht man weiter von Sochoth und macht Rast in Buthan». «Buthan» bedeutet Niederung. Wir sagten, daß es sich hier um Fortschritt in Tugend handelt, Tugend aber wird nur in Kämpfen und Mühen errungen und nicht weniger in Widrigkeiten als in Glück erprobt. So kommt man also zur Niederung, ... und hier steigt unser Wanderer hinab zu denen, die in der Tiefe und im Untersten weilen, nicht um dort zu bleiben, sondern um daselbst einen Sieg zu erfechten[1] … Nach diesem schritten sie mitten durch das Rote Meer und «lagerten bei den Bitterwassern». Wir sagten schon, daß die Zeit des Fortschreitens eine Zeit der Gefahr sei. Welch lästige Versuchung, «mitten durch das Meer zu gehen», zu sehen, wie die Wogen sich zu Bergen häufen, das rasende Getöse der Wellen zu hören; aber doch, wenn du Moses, das heißt dem Gesetz Gottes, folgst, so werden die Wellen dir eine Mauer zur Rechten und Linken sein «und du findest einen trockenen Weg durch die Mitte des Meeres» … «Und sie zogen weiter und lagerten bei der Wüste Sin.» «Sin» wird übersetzt: Dornbusch oder auch Versuchung. Schon beginnt dir also die Hoffnung der guten Dinge zu lächeln. Welche Hoffnung auf gute Dinge? «Aus dem Dornbusch erschien» der Herr und gab Moses Antworten, und von dort begann die Heimsuchung des Herrn bei den Söhnen Israels. Aber nicht ohne Grund heißt «Sin» auch Versuchung. Denn auch in Visionen pflegen Versuchungen zu sein. Nicht selten verwandelt sich ja der Engel der Bosheit «in einen Engel des Lichtes», und darum muß man sich in acht nehmen und Vorsicht üben, um mit Kenntnis die verschiedenen Arten der Visionen zu unterscheiden. Darum wird unter den geistlichen Gaben die eine Gabe des Heiligen Geistes «Unterscheidung der Geister» genannt. «Als sie aus der Wüste Sin auszogen, kamen sie nach Raphaca.» «Raphaca» wird übersetzt: Gesundheit. Siehst du die Ordnung der Fortschritte, wie die Seele, die schon geistig wird und die «Unterscheidung» der himmlischen Gesichte zu haben beginnt, nun auch zur Gesundheit gelangt, so daß sie mit Recht sagen kann: «Lobe, meine Seele, den Herrn, und alles was in mir ist, seinen heiligen Namen.» Welchen Herrn? «Der all dein Siechtum heilt, der dein Leben aus dem Untergang errettet.» Denn es gibt viel Siechtum in der Seele: Habsucht ist ein Siechtum, und zwar ein schlimmes, Stolz, Zorn, Aufgeblasenheit, Furcht, Unbeständigkeit, Kleinmut und anderes mehr. Wann, o Herr Jesus, wirst Du mich von all diesem Siechtum heilen? Wann wirst Du mich so gesund machen, daß auch ich sagen kann: «Lobe, meine Seele, den Herrn, der all dein Siechtum heilt», daß auch ich mein Lager in «Raphaca», das Gesundheit

[1] Vgl. Einführung Seite 31.

bedeutet, aufschlagen kann? – Es würde zu lang dauern, wenn wir uns bei allen einzelnen Lagerstätten aufhalten wollten und bei jeder einzelnen eröffnen, was sich etwa aus der Betrachtung der Namen andeutet; aber kurz und bündig wollen wir sie doch durcheilen, um euch weniger eine volle Auslegung (dazu ist die Zeit zu kurz) zu geben, als «Gelegenheiten der Einsicht» zu bieten. «Sie ziehen» also «von Raphaca weiter und kommen nach Halus.» «Halus» wird übersetzt: Mühen. Und kein Wunder, wenn auf Gesundheit Mühen folgen. Denn das ist der Grund, warum die Seele von Gott Gesundheit bekommt, daß sie die Mühen gerne und nicht widerwillig auf sich nehme; es wird nämlich zu ihr gesagt: «die Mühen deiner Früchte wirst du essen, selig wirst du sein, und es wird dir gut gehen.» Dann kommen sie nach «Raphidim». Es wird aber «Raphidim» übersetzt: Lob des Gerichtes. Durchaus gerechtes Lob folgt auf die Mühen. Was wird aber gelobt? «Lob des Gerichtes», heißt es. Lobenswert also wird die Seele, die richtig richtet, richtig unterscheidet, die demnach «geistig alles richtet, von niemandem aber gerichtet wird». Von da geht es weiter zur Wüste «Sina». «Sina» ist ein gewisser Ort in eben der Wüste, die oben «Sin» genannt wurde ... Nachdem also die Seele lobenswerten Gerichtes wurde und ein richtiges Urteil zu haben begann, wird ihr nun das Gesetz von Gott gegeben, weil sie fähig zu werden beginnt der göttlichen Geheimnisse und der himmlischen Gesichte. Von da gelangt man zu den «Denkmälern der Begierden». Was sind die «Denkmäler der Begierden»? Zweifellos der Ort, wo die «Begierden» begraben und verschüttet sind, wo alle Begierlichkeit ausgelöscht ist und nicht mehr «das Fleisch gegen den Geist begehrt», abgestorben nämlich im Tode Christi. Darauf gelangt man nach «Aseroth», was übersetzt wird: vollkommene Gehöfte, oder auch Seligkeit. Erwäge genauer, o wandernde Seele, welches die Ordnung der Fortschritte sei: Nachdem du die Begierlichkeiten des Fleisches begraben und dem Tode überliefert hast, kommst du zu den weiten Gehöften, kommst du zur Seligkeit. Selig ist ja schon die Seele, die von keinen fleischlichen Lastern mehr bedrängt wird ... Die nächste Lagerstätte ist «Ressa», was in unserer Sprache heißen kann: sichtbare oder löbliche Versuchung. Was ist dies, daß selbst, wo die Seele so große Fortschritte macht, dennoch die Versuchungen nicht von ihr genommen werden? Man ersieht daraus, daß die Anfechtungen ihr gleichsam wie eine Schutzwache und ein Schutzwall beigegeben werden. Denn wie Fleisch, wenn es auch ein großes und schönes Stück ist, doch fault, wenn es nicht eingesalzen wird, so lockert sich und löst sich die Seele sofort, wenn sie nicht auch durch ständige Versuchungen gleichsam gesalzen wird. So steht auch fest, daß darum gesagt ist: «Jedes Opfer soll mit Salz gesalzen werden,» und daher erklärt sich schließlich auch jenes Wort Pauli: «Und damit ich in der Erhabenheit der Gesichte mich nicht überhebe, ist mir ein Pfahl ins Fleisch gegeben, ein Engel Satans, der mich ohrfeigen soll ...» Von da gelangt man nach «Thara», ... das heißt Entrükkung, ... wo die Seele in Bewunderung irgendeines gewaltigen Dinges staunend erschrickt ... Und dann kommt man nach «Matheca», was übertragen heißt: neuer Tod. Was ist dieser neue Tod? Es ist der, durch den wir «Christo mitsterben und Christo mitbegraben werden, um auch ihm mitaufzustehen ...» Darauf folgt das Lager in «Abarim gegen Nabau». Jenes besagt: Übergang. «Nabau» aber bedeutet: Abscheidung. Wenn nämlich die Seele durch alle diese Tugenden hindurchgewandert und zur höchsten Vollendung emporgelangt ist, geht sie schon über aus dieser Welt und scheidet ab, wie von Enoch geschrieben steht: «Und er ward nicht mehr gefunden, weil ihn der Herr hinübergesetzt hatte.» Und wenn einer, der hierzu gelangt ist, auch noch in der Welt zu weilen scheint und im Fleische zu wohnen, so wird er doch «nicht mehr gefunden». Worin nämlich wird er «nicht mehr gefunden»? In keiner welthaften Tat, in keinem fleischlichen Ding, in keiner eiteln Rede wird er mehr «gefunden». Denn der «Herr» hat «ihn hinübergesetzt» aus diesen Dingen und läßt ihn im Lande der Tugenden wohnen. Die letzte Lagerstätte liegt «im Westen von Moab in der Nähe des Jordan». Denn dieser ganze Lauf wurde darum unternommen und darum eilt man so, daß man hingelange zum Flusse Gottes, daß wir ganz nahe hinzugelangen zur fließenden Weisheit und uns baden in den Wellen der Einsicht, damit wir so, in allem gereinigt, in das Land der Verheißung einzugehen verdienen.

(115) Um zu diesen Dingen aber hindurchgelangen zu können, bedürfen wir der göttlichen Barmherzigkeit, um vielleicht, wenn

wir die Schönheit des WORTES Gottes erblickt haben, in heilsamer Liebe zu ihm zu entbrennen, und damit er selbst eine solche Seele zu lieben sich würdige, in der er die Sehnsucht nach ihm erkennt.

(116) «Ich bin der Weg.» Moses mußte seine Schuhe von den Füßen streifen, denn der Ort, zu dem er gelangt war und worauf er stand, war heilige Erde, und in gleicher Weise auch Jesus der Sohn Naves. Die Jünger Jesu aber müssen, weil sie auf einem lebenden und beseelten Wege wandern, nicht nur keine Schuhe auf die Wanderung mitnehmen, wie es Jesus den Aposteln auftrug, sondern bedürfen weiterhin, um auf diesem Weg zu wandern, von Jesus gewaschen zu werden, der sein Kleid abgelegt hatte. Vielleicht, damit er ihre reinen Füße noch reiner mache, vielleicht, damit er den Schmutz der Füße der Apostel auf seinen eigenen Leib übernehme durch das Linnengewand, mit dem er allein bekleidet war, denn «er hat unsere Schwächen getragen».

(117) «Ich bin der Weg.» Auf diesen Weg darf man nichts mitnehmen, keinen Ranzen, keinen Mantel, keinen Stab, nicht einmal Schuhe an den Füßen. Denn der Weg selbst ist mächtig, für alles Notwendige der Wanderung aufzukommen.

(118) «Selig die Unbefleckten auf dem Wege, die wandeln im Gesetze des Herrn.» Was also besagt es: «Unbefleckt» sein «auf dem Wege»? Dies: Zu «wandeln im Gesetze des Herrn» und nicht außerhalb des Gesetzes zu gehen und nicht zu sündigen, sondern vorwärtszustreben und der Tugend entgegenzuwandern. «Unbefleckt» aber wird der «Weg» denen, die im göttlichen und im geistigen Gesetze wandeln. Denn «das Gesetz des Herrn ist unbefleckt». «Unbefleckt» wandelt, wer «sich ausspannt nach dem, was vor ihm liegt, und vergißt, was hinter ihm bleibt», wer «sich nicht zurückwendet», wer «nicht nach rechts oder links abbiegt», sich nicht verirrt, nicht stehen bleibt, nicht verweilt, sondern zuwandert und sich ausstreckt nach dem Ziele.

(119) Jesus suchen aber heißt das WORT suchen und die Weisheit und die Gerechtigkeit und die Wahrheit und die Kraft Gottes, denn das alles ist Christus.

(120) Meine Seele übergebe ich dir auf immer, ich mache dich zu ihrem Wächter, ihrem Schützer, ihrem Lenker.

(121) Der Gerechte lobt Gott allezeit. Der Sünder hingegen lobt und bekennt Gott nur, wenn er von Gott irgendetwas Gutes bekommt.

(122) «Jeden einzelnen Tag will ich dich lobpreisen.» Auch in Gefahren und Versuchungen, sagt er, «will ich dich lobpreisen, Herr», das heißt immerdar. Denn in gar vielem sind wir seine Schuldner: daß er uns schuf, als wir nicht waren, daß er uns so schuf, wie wir sind, daß er die Gewordenen erhält, daß er jeden einzelnen Tag für uns sorgt im allgemeinen wie im besondern, im Verborgenen wie im Sichtbaren, auch wenn wir es nicht wissen. Und das ist nicht alles, um dessentwillen es sich ziemt, daß ihm immerdar Lob gesungen werde, sondern auch um der Majestät seiner Herrlichkeit willen und seines unverweslichen Seins. Um dieses Seins willen ziemt sich für uns Lobpreis und Benedeien und immerwährende Danksagung und Verehrung und ein ewigdauernder Dienst.

II.
WORT

Wort bei Gott

DAS OFFENBARUNGSWORT

Der Logos ist Abbild des Vaters von Ewigkeit her. Er ist dessen innergöttliche, noch keineswegs nach außen gewandte Offenbarung (123). Weil er aber ewige Offenbarung des Vaters ist, darum ist er auch derjenige, in welchem zu seiner Offenbarung der Vater die Welt schafft (124). Er ist die eine und einzige, einfache Uridee, deren Reichtum und Fülle aber schon die Mannigfaltigkeit der Weltideen in sich enthält (125–127). So ist er die Eigentlichkeit der Welt (128), ist ihr Sinn, Wort und Leben (129), die personhafte Wahrheit, welche soviel Wahrheit der Welt gibt, als ihr wohlgefällt (130); die Vervielfältigung der Urwahrheit in «viele», verschiedene Weltwahrheiten aber ist nur die Folge der Vielheit der Teilnehmenden selbst (131). Einheit sind diese Wahrheiten durch die Gegenwart der einen Urwahrheit in jedem geschaffenen Geist (132–134). Der Reichtum der Uridee ist nicht auszuschöpfen: die Bezeichnung WORT (Logos) ist nur eine unter vielen (135). Sinn der Schöpfung aber ist es, daß die objektive und unbewußte Teilnahme der Geschöpfe am Logos sich in eine subjektive, bewußte verwandle (136), und dies durch eine neue Möglichkeit des Logos: den Geschöpfen auch «Weg» zu sein (137). Denn er ist das Alles der Welt (138).

(123) Wenn er des unsichtbaren Gottes unsichtbares Abbild ist, so möchte ich es wagen, zu behaupten, daß er, der die Ähnlichkeit des Vaters ist, unmöglich zu irgendeiner Zeit nicht gewesen sein kann. Denn wann hätte der Gott, der von Johannes *Licht* genannt wird, nicht den Abglanz der eigenen Herrlichkeit besessen? Wie könnte es einer wagen, dem Sohn einen Anfang zu setzen, vor welchem er nicht gewesen wäre? Wann wäre das WORT, das den Vater kennt, und der Ausdruck der unsagbaren und unaussprechlichen und unsäglichen Wesenheit des Vaters nicht gewesen? Es bedenke aber, wer zu sagen wagt: «Es war eine Zeit, da der Sohn nicht war», daß er auch wird sagen müssen: «Es war eine Zeit, da die Weisheit nicht war, da das Leben nicht war.» Es ist aber nicht erlaubt und, wegen unserer Schwä-

che, nicht ungefährlich, Gott von dem immerdar ihm beiwohnenden WORTE zu trennen, von dem Einziggeborenen, der Weisheit, in der er sich wohlgefällt. Denn auf diese Weise würde er nicht einmal in ewiger Seligkeit gedacht.

(124) «Im Ursprung schuf Gott Himmel und Erde.» Was ist der «Ursprung» von allem, wenn nicht unser Herr, der «Erlöser von allem», Jesus Christus, der «Erstgeborene aller Kreatur?»[1] In diesem «Ursprung» also, das heißt in seinem WORTE, «schuf Gott Himmel und Erde», wie der Apostel Johannes am Anfang seines Evangeliums sagt: «Im Ursprung war das WORT, und das WORT war bei Gott, und Gott war das WORT. Dieses war im Ursprung bei Gott. Alles ist durch es geschaffen und ohne es ist nichts geschaffen.» Er spricht also hier nicht von einem zeitlichen Anfang, sondern sagt, daß «Himmel und Erde» und alles, was geschaffen wurde, «im Ursprung», das heißt im Erlöser geschaffen wurden.

(125) Der Erlöser hat viele Bezeichnungen, die dem geistigen Inhalt nach sich unterscheiden, denn er ist zwar einer der Person nach, mannigfach aber in seinen Wirkäußerungen.

(126) «Gott gründete die Erde in der Weisheit, er bereitete die Himmel in der Klugheit.» Es gibt eine «Klugheit» Gottes, die in Christus Jesus zu suchen ist, denn alles, was Gottes ist, ist in ihm Einheit. Christus ist die Weisheit Gottes, die Kraft Gottes, die Gerechtigkeit Gottes, die Heiligung, die Versöhnung, die Klugheit Gottes. Er ist der Person nach eins, wegen der verschiedenen geistigen Inhalte aber beziehen sich die vielen Bezeichnungen auf Verschiedenes.

(127) Weltschöpfer ist Christus als «Ursprung», indem er Weisheit ist; weil er die Weisheit ist, heißt er «Ursprung». Denn bei Salomon spricht die Weisheit: «Gott schuf mich als Ursprung seiner Wege zu seinen Werken», damit «am Ursprung» sei «das WORT» in der Weisheit –: im Hinblick auf die zusammenhängende Ordnung der Schau aller Dinge und ihrer Sinne ‹Weisheit› genannt,

[1] Obschon Origenes die beiden Naturen in Christus keineswegs monophysitisch vermengt, gebraucht er doch öfters den Namen «Christus» und «Erlöser» vom ewigen WORTE, den Namen WORT vom Menschen Jesus Christus.

gemäß der Mitteilbarkeit des Beschauten an vernunfthafte Wesen als ‹Wort› gefaßt.

(128) Du fragst weiter, in welchem Sinne der «Erstgeborene aller Schöpfung» ‹Welt› heißen kann. Er ist es vorzüglich, sofern er ‹Weisheit› ist, die vielgestaltige; denn indem in ihm die Sinn-Worte von jeglichem sich befinden, nach denen Gott alles «in der Weisheit» schuf («alles schufst Du in der Weisheit», sagt der Prophet), dürfte er selbst auch ‹Welt› sein, eine Welt, die um soviel reichhaltiger ist, als die sinnliche Welt und um so verschiedener von ihr, als der von allem Stofflichen entblößte SINN der ganzen Welt sich unterscheidet von der verstofflichten Welt, welche ihren Weltschmuck nicht vom Stoff her empfängt, sondern von der Teilnahme am SINNWORT und an der Weisheit, welche die Stofflichkeit schmücken.

(129) Weil also diese Person der Weisheit selbst in sich jede Möglichkeit und Gestalt der künftigen Kreatur enthielt, sowohl dessen, was im eigentlichen Sinne und für sich existiert, als auch dessen, was als Folge dazu ins Dasein tritt[1], ... darum nennt sich die Weisheit selbst bei Salomon «geschaffen als Ursprung der Wege Gottes», denn sie enthält ja die Ursprünge und Formen und Vorbilder aller Geschöpfe in sich. Und so wie wir von der Weisheit eingesehen haben, daß sie der «Ursprung der Wege Gottes» ist und so ‹geschaffen› genannt wird (sofern sie Urbilder und Anfänge der ganzen Schöpfung in sich vorbildete und einfaßte), ebenso müssen wir es nun verstehen, daß sie auch das WORT Gottes ist, weil sie allen übrigen Wesen, das heißt der gesamten Kreatur, den SINN der Mysterien und Verborgenheiten Gottes eröffnet, welche naturgemäß innerhalb der Weisheit Gottes behalten sind: darum heißt sie WORT, weil sie gleichsam der Ausleger des SINNES der Geheimnisse ist ... So ist der Sohn also auch aller daseienden Dinge Wahrheit und Leben, und mit Recht, denn wie könnten sonst leben, die geschaffen wurden, wenn nicht aus dem LEBEN? Und wie die daseienden Dinge in Wahrheit bestehen, wenn sie nicht von der WAHRHEIT her abstiegen? Und wie könnte es vernunftbegabte Wesen geben, wenn nicht im voraus das VERNUNFTWORT wäre?

[1] Vgl. oben Text 22–23.

(130) Der «Heilige, Wahrhaftige», der es nicht durch Teilnahme ist, sondern wesenhaft, dieser ist das WORT Gottes selber, der auch den «Schlüssel Davids» besitzt. Denn weil das «WORT Fleisch geworden» ist, öffnet er mit diesem Schlüssel die Schriften, die vor seiner Ankunft geschlossen waren, und die jetzt niemand mehr schließen kann mit dem Vorwand, sie seien noch nicht erfüllt ... Er öffnet aber soviel, als Menschen fassen können, er läßt verschlossen, was immer sie in diesem Leben nicht zu fassen vermögen.

(131) «Ich bin die Wahrheit.» Wenn Jesus so spricht, wie ist es dann möglich, daß «die Wahrheit durch Jesus Christus wird» (wie Paulus sagt), da doch niemand durch sich selbst wird? Es ist so zu verstehen, daß die WAHRHEIT an sich, die es wesenhaft ist und sozusagen die Urform der Wahrheit in den vernunfthaften Seelen (von welcher WAHRHEIT her gleichsam Bilder von ihr denen, die sie schauen, eingebildet werden) nicht «durch Jesus Christus wurde», wie sie überhaupt durch niemand, sondern «aus Gott wurde ...» Die Wahrheit aber, die unter Menschen ist, «ist durch Jesus Christus geworden», zum Beispiel die Wahrheit, die in Paulus und den übrigen Aposteln war, die wurde «durch Jesus Christus». Und man muß sich nicht wundern, daß, obwohl die WAHRHEIT eine einzige ist, doch sozusagen viele Wahrheiten aus ihr ausgeflossen sind. Auch der Prophet David sah viele Wahrheiten, als er sprach: «Die Wahrheiten wird der Herr erforschen.» Denn nicht die Eine WAHRHEIT wird ihr Vater «erforschen», sondern die vielen, durch welche gerettet werden, die sie besitzen. Und etwas Ähnliches wie über die WAHRHEIT und die Wahrheiten können wir über die GERECHTIGKEIT und die Gerechtigkeiten gesagt finden ... Es steht geschrieben: «Gerecht ist der Herr und er liebt die Gerechtigkeiten» ... Und man kann zusehn, ob auch das übrige, was von Christus in der Einzahl ausgesagt wird, in der entsprechenden Weise vervielfältigt in der Mehrzahl ausgesagt werden könnte. Etwa: Christus ist unser LEBEN – wie der Erlöser selbst sagt: «Ich bin der Weg und die Wahrheit und das Leben», und der Apostel: «Wenn Christus erscheint, unser Leben, dann werdet auch ihr mit ihm erscheinen in Glorie», ... denn dadurch, daß Christus in jedem einzelnen das Leben ist, wird das Leben vervielfältigt. Vielleicht wäre auch in dieser Weise das Wort zu verstehen: «Oder wollt ihr eine Pro-

be dafür, daß Christus in mir redet?» In jedem einzelnen Heiligen wird gleichsam Christus gefunden, und durch den einen Christus entstehen viele Christus, seine Nachahmer, nach ihm, der das Bild Gottes ist, umgestaltet.

(132) Unser Erlöser, welcher sein Licht in die vernunfthaften Wesen und in ihren Seelengrund hineinleuchten läßt, damit ihr Geist seine ihm eigenen Gegenstände erblicke, ist so «das Licht der» Geist-«Welt».

(133) Dadurch, daß einer «sein Wort hält», hält er auch das Leben, das davon unzertrennlich ist, ... und dieses selbst ist wiederum «das Licht der Menschen».

(134) Das WORT [Gottes] ist nicht wie aller Wort: denn niemandes Wort ist selbst lebendig, niemandes Wort ist Gott.

(135) So ist also zu sagen, daß mit der Bezeichnung ‹WORT› nicht anders vorgegangen werden darf als mit jedem einzelnen der obengenannten Namen, daß nämlich aus dem Sinn des Namens der im Benannten erkannte Aspekt zu entfalten und Gründe darzulegen sind, wie dieser Name vom Sohne Gottes ausgesagt werden darf. Denn was ist das für eine seltsame Ausnahme, nicht jeder einzelnen aufgezeichneten Namengebung zu folgen, sondern zum Beispiel zwar zu suchen, in welch [übertragenem] Sinn er ‹Türe› genannt werden kann, in welchem Sinn ‹Weinstock›, aus welchem Grunde ‹Weg› und mit der einzigen Bezeichnung ‹WORT› nicht so zu verfahren?

(136) Nicht mit Schweigen dürfen wir übergehen, daß er mit Recht die WEISHEIT Gottes ist und auch als solche bezeichnet wird, denn seine Weisheit hat ihr Dasein nicht nur als bloße Vorstellung Gottes und des Vaters aller Dinge, wie es etwa bei den Vorstellungen menschlicher Gedanken der Fall ist. Ist aber einer fähig, die körperlose Wirklichkeit der vielgestaltigen Sinne zu betrachten, welche die Wesensworte aller Dinge umfassen, und die eine lebende und gleichsam durchseelte Wirklichkeit ist, der wird einsehen, daß die über alle Kreatur erhabene Weisheit Gottes mit Recht davon sagt: «Gott schuf mich als Ursprung seiner Wege zu seinen Werken.» Durch diese ‹Schöpfung› kann die ganze Schöpfung allererst bestehen, nicht ohne selbst die göttliche Weisheit in sich aufnehmen zu können, nach welcher sie geworden. Denn «alles», sagt der Prophet David, «schuf Gott in der

Weisheit». Vieles aber ist durch Teilnahme an der Weisheit geworden, was sie selbst, durch die es geworden ist, nicht wieder-erfaßt, und gar wenige sind es, die nicht nur die Weisheit, die sie selber betrifft, sondern auch die vieler anderer Dinge erfassen, während Christus allein die ganze Weisheit ist. Jeder Weise aber nimmt, im Maße er Weisheit faßt, teil an Christus, sofern dieser die Weisheit ist.

(137) Weil es dann aber geschehen sollte, daß einige von den Geschöpfen, die ja das Gute nicht naturhaft und wesenhaft in sich hatten, sondern zufallend, und so nicht stets unverwandt und unverändert verharren wollten, ... abfielen, so wurde das WORT Gottes und die Weisheit auch noch zum WEG. Denn WEG wird es darum genannt, weil es die, die auf ihm gehen, zum Vater [zurück] führt.

(138) Eines der Güter ist das Leben – Jesus aber ist das LEBEN. Ein anderes Gut ist das Licht der Welt – Jesus aber ist das LICHT der Welt, mit alldem wird der Sohn Gottes benannt. Dann gibt es ein anderes Gut, neben Leben und Licht: die WAHRHEIT. Und als viertes neben diesen der zu ihr führende WEG. Aber der Erlöser lehrt uns, daß er dies alles selbst sei: «Ich bin der Weg und die Wahrheit und das Leben.» Und wie wäre es ferner nicht gut, den Staub abzuschütteln und aus dem Abgestorbensein aufzustehen für den, der das vom Herrn erlangt, sofern dieser die Auferstehung ist, denn er sagt: «Ich bin die AUFERSTEHUNG.» Aber auch der Eingang, durch den man in die höchste Seligkeit eingeht, ist ein Gut; Christus aber sagt : «Ich bin die TÜR.» Und was soll man von der «Weisheit» sagen, ... an der der Vater Sein Wohlgefallen hat, sich erfreuend an ihrer bunten geistigen Schönheit, die allein von geistigen Augen erblickt wird und den Betrachter der göttlichen Schönheit zu himmlischer Liebe lockt? Gut ist die Weisheit Gottes ...[1]

[1] Daß das Verhältnis von Vater und Sohn bei Origenes dem Verhältnis von Eins und Nous (Ideenwelt) bei Plotin gleicht, ist unleugbar. Vor allem die absolute Einheit des Vaters und die potentielle Mannigfaltigkeit des Sohnes erinnern an die neuplatonische Abstufung. Aber diese Ähnlichkeit ist zunächst nicht ausschließlich origenistisch. Sie wird durch Augustinus ein Grundzug der christichen Trinitätslehre, sofern stets der Sohn als der ‹Ort› der Welt-Ideen und ‹Possibilien› angesehen wird. (Will man diesen

DIE ERKENNTNIS GOTTES

Die Lehre von der Gotteserkenntnis ist die subjektive Ergänzung zur Lehre von der objektiven Offenbarung des WORTES in der Schöpfung. Es gibt hienieden keine unmittelbare Schau des Göttlichen. Aber weil alles Körperliche Gleichnis ist, ist es auch verhüllte Offenbarung des Ur-WORTES (139). In dieser verhüllten Gestalt ist Gott also wohl erkennbar (140). Aber weil die Welt als solche Teilnahme am WORT ist, also an einem wesenhaft Sprechenden, darum kann die Gotteserkenntnis je nur als seine *Offenbarung gelten (141). Diese Offenbarung ist über die ganze Welt hin ausgesät: der Logos ist Logos spermatikos (141–146). Doch wenn Origenes sich vorher gegen einen heidnischen Agnostizismus wehren mußte (140), so muß er jetzt die allgemeine spontane Gotteserkenntnis, welche Celsus nach Art der wissenschaftlichen Schlußmethoden aufzufassen scheint, insofern wieder ablehnen, als auch diese schon immer eine Selbstoffenbarung Gottes voraussetzt (147). Ohne Gott wird Gott nicht einmal gesucht (148); darum vollendet sich die Gotteserkenntnis nicht im Philosophen, sondern im einfachen Christen, der dem sich offenbarenden Gott begegnet (149).*

(139) Nachdem wir jede Meinung, die irgendetwas Körperliches in Gott annehmen möchte, so gut wir konnten, widerlegt haben, sagen wir der Wahrheit gemäß, daß Gott unbegreifbar und unabschätzbar ist … Unsere Augen vermögen das Wesen des Lichts, das heißt die Substanz der Sonne nicht anzuschauen; aber wenn wir ihren Abglanz oder ihre Strahlen etwa durch ein Fenster herein … betrachten, so vermögen wir zu ermessen, wie gewaltig der Herd und die Quelle des körperlichen Lichtes selber ist. So sind auch die Werke der göttlichen Vorsehung und das Kunstwerk dieses Alls gleichsam Strahlen aus der Natur Gottes, verglichen mit diesem Wesen und dieser Natur selbst. Weil also unser Geist Gott selbst, wie er in Sich ist, nicht anschauen kann,

‹Platonismus› vermeiden, so muß man, wie bei Gregor von Nyssa, die metaphysische Existenz der Ideen überhaupt fallen lassen.) Aber in der Verwandtschaft zu Plotin ist doch die größere Verschiedenheit unübersehbar. Der Logos Origenes' ist ein höchst persönliches, freies und souveränes Wesen, das nicht wie eine objektive Wertsphäre, sondern als Schöpfer und Erlöser geliebt wird.

versteht er ihn aus der Schönheit der Werke und dem Schmuck der Geschöpfe als den Vater des Alls.

(140) Wenn [Celsus] sagt, Gott sei mit keinem Namen zu nennen, so ist eine Unterscheidung am Platze. Wenn er damit sagen will, daß kein Ausdruck und keine Bezeichnung Gottes Eigentümlichkeit treffen kann, so ist der Ausspruch richtig. Es gibt ja viele Eigentümlichkeiten, die man nicht ausdrücken kann. Wer könnte zum Beispiel den Unterschied angeben zwischen der eigentümlichen Süßigkeit einer Dattel und der Süßigkeit einer Feige? ... Wenn man aber das Wort in dèm Sinne faßt, daß es möglich sei, etwas von dem, was Gott betrifft, mit Namen zu vergegenwärtigen, um den Hörenden an der Hand näherzuführen und ihm ein wenig von dem, was Gottes ist, soweit menschliche Natur da zureicht, verständlich zu machen, dann ist es nicht ungereimt zu sagen, daß Gott nennbar sei.

(141) Wenn er aber sagt, [Gott] sei nicht mit Worten zu erreichen, so unterscheide ich die Bedeutungen und sage: Versteht er das Wort als das unsrige, sei es das innerlich gedachte oder äußerlich vorgebrachte, dann sagen auch wir, daß Gott nicht mit Worten zu erreichen ist. Denken wir aber an den Ausspruch: «Im Anfang war das WORT und das WORT war bei Gott und Gott war das WORT», dann halten wir dafür, daß Gott diesem WORTE erreichbar ist und nicht nur von ihm erfaßt wird, sondern auch von einem jeden, dem es der Vater geoffenbart hat.

(142) [Die Heiden] leugnen die offenbare und fast sinnlich wahrnehmbare Vorsehung.

(143) Nicht weniger als die Kirche ist von Natur aus jedes vernunftbegabte Wesen ein Tempel Gottes, dazu geschaffen, daß es die Glorie des Herrn in sich aufnehme.

(144) [«Der Acker ist die Welt.»] Die ganze Welt kann «der Acker» genannt werden und nicht nur die Kirche Gottes, denn in der ganzen Welt hat der Menschensohn den guten Samen ausgesät.

(145) Wie würden wir sonst «in Gott leben und uns regen und sein», wenn er nicht mit seiner Macht das Weltall umschlänge und die Welt umfaßte, ... wie wenn sie ein ungeheures lebendiges Wesen wäre?

(146) Nicht in schwerzugänglichen und nur von wenigen Gelehrten gelesenen Schriften, sondern in allgemein zugänglichen ste-

hen die Worte: «Das Unsichtbare Gottes wird seit Anfang der Welt in seinen Werken begriffen angeschaut», woraus sich ergibt, daß die im Leben stehenden Menschen bei den Sinnen und den sinnlich wahrnehmbaren Dingen anheben müssen, wenn sie zum Wesen des Geistigen aufsteigen wollen, daß sie aber im Sinnlichen nicht stehenbleiben dürfen.

(147) Celsus hält nun dafür, daß man durch Zusammenstellen mit andern Dingen, entsprechend der Methode, die die Geometer Synthese nennen, und durch unterscheidende Analyse oder durch Analogie (entsprechend der Analogie bei ihnen) Gott erkennen könne, indem einer so wenigstens bis zur Vorhalle des Guten gelangen könne. Nun aber sagt das WORT Gottes: «Keiner erkennt den Vater als der Sohn und wem etwa der Sohn es offenbart.» Und er bedeutet damit, daß Gott nicht anders erkannt wird als durch eine gewisse göttliche Gnade, die nicht ohne besondere Wirkung Gottes der Seele mitgeteilt wird, und dies in einer gewissen heiligen Begeisterung. Es ist ja nur natürlich, daß die Erkenntnis Gottes die Möglichkeit der menschlichen Natur übersteigt (daher die so zahlreichen Verirrungen der Menschen über Gott), vielmehr kommt die Erkenntnis Gottes [einzig] durch die Güte und Menschenfreundlichkeit Gottes und durch eine paradoxe und göttlichere Gnade zu denen, die durch das Vorwissen Gottes im voraus dafür gewonnen sind, daß sie des Erkannten würdig leben und auf keine Art die Ehrfurcht ihm gegenüber verletzen werden.

(148) Celsus verweist uns sodann auf Platon, … indem er aus dem Timaios die Worte anführt: … ‹Den Schöpfer und Vater dieses Alls zu finden ist schwer, ihn allen mitzuteilen, wenn man ihn gefunden hat, unmöglich.› … Gewiß ist dieser Ausspruch Platos erhaben und wohl zu beherzigen. Aber erwäge, ob es nicht doch ein Zeichen größerer Menschenliebe ist, wenn uns die Heilige Schrift das WORT, das «Gott ist und im Ursprung bei Gott», als Fleisch geworden vorstellt, so daß das WORT (von dem Platon sagt, daß, wer es gefunden, es unmöglich allen mitteilen könne) zu allen zu kommen imstande wäre. Mag nun auch Plato sagen, es sei ‹schwer, den Bildner und Vater des All zu finden›, er zeigt doch dadurch nur, daß es der menschlichen Natur nicht unmöglich ist, Gott nach Würdigkeit zu finden, oder, wenn nicht nach

Würdigkeit, so doch in besserer Weise als die große Masse. Wäre das [andererseits] richtig, wäre Gott von Platon oder einem der Griechen in Wahrheit gefunden worden, so würden sie doch nichts anderes verehren und Gott nennen und anbeten, sie hätten ihn dann doch nicht verlassen oder einen so erhabenen Gott mit Dingen vermischt, die sich mit ihm nicht in Einklang bringen lassen. Wir dagegen lehren, daß die menschliche Natur nicht die Fähigkeit hat, Gott aus eigener Kraft auf welche Weise immer zu suchen oder in reiner Weise zu finden, wenn ihr nicht Hilfe geleistet wird vom Gesuchten selbst, der sich aber auch finden läßt von denen, die alles leisten, was in ihren Kräften steht, am Ende aber bekennen, daß sie seiner bedürftig sind; der sich denen offenbart, die er seiner Erscheinung für wert erachtet, in dem Maße als Gott überhaupt von einem Menschen erkannt werden kann, und eine menschliche Seele, die noch im Leibe weilt, Gott zu erkennen vermag.

(149) Ich glaube, Gott sah die Prahlerei und die Überhebung über andere bei denen, die sich große Dinge über ihre eigene Gotteserkenntnis einbilden, die sie der Philosophie verdankten, und die doch nicht minder als das ungebildete Volk zu den Götterbildern und ihren Heiligtümern und jenen längst ausgeschwatzten Mysterien sich hindrängen. Und darum «wählte er das Törichte dieser Welt aus», nämlich die Einfachsten unter den Christen, die doch maßvoller und reiner als manche Philosophen leben, «um die Weisen zu beschämen ...» Jeder Christ aber weiß, auch wenn er ungebildet ist, daß jeder Ort in der Welt ein Teil ist des großen All, das Weltall aber ein Tempel Gottes ist. Er betet an jedem Orte, indem er die Augen der Sinne schließt und die der Seele aufschlägt, und so übersteigt er die ganze Welt. Und er macht auch am Himmelsgewölbe nicht halt[1], sondern erreicht in seinem Denken den überhimmlischen Ort unter dem Weggeleit des Heiligen Geistes, und so gleichsam außerhalb der Welt stehend, sendet er seine Gebete zu Gott empor.

[1] Anspielung auf den Sonnenkult der Mithras-Mysterien, welche zur Zeit des Origenes dem Christentum bewußt Konkurrenz zu machen suchten.

Wort als Schrift

DIE SCHRIFT ALS LEIB

Spätere Väter werden Natur und Heilige Schrift als zwei ebenbürtige sinnliche Offenbarungen des Gottes-WORTS hinstellen. Für Origenes besteht indes eine deutliche Abstufung. Wenn auch die ganze Körperwelt ein mannigfaches Gleichnis des Ur-WORTS ist, so steht die Schrift doch wesentlich höher. Sie ist die persönliche Erscheinung des Gottes-WORTS in der Welt, insofern *der Logos wesenhaft WORT, Sprache, Rede, Verkündigung ist. Origenes bestimmt den systematischen Ort der Schrift dahin, daß er sie als Wort-Rede zwischen Wort-Geist und Wort-Fleisch in die Mitte setzt (150). Das will aber nur sagen, daß diese ‹Inkarnation› des Wortes im Leib der Schrift eine zugleich universalere und geistigere ist, als die Inkarnation im fleischlichen Leibe Jesu Christi, keineswegs aber, daß die Schrift nicht durchaus weltliche, geschaffene Wirklichkeit sei (151). In der Schrift ist die Erlösungsordnung grundgelegt (152), in ihr vollzieht sich eine wahrhafte ‹Inkarnation› (153). Sie ist der Leib der Wahrheit (154–156).*

(150) «Denn gar nahe ist das WORT in deinem Herzen und in deinem Munde.» Wenn der Herr selbst sagt: «Wäre ich nicht gekommen und hätte zu ihnen geredet, so hätten sie keine Sünde, so aber haben sie keinen Vorwand für ihre Sünde», so muß man seine Meinung so verstehen: Jene, in denen das Vernunft-Wort noch nicht voll geworden ist, haben keine Sünde, die aber begehen sie, die seiner schon teilhaft geworden und doch gegen die Einsichten handeln, aus welchen es sich in uns vollendet; und so allein ist das Wort wahr: «Wäre ich nicht gekommen und hätte zu ihnen geredet, so hätten sie keine Sünde.» Denn gesetzt, es würde, wie die Menge glaubt, vom sichtbaren Jesus ausgesagt, wie wäre es dann wahr, daß all die keine Sünde haben, zu denen er nicht gekommen ist? Alle, die vor der Ankunft des Erlösers gelebt haben, würden von aller Sünde frei sein, wenn zu ihnen der im Fleische sichtbare Jesus nicht kam. Und alle gleicherweise, denen er noch nicht verkündet wurde, würden ohne Sünde

sein. Und es ist klar, daß, wenn sie keine Sünde haben, sie auch nicht gerichtet werden. – Das Vernunft-Wort aber, das im Menschen ist, an dem unser Geschlecht, wie wir sagten, teilhat, wird auf doppelte Weise verstanden: entweder im Sinne der vollgewordenen Einsicht, wie sie jeder besitzt, der das Kindesalter überschritt, mit Ausnahme der Schwachsinnigen, oder aber im Sinne der höchsten Vollendung, wie sie einzig in den voll Eingeweihten gefunden wird. Nach dem ersten Sinne also ist zu verstehen, was gesagt ist: «Wenn ich nicht gekommen wäre und zu ihnen geredet hätte, so hätten sie keine Sünde, so aber haben sie keine Entschuldigung für ihre Sünde.» Nach dem zweiten aber: «Alle, die vor mir gekommen sind, sind Diebe und Räuber, und die Schafe hörten nicht auf sie.» Denn vor der vollen Einweihung und Vollendung des Vernunft-Wortes ist in den Menschen alles tadelnswert, weil es voll Ausstand und bruchstückhaft ist, und hierin das Unvernünftige in uns nicht vollkommen untertan ist (das sinnbildlich «Schafe» genannt ist). Und vielleicht könnte man sagen, daß dem ersten Sinne gemäß «das WORT Fleisch geworden» ist, während dem zweiten gemäß «das WORT Gott» war. Darauf aber wäre es folgerichtig, zu fragen, ob es im Menschlichen eine Mitte gäbe zwischen «das WORT ist Fleisch geworden» und «Gott war das WORT» … Es kann der Sohn auch «WORT» genannt werden aus dem Grunde, weil er das Verborgene des Vaters verkündet, welcher dort, wo der Sohn WORT genannt wird, VERNUNFT heißt. Denn so wie das Vernunft-Wort in uns der Künder dessen ist, was die Vernunft eingesehen, so sieht jenes WORT Gottes den Vater ein (während kein Geschöpfliches ohne Wegführer auf ihn zuzugehen vermag) und so offenbart es den erkannten Vater. Denn «keiner hat den Vater erkannt, wenn nicht der Sohn und wem es der Sohn geoffenbart hat». Und sofern er WORT ist, ist er «der Künder des großen Ratschlusses», der «die Herrschaft auf die Schulter gelegt» bekam. (Denn er herrschte dadurch, daß er das Kreuz erlitt.) In der Geheimen Offenbarung heißt es, daß das «getreue und wahrhaftige WORT» auf einem «weißen Rosse» sitze, um, wie ich denke, die Helle seiner Stimme anzuzeigen, mit welcher das auf uns zufahrende WORT der Wahrheit widerhallt.

(151) «Alles wurde durch ihn geschaffen», das heißt, nicht nur die Geschöpfe, sondern auch das Gesetz und die Propheten.
(152) Erschienen ist, der der Welt den Frieden geben wollte, indem er den Himmel mit der Erde verband und die Erde zum Himmel umschuf durch die Verkündigung des Evangeliums.
(153) Wie dieses ausgesprochene Wort seiner eigenen Natur gemäß untastbar und unsichtbar ist, wenn es aber in ein Buch geschrieben wird und [darin] gleichsam Fleisch annimmt, dann gesehen und angetastet wird, so ist es mit dem unfleischlichen und unleiblichen WORTE Gottes: der Gottheit gemäß wird es weder gesehen noch geschrieben, nimmt es aber Fleisch an, so wird es gesehen und geschrieben. Darum gibt es, sofern es Fleisch geworden ist, auch ein «Buch des Werdens Jesu Christi».
(154) Die gesamte Schrift ist das eine vollkommene und harmonische Ausdrucksmittel Gottes.
(155) Der eine Leib der Wahrheit.
(156) Verstehe also die Schriften auf diese Weise … als einen einzigen, vollkommenen Leib des WORTES.

DAS ANKOMMENDE WORT

In der Gesamtheit der Schriften vollzieht sich die eine Ankunft des WORTES Gottes in die Welt. Der Buchstabe, der ‹Leib›, die äußere ‹Stimme› sind die Mittel, die wirksamen Zeichen und sozusagen das Sakrament dieser immer neuen, unaufhaltsamen, leidenschaftlichen Ankunft des WORTES in den Seelen (157–160).

(157) Was ist's, was da zerstört wird durch das Aufscheinen der Ankunft Christi (wenn er als Weisheit und WORT betrachtet wird), wenn nicht all das, was sich da Weisheit nennt, aber eines von den Dingen ist, worauf Gott seine Hand legt, «um sie in ihrer Schlauheit zu fangen»? Darum sagt Johannes unter andern sehr wunderbaren Dingen vom WORTE, das auf weißem Rosse einherfährt: «Seine Augen aber sind wie Feuerflammen.»
(158) Die übrigen Weisheiten, die man zwar wie Gold achtet, sind nichts als ein wenig Sand angesichts jener Weisheit, die Gott «als Anfang seiner Wege schuf für diese seine Werke», und das Silber

der glänzenden und einschmeichelnden Reden der Vielen wird wie Kot geachtet im Vergleich mit den «keuschen Reden» des Herrn, die da «siebenfach im Feuer erprobt» und «geläutert» und «geprüft» sind, hervorgegangen aus dem WORTE, das «im Anfang bei Gott» war.

(159) Es «sitzt auf einem weißen Rosse» jener, der der «Getreue» genannt wird, und er reitet festgegründeter, und ich möchte sagen königlicher auf den Stimmen[1], welche nicht umgestürzt zu werden vermögen, die eiliger und schneller laufen als jegliches Roß und im Rennen jedes feindliche Wort, das sich heuchlerisch als Wort ausgibt, und jede Wahrheit, die sich fälschlich als Wahrheit ausgibt, ruhmreich überflügeln.

(160) Jesus also ist das WORT Gottes, das in die Seele, die «Jerusalem» heißt, einzieht, «sitzend auf einem Esel», den die Jünger losgebunden. Sitzend, sage ich, auf der Einfalt der Buchstaben des Alten Bundes, welche einsichtig gemacht wurden durch zwei Jünger, die sie «lösten»: einem, der das Geschriebene zur Heilung der Seele emporführt und es um ihretwillen allegorisch deutet, dem andern, der die Güter und die Wahrheit der Zukunft durch die Schattendinge hindurch aufweist. Er reitet aber auch auf einem «jungen Füllen», dem Neuen Bunde, denn in beiden findet sich das WORT der Wahrheit, das uns reinigt und alle «kaufenden» und «verkaufenden» Gedanken in uns austreibt.

GEHEIMNIS

Als Ausdrucks-Leib des Göttlichen ist die Schrift das Gefäß der überirdischen Geheimnisse (161–162). Daraus, daß Gott der eigentliche Urheber der Schrift ist, folgt die Weise, wie sie einzuschätzen ist: Nichts, bis zum letzten Buchstaben, ist ohne Bedeutung in ihr (163). Sie enthält alle geistliche Arznei (164), wie die Natur ist sie ein Kunstwerk des Schöpfers, das durch seine Gnade allein verstanden wird (165–166). Aber sie ist nicht eine Art von Bilderrätsel, das ein für allemal auflösbar ist, sondern wird im Eindringen immer geheimnisvoller (167). Kein

[1] «Stimme» ist für Origenes wie Schrift die sinnliche Erscheinung des geistigen Wortes.

Mensch durchschaut sie ganz (168), sie ist ihrem Gehalt nach überhaupt nicht in äußere Rede umsetzbar (169).

(161) Wenn wir auch unvermögend sind, alles durchzudeuten, so fühlen wir doch, daß alles voller Geheimnisse ist.
(162) Gleichnisbilder sind nämlich alle Dinge, die aufgezeichnet sind von gewissen Geheimnissen; Abbilder sind es von göttlichen Dingen. Darüber herrscht in der ganzen Kirche nur eine Meinung: daß nämlich das ganze Gesetz geistig ist.
(163) Ich, der ich an die Worte meines Herrn Jesus Christus glaube, ich halte dafür, daß im Gesetz und in den Propheten auch nicht «ein Jota oder ein Strichlein» ist, das nicht voller Geheimnisse wäre, oder «etwas davon vergehen kann, bevor sich alles erfülle».
(164) Es kam das Weib, das von Geburt unrein war, es kam der Aussätzige, der um der Unreinheit seines Aussatzes willen «außer dem Lager» getrennt gehalten wurde, sie suchen beim Arzte ein Heilmittel, wie sie geheilt würden, wie sie gereinigt würden. Und weil Jesus, der der Arzt ist, zugleich auch das WORT Gottes ist, so bereitet er seinen Kranken nicht aus Kräutersäften, sondern aus den Geheimnissen von Worten Arzneien. Wenn einer diese Wort-Heilmittel über die Bücher hin wie über Felder wildwachsend zerstreut sieht, und er kennt die Kraft der einzelnen Sprüche nicht, so wird er daran wie an nutzlosem Kraut, das keinerlei Gepflogenheit schöner Sprache enthält, vorübergehen.
(165) Hätte das Gesetz des Moses wirklich nichts in sich, das tiefern Sinn hat, so würde doch wohl der Prophet nicht zu Gott beten und sagen: «Öffne mir meine Augen und ich werde die Wunder aus deinem Gesetz erkennen.»
(166) So wie nämlich im Bauwerk der Welt die göttliche Kunst nicht nur am Himmel, an Sonne, Mond und Sternen sichtbar wird, ... sondern es auch auf der Erde in einem mindern Stoffe zuwege brachte, daß nicht einmal die Leiber der winzigsten Tierchen vom Schöpfer vernachlässigt wurden (um wieviel weniger die Seelen in ihnen, da jede etwas Eigenes in sich aufnahm, die Tiere etwa die Art und Weise sich zu schützen) und auch die Keime der Erde nicht, da in einem jeden irgendetwas Kunstvolles in der Wurzel oder in den Blättern und den hervor-

gebrachten Früchten steckt, und im Unterschied der Arten, – ebenso nehmen wir in bezug auf alle unter dem Hauche des Heiligen Geistes geschriebenen Bücher an, daß die erhabene Vorsehung durch die Buchstaben dem Menschengeschlecht die übermenschliche Weisheit ausspendet, indem sie sozusagen in einen jeden Buchstaben heilsame Gedanken eingestreut, soweit ein jeder dessen fähig war, als Fußspuren der Weisheit. Denn wer einmal zugestanden hat, daß diese Schriften vom Schöpfer der Welt selbst herstammen, der muß überzeugt sein, daß, was immer denen begegnet, die nach dem Sinngrund der Welt forschen, dasselbe auch den Schriftforschern zustößt.

(167) Je weiter wir im Lesen fortschreiten, um so höher türmt sich uns der Berg der Geheimnisse. Und wie einer, der in einem kleinen Schifflein auf das Meer hinausfährt, noch wenig fürchtet, solange das Land noch nah ist, wenn er aber allmählich aufs hohe hinauskommt und die Wogen schwellen, und er beginnt hoch emporgehoben, oder, wenn sie aufgähnen, in den Abgrund geschwemmt zu werden, dann seinen Geist ungeheure Furcht und Angst überfällt, daß er ein kleines Schifflein solch ungeheuren Fluten anvertraute – so scheint es auch uns zu ergehen, die gering an Verdiensten und schmal an Geist ein so breites Meer von Geheimnissen zu befahren wagen … Denn alles, was geschieht, vollzieht sich in Geheimnissen.

(168) Und darum sagen wir euch, damit ihr dies nicht mit Überdruß lest, … daß es vielmehr unaussprechliche Geheimnisse enthält, größere, als menschliche Rede sie vorbringen oder ein sterbliches Gehör sie vernehmen kann; Geheimnisse, wie mir scheinen will, die nicht nur von mir «Geringstem» nicht richtig und vollständig erklärt werden können, sondern nicht einmal von solchen, die viel tüchtiger sind als ich.

(169) Es gibt gewisse Dinge, deren Bedeutung durch keinerlei Reden in menschlicher Sprache erklärt werden kann, sondern sie werden eher durch einen einfachen Blick hinein als durch irgendwelche Wortmöglichkeiten erhellt. Nach dieser Regel hat sich auch die Erkenntnis der göttlichen Schriften zu richten, dergemäß das Gesagte nicht nach der Geringfügigkeit des Ausgesagten, sondern nach der Göttlichkeit des Heiligen Geistes, der ihre Verfassung begeisterte, eingeschätzt werden muß.

NACH OBEN OFFENES GEHEIMNIS

Geheimnis ist die Schrift, weil sie wie alles Leibliche Gleichnis ist, das über sich hinausdeutet; nur daß hier der ‹Leib› in irdischen Geschichten, Gesetzen, Sprüchen besteht, der ‹Geist› aber das persönliche Gottes-WORT selbst ist. Darum die unendlich verstärkte Spannung zwischen beiden Polen. Paulus ist das beste Beispiel, wie die Überlast des Geistigen brechend, unfaßbar, perspektivisch durch den Buchstaben durchblitzt (170). Überall brechen von einem Punkt aus tausend Geheimnisse aus (171); und manchem Gedanken ist leiblicher Ausdruck überhaupt zu eng (172).

Aber Gleichnisrede ist in der Natur des Menschen selbst gegründet (173): Sie ist das Mittel, den Geist aus Vielheit zur Einheit emporzuweisen (174–175). Darum ist Schriftforschung so erhaben und so notwendig (176–177).

In der Einsicht, daß alles Leibliche der Schrift nur ein Hinweis nach oben ist, der als Hinweis nicht die Wahrheit selbst enthält, sondern zur Wahrheit weiterweist, kämpft Origenes seinen hartnäckigen Kampf gegen die buchstäbliche Exegese der antiochener Schule (178–182). Und alle Einsicht der Schrift erwächst nach ihm nur aus Glaube (183–185) und Gebet (186).

(170) Paulus scheint mir so zu reden, wie wenn ein treuer und kluger Diener von einem großen Könige, seinem Herrn, in die königliche Schatzkammer eingeführt würde, und es würden ihm verschiedene weiträumige Gemächer gezeigt, mit vielfachen und ungewissen Zugängen, so daß ihm durch den einen der Eingang, durch einen andern der Ausgang gezeigt würde, zuweilen aber kommt man durch verschiedene Zugänge in das gleiche Gemach zurück … Es wird dem getreuen Diener, der herumgeführt wird, dann auch der Silberschatz des Königs gezeigt, und ein anderer von Gold, … und doch werden diese Dinge alle nur bei halbgeöffneter Tür aufgeschlossen, nur bei flüchtig aufgetaner, sodaß er wohl einen Begriff bekommt von den Schätzen des Herrn und den Reichtümern des Königs, aber doch nichts im einzelnen und gründlich anschauen kann. Auf das hin aber würde dieser Diener … ausgeschickt, um dem König ein Heer anzuwerben, er soll die Aushebung vornehmen, die Soldaten prü-

fen, und weil er doch treu ist und mehr zum Kriegsdienste anlocken möchte und dem König ein größeres Heer sammeln, so ist er gezwungen, zum Teil zu erzählen, was er gesehen: weil er anderseits auch wieder klug ist und weiß, daß es notwendig ist, «das Geheimnis des Königs zu verbergen», so bedient er sich mehr gewisser Andeutungen als eigentlicher Berichte, sodaß einerseits die Macht des Königs nicht verborgen und doch auf der andern Seite die innere Anordnung der Räume und des Schmuckes des Palastes und der Lebensweise verhüllt bleibt. So also, wie ich sagte, scheint es mir auch Paulus zu machen; nicht nur insofern er selbst sagt, daß er nur «zum Teil weiß, zum Teil erkennt», sondern auch im Hinblick auf uns, die nicht einmal das, was er «zum Teil weiß», zu fassen vermögen, wägt er mäßigend die Rede ab, und jeden Geheimnisraum durchgeht er mit einem oder höchstens zwei Worten und läßt nur eben hineinspähen; das einemal kommt er hier herein und geht dort hinaus, das anderemal tritt er durch eine andere Tür ein und eilt zu einem weiteren Gemach, so daß du, wenn du an der Tür, wo er hinein ist, wartest, ihn nicht mehr heraustreten siehst.

(171) Was soll man von den Propheten sagen, von denen wir alle wissen, daß sie voll rätselhafter und verdunkelter Worte sind? Und auch wenn wir zu den Evangelien herantreten, so ist für den genauen Sinn, welcher eben der Sinn Christi ist, die Gnade notwendig, die jenem geschenkt war, der sprach; «Wir aber haben den Sinn Christi, damit wir einsähen, was uns von Gott geschenkt ist, was wir auch verkünden, nicht in gelehrten Worten menschlicher Weisheit, sondern in den Eingebungen des Geistes.» Und wer wäre bei der Lesung dessen, was Johannes geoffenbart wurde, nicht erschrocken über die Verdecktheit der unsäglichen Geheimnisse, die selbst dem, der das Aufgezeichnete nicht versteht, offenbar ist? Und wem, der in der Prüfung der Worte erfahren ist, werden etwa die Apostelbriefe durchsichtig und leichtverständlich erscheinen, wo schier ungezählte Mengen erhabenster und weitester Gedanken, die eine ergiebige Fundgrube bieten, gleichsam durch ein einziges Guckloch bestrahlt werden?

(172) Im allgemeinen gilt von jeder Parabel, deren Auslegung von den Evangelisten nicht aufgezeichnet wurde, daß, obschon «Jesus

seinen Jüngern in der Einsamkeit alles auslegte», die Evangelienschreiber die Erklärung der Gleichnisse doch darum verbargen, weil das über sie Geoffenbarte die Natur und die Tragkraft der Buchstaben überstieg und die Auslegung und Erhellung dieser Parabeln eine solche war, daß «die Welt die Bücher nicht zu fassen vermöchte», die über derartige Parabeln geschrieben werden müßten. Vielleicht aber wäre es möglich, ein geeignetes Herz zu finden, durch seine Reinheit fähig, die Buchstaben zu fassen, die die Auslegung der Parabeln betreffen, sodaß in ihm diese Auslegung vom Geiste des lebendigen Gottes selbst niedergeschrieben würde.

(173) Sollte es den Griechen allein vergönnt sein, in andeutenden Gleichnissen zu philosophieren, etwa noch den Ägyptern und all den nichtgriechischen Völkern, die sich rühmen, Mysterien und geheime Wahrheiten zu besitzen, und nur die Juden … sollten keinen Teil an der göttlichen Kraft empfangen haben?

(174) Darum redet [der Prophet] in Gleichnissen und Rätseln, damit sich unser Geist ausspanne, oder noch besser, damit er sich in eins sammle und die schmalen Spitzen der Worte in den Blick bekomme, damit er, von den Lastern sich entfernend, während er die Wahrheit erkennt, den Lauf seines Lebens auf sie hin lenke.

(175) «Erhebt eure Augen und seht die Felder, wie sie schon weiß sind für die Ernte.» Das WORT, das den Jüngern gegenwärtig ist, ermahnt die Hörer, die Augen emporzuheben zu den «Feldern» der Schriften, und zum «Feld», wo in jedem einzelnen Wesen das WORT gegenwärtig ist, damit sie die Weiße und den strahlenden Glanz des Lichts der Wahrheit, die überall ist, erblicken.

(176) [Kenntnis der Schrift] ist die Kunst der Künste und die Wissenschaft der Wissenschaften.

(177) Den Sinn der Schriften zu erforschen, gebietet uns Jesus, wenn er sagt: «Forschet in den Schriften», und dasselbe ist der Wille Pauli, wenn er lehrt: daß wir «wissen sollen, wie wir einem jeden», wie es sich ziemt, zu «antworten» haben, aber auch der Wille dessen, der sprach: «Immer bereit zur Verantwortung gegen jeden, der euch zur Rechenschaft zieht über euren Glauben.»

(178) Wenn einer in vielen Dingen die Evangelien sorgsam daraufhin durchforscht, was sie an Widersprüchen betreffs des ge-

schichtlichen Wortsinnes enthalten, ... so wird er von einem Schwindel erfaßt und wird dann entweder aufhören, für die Wahrheit der Evangelien einzustehen, und sich eines herauslesen, dem er anhängt, da er nicht wagt, dem Glauben an unsern Herrn vollständig aufzusagen, oder aber er bekennt die vier Evangelien und setzt ihr Wahres nicht in die körperlichen Zeichen.

(179) Es oblag den Evangelisten, Wahres zu sagen; zugleich geistig und körperlich, wo es anging; wo es aber auf beide Arten nicht möglich war, da lieber die geistige Wahrheit der körperlichen vorzuziehen, indem gar oft das Geistig-Wahre in einer, wenn ich so sagen darf, körperlichen Lüge gewahrt wird.

(180) Alle Körperdinge sind eitel und leer, denn es ist die geistige Natur, die nach dem Bilde Gottes geschaffen wurde.

(181) Man muß die göttliche Schrift geistig und geistlich verstehen, denn die materielle Kenntnis, die sich nur auf die geschichtlichen Vorgänge bezieht, ist nicht wahr. Wenn du versuchst, den göttlichen Sinn auf den rein äußerlich betrachteten Wortlaut herabzuziehn, so wird er keinen Grund finden, sich niederzulassen und wird in seine heimische Wohnstatt zurückkehren, welche die ihm gemäße Schau ist; denn er besitzt Flügel, die ihm der Heilige Geist, der ihn lenkt, bereitet hat, und die die geistlichen Gnaden sind. Mit diesen schwingt er sich hinweg, sozusagen bis über den Äther selbst hinaus. Nicht über den Buchstaben sich erheben wollen, sondern sich darin unersättlich zeigen, ist das Zeichen des Lüge-Lebens.

(182) Die Weisheit ist zugleich «Zisterne» und «Quelle»; denen, die in den Tugenden erst Anfänger sind, scheint sie eine tiefe «Zisterne», den von sinnlichen Leidenschaften Freien und Gereinigten eine «Quelle». ... Und wie eine Quelle ohne Mühe sich darbietet, das laufende Wasser nämlich jedem der dürstet ... und wie sie unaufhaltsam fließt, so fließt die sinnliche Schrift in unaufhaltsamem Lauf dahin und spendet den Dürstenden mühelos Gott.

(183) Wenn du beim Lesen der Schrift auf eine Stelle stößest, die ... ein Stein des Anstoßes ist, dann gib dir selber die Schuld, ... damit geschehe, was geschrieben steht: «Wer glaubt, wird nicht zuschanden werden.» Erst glaube, so wirst du finden.

(184) Viele waren der Ärzte, die vorgaben, die Heiden zu heilen. Betrachtest du die Philosophen, die ihre Wahrheit anpreisen – es sind Ärzte, die zu heilen versuchen. Aber obschon [die Menschheit] ihr ganzes Vermögen dafür ausgegeben hat, sie konnte von keinem dieser Ärzte geheilt werden. Da berührte sie im Glauben eine Franse des Gewandes Jesu und ward heil. Wenn wir auf unsern Glauben an Jesus Christus schauen und erwägen, wie groß der Sohn Gottes ist, und wer es ist, den wir berühren, so werden wir sehen, daß im Vergleich zu den «Fransen», die an ihm sind, wir nur «*eine* Franse» berührt haben. Diese eine «Franse» heilt uns und bewirkt, daß wir von Jesus vernehmen: «Dein Glaube hat dich gerettet.»

(185) Die Häretiker sind zwar auf dem «Wege», aber nicht auf dem «vom Herrn gelenkten», sondern auf solchen, die vom Bösen verkrümmt werden; sie biegen rechts und links ab, denn sie begnügen sich nicht mit dem bloßen Glauben: sie denken zwar tiefer, aber nicht wahrer.

(186) Du also befleiße dich vor allem der Lesung in den heiligen Schriften ... mit Glauben und in der Gott wohlgefälligen Vor-Verfassung ... Und es sei dir nicht genug, nur anzuklopfen und zu forschen, sondern das allerwichtigste zum Verstehen der göttlichen Dinge ist das Gebet.

VON WORT-SCHRIFT ZU WORT-GEIST

Die Sinnrichtung des Schriftverstehens geht also von der Vielheit der Gleichnisse zur Einheit des inneren Geschehens. An einem einzelnen Ausspruch entzündet sich die Leidenschaft alles Göttlichen (187), von einem Worte her wird der Lesende allmählich vom ganzen Netze gefangen (188). Aber gerade diese Vielheit ist notwendig, um uns von vielen Seiten her auf den einen Christus hin zu erziehen (189), wie denn der menschliche Weg notwendig von der ‹Lüge› des Sinnlichen zur Wahrheit des Geistes führt (190).

Das Inwendige der Schrift ist Kraft (191), ist Heiligkeit (192), ist nicht nur geistig, sondern substantieller Geist (193). Darum versteht sie nur der Geist, der sie sprach oder wer an ihm teilhat (194–195). Seine Selbstbezeugung aber besteht in der Wirksamkeit des Schriftwor-

tes (196–197). Die Geisteinheit der Schrift ist Christus (198–199), als ihre personhafte Zusammenfassung (200–201). Darum ist jedes Schriftwort so unendlich fruchtbar (202) und die Vielheit des Buchstabens nicht nur Armut, sondern Ausdruck des geistigen Reichtums (203).

(187) Wenn einen ein Ausspruch des Herrn also in Brand setzt, daß er darüber zum Liebhaber der Weisheit wird und allem Schönen entgegenglüht, dann «fiel das Feuer des Herrn in ihn».

(188) Das Himmelreich wurde einem «Netze» von vielfachem Geflecht verglichen, weil die Alte und die Neue Schrift aus aller Art bunter Gedanken zusammengeflochten ist. Und wie die Fische, die vom Netze gefangen werden, teils auf der einen, teils auf einer andern Seite des Netzes sich finden, jeder dort, wo er sich fangen ließ, so kannst du auch bei denen, die vom Netz der Schriften gefangen wurden, einige finden, die vom Netz der Propheten erhascht wurden, zum Beispiel von Isaias, wegen eines bestimmten Ausspruchs, oder von Jeremias oder Daniel, andere von dem des Gesetzes, andere von dem der Evangelien, einige von dem der Apostel. Zuerst wird nämlich, wer vom WORTE gefischt wird oder gefischt zu werden scheint, von einem bestimmten Ende des Netzes festgehalten. Und es ist auch nicht unmöglich, daß gewisse Fische, die gefangen werden, von dem ganzen Geflecht der Schriften umstrickt werden, ringsum festgehalten und eingeschnürt, so daß sie nicht mehr entfliehen können, sondern gleichsam ganz und gar umgarnt sind und ohne die Möglichkeit, je wieder aus dem Netze auszukommen. Geworfen aber ist dieses Netz «in das Meer», in das Menschenleben nämlich, das rings auf dem Erdkreise seine Wellen treibt und in den bittern Geschäften des Lebens schwimmt. Das Netz selbst aber war vor der Ankunft unseres Erlösers Jesus noch nicht fertig geflochten; noch fehlte dem Geflecht des Gesetzes und der Propheten jener, der sprach; «Glaubet nicht, daß ich gekommen sei, das Gesetz und die Propheten zu lösen, ich kam nicht zu lösen, sondern zu erfüllen.» Und so wird das Geflecht des Netzes «erfüllt» in den Evangelien und in den Worten Christi durch die Apostel.

(189) «Das Himmelreich gleicht einem Kaufmann, der schöne Perlen sucht.» Er sucht seine Perlen in allen Lehren, die Wahrheit zu

bieten vorgeben, und in allen, die solche vortragen. Es seien, wenn ich so sagen darf, die Propheten solche Muscheln, die den himmlischen Tau in sich aufnehmen und wie Schwangere in sich vom Himmel das WORT der Wahrheit tragen – schöne Perlen, welche der ... «Kaufmann» sucht. Der Anführer der Muschelschar aber, die allerkostbarste Perle, mit welcher, wenn man sie findet, alle andern mitgefunden werden, ist der Christus Gottes[1] ... Darum sagt Paulus: «Alles andere achte ich wie Schaden, damit ich Christus gewinne», ... die eine kostbarste Perle. Wertvoll ist also die Laterne in der Finsternis, und die in ihr sind, brauchen die Laterne bis die Sonne aufgeht; wertvoll auch der Strahlenglanz auf dem Angesicht des Moses, und, wie ich denke, auch der Propheten, und ein schöner Anblick, durch den wir allmählich fähig gemacht werden, den Glanz Christi zu schauen ... So ist für uns zuerst «die Herrlichkeit, die zerstört wird durch die überschwengliche Herrlichkeit», vonnöten, wie uns notwendig ist die «Weisheit, die bruchstückhaft ist», welche «zerstört wird, wenn das Vollkommene erscheint». Jede Seele also, die ins Knabenalter kommt und auf die Vollendung zugeht, bedarf, bis daß für sie die Fülle der Zeit herankommt, eines Erziehers ... Es glaubt aber die große Menge, die die Schönheit der vielen Perlen des Gesetzes und die ganze Weisheit der Propheten, auch wenn sie nur «Bruchstück» ist, nicht sieht, daß sie, ohne jene zu verstehen und einzusehen, die eine kostbare Perle in voller Weise finden und «das Überschwengliche der Weisheit Jesu Christi» schauen könne, im Vergleich zu der alles, was dieser so großen, so gewaltigen Weisheit vorausging (auch wenn es in seinem eigenen Wesen nicht «Kot» ist), doch wie «Kot erscheint», – vielleicht wie eben der Mist, der vom Gärtner «an die Wurzeln des Feigenbaumes gelegt» wird und die Ursache ist, warum dieser Früchte treibt.

[1] Origenes folgt hier den weitverbreiteten antiken Sagen über das Leben der Perlmuscheln. Sie sollen unter anderem an der Meeresoberfläche ihre Schale öffnen und nachts einen Tautropfen darin empfangen, den sie zur Perle umbilden. Sie schwimmen sehr schnell und besitzen wie die Bienen einen König, der sich durch Größe auszeichnet.

(190) Ich will beifügen, daß im ersten Lebensalter auf jeden Fall irrige Anschauungen in der Seele entstehen. Denn es ist nicht möglich, daß der Mensch von Anfang an wahre und gereinigte Anschauungen fasse. Gott aber hat den Wortlaut der Geschichten und den Buchstaben der Schrift so vorgesehen, daß der Sohn Abrahams, geboren gemäß dem Fleische, zunächst von Worten, die gemäß dem Fleische sind, genährt werde, daß er zunächst der «Sohn der Magd» sei, um dann erst fähig zu werden, als der «Sohn der Freien» und «der Verheißung» geboren zu werden.
(191) Wie unter den Kräutern ein jedes zwar eine Kraft hat, das eine zu körperlicher Heilung, das andere zu etwas anderem, wie es aber nicht Sache eines jeden ist, zu wissen, wozu ein jegliches Kraut gut ist, sondern … Sache der Pflanzenkundigen, … so ist der Heilige und der Geistige eine Art Botaniker, der von den heiligen Schriften jedes Jota und jedes zufällige Strichlein aufliest und die Kraft des Buchstabens findet, wozu er gut ist, und weiß, daß nichts im Aufgezeichneten überflüssig ist. Willst du aber dafür noch ein zweites Gleichnis hören, so ist ein jedes Glied unseres Leibes von Gott, dem Meister, zu einem bestimmten Amte geschaffen; nicht aber ist es Sache aller, zu wissen, worin aller Glieder, bis zum kleinsten herab, Eignung und Nutzen besteht. Denn es sind die Anatomiekundigen unter den Ärzten, welche sagen können, wozu jeder, selbst der kleinste Teil, bestimmt und von der Vorsehung gemacht ist. Auf diese Weise verstehe auch die Schriften.
(192) So wie alles Gold, das außerhalb des Tempels sich findet, nicht geheiligt ist, so ist jeder Gedanke, der außerhalb der Heiligen Schrift ist, auch wenn er einigen wunderbar zu sein scheint, doch nicht heilig, eben weil nicht im Geist der Schrift enthalten, die nur *den* Gedanken zu heiligen pflegt, der in ihr ist, so wie der Tempel nur das eigene Gold.
(193) «Der Herr hat gesprochen.» Was ist: «der Herr»? Der Apostel antworte dir; von ihm lerne es: «Der Herr ist Geist.» Und sollte dir das Wort des Apostels nicht genügen, so höre den Herrn selbst im Evangelium sagen: «Gott ist Geist.» Wenn demnach «der Herr» und «Gott» «Geist» sind, dann müssen wir, was der Geist redet, geistig verstehen. Ich möchte aber noch etwas mehr sagen: daß nämlich, was der Herr redet, nicht allein für geistig,

sondern für Geist selbst zu halten ist ... Höre den Herrn: «Die Worte, die ich zu euch geredet habe, sind Geist und Leben.»

(194) Wirklich verstehen kann die Reden Daniels niemand anderer als der Heilige Geist, der in Daniel war.

(195) So wie nämlich «keiner der Menschen weiß, was des Menschen ist, als der Geist des Menschen, der in ihm ist, und auch keiner weiß, was Gottes ist, außer der Geist Gottes», so weiß (außer Gott) auch keiner, was Christus in Gleichnissen und Parabeln gesprochen hat, als der Geist Christi und wer seiner teilhaftig wird, nicht nur des Geistes Christi [überhaupt], sondern Christi, sofern der die Wahrheit, das WORT ist. So wird er betrachten können, was ihm zu dieser Stelle entschleiert worden ist.

(196) Könnte man nun zwar in einigen Fällen zugeben, daß die Griechen und die Vertreter unseres Glaubens dieselben Lehren haben, so besitzen sie doch nicht dieselbe Kraft, die Seelen zu gewinnen ... Und wir sagen das nicht als einen Vorwurf für Platon – denn die reiche Welt der Menschen hat auch diesen als ein Heilsames hervorgebracht –, sondern um die Absicht derer aufzuweisen, die so sprachen: «Und mein Wort und meine Verkündigung bestand nicht in überredenden Worten der Weisheit, sondern in Erweisung durch Geist und Kraft, damit euer Glaube nicht auf Menschenweisheit, sondern in der Kraft Gottes beruhe.» Damit sagt das göttliche WORT, daß die Rede, auch wenn sie an sich wahr und durchaus glaubwürdig ist, für sich selber nicht ausreicht, um in die menschliche Seele einzudringen, wenn nicht dazu von Gott her dem Redenden eine gewisse Kraft verliehen wird und über den Worten das Begeistende der Gnade schwebt, auch wird sie nur durch Gott denen verliehen, die mit Erfolg reden.

(197) Achte darauf, wie sehr, was Platon so schön über das höchste Gut gesagt hat, sich unterscheidet von dem, was die Propheten über das Licht der Seligen gesprochen. Und sieh nun, wie diese Wahrheit, die sich bei Platon findet, nichts genützt hat zu einer geläuterten Gottesverehrung, ... wie dagegen die einfache Sprache der göttlichen Schriften Begeisterung bei denen hervorgebracht hat, die sie in großmütiger Gesinnung lasen, denn in ihnen wird dieses Licht durch das «Öl» genährt, ... das den fünf klugen Jungfrauen die Flamme ihrer Lampen erhält.

(198) «Das Himmelreich ist gleich einem Schatz, der im Acker vergraben ist.» … Mir will aber scheinen, jener «Acker» sei die Schrift, welche überwachsen ist mit den sichtbaren Erzählungen der Geschichten und des Gesetzes und der Propheten und was sie sonst an Gedanken enthalten mag; denn dicht ist der Wuchs und vielgestaltig sind die Reden der ganzen Schrift. Der im Akker vergrabene «Schatz» aber sind die unter dem Erscheinend-Einsichtigen verhüllten und versteckten Gedanken der Weisheit, die «im Geheimnis» verborgen ist und in Christus, «in welchem alle Schätze der Weisheit und des Wissens verborgen sind».

(199) Wenn aber die Wahrheit nur *eine* ist, so ist klar, daß man auch die Weisheit, die ihr vollständiges Gefüge und ihre geschlossene Darstellung ist, geziemend als eine einzige betrachtet, wo doch jede Scheinweisheit, die die Wahrheit nicht hat, sich nicht vernünftigerweise als Weisheit ausgeben kann. Ist aber die Wahrheit eine und die Weisheit eine, so dürfte wohl auch das WORT, das die Wahrheit und die Weisheit der Dinge verkündet, die denen, die sie fassen können, einfach und durchsichtig sind, nur Eines sein.

(200) Es spricht der Prediger: «Mein Sohn, hüte dich davor, viele Bücher zu schreiben.» Daneben stelle ich den Ausspruch aus den Sprichwörtern desselben Salomon: «Bei Vielrederei entfliehst du der Sünde nicht, schonst du aber der Lippen, so zeigst du dich einsichtig.» Und ich frage nicht, ob Vieles-Sagen unterschiedslos auch schon Vielrederei ist, selbst wenn einer vieles Heilige und Heilsame redete. Denn wenn sich das so verhielte und wenn, wer viel nützliche Dinge bespricht, ein Vielredner wäre, so würde wohl Salomon selbst der «Sünde nicht entfliehen», da er doch «dreitausend Gleichnisse» geredet hat, «fünftausend Gesänge, und über die Bäume, angefangen von der Libanonzeder bis zum Hyssop, der aus der Mauer hervorwächst, ferner auch über die Tiere und die Vögel und das Gewürm und die Fische». Wie könnte auch jemand mit dem Unterrichten vorankommen ohne jene in einfachem Sinne verstandene Vielrederei, wo doch die Weisheit selber zu denen, die verlorengehen, spricht: «Ich zog meine Worte hinaus, aber ihr gabt nicht acht …» Suchen wir, was die «Vielrederei» ist, und anschließend daran, was die «vielen

Bücher» sind. Die Gesamtheit des WORTES Gottes, das im «Anfang bei Gott war», die ist nicht «Vielrederei», ist nicht Worte. Die eine REDE besteht zwar aus mehreren Sichten, aber jede einzelne Sicht ist nur ein Teil des Gesamt-WORTS ... Wir können demnach sagen, daß, wer etwas redet, was mit der Verehrung Gottes nichts zu tun hat, «Vielrederei» treibt, wer aber redet, was der Wahrheit ist, auch wenn er über alles redete und nichts ausließe, doch immer nur ein einziges Wort sagen würde. Und die Heiligen, die immerdar nur an das eine Wort als Ziel sich halten, sind keine Vielredner. Bemißt sich daher die Vielrederei nach dem Vorgebrachten und nicht nach dem Vorbringen in vielen Worten, so sieh zu, ob wir nicht sagen können, daß alle heiligen Schriften *ein* Buch seien, viele Bücher aber, was außer ihnen ist. Aber da ich ein Zeugnis aus der göttlichen Schrift selbst benötige, so achte, ob ich dies nicht auf die treffendste Art dadurch beweisen kann, daß ich aufstelle, nach uns sei von Christus nicht nur in einem einzigen Buche der Schrift die Rede (wenn wir ‹Buch› im gewöhnlichen Sinne nehmen). Es ist über ihn im Pentateuch geschrieben worden, in jedem der Propheten ist von ihm die Rede, ebenso in den Psalmen, kurz, wie es der Erlöser selber sagt, in sämtlichen Schriften, auf die er uns mit den Worten verweist: «Durchforscht die Schriften, denn ihr glaubt ja, in ihnen das ewige Leben zu halten. Sie sind es, die über mich zeugen.» Verweist er uns also auf «die Schriften», als Zeugnis ablegend für ihn, so verweist er uns nicht auf die eine, nicht auf die andere, sondern auf alle zusammen, die von ihm «zeugen» und die er alle in den Psalmen das «Haupt des Buches» nennt: «Im Haupte des Buches ist über mich geschrieben ...» Das Ganze nennt er ein «Haupt», weil das Wort über ihn, das an uns gerichtet wurde, darin wie in einem Haupte zusammengefaßt und wiederholt ist.

(201) «In der Überschrift des Buches ist von mir geschrieben.» Er verweist uns nicht auf die eine Schriftstelle, auf die andere nicht, sondern auf die gesamte «gottbegeistete Schrift», die von ihm meldet. Die ganze aber nennt er die eine «Überschrift des Buches», weil das WORT, das zu uns kam, darin in einen einzigen Punkt zusammengefaßt ist: «Deinen Willen zu tun, o mein Gott.»

(202) Mir scheint eine jede Rede der göttlichen Schrift einem Samenkorn vergleichbar, dessen Natur es ist, in die Erde geworfen, wiederzuerstehen in der Ähre oder was sonst die Gestalt seiner Frucht ist, und so sich zu vervielfältigen und auszubreiten, und das umso üppiger, je mehr Mühe der kundige Landmann aufgewandt hat und je größere Wohltat die fruchtbare Erde spendet.

(203) Solange die Brote unversehrt sind, wird niemand gesättigt, niemand erquickt, und man sieht auch nicht, daß sich die Brote vermehrten. Erwäge nun also, wie wir die wenigen Brote brechen: wir nehmen aus den göttlichen Schriften ein paar wenige Worte – und wieviel tausend Menschen werden nicht gesättigt! Aber wenn diese Brote nicht gebrochen werden, wenn sie nicht von den Jüngern in Teile verkleinert werden, das heißt, wenn der Buchstabe nicht bis ins kleinste durchgeschüttelt und aufgebrochen wird, so vermag sein Sinn nicht bis zu allen hinzugelangen. Haben wir aber begonnen, alles durchzubesprechen und auch die kleinen Einzelheiten aufzurühren, dann erst nehmen sich die Mengen, was immer sie fassen können. Was sie aber nicht können, das ist zu sammeln und aufzubewahren, «damit nichts verlorengehe» … Wir sammeln sorgsam diese Teilchen und heben sie in «Körben» auf, bis daß wir wissen, was der Herr auch aus ihnen zu machen wünscht.

VON DEUTUNG DER SCHRIFT

Aus allem Gesagten ergibt sich, daß die Schrift auf ihre geistige Einheitsbedeutung hin auszulegen ist. Paulus hat diese Methode vorgezeichnet, und sie ist ein Traditionsgut der Kirche (204). Die Gleichnisbeziehung ist eine doppelte: einmal zwischen Altem und Neuem Buch, dann zwischen der ganzen Bibel und dem ‹Ewigen Evangelium› im Jenseits (205). ‹Gleichnis› aber spielt zwischen offenbarem ‹Zeichen› und verhüllendem ‹Siegel› (206).

Daraus folgen die vier allgemeinsten Sätze über die Schriftgleichnisse: a) der Sinn ist geistig, b) der Ausdruck ist sinnlich, c) der Sinn erscheint verhüllt im Ausdruck, d) der Ausdruck weist durch seine gewollte Unangemessenheit über sich hinaus (207). Nicht alles hat daher eigengesetzli-

chen Ausdruckswert (208). Buchstäblicher, moralischer und mystischer Schriftsinn verhalten sich wie Leib, Seele, Geist (208–213).
Man kann das Sinnliche einsehen, ohne es als Gleichnis zu begreifen (214). Man muß ein eigenes Gespür dazu haben, wie der Hund, der ein Wild verfolgt (215–216). Und weil das Gleichnis nur Zeichen ist und an einer bestimmten Stelle versagen muß, darum wird das entscheidende Finden gerade im Versagen und in der Ratlosigkeit sich vollziehen müssen (217–219). Aber auch dies ist keine natürliche Technik, sondern Nähe zu Jesus (220).

(204) Paulus sagt irgendwo im Korintherbrief: «Wir wissen nämlich, daß unsere Väter alle unter der Wolke waren und alle in Moses getauft wurden in der Wolke und im Meer, und alle die gleiche geistige Speise aßen, und alle dasselbe geistige Getränk tranken; sie tranken aber aus dem geistigen Felsen, der ihnen folgte, der Fels aber war Christus.» Ihr seht wohl, wie verschieden von der geschichtlichen Erzählung ist, was Paulus überliefert: was die Juden für einen Durchzug durch das Meer halten, nennt er eine Taufe, worin jene eine Wolke sehen, darin setzt Paulus den Heiligen Geist, und mit Beziehung darauf will er verstanden wissen, was der Herr im Evangelium mit den Worten vorschreibt: «Wenn einer nicht wiedergeboren wird aus dem Wasser und dem Heiligen Geiste, der kann in das Himmelreich nicht eingehen.» Das Manna wiederum, das die Juden als Speise für den Bauch und als Befriedigung der Eßlust ansehen, nennt Paulus eine «geistige Speise». Und nicht nur Paulus, sondern auch der Herr selbst sagt davon im Evangelium: «Eure Väter haben in der Wüste das Manna gegessen und sind gestorben. Wer aber von dem Brote ißt, das ich ihm gebe, der wird in Ewigkeit nicht sterben.» Und kurz darauf: «Ich bin das Brot, das vom Himmel herabkam.» Und über den «nachfolgenden Felsen» spricht sich dann Paulus unverhüllt aus: «der Fels aber war Christus». Wie also sollen wir uns verhalten, die wir von Paulus, dem Lehrer der Kirche, solche Grundsätze der Auslegung überkommen haben? Scheint es nicht billig, daß wir eine solche Methode, die zur Tradition gehört[1], auch für alles übrige zum Vorbild

[1] Vgl. Text 162.

nehmen? Oder werden wir, wie manche es möchten, dem, was ein so großer, so gewaltiger Apostel überliefert hat, den Rücken kehren und uns wiederum den «jüdischen Fabeln» zuwenden? Ich wenigstens, wenn ich dies anders, als Paulus es auffaßt, auslegen wollte, glaubte den Feinden Christi die Hände zu reichen und das zu tun, was der Prophet sagt: «Wehe, wer seinem Nächsten zu trinken gibt aus verwirrendem Aufruhr!»

(205) Wir lernen dabei zugleich etwas Allgemeines: daß nämlich, wenn anders ein Zeichen auf etwas hinweist, jedes der in der Schrift befindlichen Zeichen (sei's in einem geschichtlichen Vorgang oder in einer Gesetzesvorschrift) das Offenbarungszeichen von einem später sich Erfüllenden ist, wie zum Beispiel «das Zeichen des Jonas», der nach drei Tagen aus dem Bauche des Fisches hervorging, das Zeichen der Auferstehung unseres Erlösers war, der «nach drei Tagen und drei Nächten» von den Toten auferstand, und die sogenannte Beschneidung das Zeichen einer anderen war, die Paulus in den Worten darlegt: «Denn wir sind die Beschneidung.» Suche aber auch du nun ein jegliches Zeichen in den alten Schriften auf, wessen Gleichnis es wohl in den neuen Schriften sein mag, und was im Neuen Testament Zeichen genannt wird, wessen Offenbarungszeichen es wohl in der kommenden Welt sein mag, oder wessen Vorbild in den künftigen Weltzeiten, wenn es einmal eingetroffen ist.

(206) Zeichen wird etwas dann genannt, wenn durch ein Sichtbares etwas anderes bedeutet wird. So, wie zum Beispiel … Jonas gesehen und Christus verstanden wurde … «Siegel» hingegen wird es dann genannt, wenn jemandem für eine Zeit die Bewachung eines Gegenstandes auferlegt wird und es niemand anderer, als der es aufdrückte, wieder aufbrechen darf. Durch das «Siegel» [der Beschneidung] … wird die Gerechtigkeit des Glaubens bedeutet, die Abraham noch unbeschnitten zu erhalten verdiente und wodurch er der Vater vieler Völker sein sollte; welches Siegel dann entsiegelt werden wird (so glauben wir), wenn die «Fülle der Völker eingehen und ganz Israel gerettet werden wird». Denn dann wird eintreten, was der Apostel sagt, daß Abraham nicht nur der Vater der Heiden, sondern auch der Beschneidung durch den Glauben sein wird … Da also, wie wir sagten, ein Zeichen sich dort findet, wo etwas durch das Sicht-

bare bedeutet wird, ein Siegel aber dort, wo etwas für einige Zeit verschlossen wird und nicht sichtbar ist, so kann dies auch so verstanden werden, daß die Geheimnisse, die in Gesetz und Patriarchen vorgeschattet wurden, zugleich mit Zeichen bedeutet und mit Siegeln verschlossen werden mußten. Sofern sie also denen, die aus den Heiden glauben sollten, mit Zeichen bedeutet werden mußten, war Abraham der Anfang des Zeichens, sofern sie aber vor denen, die in der Beschneidung glauben sollten, verriegelt und überdeckt bleiben mußten, heißt es von ihm, er habe ein Siegel erhalten.

(207) Da sich dies also verhält, so müssen jetzt die obersten Grundsätze der Schrifterkenntnis angedeutet werden, wie sie uns erscheinen. Erstens also wäre zu zeigen, daß der Heilige Geist, gemäß der Vorsehung Gottes durch das WORT, das «im Anfang bei Gott war», bei der Erleuchtung der Wahrheitsdiener, der Propheten und Apostel, in erster Hinsicht die verborgenen Geheimnisse des Menschenschicksals im Auge hatte … Das zweite Ziel war, um jener willen, die die Mühe nicht aufbringen könnten, so erhabene Dinge zu finden, die Rede über die erwähnten Dinge in sinnfälligen Berichten zu verhüllen, welche die Erzählung von dem sinnlichen Anfang der Welt enthielten, von der Schöpfung des Menschen und von denen, die allmählich aus den Ureltern durch Vermehrung zu einer großen Menge anwuchsen, und von andern Geschichten, die die Taten der Gerechten enthalten und auch von ihren gelegentlichen Sünden, da sie ja Menschen sind, und von der Bosheit der Gesetz- und Gottlosen, ihrer Ausschweifung und Begierlichkeit. Und, was wunderbar genug ist, selbst in den Kriegsberichten von Siegern und Besiegten schimmert etwas von jenen Geheimnissen durch, für solche, die derartiges zu sehen vermögen. Noch erstaunlicher aber ist, daß durch das geschriebene Gesetz hindurch die Gesetze der Wahrheit selber weissagerisch ausgesprochen werden, und dies alles in der rechten Anordnung aufgezeichnet, mit jener Überlegenheit, die der göttlichen Weisheit wahrhaft zusteht. Denn dies war die Aufgabe: daß auch das Kleid der geistigen Dinge, ich meine, was an den Schriften körperlich ist, in vielem nicht ohne Förderung sei, und daß es die große Menge, so wie sie zu fassen versteht, auch zu bessern vermöge. Weil aber nun doch, wenn

sich der Nutzen des Gesetzes in ihm selber vollständig ausdrückte und ebenso das Erfreuliche des geschichtlichen Zusammenhangs, wir offenbar nicht glauben würden, daß sich in den Schriften noch etwas anderes zu erkennen gibt als das Handgreifliche, so sorgte das WORT Gottes dafür, daß zwischen das Gesetz und die Geschichten sozusagen gewisse Steine des Anstoßes, Widerstände und Unmöglichkeiten gestreut würden, damit wir nicht, verführt von einer Erzählung, die nur Anziehendes hat, nichts Gottes Würdiges daraus lernen, schließlich vom geistigen Gehalt uns entfernen, oder, am Buchstaben klebend, nichts Göttlicheres darin wahrnehmen.

(208) Es gibt einiges, das in keinem Fall nach dem Buchstaben des Gesetzes zu beobachten ist, anderes, was die Allegorie durchaus nicht verwandeln darf, sondern was ganz und gar gemäß dem Wortlaut der Schrift zu beobachten ist; [es gibt endlich auch] einiges, was sowohl nach dem Wortlaut bestehen bleiben kann, obgleich darin doch notwendig auch die Allegorie zu suchen ist.

(209) Wir haben oft betont, daß in der Heiligen Schrift eine dreifache Weise des Verstehens sich findet: eine geschichtliche, eine moralische und eine mystische, wir verstehen somit auch, daß in ihr ein Leib, eine Seele und ein Geist besteht.

(210) Das erste Antlitz des Buchstabens ist bitter genug: es schreibt die Beschneidung vor, es fordert die Opfer und all das übrige, was der tötende Buchstabe bezeichnet. Das alles wirf wie die bittere Hülse der Nuß hinweg. An zweiter Stelle gelangst du dann zur festen, schützenden Schale, worin einerseits die moralische Lehre, anderseits die Enthaltsamkeit bezeichnet wird. Die sind freilich notwendig zum Schutze dessen, was innen bewahrt wird, aber auch sie sind ohne Zweifel zu durchbrechen und zu zerschlagen. Wir werden zum Beispiel sagen, daß uns die Enthaltsamkeit von Speisen und die Züchtigung des Leibes gewiß notwendig ist, solange wir in diesem verweslichen und den Leidenschaften unterworfenen Leibe sind. Wenn dieser aber einmal zerbrochen und aufgelöst sein wird und zur Auferstehungszeit aus Verweslichkeit in Unverweslichkeit übergegangen und aus einem tierhaften ein geisthafter geworden ist, dann wird nicht weiter durch die Mühe des Leidzufügens und die Zucht der Enthaltsamkeit, sondern durch die eigene Beschaffenheit der Leib von

jeder Herrschaft der Verderbnis frei sein. Auf diese Weise scheint der Sinn der Enthaltsamkeit jetzt zwar notwendig, später aber nicht mehr zu pflegen. An dritter Stelle findest du dann, in diesen eingehüllt und verborgen, den Sinn der Geheimnisse «der Weisheit und Erkenntnis Gottes», aus denen sich die Seelen der Heiligen nicht nur in diesem Leben, sondern auch im künftigen ernähren. Denn das ist jene priesterliche Frucht, von der die Verheißung geht, daß die, «die nach Gerechtigkeit hungern und dürsten, gesättigt werden». Auf diese Weise begegnet also in allen Schriften diese Stufung des dreifachen Geheimnisses.

(211) Weil Gott vorschrieb, die Arche nicht nur «zweiräumig», sondern auch «dreiräumig» zu bauen, so müssen auch wir uns die Mühe geben, nach der doppelten Auslegung, die wir voraussandten, nach dem Gebot Gottes noch eine dritte zuzufügen. Die erste nämlich, die wir anführten, war die geschichtliche, gleichsam als ein Untergrund auf dem Boden gelegt. Die zweite, höher und erhabener, war die mystische. Versuchen wir denn als dritte die moralische hinzuzufügen, obschon auch das, daß es nicht heißt: «zweiräumig» und nichts weiter, noch auch bloß «dreiräumig» und sonst nichts, sondern daß nach dem «zweiräumig» das «dreiräumig» beigefügt ist, nicht ohne geheimnisvollen Sinn für unsere vorliegende Erörterung zu sein scheint. Denn das «Dreiräumige» bezeichnet die dreifache Auslegung. Weil aber in der Heiligen Schrift der Wortsinn nicht immer aufrechterhalten werden kann, sondern oft ausfällt (wie zum Beispiel, wenn es heißt: «Dornen werden in der Hand des Betrunkenen wachsen», oder wenn vom Tempel, den Salomon gebaut hat, gesagt wird: «Der Laut des Hammers und des Beiles wurde im Hause Gottes nicht gehört», oder ebenso im Levitikus, wenn den Priestern die Vorschrift gemacht wird, den Aussatz von Häusern und von Häuten und von Stoffen zu besehen und zu reinigen): um solcher und ähnlicher Dinge willen wird die Arche nicht «dreiräumig», sondern auch nur «zweiräumig» gebaut.

(212) Nach der Unterweisung des ... weisesten Salomon muß, wer «der Weisheit begierig ist», mit der Lehre des Moralischen beginnen und verstehen, was geschrieben steht: «Du trägst Begier nach der Weisheit? Halte die Gebote, und Gott wird sie dir geben.» Darum hat auch dieser Lehrer, der als erster den Men-

schen die göttliche Philosophie beigebracht hat, an den Anfang seiner Werke die ‹Sprichwörter› gestellt, wo, wie wir sagten, die moralische Sicht gelehrt wird, damit, wenn einer in Einsicht und Sitten fortschritt, er auch zur Einsicht der Naturlehre gelange und dort, die Ursache und die Wesenseinheiten der Dinge unterscheidend, begreife, daß die «Eitelkeit der Eitelkeiten» zu verlassen sei und man zu den ewigen und währenden Dingen eilen müsse. Darum gelangt man nach den ‹Sprichwörtern› zum ‹Prediger›, der, wie gesagt, lehrt, daß alles Sichtbare und Leibliche hinfällig und zerbrechlich sei, welche Erkenntnis den Weisheitsschüler ohne Zweifel bestimmen wird, sie gering zu achten und sozusagen der ganzen Welt den Abschied zu geben, um zum Unsichtbaren und Ewigen zu eilen, das schon in geistigen Sinnen, aber noch in gewissen Sinnbildern der Liebe im ‹Hohenlied› gelehrt wird ... Diese dreifache Gestalt der göttlichen Philosophie scheint mir auch in jenen heiligen und glückseligen Männern vorgebildet zu sein, um deren gar heiligen Lehrgang willen Gott der Allerhöchste auch der «Gott Abrahams, der Gott Isaaks und der Gott Jakobs» genannt werden wollte. «Abraham» bedeutet nämlich um seines Gehorsams willen die moralische Weisheit ... «Isaak» hält den Platz der Naturweisheit, da er Brunnen grub und die Gründe der Dinge zu erforschen trachtete. «Jakob» aber nimmt die Stelle der [Gottes]schau ein, da er doch wegen der Betrachtung Gottes ‹Israel› genannt wurde und das Himmelsheer schaute und das Haus Gottes und die Wege der Engel und die Leiter von der Erde bis zum Himmel erblickte.

(213) Wie sich also um ihrer Verwandtschaft willen Sichtbares und Unsichtbares aufeinander beziehen, Erde und Himmel, Seele und Fleisch, Leib und Geist, und aus diesen Verbindungen diese Welt besteht; so muß man auch annehmen, daß die Heilige Schrift aus Sichtbarem und Unsichtbarem sich zusammensetzt: aus einem Körper gewissermaßen, dem des Buchstabens nämlich, und aus der Seele des Sinnes, der in dessen Innerm erfunden wird, und aus dem Geiste, sofern die Schrift auch in sich gewisse himmlische Dinge enthält, wie der Apostel sagt: «sie versehen den Dienst an einem Gleichnis und einem Schattenbild der himmlischen Dinge». Da sich dies so verhält, so wollen wir Gott anrufen, der die Schrift als Leib, Seele und Geist gebildet

hat, als Leib für die, die vor uns kamen, als Seele für uns, als Geist aber für die, die «in Zukunft die Erbschaft des ewigen Lebens gewinnen» und bis zu den himmlischen Dingen und zur Wahrheit des Gesetzes gelangen sollen, und wollen nicht den Buchstaben erforschen, sondern die Seele; ... sind wir aber dazu fähig, so werden wir auch zum Geiste emporsteigen.

(214) Nicht jeder, der sah, was der Erlöser tat, konnte im Sehen auch schon begreifen, warum es getan wurde. Nehmen wir ein Beispiel: «Er wusch Seinen Jüngern die Füße», und diese sahen es zwar gut, daß «der Meister den Jüngern die Füße wusch», aber sie sahen nur, daß es geschah, nicht auch, warum es geschah. Denn es war ein Gleichnis für jene andere Fußwaschung, bei der das WORT Gottes die Füße der Jünger wäscht. Darum sagt der Erlöser zu Petrus, der sich weigert und spricht: «Du wirst mir die Füße nicht waschen» – was sagt er? «Was ich tue, das verstehst du jetzt nicht, du wirst es aber nachher verstehen.» Was also tust du jetzt, fragte Petrus, ich sehe wohl, daß du unsere Füße wäschst, sehe das Becken hingestellt, sehe dich mit einem Leinen gegürtet und wie du uns dienst und unsere Füße entblößest. Aber weil es sich nicht darum handelte – der Heiland hatte sich ja entkleidet, um ein geistiges Wasser in das Becken, wie die Schrift sagt, zu gießen, und er wusch den Jüngern die Füße, damit sie rein geworden und nicht voller Staub den betreten, der da sagte: «Ich bin der Weg» ... – weil es *das* war, was im Zeichen bedeutet wurde, darum spricht er: «Was ich tue, das verstehst du jetzt nicht, du wirst es aber nachher verstehen ...»

(215) Die Parabeln und Gleichnisse werden nicht für alle Umstände der Dinge, denen sie verglichen werden oder deren Bild sie sind, herangezogen, sondern nur zu einigen.

(216) Wenn ich die Schwierigkeiten erwäge, den Sinn der ... Schriftworte aufzuspüren, so kommt mir vor, ich leide etwas ähnliches wie einer, der zum Aufspüren des Jagdwildes mit dem geschärften Geruchssinn eines Hundes auszieht; da kommt es gelegentlich vor, daß der Jäger, gespannt den Spuren folgend, sich schon ganz nah am verborgenen Lager glaubt, plötzlich aber von den wegweisenden Spuren verlassen wird. Er treibt den Hund zu sorgfältigerem Schnüffeln an und geht denselben Weg,

den der gekommen, zurück, bis er die Stelle findet, wo das Wild, einen Haken schlagend, heimlich eine andere Richtung eingenommen hat; wenn der Jäger sie gefunden hat, so geht er munterer fort, sicherer in seiner Hoffnung auf die Beute und durch die Beständigkeit der Spur bestärkt. So machen es auch wir, wenn sich sozusagen die Fußspuren der begonnenen Deutungsweise verwischen, gehen wir ein wenig zurück, ... hoffend, daß der Herr Gott uns unsere Jagdbeute in die Hände treibe.

(217) Wer auf dem Wege zur Schau der Herrlichkeit Christi und des Reiches ist, das heißt zur Vollkommenheit des WORTES und zu dem Reiche, worin es herrscht und regiert, indem es alle feindlichen Worte unter seine Füße bringt und zum Schemel seiner Füße macht, der muß notwendig, indem er die Wahrheit sucht, öfter ein Versagen von Einsichten durchmachen, wodurch die Seele im eigentlichen Sinne dazu genährt wird, daß sie die Dinge sucht, die zu suchen sind. Und wie einst die Wanderer zum Gelobten Land Drangsal litten und gar große Hungersnot an leiblicher Speise, und dafür himmlisches Manna erhielten, so muß auch wiederholt vom Versagen der Einsichten heimgesucht werden und sich dadurch nicht entmutigen lassen, wer von der Vollkommenheit des WORTES genährt werden soll. Und täglich beobachten wir das in uns, wenn wir nach der Einsicht einer Schriftwahrheit suchen: bevor wir finden, was wir suchen, leiden wir eine gewisse Verarmung der Einsichten, bis von Gott diese Verarmung an Einsichten aufgehoben wird, der denen, die es wert sind, «Speise zur rechten Zeit gibt».

(218) Weil ein solches WORT aber nicht von Stoff entblößt und ohne körperliche Sinnbilder zu den Menschen kommt, darum «spuckt Jesus auf die Erde» und «bereitet einen Kot». Und sieh zu, ob du nicht deutend sagen könntest, daß die ganze Schrift und die Weise ihrer Verkündigung, was die göttlichen Gedanken betrifft, aus dem Speichel Jesu, was aber die Geschichten und die erzählten menschlichen Vorkommnisse angeht, aus dem Staub der Erde besteht. So daß der ganze Buchstabe des Gesetzes und der Propheten und der übrigen Schriften von solchem «Kot» her stammt, mit dem «die Augen» der Nichtsehenden auch «bestrichen werden» müssen. Dann aber muß der von Gott Weggeschickte zum «Teiche Siloam» gehen, durch welchen ver-

sinnbildlicht wird, wenn ich so sagen darf, das Untertauchen im Suchen nach der Wahrheit und im Verlieren des festen Grundes.

(219) Auch wenn du nicht weißt[1], wie du in würdiger Weise Gott Dank sagest, so juble doch mit der deutlichen Stimme des singenden Herzens, das die Zeichen der zweifelhaften Buchstaben übersteigt und zwischen der Ratlosigkeit der Deutungen hindurch Geheimes und Unaussprechliches ausspricht. Wenn du den Wortlaut übersteigst, wenn du die Verkündigung unter dir läßt, die durch den Mund ertönt, wenn du mit dem Geiste allein Gott zu lobsingen vermagst, deinem Geiste, der nicht weiß, wie er seine Bewegungen in Worten ausdrücken soll, weil das Wort in dir das Unsagbare und Göttliche des Geistes nicht zu tragen vermag – dann jubelst du Gott.

(220) Keiner hat die Gottheit [des Herrn] so rein enthüllt wie Johannes … Man kann es wagen zu sagen, die Evangelien seien die Erstlinge der Schrift, der Erstling der Evangelien aber sei das nach Johannes, dessen Sinn niemand fassen kann, der nicht auf der Brust Jesu geruht und nicht von Jesus Maria übernommen hat, so daß sie auch seine Mutter geworden ist. So groß muß er werden, daß er ein zweiter Johannes sei und gleichwie Johannes sich als ein Jesus nach Jesus erweise. Denn wenn Maria keinen andern Sohn hat als Jesus, … Jesus aber zu seiner Mutter sprach: «Sieh da deinen Sohn» (und nicht: Sieh, auch dieser ist dein Sohn), so ist es, wie wenn er gesagt hätte: Siehe, dieser hier ist Jesus, den du geboren hast. Und so «lebt» wirklich jeder Volleingeweihte «nicht mehr», sondern in ihm «lebt Christus». Und weil in ihm Christus lebt, so wird von ihm zu Maria gesagt: «Sieh da deinen Sohn», nämlich Christus. Was für einen hohen Sinn also müssen wir haben, um in den Scherben des billigen Buchstabens (die doch Schatzkammern sind) das darin versenkte WORT in würdiger Weise entgegenzunehmen, – während der Buchstabe von jedem beliebigen gelesen werden kann, und jedem, der die leiblichen Ohren herhält, das WORT sinnlich durch die Stimme hindurch ans Gehör schlägt?

[1] Lies ἀπορῇς statt εὐπορῇς.

WASSER UND WEIN

Auch die Schrift des Alten Bundes ist schon eine Inkarnation des Wortes (221–223). Doch erst im Neuen Bunde belebt auch der ‹Buchstabe› als solcher (224). Der Alte Bund ist demnach eine sich immer steigernde Gotteserscheinung (225), die aber erst von Jesus her ihre volle Lebendigkeit erhält (226). Jesus verwandelt das Wasser des Alten Bundes in Wein (227), ja in Sein Blut (228), sosehr, daß der Buchstabe jetzt völlig aufgehoben und unmöglich geworden ist (229). Die Einheit der Gleichnisse ist im Liebesgebot hervorgetreten (230), so wie die Liebe die Furcht aufhebt (231). In seinem ewigen Gehalt ist also der Alte Bund noch ‹neu› (232). Aber letztlich weist aller Buchstabe, auch der des Neuen Bundes, über sich hinaus auf die lebendige Person Jesu (233).

(221) Nicht *einmal* nur ist mein Herr Jesus Christus auf die Erde gekommen: auch zu Isaias kam er, auch zu Moses kam er, auch zum Volke kam er und kam zu einem jeden der Propheten; auch du fürchte dich nicht: selbst wenn du ihn schon aufgenommen hast, er kommt doch wieder. Daß er aber bereits vor seiner Ankunft im Fleische gekommen ist, dafür nimm ihn selbst als Zeugen, der sich verrät mit den Worten: «Jerusalem, Jerusalem, das du die Propheten tötest und die steinigst, die zu dir gesandt wurden, wie oft wollte ich deine Söhne sammeln.» «Wie oft!» … Er lügt nicht.

(222) «Die Stimme meines Geliebten.» Und allein an seiner Stimme wird Christus anfangs von seiner Kirche erkannt. Erst nämlich hat er seine Stimme vorausgeschickt durch die Propheten, und wenn er auch nicht gesehen wurde, so wurde er doch gehört. Gehört aber wurde er in dem, was über ihn verkündet wurde, und so lange hörte die Braut, das heißt, die von Anfang der Welt versammelte Kirche nur seine Stimme, bis daß sie ihn auch mit Augen sah und sprach: «Siehe, er kommt, springend über die Berge, hüpfend über die Hügel.»

(223) So wie in «den letzten Tagen» das WORT Gottes aus Maria mit Fleisch bekleidet in diese Welt hervortrat und etwas anderes an ihm sichtbar war, etwas anderes aber geistig verstanden wurde – der Anblick des Fleisches an ihm stand nämlich allen offen, wenigen nur und Auserwählten ward die Kenntnis der Gottheit

geschenkt –, so wurde auch von den Propheten und durch den Gesetzgeber [Moses] das WORT Gottes nicht ohne die geziemenden Gewänder vorgebracht. Denn wie er dort durch des Fleisches Schleier, so wird er hier durch den des Buchstabens verhüllt, so, daß zwar der Buchstabe angeschaut wird, gleichsam wie Fleisch, der innen verborgene geistige Sinn aber wie die Gottheit eingesehen wird ... «Selig sind jene Augen», die den vom Schleier des Buchstabens verdeckten inwendigen göttlichen Geist sehen.

(224) Jeder Buchstabe des Evangeliums belebt auch, sofern er Buchstabe ist, und zwar jene, die ich die «Schriftgelehrten» des Evangeliums nennen möchte; der Geist aber, der die Natur der Buchstaben übersteigt, leuchtet, von Gott angeregt, noch tiefer in sie hinein – für jene, denen das Evangelium nicht verhüllt ist. Denn es wird von einem gewissen Nutzen gefördert, wer an das Geschriebene glaubt, mit höherem Wissen aber erfüllt, wer schaut, wie «der Vorhang» des Geschriebenen «sich von oben bis unten zerreißt», und wer sieht, was dahinter ist.

(225) Als aber von der Braut, der Kirche nämlich, da sie «sich zu Gott kehrte, der Schleier weggenommen wurde», da erblickte sie ihn plötzlich auf diesen «Bergen» (den Büchern des Gesetzes nämlich) «springend», und auf den «Hügeln» (den Schriften der Propheten) infolge seiner offenen und irrtumsfreien Erscheinung nicht sosehr ‹auftauchend›, als «überhüpfend», gleich als ob sie, blätternd in den Seiten der Prophetenlesungen, Christus ihr daraus entgegenspringend sähe, als ob sie, die nun endlich den «Schleier», der sie vorher bedeckte, abgelegt, aus jeder einzelnen Stelle ihn hervorsprudeln und emportauchen sähe und in einer unverwechselbaren Erscheinung herausstürmen.

(226) Isaak besitzt Brunnen, um derentwillen er mit den Philistern kämpfen muß; Ismael aber trinkt das Wasser aus einem Schlauch. Doch dieser Schlauch versiegt wie jeder Schlauch, und darum leidet er Durst und findet keinen Brunnen. Du aber, der du «nach Isaaks Art ein Kind der Verheißung» bist, «trinke Wasser aus deinen Quellen, und das Wasser deiner Brunnen ergieße sich nicht nach außen, sondern die Wasser sollen dir über deine Plätze laufen». Jener aber, der «nach der Art des Fleisches geboren ist», trinkt Wasser aus dem Schlauch, und sein Wasser versiegt und versagt in gar vielem. Der Schlauch des Gesetzes ist der

Buchstabe, ... in vielem versagt nämlich der geschichtliche Sinn. Die Kirche aber trinkt aus den Quellen des Evangeliums und der Apostel, und diese versiegen niemals, sondern sie «laufen über» ihre «Plätze», weil sie immerdar in der weiten Ebene der geistigen Deutung strömen und fließen.

(227) Wahrlich, vor Jesus war die Schrift Wasser, seit Jesus ist sie uns zu Wein geworden, ... als Jesus es verwandelte[1].

(228) Ich glaube, daß jener Mann, der den Jüngern begegnete, als sie in die Stadt traten, der einen «Krug Wassers» trug und dem nach Jesu Willen die Jünger folgen sollten bis in das Haus, wo er eintrat, ... einer der Diener des «Hausvaters» war (das heißt des Geistes im Menschen). Er trug das reinigende Wasser «in irdenem Gefäße, damit die Erhabenheit der Kraft sich als die Gottes erweise». Er schaffte jenes trinkbare Wasser herbei, in dem «irdenen Gefäße», damit zwar der Sohn Gottes «das Erzeugnis des Weinstocks» darreiche, aber auch der dienende Menschengeist aus dem Gesetz und den Propheten Wasser beitrage, das mit dem Wein des evangelischen Wortes vermischt werde. Wir also, die wir zur Kirche gehören wollen, die wir mit Jesus das Ostermahl feiern wollen, laßt uns jenem Menschen folgen, der ein Gefäß voll solchen Wassers trägt, und der, glaube ich, Moses ist, der eine geistige Lehre in körperlichen Geschichten trägt. Und die zwar zum Gesetz und zu den Propheten wie zum Worte Gottes hinzutreten, nicht aber dem geistig nachfolgen, der das Gefäß «lebendigen Wassers» trägt, die feiern nicht das Ostermahl mit Jesus und trinken nicht den Kelch des Neuen Testaments.

(229) [Die Juden] sagen zwar die Gebote des Gesetzes her, aber sie verstehen nicht, was sie sagen, noch den Sinn der Gesetzessprüche, «auf die sie sich stützen». Darum sagt der Heiland von ihnen: «Sie reden und tun nicht.» Sie reden zum Beispiel von der Beschneidung, von Ostern, von Speisen und Festen, Neumonden und Sabbaten und den übrigen Vorschriften des Gesetzes, «sie tun aber nicht» nach dem Willen des Gesetzes. Sie beschneiden nicht so, wie es das Gesetz meint (wie der Apostel

[1] Der kurze Text ist nur ein Rückverweis auf den Kommentar zur Kana-Szene, der verloren ist. Dort muß Origenes das später so berühmt gewordene Gleichnis als erster ausführlich entwickelt haben.

sagt: «denn wir sind die Beschneidung, wir, die wir Gott im Geiste dienen und nicht auf das Fleisch vertrauen»), noch opfern sie das Osterlamm (denn sie wissen nicht, daß «Christus für uns als unser Osterlamm geschlachtet wurde»), noch essen sie das ungesäuerte Brot nach der Absicht des Gesetzes («… laßt uns nicht tafeln im alten Sauerteig, … sondern im ungesäuerten der Reinheit und Wahrheit»), nicht einmal körperlich feiern sie das Ostermahl, da doch das Gesetz vorschreibt, das Osterlamm in Jerusalem, «der Stadt, die Gott der Herr auserwählt», darzubringen, und daß «dreimal im Jahr alles Männliche vor dem Angesicht des Herrn Gottes erscheine». Wir hingegen … tun alles, was sie uns im Gesetz vorschreiben, und indem wir den Sinn des Gesetzes verstehn, halten wir es und tun doch keineswegs «nach ihren Werken …». So bürden sie zwar schwere Lasten auf, und, wie Lukas sagt, «untragbare», … die Last des Evangeliums aber ist leicht, denn es ist das geistige Gesetz.

(230) Du möchtest wissen, wie «das ganze Gesetz und die Propheten» an diesen «zwei Geboten» hängen. Denn das scheint wirklich der Sinn der Stelle zu sein, daß alles, was immer im Buch Exodus oder Levitikus oder Numeri oder Deuteronomium sich findet, «an diesen zwei Geboten hängt» … Wer alles erfüllt, was über die Liebe Gottes und des Nächsten geschrieben steht, der ist würdig, gar große Gnaden von Gott zu bekommen, unter denen an erster Stelle steht: «die Rede der Weisheit durch den Heiligen Geist», und darauf folgend: «die Rede der Wissenschaft», welche «dem Geiste gemäß» ist. Der Würdige aber, der in all diesen Gaben gegründet ist, jubelt auf in der Weisheit Gottes, da er das Herz voll hat von Liebe zu Gott und die ganze Seele erhellt vom Lichte der Erkenntnis und den ganzen Geist vom WORTE Gottes. Und wer solche Gnaden von Gott erhalten, begreift gewiß auch «das ganze Gesetz und die Propheten» als einen Teil der gesamten «Weisheit und Wissenschaft Gottes», denn er sieht, wie «das ganze Gesetz und die Propheten» abhängen und anhängen am Grund und Ursprung der Liebe Gottes und des Nächsten, und daß die Vollendung der Gottesverehrung in der Liebe besteht.

(231) Zwei sind der Söhne Abrahams, «einer aus der Magd und einer aus der Freien», beide aber sind Söhne Abrahams, wenn auch

nicht beide Söhne der Freien. Darum wird der Sohn der Magd auch nicht Erbe mit dem Sohn der Freien zusammen, er bekommt aber doch Geschenke und wird nicht leer entlassen. Auch er erhält einen Segen, aber der Sohn der Freien erhält die Verheißung. Auch jener wird «ein großes Volk», dieser aber das «Volk an Kindesstatt». In einem geistigen Sinn können also alle, die durch den Glauben zur Erkenntnis Gottes gelangen, Söhne Abrahams genannt werden, unter diesen aber hängen die einen Gott durch die Liebe an, andere aber aus Furcht und Angst vor dem kommenden Gericht. So sagt denn auch der Apostel Johannes: «Wer fürchtet, ist nicht vollkommen in der Liebe, die vollkommene Liebe aber wirft die Furcht hinaus.» Wer also «in der Liebe vollkommen» ist, der ist zugleich «Sohn Abrahams» und «Sohn der Freien». Wer dagegen die Gebote nicht aus vollkommener Liebe, sondern aus Furcht vor den kommenden Strafen und Angst vor Qualen beobachtet, der ist zwar auch ein «Sohn Abrahams», erhält auch Geschenke, das heißt den Lohn seiner Werke (denn auch wer nur «ein Glas kalten Wassers» «im Namen des Jüngers gibt, kommt nicht um seinen Lohn»), aber er steht doch tiefer als jener.

(232) Nur für jene wird das Gesetz zu einem ‹alten› Testament, die es fleischlich verstehen wollen: für solche veraltet und vergreist es notwendig, weil es seine Kräfte nicht frisch erhalten kann. Für uns aber, die wir es geistig und evangelisch verstehen und auslegen, ist es immerdar neu, und beide sind uns neue Testamente, nicht der Neuheit des Lebensalters, sondern der Neuheit der Einsicht nach. Oder hat nicht der Apostel Johannes in seinem Brief die gleiche Meinung, da er sagt: «Meine Kinder, ich gebe euch ein neues Gesetz: daß ihr einander liebet», wo er doch sicherlich weiß, daß schon von alters das Gebot der Liebe im Gesetz aufgestellt wurde? Weil aber «die Liebe niemals fällt», noch auch das Liebesgebot je veraltet, so nennt er es immer neu; immerdar nämlich macht das Gesetz der Liebe die, die es beobachten und bewahren, im Geiste neu.

(233) Sehen wir nun aber noch weiterhin zu, ob nicht daraus, daß, wer aus dem Brunnen Jakobs trinkt, «wieder dürstet», wer aber «von dem Wasser trinkt», das ihm Jesus reicht, in sich «einen Quell» erhält, «der ins ewige Leben aufspringt», ein Unterschied

begründet werden könnte zwischen der Förderung derer, die mit der WAHRHEIT selber umgehen und bei ihr sein werden, und dem Nutzen, den wir aus den Schriften zu ziehen glauben, selbst wenn diese scharfsinnig begriffen werden. Denn die vorzüglicheren und göttlicheren Geheimnisse Gottes werden zum Teil von der Schrift nicht erfaßt, zum Teil sind sie überhaupt von menschlicher Stimme nicht faßbar ... Sieh darum zu, ob der «Brunnen Jakobs» ... nicht die gesamte Schrift sein könnte, das Wasser Jesu aber das, was über alles Geschriebene hinaus ist. Nicht alle aber dürfen erforschen, was über das Geschriebene hinaus ist, sondern nur, wer sich ihm lebendig angeglichen hat.

Wort als Fleisch

CHRISTUS

Alter Bund und Neuer Bund

Abbruch des Vorläufigen

Die ganze Verleibung des WORTS in der Schrift ist nur Wegbereitung Seiner Menschwerdung im Fleische. In dieser Sicht erhält die Perspektive vom Alten zum Neuen Bund eine Verschiebung. Christus ist nicht nur Erfüllung als Überholung des Gleichnisses, sondern Erfüllung als Verwerfung des buchstabendienenden Volkes. Das Gesetz ist ein Gegensatz zur Gnade (234–236). So wird es abgebrochen (237), schonend zunächst (238), schließlich gewaltsam (239), bis zur äußeren und innern Verödung des Judentums (240–248).

(234) Wenn wir uns einen Begriff davon machen wollen, was Gerechtigkeit ist, so müssen wir zunächst wissen, was Nicht-Gerechtigkeit ist. Wenn wir uns eine volle Kenntnis dessen verschafft haben, was Nicht-Gerechtigkeit ist, so werden wir daraus erfahren, was die Gerechtigkeit selbst ist … Und weil die Gerechtigkeit in Gott ist, die Nicht-Gerechtigkeit aber in uns Menschen oder auch in jeglicher geistiger Kreatur ihren Sitz hat, so wird aus dieser unserer Nicht-Gerechtigkeit, die uns vertraut ist, jene Gerechtigkeit Gottes, die uns gleichsam unzugänglich und unfaßbar ist, begriffen und empfohlen, und es springt gleichsam aus dem Gegensatz der Gegensatz hervor.

(235) «Durch das Gesetz nämlich die Erkenntnis der Sünde. Nun aber ist ohne Gesetz die Gerechtigkeit Gottes geoffenbart worden.» Nicht so, wie durch das Gesetz die Anerkenntnis der Sünde sich vollzieht, vollzieht sich auch durch das Gesetz die Offenbarung der Gerechtigkeit Gottes, vielmehr wird «die Gerechtigkeit Gottes ohne Gesetz geoffenbart». Es konnte wohl das Gesetz der Natur die Natur und das Wesen der Sünde offenbaren, die Gerechtigkeit Gottes aber übersteigt alles, was immer

der menschliche Geist mit seinen natürlichen Kräften aussinnen kann.

(236) Betrachte auch, was es besagt, wenn im Gesetz berichtet wird, daß zwar «das Antlitz des Moses verherrlicht» war, wenn auch mit einem Schleier überdeckt; von seiner «Hand» aber erzählt wird, sie sei «aussätzig» geworden «wie Schnee», als er sie in seinem Busen verbarg. Mir scheint darin das ganze Wesen des Gesetzes gekennzeichnet: im «Antlitz» nämlich wird das Wort des Gesetzes bedeutet, in der «Hand» dagegen die Werke angezeigt. Weil also «aus den Werken des Gesetzes keiner gerechtfertigt werden» sollte, und das Gesetz niemand zur Vollkommenheit führen kann, darum wird die Hand des Moses aussätzig und im Busen geborgen, als eine, die kein vollkommenes Werk hervorbringt, sein Antlitz aber ist verherrlicht, doch mit einem Schleier verhüllt, weil sein Wort zwar den Glanz der Weisheit besitzt, aber einer verhüllten.

(237) Es ist also das Gesetz und alles, was es enthält, nach der Meinung des Apostels «bis zur Zeit des Besseren auferlegt», und so wie die Künstler, die Erz-Bildwerke und -Statuen gießen, bevor sie das wirkliche Werk aus Erz oder Silber oder Gold hervorbringen, zuerst eine Tonform herstellen nach dem Gleichnis des künftigen Bildwerks – eine Form, die zwar notwendig ist, aber nur solange, bis das Hauptwerk vollendet ist, ist aber das Werk hergestellt, um dessentwillen die Tonform geknetet wurde, so braucht man diese weiterhin nicht mehr –, so ähnlich denke dir auch die Dinge, die «im Gleichnis» und «als Bild des Kommenden» in Gesetz und Propheten geschrieben oder getan wurden. Denn es kommt der Künstler und Schöpfer von allem selbst und führt das «Gesetz, das die Schatten der kommenden Güter enthielt», hinüber zum «Bilde der Dinge selbst».

(238) «In jener Zeit wanderte Jesus am Sabbat durch die Kornfelder.» Weil Christus der Herr in Seinem Vorauswissen wußte, was die Jünger dort tun würden, darum führte er sie durch die Kornfelder. Und da er vorhatte, den Sabbat aufzulösen, so tat er es mit Gründen. Und niemals bricht er ihn ohne Grund, sondern gibt immer einen guten Vorwand, um sowohl das Gesetz aufzulösen, als die Juden nicht zu verletzen, wenn sie nur den Willen hatten, es einzusehen.

(239) «Und er hieb ihm das rechte Ohr ab.» Und vielleicht war es nicht ohne geheimen Gleichnissinn, was Petrus da tat, weil das rechte Gehör des jüdischen Volkes abzuhauen war wegen der Bosheit, die sie gegen Jesus zeigten. Und wenn sie auch mit ihrem linken Gehör das Gesetz noch zu hören scheinen, so hören sie doch nur den Schatten der Überlieferung des Gesetzes, nicht seine Wahrheit, denn sie sind die Sklaven des Wortes, das den Knechtsdienst gegen Gott bekennt, nicht dessen, das in der Wahrheit dient.

(240) «Ich muß in dem sein, was meines Vaters ist.» Und ich nehme an, daß dies mehr der geistige und lebendige Tempel Gottes ist als jener, der sinnbildlich als irdisches Werk auferbaut worden war. Darum ist Christus aus jenem Tempel, der sinnbildlich auferbaut war, auch sinnbildlich hinausgewichen: «Er wich» nämlich «aus dem» irdischen «Tempel», indem er sprach: «Siehe es wird euer Haus verödet zurückgelassen werden.» Und jenen Tempel verlassend, schritt er zum Besitz Gottes des Vaters, zu den Kirchen, die über den ganzen Erdkreis zerstreut sind, und spricht: «In dem, was meines Vaters ist, ziemt es mir zu sein.»

(241) Darum hat es denn auch die göttliche Vorsehung so gefügt, daß die Stadt selbst und der Tempel und alles zusammen zerstört wurde, damit nicht etwa ein «Kleiner und Säugling im Glauben», der all das noch bestehend sähe und den Gottesdienst der Opfer und die Stufen der heiligen Ämter, vor Staunen verwirrt werde und vom Anblick der Mannigfaltigkeit der Gestalten sich hinreißen lasse.

(242) «Es wird das Reich Gottes von euch weggenommen und einem Volke gegeben werden, das dessen Früchte vollbringt.» Nicht daß ihnen die Schrift weggenommen worden wäre, denn sie haben wohl die Bücher. Aber … der Sinn der Schriften ist ihnen fortgenommen.

(243) So wie beim Tode der Propheten ihre Leiber in den Gräbern lagen, ihre Geister aber «im Land der Lebendigen» weilten, so muß man auch beachten, daß in den Reden der Propheten die einfache Erzählung der Leib ist, der geistige Sinn aber und die innerste Wahrheit der Schriften die Seele und der Geist sind, welche in den einfachen Geschichten und Erzählungen wohnen. Als die «Gräber der Propheten» aber können wir nicht ohne

Grund die Buchstaben der Schriften selbst ansehen und die Bücher, in denen die erzählte Geschichte wie ein Leib in einem Grab ruht. Die also das Geistige der Schriften und ihre Wahrheit … nicht erfassen, … verehren zwar die Leiber der Propheten, die in den Buchstaben und Büchern wie in Särgen ruhen, … sie scheinen freilich voll Ehrfurcht für das Angedenken der Propheten zu sein … und «wollen» keineswegs als die Genossen derer gelten, die «die Propheten töten», aber sie werden eben dessen überführt, die Sünden derer, die «die Propheten umbringen», noch zu übersteigen und «das Maß» ihrer «Bosheit voll» zu machen, indem sie nicht an Christus glauben, den zwar nicht die einfachen Geschichten predigen, wohl aber ihr geistiger Sinn.

(244) «Hätte der Vater ihr ins Antlitz gespuckt …» Es ist das Zeichen der Entlassung: ins Antlitz spucken … Und wahrlich, wenn du jene frühere Ehre erwägst, als die Hohe-Priester-Ordnung bei ihnen in Blüte stand, als es noch die Würde der Priester, die Dienste der Leviten gab und die Majestät des Tempels, den Glanz des Prophetentums, als noch himmlische Gefährten mit ihnen auf der Erde umgingen – was war das für eine Ehre, für ein Ruhm! Und wenn du jetzt hinschaust: in welcher Schmach sind sie nicht verelendet, ohne Tempel, ohne Altar, ohne Prophet, ohne Opfer, ohne irgendeine Heimsuchung vom Himmel, über die ganze Erde zerstreut, als Flüchtlinge lebend, – wer sieht es nicht augenscheinlich, daß «der Vater ihr ins Angesicht spuckte»?

(245) «Und mitten durchgebrochen.» Die Mitte brach durch, da der Buchstabe vom Geiste getrennt wurde.

(246) «Ich wurde gefunden von denen, die mich nicht suchten.» Sicher waren es die Heiden, die Christus nicht zu suchen verstanden, noch nach ihm zu fragen gelernt hatten. Und doch fanden sie den, den sie nicht suchten, weil er sie als erster suchte. Denn er ist «der gute Hirt», und er suchte «das Schaf, das verloren war», und er ist die Weisheit, die die verlorene Drachme sucht und suchend findet. Die Juden aber suchen bis auf den heutigen Tag nach Christus und befragen die Schriften nach ihm und sie finden ihn nicht, weil sein Kreuz den Juden ein Skandal ist. Und darum spricht er zu ihnen: «Den ganzen Tag spannte ich meine Hände aus zu einem ungläubigen und widerspensti-

gen Volk.» Das heißt: während er am Kreuz hing, fanden jene ihn nicht nur nicht, sondern sie sprachen noch überdies: «Wenn du der Sohn Gottes bist, so steig jetzt vom Kreuze und wir glauben dir.» Aber vernimm, was auch in der Weisheit Salomos gesagt wird: «Er wird nicht gefunden werden von denen, die ihn versuchen, er wird aber denen erscheinen, die gegen ihn nicht ungläubig sind.»

(247) Ein Tempel Gottes, aus dem Gefüge bedeutender Reden erbaut, war die ganze Schrift des Alten Bundes, dem geschichtlichen Sinne gemäß erbaut. Die ihn errichtet, Moses und die Propheten, bauten ihn durch die Anordnung der Buchstaben und die Verteilung der Reden ... als etwas von allen Bewundertes ... Auf dieses Gebäude zeigen die Jünger Jesu hin (und meinen die Gesamtheit der Schriften); Jesus aber entgegnete ihnen, daß das WORT dieses erste und körperliche Bauwerk zerstören müsse, um göttlicher und geheimnisvoller den Tempel einer andern Schrift zu erbauen.

(248) Dank aber sei der Ankunft Christi, der unsere Seelen hinwegriß aus dieser Betrachtung und hinlenkte zur himmlischen und zur Erwägung der geistigen Dinge, und er zerstörte wohl, was groß schien auf Erden, und übersetzte den Dienst Gottes aus dem Sichtbaren ins Unsichtbare und aus dem Zeitlichen ins Ewige. Aber freilich verlangt unser Herr Jesus Christus auch Ohren, die das hören, und Augen, die das sehen können.

Das Endgültige im Vorläufigen

Aber im Abbruch selbst tritt die Ewigkeitsgestalt des Gesetzes hervor (249). Diese Gestalt hat es in seiner Hinweisbeziehung zu Christus (250), als Erziehung zu ihm hin (251), so sehr, daß die Heilsordnung beides umspannt und in sich faßt (252–253). Gesetz wird also begriffen im Übergang, dieser aber kann nur durch Christus vollzogen werden (254). In Christus ist der tote Buchstabe tönendes Wort geworden (255), Moses und Elias in ihn hinein vergangen (256–257). Christus nimmt, indem er die Sinnbilder erfüllt, damit nur das Seine in sich zurück: auch die Gerechten des Alten Bundes sind schon Glieder seines mystischen Leibes (258–265).

(249) Wie also kann man doch ewig nennen, was schon längst aufgehört hat und wovon feststeht, daß es schon beendet ist? Es bleibt nur diese Lösung, daß wir das Gesetz in jener Hinsicht ewig nennen, in der wir es geistig zu nennen gewohnt sind, das Gesetz, in welchem geistige Opfer dargebracht werden können, die niemals unterbrochen, niemals beendet werden können.

(250) «Die Gerechtigkeit Gottes offenbart sich nämlich aus Glaube in Glaube.» Denn auch das erste Volk war im Glauben, weil es Gott glaubte und seinem Diener Moses, aus welchem Glauben es jetzt zum Glauben des Evangeliums überging. Wenn Paulus aber das Zeugnis des Propheten Habakuk anführt: «Der Gerechte lebt aus meinem Glauben», so wird hier sowohl der Mensch verstanden, der im Gesetz lebt, daß er auch ans Evangelium glaube, als auch der, der im Evangelium lebt, daß er auch dem Gesetz und den Propheten glaube. Denn jedes hat ohne das andere nicht die Fülle und Unversehrtheit des Lebens.

(251) «Ein jedes also hat seine Zeit.» Denn wie jeder, der in den Worten der Wahrheit weise werden will, mit den Anfangsgründen beginnen und diese mit aller Gründlichkeit durchnehmen und auf die Anfangsgründe den größten Wert legen muß und doch bei den Anfangsgründen nicht in der Weise stehenbleiben darf, wie er sie beim Beginn schätzte, sondern, hindurchschreitend zur Vollkommenheit, dankbar bleiben muß der Einführung, als einem Ding, das ihm in seinem Beginn nützlich war – so sind, vom endgültigen Standpunkt aus gesehen, Gesetz und Propheten eine Einführung zum vollkommenen Verständnis des Evangeliums und in den Sinn alles dessen, was die Taten und Worte Jesu Christi betrifft.

(252) Da nämlich zweierlei im Gesetze wahrgenommen wird: der Dienst des «Todes», der dem Buchstaben eingeprägt ist und nichts Verwandtes mit dem Geiste hat, und der Dienst des Lebens, das im geistigen Gesetze verstanden wird, so gehörten die, die in aufrichtiger Gesinnung sprechen konnten: «denn wir wissen, daß das Gesetz geistig ist», … zur «Pflanzung, die der himmlische Vater gepflanzt hat».

(253) Beides also umfaßt das Gesetz: den tötenden Buchstaben und den belebenden Geist. Erwäge demnach, ob nicht vielleicht

auch jener Baum ein Gleichnis dafür ist, welcher heißt: «der Erkenntnis des Guten und Bösen».

(254) «Und sofort drängte er die Jünger, in das Schifflein zu steigen und ihm ans jenseitige Ufer vorauszugehen, bis daß er selbst die Menge entlassen hätte.» Denn nicht konnte die Menge «ans andere Ufer» hinüber, ... sondern das war die Sache der Jünger Jesu, ich meine, «ans andere Ufer zu gehen» und das Sichtbare und das Körperliche als zeitlich zu übersteigen und hinzugelangen zum «Unsichtbaren und Ewigen» ... Aber die Jünger konnten Jesus nicht «vorausgehen zum andern Ufer», sondern als sie bis zur Hälfte des Meeres gelangt waren und das Schifflein geplagt wurde vom Winde, der ihm entgegenblies, da wurden sie von Furcht erfaßt, denn «um die vierte Nachtwache kam Jesus zu ihnen» ... Was aber ist das für ein Schifflein, in das «Jesus die Jünger einzusteigen zwang»? Ist es vielleicht der Kampf der Versuchungen und Anfechtungen, in den hinein einer vom WORTE gezwungen und gleichsam unfreiwillig geworfen wird, weil der Erlöser will, daß die Jünger geübt werden in diesem schwankenden Schifflein zwischen Wogen und widrigen Winden? ... Denn unmöglich ist es, daß, wer keinen Ansturm der Wogen und keine widrigen Winde ausgehalten hat, «ans andere Ufer» gelange.

(255) Was einst in Buchstaben war und nach dem Buchstaben verstanden wurde, das ist in der Kirche Christi unter der Offenbarung des Herrn «Sprache» geworden, da als erste die heiligen Apostel von ihr sprachen und handelten, indem sie den Verschluß des Buchstabens sprengten und geistige Rede daraus hervorströmen ließen.

(256) Willst du sehen, daß Moses immerdar mit Jesus ist, das heißt, das Gesetz mit dem Evangelium? So lehre dich das Evangelium, daß, als Jesus verklärt wurde, zugleich mit ihm «Moses und Elias» in Herrlichkeit erschienen, auf daß du wissest, daß Gesetz und Propheten und Evangelien immer beisammen sind und in einer einzigen Herrlichkeit weilen. Schließlich wird auch Petrus, der ihnen «drei Zelte» bauen wollte, der Unwissenheit beschuldigt, gleich als ob er «nicht wisse, was er sagte». Denn das Gesetz und die Propheten und die Evangelien sind nicht drei, sondern *ein* Zelt, welches die Kirche Gottes ist.

(257) Und nachdem sie das WORT berührt, «erhoben sie die Augen, und sahen Jesus allein und niemand andern». Denn Eines und ein Einziges war Moses, das Gesetz, und Elias, die Prophetie, mit Jesus, dem Evangelium geworden, und sie blieben nicht, wie vorher, drei, sondern waren aus dreien eins geworden. (Dies sollst du aber im mystischen Sinne auffassen, denn nach dem einfachen Wortsinn ... gingen jene hinweg, von wannen sie gekommen waren.)

(258) «Abraham, euer Vater, freute sich, meinen Tag zu sehen, und er hat ihn gesehen und sich gefreut.» Abraham nämlich glaubte, als er geheißen wurde, seinen Einzigen zu opfern, daß Gott die Macht habe, ihn auch von den Toten zu erwecken; er glaubte aber, daß damals nicht nur Isaaks Schicksal sich vollzog, sondern auch seinem Samen, das heißt Christus, eine gleichnisvolle Wahrheit gewahrt werden sollte. Darum schließlich opferte er freudig seinen Einzigen dahin, weil er in ihm nicht den Untergang der Nachkommenschaft, sondern die Erlösung der Welt und die Erneuerung aller Kreatur begriff, die durch die Auferstehung des Herrn wiederhergestellt ist.

(259) Beim Propheten steht, aus der Rolle des Herrn, geschrieben: «Und in den Händen der Propheten wurde ich zum Gleichnis.» Dieser Satz bedeutet, daß unser Herr Jesus Christus, obschon er der Person nach nur einer ist und nichts anderes als der Sohn Gottes, doch in den Gleichnissen und Bildern der Schrift vielfältig und verschieden vorgestellt wird. So erinnere ich mich, früher gezeigt zu haben, daß er im Vorbild Isaaks war, als dieser zum Brandopfer dargebracht wurde, daß aber auch der Widder sein Gleichnis war. Ich will noch weiter gehen und sagen, daß er auch im Engel, der zu Abraham sprach: «Lege deine Hand nicht an den Knaben», sichtbar wird, weil dieser nachher beifügt: «da du diesem Wort gemäß gehandelt hast, will ich dich mit Segen segnen».

(260) Wir sagen das, damit nicht zwischen uns und den Gerechten, die vor der Ankunft Christi lebten, eine Trennung oder Scheidung zu bestehen scheine, sondern damit sie, auch wenn sie vor der Erscheinung Christi lebten, doch als unsere Brüder erwiesen werden. Denn hatten sie auch damals vor der Ankunft des Erlösers einen Altar, so wußten und fühlten sie doch, daß es nicht

der wahre Altar war, sondern ein Bild und Gleichnis dieses kommenden wahren Altars. Sie wußten, daß auf jenem Altar, den das erstgeborene Volk besaß, nicht wahre Opfergaben, welche die Sünden tilgen können, geopfert wurden, sondern daß die himmlischen Opfer und die wahren Darbringungen sich nur auf *dem* Altar vollziehen, auf dem Jesus ist. So sind nur «eine Herde und ein Hirt» jene frühern Gerechten und die heutigen Christen.

(261) Wenn einer gerne das Wort, das in den Paulusakten dem Erlöser in den Mund gelegt wird: ‹Ich muß wiederum gekreuzigt werden›, für glaubwürdig halten will, der könnte es ebensogut wie auf die Zeit *nach* der Ankunft Christi ... auch auf die Zeit *vor* Seiner Ankunft anwenden; denn damals wäre ebensoviel Grund gewesen zu sagen: ‹Ich muß schon jetzt gekreuzigt werden› ... Denn erwäge, ob nur nach der Ankunft die Stimme der Heiligen sagt: «Christo bin ich mitgekreuzigt», oder ob es nicht auch die Stimme der Früheren ist, und wir darum nicht sagen müssen, die Heiligen nach der Ankunft Christi seien nicht verschieden von Moses und den Propheten und Patriarchen. Und auch jenes andere Wort: «Ich lebe, nicht mehr ich, Christus aber lebt in mir», mag nicht nur von den nach der Ankunft Lebenden, sondern auch von den Frühern gelten. Beachte auch das Wort des Erlösers: «Der Gott Abrahams und der Gott Isaaks und der Gott Jakobs ist nicht ein Gott der Toten, sondern der Lebendigen»: und ob nicht vielleicht Abraham, Isaak und Jakob darum «Lebendige» sind, weil auch sie mit Christus begraben und mit ihm auferstanden sind ... Denn unsere Lehre ist diese: niemals war eine Zeit, wo die geistige Heilsordnung, die auf Jesus hin gerichtet ist, den Heiligen gefehlt hätte.

(262) Eben dieser, der sich Jude nennt und sich im Buchstaben des Gesetzes Moses' rühmt, wird der Übertretung des Gesetzes überführt, weil er nicht an Christus glaubt. Denn würde er Moses glauben, so würde er gewiß auch dem glauben, von dem Moses schrieb.

(263) Das WORT ist zwar am Ende der Zeiten der Mensch Jesus Christus geworden, aber vor diesem sichtbaren Kommen im Fleische war er bereits, ohne Mensch zu sein, der Mittler der Menschen.

(264) In jedem Geschlecht war er stets willig und beeilte er sich, den Willen seines Vaters in ihnen zu vollbringen, wenn auch noch nicht in einem Leibe, wie jetzt am Ende der Zeiten.
(265) Immer also wurden die, die woher auch immer zum Glauben Israels und zu seiner Gemeinschaft zukamen, Christus, der der wahre Israel ist, eingegliedert.

LEBEN JESU ALS GLEICHNIS

Menschwerdung

Im ewig undurchdringlichen Mysterium der Menschwerdung (266) tritt das Unsichtbare sichtbar und persönlich hervor (267), nicht als deus ex machina, *sondern als innere Erfüllung der Heilsordnung (268). Menschwerdung ist vor allem Sichtbarwerden und Darstellung des Liebes-«Leidens» Gottes: Origenes spricht das für einen Griechen ungeheuerliche Wort vom Pathos in Gott aus (269). Diese Darstellung ist die Form der Entleerung und Vereitelung Gottes (270–271), der Sieg der Weisheit ist Sieg über die Weisheit (272). Und nur in dieser «Kenosis» erfüllt und erlöst Christus die Welt (273–274), indem er in seinen Gliedern seine Erlösung fortsetzt (275–276). Diese Erlösung übersteigt an Erhabenheit weit den Dionysos-Mythus (277). Durch sie ist ein Fleck Heimat in die Fremde gekommen (278), ein Stück Erde kann angebetet werden (279). Zusammenfassung im Samariter-Gleichnis (280).*

(266) Unter allen Wundern und Großtaten, die den Sohn Gottes betreffen, übersteigt dieses Wunder durchaus alles menschliche Staunen, und es findet die Zerbrechlichkeit des sterblichen Verstandes nicht, wie sie erspüren und einsehen soll, daß jene so große Macht der göttlichen Majestät, jenes WORT des Vaters selbst, jene Weisheit Gottes selbst, in der alles geschaffen wurde, Sichtbares und Unsichtbares, innerhalb der Umschriebenheit des Menschen, der in Judäa erschienen ist, gewohnt haben soll, und noch mehr: daß die Weisheit Gottes in den Schoß einer Frau eingetreten sei und als ein kleines Kind geboren wurde und wimmerte, so wie die kleinen Kinder weinen, und endlich, daß

er, im Tode, verwirrt wurde, so daß er selbst hervorstieß: «Meine Seele ist betrübt bis zum Tode», und daß er zuletzt bis zum Tod, der unter Menschen als der schmachvollste gilt, geschleppt wurde, auch wenn er am dritten Tage auferstand. Da wir also an ihm Menschlichkeiten wahrnehmen, die von der gewöhnlichen Ohnmacht der Sterblichen in nichts sich unterscheiden, einiges so Göttliche aber, daß es keiner andern als jener höchsten und unaussprechlichen Natur der Gottheit zugehören kann, so weiß sich die Enge des menschlichen Verstandes nicht zu helfen ... Wenn er in ihm Gott spürt, so sieht er ihn doch sterben, hält er ihn für einen Menschen, so sieht er ihn «nach Überwindung der Todesmacht» mit der Siegesbeute von den Toten zurückkehren. Darum muß die Betrachtung mit allem Zagen und aller Ehrfurcht vorgehen, damit in einem und demselben die Wahrheit beider Naturen gezeigt, nicht Unwürdiges und Unschickliches von der göttlichen und unaussprechlichen Wesenheit angenommen und anderseits doch die geschichtlichen Vorkommnisse nicht für trügerische Schattenbilder gehalten werden. Freilich, solches vor menschlichen Ohren vorzutragen und mit Worten zu klären, geht weit über unsere Verdienste hinaus, ... ich denke aber, es übersteigt auch das Maß der heiligen Apostel, ja vielleicht ist die Erklärung dieses Geheimnisses höher als die ganze Geschöpflichkeit der himmlischen Mächte.

(267) Für ihn bedeutet ‹kommen› nicht den Ort wechseln, sondern sichtbar werden, während er vorher unsichtbar war. Denn da er unsichtbar war (weil er das Bild des unsichtbaren Gottes ist), nahm er «Sklavengestalt an» und erschien als fleischgewordenes WORT, um uns durch diese Erscheinung und diese Einsicht hinzuleiten zur Schau auch seiner Herrlichkeit, «der Herrlichkeit als des Eingeborenen vom Vater, voll Gnade und Wahrheit».

(268) Hierauf sagt Celsus ...: ‹Gott hat es nicht nötig, in seine Werke verbessernd einzugreifen› ... Sicherlich hat es Gott an nichts fehlen lassen und wird es auch nie an etwas fehlen lassen, weil er jeweils zur rechten Zeit das tut, was er in einer veränderlichen und wandelbaren Welt zu schaffen hat. Und wie der Bauer je nach den verschiedenen Jahreszeiten verschiedene Bodenarbeiten an der Erde und ihren Gewächsen vornimmt, so macht es

auch Gott, der ganze Weltzeiten, wenn ich so sagen darf, wie Jahreszeiten bestellt.

(269) Er stieg auf die Erde herab aus Mit-leiden mit dem Menschengeschlecht, ja er litt unsere Leiden, bevor er das Kreuz erduldete und bevor er unser Fleisch anzunehmen sich würdigte. Denn hätte er nicht gelitten, so wäre er nicht in den Wandel des Menschenlebens eingetreten. Erst litt er, dann stieg er herab und ward sichtbar. Was ist das für ein Leiden, das er da um unsertwillen litt? Es ist die Leidenschaft der Liebe. Und der Vater selbst, der Gott des All, «langmütig und gar sehr mitleidend», leidet nicht auch er gewissermaßen? Oder weißt du nicht, daß er, wenn er das Menschliche lenkt, menschliches Leiden mit-leidet? «Es ertrug» nämlich «der Herr dein Gott deine Sitten, so wie ein Mensch seinen Sohn erträgt.» Wie also der Sohn Gottes «unsere Leiden trägt», so «erträgt» Gott unsere «Sitten». Auch der Vater ist nicht ohne Leiden (Pathos). Wenn er gebeten wird, so erbarmt er sich und leidet mit, er erleidet etwas von der Liebe, und er versetzt sich in jene, in welchen er in der Ansehung der Größe seiner Natur nicht sein kann.

(270) Wir möchten aber etwas Kühneres wagen und sagen: Das, was in dieses Leben kam, leerte sich aus, damit durch seine Leere die Welt erfüllt werde. Wenn sich aber ausgeleert hat, was in dieses Leben kam, so war gerade diese Leere selbst Weisheit.

(271) Der Sohn, der «in der Gestalt Gottes war», leerte sich aus, damit er durch eben diese seine Selbstvereitelung uns die Fülle der Gottheit zu beweisen vermöchte.

(272) Das ist Christi größter Sieg: durch die Törichten, das heißt durch die Einfachen, die Weisen besiegt und beschämt zu haben. Denn die größte Beschämung für Weise ist es, von Einfachen besiegt zu werden.

(273) «Ich aber bin ein Bettler und ein Armer.» Christus sagt diese Worte, er, der freiwillig bettelt um des Menschen willen, um den Menschen reich zu machen.

(274) Das WORT Gottes, das sich in seinem Abstieg uns angestaltet hatte und während seines Aufenthaltes unter den Menschen in Anbetracht seiner Würde sich erniedrigt hatte, geht «aus dieser Welt», wie geschrieben steht, «zum Vater hinüber», damit auch wir ihn dort als einen Vollendeten schauen könnten, wenn er aus

der Leere bei uns, in die er sich ausgeleert, in seine eigene Fülle zurückgelaufen ist, wo auch wir, wenn wir ihn als Wegführer nehmen, erfüllt und von aller Leere entledigt werden.

(275) «Nahe bist du, Herr, und alle deine Wege sind Wahrheit.» Das ist also die Weise, auf die er «nahe» wird; wenn wir aber unserseits, während er sich uns naht, uns nicht Mühe geben, auch ihm zu nahen, so werden wir seiner Nähe nicht froh werden.

(276) Jesus und seine Jünger wollten, daß die Gläubigen nicht allein an seine Gottheit und seine Wundertaten glauben sollten, gleich als ob er nicht in die Gemeinschaft der menschlichen Natur eingetreten sei und nicht menschliches Fleisch angenommen habe, das «wider den Geist gelüstet». Denn sie sahen, daß die Kraft, die in die menschliche Natur herabgestiegen war und in menschliche Schicksalswirren eintrat und menschliche Seele und Leib annahm, nicht weniger zum Heil der Gläubigen beitrug, wenn an sie geglaubt wurde, als das Göttlichere. Sie sehen, daß in jenem Menschen die Verflechtung der göttlichen und der menschlichen Natur begonnen hatte, damit die menschliche in der Lebensgemeinschaft mit der göttlichen selbst göttlich werde, nicht nur in Jesus, sondern in allen, die zugleich mit dem Glauben das Leben beginnen, das Jesus gelehrt und das jeden, der nach den Geboten Jesu wandelt, zur Freundschaft mit Gott und zum vertrauten Umgang mit ihm emporführt.

(277) Muß uns dies alles, und besonders wenn es in der rechten Weise begriffen wird, nicht um vieles erhabener scheinen als Dionysos, der von den Titanen betrogen ward und vom Throne des Zeus auf die Erde stürzte und von ihnen zerrissen wurde, bis er dann wieder zusammengesetzt ward und gleichsam wiederauflebte und in den Himmel hinauffuhr? … Hätte Celsus eine Ahnung davon, was die Seele im ewigen Leben erwartet und was man über ihre Natur und ihren Ursprung denken muß, so würde er nicht auf diese Weise den Unsterblichen verspotten, der in einen sterblichen Leib kommt, nicht nach der Art der platonischen Seelenwanderung, sondern nach einer weit höheren Betrachtungsweise.

(278) Jetzt leben wir in fremdem Land und wünschen, das Gegenteil dessen zu tun, was die Israeliten im heiligen Lande taten. Jene nämlich taten Fremdes im heiligen Land, sie beteten fremde

Götter an, wir aber beten im fremden Land den diesem Lande fremden Gott an, fremd den Geschäften der Erde; denn es herrscht hier der Herrscher dieser Welt, und seinen Söhnen ist Gott fremd ... Wir sagen nicht: «Wie werden wir den Gesang des Herrn in fremdem Lande singen?» sondern: Wie werden wir den Gesang des Herrn im nicht mehr fremden Land singen? Einen Ort suchen wir, um «den Gesang des Herrn zu singen», einen Ort, um «niederzufallen vor dem Herrn unserem Gott» in diesem fremden Lande. Wo also ist dieser Ort? Ich fand ihn: er kam auf diese Erde, einen heilenden Leib tragend, aufhebend den Leib der Sünde in der «Ähnlichkeit des Leibes der Sünde», damit ich an diesem Orte selbst durch die Ankunft Jesu Christi, der den Fürsten dieser Welt besiegte und die Sünde vernichtete, vor Gott anbetend «niederfallen» könne, hier schon, um nachher einmal «niederzufallen» in heiligem Lande.

(279) «Wir werden anbeten am Orte, wo seine Füße standen.» Wir beten das Fleisch des Erlösers an, nicht wegen seiner eigenen Wesenheit, sondern weil Christus in ihm ist; und anbetungswürdig ist das Fleisch um des WORTES willen, das Gott ist und in ihm weilt.

(280) «Ein Mann ging von Jerusalem nach Jericho hinab.» Ausgelegt aber wird der «Mann» als Adam, als der Mensch und sein eigentliches Leben und als der Abstieg durch den Ungehorsam, «Jerusalem» aber als das Paradies oder das himmlische Jerusalem, «Jericho» als die Welt; die «Räuber» als die feindlichen Mächte, die Dämonen nämlich oder die vor Christus gekommenen falschen Lehrer, die «Wunden» als der Ungehorsam und die Sünden, das «Berauben der Kleider» als die Entblößung von der Unverweslichkeit und der Unsterblichkeit und die Beraubung von aller Tugend; das «halbtot Zurückgelassenwerden des Mannes» zeigt die Weise an, wie die Natur halbsterblich geworden ist (denn die Seele ist unsterblich), der «Priester» ist das Gesetz, der «Levit» das prophetische Wort, der «Samariter» ist Christus, der aus Maria Fleisch angenommen hat, das «Lasttier» ist der Leib Christi, der «Wein» das Wort der Lehre (das durch Zusammenziehen heilt), das «Öl» ist das Wort der Menschenfreundlichkeit und des mitleidigen Erbarmens, die «Herberge» die Kirche, der «Wirt» sind die Apostel und ihre Nachfolger, die Bischöfe und

Lehrer der Kirchen, ... das «Wiederkommen» des «Samariters» ist die zweite Erscheinung Christi.

Kindheit

Wenn jeder Leib Gleichnis ist, so auch der das Gesetz erfüllende Leib des Gottmenschen. Auf sein Leben und seine Taten wendet daher Origenes die gleichen Methoden geistigen Verstehens an wie auf die übrige Schrift (wir geben dafür im folgenden nur einige Proben) (281).
Sinn der Kindheit Jesu (282). Angemessenheit seiner Geburt (283). Die jungfräuliche Mutter (284–285). Symbolik der Volkszählung (286). Beschneidung Jesu und Kindertaufe (287). Notwendigkeit der Taufe Jesu (288–289).

(281) Der Heiland wirkte die Gleichnisse seiner eigenen geistigen Taten.
(282) [«Jesus aber machte Fortschritte in der Weisheit.»] Er lernt also und eignet sich das Wissen an, nicht das der Großen, sondern das der Geringeren und Kleineren. Und so wie ich lerne zu stammeln, mir Gewalt antuend, wenn ich mit kleinen Kindern rede (denn ich verstehe es sozusagen nicht, kindisch zu reden, ich muß mir dazu als Erwachsener Gewalt antun), so redet auch der Erlöser, wenn er in der Majestät der Herrlichkeit Gottes ist, nicht auf Menschenart und kann nicht zu denen, die unten sind, sprechen. Da er also in den Menschenleib kam, sagte er anfangs: «Ich verstehe nicht zu reden, ich bin noch zu jung.» Jung ist er gemäß der Geburt im Fleische, alt, sofern er der «Erstgeborene vor aller Schöpfung ist», jung, weil er in der Vollendung der Zeiten kam und erst am Ende ins Leben eintrat.
(283) Der die Leiden der Menschen auf sich nahm, der mußte vorher die Geburt auf sich nehmen. Unmöglich war es, daß er die menschlichen Gefühle, Worte, Sitten, das Kreuz und den Tod auf sich nahm, wenn er nicht zuerst wie ein Mensch anfing. Und so war es folgerichtig, daß die, welche seine Geburt aufhoben, auch das Leiden aufhoben ... Und wahrlich, es ist ein größerer Skandal, daß Jesus geboren wurde, als daß er starb.

(284) Und wie die Sünde mit der Frau anhob und sich von da zum Manne ausbreitete, so hatte auch das Heil seinen Ursprung in den Frauen.

(285) Und es scheint mir sinngemäß, daß Jesus der Erstling der reinen Keuschheit des Mannes war, des Weibes aber Maria.

(286) Es sagt vielleicht einer: Evangelist, was nützt mir diese Geschichte, daß die erste Zählung des ganzen Erdkreises unter Cäsar Augustus geschah? … Sieht man aber sorgsamer hin, so scheint darin das Geheimnis bedeutet, daß Jesus bei der Aufzeichnung des ganzen Erdkreises mitaufgezeichnet werden sollte. Er mußte mit allen zusammen verzeichnet werden, um alle zusammen zu heiligen, und mit der ganzen Welt zusammengezählt werden, um der ganzen Welt seine Gemeinschaft mitzuteilen und nach dieser Verzeichnung die Welt mit sich ins «Buch der Lebendigen» zu verzeichnen, damit, wer immer an ihn glaube, nachher mit seinen Heiligen zusammen «im Himmel aufgezeichnet» sei.

(287) Jede Seele, die einen menschlichen Leib anzieht, hat ihre Befleckung. Damit du aber wissest, daß Jesus sich auch aus freiem Willen «befleckt» hat, indem er für unser Heil einen menschlichen Leib anzog, so höre das Wort des Propheten Zacharias: «Jesus aber war mit schmutzigen Kleidern angetan.» Dies Wort ist auch gegen jene nützlich, die behaupten, der Erlöser habe nicht menschliches Fleisch getragen, sondern vom Himmel einen geisthaften Leib angenommen … Wenn sie aber, in die Enge getrieben, sagen wollten, daß unter dem «schmutzigen Kleid» auch ein geistiger Leib verstehbar sei, so werden sie weiterhin folgern müssen, daß, wenn sich die Verheißung erfüllen wird: «Gesät wird ein irdischer Leib, auferstehen ein geistiger Leib», wir auch befleckt auferstehen werden, was auch nur zu denken, Sünde wäre … So ziemte es sich denn auch, daß für unsern Herrn und Erlöser, der «mit schmutzigen Kleidern angetan» war und einen Erdenleib angenommen hatte, jenes Opfer dargebracht wurde, das im Gesetz Befleckungen zu reinigen pflegte. – Weil ich aber eben bei dieser Stelle bin, so will ich eine Frage wiedererörtern, die oft unter den Brüdern gestellt wird: Die kleinen Kinder werden «zur Vergebung der Sünden» getauft. Aber welcher Sünden? Zu welcher Zeit hätten sie gesündigt? Nicht anders wird der

Sinn des Reinigungsbades bei den Kindern aufrechterhalten, als [durch Erwägung des Wortes]: «Keiner ist frei von Befleckung, auch wenn er nur einen Tag auf Erden lebte.» Und weil durch die Taufe die Befleckung von der Geburt her abgestreift wird, darum werden auch die kleinen Kinder getauft[1].

(288) Wenn aber der Herr getauft wurde und die Himmel sich öffneten und der Heilige Geist über ihn herabstieg und eine Stimme vom Himmel klang und sprach: «Dieser ist mein geliebter Sohn, in dem ich mir wohlgefiel», so muß gesagt werden, daß bei der Taufe Jesu der Himmel erschlossen wurde, und zur Ausspendung der Sündenvergebung (nicht für den, «der keine Sünde beging und in dessen Mund kein Trug gefunden ward», sondern für die ganze Welt) die Himmel sich öffneten, damit, wenn der Herr «in die Höhe gefahren und die Gefangenschaft gefangen mit sich fortführte», er uns den Heiligen Geist spende, der auf ihn niedergekommen.

(289) Denn nicht konnte [der Geist] zu uns gelangen, wenn er nicht zuvor zum Mitgenossen seiner Natur herabstieg.

Demut

Demut ist das unterscheidende Merkmal der Lehre Christi (290), Christus darin unser Vorbild (291–293) und die höchste Offenbarung der Liebe Gottes (292).

(290) Mir scheint, wenn Jesus solche auserwählt und zu Dienern seiner Lehre gemacht hätte, die nach dem Urteil der Menge weise sind und so denken und reden können, wie es dem Haufen gefällt, er wohl mit Recht in den Verdacht gekommen wäre, einen gleichen Lehrgang einzuschlagen wie irgendein Philosoph, der eine Sekte gegründet hat, und es wohl nicht erscheinen würde, wie göttlich seine Lehre ist. Es wäre ein Wort und eine Verkündigung gewesen in den Überredungskünsten des Stils und

[1] Die Kindertaufe ließ sich mit dem Mythus der Präexistenz nur allzugut rechtfertigen. Dem danken wir es, daß Origenes ein Kronzeuge für den frühchristlichen Brauch der Kindertaufe wurde.

der schmucken Rede, und der Glaube daran hätte, ähnlich dem der Philosophen dieser Welt an ihre Sätze, «in Menschenweisheit und nicht in Gotteskraft» gewurzelt.

(291) Wir lernen von ihm, daß er «sanft und demütig von Herzen» ist und es nicht verschmäht, über derlei Dinge mit einem wassertragenden Weibe zu verhandeln, die aus großer Armut aus der Stadt gekommen war und sich mit Wasserschöpfen abmühte. Es staunen auch die hinzukommenden Jünger, welche vorher die Größe seiner Gottheit geschaut, und sie wundern sich darüber, wie ein so Großer auf solche Art mit dem Weibe reden kann; wir aber, von eitlem Hochmut und Geringschätzung geleitet, wir verachten die geringeren Seelen und vergessen, daß auf jeden Menschen das Wort geht: «Laßt uns den Menschen machen nach unserem Bilde und nach unserem Gleichnisse.» Und wir denken nicht an den, der «im Mutterleibe bildet» und der «alle Herzen der Menschen einzeln formt» und der «Einsicht hat in alle ihre Werke», und wir scheinen nicht zu wissen, daß Gott «der Helfer der Verachteten und Kleinen ist, der die Schwachen aufnimmt, den Verzweifelten beisteht, der Retter der Verstoßenen».

(292) Wir müssen es wagen, dies auszusprechen, daß eine größere und göttlichere und wahrhaft die Güte des Vaters spiegelnde Güte Jesu aufschien, als er «sich erniedrigte, gehorsam geworden bis zum Tode, zum Tode aber des Kreuzes», … als wenn er nicht für das Heil der Welt sich hätte versklaven wollen.

(293) Er ist derselbe, der den «Himmel mit Finsternis bedecken» und ihn wie «mit einem Sack bekleiden» wird, der vom Vater «das Wort der Rede» erhalten hat und der weiß, wie «man das Wort sagen muß», das ihm Gott anvertraut, und er «legte sein Ohr an ihn», um mehr zu hören als alle Hörenden, und die Rede des Vaters eröffnete ihm das Ohr, denn er war «nicht ungläubig» dem Vater gegenüber, der ihn sandte, und «nicht widersprechend». Mit seinen Werken selbst lehrte er die Lernbegierigen die Milde und die lobwürdige Demut. Es war aber notwendig, daß er dies durch Taten lehre, daß er «seinen Rücken herhalte den Geißelstreichen und seine Wangen den Ohrfeigen, und sein Gesicht nicht abwende vor der Schmach des Speichels», auf daß er (so denke ich) uns, die es wert waren, all diese Ehrlosigkeiten zu leiden, erlöse, indem er sie selbst für uns litt. Nicht nämlich

ist er für uns gestorben, damit wir nicht stürben, sondern damit wir nicht für uns sterben, und er wurde nicht darum ins Gesicht geschlagen und angespien, damit wir, die wir wegen unserer Sünden all dessen würdig waren, es nicht erlitten, sondern damit wir es als gerechte Genugtuung entgegennähmen und dankbar litten.

Leiden

Das Kreuz ist die entscheidende Form der Erlösung (294). Es hat die Dimensionen der Welt (295). Gott, Mensch und Teufel überliefern Christus ins Leiden (296). Die Folter des Ölbergs (297–298). Stellvertretung im Leid (299). Der Widerspruch gegen Christus (300–301) und das Schwert des Christlichen (302). Die Gnade, ja das gesamte Offenbarungswort haben ihren Quellpunkt in der Seitenwunde Christi (303–304). Die Kirche selbst ist aus ihr entstanden (305). Überwindung von Tod und Hölle (307). Die Kreuzigung der Hölle in der Kreuzigung Christi und der Sinn des Paradiesesbaumes (308). Das ganze Leiden in der Liebe des Vaters geborgen (309).

(294) Das Heilsmal des Vaters in der Welt ist der Sohn, das Heilsmal des Sohnes in der Welt ist das Kreuz.

(295) «Daß ihr erstarket, um mit allen Heiligen zu fassen, welches die Breite und Länge ist, die Höhe und Tiefe.» Dies alles aber besitzt das Kreuz Christi, durch welches er «auffahrend in die Höhe gefangennahm die Gefangenschaft» und «abstieg in das Unterste der Erde»; denn es hatte das Kreuz «Höhe» und «Tiefe». Und über die ganze Erde breitete es sich aus, indem es ihre «Breite» und «Länge» einholte. Und wer «Christo mitgekreuzigt» ist und mit ihm mit-ausgespannt, der ist's, der «die Breite und Länge und Höhe und Tiefe» faßt.

(296) Nicht alle überlieferten ihn in derselben Absicht: Der Vater überlieferte ihn wegen seiner Liebe zum Menschengeschlecht, er, der «seines Einziggeborenen nicht schonte, sondern ihn für uns alle überlieferte». Die übrigen aber überlieferten ihn in schlimmer Absicht: Judas aus Habgier, die Priester aus Neid, der Teufel aus Angst, daß ihm durch seine Lehre das Menschenge-

schlecht aus der Hand entrissen würde ... Und daß doch Jesus nur in die Hände jener Sünder überliefert worden wäre! Nun aber glaube ich, daß Jesus immerdar «in die Hände der Sünder überliefert» wird, wenn solche, die scheinbar an Jesus glauben, Jesus in Händen halten[1], obwohl sie Sünder sind.

(297) «Aber nicht, wie ich will, sondern wie du.» Denn es ist ja jedem treuen Gläubigen eigentümlich, zuerst etwas Schmerzliches nicht leiden zu wollen, besonders wenn es bis zum Tode führt, denn der Mensch ist fleischlich – wenn es aber Gott will, auch gegen seinen Willen zuzustimmen, damit er nicht mehr in sich zu verzagen scheine, als er auf Gott hofft.

(298) «Nicht wie ich will, sondern wie du.» Als der «Sohn der Liebe» Gottes liebt er in seinem Vorherwissen zwar jene, die aus den Heiden später glauben sollten; die Juden aber, den Samen der heiligen Väter, «welchen Annahme an Kindesstatt und Herrlichkeit und Bundesschluß und Verheißungen gehören», liebte er wie die Zweige des guten Ölbaums. Und indem er sie liebte, sah er auch voraus, was sie leiden würden dafür, daß sie um seinen Tod bitten und Barabbas zum Leben erwählen würden. Und darum sprach er, leidend für sie: «Vater, wenn es möglich ist, so gehe dieser Kelch an mir vorüber.» Wiederum aber seine Begierde zurückrufend und sehend, welch großen Nutzen die ganze Welt aus seinem Tode ziehen würde, sprach er: «Aber nicht wie ich will, sondern wie du.» Und wiederum sah er, daß auch Judas, einer der Zwölf, wegen dieses Leidenskelches der «Sohn des Verderbens» sein würde und begriff weiterhin, daß durch jenen Leidenskelch die «Fürsten und Mächte» in seinem [mystischen] Leibe triumphieren würden, und so sprach er um derentwillen, deren Verderben infolge seines Leidens er abwenden wollte, das Wort: «Vater, wenn es möglich ist, so gehe dieser Kelch an mir vorüber.» Dann aber besinnt er sich und sagt im Gedenken des ganzen Menschengeschlechts, das durch seinen Tod für Gott erworben werden sollte: «Aber nicht wie ich will, sondern wie du.» Das heißt: Wenn es möglich ist, daß ohne mein Leiden all dies Gute *geschehe*, das durch mein Leiden gewirkt werden soll, so «gehe» dies Leiden «an mir vorüber», damit sowohl die Welt

[1] Gemeint ist der Empfang der heiligen Kommunion.

gerettet werde, als auch die Juden nicht durch mein Leiden zugrunde gehen. Wenn aber das Heil der Vielen nicht ohne das Unheil einiger gewirkt werden kann, weil es deine Gerechtigkeit so will, so gehe er «nicht» vorbei, «wie ich will, sondern wie du». Also sagte er: Ich will mehr deinen Willen tun, als den meinen.

(299) «Das Ganzbrandopfer sei ein Kalb aus makellosen Stieren.» Dieses «Kalb» ohne Makel, sieh zu, ob es nicht vielleicht jenes «gemästete Kalb» ist, das der «Vater» für den heimgekehrten und wiedergeschenkten «Sohn, der verloren war» und «sein ganzes Vermögen vergeudet» hatte, schlachten ließ, da er ein großes Gastmahl rüstete und sich freute, wie «sich die Engel im Himmel freuen über einen Sünder, der Buße tut». Jener Mensch, der «verloren war und wiedergefunden wurde», fand nichts in seinem eigenen Vermögen, was er hätte darbringen können, er hatte ja «alles vergeudet in ausschweifendem Leben». Da fand er dieses «Kalb», das zwar vom Himmel geschickt war, aber ebenso von den Reihen der Patriarchen und durch die Geschlechterfolgen seit Abraham herkam, und darum … «aus Stieren» genannt wird.

(300) «Als ein Zeichen dem widersprochen wird.» Jeglichem, was die Geschichte vom Erlöser erzählt, wird widersprochen. Die Jungfrau-Mutter ist «ein Zeichen, dem widersprochen wird»: die Marcioniten widersprechen und sagen, er sei keinesfalls aus einem Weibe geboren worden. Die Ebioniten widersprechen dem «Zeichen», indem sie sagen, er sei wie wir alle aus Mann und Weib geboren worden … Er steht von den Toten auf, und auch das ist «ein Zeichen, dem widersprochen wird»: wie er auferstehe? Ob genauso, wie er vor dem Tode war oder mit einem Leibe aus feinerem Stoff? Und es ist ein ewiger Streit … Alles was die Geschichte von ihm erzählt, ist «ein Zeichen, dem widersprochen wird».

(301) Es wurde nämlich darum dem «Zeichen», in dem Christus gekommen war, «widersprochen», weil etwas anderes an ihm geschaut wurde, etwas anderes aber eingesehen. Gesehen wurde Fleisch, eingesehen wurde Gott.

(302) Wahrlich, bevor er gekommen war, war das «Schwert» nicht auf der Erde, nicht «gelüstete das Fleisch gegen den Geist», nicht

«gelüstete der Geist gegen das Fleisch». Als er aber kam, und wir erfuhren, was des Fleisches ist und was des Geistes, da kam die Lehre wie ein «Schwert auf die Erde» und zerschnitt das Fleisch und die Erde vom Geiste.

(303) Indem Christus geschlagen und ans Kreuz gehängt wurde, brachte er die Quellen des Neuen Bundes hervor, und darum steht von ihm geschrieben: «Ich werde den Hirten schlagen und die Schafe werden zerstreut werden.» Es war also notwendig, daß jener geschlagen wurde. Denn wäre er nicht durchstoßen worden, so wäre nicht «Wasser und Blut aus seiner Seite» geflossen, so würden wir alle noch den «Durst nach dem WORTE Gottes erleiden»[1].

(304) Denn Christus hat den Erdkreis mit heiligen und göttlichen Wasseradern überschwemmt, er strömt den Dürstenden den göttlichen Quell und läßt das «Wasser» aus der Seitenwunde fließen, die ihm das Schwert wie einen Mund aufriß.

(305) Die Kirche ist es … die aus der Seitenwunde Christi entsprang und als seine Braut erfunden ward.

(306) Indem der Herr das Scharlachgewand auf sich nahm, nahm er das Blut der Welt auf sich, und in der Dornenkrone nahm er die Dornen unserer Sünden auf sich, die in sein Haupt eingeflochten sind. Von dem Gewande steht geschrieben, daß sie ihm zuletzt «das Scharlachgewand» auszogen. Über die Dornenkrone aber haben die Evangelisten nichts Ähnliches berichtet, denn sie wollten, daß wir uns selber die Frage stellten, wie es mit der Dornenkrone stehe, die ihm einmal aufgesetzt wurde und niemals wieder abgenommen. Es will mir also scheinen, daß jene Dornenkrone vom Haupte Jesu übernommen worden ist, damit unsere alten Dornen nicht mehr wären, nachdem sie Jesus einmal von uns auf sein ehrwürdiges Haupt übertragen hat. Wenn aber auch über das Rohr, das sie ihm in die Rechte gaben, etwas gesagt werden soll, so wollen wir dies erwähnen: Jenes Rohr war das Geheimnis des eiteln und zerbrechlichen Zepters, auf das wir uns alle stützten, bevor wir zum Glauben kamen … Er übernahm dieses Rohr, … und gab uns dafür das Zepter des himmlischen Reiches.

[1] Vgl. Text 716, 717, 718, 720.

(307) «Der Tod wird keine Macht mehr über ihn haben.» Der Tod steht hier für den «letzten Feind», dessen Vorbild jenes Ungeheuer war, das Jonas verschlungen hatte und von dem bei Job geschrieben steht: «Es verwünsche» [jene Nacht], «wer die Tage zu verwünschen versteht, jener, der das große Ungeheuer töten wird.» In diesen Tod ist Christus wie Jonas in den Bauch des Ungeheuers hineingeschritten, zu jenem Ort nämlich, den der Erlöser selbst das «Herz der Erde» genannt hat … Denn darum hatte er «Gestalt des Sklaven» angenommen, um bis zu jenem Orte vordringen zu können, wo der Herrschersitz des Todes aufgeschlagen ist.

(308) «Der König von Gai wurde an einem Zwillingsbaum aufgehängt.» In dieser Stelle liegt ein Geheimnis verborgen, das die meisten nicht kennen, aber durch euer Gebet unterstützt, wollen wir versuchen, es nicht nach unserer Willkür, sondern nach den Zeugnissen der göttlichen Schrift zu öffnen … Der «König von Gai» kann auf den Teufel bezogen werden; wie aber dieser an einem «Zwillingsbaum» gekreuzigt ist, soll näher untersucht werden. Das Kreuz unseres Herrn Jesus Christus war ein doppeltes. Es scheint dir vielleicht eine seltsame und neue Behauptung, wenn ich sage, das Kreuz sei doppelt gewesen. Ich meine aber: es kann doppelt und von zwei Seiten her betrachtet werden. Denn sichtbar war der Sohn Gottes im Fleische gekreuzigt, unsichtbar aber war am selben Kreuze der Teufel mit «seinen Fürstentümern und Mächten ans Kreuz geheftet». Wird es dir auch dann nicht wahr erscheinen, wenn ich dir als Zeugen dafür den Apostel Paulus anführe? Höre also, was er über diese Dinge vorbringt: «Was uns entgegen war, nahm er hinweg, indem er es ans Kreuz hängte, er entwaffnete die Fürstentümer und Mächte, stellte sie an den Pranger, indem er über sie im Holze des Kreuzes triumphierte …» Doppelt also ist der Sinn des Kreuzes des Herrn: der eine ist der, nach welchem der Apostel Petrus sagt: «Der gekreuzigte Christus hinterließ uns ein Beispiel», nach dem andern, zweiten, war das Kreuz die Siegestrophäe über den Teufel, an die er gekreuzigt und wo über ihn triumphiert ward. Darum sagt endlich der Apostel Paulus: «Mir aber sei es ferne, mich in etwas anderem zu rühmen als im Kreuze meines Herrn Jesus Christus, durch den mir die Welt gekreuzigt ist und ich der

Welt.» Siehst du, wie auch hier der Apostel eine Doppelseitigkeit des Kreuzes vorbringt? Er sagt nämlich von zweierlei entgegengesetzten Dingen, sie seien gekreuzigt: er selbst als der Heilige und die sündige Welt, in ähnlicher Weise offenbar, als wir es oben von Christus und dem Teufel sagten. Wir nämlich sind «der Welt gekreuzigt», wenn «der Fürst dieser Welt kommt und in uns nichts vorfindet», und «die Welt ist uns gekreuzigt», wenn die Begierden zur Sünde in uns keinen Raum finden. Wenn aber unter den Hörern einer sorgfältiger acht gab, so könnte er sagen: das geschichtliche Gleichnis scheint zwar passend zu sein; dennoch möchte ich wissen, wie es kommt, daß im geschichtlichen Gleichnis [vom König von Gai] der Teufel und sein Heer umkommt, während wir noch immer den Teufel und die feindlichen Mächte solche Gewalt gegen die Diener Gottes ausüben sehen, daß selbst der Apostel Petrus zu unendlicher Vorsicht mahnt, weil «unser Feind, der Teufel, wie ein brüllender Löwe umhergeht, suchend, wen er verschlinge»? Sehen wir also, ob wir auch dazu etwas der Reden des Heiligen Geistes Würdiges finden können. Die eine Ankunft Christi ist zwar vollendet, die in Niedrigkeit. Aber eine zweite in Herrlichkeit wird noch erhofft. Und diese erste Ankunft im Fleische wird in den heiligen Schriften mit einem geheimnisvollen Wort als sein «Schatten» bezeichnet, wie das Wort Jeremiä es zeigt: «... in seinem Schatten werden wir unter den Heiden leben.» Aber auch Gabriel sagte, als er Maria seine Geburt verkündete: «die Kraft des Allerhöchsten wird dich überschatten». So verstehen wir, daß gar vieles bei dieser seiner ersten Ankunft schattenhaft angedeutet ist, was sich bei der zweiten erfüllen und vollenden soll. Und der Apostel Paulus sagt, daß «er uns mit ihm zusammen auferweckt hat und uns zusammen im Himmel sitzen ließ.» Gewiß sehen wir noch nicht, daß die Gläubigen «auferstanden» sind oder «zusammen mit ihm im Himmel sitzen», aber vorgeschattet sind diese Dinge jetzt durch den Glauben, da wir in Geist und Hoffnung uns über die irdischen und toten Werke erheben und unser Herz zum Himmlischen und Ewigen emporhalten. Erfüllt aber wird das erst bei seiner zweiten Ankunft, wo wir das, was wir jetzt durch Glauben und Hoffnung vorausnehmen, dann auch in Tat und Wahrheit leibhaft in Händen halten werden. So muß auch vom Teufel gelten, daß er zwar besiegt und gekreuzigt ist, aber erst für die, die mit Christus gekreuzigt sind. Für alle Gläubigen aber und für alle Völker wird er dann gekreuzigt sein, wenn sich erfüllen wird, was der Apostel sagt: «Wie in Adam alle sterben, so werden in Christo alle wiederbelebt werden» ... Und um die weite Spanne des Geheimnisses noch mehr zu dehnen: in diesem Baume wird auch der Baum «der Erkenntnis des Guten und Bösen» sichtbar[1], an dem sowohl Christus, der Gute, wie der Teufel, der Böse, hing; das Böse aber, um unterzugehen, das Gute, um aus der Kraft Gottes zu leben, wie der Apostel von Christus sagt: «Wenn er gekreuzigt wurde aus Schwachheit, so lebte er aus der Kraft Gottes.» Und nicht allein um zu leben, sondern auch um zu beleben, denn er ist ja «der letzte Adam als lebenspendender Geist». Das aber ist gleichnishaft zu verstehen, denn Christus wird selbst «Baum des Lebens» genannt. Aber wie er anderseits als Priester und Opfergabe und Altar zugleich erwiesen wird, und kein Gesichtspunkt den andern aufhebt, sondern ein jedes an seiner Stelle gleichnishaft auf ihn hin verstanden werden kann, so hindert auch hier unter den Geheimnis-Vorbildern die Verschiedenheit der Rollen nicht, sie auf ein und denselben zu beziehen.

(309) «Er neigte das Haupt», es gleichsam in den Schoß des Vaters bergend, der es hegen und erquicken konnte, «und verschied».

[1] Das Gleichnis von der Identität des Baumes des Lebens und des Baumes der Erkenntnis des Guten und Bösen birgt als geheimen Sinn in sich den Gedanken der ‹Notwendigkeit› des Abfalls (vgl. dazu Text 940) oder doch die Idee der *felix culpa* als der höchsten Liebes-Weisheit der Vorsehung. Gregor von Nyssa kommt mehrfach auf die Identität beider Bäume zu sprechen, und mit der gleichen Absicht. Maximus Confessor behandelt sie wie eine Geheimlehre, da zu seiner Zeit die Wiederbringung nicht mehr offen gelehrt werden konnte, desgleichen Anastasius Sinaiticus. Spätmittelalterliche Bilder zeigen noch den Paradiesesbaum, in dessen Geäst auf der einen Seite ein Kruzifix, auf der andern ein Totenkopf sichtbar sind. Es ist begreiflich, daß Hegel in seiner Religionsphilosophie auf diese Identität zurückkommt.

DER EWIGE CHRISTUS

Verzehrung des Irdischen

Wie der Alte Bund in den Neuen aufgehoben wurde, so wird das Gleichnisleben Jesu durch das Feuer des Todes verzehrt in seine ewige geistige Wahrheit hinüber. In der Todesverklärung ist der Sinn dieses Lebens erstmals sichtbar (310), das vom Standpunkt der Ewigkeit als ganzes nur ein ‹Gleichnis› war (311). Das Opfer ist verzehrt, der Priester bleibt in Ewigkeit (312), jenes hat das Feuer Gottes dahingerafft (313) und in göttlich-geistige Seinsweise verwandelt (314). Aber im Geistwerden des Fleisches hat dieses nicht aufgehört, wahres Fleisch zu sein (315–316), wie Christus als ganzer nicht aufgehört hat, Mensch zu sein (317–318). Doch in der Teilnahme an den Wesensmerkmalen des Göttlichen ist dieser Mensch nun dem Raum und der Zeit enthoben (319–322). So ist er vom irdischen Dasein aus gesehen, nur noch ‹gleichsam› Mensch (323).

(310) Dieses WORT, von dem man in körperlicher Weise redet, und von dem man ankündigt, es sei ‹Fleisch›, ruft jene zu sich, die Fleisch sind, um sie zuerst zu solchen zu machen, die dem Fleisch gewordenen WORTE gleichgestaltet sind, um sie dann emporzuführen bis zur Schau dessen, was es war, bevor es ‹Fleisch› wurde, so daß sie fortschreitend und von der Einführung gemäß dem Fleische weitergehend, das Wort sagen: «Wenn wir einst Christus dem Fleische gemäß kannten, so kennen wir ihn jetzt nicht mehr.» Er ist also «Fleisch geworden»; und fleischgeworden «hat er in uns gezeltet» und ist «nicht außer uns». Da er aber «zeltete» und «in uns» war, so verblieb er nicht in der ersten Gestalt, sondern führte uns auf den geistigen «hohen Berg» und zeigte uns seine Herrlichkeitsgestalt und das Leuchten seiner Kleider.

(311) Wenn aber das WORT als der unsterbliche Gott, einen sterblichen Leib und eine menschliche Seele annehmend, darum dem Celsus sich in seinem Wesen zu wandeln und umzugestalten scheint, so erfahre er, daß das WORT seinem Wesen nach WORT bleibt und daher nicht mitleidet, was der Leib und die Seele leiden, daß es aber gelegentlich zu dem, der sein Blitzen

und seinen Glanz nicht zu ertragen vermag, sich herabneigt und gleichsam ‹Fleisch› wird und in körperlicher Weise angesprochen wird, bis der, der es in solcher Gestalt aufgenommen hat, nach einiger Zeit, vom WORTE aufgehoben, auch seine, wenn ich so sagen darf, eigentliche Gestalt schauen darf.

(312) Wir sagten, daß Isaak das Gleichnis Christi war; nichtsdestoweniger scheint aber auch der Widder Christi Vorbild zu sein. Es ist für uns der Mühe wert, zu untersuchen, wie Isaak, der nicht geschlachtet wurde, und der geschlachtete Widder beide auf Christus passen. Christus ist «WORT Gottes»; aber «das WORT ist Fleisch geworden». Eines also in Christus stammt aus der Höhe, das andere ist aus der menschlichen Natur und dem Schoße der Jungfrau angenommen. Es leidet also Christus, aber im Fleische; er erlitt den Tod, aber das Fleisch, dessen Bild hier der Widder ist, so wie Johannes sagte: «Siehe das Lamm Gottes, siehe, das hinwegnimmt die Sünden der Welt.» Das WORT aber verharrte in Unverweslichkeit, welches Christus dem Geiste nach ist, dessen Vorbild Isaak ist. Darum ist er selbst Opfergabe und Priester: Dem Geiste nach bringt er dem Vater das Opfer dar, dem Fleische nach wird er selbst auf dem Altar des Kreuzes dargebracht; denn so wie es von ihm heißt: «Siehe das Lamm Gottes …», so ist auch von ihm gesagt: «Du bist Priester auf ewig, nach der Ordnung des Melchisedek.»

(313) So ist es durchaus sinngemäß, daß alles, was der Erlöser in seinem Leibe gewirkt hat, das himmlische Feuer hinwegzehrte, und daß es das Ganze zur Natur seiner Gottheit zurückführte. Dennoch brauchte es Holz als Brennstoff, damit dieses Feuer entzündet werden konnte: bis zum Holze nämlich ging im Fleische das Leiden Christi. Als er aber einmal am Holze aufgehängt war, da war die Ordnung des Fleisches am Ende; denn auferstehend von den Toten, stieg er zum Himmel auf, wohin ihm des Feuers Natur die Bahn wies. So sagte auch der Apostel: «Auch wenn wir Christus nach dem Fleische gekannt haben, so kennen wir ihn doch jetzt nicht mehr.» Das Ganzbrandopfer seines Fleisches, auf dem Holze des Kreuzes dargebracht, hat die Erde mit dem Himmel, Göttliches und Menschliches in eins getan.

(314) Der Sinn des Leidens Christi ist die Auferstehung, denn nach der Auferstehung «stirbt er weiterhin nicht mehr, und der

Tod herrscht nicht mehr über ihn ...». Durch die untrennbare Einheit des WORTES und Fleisches wird alles, was vom Fleische gilt, auch dem WORTE zugeschrieben, so wie auch, was des WORTES ist, vom Fleische ausgesagt wird.

(315) Über das Irdische hinaus fuhr der Leib [Christi] auf, so daß die himmlischen Mächte erschraken und staunten, als sie Fleisch in den Himmel fahren sahen. Von Elias heißt es, daß er ‹gleichsam› in den Himmel genommen wurde und von Enoch, daß er ‹entrissen› wurde, nicht aber ist gesagt, daß er in den Himmel aufstieg ... «Die Röte seiner Gewänder aus Bosor.» Denn sie erblickten die Zeichen der Wundmale an seinem Leibe, die er in «Bosor», das heißt, im Fleische empfangen hatte.

(316) «Nun ist der Menschensohn verherrlicht.» Die Übererhöhung des Menschensohnes, die ihm zuteil wurde, weil er durch seinen Tod Gott verherrlicht hatte, war diese: daß er nicht länger etwas vom WORTE Verschiedenes sei, sondern ein und dasselbe mit ihm[1]. Denn wenn schon, «wer sich Gott anschmelzt, mit ihm ein Geist ist», so daß man von ihm und dem Geiste nicht mehr sagen kann: es sind zwei, um wieviel mehr werden wir dann nicht vom Menschlichen in Jesus sagen, daß es eins mit dem WORTE wurde, indem es (es «nicht für einen Raub haltend, Gott gleich zu sein»[2]) übererhöht ward, während das WORT in seiner eigenen Höhe verharrte oder auch in sie wiederhergestellt wurde, in das, was es einst bei Gott war: Gott-WORT und Mensch.

(317) Er wurde, sofern er Mensch ist, als Erbe über alle Dinge durch die Heilsordnung eingesetzt.

[1] Noch lange nach Origenes besteht diese allzu einfache Ausdrucksweise fort, ohne daß deswegen an Monophysitismus gedacht zu werden braucht. Die folgenden Texte zeigen, daß die Menschennatur in sich unversehrt bleibt. Nur vollzieht sich nach der Auferstehung Christi eine so tiefgehende *communicatio idiomatum*, daß die menschliche Natur an der Allräumlichkeit und Allzeitlichkeit Gottes Anteil erhält. Die Folgen daraus für die Vorstellung der realen eucharistischen Gegenwart sind bei Origenes spürbar, bei Gregor von Nyssa werden sie ausdrücklich formuliert.

[2] Origenes bezieht dies Wort des Philipperbriefs stets auf die (präexistente) menschliche Seele Jesu.

(318) Und es ziemte sich wohl, daß der Vater seinem Sohne so Wundersames gab, der sich «erniedrigte» und infolge seiner Liebe «es nicht für einen Raub hielt, Gott gleich zu sein, sondern sich ausleerte, Sklavengestalt annehmend», und zum «Lamme Gottes» wurde, um «die Sünden der Welt hinweg» zu nehmen. Darum «hat Gott ihn auch übererhöht und ihm einen Namen gegeben, der über alle Namen ist», und er übererhöhte ihn nicht nur nach dem Geiste, sondern auch nach dem Leibe, damit er in allem übererhöht sei.

(319) Gott ist erhaben über jeden Ort und er umfaßt jeden, wo immer er sei. Und nichts ist, was sich um Gott einfassend legen könnte.

(320) Keiner glaube, unsere Meinung sei, daß sich ein Teil der Gottheit des Sohnes Gottes in Christus aufhielt, während der übrige anderswo oder auch überall war. Das können die glauben, die vom Wesen der Geistnatur nichts wissen. Unmöglich nämlich ist es, in einem unkörperlichen Wesen Teile zu bezeichnen oder eine Trennung zu vollziehen, ... sondern es ist «in allem und durch alles hindurch und über allem», wodurch ohne Zweifel jede Art von örtlicher Einschließung ausgeschlossen wird.

(321) «In eurer Mitte steht der, den ihr nicht kennt.» [Johannes] spricht ein Lob über das Vorzüglichste im Wesen Christi aus: er hat so erhabene Macht, daß er durch seine Gottheit auch unsichtbar jedem Menschen gegenwärtig sein kann und zugleich der ganzen Welt mit-neben-ausgedehnt.

(322) Jesus ... ist überall und durchdringt das All, und wir dürfen ihn uns nicht mehr in jener Geringheit vorstellen, in die er um unsertwillen gestellt wurde, das heißt, nicht mehr in jener Umschriebenheit, die er, in unserem Leibe auf Erden weilend, unter Menschen besaß und wonach er gleichsam an einem Orte eingezäunt gedacht würde.

(323) «Wie ein Mensch, der in die Ferne zieht, er ruft seine Diener zusammen.» Sehen wir zunächst, warum unser Herr einem in die Fremde ziehenden Menschen verglichen wird, ... vor allem, da doch sein Wandern dem zu widersprechen scheint, was er seinen Jüngern verhieß: «Wo zwei oder drei in meinem Namen versammelt sein werden, da bin ich in ihrer Mitte.» Und auch das: «Siehe, ich bin mit euch alle Tage bis an die Vollendung

der Welt.» Und was der Täufer von ihm sagte, auf seine Allgegenwart weisend: «In eurer Mitte steht der, den ihr nicht kennt.» Wir müssen aber in diesem Zusammenhang auch das Wort Pauli erwähnen: «Ich freilich abwesend dem Leibe nach, anwesend aber dem Geiste nach ...» Sieh, ob wir die Frage also lösen können: der zu seinen Jüngern sprach: «Siehe, ich bin mit euch bis zur Vollendung der Welt», ist der Einziggeborene Gottes, Gott-WORT und Weisheit und Gerechtigkeit und Wahrheit, der durch keinerlei Schranken der Körperwelt eingeschlossen ist. Gemäß dieser seiner Gott-Natur wandert er nicht in die Fremde, er wandert nur gemäß der Heilsordnung des Leibes, den er angenommen hat und in dem er auch «verwirrt» und «traurig» wurde ... Indem wir das sagen, trennen wir aber nicht den Menschen des angenommenen Leibes [von der Gottheit], da bei Johannes geschrieben steht: «jeder Geist, welcher Jesus auflöst, ist nicht aus Gott», sondern wir wahren einfach jeder Wesenheit ihre zugehörigen Eigenschaften. Wenn nämlich jeder treue Mensch, «der mit Gott verbunden wird, *ein* Geist wird», um wieviel weniger ist dann jener Mensch, den Christus nach der Heilsordnung des Fleisches angenommen hat, von ihm abzutrennen und als ein anderer ihm gegenüber zu bezeichnen? Und sieh zu, wie gesagt wird: «Wie ein Mensch, der in die Ferne zieht.» Denn es war nicht «ein Mensch», sondern «wie ein Mensch»; und «gleichsam ein Mensch», ‹wandert› der, der nach der Gott-Natur überall verbleibt. Beachte zugleich, daß der Zusammenhang nicht so zu lauten scheint: «Wie ein Mensch, der in die Ferne zieht», so auch Jesus, oder: so auch ich, oder: so der Menschensohn. Sondern er selbst ist es, der in der Parabel vorgestellt wird als «wandernd wie ein Mensch». Denn nicht ein Mensch ist es, der gegenwärtig ist, «wo immer zwei oder drei in seinem Namen versammelt sind», nicht ein Mensch ist «mit uns alle Tage bis zur Vollendung der Welt», und wenn sich überall die Gläubigen versammeln, ist ihnen nicht ein Mensch gegenwärtig, sondern das Göttliche, das in Jesus war[1].

[1] In diesem ‹Göttlichen› aber ist auch die nicht-mehr-menschliche, über-menschliche ‹Menschheit› Christi eingerechnet, die in ihrer neuen Daseinsweise ganz vergöttlicht ist. Vgl. dazu das Kapitel ‹Mensch und Übermensch› (351–359) und Überwelt (997–1008) sowie Text 1018.

Geheimnis des Übergangs

Die Geistwerdung Christi ist Ursprung und Ermöglichung unserer Geistwerdung (324). Aber dieser Übergang ins Geistige vollzieht sich nicht ‹naturhaft›, sondern besagt eine Verwandlung in die Dimension des Personhaften. Darum gibt es hier keine direkte Aussage (325). Darum sind Christi Wunder Hinweise (326). Darum kann weder die Auferstehung gesehen werden (327), noch der Auferstandene solchen erscheinen, die nicht glaubend ins Geheimnis eingeweiht sind (328–330). Die Verborgenheit Christi ist eine wesentliche (331), die dem Unglauben gegenüber zu einer absoluten wird (332). Die Erscheinungen des WORTES sind nun nicht mehr solche eines sinnlichen Leibes, der naturhaft gesehen wird, sondern Selbstkundgaben nach freiem Ermessen (332–333) desjenigen, der allgegenwärtig die Kirche und die Welt erfüllt (334).

(324) Ohne den Menschen hätten wir vom WORTE keinen Nutzen gehabt, wenn es geblieben wäre, was es im Anfang bei Gott dem Vater war, und nicht einen Menschen angenommen hätte, den ersten von allen, den erhabensten von allen, den bei weitem reineren als alle, der ihn zu fassen vermochte, nach welchem nun auch wir fähig sein werden, ihn aufzunehmen, jeder nach Art und Größe, den Christus, wie er war, wenn wir ihm in unserer Seele entsprechend weiten Raum gewähren.

(325) «Selig bist du Simon, Sohn des Jonas, denn nicht Fleisch und Blut haben dir das geoffenbart, sondern mein Vater, der im Himmel ist.» Denn wenn Christus selbst in seiner körperlichen Sichtbarkeit zu ihm gesagt hätte: ‹Ich bin Christus›, so hätte es ihm wohl das Fleisch geoffenbart, nicht der Vater allein … Beachte aber, daß an keiner einzigen Stelle der Herr sagt: ‹Ich bin Christus›, damit er nicht etwa Ähnliches sage, wie die Vielen, die nach ihm «in seinem Namen» kommen und sagen: «Ich bin Christus». Es genügten ihm nämlich, um die Gläubigen zum Glauben zu bringen, die Werke Gottes … Durch die Werke sagte er es.

(326) «Dies war wiederum das zweite Zeichen, das Jesus wirkte.» Nirgends werden bloße ‹Merkwürdigkeiten› erwähnt, denn es gibt in der Schrift nichts Wundersames, das nicht immer zugleich Sinnbild und Gleichnis für etwas vom sinnlichen Vorgang Ver-

schiedenes wäre … Weil wir also von der Schrift aufgefordert werden, zu suchen, wofür das Geschehene ein Zeichen ist, so heißt es: «Dies war wiederum das zweite Zeichen, das Jesus wirkte.» Wenn aber der Beamte getadelt wird, daß er nicht glaubt, es sei denn auf außergewöhnliche Dinge hin, so wird nicht gesagt: Wenn ihr nicht «Zeichen» seht, so glaubt ihr nicht (denn die gewirkten Zeichen lüden nicht zum Glauben ein, wenn sie nur «Zeichen» wären, wenn sie nicht außerdem noch ‹merkwürdig› wären), sondern: «wenn ihr nicht Zeichen und Merkwürdigkeiten seht, so glaubt ihr nicht», wobei ihr zwar wegen des ‹Merkwürdigen› zum Glauben kommt, wir es aber überdies um dessentwillen vollbringen, dessen Zeichen es ist[1].

(327) Kein Mensch hat den Anfang seiner Auferstehung wahrgenommen.

(328) Bedeutsam und bewunderswert und wichtiger nicht nur als die große Menge der Gläubigen, sondern auch die durchaus Fortgeschrittenen es abzuschätzen vermögen, ist meiner Vermutung nach der Sinn der Stelle, wo sich der Grund anzeigen könnte dafür, daß er nach seiner Auferstehung von den Toten nicht mehr auf gleiche Weise erschien als in der vorausgehenden Zeit.

(329) Wie wohl keiner leichthin Jesus einen Vorwurf daraus machen wird, daß er nicht alle Apostel auf den hohen Berg mitnahm, sondern nur … drei, da er verwandelt werden sollte und den Glanz seiner Gewänder zeigen wollte und die Herrlichkeit des Moses und Elias, die mit ihm sich unterredeten, so wird auch kaum einer mit Grund die Apostelschriften darum tadeln, wenn sie berichten, daß Jesus nach der Auferstehung nicht für alle sichtbar wurde, sondern nur denen, von deren Augen er sah, daß sie fähig waren, seine Auferstehung zu schauen.

(330) Er wurde nämlich nicht nur darum gesandt, um erkannt zu werden, sondern auch um verborgen zu bleiben.

(331) «Denn ihr werdet mich von jetzt an nicht mehr sehen, bis daß ihr sprecht: Gesegnet sei, der da kommt im Namen des Herrn.» Denn wenn er auch einigen Heiligen nach der Auferstehung erschien, so doch nicht den ungläubigen Juden, bis daß sie

[1] Vgl. Text 281.

ihre eigene Untreue begriffen und reumütig sprächen: «Gesegnet sei, der da kommt im Namen des Herrn.» Weder sehen sie den Sohn Gottes, noch schauen sie sein WORT, noch erwägen sie die Schönheit der Weisheit Gottes. Aber auch wenn einer von uns unter die «Flügel Christi versammelt» werden möchte, doch gleichzeitig durch seine schlechten Werke sich weigert, «unter die Flügel Christi versammelt» zu werden, wird er bereits das WORT Gottes nicht mehr sehen, zumal von der Zeit an, da er dem Zusammenscharenden jeden einzelnen Tag ausweicht, durch seine innere Haltung mehr noch als mit seinem Leib. Und solange wird er die Schönheit des WORTES nicht mehr erblikken, als er sich nicht umwendet und reumütig wegen seiner schlechten Gesinnung spricht: «Gesegnet sei, der da kommt im Namen des Herrn.» Dann nämlich wird das «gesegnete» WORT Gottes und die «gesegnete» Weisheit Gottes «im Namen des Herrn» und Vaters über das Herz des Menschen kommen, sobald nur einer sich zu ihm hinwendet.

(332) Vielleicht erscheint das WORT Gottes in verschiedenen Herrlichkeiten, je nach dem Vermögen der einzelnen schauenden Seele, im Maße als jede Seele sich fassensfähig zeigt. Dem also, der vollendet ist und, was seine Person betrifft[1], zur «Vollendung der Welt» gelangt ist, dem erscheint das WORT in solcher Gestalt, daß, wer es sieht, die Worte spricht; «Wir sahen seine Herrlichkeit, die Herrlichkeit als des Einziggeborenen vom Vater voll Gnade und Wahrheit.»

(333) Die körperlichen und sinnenlosen Dinge tun nichts dazu, wenn sie von einem andern gesehen werden. Ob sie wollen oder nicht, wenn ein anderer das Auge auf sie richtet, sieht er sie ohne weiteres, durch die bloße Hinwendung des Auges. Was wollte ein Mensch oder ein anderes Ding, das von einem groben Körper umgeben ist, tun, um nicht gesehen zu werden, wenn es vor einem andern steht? Höhere und göttliche Wesen dagegen werden nicht erblickt, wenn sie es nicht wollen, auch wo sie gegenwärtig sind, und es liegt an ihrem Willen, gesehen zu werden oder nicht. Es war Gnade Gottes, daß er Abraham und den übrigen Propheten erschien (nicht allein weil das Seelen-Auge Abra-

[1] Vgl. Text 887.

hams die Ursache dafür war, daß Gott ihm sichtbar wurde, sondern weil Gott, von sich aus, sich dem Blick des Gerechten darreichte, der dieses Anblickes würdig geworden war). Und das verstehen wir nicht allein von Gott dem Vater, sondern ebenso von unserm Herrn und Heiland und vom Heiligen Geiste und, um zu Geringeren zu kommen, auch von den Cherubim und Seraphim … Und wir sagen das auch nicht allein im Hinblick auf die gegenwärtige Welt, sondern auch auf die künftige: auch wenn wir aus dieser Welt ausziehn werden, wird Gott und werden die Engel nicht allen erscheinen … Ein Gleiches ist auch von Christus anzunehmen, als er im Fleische sichtbar war: nicht jeder, der ihn anschaute, sah ihn. Sie sahen zwar wohl seinen Leib; das, was ihn zu Christus machte, konnten sie nicht an ihm sehen … Nur die sahen Jesus, die er seines Anblicks für wert hielt. Geben also auch wir uns Mühe, daß Gott uns jetzt gegenwärtig werde. Das Wort der Heiligen Schrift verspricht es ja: «Denn er wird sich finden lassen von denen, die ihn nicht versuchen, erscheinen aber denen, die nicht ungläubig sind gegen ihn.»

(334) Betrachte die Majestät des Herrn: «In alle Länder hinaus zog die Stimme seiner Lehre und bis an die Grenzen der Erde seine Worte.» Unser Herr Jesus wurde, weil er ja die Kraft Gottes ist, über den ganzen Erdkreis zerstreut und ist jetzt eben mit uns, dem Wort des Apostels gemäß: «da ihr und mein Geist versammelt sind mit der Kraft des Herrn Jesus». Die Kraft unseres Herrn und Erlösers ist mit denen, die weitab von unserer Welt in Britannien leben, so gut wie mit denen, die in Mauretanien weilen und allen, die unter der Sonne an seinen Namen glauben. Sieh also die Größe des Erlösers, und wie sie auf der ganzen Welt ausgebreitet ist! Und doch habe ich sicherlich noch nicht seine wahre Größe erklärt. Steige «in den Himmel» und schau ihn, wie er alles Himmlische erfüllte, denn «er erschien den Engeln.» Steig in Gedanken hinab «in die Hölle», und du wirst sehen, daß er auch bis dort hinabstieg: «Der nämlich abstieg, derselbe ist's, der auch aufstieg, damit er alles erfülle, damit im Namen Jesu jedes Knie sich beuge, der Himmlischen, der Irdischen und der Höllischen.»

Leib und Überleib

Der irdische Leib ist ein Sündenleib, weil er der (von Gott frei gewählte) Ausdruck der Sünden der Seele ist: ihre geistige Verdunkelung hat ihr die Grobheit und Schwere dieses Leibes eingebracht (335–338). Christus hatte denselben Sündenleib, an dessen Wirklichkeit die Erlösung hängt (339–341). Aber dieses Sündenfleisch wird nicht auferstehen (342), wiewohl die Auferstehung des Leibes durchaus zu halten ist (342–344). Origenes erklärt diese durch das Überleben des geistigen Formprinzips des Leibes: des Eidos oder der Entelechie (345–346), die sich bei der Auferstehung einen neuen Leib gestaltet, der zwar nicht substantiell unvergänglich ist (das ist nur der Geist), aber es durch Teilnahme am Geiste faktisch bleibt (347–348). Diesen Geistleib kann man in einer Hinsicht als Fleisch, in einer andern als Nicht-mehr-Fleisch bezeichnen (349). Auferstehungsglaube aber bedeutet keine ungeordnete Anhänglichkeit an das Fleisch (350).

(335) Die Seele, die durch die Sünde Fleisch geworden war, wird in eine neue Gestalt umgewandelt werden und Geist sein.
(336) Jedes Feuer, das Brennstoff braucht, ist vergänglich, und jeder Geist, wenn wir Geist in dem [uns] naheliegenden Sinn [das heißt im geschöpflichen] nehmen, ist ‹Leib› und ist, was seine Natur betrifft, der Verwandlung ins Gröbere fähig.
(337) Der «Leib der Sünde» ist also unser Leib, denn auch von Adam heißt es nicht, daß er Eva erkannt und Kain gezeugt habe, außer nach der Sünde … Darum hat die Kirche auch von den Aposteln her die Überlieferung übernommen, selbst den Kindern die Taufe zu geben.
(338) Der Apostel selber sagt an einer andern Stelle: «Wer wird mich von dem Leibe dieses Todes befreien?» Und wiederum nennt er unsern Leib: «Leib der Niedrigkeit.» Vom Erlöser aber sagt er irgendwo, er sei «in der Ähnlichkeit des Fleisches der Sünde» gekommen, … womit er ausspricht, daß unser Fleisch wirklich «Fleisch der Sünde» ist, Christi Fleisch aber nur ähnlich dem Fleische der Sünde. Denn es ist nicht aus Mannessamen gezeugt, sondern die «Kraft des Allerhöchsten kam über Maria …». Paulus also hat durch die unaussprechliche Weisheit Gottes, die ihm geschenkt war, irgend etwas Geheimes und Verborgenes ge-

sehen und darum gesagt, unser Leib sei ein «Leib der Sünde» und ein «Leib des Todes» und ein «Leib der Niedrigkeit.»

(339) [Aber] der Leib Christi war nicht aus anderem Stoff als dem Erdenstoff, sofern er Sohn Davids war.

(340) Keineswegs wollen wir das Leiden Jesu als ein scheinbares bezeichnen, damit nicht auch die Auferstehung zu einer Lüge werde, während sie doch Wahrheit ist.

(341) Wenn es ein Scheintod war, dann ist auch keine wahre Auferstehung, und auch wir würden nur scheinbar und nicht wirklich auferstehen. Und wir würden nur scheinbar der Sünde sterben und nicht in Wahrheit sterben. Und alles, was damals getan ward und weiter getan wird, wäre nur Scheintat und nicht wirklich getan worden. Und so wären wir schließlich auch nur scheinbar erlöst worden, und nicht wirklich erlöst.

(342) Die Sadducäer, die die Auferstehung leugneten, verwarfen nicht nur das, was unter den Einfacheren Auferstehung des Fleisches genannt zu werden pflegt, sondern hoben auch jene Unsterblichkeit, ja überhaupt jedes Weiterbestehen der Seele grundsätzlich auf … [Paulus aber sagt:] «Wenn wir nur in diesem Leben auf Christus hoffen, so sind wir erbarmungswürdiger als alle Menschen.» Schaut man hier aber näher zu, so kann man sehen, daß einer, der zwar die von der Kirche erwartete Auferstehung der Toten nicht annimmt – auch wenn er sie zu Unrecht verwirft –, nicht notwendig nur in diesem Leben auf Christus hoffen müßte … dann nämlich, wenn die Seele als überlebend und weiterbestehend gesetzt würde, ohne daß sie diesen selben Leib wieder anziehn müßte … Wir sagen dies aber nicht aus Unglauben gegenüber dem Wort des Isaias: «Alles Fleisch wird das Heil Gottes erblicken», oder dem Wort Jobs: «Denn ewig ist der, der mich erlösen muß auf Erden und meine Hülle erwecken muß, die solches erduldet», und wir sind auch nicht ungläubig der Stimme des Apostels, die also spricht: «Er wird unsere sterblichen Leiber beleben.»

(343) Es soll aber niemand argwöhnen, daß wir, wenn wir so reden, zu denen gehören, die sich zwar Christen nennen, aber die schriftgemäße Lehre der Auferstehung verwerfen … Wir sagen also bloß, daß der zugrunde gegangene Leib nicht zu seiner ersten Beschaffenheit zurückkehrt, so wie wir auch sagen, daß das

zugrunde gegangene «Weizenkorn» nicht wieder «Weizenkorn» werde.

(344) Denn der Mensch ist eine Einheit aus beidem und das Leben beider ist gemeinsam und es bedarf beider Teile, um das Leben, das aus dem Tode wiederersteht, herzustellen.

(345) Wir wenden uns nun an einige aus den Unsrigen, die aus Mangel an Einsicht oder aus unverstandenen Deutungen eine durchaus niedrige und erdhafte Ansicht von der Auferstehung des Leibes einführten ... Wie wollen diese das Wort des Apostels verstehen: «Alle werden wir umgestaltet werden»? Diese Umgestaltung ist nach der oben angedeuteten Ordnung zu erwarten, wobei es sich für uns wohl ziemt, etwas der göttlichen Gnade Würdiges zu erwarten. Und wir erwarten es in der Weise, wie der Apostel vom «nackten Weizenkorn oder einem andern dieser Art» sagt, daß es in die Erde gesät wird und «Gott ihm einen Leib gibt, wie es ihm gefällt», nachdem zuvor das «Weizenkorn gestorben» war. Auf diese Weise muß man von unseren Leibern annehmen, daß sie wie ein «Weizenkorn» in die Erde fallen, daß aber die ihnen einwohnende Entelechie, die den Leibesstoff zusammenhält und in der Körpersubstanz immerdar unversehrt bleibt, auch nach dem Tode, der Verwesung und Zerstreuung des Leibes auf Gottes Geheiß hin diesen wiederum von der Erde aufrichtet, wiederherstellt und heilmacht, genau wie die Entelechie, die dem Getreidekorn innewohnt, nach dessen Verwesung und Absterben das Korn wiederherstellt in der Leiblichkeit von Stengel und Ähre.

(346) Jedem einzelnen Samen ist von Gott kunstvoll eine Kraft eingegeben, die die künftigen Leiber in den Potenzen des Marks wie im voraus enthält. Und wie die ganze Höhe des Baumes, Stamm, Zweige, Früchte, Blätter im Samen unsichtbar sind und doch in seiner Entelechie vorhanden, wie dem Weizenkorn Mark oder eine kleine Ader einwohnt, die bei ihrer Auflösung in der Erde die verwandten Stoffe an sich zieht und als Spreu, Blätter, Granne aufersteht, und es stirbt ein Teil, ein anderer ersteht, ... so bleiben auch im menschlichen Leibe gewisse schon vorhandene Prinzipien der Erneuerung, ... es ersteht aber nicht derselbe fleischliche Stoff und nicht die gleiche Gestalt ... «Gesät wird ein irdischer Leib, erstehen wird ein geistiger Leib.» Jetzt

sehen wir mit den Augen, hören mit den Ohren, handeln mit den Händen, wandeln mit den Füßen; in jenem «geistigen Leibe» werden wir als Ganze sehen, als Ganze hören, als Ganze handeln, als Ganze wandeln, und «der Herr wird den Leib unserer Niedrigkeit umgestalten, gleichförmig dem Leib seiner Herrlichkeit».

(347) Wenn im Wort: «Die Seele, die sündigt, diese wird sterben» die Sterblichkeit der Seele in ihre Möglichkeit zu sündigen verlegt wird, so stimmen wir dem bei; nennt man aber ihren Tod die völlige Auflösung und Vernichtung, so müssen wir das ablehnen, denn wir können uns nicht einmal vorstellen, daß eine sterbliche Wesenheit sich in eine unsterbliche umgestalte und eine verwesliche ins Unverwesliche. Denn das wäre so, wie wenn man sagen wollte, daß aus einem Körper etwas Unkörperliches werde, als ob das Körperliche und Unkörperliche eine gemeinsame Seinsgrundlage hätte, die sich dabei gleich bliebe (so wie die Kundigen sagen, daß das Stoffliche sich gleich bleibt, während seine Eigenschaften sich ins Unsichtbare verwandeln). Es ist übrigens nicht dasselbe, ob eine verwesliche Natur «Unverweslichkeit *anzieht*, oder ob sich eine verwesliche Natur in Unverweslichkeit *umgestaltet*. Und dasselbe gilt von ihrer Sterblichkeit, die sich nicht in Unsterblichkeit umgestaltet, sondern diese nur «anzieht».

(348) So wie sich nämlich Weisheit zu weise verhält, Gerechtigkeit zu gerecht, Friede zu friedlich, geradeso verhält sich Unverweslichkeit zu unverweslich und Unsterblichkeit zu unsterblich. Du siehst also, wie Hohes uns die Schrift verspricht, wenn sie sagt, daß wir «Unverweslichkeit» und «Unsterblichkeit anziehen» sollen, die wie Kleider sind für den, der sie anzieht und die den mit solchen Gewändern Angetanen nicht verwesen oder sterben lassen.

(349) Wie der, welcher beschnitten wird, einen Teil des Fleisches verliert, einen andern unversehrt bewahrt, so scheint mir das Verlorene das Sinnbild dafür zu sein, was geschrieben steht: «alles Fleisch ist Heu und alle seine Herrlichkeit wie des Grases Blume». Das bewahrte Fleisch hingegen scheint mir das Gleichnis dessen zu enthalten, wovon gesagt wird: «Alles Fleisch wird das Heil Gottes sehen.»

(350) Wenn uns Celsus vorwirft, daß wir ‹ein [ungeordnetes] Verlangen nach dem Leibe› tragen, so wisse er, daß wir nach nichts verlangen, wenn das Begehren böse ist, wenn es sich aber auf indifferente Dinge richtet, wir nach all dem begehren, was Gott den Gerechten verheißt. In diesem Sinn begehren und erhoffen wir auch die Auferstehung der Gerechten.

Mensch und Übermensch

‹Mensch› als diese empirische, irdische Existenz wird ebenso verzehrt werden wie ‹Leib› als dieser sinnliche Körper. ‹Mensch› kann nicht vor Gott treten (351). Christus aber hat die Wandlung ins Übermenschliche schon vorgebildet (352–355). Diese Verwandlung besagt zugleich Aufhebung des Gesetzes als eines äußerlichen und dessen Umgestaltung in reine Freiheit (356–358). Der Übermensch ist jener, dessen Leib und Seele ‹aufgehoben› sind im Geist (359).

(351) «Kein Mensch wird mein Antlitz sehen und leben.» Umgestaltet mußt du werden, damit du das Antlitz Gottes, das du suchst, sehen kannst.

(352) «Verflucht der Mensch, der auf den Menschen vertraut …» Ich möchte sagen, daß ich nicht auf «den Menschen» vertraue, wenn ich auf Jesus Christus vertraue … Auch wenn der Erlöser bezeugt, daß das, was er getragen, ein Mensch war, jetzt ist er nicht mehr Mensch. Denn «wenn wir auch Christus dem Fleische nach kannten, jetzt kennen wir ihn nicht mehr», sagt der Apostel. Um seinetwillen bin ich nicht mehr Mensch, wenn ich seinen Worten folgte. Er sagt aber: «Ich sprach: ihr seid Götter und Söhne des Allerhöchsten alle.»

(353) Jesus «ging» freilich, dem Sichtbaren nach, «dahin», als er sich anschickte, am Kreuze zu leiden. Nach dem aber, was er in Wahrheit war, ging er gleichzeitig «dahin» und blieb in der Welt bei seinen Jüngern zurück, sie im Glauben behütend.

(354) «Siehe das Lamm Gottes, das hinwegnimmt die Sünde der Welt.» Nicht: das einst hinwegnehmen wird, jetzt aber noch nicht hinwegnimmt, oder das einst hinwegnahm, jetzt aber nicht mehr hinwegnimmt, denn noch immer wirkt es das Hinweg-

nehmen von jedem einzelnen, der in der Welt ist, bis daß von der ganzen Welt die Sünde hinweggetragen ist, und er als Erlöser das bereite Reich dem Vater übergibt, der sein Reich erst antreten kann, wenn auch nicht die geringste Sünde sich mehr in ihm findet.

(355) Wenn du dir das WORT vorstellen kannst, wie es nach seiner Fleischwerdung wiederhergestellt ist, nachdem es den Geschöpfen alles geworden, was immer einem jeden von ihnen nötig war «um alle zu gewinnen», wiederhergestellt, um zu werden, wie es «im Anfang bei Gott war, Gott» und «WORT», in der eigenen Herrlichkeit, wie sie einem solchen WORTE zusteht, – dann magst du ihn erblicken, «sitzend auf dem Throne seiner Herrlichkeit». Dann wirst du auch sehen, daß der «Menschensohn», der Mensch, der in Jesus begriffen wurde, kein anderer ist als er selbst, denn also ist er eins mit dem WORTE geworden, weit inniger eins als jene «ein Geist» werden, die «sich dem Herrn anschmelzen».

(356) Es kommt also Christus zum Gericht nicht wie einer, der im Gesetze ist, sondern wie einer, der das Gesetz selbst ist. Und mir will scheinen, daß die, die schon vollkommen sind und, dem Herrn verbunden, «ein Geist mit ihm geworden sind», selbst nicht mehr unter dem Gesetze sind, sondern viel eher selber Gesetz sind, wie derselbe Apostel anderswo sagt: «Dem Gerechten ist kein Gesetz gegeben.»

(357) Die Heiligen, die Gott vorauserkannte und vorausbestimmte und rechtfertigte und verherrlichte, die sind selber Gesetz, und nicht unter dem Gesetze.

(358) Wenn es in uns zwei Gesetze gibt: das eine, «das in unsern Gliedern dem Gesetz des Geistes widerstreitet», und das «Gesetz des Geistes», so ist zu sagen, daß das Gesetz des Geistes, das heißt das geistige, «der Mann» ist, dem von Gott die Seele als «Weib» zugestaltet ist ... Jeder andere aber ist ein Ehebrecher mit der ihr unterworfenen Seele, ... «solange das geistige Gesetz lebt ...». Es stirbt aber das Gesetz für den, der zur Seligkeit aufsteigt und nicht länger unter dem Gesetze lebt, sondern es Christus gleich tut, der sich zwar dem Gesetze unterwarf «wegen derer, die unter dem Gesetze sind, um die unter dem Gesetze Lebenden zu gewinnen», der aber nicht unter dem Gesetze blieb und auch die

durch ihn Befreiten nicht unter dem Gesetze beließ, sie vielmehr zugleich mit ihm emporführte zu einem göttlichen Wandel über dem Gesetze, das für die Unvollkommenen und noch Sündigen Opfer zur Vergebung der Sünden enthält. Wer also sündelos ist und der gesetzlichen Opfer nicht mehr bedarf, hat in der vollen Einweihung vielleicht auch noch das geistige Gesetz überschritten und ist zum WORTE gelangt, das über ihm ist, das zwar den im Fleische Lebenden Fleisch geworden ist, denen aber, die nicht mehr im Fleische kämpfen, als Gott-WORT erscheint, wie es «im Anfang bei Gott war».

(359) «Der seelische Mensch faßt nicht, was das Gesetz Gottes ist, es ist ihm Torheit, der Geistige aber richtet alles.» Wir glauben, daß es nicht ohne Grund ist, wenn nach Paulus «der Geistige» nicht hinzufügt: Mensch. Denn «der Geistige» ist Mehr-als-Mensch, mehr als der Mensch nämlich, der durch Seele oder Leib oder beides gekennzeichnet wird, nicht aber in gleicher Weise durch den Geist, der göttlicher als diese beiden ist, dessen übermächtige Teilnahme aber den Geistigen kennzeichnet.

Wenn die Seele emporgehoben wird und dem Geiste folgend und vom Leibe abgeschieden ist, und nicht nur dem Geiste folgend, sondern auch in ihm weilend (wie die Stelle zeigt: «zu dir habe ich meine Seele gehoben»), wie sollte sie da nicht bereits ihr Wesen als Seele ablegen und geisthaft werden?

All-Erlösung

Christus ist nicht nur der Erlöser des ganzen Menschengeschlechts (360). Er hat sich auch auf allen Stufen des Seins inkarniert (361–362). Und weil nach Origenes kein Engel gänzlich ohne Makel blieb, so hat er sich auch für alle geistigen Geschöpfe aufgeopfert (365), ja er ist am Kreuz auch für sie gestorben (363), aber nicht sofern das Kreuz ein blutiges Opfer war, sondern nur durch seine geistige Opferung (vgl. 812–813). Denn die Engel bedürfen des Leidens nicht (364). Und weil Mensch und Engel wesenhaft gleicher Natur sind (beide geistleiblich), und der Mensch durch die Aeonen in immer höhere Reiche aufrückt, so wird er Christus auf allen Stufen antreffen, und Christus ist so seine Himmelsleiter (366) und herrscht über die sichtbare und die unsichtbare Welt (367).

(360) Alles in allem ist Christus, der Einziggeborene, als «Anbeginn» in dem Menschen, den er angenommen, als «Ende» in dem letzten der Heiligen und ebenso in allen dazwischen. Oder: «Anbeginn» in Adam, «Ende» bei seiner Ankunft, wie gesagt ist: «Der letzte Adam wird zum belebenden Geist.»

(361) So glaube ich, daß er, wie er «unter den Menschen als ein Mensch erfunden wurde», ebenso auch unter den Engeln als ein Engel erfunden wurde.

(362) Der Gott des All schuf einen der Würde nach obersten Rang vernunfthafter Wesen, der, wie ich denke, ‹Götter› genannt wird, einen zweiten, der hier ‹Throne› heißen kann, einen dritten, ohne Zweifel die ‹Fürstentümer›. So muß man die [Leiter der] vernünftigen Wesen hinabsteigen bis zum letzten Vernunftwesen, das wohl kein anderes als der Mensch ist. Der Erlöser also wurde in einer viel göttlicheren Weise als Paulus «allen alles, um alle zu gewinnen» und zu vollenden, und so wurde er gewiß den Menschen Mensch, und den Engeln Engel.

(363) «Christus ist der große Hohepriester»: nicht nur für die Menschen, sondern für alle vernunftbegabten Geschöpfe hat er, als das ein [für allemal] dargebrachte Opfer sich selber dargebracht. «Denn außer für Gott sollte er für alle den Tod schmekken.» Oder wie es in einigen Handschriften des Hebräerbriefs heißt: «Durch die Gnade Gottes.» Liest man: «Außer für Gott sollte er für alle den Tod schmecken», so starb er nicht allein für die Menschen, sondern für alle übrigen vernunftbegabten Wesen: Liest man aber: «Durch die Gnade Gottes», so starb er ebenso für alle «außer Gott».

(364) Indem also Jesus das Werk Gottes vollendet – ich meine damit nicht nur die Menschen, sondern alle vernunfthaften Wesen –, so vollendet er es nach dem gleichen Prinzip: die seligeren Wesen, welche sich durch das WORT überzeugen lassen und des Leidens nicht bedürfen, werden durch das bloße Wort vollendet, die andern aber, die dem WORTE nicht glauben, bedürfen des Leidens, um so, wenn sie die Leiden durchgemacht, nachher auch durch Worte gewonnen und durch diese vollendet zu werden.

(365) Er, der so vieles ist: Beistand, Versöhnung, Sühne, Mitleiden mit unsern Schwächen (da er «in allem Menschlichen versucht wurde», der Ähnlichkeit gemäß, «die Sünde allein ausgenommen»), er ist der große Hohepriester, der sich nicht nur für die Menschen, sondern für alle vernunftbegabten Wesen ein für allemal als Opfer anbot.

(366) Und vielleicht, wie es beim Tempel gewisse Stufen gab, auf welchen man zum Allerheiligsten hineinschritt, ist der Einziggeborene Gottes alle unsere Stufen, und wie der Einziggeborene die erste Stufe der untersten Dinge ist und die nächsthöhere und so fort bis zur höchsten, so ist die Gesamtheit der Stufen der eine Erlöser: Die erste, gleichsam unten, ist seine Menschheit, über welche wir schreiten zum folgenden, das alles er ist, den ganzen Stufenweg empor, so daß man durch ihn aufwärts wandert, der auch Engel und die übrigen Mächte ist.

(367) Sieh zu, ob man nicht unter der «Rechten Seite Christi» die Geschöpfe verstehen könnte, die man die unsichtbaren nennt, unter der «Linken» dagegen die sichtbaren, deren aller König aber Christus ist.

KIRCHE

Die Kirche im Alten Bund

Inkarnation in Schrift und individuellem Leibe sind beide Gleichnis und Mittel zur dritten, welche Sinn und Zweck der Erlösung war: Inkarnation des Logos in seinem mystischen Leibe. Wir erblicken die Kirche im folgenden erst in diesem ihrem Leib- und Erscheinungscharakter. Ihr inneres mystisches Leben soll erst später sichtbar gemacht werden. Aber schon als ‹Leib› existiert die Kirche seit Weltanfang in allen Gerechten (368), sie ist im Sinnbild der Arche (369), in Abraham, Sara, Jahel (370–372). Müde der Gleichnisreden, sehnt sie sich der Ankunft Christi im Fleisch entgegen (373) und spürt seine Menschwerdung (374). Im Sinnbild der Begegnung Salomons und der Königin von Saba ist die Begegnung Christi und der Kirche im einzelnen vorausbeschrieben (375).

(368) Du sollst nicht glauben, daß sie erst seit der Ankunft des Erlösers im Fleische Braut oder Kirche genannt wird, sondern sie besteht seit Beginn des Menschengeschlechts und seit Grundlegung der Welt, oder vielmehr, um unter Führung von Paulus den Ursprung dieses Mysteriums noch früher zu suchen, «vor Grundlegung der Welt». Denn so lauten seine Worte: «Wie er uns auserwählt hat in Christus vor Grundlegung der Welt, damit wir heilig und unbefleckt seien vor ihm, in Liebe uns vorbestimmend zur Annahme an Kindesstatt.» Aber auch in den Psalmen steht geschrieben: «Gedenke deiner Versammlung, Herr, die du von Anfang an versammelt.» Denn die ersten Grundlagen der «Versammlung» der Kirche wurden gleich «am Anfang» gelegt. Daher sagt der Apostel, die Kirche sei nicht nur «auf der Grundlage der Apostel», sondern auch auf der «der Propheten aufgebaut». Unter die «Propheten» ist aber auch Adam zu zählen, der «das große Mysterium» prophezeite, «in Christus und der Kirche», das in den Worten liegt: «Darum wird der Mann seinen Vater und seine Mutter verlassen und seinem Weibe anhangen, und beide werden in einem Fleische sein.» Denn ohne Zögern sagt der Apostel von diesen seinen Worten: «dieses Geheimnis sei groß», «ich sage es aber in Hinblick auf Christus und die Kirche». Und wenn der gleiche Apostel sagt: «So sehr liebte Christus die Kirche, daß er sich selbst für sie dahingab, sie heiligend im Wasserbade», so zeigt er damit doch gewiß nicht, daß sie vorher nicht Dasein besessen habe. Denn wie hätte er sie geliebt, wenn sie nicht gewesen wäre? ... Sie war aber in allen Heiligen, die seit Anfang gelebt haben.

(369) Wie damals jenem Noe befohlen wurde, daß er seine Arche baue und in sie zugleich nicht nur seine Kinder und Verwandten, sondern auch die Tiere aller Arten mit sich einführe, so ist jetzt am Ende der Zeiten auch zu unserem Noe, der in Wirklichkeit der einzige Gerechte und Vollkommene ist, von seinem Vater befohlen, daß er sich eine Arche baue aus gekreuzten Hölzern und ihr Ausmaße gebe, die voll himmlischer Geheimnisse sind.

(370) Wäre das Naturgesetz hinreichend gewesen, so schiene es überflüssig, daß zu Abraham gesagt wurde: «Ziehe aus aus deinem Lande und aus deiner Sippe und aus dem Hause deines Vaters und komm in das Land, das ich dir zeigen werde.»

(371) Nach der allegorischen Deutung war es durchaus unmöglich, daß Pharao (der der unreine, tötende Mensch ist), Sara (das heißt ‹die Tugend›), zur Gattin sich nehme. Abimelech aber, der rein und vernünftig lebte, hätte sie zwar besitzen können, weil er sie «in einem reinen Herzen» suchte, aber «die Zeit war noch nicht gekommen». So bleibt denn ‹die Tugend› bei Abraham, sie bleibt bei der «Beschneidung», bis zur Zeit, da in unserem Herrn Jesus Christus, in dem «die Fülle der Gottheit leibhaft wohnt», die ganze und vollendete Tugend zur Kirche der Heiden übergeht.
(372) «Das Weib Jahel», diese Fremde, von der die Weissagung sagt, daß der Sieg «in die Hand eines Weibes» gegeben sei, trägt das Vorbild der Kirche, die aus fremden Völkern versammelt wurde. «Jahel» wird aber übertragen: Aufstieg, denn es ist in Wahrheit kein anderer Aufstieg, der zum Himmel emporführt, als der «durch die Kirche der vielfältigen Weisheit Gottes».
(373) «Er küsse mich mit dem Kuß seines Mundes.» Sehen wir zu, ob wir den innern Sinn auf diese Weise geziemend deuten können: es sei die Kirche, die sich sehnt, mit Christus vereinigt zu werden; unter der Kirche aber verstehen wir die Gemeinschaft aller Heiligen. Diese Kirche also sei gleichsam eine einzige Person aus allen zusammen, welche die Worte spricht: Alles besitze ich, ich bin von Gaben überschüttet, die ich als Brautgeschenke oder als Mitgift vor der Ehe erhalten. Denn schon seit langem, seit ich für die Hochzeit mit dem «Königssohne» und dem «Erstgeborenen aller Schöpfung» vorbereitet wurde, haben mir seine heiligen Engel gedient und geholfen und mir als Brautgeschenk das Gesetz gebracht, denn vom Gesetz heißt es, daß es durch «die Engel gespendet wurde, durch die Hand eines Mittlers». Und auch die Propheten dienten mir. Sie sprachen mir nicht nur alles zu, was sie mir vom Sohne Gottes zeigen und bedeuten sollten, dem sie mich durch die Überbringung von Unterpfändern und Hochzeitsgeschenken zu vermählen wünschten, sondern, um mich in Liebe und Begierde zu ihm zu entflammen, erzählten sie mir im voraus in weissagenden Worten seine Ankunft und kündeten voll vom Heiligen Geiste seine unzähligen Tugenden und ungeheuren Taten. Und auch seine Schönheit und die Lieblichkeit seiner Gestalt und seine Milde beschrieben sie mir, so daß ich durch all dies von einer unerträglichen Sehn-

sucht zu ihm entbrannt bin. Aber weil die Weltzeit schon bald zu Ende ist und seine Gegenwart mir noch nicht verliehen wurde, und ich nur seine Diener «aufsteigen und absteigen» sehe zu mir, darum wende ich mein Flehen zu dir, Vater meines Bräutigams, und beschwöre dich, daß du dich endlich meiner Liebe erbarmest und ihn mir sendest, und er mir nicht länger durch seine Diener, die Engel und Propheten, rede, sondern selbst in eigener Person erscheine und «mich küsse mit den Küssen seines Mundes», eingieße nämlich die Worte seines Mundes in meinen Mund, und ich ihn reden höre und lehren sehe.

(374) «Der Duft deiner Salben ist über alle Wohlgerüche.» Schon hatte also die Braut Umgang und Kenntnis der «Wohlgerüche», nämlich der Worte des Gesetzes und der Propheten ... Als aber die Fülle der Zeiten kam, und sie herangewachsen war und der Vater seinen einziggeborenen Sohn, «gesalbt mit dem Heiligen Geiste», «in die Welt sandte», da spürte die Braut den Wohlgeruch des göttlichen Salböls, und in der Erfahrung, daß alle jene Salben, deren sie sich bisher bedient, weit minderen Wertes waren, verglichen mit diesem neuen und göttlichen Salböl, spricht sie: «der Duft deiner Salben ist über alle Wohlgerüche». Und weil derselbe Christus «Bräutigam» und «Priester» genannt wird («Priester», sofern er «der Mittler Gottes und der Menschen» und aller Kreatur ist, ... «Bräutigam» dagegen, sofern er der Kirche verbunden wird, «die weder Makel noch Runzel oder etwas dergleichen besitzt»), so erwäge, ob nicht vielleicht jenes «priesterliche Salböl», dessen Zubereitung «mit der Salbenkunst» im Buche Exodus vorgeschrieben wird, das gleiche bedeutet, wie dieses «Salböl», das hier die Braut spürt und bewundert.

(375) Es kam die Königin von Saba, ja, es kommt nach ihrem Gleichnisse die Kirche aus den Heiden, um die Weisheit des wahren Salomon zu hören, des wahren Friedensfürsten, unseres Herrn Jesus Christus. Und auch sie kam, freilich zuerst «ihn versuchend mit Rätseln und Fragen», die ihr zuerst unlösbar schienen. Und was sie ihm über die Erkenntnis des wahren Gottes und die Geschöpfe der Welt oder die Unsterblichkeit der Seele und über das künftige Gericht vorlegte (lauter Dinge, die bei ihr und bei ihren Weisen, den heidnischen Philosophen nämlich, immerdar unsicher und fraglich geblieben waren), das alles löst er

ihr auf. Sie kommt also nach «Jerusalem», das heißt zur ‹Schau des Friedens›, mit einer großen Menge und großem Gepränge, denn sie kommt nicht mit einem einzigen Volke, wie vorher die Synagoge, die nur die Juden allein umfaßte, sondern mit allen Völkern der Welt kommt sie und bringt, heißt es, auch würdige Geschenke für Christus mit: «Süßigkeiten von Wohlgerüchen», das will sagen: gute Werke, die zu Gott «als süßer Wohlgeruch» aufsteigen. Aber auch des «Goldes» voll kommt sie, gewiß mit geistigen und vernünftigen Wissenszweigen, die sie noch vor dem Glauben aus dieser allgemeinen Schulgelehrsamkeit sich gesammelt hatte. Und sie bringt auch einen «kostbaren Stein», unter dem wir den Schmuck der Sitten verstehen können. In diesem Putze also zieht sie ein zum friedlichen Fürsten Christus und eröffnet ihm ihr Herz, im Bekenntnis nämlich und in der Buße über die früheren Sünden, «und sie sagte ihm alles, was sie in ihrem Herzen hatte», und darum hat auch Christus, der «unser Friede» ist, «ihr alle seine Worte gesagt, und es ist kein Wort, das der König übergangen hätte und ihr nicht geoffenbart hätte ...». Sie «besuchte» aber «auch den Palast, den er erbaut», zweifellos die Geheimnisse seiner Menschwerdung, denn das ist das «Haus», das «die Weisheit sich erbaut». «Und sie sah» auch «die Speisen Salomons», jene, denk ich, von denen er sprach: «Meine Speise ist es, den Willen dessen zu tun, der mich gesandt hat, und sein Werk zu vollenden.» «Sie sah auch den Sitz seiner Kinder», vermutlich die kirchlichen Ränge, von den Sitzen des Bischofsamts und Priestertums gebildet. «Sie sah auch die Reihen ... seiner Diener», die Ränge der Diakone, scheint mir, die beim heiligen Amte dienen. Aber auch «seine Gewänder sah sie», jene, meine ich, mit denen er die bekleidet, zu welchen gesagt ist: «Die immer ihr in Christus getauft seid, habt Christus angezogen.» Aber auch «seine Weinschenken sah sie», die Lehrer, vermute ich, welche dem Volke das WORT Gottes und die Lehre wie einen Wein mischen, der «die Herzen» der Hörenden «erfreut». Sie sah auch «seine Ganzbrandopfer», gewiß die Geheimnisse der Gebete und Flehungen. Das alles also sah sie im Palaste des Friedenskönigs, der Christus ist, und diese «Schwarze und doch Schöne» erstaunte und sprach zu ihm: «Wahr ist das Wort, das ich in meinem Lande vernommen von deinem Worte und von deiner Klugheit.» Denn wegen deines Wortes, das ich als das wahre WORT erkannte, kam ich zu dir. Denn alle die Worte, die mir gesagt wurden und die ich hörte, als ich in meinem Lande weilte, von den Weisen dieser Welt nämlich und den Philosophen, waren nicht wahr. Dies einzige WORT ist wahr, das in dir ist. Aber es wäre vielleicht zu fragen, wie diese Königin zum König sagen kann: «Ich glaubte ihnen nicht, was sie mir sagten», da sie doch gewiß nicht zu Christus gekommen wäre, wenn sie nicht geglaubt hätte. Und schau, ob wir das Rätsel nicht also lösen können: «Ich glaubte ihnen nicht, was sie mir sagten», denn ich lenkte meinen Glauben nicht auf die, die mir von dir redeten, sondern auf dich selbst, das heißt, ich glaubte nicht den Menschen, sondern dir, Gott. Und freilich hörte ich zwar durch sie, aber zu dir bin ich gekommen.

DIE KIRCHE IM NEUEN BUND

Wenn auch die Kirche schon im Alten Bunde bestand, so doch nur vom Mittelpunkt der Menschwerdung her. Mit dieser Ankunft wird sie erst im vollen Sinne daseiend, weil ihr Leben, ihre Seele Christus ist. Sie ist das neue Paradies (376), ja die neue, geistige Weltschöpfung (377–378). Sie strahlt das Licht Christi in die Welt (379), in ihrer Verkündigung redet der fortlebende Christus (380–382), sie setzt die Wunder Christi im Geistlichen fort (383). So muß die Kirche gehört werden (384), denn ihr Wort hat die Kraft innerer Gnade (385), und sie selbst muß reden, um nicht der Strafe Gottes zu verfallen (386). Christi Gegenwart in der Gemeinde (387). Treueschwur an die Kirche (388–390). Sie allein hat die ganze Wahrheit und behütet sie (391), sie allein ist die ganze Menschwerdung Gottes (392).

(376) Die durch die göttliche Taufe neugeboren sind, werden in das Paradies gestellt, das heißt, in die Kirche, um drinnen die geistigen Werke zu wirken.

(377) Die in der Kirche weilen, die sind's, die den ‹Erdkreis› bewohnen[1].

[1] Der ‹Erdkreis› (*oikoumene*) bedeutet griechisch ‹der Bewohnte›.

(378) So Gott befahl, daß an diesem Firmament, das «Himmel» genannt wurde, zwei Leuchten entstehen, um «Tag und Nacht abzuteilen», so kann es auch in uns geschehen (wenn anders wir uns bemühen, selbst auch «Himmel» zu heißen und zu sein), daß wir in uns Leuchten haben, die uns erhellen: Christus und seine Kirche. Er nämlich ist «das Licht der Welt», der durch sein Licht auch die Kirche erleuchtet. Denn wie man von dem Monde sagt, daß er sein Licht von der Sonne empfängt, damit durch ihn auch die Nacht erhellt werde, so erleuchtet die Kirche mit ihrem von Christus geborgten Lichte alle, die in der Nacht der Unwissenheit weilen.

(379) Christus ist das Licht der Apostel, die Apostel aber sind das Licht der Welt.

(380) Wenn du liesest: «Er lehrte in ihren Synagogen und wurde von allen gepriesen», so gib acht, daß du nicht jene glücklich preisest und dich selbst als der Unterweisung verlustig erklärst. Wenn es wahr ist, was geschrieben steht, so redete der Herr nicht nur damals in den Versammlungen der Juden, sondern ebensogut auch heute in dieser Versammlung, und nicht nur in dieser, sondern auch in jeder andern Gemeinschaft, und auf dem ganzen Erdkreis lehrt Jesus und sucht er sich Organe, durch die er lehre. Betet, daß er auch mich als bereit und geeignet zum Singen antreffe.

(381) Die Lehrer sind die Lippen Christi.

(382) Mit Bezug auf die Gewalt, die Jesus den Jüngern gegeben hatte, auch andere zu nähren, sprach er zu ihnen: «Gebt ihr ihnen zu essen.» Sie aber, nicht leugnend, daß sie die Macht hätten, Brote auzuteilen, hielten sie doch bei weitem nicht für ausreichend, um die Menge zu speisen, die Jesus gefolgt war. Sie überlegten nicht, daß Jesus jedes Brot, das heißt jedes Wort, das er in die Hand nimmt, so weit dehnen kann, als er will und es ausreichend machen kann für alle, die er dadurch nähren will.

(383) «Wenn ihr glaubt, so werdet ihr nicht nur tun, was ich tue, sondern noch Größeres als dies werdet ihr tun.» Ich habe leiblich von den Toten auferstehen lassen, ihr werdet geistig aus den Toten auferwecken. Ich gab den Blinden dies sinnliche Licht ein, ihr werdet Nichtsehenden geistiges Licht schenken.

(384) «Wie werden sie dem glauben, den sie nicht gehört haben?» Daß sie nicht gehört haben, können wir so verstehen, daß sie entweder ihn selbst im Fleische oder seine Apostel, die ihn ver-

kündigten, nicht hören wollten. Denn so spricht der Herr selbst: «Wer euch hört, hört mich, und wer euch verachtet, der verachtet mich.» Es kann aber auch so verstanden werden, daß Christus auch jetzt und immerdar als WORT und Vernunft einem jeden im Herzen redet und ihn das Frommsein lehrt und die Gerechtigkeit empfiehlt, … wie er selbst sagt: «Meine Schafe vernehmen meine Stimme.»[1]

(385) Willst du aber wissen, daß nicht allein Jesus redend seinen Geist den Hörenden mitteilte, sondern auch jeder, der in seinem Namen das Wort Gottes spricht, seinen Hörern den Geist mitteilt? So sieh, wie in der Apostelgeschichte, während Petrus zu Cornelius spricht, dieser selbst und die mit ihm waren, vom Heiligen Geiste erfüllt wurden. So kann es auch geschehen, daß wenn du das Wort Gottes kündest und es getreu aus reinem Gewissen kündest, … unter deinen Worten das Feuer des Heiligen Geistes die Herzen der Hörenden überfalle und sie sogleich erwärmen und entbrennen, alles zu erfüllen, was du lehrst, um in Wirklichkeit umzusetzen, was sie gelernt.

(386) Betrachten wir die Weissagung, und zuerst, in welcher Weise es dem Propheten anheimgestellt sei, ob er «sagen» wolle oder nicht. Also erging das WORT Gottes an ihn: «Menschensohn, bezeuge Jerusalem seine Sünden. Und du wirst sagen: dies spricht der Herr.» Der Herr legt es nicht in den Zwang der Inspiration, sondern in den Willen des Sprechenden, daß «Jerusalem seine Sünden bezeugt» werden. «Du wirst sagen», spricht er. Es lag am Propheten, der das «du wirst sagen» hörte, ob er sagen würde oder nicht, so wie es auch Jonas anheimgestellt war. Wenn er hörte: «Sag, noch drei Tage und Ninive wird zerstört werden», so lag es in seiner Macht, zu «sagen» oder zu schweigen. Und weil es seiner Freiheit anheimgestellt war, und er es vorzog, nichts zu «sagen», so sieh, wie Schlimmes darauf über

[1] Beide Deutungen bilden im Geiste von Origenes offenbar eine ähnliche Einheit wie das Zusammenwirken Christi und der Apostel bei der Auferstehung des Lazarus: Christus gibt das innere Leben, die sakramentale Handlung der Apostel löst die äußeren Bande. (Diese für die Wirksamkeit der Beichte von Origenes entdeckte Symbolik wurde später von Ambrosius und Augustin übernommen.)

ihn kam: «das Schiff kam in Gefahr» um seinetwillen, «durch das Los» wurde er in seinem Versteck gefunden und «der Fisch verschlang den ins Meer Geworfenen». Die Propheten also, die nach Jonas kamen und vielleicht seines und anderer Propheten Los erwogen, diese begriffen, daß ihnen von jeder Seite her Enge drohte: Von der Welt her Verfolgung, wenn sie die Wahrheit sagten, von Gott Züchtigung, wenn sie aus Menschenfurcht Falsches statt der Wahrheit vorbrachten.

(387) «Und aller Augen waren in der Synagoge auf ihn gerichtet.» O selige Versammlung! ... Wie wollte ich, daß von dieser Versammlung hier ein Gleiches bezeugt werden könnte! Daß aller Augen, der Katechumenen wie der Gläubigen, der Frauen und Männer und Kinder – nicht die Augen des Leibes, sondern der Seele – «auf» Jesus «gerichtet» wären. Denn schaut ihr auf ihn, so werden von seinem Lichte und Anblick eure Gesichter heller werden und ihr könnt sagen: «Gezeichnet ist über uns das Licht deines Angesichts, Herr.»

(388) Mir aber «ist es gut», wie «Gott» und unserem Herrn Jesus Christus, so auch seinen Aposteln «anzuhangen» und aus den göttlichen Schriften, gemäß der von ihnen überkommenen Tradition das Verständnis zu schöpfen.

(389) Ich möchte ein Mann der Kirche sein und nicht nach irgendeinem Gründer einer Häresie, sondern nach Christi Namen benannt werden und diesen Namen tragen, der auf Erden benedeit ist, und es ist mein Begehren, so der Tat als dem Geiste nach ein Christ genannt zu werden.

(390) Kommt es denn vor, daß die leibliche Hand uns gelegentlich zum «Ärgernis» wird, und ist es von dieser Hand, daß das Evangelium sagt: «Hau sie ab und wirf sie von dir»? Vielmehr dies ist gemeint: wenn ich, der ich deine rechte Hand zu sein scheine, ich, der den Priesternamen trage und das WORT Gottes zu verkünden habe, etwa gegen die kirchliche Lehre und die Regel des Evangeliums verstieße, so daß ich dir, Kirche, zum Ärgernis würde, so möge mich die gesamte Kirche in einhelligem Beschlusse, mich, ihre Rechte, abhauen und von sich werfen. Denn «es ist dir», Kirche, «nützlicher, ohne» mich, «deine Hand», die durch verkehrtes Tun Ärgernis gab, «ins Himmelreich einzugehen, als» mit mir «in die Hölle zu gehen».

(391) «Wie ein Blitz von Osten ausgeht und bis zum Westen zuckt, so wird die Ankunft des Menschensohnes sein.» Auch dies müssen wir wissen, daß der «Blitz» der Wahrheit nicht nur an einer einzelnen Stelle der Schrift «aufzuckt», an einer andern Schriftstelle sich aber nicht verteidigen läßt, sondern er wird sowohl aus dem Gesetz als aus den Propheten als aus den Evangelisten als aus den Apostelbriefen verteidigt, und so geht dieser «Blitz» der Wahrheit «vom Osten», das heißt dem Ursprung Christi aus und reicht bis zur Verfügung seines Leidens, in dem sein Untergang ist, und der Ausdehnung dieses «Blitzes» gleich ist «die Ankunft des Menschensohnes», das heißt, des WORTES der Wahrheit … Und einzig die Kirche entzieht diesem «Blitze» nicht *ein* Wort und nicht *einen* Gedanken und fügt ihm auch nichts anderes als Prophezeiung hinzu.

(392) Darum dürfen wir auch nicht auf die achten, die uns sagen: «Siehe, hier ist Christus», ihn aber nicht in der Kirche zeigen, welche voll ist von jenem «Blitze vom Osten bis zum Westen», voll ist von dem wahren Lichte, die «die Säule und Grundfeste der Wahrheit» ist, in deren Ganzheit die Ganzheit der Ankunft des Menschensohnes sich vollzieht, der zu allen Menschen aller Länder die Worte spricht: «Siehe, ich bin mit euch alle Tage bis an die Vollendung der Welt.»

HURE UND HEILIGE

Origenes ist der erste, der mit dem urchristlichen Traum einer sündlosen Kirche (jener ‹Braut ohne Makel und Runzel›, von der Paulus sprach) nicht nur in seinen Mahnpredigten, sondern auch in seiner Theologie bricht.

Das Wort: ‹Außer der Kirche ist kein Heil› ist bei ihm unauflöslich geknüpft an das Bild der Hure Rahab, welche Josuas Boten empfing und darum von den Siegern verschont blieb, samt allen, die in ihr Haus zu fliehen vermochten (393–397). Aber dies Bild, wie das der bekehrten Magdalena, läßt immer noch die Vorstellung offen, die Kirche sei zwar einst Sünderin gewesen, sei jetzt aber nur noch Heilige. In diesem Sinne zögert Origenes auch, die Sünder zur ‹eigentlichen› Kirche zu zählen (398), und nur die menschliche Unmöglichkeit, Gerechte und Sünder zu trennen, wäre dann der Grund, daß die ‹toten Glieder› der Kirche überhaupt noch als Glieder erscheinen (399). Aber er weiß doch noch tiefer um das dunkle Geheimnis der Kirche: Die Sünde bleibt nicht im Vorhof der Kirche stehen (400). Darum die Trauer Christi über der geistigen Stadt Jerusalem (401–403), darum das Versagen der Kirche (404). Diese *Kirche ist zugleich die Braut ohne Makel, immer neu entsündigt (405),* diese *ist auch die wundertätige Mutter der Menschheit (406). Die Dirne Jerusalem als Spiegel und Mahnung für den Christen und die Kirche (406a).*

(393) Man kann also sagen, daß das WORT Gottes die Synagoge als eine Ehebrecherin verlassen habe und sich von ihr getrennt habe und dafür eine Hure sich genommen habe, die nämlich, die von den Heiden herkommen, … die wie «Rahab», die Hure, die Kundschafter Jesu aufgenommen hatten, … nicht weiterhin hurend, sondern zu den Füßen Jesu herantretend und sie mit den Tränen der Reue überströmend.

(394) So ist die Kirche auf Erden in den Anfängen des Dienstes Gottes und der Erkenntnis Christi «der Schemel seiner Füße», so wie jenes bußetuende Weib, jene Sünderin in den Anfängen ihrer Umkehr bei den Füßen Jesu lag und die Salbe des Wohlgeruchs ihrer guten Werke noch nicht über das Haupt Christi ausleeren durfte. Denn schon dies war ihr wünschbar, bei den Füßen des Herrn zu stehen und sie zu salben.

(395) «Indessen wurden von Jesus [Josue] Kundschafter ausgesandt gegen Jericho, und sie wurden von der Hure Rahab aufgenommen …» Sehen wir zu, wer diese Hure ist. «Rahab» wird sie genannt, «Rahab» aber wird übersetzt: «Weite». Was also ist diese Weite, wenn nicht diese Kirche Christi, die aus Sündern wie aus der Hurerei zusammengelesen wurde? Und sie spricht: «Eng ist mir der Raum, schaffe mir Platz, mache mir einen Ort, wo ich wohnen kann. Wer aber wird mir diese da ernähren?» Und wiederum wird zu ihr gesagt: «Stecke weiter auseinander die Pfosten deines Zeltes und spanne deine Decken weiter.» Das also ist die «Weite», welche die Kundschafter Jesu aufnahm … Die also Aufgenommenen führt sie «höher empor» und bringt sie zu den hohen und erhabenen Glaubensgeheimnissen. Denn keiner, der von Jesus gesandt wird, befindet sich drunten und am Boden lie-

gend, und nicht nur er selber verharrt in den Höhen und auf den Gipfeln, sondern auch die Hure, die sie aufgenommen, wird bereits aus einer Dirne zu einer Weissagerin. Sie sagt nämlich, «Ich weiß, daß Gott euer Herr euch dies Land überliefert hat.» Siehst du wohl, wie diese, die eben noch eine Dirne war und eine Gottlose und Unreine, jetzt schon vom Heiligen Geiste erfüllt ist, das Vergangene bekennt, das Gegenwärtige glaubt, das Kommende weissagt und vorausbedeutet? So also dehnt sich Rahab, die ‹Weite›, aus und schreitet fort, bis daß «in alle Welt ihre Stimme hinausdringt» … Denn dieser Auftrag ergeht nun an sie, die einst Hure gewesen war: «Alle, die in deinem Hause gefunden werden, sollen gerettet werden. Wenn aber einer aus dem Hause hinausgeht, so sind wir frei von diesem Eide gegen dich.» Wer also gerettet werden will, der komme zu diesem Hause der einstigen Hure[1] … Keiner mache sich etwas vor, keiner täusche sich selbst: außerhalb dieses Hauses, das heißt außerhalb der Kirche, wird niemand gerettet. Geht einer hinaus, so ist er selber schuldig an seinem Tode.

(396) Wenn einer gefunden wird, der sich nicht beeilt und nicht in die ummauerten Städte sich zurückzieht, das heißt nicht in die Kirchen Gottes eintritt, sondern draußen steht, der wird von den Feinden gefangen und umgebracht.

[1] Vgl. dazu, was schon Irenäus (C. haer. 4, 20. 12) schreibt: «Darum nahm sich Osee ein Weib der Hurerei, in solchem Tun verkündend, daß hurend die Erde sich von Gott weghuren wird (die Menschen nämlich, die auf Erden sind), und daß gerade aus solchen Menschen es Gott gefallen werde, die Kirche auszuwählen, die in der Lebensberührung mit seinem Sohne zu heiligen ist ‹wie jenes Weib geheiligt ward durch die Lebensberührung mit dem Propheten … Was der Prophet in seiner symbolischen Handlung vollzog, das zeigt uns der Apostel als wirklich von Christus an der Kirche vollbracht … So verklagte auch die Hure Rahab sich selbst als Heidin und große Sünderin, aber gerade sie verbirgt die drei Kundschafter des ganzen Landes bei sich (die aber bedeuten den Vater mit dem Sohn und dem Heiligen Geiste). Und als die ganze Stadt, in der sie wohnte, vor dem Schall der sieben Trompeten zusammensank, da war es die Hure Rahab und ihr gesamtes Haus, die als einzige … gerettet wurden. Darum sagt der Herr …: ‹Die öffentlichen Sünder und die Huren werden noch vor euch ins Himmelreich eingehen.›»

(397) Es gibt nicht nur außerhalb der Kirche «Schlachten», sondern auch innerhalb der Kirche «Aufstände».
(398) «Ich ermahne euch, meine Brüder, im Namen unseres Herrn Jesus Christus, daß ihr alle eines Sinnes seid und unter euch keine Spaltungen seien.» Es war also die Kirche vermischt, wenn anders man ‹Kirche› nennen darf dieses Ganze, das da aus Gerechten und Ungerechten zusammengemischt ist.
(399) Wie also im Evangelium erlaubt wird, daß «das Unkraut zugleich mit dem Weizen wachse», auf gleiche Weise gibt es auch hier in Jerusalem, das heißt in der Kirche, gewisse «Jebusäer», die nämlich, die ein unwürdiges und verkommenes Leben führen, die im Glauben und in den Werken und ihrem ganzen Wandel verkehrt sind. Denn es ist nicht möglich, die Kirche, solange sie auf Erden weilt, mit aller Genauigkeit zu reinigen, so daß in ihr kein Gottloser und kein Sünder zu verweilen schiene … Denn wo die Sünde nicht völlig offenbar ist, können wir keinen aus der Kirche hinauswerfen, «damit wir nicht etwa, das Unkraut entwurzelnd, zugleich auch den Weizen ausreißen».
(400) «Welche Verheerung hat der Feind im Heiligtum angestellt.» Und immer noch stellt der Feind seine Verheerungen im Heiligtum an, das heißt in der Kirche.
(401) Da es unter den Heiden viele Sünden gibt, aber auch unter uns, die doch als Glieder der Kirche gerechnet werden, so klagt er und trauert über unsere Sünden und sagt: «Weh mir, der ich wie einer geworden bin, der Stroh gesammelt hat.»[1]
(402) «Als der Herr» und Erlöser «sich Jerusalem näherte, weinte er bei ihrem Anblick und sprach: Könntest doch auch du an diesem Tage erkennen, was dir zum Frieden dient, nun aber ist es vor deinen Augen verborgen; denn es werden Tage über dich kommen, und deine Feinde werden dich mit einem Walle umgeben.»

[1] Wir übersetzen hier *nomizomenoi* mit ‹gerechnet werden zu …›; es kann aber ebenso die Bedeutung ‹vermeintlich› haben. Zwischen beiden Bedeutungen schwankt die Theologie des Origenes: er kann sich nicht voll entschließen, die ‹toten› Glieder am Leibe der Kirche als ‹wahre› Glieder zu betrachten. Ähnlich ja auch noch Augustinus mit seiner Theorie vom ‹Weizen› und von der ‹Spreu› und von den zwei durcheinandergemischten Staaten ‹Jerusalem› und ‹Babylon›, deren wahre Grenzen sich erst eschatologisch enthüllen werden.

Heilige Sinnbilder werden hier ausgesprochen! … Denn wir sind das «Jerusalem», das hier beweint wird, wir, die wir uns doch größerer Einsicht rühmen! Und wenn einer von uns nach den Geheimnissen der Wahrheit, nach der Verkündigung des Evangeliums, nach der Unterweisung der Kirche und nach der Schau der Verborgenheiten Gottes dennoch sündigt, so wird er wahrlich beweint und betrauert werden!

(403) Wenn er Grund hatte, über Jerusalem zu weinen, so wird er noch viel mehr Grund haben, über der Kirche zu weinen, die dazu erbaut worden war, ein Haus des Gebetes zu sein, und die infolge der schmählichen Habgier und der behaglichen Sinnlichkeit einiger – und wären doch nicht die Führer des Volkes darunter! – zu einer «Räuberhöhle» geworden ist …, so daß Jesus über die Sünder in dem lebendigen Heiligtum, das er erbaut hatte, das Psalmwort sprechen kann: «Welcher Nutzen war in meinem Blute, da ich in die Verwesung herabstieg?»

(404) Er kommt, er sucht, was es etwa zu ernten gibt, er findet ein paar verkrüppelte Trauben und kleine Früchte, keine strotzenden und nicht viele. Wer unter uns hätte Trauben der Tugend? Wer von uns hätte Früchte aus Gott? «Herr, unser Gott, wie wundersam ist dein Name auf der ganzen Erde!»

(405) Es kann aber geschehen, daß einer, der früher gesündigt und nun zu sündigen aufgehört hat, «sündelos» genannt werde. So hat sich auch unser Herr Jesus Christus «eine herrliche Kirche bereitet, ohne Makel», nicht, weil irgendein Mensch in der Kirche jemals ohne «Makel» gewesen wäre, sondern weil er fernerhin nicht mehr sich befleckt; «ohne Runzel», nicht darum, weil die «Runzel» des «alten Menschen» niemals an ihm gehaftet hätte, sondern weil er sie nicht mehr hat.

(406) Und wenn du siehst, wie in der Versammlung dessen, was man so gewöhnlich die ‹Kirche› nennt, hinter denen, die ihre letzten Glieder sind, die Katechumenen gleichsam zu den Füßen dieses Leibes Jesu, der die Kirche ist, hingeworfen, mit ihrer Blindheit und Taubheit, hinkend und verkrüppelt herantreten und dann mit der Zeit vom WORTE geheilt werden, so irrst du nicht, wenn du annimmst, daß es solche sind, die unter der Volksmenge der Kirche zum «Berge» aufstiegen, auf dem Jesus saß, die sich zu seinen Füßen niederwarfen und von ihm geheilt

wurden, so daß die Menge in der Kirche darüber staunte, daß die Verwandlung so großen Übels zum Besseren möglich war.
(406a) Was ist es, was ich an Ezechiel bewundere? Daß er, als er den Auftrag erhielt, zu bezeugen und Jerusalems Schandtaten zu offenbaren, nicht an die Gefahr dachte, die ihm aus dieser Predigt erwachsen könnte; sondern einzig darauf bedacht, Gottes Gebot zu erfüllen, sprach er alles, was ihm aufgetragen worden war. Gewiß, es ist ein Geheimnis, es ist Offenbarung geheiligter Einsicht über Jerusalem und über das, was von ihr ausgesagt wird; und doch bezichtigt er sie prophetisch der «Hurerei», daß sie «jedem Vorübergehenden ihre Beine gespreizt habe»; er bezeugt es mit verdammender Stimme, er tadelt die Stadt der Frevel. Aber weil er darauf vertraute, Gottes Willen zu tun, bereit zum Tod und zum Leben, redete er ohne Zagen ...: So spricht der Herr: «Deine Wurzel und Herkunft ist vom Lande Kanaan, dein Vater ist der Amorrhiter und deine Mutter Hettiterin.» Welche Stadt wurde so hoch erhoben und trug den Kopf so hoch in der Welt wie die «Stadt Gottes»? Und doch wird gerade sie, die sich selbst so Großes verhieß, als stünde sie Gott zunächst und wäre sie «seine Stadt», da sie gesündigt hat, vom Heiligen Geist als eine herabgekommene und fremde hingestellt. Ihr Vater ist der Amorrhiter und nicht mehr Gott. Solange sie nicht sündigte, war ihr Vater Gott; jetzt, da sie gesündigt hat, ist der Amorrhiter zu ihrem Vater geworden. Solange sie nicht sündigte, war der Heilige Geist ihr Vater; jetzt, da sie sündigte, wurde die Hettiterin ihre Mutter ... Wenn aber von Jerusalem solches gesagt wird, von der so viel Erhabenes und Wunderbares geschrieben steht, das ihr verheißen ist, was wird dann mir Armseligem zustoßen, wenn ich sündige? Wer wird dann mir Vater, wer Mutter sein? Wenn ich sündige, der ich an Christus Jesus glaube und einem so großen Meister mich ergeben habe, wer wird mir Vater sein? Nicht der Amorrhiter, gewiß, sondern ein schlimmerer Vater. Und welcher? «Jeder, der sündigt, ist aus dem Teufel geboren.» Und wiederum: «Ihr habt den Teufel zum Vater». ... Wenn ich sündige, zeugt mich der Teufel in Sünden und er nimmt für sich jenes Wort in Anspruch, das der Vater zum Herrn sprach, und wendet es auf mich an: «Du bist mein Sohn, heute habe ich dich gezeugt.»

«Als du geboren wurdest, schnitt man deine Nabelschnur nicht ab.» Sinnbildlich wird nun Jerusalem unter dem Bild eines neugeborenen Mädchens vorgestellt. Wir sollen aber wissen, daß alles, was von Jerusalem gesagt wird, auf alle Menschen, die in der Kirche sind, sich bezieht. So ist die erste Zeit beschaffen, wie sie hier beschrieben wird; es sei aber ferne von uns, daß unsere dritte Zeit so beschaffen sei, wie sie von Jerusalem ausgesagt wird. Wir alle, die wir einst Sünder waren, werden von Gott «Jerusalem» genannt, und unser Anfang ist so, wie er hier beschrieben wird. Das Zweite aber gilt von uns, wenn wir nach der Heimsuchung Gottes und seiner Kenntnisnahme in der Sünde verharren. Auf das dritte Übel, das wir gänzlich verabscheuen, werden wir, wenn die Reihe an ihm ist, zu reden kommen ... So wie im Manne die Vorhaut beschnitten wird, so wird beim Weibe die Nabelschnur abgeschnitten, ... sündigt sie aber, so ist «ihre Nabelschnur» nicht abgeschnitten ... «Du wurdest nicht mit Wasser gewaschen zum Heil.» Beachten wir wohl, was mit Jerusalem geschieht, damit nicht etwa an uns das Gleiche erfunden werde ... Die wir im Namen Christi die Taufe empfangen haben, sind «gewaschen», aber ich weiß nicht ob auch «zum Heil». Simon [der Magier] hatte die Taufe erhalten und verharrte in der Gesellschaft des Philippus, aber weil er nicht «zum Heil gewaschen» war, wurde er von ihm verurteilt, da er im Heiligen Geist zu ihm sprach: «Dein Geld fahre mit dir ins Verderben.» Sehr schwierig ist es für den, der «gewaschen wird», «zum Heil» gewaschen zu werden. Gebt acht, ihr Katechumenen, auf das, was hier gesagt wird, bereitet euch wohl, ... damit ihr nicht, wie einige, «gewaschen» werdet, aber nicht «zum Heil», das Wasser empfanget, aber nicht den Heiligen Geist ... Zu jeder sündigen Seele, die zu glauben scheint, wird so geredet, wie hier zu Jerusalem. Und ich will hier nicht noch zu Höherem klimmen und Dinge erforschen, die meine Kräfte und mein Verstehen übersteigen. «Man rieb dich nicht ein mit Salz.» Und die Schuld daran liegt bei Jerusalem, die nicht würdig war des Salzes Gottes. Wenn ich meinem Herrn Jesus Christus glaube, dann macht er mich zum Salz und sagt mir: «Ihr seid das Salz der Erde.» Wenn ich dem Geiste glaube, in welchem der Apostel sprach, werde ich mit Salz gewürzt und kann

die Ermahnung befolgen: «Eure Rede sei immer anmutig, mit Salz gewürzt» …
«Und du wurdest auf den Boden geworfen wegen der Verworfenheit deiner Seele am Tage deiner Geburt.» Kann jemand am Tage seiner Geburt schon eine verworfene Seele haben? Er beschreibt also vielmehr unsere Leidenschaften und die menschlichen Laster und die gewohnten Verkehrtheiten … Wenn wir nach der Wiedergeburt der Taufe, nach Empfang des Wortes Gottes wiederum sündigen, dann werden wir «am Tage» unserer «Geburt auf den Boden geworfen». Nur allzuoft finden sich solche, die im «Bade der zweiten Geburt gewaschen» wurden, aber nicht «würdige Früchte der Buße» tun und das Geheimnis der Taufe nicht durch eine größere Gottesfurcht auszeichnen als jene, die sie als Katechumenen hatten, durch eine größere Liebe als jene, die sie übten, solange sie noch Hörer des Wortes waren, durch heiligere Taten als früher. Solche Menschen ereilt, was hier gesagt wird: «Du wurdest auf den Boden geworfen wegen der Verworfenheit deiner Seele am Tage deiner Geburt.» Aber schau die Barmherzigkeit Gottes, schau die einzigartige Milde. Obwohl Jerusalem «auf den Boden geworfen wurde», verachtet er sie doch nicht so, daß sie für immer verworfen bleibt, überläßt er sie nicht so ihrer Verworfenheit, daß er sie vollkommen vergißt und die Darniederliegende nie mehr erhebt. Beachte, was folgt: «Und ich ging an dir vorüber.» Du warst verworfen, aber ich kam zu dir, mein Besuch hat dir auch nach deinem Sturze nicht gefehlt. «Und ich sah dich in deinem Blute liegen.» Ich sah dich schuldig an Morden, schuldig an Blutschuld, an tödlichen Sünden … «Und ich machte dich zahllos wie das Gras des Feldes und du wuchsest heran.» Weil ich kam und dich, die Verworfene, beachtete, darum wurde ich zur Ursache deiner Vermehrung. «Deine Brust erstarkte und deine Haare sproßten. Du aber warst nackt und entehrt.» Wer nicht «Jesus Christus angezogen» hat, der ist nackt. Wer nicht «die Gesinnung des Erbarmens, der Güte, der Demut, der Milde, der Langmut, des Ertragens des Nächsten angezogen» hat, der ist entehrt. «Und ich ging an dir vorüber.» Zum zweitenmal kommt er zu ihr, sieht sie sündigen, wieder war er wegen ihrer Sünden gewichen, und doch kommt er abermals zurück. Abermals sucht sie der milde und gütige

Gott heim. «Und ich kam zu dir und sah dich; und siehe deine Zeit war da und die Zeit der Verderber.» Was heißt «deine Zeit»? Die Zeit der Reife, in welcher es schon möglich ist, Unzucht zu treiben ... Und wer sind die Verderber? Solange wir klein sind, finden jene, die zu uns kommen wollen, die uns verderben wollen, die schlechten Christen, die unreinen Geister, die Teufel, keine Möglichkeit, uns zu verderben. Sind wir aber herangewachsen und imstande zu sündigen, so suchen sie einen Zugang, uns zu verderben ... Und weil diese Zeit gekommen war, so kam unser Herr Jesus Christus abermals, um die elende Jerusalem zu besuchen, das heißt unsere sündige Seele. «Und ich deckte meine Flügel über dich.» Selig, wessen Schande von Gottes Flügel verdeckt wird, wenn anders er in der Seligkeit verharren will, in welcher Jerusalem nicht verharren wollte. Nach so vielem, das ihn wieder zur Rückkehr bewegte, wendet sie sich wiederum ab, nach so häufiger Heimsuchung. Und nach so vielen Besuchen geht er jetzt erstmals einen Bund mit ihr ein. «Und du wurdest mein. Dann wusch ich dich mit Wasser, spülte dein Blut von dir ab, und salbte dich mit Öl, und kleidete dich in bunte Kleider. Feinbrot, Honig und Öl aßest du.» Aber die elende Jerusalem wird nach alldem wiederum als eine Dirne gescholten. Darum hüten wir uns sorgsam, daß wir nach den reinen Worten des «Feinbrots», nach den süßen Worten der Propheten, nach dem « Öl», das «das Angesicht erfreut», mit dem wir «das Gesicht salben» wollen, damit unser «Fasten» «angenehm» werde, dennoch wieder abfallen. Und wir salben uns nicht bloß mit «Öl», wir genießen es auch. «Und du wurdest überaus schön.» Er lobt ihre Schönheit, lobt ihre Anmut, ihre hübsche Gestalt. «Und du gelangtest zur Königswürde.» Was für ein Aufstieg, daß sie sogar zur Königswürde gelangt! «Und dein Name drang zu den Heidenvölkern.» Das paßt für den, der begonnen hat, von der Welt sich loszulösen, dessen Wandel zum seligen Leben voranschreitet, daß er auch in der Welt einen berühmten Namen erlangt. Aber ferne sei das, was nun folgt; es ist aufgezeichnet, um den Hörenden Furcht einzuflößen. Nach der Schönheit, nach dem großen Namen beginnt die elende Jerusalem, Unzucht zu treiben. Also: «Rühme dich nicht des kommenden Tages, denn du weißt nicht, was das Morgen bereit

hält ...» und wiederum: «Gib acht auf dich, damit nicht auch du in Versuchung fallest.»
«Und die Kunde von deiner Schönheit verbreitete sich unter den Heidenvölkern, denn sie war herrlich im Schmuck, den ich dir angelegt, spricht der Herr, du aber vertrautest auf deine Schönheit.» Hochmütig wurde und im Bewußtsein ihrer Schönheit blähte die schöne Jerusalem sich auf. Und weil sie hochmütig wurde und sich nicht demütigte und Gott nicht die Ehre gab, so höre, was ihr gesagt wird: «Und du triebst Unzucht auf deinen Ruf hin und du gossest deine Unzucht aus, jedem der vorüberging. Und du nahmst deine Kleider und machtest dir genähte Götzenbilder daraus.» Von dem, womit ich dich geschmückt, wodurch du schön geworden warst, hast du dir Götzen gemacht ... Die Kleider sind die göttlichen Schriften und der Sinn, der in ihnen liegt. Diese Kleider zerrissen die Irrlehrer und nähten Ausspruch an Ausspruch, fügten Wort zu Wort, aber nicht in der rechten, passenden Fügung, und indem sie so Gottloses zusammennähten, machten sie sich «Götzenbilder», mit denen sie manche dazu verführten, ihrem Kult zu glauben und beizustimmen und eine künstliche Kirchenordnung anzunehmen.
Nehmen wir uns deshalb besonders vor jenen Irreführern in acht, die einen tadellosen Wandel führen, obwohl ihnen vielleicht nicht sosehr Gott als der Teufel diesen beigebracht hat. Denn wie die Vogelfänger gewisse Speisen als Köder auslegen, um die gefräßigen Vögel leichter zu fangen, so gibt es auch – ich wage das Wort – eine gewisse Keuschheit des Teufels für die leicht täuschbare Menschenseele, um sie durch solche «Keuschheit, Sanftmut und Gerechtigkeit» leichter zu fangen und ins Netz der falschen Lehre zu verstricken. Der Teufel hat gar manchen Hinterhalt, um den armen Menschen zu fangen: den Bösen gibt er einen guten Wandel, um die Zuschauer zu täuschen, und in den Guten entflammt er das böse Gewissen. Mir selbst, der ich in der Kirche predige, stellt er oft Fallen, um durch meinen Wandel die ganze Kirche zum Fall zu bringen. Und darum werden jene, die an exponierten Posten stehen, vom Teufel heftiger angegriffen, damit durch eines Einzelnen Fall, der nicht verborgen werden kann, allen ein Ärgernis bereitet werde und

der Glaube verhindert durch den ganz verderblichen Wandel des Klerus … Wer also acht gibt auf sein Leben, der wird sich weder durch die Sanftmut der Irreführer fangen lassen, noch durch meine Vergehen – der ich in der Kirche zu predigen scheine – sich ärgern lassen, sondern auf das Dogma blickend und den Glauben der Kirche erwägend sich zwar von mir abwenden, die Lehre aber annehmen, nach der Vorschrift des Herrn: «Auf dem Lehrstuhl des Moses sitzen die Schreiber und Pharisäer; was immer sie euch sagen, das hört und tut, nach ihren Taten aber tut nicht, denn sie reden, aber führen nicht aus.» Dieses Wort geht auf mich, der ich Gutes lehre und doch das Gegenteil tue, und ich sitze auf dem Lehrstuhl des Moses wie ein Schreiber und ein Pharisäer … Keinen wollen wir nachahmen; oder wenn wir einen nachahmen wollen, so ist uns als Vorbild gesetzt Jesus Christus; und wir kennen in den heiligen Schriften die Aufzeichnung der Apostelgeschichte und der Propheten Taten: das ist ein sicheres Vorbild … Suchen wir uns dagegen Schuldhafte aus, um diesen nachzueifern und dabei zu sagen: der und jener lehrt, aber er tut selber das Gegenteil dessen, was er lehrt, so handeln wir gegen das Gebot des Herrn … Gar viel hat die elende Jerusalem gesündigt, die Gott so oft durch die Propheten zum Bessern zurückführen wollte, aber weil sie den Rat nicht annehmen, Gottes Gebote nicht empfangen wollte, zweifelt Gott und sagt von sich, er wisse nicht mehr, was tun. «Wie soll ich dein Herz wieder herstellen?, spricht der Herr.» Was soll ich anfangen? Wie dich herstellen? Du wirst umstrickt von vieler Sünden Ketten, deine Vergehen hindern, daß du von meinen Worten «hergestellt» werdest. Oft genug wollte ich dich herstellen durch meine Heiligen, aber du hast nicht gehört. Nun weiß ich nicht mehr, was tun, und so sage ich dir: «Wie soll ich dein Herz herstellen, da du alle diese Taten einer schamlosen Dirne vollbringst?» … Jene, die nicht ganz vom Glauben abfallen, aber von der Sünde besiegt werden und im Sündigen verborgen bleiben möchten, die handeln wie eine errötende Dirne. Jene aber, die so sehr von der Religion sich entfernen, daß sie sich um keinen Bischof, keinen Priester, keinen Diakon, keine Brüder mehr kümmern, sondern in aller Schamlosigkeit sündigen, handeln wie die offen «schamlose Dirne» …

«Du bist die echte Schwester deiner Schwestern, die ihre Männer und Kinder von sich gestoßen ... Deine große Schwester ist Samaria mit ihren Töchtern, die zu deiner Linken wohnt. Deine kleine Schwester, die zu deiner Rechten wohnt, ist Sodoma mit ihren Töchtern.» Anfangs war nicht die Rede davon, daß Jerusalem Schwestern habe. Hier wird es hinzugefügt ... Die Tugend macht, daß ich Christus zum Bruder erhalte, der, wenn ich gut und tüchtig ausharre, zu seinem Vater sprechen kann: «Ich will deinen Namen meinen Brüdern kundtun, in der Mitte der Kirche will ich dich loben.» Und so wie mir die Tugend den Herrn Jesus zum Bruder macht, so gewinnt die Bosheit viele Brüder, nämlich die Sünder, und eben die Bosheit gebiert mir Brüder, je mehr sie wächst. Als die Sünderin Jerusalem in ihren Anfängen stand, da hatte sie noch keine «Schwester Samaria» und keine «Schwester Sodoma»; als sie aber im Laster wuchs – wie die vorausgehende Rede es zeigt –, gewann sie den Platz in der Mitte der zwei Schwestern ... Wer sind diese beiden? ... Das Schisma und die Trennung brachten Samaria hervor ... Wenn also auch wir Menschen der Kirche sündigen, dann sind uns die Häretiker mit ihren verderbten Lehren nicht fremd. Denn schlecht glaubt, wer immer sündigt. Und wenn wir einen schlechten Wandel haben, dann ist «Sodoma» unsere «Schwester», denn Sodoma sind die Heiden. Und so sind wir, wenn wir sündigen, Brüder der Irrgläubigen und der Heiden. «Siehe, das war die Schuld Sodomas, deiner Schwester: Stolz, Sattheit, sorglose Ruhe.» Welches ist die Sünde, die größer ist als alle andern? ... Hochmut, Stolz, Anmaßung ist die Sünde des Teufels. Der Stoff aber des Hochmuts ist der Reichtum, die Würde, die weltliche Ehre. Gar oft ist für jene, die vergessen, daß sie eine kirchliche Würde bekleiden, das Priestertum und Diakonat ein Anlaß der Überhebung. Wie viele, die in den Rang von Priestern erhoben wurden, haben die Demut vergessen! Als wären sie darum geweiht worden, um aufhören zu dürfen, demütig zu sein! Als hätten sie nicht eben darum die Demut suchen müssen, weil sie eine Würde erhalten hatten, nach dem Wort der Schrift: «Je größer du bist, um so mehr demütige dich.» Denk an das Evangelium, wie sehr der Hochmut und die Prahlerei des Pharisäers verdammt wird! «Der Pharisäer stand da und betete so: Gott, ich danke dir, daß ich nicht bin wie die übrigen Menschen; die Räuber, Übeltäter, Ehebrecher und wie dieser Zöllner da; ich faste zweimal am Sabbat.» Der Zöllner dagegen stand demütig und sanft «von ferne, er wagte die Augen nicht aufzuschlagen und sprach: Sei mir Sünder gnädig, o Gott. Und der Zöllner stieg gerechtfertigt in sein Haus hinab», nicht gerechtfertigt schlechthin, sondern gerechtfertigt im Vergleich zum Pharisäer ... Denn ein anderes ist «gerechtfertigt» werden, ein anderes «durch einen andern gerechtfertigt werden». Und ähnlich wie der Zöllner durch den Pharisäer gerechtfertigt worden ist, so wurden Sodoma und Samaria auf Grund des Vergleichs mit der Sünderin Jerusalem gerechtfertigt. Wir müssen nämlich wissen, daß jeder von uns am Tag des Gerichts von einem andern gerechtfertigt und von einem andern verurteilt wird. Auch wenn wir «durch einen andern gerechtfertigt» werden, ist diese Gerechtigkeit weniger Gegenstand des Lobes als des Tadels. Wie wenn ich etwa der sodomitischen Sünden überführt würde, und ein anderer wird vorgeführt, der doppelt so viele Sünden begangen hat, ich zwar gerechtfertigt werde, aber nicht als ein Gerechter; sondern nur im Vergleich zu jenem, der mehr begangen hat, gelte ich gerecht, obwohl ich weit entfernt bin von der Gerechtigkeit ... Ich möchte nicht von Sündern gerechtfertigt werden, denn eine solche Gerechtigkeit ist voll von Schuld. Das sagte ich vorgreifend, denn nun heißt es: «Selbst Sodoma, deine Schwester, und ihre Töchter haben nicht solches getan, wie du samt deinen Töchtern verübt hast ... Auch Samaria hat nicht die Hälfte deiner Sünden begangen. Du hast mehr Greuel verübt als jene, und so hast du deine Schwestern gerechtfertigt gegenüber all den Greueln, die du verübt hast.» ... Gesündigt hat Sodoma, gesündigt auch Samaria, von Freveln begraben ist Jerusalem ... Ein Einziger ist, der von allen gerechtfertigt wird und der keinen rechtfertigt. Darum «wird kein Lebendiger vor deinem Antlitz gerechtfertigt». Mag Abraham gerecht gewesen sein, gerecht Moses, gerecht ein jeder der berühmten Männer, verglichen mit Christus sind sie nicht gerecht, ihr Licht verglichen mit seinem Licht wird als Finsternis erfunden. Und wie das Licht einer Lampe vor den Strahlen der Sonne verdunkelt wird und wie ein anderer lichtloser Stoff verblaßt, so auch das Licht aller Gerechten: Mag es auch «Licht vor den Menschen» sein, vor Christus leuchtet es nicht … Wie der Schein des Mondes und die glitzernden Sterne des Firmaments vor dem Aufgang der Sonne auf ihrem Himmelswagen funkeln, wenn aber die Sonne aufgeht, verborgen werden, so ergeht es dem Licht der Kirche. Wie das Licht des Mondes, bevor jenes wahre Licht der «Sonne der Gerechtigkeit aufgeht», ist ihr Licht leuchtend und klar «vor den Menschen», wenn aber Christus kommt, verblaßt es vor ihm. Es heißt ja anderswo: «Das Licht leuchtet in der Finsternis.» Wer aber das länger und tiefer überlegt, der kann sich nicht entrüsten, wenn er sieht, wie sein «Licht», verglichen mit dem größeren Licht, als «Finsternis» erfunden wird … «Die Sünde deiner Schwester Sodoma ist der Stolz.» Sooft wir lesen, was über die Vertilgung der Sodomiter geschrieben steht, sollen wir nicht sagen: Ach ihr armen Sodomiter, denen die Erde fürderhin keine Frucht mehr bringt, ihr armen, sehr zu bedauernden, die ihr so Trauriges, so Furchtbares erleiden mußtet! Wir sollen vielmehr diese Rede auf unsere eigenen Herzen anwenden, «unsere Nieren erforschen» und unsere Gedanken, und dann werden wir entdecken, daß jene, die wir beweinen, innen in uns vorhanden sind, und daß die sodomitischen und ägyptischen und assyrischen und alle übrigen von der Schrift getadelten Sünden sich in unserem Innern befinden … Denn es ist einfach zu sehen, daß nichts so sehr zur Überheblichkeit führt als Reichtum und Sattheit und die Speise vieler Güter und Würde und Macht. Und auf höherer Stufe ist es leicht zu sehen, daß es den Stolz nährt, wenn ich das göttliche Wort verstehe, wenn ich weiser als andere bin. «Die Wissenschaft bläht auf», nicht ich sage es, sondern der Apostel … Ein so großer Mann wie der Apostel Paulus bedurfte der «Faustschläge eines Satansengels, der ihn schlug, damit er sich nicht überhebe» … Vor dem Urias wird kein Fehler an David erfunden, er war ein «seliger Mann» und «ohne Tadel im Angesicht des Herrn». Weil er sich aber seiner Untadeligkeit bewußt wurde und Worte sagte, die er nicht hätte sagen sollen: «Erhöre, Herr, meine Gerechtigkeit … Du hast mein Herz geprüft, bei Nacht es erforscht, mit Feuer mich untersucht und es ward kein Unrecht in mir erfunden», … darum wurde er versucht und der Hilfe beraubt, damit er sehe, was menschliche Ohnmacht vermag, und … er wurde in eben jener Sünde erfunden, von der frei zu sein er sich rühmte. Das Erste ist, kein schändliches Werk zu vollbringen, sondern lauter solche, die mit offener Stirne Gott anschauen können. Aber weil wir als Menschen oft sündigen, sollen wir wissen, daß die zweite Planke des Heils nach der Sünde Erröten heißt und für seine Untaten beschämt die Augen zu senken, statt frechen Blicks einherzuschreiten, als hätte man in nichts gefehlt. Gut ist es, nach den schmählichen Werken in Schande gestürzt zu werden ... So wird eine große Gnade für Jerusalem aufgespart – wenn sie nur dem Herrn glauben will –, da er spricht: «So schäme dich auch du, und nimm deine Schande auf dich, daß du deine Schwestern gerechtfertigt hast.» ... Nehmen wir ein Beispiel aus dem kirchlichen Leben. Schmählich ist es, vom Volke Gottes und von der Kirche getrennt zu werden, Schande ist es, in der Kirche den Priesterrang zu verlassen, aus dem Grade des Diakons hinausgeworfen zu werden. Und von den Ausgewiesenen werden die einen zu Aufwieglern, während die andern das Urteil mit aller Demut auf sich nehmen. Jene also, die sich auflehnen und aus Wut über ihre Absetzung Leute um sich scharen, um ein Schisma herbeizuführen, ... nehmen ihre Schmach nicht auf sich. Die aber in aller Demut, mögen sie nun gerechter- oder ungerechterweise abgesetzt worden sein, Gott das Gericht überlassen und geduldig ertragen, was über sie verhängt worden ist, die erlangen von Gott Barmherzigkeit, und sie werden sogar nicht selten von den Menschen zur früheren Würde zurückgerufen und zur Ehre, die sie verloren hatten ... Und wenn dann einer das Wort befolgt hat: «Schäme dich», wenn jemand den Urteilsspruch Gottes ausgeführt hat: «Trage deine Schande, daß du deine Schwestern gerechtfertigt hast», dann schaue er auch die Gnade, wie für die Schmach die Milde zurückerstattet wird ... Was also wird verheißen? «Ich werde ihr Geschick wenden, das Geschick Sodomas und ihrer Töchter, weil du deine Schwestern Sodoma und Samaria gerechtfertigt hast.» Zuerst werde ich die Abwendung der Sodomiter zurückwenden, dann zweitens diejenige Samarias, drittens endlich die Jerusalems. Und wenn ich die Abwendung der Sodomiter und Samarias und Jerusalems zurückwenden werde, dann wird in ihren alten Zustand wieder eingesetzt werden zuerst Sodoma, zweitens Samaria ..., drittens

Jerusalem. Die Heilung wird denen, die von Gott mehr geliebt werden, später zuteil. Sodoma, die von Jerusalem gerechtfertigt wurde, erhält als erste die Barmherzigkeit, nämlich die Heiden. Samaria dagegen, das die Häretiker darstellt, gewinnt die Gesundung an zweiter Stelle. An dritter aber, als wären sie unwürdig einer rascheren Heilung, werden die in den ursprünglichen Zustand zurückversetzt, die in Jerusalem waren. Früher also werden die Heiden, früher die Irrgläubigen Gnade finden als wir, wenn wir Gott beleidigen, wenn auch uns Sünden niederdrücken. Denn je näher wir Gott waren und je nachbarlicher der Seligkeit, um so weiter entfernen wir uns davon, wenn wir sündigen, um so näher rücken wir den schrecklichsten, den größten Strafen. Denn gerecht ist Gottes Gericht und «die Machtvollen werden machtvolle Qualen erleiden». Wer aber ganz klein ist, verdient rascher Barmherzigkeit. Am kleinsten ist Sodoma, und nach ihr – verglichen mit Jerusalem, aber doch nicht so wie Sodoma – Samaria ... Und wann wird er meine «Abwendung zurückwenden», wenn ich als Jerusalem erfunden werde und als Sünder inmitten meiner «Schwestern»? Dann, wenn ich zu hören bekomme: «Ertrage deine Folter.» ... Und sieh nun das Ende der Verheißung: «Doch ich werde meines Bundes mir dir in den Tagen deiner Jugend gedenken und mit dir einen ewigen Bund eingehen. Da wirst du voll Schmach deines Wandels gedenken, daß du vor Schmach deinen Mund nicht mehr auftust, wenn ich dir alles vergebe, was du getan hast.» Auch dann nicht, wenn mir meine vielen Sünden verziehen werden, kann ich den Mund auftun, und auch dann, wenn er mir meine Untaten vergibt, entgehe ich nicht der Schmach[1].

Häresie

Die Kirche ist nicht nur innen sündig, sondern auch von Häresie und Schisma zerrissen. Diese sind nichts anderes als die im mystischen Leibe fortgesetzte Passion Christi (407–410). Aber diese ‹Anwendung› der Kreuzigung auf das WORT macht dieses erst süß und schmack-

[1] Zum ganzen vgl. die Paralleltexte bei Hieronymus.

haft (411). Und Häresie ist notwendig, um die Glaubenslehre wachzuhalten (412).
Ja, Häresie scheint ein relativer Begriff, da niemand das ganze Zeugnis Jesu aufnimmt und versteht (413). Häresie ist weiter ‹Analyse› des Glaubensinhalts (414) und in dem Gegeneinander der Meinungen die konkrete Form menschlichen Wissens (415); Christus ist Zeichen des Widerspruchs (416).
Aber diese Notwendigkeit tut der Alleingültigkeit der katholischen Kirche keine Einbuße (417). Häresie ist nur eine Form der Sünde gegen den Geist (418–420). Die Kirche aber besitzt noch nicht Christus ohne Hülle, sie ist Witwe (421). Ihr Geheimnis ist innen und nicht allen sichtbar (422–423). Doch gerade so entgeht es dem Zugriff der Häretiker, während die Kirche selbst über diese urteilen kann (424–426). Die Schönheit der Kirche ist eine geistige (427), und man muß den Geist haben, um sie zu sehen (428). Ihre Theologie ist das Gewand des verklärten Christus, das aber nur denen leuchtend erscheint, die Christus in sein Geheimnis mithineinnimmt (429).

(407) Ich sehe Jesus täglich seinen Rücken den Geißelhieben ausliefern. Tritt nur ein in eine Synagoge der Juden und sieh, wie sie ihn mit verleumderischer Zunge züchtigen. Schau dir nur die Versammlungen der Heiden an, wenn sie gegen die Christen beraten, auf welche Weise sie Christus wohl fangen könnten. Er aber hält seinen Rücken den Streichen hin … So viele sind's, die ihn geißeln und mit Ruten schlagen, und er schweigt und sagt kein Wort, … und bis heute wendet Jesus «sein Antlitz nicht ab von der Schmach des Angespieenwerdens».
(408) Auch zu jedem, der Gottes Weisheit verachtet, wird gesagt: «Ihr tut mir Schmach an», denn Christus ist die Weisheit.
(409) Auch jetzt noch kreuzigen die neuen Hohenpriester … das WORT der Wahrheit in den Schriften durch ihre falschen Auslegungen und töten es durch ihre Lügen. Das WORT der Wahrheit aber, auch wenn es bei ihnen getötet wird, lebt doch in seinem eigenen Wesen, findet immer und wählt sich Gefäße, in denen es wiederaufersteht und lebendig ist und immer noch seine Mörder beschämt.
(410) Sie möchten das WORT töten und es gleichsam in Stücke brechen, weil sie seine ganze Größe nicht zu fassen vermögen.

Und immer wieder kann man solche sehen, welche die Einheit der Majestät des WORTES töten wollen, weil ihre eigenen Gefäße zu klein dafür sind, gleich als ob sie dann, wenn sie es getötet, besser das Stückwerk und die abgetrennten Glieder umgreifen könnten.

(411) «Kommt, laßt uns Holz in sein Brot mischen.» Das «Brot» Jesu ist das WORT, durch das wir genährt werden. Da also einige, während er unter dem Volke lehrte, einen Stein des Anstoßes gegen seine Lehre aufrichten wollten, kreuzigten sie ihn und sagten: «Kommt, laßt uns Holz in sein Brot mischen.» Wenn nämlich an das WORT der Lehre Jesu die Kreuzigung des Lehrers angewandt wird, so wird «in sein Brot Holz» gemischt. Und freilich meinten jene es ratschlagend über eine Nachstellung, ... ich aber will etwas Wunderbares dazu sagen: Das «Holz», das in das «Brot» gemischt wurde, hat das «Brot» besser gemacht. Ich nehme ein Beispiel aus dem Gesetze des Moses: Das «Holz», das in das «Bitterwasser» gesenkt wurde, machte das Wasser süß. So hat auch das «Holz» des Leidens Jesu Christi, als es in das WORT hineinkam, sein «Brot» süßer gemacht.

(412) Wäre die kirchliche Lehre nur einfach und würde sie nicht von außen her durch die Behauptungen der häretischen Dogmen umzingelt, so wäre unser Glaube nimmermehr so klar und so gründlich durchforscht worden. Aber dazu belagert der Angriff der Widersprechenden die katholische Lehre, daß unser Glaube nicht in Müßiggang verdämmere, sondern im Reiben der Übung ausgefeilt werde. Darum sagt schließlich auch der Apostel: «Es müssen aber auch Häresien sein, damit die Bewährten unter euch bekannt werden ...» Wer wüßte, daß das Licht gut ist, wenn wir nicht die Finsternis der Nacht zu spüren bekämen? Wer kennte die Süßigkeit des Honigs, der nicht den Geschmack des Bittern erfahren hätte?

(413) «Und niemand nimmt sein Zeugnis an.» Wie kann es wahr sein, da doch einige sein Zeugnis annehmen, daß «niemand sein Zeugnis annimmt»? Die Frage ist wohl so zu lösen: Jesus, der «von oben kam» und sagte, «was er gehört und gesehen», gibt ein allerhöchstes und ganz großes Zeugnis über den Vater und sich selbst. Und «niemand nimmt dieses Zeugnis» so «an», wie er selbst es gibt ... Keiner ist fähig, dieses sein Zeugnis so zu fassen,

sondern muß es so aufnehmen, wie es solche fassen können, die erst jüngst zum Glauben hinzutraten.

(414) Wahrscheinlich wird einer nicht wissen, warum die Segenssprüche des Moses auf dem Berge Garizim gesprochen wurden. Darauf ist zu antworten, daß der Name Garizim ‹Spaltung› und ‹Scheidung› bedeutet; wobei die Bedeutung ‹Spaltung› anzuwenden ist, wo das Volk durch Jeroboam entzweigerissen wurde und der König in Samaria wohnte, der Sinn ‹Scheidung› aber in einem günstigen Sinn anzuwenden ist, so wie die Weisen ordnungsgemäß bei einer jeden Frage der ‹Scheidung› (d. h. der Analyse) sich bedienen, welche notwendig ist zur vollen Erkenntnis der Wahrheit.

(415) Wo immer etwas Wichtiges und allgemein Nützliches ins Dasein trat, haben sich auch verschiedene Parteien gebildet. Weil die Heilkunde dem Menschengeschlecht nützlich und nötig ist, und in ihr vielerlei über die verschiedenen Weisen, die Leiber zu heilen, zu untersuchen ist, darum gibt es bekanntermaßen bei den Griechen in der Medizin verschiedene Schulen ... Und es wäre doch nicht vernünftig, die Heilkunst wegen der in ihr vorhandenen Meinungsverschiedenheiten verwerfen ... oder die Philosophie unter dem Vorwande hassen zu wollen, daß in ihr verschiedene Schulen sich finden ... Wenn dies sich so verhält, sollten wir dann nicht auf ähnliche Weise auch die Spaltungen unter Christen rechtfertigen können? In ganz wunderbarer Weise, scheint mir, hat sich Paulus darüber ausgesprochen, wenn er sagt: «Denn es ist notwendig, daß es Häresien gebe, damit die Bewährten unter euch offenbar werden.» Wie der in der Medizin hervorragend ist, der sich in vielfältigen Richtungen umgesehen hat und nach vernünftiger Prüfung der Mehrzahl sich der vorzüglichsten anschließt, wie nur der in der Philosophie wirkliche Fortschritte macht, der ihre Vielfalt kennengelernt und sich in ihr geschult und der überlegensten Richtung sich angeschlossen hat, so möchte ich auch sagen, daß, wer eine gründliche Einsicht in die verschiedenen jüdischen und christlichen Sekten genommen hat, die tiefste Kenntnis des Christentums gewonnen hat.

(416) «Du rettest mich aus dem Widerspruch des Volkes, du setzest mich zum Haupt der Völker ein.» Christus sagt's, der «ein Zei-

chen des Widerspruchs» ist und den Gott «zum Haupt der Völker» einsetzte. Denn «das Haupt der Kirche ist Christus».

(417) Wir müssen uns wohl in acht nehmen, daß wir uns nicht durch die überzeugenden Darlegungen der Häretiker entwaffnen lassen und aus dem Mysterium der Kirche herausfallen.

(418) Wenn du fragst, wie auch die Häresie unter die «Werke des Fleisches» gezählt wird, so findest du, daß sie aus dem fleischlichen Sinnen hervorgeht. Denn so sagt der Apostel von jemandem: «Eitel aufgebläht von seinem fleischlichen Sinne.»

(419) Gegen die Weisheit selbst sündigt, wer den Verstand sündigen macht, der dazu erschaffen ist, die Weisheit zu schauen.

(420) Wir können oft beobachten, wie unter den Häresien und den «Kirchen der Übeltäter» das Volk der einen Häresie gegen das Volk der andern Häresie aufsteht. So wird auch das Reich des einen Irr-Wortes aufstehen gegen das Reich des andern Irr-Wortes, weil der Teufel und alle Lüge immerdar in sich selbst uneins ist und daher nicht bestehen kann.

(421) Die Kirche ist eine Witwe, weil sie ihren Gatten Christus noch nicht empfangen hat.

(422) Der Grund, den die Kirche hat, sich zu rühmen, ist im Verborgenen des Herzens, und ihre Herrlichkeit ist innen unter den Kleidern der Wahrheit, die der Weisheit Gottes gemäß sind, und in einem Gewissen voller Zutrauen.

(423) «Wer seinem Vater oder seiner Mutter flucht, soll des Todes sterben.» Der Name des Vaters ist ein großes Mysterium und der Name der Mutter ein ehrfürchtiges Geheimnis. Vater dem Geiste nach ist dir Gott, Mutter das Himmlische Jerusalem. Lerne dies aus Zeugnissen der Propheten und Apostel: Moses selbst schreibt in seinem Gesang: «Hat nicht dieser dein Vater dich erworben und besitzt er dich nicht?» Der Apostel aber sagt über das Himmlische Jerusalem: «Sie ist die Freie, die unser aller Mutter ist.»

(424) «Und sie suchten ihn zu fassen.» Alle, die mit hinterlistigen Absichten das WORT zu fassen suchen, um ihn, wenn sie ihn einmal ergriffen, bei sich umzubringen, dürften sich seiner gar nicht bemächtigen können. … Damit du aber besser begreifest, wer diese Hohenpriester und Pharisäer sind, die seiner habhaft zu werden versuchen und ihn doch nicht fassen, so bedenke, daß

es bei jeder andern Lehre mit Ausnahme des WORTES Christi möglich ist, ihrer habhaft zu werden, den Geist eines jeglichen Systems in die Hand zu bekommen und ihn durch geistige Überlegenheit niederzuringen und sich, wie die Schrift sagt, mit ihm zu verständigen. In dieser Art also «richtet» der nach dem Evangelium Weise als ein «Geistiger über alles, er selbst aber wird von niemandem gerichtet». Er beurteilt und mustert und widerlegt die andern Lehren, sei es die der weltlichen Weisen, sei es die, welche unter den Häretikern für hervorragend gelten. Aber der «Geist Christi», der in ihm ist, wird selbst nicht verurteilt und nicht ergriffen und nicht erfaßt von denen, die ihn zu widerlegen ausziehen, «denn wer hat den Geist des Herrn begriffen, daß er ihn belehre?»

(425) «Der Geistige richtet alles.» Denn wer alles sieht, der sieht selbst auch die Dinge dessen, der nicht sieht. Keiner der Nichtsehenden aber sieht die Dinge des Geistigen.

(426) «Sie teilten sich meine Kleider, und über mein Gewand warfen sie das Los.» Die Juden, die das geschriebene Gesetz halten, teilen sich auch nur die sinnlichen Kleider des WORTES, wir aber, die Wächter seines Geistes, teilen uns die geistigen Gewänder des Erlösers, auf Christus getauft und «mit ihm bekleidet» als mit Weisheit, Wahrheit, Gerechtigkeit.

(427) Der Leib [der Kirche] wird dann schön und lieblich scheinen, wenn die Seelen, aus denen sich dieser Leib zusammensetzt, in der Schönheit jeglicher Vollkommenheit verharren. Wie nämlich die Seele, wenn sie in Zorn ist, das Aussehen des Körpers wirr und wild macht, wenn sie aber in Milde und Stille verharrt, den Ausdruck freundlich und gütig sein läßt, so wird auch das Antlitz der Kirche je nach den Tugenden und Regungen der Gläubigen als schön oder häßlich beurteilt, wie wir in der Schrift lesen: «in den Guten ist die Spur des Herzens ein heiteres Antlitz».

(428) «Denn deine Stimme ist lieblich.» Und wer bekennt nicht, daß «lieblich» ist «die Stimme» der katholischen Kirche, die den wahren Glauben verkündet, unangenehm aber und unerfreulich die Stimme der Häretiker, welche nicht Sätze der Wahrheit, sondern Lästerungen gegen Gott und «Verkehrtheiten gegen den Höchsten reden»? So ist auch das Gesicht der Kirche «lieblich»,

das der Häretiker aber schändlich und häßlich, wenn anders freilich einer fähig ist, die Schönheit eines Antlitzes zu beurteilen, das heißt, wenn er ein «geistiger Mensch» ist, der «alles zu prüfen versteht». Denn bei solchen, die keine Erfahrung haben und bei «irdischen Menschen» erscheinen die Trugschlüsse der Lüge schöner als die Sätze der Wahrheit.

(429) Man kann sich fragen, ob er, als er «vor den Jüngern verklärt» wurde, die er auf den «hohen Berg emporgeführt» hatte, sich in jener «Gestalt Gottes» zeigte, die er ehedem besessen, während er denen drunten in der «Gestalt des Sklaven» erschien. ... Höre aber dies, und versuche dies geistig zu fassen, daß nicht einfachhin gesagt wird: «Er wurde verklärt», sondern mit einem unentbehrlichen Zusatze, den Matthäus und Markus aufgezeichnet haben, da beide sagen: «Er wurde *vor ihnen* verklärt.» Auf Grund dessen kann man weiter fragen, ob es möglich sei, daß Jesus vor einigen mit dieser veränderten Gestalt verklärt erscheinen könnte, während er genau zur gleichen Zeit vor andern nicht verklärt erschiene[1]. Willst du aber selbst jene Verklärung Jesu erblicken, die sich vor denen vollzieht, die mit ihm allein auf den hohen Berg hinaufgehen, so erwäge, wie einerseits der Jesus der Evangelien von denen, die nicht durch aufsteigende Werke und Gedanken auf den hohen Berg der Weisheit emporsteigen, in der einfältigeren Weise und, wie man sagen kann, «dem Fleische gemäß» erkannt wird, wie er aber anderseits von den Aufsteigenden «nicht mehr nach dem Fleische» erkannt, sondern durch die Gesamtheit der Evangelien theologisch als Gott verkündet und «in der Gestalt Gottes» durch ihre Erkenntnis angeschaut wird ... Und nicht nur er selbst wird vor diesen Jüngern verklärt, sondern denen, die er «einzeln auf den hohen Berg heraufgeführt» hatte, erscheinen auch seine Gewänder leuchtend «wie das Licht». Die Kleider Jesu aber sind die Schriften und der Buchstabe der Evangelien, die er angezogen hatte. Und mir scheint, daß auch das von den Aposteln über ihn Geoffenbarte

[1] Diese Theorie hat mit dem Doketismus nichts zu tun, der von Origenes scharf abgelehnt wird (Text 338–341). Sie muß aber mit Text 333 verglichen werden. Die ganze Stelle ist der klarste Ausdruck einer *theologia gloriae*, gegenüber einer *theologia crucis*.

Kleider Jesu sind, die den mit Jesus auf den hohen Berg Gestiegenen «glänzend weiß» erscheinen ... Wenn dir also jemand begegnet, der nicht nur in der Theologie um Jesus durchaus bewandert ist, sondern auch den ganzen Wortlaut der Evangelien zu erhellen versteht, zögere nicht, von einem solchen zu sagen, daß ihm «die Gewänder» Jesu «glänzend wie das Licht erscheinen».

DAS GESETZ DER AUFHEBUNG

Das gesamte objektive heilsgeschichtliche Geschehen: die ‹Inkarnation› des WORTES in der Schrift, in Christus und in seinem mystischen Leibe, der Kirche, steht unter dem gleichen formalen Grundgesetze, das hier als ‹Aufhebung› (im Hegelschen Doppelsinn) herausgestellt wird. In der geschöpflichen Doppelpoligkeit von Gleichnis und Wahrheit geht die Grundbewegung vom ersten zum zweiten, vom Körper zum Geist. Dies aber so, daß das körperliche Gleichnis zugleich abgebrochen wird und bewahrt bleibt. Origenes drückt dieses Geschehen durchgehends im Bild des Überstrahlens und Überstrahltwerdens aus.
In diesem Verhältnis stehen Alter Bund und Neuer Bund, vor allem Moses und Christus, Johannes und Christus. Aber auch der irdische Christus und der ewige Christus, ja der irdische Christus und die Kirche (sofern deren Schicksal gleichnishaft im Leben Christi dargestellt wurde), endlich das gesamte irdische Heilsgeschehen (Moses-Christus-Kirche) und das eschatologische, jenseitige, erfüllende Geschehen (430–438).

(430) «Und siehe, der Vorhang des Tempels zerriß in zwei Stücke, von zuoberst bis zuunterst.» Solange Jesus noch nicht den Tod für die Menschen auf sich genommen hatte, blieb er «die Erwartung der Völker», und es verhüllte der Vorhang des Tempels das Tempelinnere. Das mußte nämlich verhüllt bleiben, bis er, der es allein offenbaren konnte, es denen vor Augen stellte, die es zu sehen begehrten, so daß durch den Tod Jesu Christi, der den Tod der Gläubigen zerstörte, die Todbefreiten schauen dürfen, was innerhalb des Vorhangs sich birgt ... Es könnte aber einer, der die Schriften nicht nachlässig liest, weiter suchen und bemerken, daß es *zwei* Vorhänge gibt, einen drinnen, der das Allerheiligste

verbirgt, einen draußen – sei es am Bundeszelt, sei es am Tempel, welche beide Vorbilder waren jenes heiligen Zeltes, das von Anfang an der Vater vorbereitete. Von diesen Tempelvorhängen «zerriß» der eine «in zwei Stücke von zuoberst bis zuunterst», als «mit lauter Stimme rufend Jesus den Geist aufgab», dieses Geheimnis, wie mir scheint, andeutend, daß im Leiden des Herrn und Erlösers der *äußere* Vorhang «von oben bis unten zerriß», damit «von zuoberst» (das heißt vom Anfang der Welt) «bis zuunterst» (das heißt bis zu ihrem Ende) durch den zerrissenen Vorhang die Geheimnisse offenbar würden, die bis zur Ankunft Christi aus guten Gründen verborgen gehalten wurden. Und würden wir jetzt nicht «zum Teil erkennen», sondern würde schon im Fleische den geliebten Jüngern Christi alles geoffenbart, so hätten beide Vorhänge zerreißen müssen, der äußere und der innere. Nun aber, da wir noch immer zur Erkenntnis neuer Dinge voranschreiten, so ward vorläufig der äußere Vorhang zerrissen «von oben bis unten», damit, «wenn das Vollendete kommt und das Übrigbleibende enthüllt wird, auch der zweite Vorhang weggenommen werde, und wir sehen, was hinter dem zweiten Vorhang verborgen ist, nämlich die wahre Bundeslade, und wie sie in Wahrheit aussieht, und die wahren Cherubim und der wahre Sühnopferaltar und das in goldenen Gefäßen hinterlegte Manna.

(431) Auch dies aber muß man wissen, daß, wie das Gesetz «den Schatten der kommenden Güter» besaß, welche durch das der Wahrheit gemäß verkündete Gesetz offengelegt wurden, also auch das Evangelium (von dem man annimmt, daß es von jedem Beliebigen verstanden werden könne!) nur den «Schatten» der Geheimnisse Christi lehrt. Was aber Johannes das «ewige Evangelium» nennt, das man auch wohl im eigentlichen Sinn das geistige nennen könnte, das stellt denen, die es fassen, alles, was den Sohn Gottes betrifft, klar vor Augen, sowohl die Geheimnisse, die unter seinen Worten lagen, als auch die Dinge, deren Gleichnisse seine Taten waren.

(432) «Denn das Gesetz enthält den Schatten der künftigen Güter.» An dieser Stelle … bleibt freilich der Zweifel, ob Speise und Trank und Feste und Neumonde und Sabbate in *dem* Sinne «den Schatten» des Kommenden enthalten, daß mit der Ankunft

Christi die Wahrheit dieses Schattens erfüllt ist, oder ob sie in der künftigen Welt sich erfüllen soll ... Denn es schreibt an einer andern Stelle [der Apostel] auch, daß die Dinge, die unter dem Gesetze sind, «einem Gleichnis und Schattenbild himmlischer Dinge dienen».

(433) Lassen wir aber auch diesen Einwand nicht unbeachtet, ... daß der Apostel Widersprechendes zu schreiben scheint, wenn er [im Römerbrief] zwar sagt, das Gesetz werde «nicht zerstört, sondern bestärkt», im zweiten Korintherbrief hingegen schreibt: «Wenn aber der Dienst des Todes, der mit Buchstaben auf Steine geschrieben ist, solche Herrlichkeit besaß, daß die Söhne Israels nicht auf das Antlitz Moses' schauen konnten wegen des Glanzes auf seinem Antlitz, der doch zerstört wird, wieviel mehr wird dann nicht der Dienst des Geistes in Herrlichkeit sein?» ... Aber schau, ob wir nicht auch diese Frage lösen können: Wenn er sagt: «Zerstören wir das Gesetz?» und: das Gesetz «wird zerstört», so besagt dies nicht dasselbe. Paulus beteuert an der vorliegenden Stelle, daß er selbst das Gesetz nicht zerstöre. Denn wenn das Gesetz durch die darüberkommende Herrlichkeit zerstört wird, so wird es weder von Paulus noch von einem andern der Heiligen zerstört. Darum sprach auch der Herr selbst: «Ich bin nicht gekommen, das Gesetz zu lösen, sondern es zu erfüllen.» Keiner der Heiligen also und Gott selber nicht zerstören das Gesetz, sondern sein zeitlicher und vorübergehender Glanz wird von der ewigen und immerbleibenden Herrlichkeit «zerstört» und überholt ... Es bleibt also, sagt er, was Christi ist, es wird «zerstört», was Moses' ist, aber nicht durch Menschen zerstört, sondern durch den Vergleich mit der neuhinzugekommenen Herrlichkeit. ... Daß aber so zu verstehen ist, was der Apostel der Zerstörung ausgeliefert nennt, das ersieh aus der Art, wie er das Wort auch anderswo anwendet: «Bruchstückhaft erkennen wir und bruchstückhaft weissagen wir; wenn aber einst kommt, was vollkommen ist, dann wird zerstört, was bruchstückhaft ist» ... Was offenbar so zu verstehen ist, daß durch den Vergleich mit dem Vollkommenen das Unvollkommene leer und eitel erscheint.

(434) Darum also «wendet» Christus «sein Antlitz von der Schande des Anspeiens nicht ab», damit sein Antlitz mehr verherrlicht werde als das Antlitz Moses', von so großer und so gewaltiger

Glorie verherrlicht, daß im Vergleich mit seiner Verherrlichung der Glanz von dessen Antlitz zerstört werde, wie im Anblick der Sonne das Licht einer Lampe zerstört wird.

(435) Freilich, dem fleischlichen Sinne nach zeigte sich eine göttlichere Offenbarung über dem Bundeszelt und bei der Vollendung des Tempels und auf dem Antlitz des Moses, als er mit der göttlichen Natur verkehrte. Dem höheren Sinne gemäß aber müßte man sagen, daß eine sorgsame Erkenntnis der göttlichen Dinge die Sichtbarwerdung der Herrlichkeit Gottes ist, wahrgenommen von einem durch völlige Reinheit geeigneten Geiste. Denn der gereinigte Geist, der alles Stoffliche überstieg, um der Gottesschau in Klarheit teilhaft zu werden, wird durch die geschauten Dinge vergöttlicht. Also verhält es sich mit der Verherrlichung des Antlitzes dessen, der Gott schaut und mit ihm verkehrt, … daß der sinnbildliche Ausdruck dafür das verherrlichte Antlitz Moses' ist, als sein Geist vergöttlicht wurde. Demgemäß sagte auch der Apostel: «Wir alle aber, aufgehüllten Angesichts die Herrlichkeit des Herrn schauend, werden nach demselben Bilde umgestaltet.»

(436) «Jetzt ist meine Freude voll geworden», [sagt Johannes], da alle zu Jesus «übergehen. Denn ich bin gekommen, um für ihn Zeugnis abzulegen, daß» durch mich «alle an ihn glaubten.» Darum «muß er wachsen, ich aber muß abnehmen». Dies aber muß besonnen gedeutet werden, denn weder wächst der Erlöser durch Aufnahme von etwas, noch nimmt Johannes ab, indem er etwas wegwirft, vielmehr bleibt jeder derselbe, der er war. Der Sinn ist vielmehr dieser: Der Morgenstern, der vor der Sonne aufgeht, strahlt seiner Natur gemäß Licht aus, aber wenn es auch größer scheint, seine Stärke ist doch begrenzt. Er erscheint auf den ersten Blick größer als die Sonne. Bald aber, wenn die Sonne aufgeht, verblaßt der Morgenstern, nicht indem er etwas von seiner eigenen Größe verliert, sondern durch den Vergleich mit dem aufgehenden Sonnenglanze. So ist auch Johannes groß an Fülle der Heiligkeit. Da kam, wie geschildert wurde, Jesus hinter ihm empor, wurde von ihm getauft und bezeugt. Und nach der Erweisung der Gottheit Jesu durch diese heilsgeschichtlichen Taten zeigt sich der eine als der Knecht, der andere als der Herr.

(437) Aber gleichwie keiner diese Herrlichkeit, die die Apostel in

den Evangelien gesehen zu haben bezeugen, «die Herrlichkeit als des Einziggeborenen vom Vater voll Gnade und Wahrheit», auch nur glauben oder sehen kann, der nicht als Weg zu ihrer Einsicht jene Herrlichkeit einhält, die von Moses im Gesetze gegeben worden war (wie der es bezeugt, der zu Nathanael sprach: «Wir haben den gefunden, von dem Moses und die Propheten geschrieben haben: Jesus von Nazareth», womit er deutlich zu erkennen gibt, daß sie erleuchtet von Moses und den Propheten das Licht seiner «Herrlichkeit als die des Einziggeborenen vom Vater» schauten), so muß auch auf dieselbe Weise verstanden werden, was der Apostel sprach: «Wir aber, aufgehüllten Antlitzes die Herrlichkeit Gottes schauend, werden nach demselben Bilde umgestaltet von Herrlichkeit zu Herrlichkeit, als vom Geiste des Herrn», nämlich so, daß jeder, der diese Herrlichkeit des Einziggeborenen mit aufgehülltem Antlitz, das heißt mit der vollen Einsicht des Glaubens schaut, infolge desselben Bild-Verhältnisses, durch das er vom Gesetz zum Evangelium und zur fleischlichen Ankunft des Herrn gelangte, nichtsdestoweniger mit seinem glaubenshellen Herzensblick der *zweiten* Ankunft seiner Herrlichkeit sein Gesicht zuwenden muß, um von der gegenwärtigen Herrlichkeit zur künftig erhofften Herrlichkeit umgestaltet zu werden.

(438) Im Maße als der Sohn von der Welt nicht erkannt wurde («er war in der Welt und die Welt wurde durch ihn und die Welt erkannte ihn nicht»), war er in der Welt noch nicht verherrlicht, ... und dies nicht zum Schaden des Nicht-Verherrlichten, sondern zu dem der nicht-verherrlichenden Welt. Als aber der himmlische Vater denen, die «aus dieser Welt waren», die Erkenntnis Jesu enthüllt hatte, da wurde «der Menschensohn verherrlicht» in den ihn Erkennenden. Und durch eben die Herrlichkeit, mit der er in den ihn Erkennenden verherrlicht wurde, schenkte er Herrlichkeit denen, die ihn erkannten. «Denn die aufgehüllten Antlitzes die Herrlichkeit des Herrn schauen, werden nach demselben Bilde umgestaltet.» Sieh nun zu, «von» welcher «Herrlichkeit» her, und «zu» welcher «Herrlichkeit» hin: «Von» der «Herrlichkeit» des Verherrlichten, und «zu» der «Herrlichkeit» der Verherrlichenden. Als er daher an jenen Augenblick der Heilsordnung kam, da er der Welt aufgehn sollte und durch

Erkanntwerden verherrlicht werden, um der Herrlichkeit der ihn Verherrlichenden willen, da sprach er: «Nun wurde der Menschensohn verherrlicht.» Und weil «niemand den Vater kennt als der Sohn und wem es der Sohn offenbart», darum wurde auch Gott-Vater in ihm verherrlicht, denn es sollte der Heilsordnung gemäß der Sohn den Vater offenbaren.

III.
GEIST

Leben im Geiste

DER GEISTIGE GOTT

Jesus hat gesagt: Wenn ich nicht hingehe, so wird der Heilige Geist nicht zu euch kommen. Wenn das gesamte sinnbildliche und ‹sakramentale› Heilsgeschehen nicht ‹aufgehoben› wird, dann hat es seinen Sinn nicht erfüllt: sich als Leben in den Seelen zu verinnerlichen. Diese innere Aneignung der Offenbarung des WORTES als GEIST ist die Umbildung des sündigen, fleischlichen Menschen zu einem Tempel Gottes des Vaters. Der folgende Teil schildert diese Neugestaltung in ihrem Werden und ihren Stufen, der Schlußteil (‹Gott›) wird das Eintreten der Seele in das Reich GOTTES, des Vaters beschreiben.
Erst im Christentum wurde offenbar, was das wirklich heißt: Gott ist ein Geist (439). Der Heilige Geist ist das Herzgeheimnis der christlichen Gottesidee (440): Geist als Person (441). Der Heilige Geist wirkt mit beim Erlösungsgeschehen und spendet die Gnade (442–443).
Diese ist Aufrichtung des verkrümmten Menschen (444), Eintritt in die Vertraulichkeit Gottes (445), inneres Leben (446), Gebet (447), göttliche Weisheit (448–449), jene Einigung mit Gott, deren Erstling Christus war (450), Pfand der Seligkeit (451).
Überall also gehen, wie schon bei Paulus, Irenäus, Justin und den meisten Theologen vor Origenes, infolge der Lehre von der Dreiteilung des Menschen, der Heilige Geist und der Menschengeist ohne starre Grenze ineinander über. Zwar hat Origenes ausdrücklich ihre Unterscheidung betont (vgl. 51). Aber die Idee der Gnade, als Teilnahme des menschlichen Geistes am Göttlichen und als lebendige Einwohnung des Göttlichen im menschlichen Geiste macht diese Grenze gleichsam flüssig. Darum spricht Origenes mit der Mehrzahl der griechischen Väter so oft von ‹Vergottung›.

(439) Wie eben einer, der nicht begreift, was den Geist Gottes betrifft – «denn der irdische Mensch faßt nicht, was des Geistes Gottes ist, es ist ihm Torheit und er kann es nicht fassen, weil es geistig beurteilt werden muß» –, kommt Celsus mit sich selbst in Widerspruch, wenn er der Meinung ist, daß wir mit der Be-

hauptung, Gott sei ein Geist, uns in nichts unterschieden von den griechischen Stoikern, nach deren Ansicht Gott ein ‹Geist› ist, der alle Dinge durchdringt und alles in sich umfaßt. Freilich durchdringt die Aufsicht und Vorsehung Gottes alles, aber nicht in der Art des Geistes der Stoiker, und freilich umfaßt die Vorsehung alles, was sie vorauserkennt, und schließt es ein, aber nicht wie ein einschließender Körper umfaßt sie es, auch wenn das Umfaßte Körper ist, sondern wie eine göttliche Kraft.

(440) Alle zwar, die auf irgendeine Art spüren, daß es eine Vorsehung gibt, werden bekennen, daß es einen ungeborenen Gott gebe, der alles schuf und ordnete ... Daß der aber einen Sohn habe, das lehren auch nicht wir allein, ... sondern bei einigen unter den Griechen und Barbaren scheint eine Ahnung von ihm vorhanden gewesen zu sein, wenn sie bekennen, daß alles durch das WORT Gottes geschaffen worden sei ... Vom Dasein des Heiligen Geistes konnte niemand auch nur irgendeine Vermutung haben.

(441) «Der Geist weht, wo er will.» Dies Wort beweist, daß der Geist auch eine Wesenheit ist. Denn er ist nicht, wie viele meinen, eine bloße Wirkkraft Gottes, die nach ihnen kein Für-sich-Sein besitzt[1]. Und auch der Apostel, da er Gnadengaben des Geistes aufzählt, fügt sogleich hinzu: «Dies alles wirkt ein und derselbe Geist, der jedem seine Gaben zuteilt, wie er will.» Wenn er also «will» und «wirkt» und «zuteilt», so ist er gewiß eine wirkende Wesenheit und keine [bloße] Wirkkraft.

(442) Wenn auch der Einziggeborene Sohn Gottes für das Heil des Menschengeschlechts Mensch wurde und litt und durch seinen Tod den Tod zerstörte und durch die Auferstehung das Leben zurückgab, so wird doch nichtsdestoweniger auch abgesehen von der Menschwerdung, durch den Heiligen Geist Herrliches vollbracht.

(443) Ich glaube, daß der Heilige Geist sozusagen den ‹Stoff› der Gnaden Gottes denen reicht, die durch ihn und durch Teilnahme an ihm in den Stand der Heiligen treten.

[1] ἰδιότης ὑπάρξεως wird erst später der technische Terminus für die Personalität in Gott sein. Aber der Rest des Fragments ist so origenistisch, daß die Autorschaft Origenes' nicht zu bezweifeln ist.

(444) Im Evangelium steht geschrieben, daß da eine Frau war, die zusammengekrümmt war und nicht imstande, sich völlig aufzurichten. Wie viele andere aber gibt es noch, die, vom Satan gefesselt, zusammengekrümmt sind und dessentwegen unfähig, sich völlig aufzurichten, der da will, daß wir nach unten schauen? Und keiner kann sie aufrichten, als das in Jesus erschienene WORT.

(445) Gott prahlt nicht vor uns, bloß in der Absicht, daß wir sein Überragen erkennen und einsehen, sondern will, daß die Seligkeit, die aus dem Erkennen in unsern Seelen erwächst, sich in uns einpflanze, und bewirkt durch Christus und das immer neu uns zukommende WORT, daß wir zu ihm in einen vertrauten Verkehr treten.

(446) Geist wird nach der Schrift genannt, was «belebt», nicht freilich mit jener mittleren [weder guten noch bösen] Belebung, sondern mit der göttlicheren, wie denn auf der andern Seite «der Buchstabe tötet» und den Tod bringt, nicht als die Trennung von Seele und Leib, sondern als die Trennung der Seele von Gott und von ihrem Herrn und vom Heiligen Geist.

(447) Nicht einmal zu beten vermag unser Geist, wenn nicht für ihn und gleichsam vor ihm als Zuhörer der Heilige Geist betet, wie er auch den Vater in Christus nicht besingen und im rechten Takt und mit Wohllaut und im guten Maß und Zusammenklang lobpreisen kann, wenn nicht der «Geist, der alles durchforscht, auch die Tiefen Gottes», im voraus ihn lobt und preist.

(448) «Denn der Geist erforscht alles, auch die Tiefen Gottes.» Der Geist ist es, der alles zu erforschen vermag. Aber es muß ein höherer Geist in uns einziehen und er muß in uns Platz ergreifen ... und mit uns vermischt, und wir mit ihm «alles, auch die Tiefen Gottes erforschen». Dann werden wir «alles» zusammen-erforschen, «auch die Tiefen Gottes».

(449) Alle Weisheiten dieser Welt sind von Menschen lernbare Worte, die einer nacheinander gemäß den verschiedenen geistigen Lernverfahren sich erwerben kann; das Lernbare des Geistes lehrt dieser aber nicht, und man kann nicht sagen, daß der Lehrer vom Geiste in den Dingen unterrichtet wurde, die er lehrt. Denn der Geist, der in ihm ist, strahlt ihm, wenn er sucht und forscht[1], die

[1] Lies ἐρευνῶντι statt ἐνευρῶντι.

Wahrheit ein, und er findet sie stets in der «Erneuerung des Geistes».
(450) «Gott, gib dein Gericht dem König und deine Gerechtigkeit dem Königssohne.» Ich halte dafür, daß die vorzüglichere Natur des «Erstgeborenen aller Schöpfung» mit dem Namen «König» bezeichnet wird, und daß ihr ob ihres Überragens das Richten übergeben wird, der Mensch aber, den er annahm, von jener nach der Gerechtigkeit gestaltet und geprägt, «Königssohn» heißt. Zu dieser Meinung werde ich geführt durch die Art, wie beides zu einem Begriff zusammengezogen ist, und die Aussage nicht von gleichsam zweien, sondern von einem einzigen gemacht wird. Denn es hat der Erlöser «beides zu eins gemacht», indem er in sich selbst den Ursprung aller Dinge, die aus zweien eins werden, setzte. Dies ‹aus zweien› beziehe ich auch auf die Menschen, deren einzelne Seelen dem Heiligen Geiste beigemischt sind und deren jeder, als zu den Auserwählten gehörig, ‹geistig› geworden ist.
(451) «Dienen wir nicht in der Altheit des Buchstabens», wie früher, sondern «in der Neuheit des Geistes», welchen Geist wir von unserem Bräutigam als ein Hochzeitspfand empfangen haben, wie es anderswo heißt: «Der uns das Pfand des Geistes gab.»

AUFBRUCH

‹Was nützt es mir?› – mit diesem Erschrecken bricht die Seele auf, um in das vor ihr ausgebreitete Geheimnis der dreifachen ‹Inkarnation› lebendig einzutreten (452–459).

(452) «Das WORT ist Fleisch geworden.» Dies ist der Nutzen für die Gläubigen: daß sich das WORT an jeden einzelnen wende. Denn was nützt es mir, wenn es auf die Welt herabkommt und ich seiner nicht teilhaftig werde?
(453) Weil also die ersten «Fürsten dieser Welt» in das «Erbe des Herrn» eingebrochen waren, so mußte der «gute Hirte» die neunundneunzig auf dem Berge zurücklassen und zur Erde herabsteigen und das verlorene Schaf suchen und das gefundene auf seinen Schultern zum Schafstall der oben liegenden Vollkom-

menheit zurückzuführen. Aber was nützt es mir, daß der «Same Abrahams», der Christus ist, «als Erbe die Städte der Gegner» besitzt – wenn er meine Stadt nicht besitzt? Wenn in meiner Stadt, das heißt in meiner Seele, welche die «Stadt des großen Königs» ist, weder seine Gesetze noch seine Gebote gehalten werden? Was nützt es mir, daß er sich die ganze Welt unterwarf und alle feindlichen Städte einnahm, wenn er nicht auch in mir seine Feinde besiegt, wenn er nicht das Gesetz zerstört, «das in meinen Gliedern dem Gesetze meines Geistes widerstrebt»?

(454) Gott erneuert seine Verheißungen, um dir zu zeigen, daß auch du dich erneuern mußt. Nicht bleibt er beim Alten stehen, damit auch du nicht der «alte Mensch» bleibest: vom Himmel redet er so zu dir, damit auch du das «Bild des Himmlischen» annehmest. Denn was nützt es dir, wenn Gott seine Versprechen erneuert und du nicht erneuert wirst? Wenn er vom Himmel her redet und du von der Erde aus hörst? Was nützt es dir, wenn sich Gott mit einem Eide bindet und du daran wie an einem gleichgültigen Märchen vorbeigehst? Warum erwägst du nicht, wie Gott um deinetwillen sogar Dinge tut, die seiner Natur in keiner Weise geziemend erscheinen?

(455) «Der Herr durchschaut die Gedanken der Weisen: daß sie eitel sind.» Kein Wunder, daß der Herr in sich selbst «die Gedanken der Weisen durchschaut: daß sie eitel sind». Ich möchte aber, daß «der Herr» innen in mir «die Gedanken der Weisen durchschaue: daß sie eitel sind». Denn wenn Christus in mir ist, kann er es mir zeigen, wie «die Gedanken der Weltweisen eitel sind» und wie allein die Weisheit Gottes strahlt und alle Scheinweisheit besiegt und mit Füßen tritt.

(456) «Erbitte dir ein Zeichen.» Er wird geheißen, ein Zeichen zu erbitten, und zwar nicht schlechthin, sondern für sich selbst. Denn so lautet das Wort: «Erbitte dir ein Zeichen vom Herrn deinem Gott, in der Tiefe oder in der Höhe.» Das vorgeschlagene Zeichen ist mein Herr Jesus Christus, … «in die Tiefe», weil «er es ist, der absteigt», «in die Höhe» aber, weil «er es ist, der über alle Himmel anstieg». Mir aber nützt dieses vorgeschlagene Zeichen, mein Herr Jesus Christus, «in die Höhe und in die Tiefe» nichts, wenn das Geheimnis seiner Höhe und Tiefe nicht mir geschieht. Und erst, wenn ich das Mysterium von Jesus Christus,

von der Höhe und von der Tiefe, annehme, erst dann empfange ich das Zeichen gemäß dem Geheiß des Herrn, und dann wird zu mir gesagt, gleich als hätte ich innen in mir das ‹In-die-Höhe› und das ‹In-die-Tiefe›: «Sag nicht in deinem Herzen: Wer wird in den Himmel aufsteigen? Nämlich um Christus herabzuholen. Oder wer wird in den Abgrund steigen? Nämlich um Christus von den Toten heraufzuholen. Gar nahe neben dir hast du das machtvolle WORT in deinem Munde und in deinem Herzen. »

(457) «Es soll», sprach Gott zu Abraham, «die Beschneidung und mein Bund auf deinem Fleische sein.» Zeigen will ich, wie auch wir den Bund unseres Herrn Jesus Christus «auf» unserem «Fleische» haben. Wenn ich «meine irdischen Glieder abtöte», so trage ich den Bund Christi auf meinem Fleische, wenn ich «immerdar den Tod Jesu Christi an meinem Fleische mit mir trage», so ist der Bund Christi auf meinem Fleische, denn «wenn wir mit-leiden, so werden wir auch mit-herrschen». Wenn ich «miteingepflanzt werde in das Gleichnis seines Todes», so zeige ich damit, daß sein «Bund auf meinem Fleische» ist. Denn was nützt es mir, wenn ich aussage, daß Jesus in jenem Fleische kam, das er aus Maria annahm, und nicht auch in meinem Fleische erweise, daß er gekommen ist? ... Ich zeige, daß der Bund Gottes in meinem Fleische ist, wenn ich mit Paulus sagen kann: «Christus bin ich mitgekreuzigt», «ich lebe, aber nicht mehr ich, es lebt Christus in mir», und wenn ich sprechen kann, wie er selbst sprach: «Ich aber trage die Wundmale meines Herrn Jesus Christus an meinem Leibe.»

(458) Denn was nützt es dir, daß Christus einstens im Fleische kam, wenn er nicht auch in deiner Seele kommt? Beten wir, daß seine Ankunft sich täglich in uns vollziehe, so daß wir sagen können: «Ich lebe, aber nicht mehr ich, es lebt Christus in mir.» Und wenn Christus in Paulus lebte und nicht in mir, – was nützt mir das?

(459) «Die blühenden Reben gaben ihren Duft.» Nicht ohne Grund, scheint mir, heißt es nicht: sie gaben Duft, sondern: «ihren Duft»; es sollte angezeigt werden, daß in jeder Seele die Möglichkeit der Wahl und die Freiheit des Willens eingegeben ist, wodurch sie alles Gute vollbringen kann. Aber weil dieses Vermögen der Natur bei der ersten Übertretung überlistet und

teils zu Feigheit, teils zu Bosheit verbogen worden war, darum gibt es, wenn es durch die Gnade wiedergeheilt wird, zweifellos jenen «Duft», den ihm am Anfang der Schöpfer Gott eingegeben hatte, den aber die Schuld der Sünde auslöscht.

STIMME

Aber auch in der Aneignung hält sich die geschöpfliche Grundstruktur durch: Nur durch das körperliche und hinweisende Gleichnis geht der Weg zum lebendigen Inhalt. Vor dem Sinn ist die Stimme, vor dem ‹Erlebnis› die äußere Verkündigung. Johannes der Vorläufer ist eine ewig-gültige Gestalt der Kirchengeschichte (460–468).

(460) Ein anderes ist Rede, ein anderes Stimme.
(461) Wie es gewisse ... «Menschen Gottes» gibt, so gibt es auch gewisse «Schafe» Gottes, ... die Stimme hören die «Schafe», sein WORT aber hören die «Menschen».
(462) Als erstes nämlich kommt die Stimme ans Gehör, dann das unter der Stimme durchgehörte Wort.
(463) Der Blitz ist vor dem Schein, aber der Schein wird zuerst gesehen.
(464) Im Evangelium wird nicht die Stimme gehört, sondern die Rede, welche höher steht als die Stimme.
(465) Mir scheint aber, daß, wie bei uns Stimme und Wort verschieden sind – da man gewiß eine bedeutungslose Stimme ohne Wort vorbringen kann, wie man dem Geist ein Wort ohne Stimme zukommen lassen kann, etwa, wenn wir mit uns selbst etwas überlegen – ebenso vom Erlöser, der nach einer Hinsicht WORT ist, sich Johannes unterscheide, der in bezug auf Christus-WORT die Stimme ist ... Darum ist Johannes auch ein wenig älter als Christus, was die Geburt betrifft: denn wir empfangen die Stimme vor dem Worte ... Es zeigt aber Johannes auf Christus, wie die Stimme auf das WORT, ... kurz gesagt, es zeigt der Mensch auf Gott.
(466) «Ich bin die Stimme des Rufenden in der Wüste.» Nicht: die rufende Stimme in der Wüste, sondern: die «Stimme des Rufenden in der Wüste», dessen nämlich, der da stand und «rief: Wenn

einer dürstet, so komme er zu mir und trinke ...» Es bedarf aber dieser Stimme des Rufenden in der Wüste, damit die Seele, die von Gott beraubt und wüst von Wahrheit ist – denn was gäbe es für eine ödere Wüste als die Seele, die in Hinsicht auf Gott und alle Tugenden verwüstet ist? – und die noch krumme Wege geht und darum der Belehrung bedarf, aufgerufen werde, «gerade zu machen die Wege des Herrn».

(467) Ich halte dafür, daß das Geheimnis des Johannes sich bis heute in der Welt vollzieht. Wer immer an Jesus Christus glauben wird, zu dessen Seele kommt zunächst «der Geist und die Kraft» des Johannes, und «bereitet dem Herrn ein vollendetes Volk». Nicht zu jener Zeit allein wurden die «Wege bereitet» und die «Pfade geebnet» ... O großes Geheimnis Gottes und seiner Heilsordnung. Engel laufen Jesus voraus, Engel steigen täglich auf und ab über dem Heile der Menschen in Christo Jesu!

(468) Der Vorläufer Christi also und «die Stimme des Rufenden in der Wüste» predigt in der Wüste der Seele, die den Frieden nicht hat. Nicht damals nur, auch heute kommt erst jene «glühende und leuchtende Fackel» und «verkündet die Taufe der Buße zur Vergebung der Sünden», und dem folgt das wahre Licht.

EINWEIHUNG

Auf der Schwelle der Kirche. Im Verstoßenwerden von der Welt begegnet die Seele dem Heile (469). Die Stimme der Kirche wird auch außerhalb der Kirche vernommen (470). Ja, schon vor dem Eintritt in die Kirche durch die Taufe gibt es Gnade, geistliche Gaben und Begegnung mit dem Bräutigam (471), wenn die wahre Heiligung auch erst durch die Taufe geschieht (472). Der Welt abgestorben, beginnt der Getaufte ein neues Leben (473).

(469) «Jesus hörte, daß sie ihn hinausgeworfen hatten und er fand ihn und sprach zu ihm: Glaubst du an den Menschensohn?» Weil ihn die Juden wegen seiner Freimütigkeit über den Erlöser aus ihrer Gemeinschaft hinausgeworfen hatten, darum «fand ihn Jesus». Denn wenn der Retter dazu kam, «zu suchen und zu retten, was verloren war», so ist das Ziel des Suchenden das Finden

des Gesuchten. Es ist klar, daß die Worte: «Er fand ihn», nicht im gewöhnlichen Sinne zu verstehen sind. Denn gerade dann mußte jener am meisten gefunden werden, als er von denen hinausgeworfen worden war, die das Zeugnis über Jesus nicht annahmen. Denn indem er aus deren Gemeinschaft ausgestoßen war, wurde er geeignet, gefunden zu werden.

(470) «Wie wir hörten, so sahen wir, in der Stadt des Herrn der Kräfte, in der Stadt unseres Gottes.» Außerhalb der Stadt hörten wir zwar, aber wir sahen, als wir in die Stadt eintraten, was wir vorher nur gehört hatten.

(471) «Das Himmelreich ist vergleichbar zehn Jungfrauen, die ihre Lampen nahmen und hinausgingen, dem Bräutigam und der Braut entgegen. Fünf davon waren töricht und fünf klug.» Nicht ohne Grund sagen wir, daß die Sinnesvermögen aller, welche Göttliches lernten – wie immer sie auch das WORT Gottes aufgenommen haben mögen, «sei's durch Gelegenheit, sei's durch Wahrheit» – «Jungfrauen» sind, die durch das WORT Gottes, dem sie glaubten oder glauben wollen, ver-jungfräulicht wurden. So beschaffen ist nämlich das WORT Gottes, daß es all denen etwas von seiner Reinheit mitteilt, die durch seine Unterweisung bereits vom Dienste der Götzen oder vom «Dienste der Elemente dieser Welt» sich abgetrennt und zum Dienste Gottes durch Jesus Christus herangetreten sind, auch wenn die Werke der Gottesfurcht noch nicht nachfolgten und sie sich noch nicht zur Seligkeit vorbereiteten. Wie aber gemäß dem WORTE der Wahrheit die einzelnen Tugenden einander folgen, die ihrem Wesen nach Christus [selbst] sind (so daß, wer eine hat, damit alle hat, und wer eine zu wenig hat, keine einzige hat, denn Christus kann sich nicht von sich selber entfremden), so folgen auch die Sinnesvermögen einander, und wo immer einer der Sinne der rechten Unterweisung des WORTES weniger angepaßt ist, dort werden durchaus auch alle andern Sinne gleichsam um das WORT der Weisheit betrogen sein und «vertören». Sinne[1] aber nenne ich sowohl jene, die gewöhnlich so verstanden werden: Gesicht, Gehör, Geruch, Geschmack, Getast, als auch jene andern, die in den Sprichwörtern «göttliche» genannt werden mit

[1] Siehe unten S. 260: Die inneren Sinne.

den Worten: «Einen göttlichen Sinn wirst du finden.» Wiederum aber, weil das WORT Gottes die Ursache des rechten Gebrauchs der Sinne ist, und es nicht möglich ist, daß … einer gewisse Sinnestätigkeiten übe, … andere vernachlässige, darum gilt, daß wenn es einen der Sinne weise gemacht und ihn zur «Jungfrau» umgebildet hat, es dann notwendig auch seine Weisheit in den andern Sinnen ausgieße. Darum ist es undenkbar, daß bei jemand einige der fünf Sinne «klug», die andern «töricht» seien, sondern auf alle Fälle sind sie entweder alle fünf weise oder alle töricht. Alle diese Sinne nun nehmen ihre «Lampen», … wenn sie annehmen, daß das Wort Gottes und der Sohn Gottes der Bräutigam der Kirche ist, und so «gehen sie hinaus» aus der Welt und aus den Irrtümern der vielen Götter und «ziehen» dem Erlöser «entgegen», der immerdar bereit ist, zu diesen Jungfrauen zu kommen, um vereint mit denen aus ihnen, die würdig sind, zur seligen Braut, der Kirche, einzugehen. Und solange nach der Aufnahme des WORTES das Licht der Treuen «vor den Menschen» leuchtet, «damit sie ihre guten Werke sehen und den Vater loben, der im Himmel ist», sind sie «kluge [Jungfrauen]», und sind solche, welche das «Öl», das die Flamme nährt, mit sich nahmen, das WORT der Unterweisung nämlich, das immer durch die guten Werke nachgegossen wird; und sie füllen die Gefäße ihrer Seelen mit diesem WORTE, das sie bei den Lehrern und Überlieferern kaufen, soviel sie brauchen, selbst wenn ihr Ende sich hinauszögert und das WORT noch verweilt, das zu ihrer Vollendung kommen soll. Denn um voll-endet und außerhalb der Welt gestellt zu werden, eilen[1] sie zu ihm. Denen es aber nach dem Beginn ihres Christenlebens nicht daran gelegen ist, eine so hohe Unterweisung des WORTES zu empfangen, die ihnen bis ans Ende ausreicht, … die sind «töricht», sie nahmen zwar am Anfang ihre «Lampen» angezündet mit sich, aber für einen so weiten Weg: «hinauszugehen dem Bräutigam entgegen», nahmen sie nicht Öl [genug] mit sich. «Da aber der Bräutigam verzögerte, wurden alle Jungfrauen schläfrig und schliefen ein.» Während der Bräutigam ausbleibt und das WORT nicht gleich kommt, ihr Leben zu vollenden, leiden gleichsam die Sin-

[1] Vgl. Text 885, 887.

ne etwas, während sie sozusagen in der Nacht dieser Welt weilen und schläfrig werden. Sie «schliefen» also zwar, indem sie von ihrer wachen Spannung nachlassen, aber jene Klugen verloren doch nicht ihre Lampen und verzweifeln nicht daran, ihr Öl zu bewahren ... «Um Mitternacht aber», das heißt auf dem Höhepunkt jener Abspannung und in der Mitte zwischen dem erloschenen Lichte des Abends und dem noch erhofften des Tages «erklang eine Stimme»: die Stimme der Engel, denke ich, welche die schlummernden Sinne wecken wollen, ... um sie aufzurufen dem Bräutigam entgegen. Und innen in den Sinnen der Schlafenden rufen sie: «Siehe, der Bräutigam kommt, steht auf, ihm entgegen ...» Alle hörten es zwar und «standen auf», nicht alle aber richteten auf geziemende Weise ihre Lampen her ... Und zu unpassender Zeit «sagten die Törichten zu den Klugen: gebt uns von eurem Öl ...» Denn waren sie auch Törichte, so viel verstanden sie doch, daß sie mit Licht dem Bräutigam entgegengehen müßten, alle Lampen der Sinne entzündet tragend ... – Und da diese Parabel vor der ganzen Öffentlichkeit vorgetragen wurde, so fügt Christus nachher vor seinen Jüngern hinzu: «Wachet also, denn ihr wißt weder Tag noch Stunde.»

(472) Wenn der Apostel im Korintherbrief zuerst schreibt: «An die Kirche Christi in Korinth, den Geheiligten in Jesus Christus, den berufenen Heiligen», dann aber, als ob die folgenden einer andern Stufe und Ordnung angehörten, gewisse andere also anschließt: «zusammen mit allen andern, die den Namen unseres Herrn Jesus Christus anrufen an jeglichem Ort bei ihnen und bei uns», so sieh zu, ob hier nicht ein Unterschied gemacht wird zwischen denen, die er die «Kirche Gottes» nennt, ... und denen, die «den Namen unseres Herrn Jesus Christus anrufen». Und achte, ob diese Verschiedenheit nicht auf etwas Ähnliches verweist, wie [der Römerbrief], wo er lehrt, daß der Name des Herrn nicht angerufen werden kann, wenn nicht vorher an Christus geglaubt werde. Wenn aber einer an Christus glaubt, auch wenn er noch nicht «geheiligt ist» und noch nicht dem Leibe der Kirche angegliedert, so muß er doch bereits den Namen dessen anrufen, an den er glaubt. Denn Christus kam, um die Welt dem Vater zu versöhnen und die an ihn Glaubenden dem Vater darzubringen. Die er aber dem Vater darbringt, die nimmt

der Heilige Geist auf, um sie zu heiligen[1], und um sie als Glieder der «himmlischen Kirche der Erstlinge» lebendig zu machen.

(473) Jene Fische [der Parabel], die mit Netzen ... aus dem Wasser gezogen wurden, sterben ... Wenn aber jemand durch die Fischer Jesu gefangen und aus dem Meere der Welt herausgefischt wurde, so stirbt er zwar auch, aber der Welt, aber der Sünde und nach diesem Tode für Welt und Sünde wird er vom WORTE Gottes belebt ... Bist du also aus dem Meere gestiegen, hat dich das Netz der Jünger Jesu gefangen, so kehre dich weg vom Meere, vergiß es, steige auf die «Berge», die Propheten, und auf die «Hügel», die Gerechten, und habe dort deinen Wandel, damit wenn für dich der Tag des Auszugs herankommt, die vielen «Jäger» ausgesandt werden, die nicht dieselben sind wie die «Fischer» ...: «Siehe, ich sende viele Fischer aus», spricht der Herr, «und die werden sie fangen. Und nach diesem werde ich viele Jäger ausschicken, und die werden sie erjagen droben auf allen Bergen und auf allen Hügeln.»

GNADE

GLAUBE ALS GNADE

Während Augustinus später im Kampf gegen die Pelagianer die menschliche Freiheit so sehr in die göttliche Gnade einbettet, daß gerade die (wahre) Freiheit zu einer Wirkung der Gnade wird, muß Origenes im Kampf gegen eine naturalistische Gnosis (welche das Gute und Böse in die von Gott geschaffene Natur verlegte) die menschliche Freiheit betonen. Seine bezeichnende Lösung ist diese, daß einerseits alle Naturkräfte von Gott gegeben und erhalten sind, der Mensch aber in ihrer guten oder bösen Anwendung frei ist; daß es anderseits im Gebiet der Tugenden je eine menschliche, ‹natürliche›, durch eigenes Tun zu erwerbende, und eine entsprechende göttliche, ‹übernatürliche›, nur als Gnade verliehene Tugend gibt. Gott gibt diese Gnadengabe in Freiheit dem, der sich um die natürliche Tugend müht, ist aber keineswegs dazu verpflichtet.

[1] Mit dieser Heiligung ist die Taufe gemeint, in der allein der Heilige Geist empfangen wird.

Origenes betont also gewiß stärker als Augustinus die Wahlfreiheit des Menschen und seine der Gnade gegenüberstehende Eigentätigkeit. Aber keineswegs ist er darum pelagianischer Tendenzen zu verdächtigen. Gottes Gnade und des Menschen Mitwirken greifen ineinander, aber so, daß Gnade immer streng ungesollt und frei bleibt und kein Menschenwerk den geringsten Anspruch auf sie erheben kann. Die ganze übrige Geistesart von Origenes und das ganze System seines Denkens schließen es aus, daß der Anstoß zur Umkehr (initium fidei) *vom Menschen ausgehe (474–488).*

(474) «Auch wenn einer vollkommen ist aus den Söhnen der Menschen, wenn ihm die Weisheit fehlt, die aus dir ist, so wird er wie nichts erachtet.» Auf gleiche Weise können wir sagen: «Auch wenn einer vollkommen ist» im Glauben «aus den Söhnen der Menschen, wenn ihm» der Glaube «fehlt, der aus» deiner Gnade «ist, so wird er wie nichts erachtet ...» Und so ist es in allem ...: Es gibt eine gewisse Vollkommenheit unter den Menschensöhnen, die sie durch eigene Arbeit und Mühe erwerben, sei es in der Weisheit oder in der Unterweisung oder in den andern Ämtern. Aber wenn sie nicht die von Gott gegebene Gnade haben, sind sie nichts, denn wenn die Gnade des Geistes fehlt, so können sie nicht Glieder des Leibes Christi sein.

(475) «Warum versteht ihr meine Rede nicht? Weil ihr mein Wort nicht hören könnt.» Der Grund, sagt er, warum ihr «meine Rede» nicht «verstehen» könnt, ist, daß ihr «mein Wort nicht hören könnt». Vor allen andern also müssen wir uns das Vermögen des Hörens für das göttliche WORT verschaffen, damit wir sodann fähig werden, alle Reden Jesu zu verstehen ... Denn solange einem das Gehör nicht geheilt wird von dem WORTE, das da zum Tauben spricht: «Öffne dich», kann er nicht hören.

(476) Ich glaube aber, daß hier das Wort «hören» das Verstehen des Gesagten bedeutet, das Wort «verstehen» aber die innere Zustimmung des Verstehenden, der erleuchtet ist vom Licht der Einsicht in das Gesagte.

(477) Und siehe, eine Kananäerin ging «aus jenen Grenzen hinaus und rief mit lauter Stimme: Erbarme dich meiner, Sohn Davids, meine Tochter wird schrecklich von einem Teufel geplagt». Ich meine aber, wenn sie nicht «aus jenen Grenzen» herausgetreten

wäre, so hätte sie nicht mit dem großen Glauben, der von ihr bezeugt wird, zu Jesus rufen können. Es geht aber einer, «im Maße er Glauben hat», aus den «Grenzen» der Heiden heraus.

(478) «Ich aber, wenn ich die Wahrheit sage, so glaubt ihr mir nicht.» Sieh aber zu, ob nicht jemand dem Gleichen in einer Hinsicht glauben, in der andern nicht glauben kann, wie zum Beispiel jene, die ... an den Jesus glaubten, der in Judäa die aufgezeichneten Wunder und Zeichen wirkte, nicht aber an den Sohn dessen, der Himmel und Erde schuf: sie glauben an Gott und glauben nicht an Gott. Und wiederum, die an den Vater Jesu Christi glauben, nicht aber an den Schöpfer und Bildner dieses Alls, die glauben und glauben nicht demselben. Aber auch die, die an den Schöpfer Himmels und der Erde glauben, nicht aber an den Vater Jesu, der unter Pontius Pilatus gekreuzigt wurde, glauben an Gott und glauben nicht an ihn. Damit also nicht ein offenbarer Widerspruch vorliege, den der Schreiber dieses Evangeliums gleichsam nicht bemerkt hätte, so werden wir sagen: Von dem es heißt, er habe «zu den Juden, die an ihn glaubten», gesagt: «ich aber, wenn ich die Wahrheit sage, glaubt ihr mir nicht», der hat zu solchen geredet, die Ihm in einer Hinsicht glaubten, in der andern nicht. Und man kann mit Recht annehmen, daß sie zwar gemäß den äußerlich gesehenen Wundern glaubten, daß sie aber nicht seinen tiefern Worten glaubten. Dies Wort: «Weil ich die Wahrheit sage, glaubt ihr mir nicht», stimmt aber zu dem anderen: «Ihr werdet die Wahrheit kennen», das zu solchen gesagt ist, die die Wahrheit noch nicht erkannten. Wie wenn er sagte: Sofern ich Wunder tue, glaubt ihr mir, sofern ich aber «die Wahrheit sage, glaubt ihr mir nicht». Man kann das aber auch heute noch bei vielen wahrnehmen, welche zwar Jesus bewundern, wenn sie auf seine Geschichte schauen, aber nicht mehr glauben, wenn ihnen der tiefere Sinn, der ihre Fassungskraft übersteigt, auseinandergelegt wird – sie vermuten dann, daß er falsch ist.

(479) «Er wirkte dort nicht viele Wunder, wegen ihres Unglaubens ...» Oder wie Markus schreibt: «Er konnte nicht wirken ...» Nicht: Er wollte nicht, sondern: «Er konnte nicht», gleich als ob die Mitwirkung des Glaubens dessen, auf den die Kraft einwirkt, der wirkenden Kraft zu Hilfe käme, während

diese vom Unglauben verhindert würde ... Und wie es bei Körpern eine natürliche Anziehungskraft des einen zum andern gibt, wie des Magnets zum Eisen und des sogenannten Naphta zum Feuer, so vielleicht auch eine solche des Glaubens zur göttlichen Wirkkraft ... Mir will aber scheinen, daß, wie bei den körperlichen Dingen weder die Bestellung des Bodens für sich allein zur Früchtegewinnung genügt, wenn nicht die ganze umgebende Natur dazu mithilft (oder besser der, welcher die umgebende Natur mit der Beschaffenheit ausstattet, die ihm genehm ist), noch auch die umgebende Natur ohne die Bodenbestellung (oder besser der, welcher die Vorsehung übt, und die Pflanzen der Erde nicht ohne den Landbau wachsen läßt), ... auf gleiche Weise auch die wirkenden Kräfte [Jesu] ein selbständiges Heilungswerk nicht vorweisen können ohne den Glauben der zu Heilenden, und auch der Glaube für sich nicht, wie groß er auch sein mag, ohne die göttliche Kraft. Du kannst, was von der Weisheit geschrieben steht, auch auf den Glauben und auf jede einzelne Tugend anwenden, so daß man sagen kann: Auch wenn einer vollkommen wäre im Glauben unter den Menschensöhnen, wenn ihm die Kraft aus dir fehlt, so wird er gleich nichts geachtet; oder wäre er vollkommen in der Mäßigkeit, soweit dies unter Menschensöhnen möglich ist, und es fehlt ihm die Mäßigkeit aus dir, so wird er gleich nichts geachtet ... Daher denn: «Es rühme sich der Weise nicht in seiner Weisheit und der Starke nicht in seiner Kraft», denn was des Ruhmes wert ist, ist nicht das unsere, sondern ist Geschenk von Gott, ist die Weisheit von ihm her und die Kraft von ihm her, und so alles andere.

(480) Was ist es, was Gott pflanzt? Moses sagt, daß «Gott das Paradies pflanzte». Aber auch jetzt pflanzt Gott noch, und pflanzt täglich in den Herzen der Gläubigen. Im Herzen, aus dem er den Zorn ausreißt, pflanzt er die Milde, und in welchem er den Stolz ausreißt, pflanzt er die Demut.

(481) Wenn man untersucht, was Gott dem Menschen schenkt, und was der Mensch mit dem, was er von Gott mit auf den Weg erhalten, leistet, ... so findet man, daß Gott dem Menschen alle Strebungen und alle Regungen mitgegeben hat, durch welche er zur Tugend hin versuchen und fortschreiten kann, dazu ihm noch die Kraft der Vernunft eingepflanzt hat, mit der er einsehen

kann, was er zu tun hat, was zu meiden … Wenn aber der Mensch, mit diesen Gaben ausgestattet, es vernachlässigt, den Weg der Tugend zu beschreiten, da ihm doch von Gott nichts fehlt, so wird er überführt, in den Dingen selbst versagt zu haben, die ihm von Gott gegeben wurden.

(482) [Christus] lobt jene, die mit ihren ganzen Kräften das Geringere tun, mehr als die, die etwas Größeres vollbringen mit einer Kraft, die noch mehr leisten könnte … Als Jesus … die arme Witwe sah, wie sie zwei kleine Stücke in den Kasten warf (die vielleicht einfältig über die göttlichen Dinge dachte … und diesen Einsichten gemäß lebte), sprach er: «Wahrlich ich sage euch, diese arme Witwe hat mehr als alle andern gegeben.»

(483) Sehen wir nun den Sinn des Wortes: «Es ist also nicht Sache des Wollenden noch des Laufenden, sondern des erbarmenden Gottes.» Die Gegner sagen: Ist es also «nicht Sache des Wollenden noch des Laufenden, sondern des erbarmenden Gottes», so hängt unsere Rettung nicht von uns ab, sondern von der Natur, die uns der gab, der uns zu solchen machte, oder von dem Gutdünken dessen, der «sich erbarmt, wessen er will». Von diesen ist zunächst zu erfragen: Das Gute wollen, ist das gut oder schlecht? Und der Lauf, der ans Ziel will im Drang nach dem Guten, ist der lobens- oder tadelnswert? Sagen sie tadelnswert, so antworten sie gegen allen Augenschein … Wählen sie ein drittes, daß der Wille des Guten und der Lauf zum Guten an sich etwas Indifferentes sei, … dann antworten wir: wenn der Wille zum Guten und der Lauf zum Guten etwas Indifferentes ist, so offenbar auch dessen Gegenteil: nämlich der Wille zum Bösen und der Lauf auf das Böse. Der aber ist offenbar nicht indifferent … Es sagt aber Salomon … im Buch der Psalmen: «Wenn der Herr nicht das Haus baut, so bauen die Bauleute vergebens, wenn der Herr nicht die Stadt bewacht, so wacht der Wächter vergebens», nicht als ob er uns dadurch vom Hausbau abwendig machen wollte, oder uns lehren, nicht zu wachen zur Behütung der «Stadt» unserer Seele, sondern um zu erweisen, daß alles ohne Gott Gebaute und von ihm nicht Bewachte eitel gebaut und vergeblich bewacht ist … Weil das menschliche Wollen nicht hinreicht, das Ziel zu erreichen, und der Lauf derer, die gleichsam Wettläufer sind, nicht, um den Siegespreis der höheren Berufung

Gottes in Christus Jesus zu erringen – denn mit dem Beistand Gottes werden diese Dinge zur Vollendung gebracht –, darum wird mit Recht gesagt: «Es ist nicht Sache des Wollenden noch des Laufenden, sondern des erbarmenden Gottes ...» Unsere Vollendung geschieht nicht ohne irgendein Mittun unsererseits, aber Gott wirkt bei ihr das meiste, ... überschwenglich viel mehr ist, was Gott tut, als was wir tun ... Es folgt aber auf jene Worte: «Das Wollen und das Wirken ist aus Gott.» Und da sagen einige: Wenn das Wollen aus Gott ist und das Wirken aus Gott ist, so ist es uns doch auch von Gott beschieden, wenn wir böse wollen und böse wirken; gilt aber das, so sind wir nicht frei. Und wiederum, wenn wir das Bessere wollen und das Ausgezeichnetere wirken, wenn Wollen und Wirken von Gott ist, so sind nicht wir es, die das Bessere getan haben: wir schienen es nur zu tun, Gott aber gab es, so daß wir auch hier nicht frei sind. Zu antworten ist, daß der Apostel an der Stelle nicht sagt: Das Wollen des Bösen ist aus Gott, oder das Wollen des Guten ist aus Gott, und gleicherweise das Wirken des Bessern oder Schlechtern, sondern das Wollen-überhaupt und das Wirken-überhaupt. Denn wie wir es von Gott haben, daß wir Lebewesen sind und Menschen sind, so auch, daß wir überhaupt wollen, wenn ich so sagen darf, und überhaupt [geistig] bewegt werden. Wie wir es bekommen haben, Lebendige zu sein, bewegt zu werden und zum Beispiel diese bestimmten Glieder zu regen, Hände oder Füße, und es doch nicht recht gesagt wäre, daß wir von Gott diese einzelne Handlung haben: zu schlagen, zu morden oder Fremdes zu stehlen, sondern das allgemeine Bewegtwerden halten wir von Gott, wir aber gebrauchen das Bewegtwerden entweder zum Schlechten oder zum Guten: ebenso haben wir das Wirken, das uns zu lebendigen Wesen macht, von Gott, und haben das Wollen vom Schöpfer, wir aber machen vom Wollen einen Gebrauch entweder zum Besten hin oder zum Entgegengesetzten.

(484) Wenn es heißt: «Dem, der Werke bat, wird der Lohn nicht der Gnade gemäß, sondern der Gerechtigkeit gemäß zugerechnet, wer aber an den glaubt, der den Gottlosen rechtfertigt, dem wird der Glaube als Gerechtigkeit angerechnet», so scheint damit gesagt zu sein, daß im Glauben zwar die Gnade des Rechtfertigenden sei, im Werke aber die Gerechtigkeit des Vergeltenden.

Wenn ich aber auf die Erhabenheit des WORTES blicke, so mag ich mich kaum davon überzeugen, daß es ein Werk gibt, welches die Entgeltung Gottes wie ein Gesolltes verlangen kann, da wir ja dies selbst, daß wir etwas tun oder denken oder reden können, nur durch seine Gabe und Freigebigkeit zu leisten vermögen[1].

(485) Nichts von dem, was Gott der geschaffenen Natur gibt, gibt er ihr als ein Gesolltes, sondern alles schenkt er ihr als Gnade. [Die Sünde dagegen hat eine Forderung auf den Tod: «Der Tod ist der Sold der Sünde.»] In keiner Weise aber ist das Ewige Leben ein Sold und gleichsam eine Auszahlung von seiten Gottes, es ist vielmehr seine Gnade ... Und man darf nicht meinen, es sei wegen unserer guten Werke, daß er im Evangelium sagt: «Nach dem Maße, mit dem ihr meßt, wird euch wiedergemessen werden.» Denn «ihr seid durch Gnade gerettet worden, und das ist ein Geschenk Gottes, damit niemand sich rühme». Vielmehr muß man glauben, daß es die Strafe ist, die «nach dem Maße» der Sünden ausgeteilt wird.

(486) Wenn es aber scheinen sollte, daß ebendas, was aus dem Glauben gegeben wird, nicht umsonst gegeben wird, weil der Mensch zuerst seinen Glauben darbieten muß, und so die Gnade von Gott verdient wird, so vernimm, wie der Apostel über diesen selben Gegenstand anderswo lehrt. Denn wo er die Gaben des Geistes aufzählt, von denen er sagt, daß sie nach dem Verhältnismaße des Glaubens den Gläubigen gegeben werden, da nennt er unter anderen auch die Gabe des Glaubens, als vom Heiligen Geiste gegeben.

(487) Daß aber zur Gerechtigkeit das Gesetz des Glaubens genügt, auch wenn wir gar keine Werke aufzuweisen haben, läßt sich am Schächer beweisen, der mit Jesus gekreuzigt wurde, und am sündigen Weibe, von dem Lukas erzählt ... Denn aus keinerlei Werk, sondern aus dem Glauben werden dieser die Sünden ver-

[1] Daß diese stark augustinische Stelle nicht notwendig von Rufin hinzugefügt sein muß, bezeugt das folgende, griechisch erhaltene Fragment. Auch 487 ist griechisch erhalten. 484 bis 488 entstammen dem Römerbrief-Kommentar, dem letzten und reifsten Werk Origenes'. Die Apologetik der Freiheit gegen die naturalistische Gnosis tritt hier zurück und macht echt paulinischer Glaubenstheologie Platz.

geben, und sie bekam die Worte zu hören: «Dein Glaube hat dich gerettet; gehe in Frieden.» Daß aber die nach der Rechtfertigung begangene Ungerechtigkeit die Gnade des Gerechtfertigten zerstört, das zeigt [Paulus] weiter unten deutlich. Ich aber glaube, daß auch die vor dem Glauben getanen Werke, auch wenn sie recht zu sein scheinen, ihren Täter nicht rechtfertigen, weil sie nicht über der geeigneten Grundlage des Glaubens auferbaut sind.

(488) Sowohl im Römerbrief wie im Korintherbrief scheint er mir drei Arten zu lehren, auf die man Gnade erhalten kann, um dabei anzuzeigen, daß wir etwas darin mitwirken, das meiste aber in einem Geschenk Gottes besteht. Er setzt also, daß es ein «Verhältnismaß des Glaubens» gibt, nach welchem einer Gnade bekommt, er setzt ferner, daß sie gegeben wird «zu dem, was förderlich ist», endlich, daß der Geist austeilt, «wie er will». Daß also ein solcher Glaube in uns gefunden werde, wie er notwendig ist, um eine höhere Gnade zu verdienen, das scheint aus unserem Werk und unserer Anstrengung zu stammen, daß er aber «zu dem, was förderlich ist» und was dem Empfänger nützlich ist, gegeben wird, das hängt von Gottes Urteil ab, und erst recht liegt es an ihm, ob «er geben will» … Wenn es aber heißt, die Gnade werde ausgeteilt «zu dem, was förderlich ist», [kann man schließen,] daß zwar vielleicht das «Verhältnismaß des Glaubens» in einem so groß ist, daß er verdiente, eine höhere Gnade zu empfangen, der Heilige Geist aber, in der Voraussicht, daß [diese Gnade] dem Erhaltenden nicht nützlich sein würde, notwendigerweise jedem so austeilt, wie er «will» und es «förderlich» ist.

Werk aus Natur und Werk aus Gott

Die Lehre vom positiven Wert der Werke ergibt sich schon aus dem Vorhergehenden. Klar ist, daß ‹übernatürlichen› Wert nur jene Werke haben, die auf der Grundlage des ‹übernatürlichen› Glaubens (der Gnade ist) aufgebaut sind (489–492). Was aber sind dann die ‹guten› Werke der Ungläubigen wert? Origenes hält hier eine kluge und feine Mitte zwischen der wahllosen Gleichsetzung der heidnischen und christlichen Sittlichkeitswerte und zwischen der strengen augustinischen Verwerfung der heidnischen Tugenden als verkappter Laster (weil nur aus der Gottesliebe die rechte sittliche Gesinnung erwachse). Zweifellos wird diese ‹humane› Versöhnlichkeit bei Origenes gefördert durch seine Wiederbringungslehre (S. 4. Teil). So scheint der Glaube oft fast auf eine Stufe mit den andern, sittlichen Tugenden zu rücken (493). Aber Origenes vergißt doch nie, daß alles natürlich und menschlich Gute, am Maßstab des übernatürlich Guten gemessen, unmöglich bestehen kann (494–496). Es ist nur ‹billiges Öl› gegenüber dem ‹duftenden Salböl› der Kirche (497). Ja, diese Schätzung nähert sich sogar der augustinischen (498–502). Und letztlich kann der Mensch Gott nur Seine Gaben darbringen (503).

(489) Man muß wissen, daß die Werke, die Paulus verwirft und öfter tadelt, nicht die Werke der Gerechtigkeit sind, die vom Gesetze geboten werden, sondern die, deren jene sich rühmen, die das Gesetz nach dem Fleische beobachten … Wer aber durch die Gnade gerechtfertigt ist, von dem werden diese Werke in keiner Weise mehr gefordert, sondern darauf muß er achten, daß die empfangene Gnade in ihm nicht leer bleibe, wie denn Paulus sagt: «Seine Gnade ist in mir nicht leer geblieben, sondern ich habe mehr als alle andern gearbeitet.» Und wiederum, der Gnade eingedenk, fügt er bei: «Nicht ich, sondern die Gnade Gottes mit mir.» Nicht läßt also die Gnade den «leer» sein, der ihrer würdige Werke folgen läßt und der sich nicht undankbar der Gnade Gottes gegenüber zeigt … Läßt du aber die Gnade nicht «leer» sein, so wird dir die Gnade vervielfacht werden, und du wirst gleichsam als Lohn der guten Werke die Fülle der Gnaden erlangen.

(490) Die Beobachtung des Gesetzes entflieht nur der Strafe, das Verdienst des Glaubens aber wartet auf die Hoffnung der Verheißung. Und das Gebot wird Knechten gegeben, der Glaube wird von Freunden gefordert.

(491) Auch wenn einer Gesetzeswerke aufzuweisen hat – wo der Glaube nicht ist, der den Glaubenden rechtfertigt, da können jene, auch wenn sie gut zu sein scheinen, ihren Täter doch nicht rechtfertigen, weil sie nicht auf der Grundlage des Glaubens aufgebaut sind, weil der Glaube fehlt.

(492) Kann man etwa durch natürliches Empfinden etwas von jener Gerechtigkeit erspüren, die sagt: «Seht zu, daß ihr eure Ge-

rechtigkeit nicht vor den Menschen wirket», und: «es wisse deine Linke nicht, was deine Rechte tut»? Derartiges und eine solche Gerechtigkeit vermag das Naturgesetz nicht einzugeben, und darum spricht der Apostel: «Nun aber ist ohne Gesetz», der Natur nämlich, «Gottes Gerechtigkeit kundgeworden», zum Zeugnis habend das Gesetz Moses' und der Propheten, in denen der Heilige Geist vielerlei in Bildern und Gleichnissen von der Gerechtigkeit Gottes geschrieben hatte … Denn das Naturgesetz kann Gelegenheiten bieten und Einsicht verschaffen, sei es in das, was unter Menschen zu tun die Billigkeit fordert, sei es dazu, daß Gottes Dasein gefühlt werde. Wer aber kann durch natürliches Gefühl spüren, daß Christus Gottes Sohn ist?

(493) Wie aber kann der Apostel den Heiden, die noch nicht glauben, eine so große Hoffnung offen lassen, wo doch die Regel der Kirche dagegen zu stehen scheint, welche aufstellt, daß wer «nicht wiedergeboren ist aus dem Wasser und dem Heiligen Geiste, in das Himmelreich» nicht eingehen kann? Und Petrus wiederum in der Apostelgeschichte sagt: «Denn es ist kein anderer Name unter dem Himmel, in dem wir gerettet werden könnten.» Wie also könnten diese Heiden «der Herrlichkeit, der Ehre und des Friedens teilhaftig werden», an zweiter Stelle «nach den Juden»? … Es kann vorkommen, daß entweder einer aus denen, die unter dem Gesetze sind, auch wenn er wegen der allgemeinen Überzeugung [seines Volkes] nicht an Christus glaubt, dennoch das Gute tut, die Gerechtigkeit einhält, Keuschheit und Enthaltsamkeit beobachtet, Mäßigkeit und Sanftmut bewahrt und jedes gute Werk ausübt: ein solcher kann, auch wenn er das «ewige Leben» nicht hat, … nicht zugrunde gehen. Oder wenn er ein «Grieche» ist, das heißt ein Heide, … und von der natürlichen Vernunft bewegt, wie wir es viele aus den Heiden tun sehen, die Gerechtigkeit hält oder die Keuschheit wahrt, oder die Klugheit, die Mäßigkeit, die Bescheidenheit beobachtet, so wird er, auch wenn er dem «ewigen Leben» fremd zu bleiben scheint, weil er nicht an Christus glaubt und nicht «in das Himmelreich eingehen kann», weil er nicht «wiedergeboren ist aus dem Wasser und dem Heiligen Geiste», doch nach dem, was der Apostel hier sagt, der «Herrlichkeit, der Ehre und des Friedens» der guten Werke nicht völlig verlustig gehen können … Wie dem, der den

Glauben hat, wenn er eine andere Sünde [als die des Unglaubens] begeht, trotz seines heilen Glaubens das Gericht nicht erspart bleibt, so wird dem Ungläubigen, wenn er ein gutes Werk getan, mit Ausnahme des Unglaubens, der Lohn nicht vorenthalten werden. Es sei denn, jemand wollte etwas Hartes und Unerträgliches einwenden: daß der Sündigende unter die Ungläubigen zu rechnen sei, weil der Glaubende nicht sündige, und wer sündigt, eben dadurch seines Unglaubens überwiesen sei.

(494) Der Apostel nennt zwar die Ehe ein Geschenk, weil, wie geschrieben steht, «das Weib dem Manne von Gott zugestaltet wurde», aber nicht dieses Geschenk ist «geistig». Auch vieles andere noch kann ein Geschenk Gottes genannt werden, wie Reichtum und Körperstärke, eine hübsche Gestalt, ein irdisches Reich. Denn auch dies ist von Gott gegeben, wie Daniel sagt: «Denn er macht die Könige und wechselt sie.» Aber die «geistigen Gaben» sind das nicht.

(495) «Wenn ihr alles getan, was euch aufgetragen ist, dann müßt ihr sprechen: wir sind unnütze Knechte.» Ich glaube, daß, wenn einer das in den Worten: «wende dich ab vom Bösen und tue das Gute» Aufgetragene vollbringt, er in der Vergleichung mit dem, was die andern Menschen treiben, zwar das Gute tut, in der Vergleichung aber mit dem wahrhaft Guten – da doch «nicht gerechtfertigt wird vor Gott alles Lebendige» und alle menschliche Gerechtigkeit sich als Nicht-Gerechtigkeit erweist, wenn einmal Gottes Gerechtigkeit sichtbar wird – keiner, der im Vergleich zu den Tieferstehenden gut genannt werden könnte, vor dem Angesicht des guten Gottes die Bezeichnung gut sich herausnehmen könnte.

(496) Wenn einer das ausbildet, was immer er aus natürlicher Veranlagung hat, so erhält er das gleiche aus der Gnade Gottes, damit er die Fülle habe und die Festigkeit in seinem Besitz. Denn nicht nur von der Weisheit allein, sondern von jeder Tugend ist es zu verstehen, was Salomon sagt: «Auch wenn einer vollkommen ist unter den Menschensöhnen, fehlt ihm deine Weisheit, so wird er als Nichts erachtet.» So auch, wer vollkommen ist in der Keuschheit oder in Gerechtigkeit oder in Kraft oder in Frömmigkeit, aber nicht die Keuschheit, die Gerechtigkeit, die Kraft oder die Frömmigkeit hat, die aus der Gnade Gottes stammt: ein

solcher Mensch wird als Nichts erachtet. Wollen wir also, daß uns die vollkommenere Tugend geschenkt werde und sie in uns zur Fülle gelange, so suchen wir uns zu erwerben, was unter Menschen vollkommen ist, und das mit aller Sorgfalt; haben wir es uns dann erworben, so müssen wir, in der Einsicht, daß all dies ohne die Gnade Gottes … als nichts erachtet» wird, uns selbst demütigen «unter der gewaltigen Hand Gottes» und ihn bitten, indem wir «reine Hände ohne Zorn und Streit aufheben», es möge uns die Vollendung all der Güter, die in uns sind, aus Gott gegeben werden, damit er uns vollende und gott-wohlgefällig mache, als Kinder Gottes.

(497) Gesetzt, jemand tut einem Menschen etwas Gutes, von der natürlichen Gerechtigkeit getrieben, nicht um Gottes willen – wie es die Heiden oft taten und viele Menschen immer noch tun –, so ist dieses Werk ein billiges «Öl», von schwachem Wohlgeruch, aber auch das ist Gott genehm, wie es Daniel bedeutet, wenn er zu Nabuchodonosor sagt, der Gott nicht kannte: «Hör meinen Rat, König, und sühne deine Sünden durch Almosen.» Etwas Ähnliches sagt auch Petrus bei Clemens[1], daß die guten Werke der Ungläubigen ihnen in *dieser* Welt nützen, nicht aber in der andern zur Erlangung des Ewigen Lebens. Und das mit Recht, weil sie sie ja nicht um Gottes willen, sondern um der menschlichen Natur willen tun. Die sie aber um Gottes willen tun, das heißt die Gläubigen, die haben nicht nur in dieser Welt Nutzen davon, sondern auch in der andern, und vorwiegend in der andern. Was aber die Gläubigen um Gottes willen tun, das ist das «wohlduftende Öl». Und aus diesem Werke der Gläubigen für Gott, das das «Salböl» ist, wird ein Teil für den Nutzen der Menschen vollbracht, zum Beispiel Almosen, Krankenbesuch, Aufnahme der Fremden, Demut, Milde, Nachsicht und anderes derart, was den Menschen förderlich ist. Wer das Christus gegenüber tut, der «salbt die Füße des Herrn», denn jene sind die Füße des Herrn, mit denen er noch immer auf der Wanderung ist … Welche aber der Keuschheit sich befleißen, in «Fasten und Gebeten» verweilen, in Widrigkeiten Geduld haben wie Job, in Versuchungen die Wahrheit Gottes zu bekennen sich nicht fürch-

[1] Lies Pseudo-Clemens: Recognitiones X, 2 (PL I, 1420–1421).

ten – alles Dinge, die den andern Menschen nicht nützen, sondern allein der Ehre Gottes förderlich sind – : das ist das «Salböl», das auch das Haupt des Herrn Christus salbt, und von da über den ganzen Leib Christi herabfließt, das heißt über die ganze Kirche, und es ist ein gar kostbares «Salböl», von dessen Duft «das ganze Haus erfüllt» wird, nämlich die ganze Kirche Christi.

(498) Gott will von denen Wohltaten annehmen, deren Geist Gott schaut und die Gott geweiht sind durch den Glauben. Der Heide aber, auch wenn er etwas Sittliches und Anerkennenswertes in seinem Wandel zu haben scheint – seine Anständigkeit ist darum nicht geheiligt, weil er die Tugend seiner Seele nicht Gott zuschreibt, sondern seinem überheblichen Ehrgefühl.

(499) «Liebe ohne Verstellung.» Ich halte dafür, daß alle Liebe, die nicht aus Gott ist, «verstellt» und nicht wahr ist. Denn dazu hat der Schöpfer der Seele, Gott, ihr mit den andern Tugenden auch die Neigung der Liebe eingepflanzt, damit sie Gott liebe und das, was Gott will. Da er also diesen Auftrag der Liebe in die Seele gesenkt hat, darum muß in jedem, der etwas anderes liebt als Gott und was Gott gefällt, die Liebe als gefälscht und verstellt bezeichnet werden.

(500) Notwendig aber liebt, wer Christus liebt, auch seinen Nächsten.

(501) Für das Wort: «er verleugne sich selbst», scheint mir klärend zu sein, was von Paulus, der sich selbst verleugnete, gesagt wird und also lautet: «Ich lebe, nicht mehr ich, es lebt vielmehr in mir Christus.» … Es war die Stimme eines, der sich von sich selbst lossagte, gleichsam wie einer, der sein eigenes Leben verliert, in sich aber Christus aufgenommen hat, damit er in ihm lebe, als die Gerechtigkeit, als die Weisheit, als die Heiligung, als unser Friede und als die Macht Gottes, alles in ihm wirkend.

(502) Denn es besteht ein großer Unterschied zwischen einem, der aus Gnade redet, und einem, der aus menschlicher Weisheit redet. Es wurde ja tatsächlich oft die Erfahrung gemacht, daß gewisse beredte und gelehrte Männer, die nicht nur in der Redekunst, sondern auch in der Einsicht hervorragend waren, lange Zeit in der Kirche sprachen und einen ungeheuren Lobesbeifall ernteten, niemand aber der Zuhörer aus dem Gesagten die Zerknirschung des Herzens und Fortschritt im Glauben empfan-

gen hat, ... vielmehr mit einer gewissen Süßigkeit und nichts als etwas Lust in den Ohren geht man auseinander. Nicht selten dagegen sind es Männer von geringer Beredsamkeit, die nicht auf schöne Reden schauen, welche mit einfachen und schlichten Worten viele Ungläubige zum Glauben bekehren, Stolze zur Demut beugen, den Sündern den Stachel der Bekehrung einfügen. Und das ist gewiß ein Zeichen, ... daß sie aus der Gnade reden.
(503) Was ist es, was der Mensch Gott darbringt? Nichts anderes, als was im Gesetze geschrieben steht: «Meine Geschenke sind meine Gaben.» Aus dem also, was Gott gab, bringen nichtsdestoweniger die Menschen Gott dar. Was gab Gott den Menschen? Die Erkenntnis Seiner. Was gibt der Mensch Gott? Sein gläubiges Vertrauen und seine Liebe.

MENSCHENWEISHEIT UND GOTTESWEISHEIT

Ihr gegenseitiges Verhältnis spielt im Denken Origenes' naturgemäß eine große Rolle; durch die vorhergehenden Abschnitte ist es schon grundsätzlich geklärt. Die Analogie zwischen Natur(-werk) und Übernatur(-werk) spiegelt sich hier in der Verwurzelung des übernatürlichen Glaubensakts in einem alles Wissen und Tun grundlegenden natürlichen Glaubensakt (504), doch so, daß dieser indifferent, jener gut und in sich vernünftig ist (505).
Aber infolge der Sünde schiebt sich zwischen Menschenweisheit (die rein innerweltlich bleibt) und geoffenbarte Gottesweisheit ein hybrides Übergangsglied ein: das Reich des dämonisch-okkulten Wissens, das in der ausgehenden Antike ja weiteste Verbreitung beanspruchte, aber von Christus entlarvt und überwunden wird (506). Das Unzureichende menschlicher Weisheit (507–510), ihre Verführungsgefahr (511) hindert nicht, daß der Christ sich ihrer bediene (512). Denn Philosophie und Glaube können sich weitgehend decken (513). Nur ist jene vom menschlichen Irrtum zu reinigen (514–515); dann kann sie für die Sache des Glaubens einstehen (516).
Doch ist ‹jeder Mensch ein Lügner›, und die ganze Ebene des menschlichen Für und Wider läßt sich nur übersehen, wenn man das Menschliche überstiegen hat (517–518).

(504) Wer sich der Philosophie zuwendet, sei es, indem er sich aufs Geratewohl auf eine einzelne Philosophenschule wirft, oder weil er den geeigneten Lehrer gefunden hat, durch was läßt er sich bestimmen, wenn nicht durch den Glauben, daß jene Schule die bessere sei? Denn er wartet nicht, bis er sämtliche Lehren der Philosophen angehört hat und die verschiedenen Systeme und die Widerlegung der einen und die Begründung der anderen, um dann zu wählen, ob er Stoiker oder Platoniker oder Peripatetiker oder Epikuräer sein oder sonst einer philosophischen Sekte angehören will, sondern, einer gewissen unbegründbaren Neigung folgend, auch wenn er das nicht eingestehen will, widmet er sich zum Beispiel der stoischen Lehre, die andern beiseite lassend ... Muß man also, wie das Ausgeführte gezeigt hat, dem Stifter einer Philosophenschule bei den Griechen oder Barbaren glauben, wie müßte man es dann nicht viel mehr dem höchsten Gotte und dem gegenüber tun, der da lehrte, daß man ihn allein verehren müsse? Hängen nun einmal alle menschlichen Dinge vom Glauben ab, ist es dann nicht viel richtiger, Gott zu glauben als jenen? Denn wer geht aufs Meer oder heiratet oder zeugt Kinder oder wirft Samenkörner auf die Erde hin, und glaubte nicht, es werde ihm zum Guten ausschlagen, wenn das Gegenteil auch immer möglich bleibt und gelegentlich auch eintritt? Und dennoch wirkt es der Glaube, es werde schon gut und nach Wunsch ausgehen, daß ein jeglicher sich ans Undurchsichtige und Ungewisse heranwagt. Ist es also die Hoffung und der auf die Zukunft vertrauende Glaube, der das Leben in jeder Lage zweifelhaften Ausgangs trägt und wahrt, dann muß dieser Glaube doch mit Recht dem zugestanden werden, der einem Höhern als dem befahrenen Meere, der besäten Erde, dem geehelichten Weibe und den andern menschlichen Dingen sich vertraut, nämlich dem Gotte, der dies alles schuf, und dem, der mit überschwenglicher Großmut und göttlichem Hochsinn es gewagt hat, diese Lehre allen Menschen auf dem Erdkreis zu verkünden, unter großen Gefahren und mit einem Tode, der für ehrlos gilt.

(505) Zweifellos bewirkt der Glaube in uns eine solche [natürliche und darum scheinbar indifferente] Zustimmung. Aber wäre es nicht möglich, daß dieser Glaube als solcher sich als lobenswert erwiese, weil wir uns in ihm dem höchsten Gott gläubig anver-

trauen und demjenigen Dank sagen, der uns den Weg zu einem solchen glaubenden Vertrauen gezeigt hat, indem wir bekennen, daß er etwas so Erhabenes nicht ohne Gott unternommen und zu Ende geführt haben kann? Wir vertrauen aber auch der Gesinnung derer, die die Evangelien geschrieben haben, da wir bei ihnen einer Frömmigkeit und Gewissenhaftigkeit begegnen, die aus jedem Buchstaben hervorscheint, und sich darin nichts Falsches, Gewagtes, Erfundenes, Betrügerisches findet. Und was uns zu solcher Überzeugung führt, ist, daß diese Seelen, die nichts von dem gelernt haben, was die trügerische Sophistenkunst der Griechen lehrt mit ihrer großen Überredungsgabe und Spitzfindigkeit, ... nicht imstande gewesen sein können, Handlungen zu erfinden, welche von sich aus Kraft genug haben, zum Glauben und zu einem dem Glauben gemäßen Leben hinzuführen.

(506) Ich bin der Ansicht, daß die «Weisheit dieser Welt» ... zum Gegenstand hat die Dinge, die von dieser Welt sind. Sie hat keine Möglichkeit, aus sich etwas von der Gottheit oder dem Urgrunde der Welt oder irgendwelchen erhabenen Dingen oder über die gute und glückselige Lebensführung zu erspüren, sondern sie hat die Gestalt etwa der Poetik, der Grammatik, der Rhetorik, der Geometrie, der Musik, wozu vielleicht auch noch die Medizin zu zählen ist. In all diesem muß man die «Weisheit dieser Welt» sehen. «Die Weisheit der Fürsten dieser Welt» hingegen ist nach uns die Geheimwissenschaft der Ägypter, auch okkulte Philosophie genannt, die Astrologie der Chaldäer, die Wissenschaft der Inder, die hohe Dinge verspricht, aber auch die vielfache und bunte Gotteslehre der Griechen. Wir finden also in den heiligen Schriften, daß die einzelnen Völker ihre «Fürsten» haben; zum Beispiel lesen wir bei Daniel von einem gewissen «Fürsten» des Perserreiches, von einem andern «Fürsten des Reiches der Griechen», von denen der Zusammenhang deutlich zeigt, daß nicht Menschen, sondern irgendwelche höheren Mächte gemeint sind. Und auch beim Propheten Ezechiel ist mit aller Deutlichkeit ausgesprochen, daß der «Fürst von Tyrus» eine gewisse geistige Macht ist. Diese also und andere derartige «Fürsten dieser Welt», deren jeder seine «Weisheit» hat und seine Lehre sich baut, sahen unsern Herrn und Erlöser verheißen und

verkünden, er sei dazu gekommen, um alle Arten von «fälschlich sich Wissenschaft nennenden» Lehren zu zerstören, und stellten ihm sogleich nach, wenn sie auch nicht wußten, was er innen in sich verbarg. «Es rotteten sich» nämlich «zusammen die Könige der Erde, und die Fürsten kamen in eins gegen den Herrn und gegen seinen Christus.» In Kenntnis dieser Nachstellungen ... sagt der Apostel: «Weisheit reden wir unter Vollkommenen, nicht aber Weisheit dieser Welt, auch nicht die der Fürsten dieser Welt, die zerstört werden, sondern wir reden die Weisheit Gottes, die im Geheimnis verborgen ist, ... die keiner der Fürsten dieser Welt kennt ...»

(507) «Wer sich rühmt, der rühme sich im Herrn.» Weder also in der eigenen Weisheit, noch in der Stärke, noch in Reichtum darf man sich rühmen, sondern in Gott allein. Aber vielleicht sagst du: Gehört die Weisheit denn nicht zu den Tugenden der Seele? Und warum wäre es schuldhaft, sich in der Weisheit zu rühmen? So erfahre denn, wie vorsichtig das Wort der Schrift ist, das da für ungehobelt und bäurisch gilt. Es sagt nicht: «Es rühme sich der Weise nicht in» der «Weisheit», und nichts weiter, sondern es sagt: Er «rühme sich nicht in seiner Weisheit».

(508) Während also das Erlangen jener Weisheit, in der alles gegründet wurde, der menschlichen Natur unzugänglich ist (denn nach David hat «Gott alles in der Weisheit geschaffen»), so wurde das Unmögliche möglich gemacht durch unsern Herrn Jesus Christus, «welcher uns zur Weisheit aus Gott wurde und zur Heiligung der Sühne».

(509) «Ich glaubte, darum sprach ich. Ich sagte in meiner Entrükkung: jeder Mensch ist Lügner.» Da es unter den Menschen viele Ansichten gibt und viele sich um die Erforschung der Wahrheit bemühen, und da doch in all diesen Dingen dem Sohne Gottes der Vorrang gebührt, so haben die einen zwar, ohne vorher zu glauben, gesucht und nichts gefunden. Ich aber, weil ich «glaubte», bevor ich suchte, habe gefunden, und nicht nur gefunden, sondern ich «sprach» auch, ich verkündete den Völkern die Wahrheit, die ich gefunden. Und doch, da ich die Wahrheit fand, wurde ich in meiner Weisheit nicht stolz und blähte mich in meinem Wissen nicht auf, sondern wurde in eben dem Maße gedemütigt, als ich erkannte, daß Gott es ist, der alles Wissen

lehrt. Darauf erwog ich, was von Menschen und wie vieles von den Philosophen und auch unter den Barbaren über die Wahrheit geredet wurde, und daß sie bei all dem Aufwand von Mühe und Worten nichts gefunden, weil sie nicht «glaubten», bevor sie suchten. Und durch die Betrachtung all dieser Reden und Schriften geriet ich in eine «Entrückung», das heißt in ein staunendes Entsetzen darüber, daß das alles so fern der Wahrheit war, und sprach ...: «Jeder Mensch ist ein Lügner.»

(510) «Die Reden des Herrn sind keusch, im Feuer geläutertes Silber.» Wenn auch die Reden derer, die nicht auf seiten Christi stehen, schön sind, so sind sie doch nicht «keusch», weil sie von unzähligen Lügen durchsetzt sind; einzig die «Reden des Herrn sind keusch», denen keine Falschheit beigemengt ist und die so «keusch» sind, wie geprüftes und durch Guß gereinigtes Silber.

(511) Große Zier ist in den Worten und viel Schönheit in den Reden der Philosophen und Redner, die alle in der Stadt «Jericho» sich befinden, das heißt Menschen dieser Welt sind. Findest du also bei den Philosophen falsche Lehren in dem glänzenden Gewande der Sprache, so ist das die «goldene Zunge», sieh zu, daß dich die Pracht des Gewirks nicht blende, daß dich die Schönheit der goldenen Rede nicht hinreiße, denke daran, daß «Jesus» [der Sohn Naves] über alles Gold, das sich in Jericho vorfindet, den «Bann» ausgesprochen ... Nimmt einer es in sein Zelt, das heißt, läßt er in sein Herz ein, was von jenen gesagt wird, so befleckt er die ganze Kirche des Herrn.

(512) Wenn wir öfter etwas finden, was von den Heiden weise gesagt wurde, so brauchen wir nicht sogleich wegen des Namens des Schriftstellers auch seine Aussage zu verwerfen, und nicht darum, weil wir das Gesetz halten, das von Gott gegeben ist, brauchen wir uns in Stolz aufzublähen und die Worte der Klugen zu verachten, vielmehr sagt der Apostel: «Prüfet alles und behaltet das Gute.»

(513) Die Philosophie ist nämlich weder in allem dem Gesetze Gottes entgegen noch auch in allem ihm gleichlautend. Denn viele Philosophen schreiben von einem Gott, der alles geschaffen. Darin stimmen sie mit dem Gesetz überein. Einige fügten auch bei, daß Gott alles durch sein WORT geschaffen hat und regiert, und daß es das WORT Gottes ist, durch das alles geleitet

wird. Darin stimmen sie nicht nur mit dem Gesetz, sondern auch mit dem Evangelium überein. Die sogenannte Moral- und Naturphilosophie stimmt fast in allem mit uns überein. Sie ist uns entgegen, wenn sie den Stoff gleichewig wie Gott nennt, sie ist uns entgegen, wenn sie leugnet, daß Gott sich um Sterbliches kümmere und die Vorsehung auf die Räume über der Mondsphäre einschränkt. Sie ist uns entgegen, wenn sie den Lebenslauf der Geborenen von den Sternen abhängig sein läßt. Sie ist uns entgegen, wenn sie behauptet, diese Welt sei ewig und solle kein Ende nehmen.

(514) Was immer wir klug und vernünftig bei unsern Feinden gesagt finden, … das müssen wir reinigen, … denn es ist bei ihnen keine Wissenschaft, der nicht irgendetwas von Unreinheit beigemengt wäre.

(515) Menschliche Lehre ist zum Beispiel die Kunst der Grammatik oder der Rhetorik oder auch der Dialektik. Aus dieser Lehre soll nun nichts «zum Opfer» übernommen werden, das heißt, zur Lehre über Gott, es wird aber vorgeschrieben, daß die Klarheit der Rede, der Glanz der Beredsamkeit und die Technik des Streitgesprächs mit der geziemenden Mäßigung in den Dienst des Wortes aufgenommen werde.

(516) Gelegentlich übernehmen wir gewisse Lehren von den Heiden, in der Absicht, diese dem Glauben zuzuführen, und wenn wir sehen, daß sie dem Christlichen völlig entgegen sind und den Namen selbst verabscheuen, und es nicht vertragen zu hören, daß dies die Lehre der Christen ist, so halten wir es nicht für angebracht, zu sagen, das eben sei christliche Ansicht, sondern erst, wenn diese Meinung von uns nach Kräften bewiesen wurde, und es uns scheint, daß der Hörer beim Vernehmen des Gesagten auf eine nicht alltägliche Weise entbrennt, eröffnen wir ihm, daß diese lobenswerte Ansicht die Meinung der Christen ist.

(517) «Jeder Mensch ist Lügner.» Sofern einer «Mensch» ist, ist er «Lügner», hört er aber auf[1], «Mensch» zu sein, so ist er nicht mehr «Lügner», sondern wahrhaftig. Ist David ein «Mensch», so ist er «Lügner»; wenn er aber als «Lügner» sich selber «Lügner»

[1] Ich lese ἀποστῆται statt ἀπιστῆται. Vgl. M. 12, 1576 D.

nennt, so ist er nicht mehr «Lügner», sondern wahrhaftig. Aber wenn er wahrhaftig ist, so sagt er auch wahr, wenn er sich als «Menschen Lügner» nennt, und ist so ein «Lügner». So hebt sich also der Satz selbst auf: sowohl daß er als «Mensch» wahrhaftig sei, als auch, daß er «Lügner» sei.

(518) «Jeder Mensch ist Lügner.» Mit allen Mitteln müssen wir das Mensch-sein fliehen und uns bemühen, Götter zu werden, denn solange wir Menschen sind, sind wir «Lügner», wie auch der «Vater der Lüge» ein Lügner ist. Denn es ist dasselbe, denselben Namen zu tragen und die durch den Namen bezeichnete Sache gemeinsam zu haben: wir nämlich, so lange wir noch Menschen bleiben, und der Teufel, der lügnerisch genannt wird.

DER INNERE MENSCH

DOPPELTER MENSCH

Die früher gegebene Anthropologie (vgl. 1. Teil) wird nun hier angewandt: Die Ausbildung des christlichen Lebens ist die Erstarkung des innern Menschen, nach dem Vorbilde des Wachstums Christi selbst (519 bis 521).

(519) «Mensch, Mensch aus dem Hause Israel.» Wir Menschen alle sind als «Mensch» geboren, aber wir sind nicht alle «Mensch Mensch» ... Wenn dieser «äußere Mensch» ein Mensch ist, während der innere «Mensch» wie eine Schlange dahinkriecht, so ist in uns nicht «Mensch Mensch», sondern einfach Mensch. Wenn aber auch der «innere Mensch» nach dem Bilde des Schöpfers verharrt, dann wird ein [neuer] Mensch geboren, und ein solcher wird dem innern und äußern Menschen nach auf diese Weise doppelt, wird «Mensch Mensch».

(520) Wenn der Apostel häufig davon handelt, daß in jedem einzelnen zwei Menschen sind, deren einen er den «äußern», deren andern er den «innern» zu nennen pflegt, jenen als dem «Fleische gemäß», diesen als «dem Geiste gemäß» bezeichnend, und das wohl im Hinblick auf das Wort der Genesis, nach deren Schilderung ein anderer dem Bilde Gottes gemäß, ein anderer

aus dem Erdenton geformt wird, ... so ist zu beachten, daß diese beiden in gewissen Dingen verschieden, in andern gemeinsam vorgehen. Denn es gibt Dinge, die vom innern Menschen ihren Ursprung nehmen und bis zum äußern hin gelangen, andere werden vom äußern Menschen begonnen und gelangen bis an den innern hin. Ich meine aber so: Wenn die Keuschheit ihren Ursprung vom innern Menschen her nimmt, so gelangt sie zweifellos bis zum äußern ... Fängt aber einer bei der Keuschheit des äußern Menschen an, so gelangt diese nicht ohne weiteres auch bis zum innern.

(521) Auf doppelte Weise wird in der Schrift der Ausdruck «wachsen» gebraucht, einmal körperlich, wo der menschliche Wille nichts vermag, dann geistig, wo der Grund des Wachstums im menschlichen Bemühen liegt. In diesem letzten, geistigen Sinne fassen wir, was der Evangelist hier erzählt: «Der Knabe aber wuchs und erstarkte im Geiste ...» Er verblieb nicht bei demselben Maße, mit dem er begonnen, sondern es wuchs in ihm der Geist, und während stündlich und in jedem Augenblick der Geist wuchs, empfing auch seine Seele selbst ihre Mehrung. Und nicht die Seele allein, sondern auch die Sinne und das Gemüt folgten der Mehrung des Geistes. Die das Gebot des Herrn: «Wachset und vermehrt euch» im einfachen Sinn nach dem Buchstaben verstehen – ich weiß nicht, wie sie es erklären können ... Denn welcher Mensch möchte nicht etwas «seiner Körpergröße zufügen», um höher zu sein? ... Willst du wissen, wie man das «wachset» verstehen kann? Horch, was Isaak getan, von dem gesagt ist: «Isaak schritt fort und wurde größer, bis er ganz groß und dies gar gewaltig geworden war.» Denn immer hatte sein zum Je-Bessern gespannter Wille seine Fort-Schritte.

Sturz der Götzen

Der Aufbau des innern Menschen muß mit der Reinigung des Tempels beginnen, aus dem die heimlichen Götzen des Geistes auszuräumen sind (522–527) und an deren Stelle die Standbilder der Tugenden aufgestellt werden müssen (528). In diesem Sturz und dieser Aufrichtung kündet sich der große Rhythmus des christlichen Lebens an: Tod und

Auferstehung (529–530). Denn das WORT Gottes will Krieg und Schwert (531–532), aber nur, um die Seele zu befreien (533). Darum sind auch Sündenbekenntnis und Lob Gottes in ihrer Einheit die eine christliche «confessio» (534).

(522) So lautet das erste Gebot: «Du sollst nicht fremde Götter neben mir haben.» Und darauf folgt: «Du sollst dir kein Götzenbild machen noch irgendein Gleichnis, von was immer im Himmel droben und was immer auf der Erde drunten und was immer in den Wassern unter der Erde ist; weder anbeten noch als Götter ehren wirst du sie. Denn ich bin der Herr dein Gott, ein eifersüchtiger Gott, der die Sünden der Väter an den Söhnen straft bis ins dritte und vierte Glied derer, die mich hassen, und der Barmherzigkeit übt an Tausenden von Nachkommen derer, die mich lieben und meine Gebote halten.» Einige meinen, dies alles sei nur ein einziges Gebot. Wird aber so gezählt, so wird die Zehnzahl nicht voll, und wo bleibt dann die Wahrheit des Dekalogs[1]?
(523) Das, was ein jeglicher mehr als alles andere pflegt, was er über alles andere hinaus bewundert und liebt, das ist ihm sein Gott … Hat nicht hier der ganze Irrweg des Heidentums seinen Anfang genommen, indem die Menschen das, was sie sehr lieben, als Götter möchten, und allen menschlichen Fehlern und Begierden göttliche Namen zulegen?
(524) Jeder, der etwas zu einem Gott macht, dient «fremden Göttern». Du ehrst Speise und Trank wie einen Gott? Dein «Gott ist der Bauch». Du hältst Silber und irdischen Reichtum für ein großes Gut? Dein Herr und Gott ist «der Mammon».
(525) «Heulet, ihr Schnitzwerke.» Schaut sich auch jetzt einer den Haufen der Sünder an, so wird er nicht zögern zu sagen, daß jeder, der, was ihm gefällt, zu seinem Gott macht und der «Sünde dient», ein Verfluchter ist, der sich «ein geschnitztes Bild» macht

[1] Erst bei Augustinus werden diese zwei ersten Gebote in eins zusammengefaßt, dagegen das Begehren des fremden Weibs und des fremden Guts zu zwei Geboten auseinandergelegt. Aber schon zu Origenes' Zeiten müssen Tendenzen bestanden haben, das Götzen- und Bilderverbot zu unterschlagen. Wie Origenes zählen Flavius Josephus, Philon, Theophil von Antiochien, Gregor von Nazianz u. a.

und sich mit Handwerkshänden ein Standbild gießt und es im Verborgenen aufstellt: denn in der Heimlichkeit des Herzens schaffen wir viele Götzenbilder, wenn wir sündigen. Darum lehrt uns das Wort, Buße zu tun und «zu heulen über den Schnitzwerken» und den «Götzen», die «in Jerusalem und in Samaria» aufgestellt sind. Wenn wir, die wir in der Kirche zu sein wünschen, sündigen, dann machen wir «Schnitzwerke» in «Jerusalem». Wenn aber die außer der Kirche, wie die Häretiker, sündigen, dann machen sie «Schnitzwerke» in «Samaria». Dennoch ruft Gott gemäß seiner Güte alle zur Buße in den Worten: «Heulet, ihr Schnitzwerke.»

(526) Nimm etwa unter den Griechen jene, die da Lehren aufstellen, zum Beispiel in dieser Philosophie oder in jener, oder die Stifter der Häresien: die machten sich Götzenbilder und seelische Idole, und sie kehrten sich hin und beteten an das Werk ihrer Hände, ihre eigenen Gebilde für Wahrheit nehmend.

(527) «Denn du bist der Herr unser Gott.» Wir bekennen von keinem Dinge, daß es Gott sei. Weder den «Bauch», wie die Gefräßigen, deren «Gott der Bauch ist», noch das Geld, wie die Geldgierigen, noch die Habsucht, die «Götzendienst» ist, noch irgendein anderes vergöttlichen wir und vergötzen es, so wie die meisten es vergötzen, sondern unser Gott ist der, welcher «über allem, durch alles und in allem ist»; und aufgehängt an der Liebe zu Gott (denn die Liebe ist es, die uns «Gott anschmelzt»), sprechen wir also: «Siehe, wir wollen dein sein, denn du bist der Herr unser Gott.»

(528) Darauf sagt Celsus, wir vermieden es, Altäre und Götterbilder und Tempel zu errichten ... Er sieht nicht, daß für uns die geistige Seele eines jeden der Gerechten ‹Altäre› ist, von denen in Geist und Wahrheit duftende Weihrauchopfer emporgesandt werden ... ‹Götterbilder› aber, die nicht von gewöhnlichen Handwerkern angefertigt werden, sondern vom WORTE Gottes mit klaren Umrissen in uns gestaltet werden, sind die Tugenden, Nachbildungen des «Erstgebornen aller Schöpfung», in dem das Urbild der Gerechtigkeit, der Besonnenheit, der Tapferkeit und der Weisheit und Frömmigkeit und der andern Tugenden sich findet. In allen Menschen also, die dem göttlichen WORTE gemäß in sich die Besonnenheit ausgebildet haben und die Ge-

rechtigkeit und Tapferkeit und Weisheit und Frömmigkeit und die Bildung der übrigen Tugenden, stehen Götterbilder, mit denen wir das Urbild aller Götterbilder, das «Abbild des unsichtbaren Gottes», den Einziggeborenen Gott auf geziemende Weise zu ehren glauben … Alle Christen sind bestrebt, solche Altäre, die wir gesagt haben, und solche Götterbilder, die wir beschrieben haben, zu errichten, nicht seellose, fühllose, … sondern solche, die den Geist Gottes aufnehmen können … Solches will uns das Wort Gottes nahelegen, wenn es schreibt, Gott habe den Gerechten diese Verheißung gegeben: «Ich werde in ihnen wohnen und in ihnen wandeln, und ich werde ihr Gott sein und sie werden mein Volk sein», und der Erlöser diese andere: «Hört einer meine Worte und hält er sie, so werden ich und mein Vater zu ihm kommen und Wohnung bei ihm nehmen.» So vergleiche denn, wer will, … diese Bilder … mit den Götterbildern eines Phidias und Polyklet und ähnlicher, und er wird klar einsehen, wie diese seelenlos sind und von der Zeit zugrunde gerichtet werden, jene aber in der unsterblichen Seele bleiben, solange die geistige Seele sie in sich bleibend will.

(529) «Siehe, dieser ist gesetzt zum Sturz und zur Auferstehung vieler.» Gott spricht: «Ich töte.» Und es ist mir lieb, daß Gott tötet. Ist nämlich in mir noch der alte Mensch, und lebe ich noch immer wie ein Mensch, so ersehne ich, daß Gott in mir den alten Menschen töte und mich aus dem Toten erwecke. Denn «der erste Mensch», heißt es, «ist von der Erde, irdisch, der zweite Mensch ist vom Himmel, himmlisch. Trugen wir das Bild des Irdischen, so werden wir auch das Bild des Himmlischen tragen». In diesem Sinne wird auch jenes Wort verstanden: «Zum Gericht bin ich in diese Welt gekommen, damit die Nicht-Sehenden sehen und die Sehenden erblinden …» Schauen wir also zu, ob nicht vielleicht der Erlöser den einen «zum Sturz», den andern «zur Auferstehung» gekommen ist, sondern den nämlichen «zum Sturz und zur Auferstehung».

(530) Ich muß zuerst fallen, um dann, wenn ich gefallen bin, gut aufzustehen, damit mir nicht etwa der Erlöser Anlaß zu einem schlimmen «Sturz» werde. Darum aber ließ er mich fallen, damit ich auferstehe und der «Sturz» mir von weit größerem Nutzen sei als jene Zeit, da ich zu stehen glaubte.

(531) Denn das ist sicher: solange das WORT Gottes noch nicht gehört worden ist, besteht keine Bedrängnis, keine Versuchung, denn solange die Trompete nicht erklingt, beginnt der Krieg nicht. Wenn aber die Trompete der Verkündigung das Zeichen zum Kriege gegeben, da folgt die Bedrängung auf dem Fuße, da hebt die Schlacht aller Versuchungen an. Als Moses und Aaron zum Pharao zu reden anhuben, begann das Volk Gottes Nachstellung zu leiden. Als das WORT Gottes in deine Seele einzog, muß notwendig in deinem Innern der Kampf der Tugend gegen das Laster anheben … und ein Krieg ohne Nachsicht entbrennen.

(532) «Sie hoben das Manna auf und es wimmelten daraus Würmer hervor, und es faulte.» Wenn du sagst, das «Manna» sei das WORT Gottes, wie vermag es dann Würmer hervorzubringen? Und doch entstehen in uns «Würmer» aus nichts anderem als aus dem WORTE Gottes. So nämlich sagt es selbst: «Wäre ich nicht gekommen und hätte zu ihnen geredet, so hätten sie keine Sünde.» Sündigt einer also nach der Aufnahme des WORTES Gottes, so wird ihm das WORT selbst zum Wurme, der ihm immerdar das Gewissen bohrt und das Geheime der Brust zernagt.

(533) Es ist also notwendig, daß man zuerst dem Buchstaben sterbe, damit die so befreite Seele endlich dem Geiste sich vermähle und in die Ehe des Neuen Bundes eintrete.

(534) «Wir wollen dir bekennen, Herr, wir wollen dir bekennen und deinen Namen anrufen!» Weil das Bekenntnis ein doppeltes ist, wird das Bekennen zweimal gesagt. Das erste bedeutet das Bekenntnis der Sünden, das zweite die Danksagung für die erfahrenen Wohltaten. Weil aber keiner den Namen in der Weise anrufen kann, daß von ihm das Wort gilt: «Wer immer den Namen des Herrn anruft, wird gerettet werden», außer wenn er zuvor der Sünde entsagt und die begangenen Fehler bekennt, darum beharrt die Kirche beim Bekenntnis. Wollen also auch wir unter den Auserwählten erfunden und mit ihnen gerettet werden, so müssen wir erst zu Anklägern unserer Schuld werden und sie dadurch vollkommen aufgeben.

GESETZ DER LIEBE

Sind einmal die Götzen ausgeräumt, so gibt es nur noch ein Gesetz und einen Wegweiser für den christlichen Menschen, das Gesetz der Liebe. Plato hat erhaben von der Liebe geredet, aber erst die Liebe Christi ist nicht mehr in Gefahr, ins Sinnlich-Äußere abzugleiten, weil der Gott, den sie kündet, ganz Geist und ganz Liebe ist. Dies ist ja das Neue, das Plato noch nicht wußte: daß es nicht nur den aufsteigenden Eros des Geschöpfes gibt, sondern ein aller Geschöpf-Liebe vorausliegendes Liebesgeheimnis in Gott selbst, und daß alle Liebe der Kreatur zu Gott immer schon eine Einladung Gottes voraussetzt, in das Mysterium der Dreieinigkeit einzutreten (535).

(535) Bei den Griechen haben viele unter den gelehrten Männern, auf der Suche nach der genauen Umgrenzung der Wahrheit, über das Wesen der Liebe, eine große Zahl verschiedener Schriften auch in Dialogform hinterlassen, worin sie sich zu zeigen bemühen, daß die Kraft der Liebe keine andere ist als die, welche die Seele vom Irdischen zu den hohen Zinnen des Himmels emporführt, und daß man zur höchsten Seligkeit nicht anders als durch den treibenden Ruf der Liebe gelangen kann. Gewisse von diesen Untersuchungen werden auch gleichsam in Gastmählern vorgetragen, unter solchen, denke ich, die weniger ein Gastmahl von Speisen als von Worten sich gaben. Andere aber beschrieben in den Werken, die sie hinterließen, gewisse Künste, wodurch diese Liebe in der Seele erzeugbar oder vermehrbar schien. Aber diese Künste wurden von fleischlichen Menschen zu ihren lasterhaften Begierden und den Mysterien der schuldhaften Liebe hin ausgenützt, … und diese verhüllten ihre Unenthaltsamkeit mit dem Schleier der Schriften der Alten. Daß also nicht auch uns ein Derartiges zustoße und wir nicht verkehrt und fleischlich verstehen, was von den Alten gut und geistig geschrieben wurde, wollen wir die Hände sowohl unseres Leibes als unserer Seele zu Gott emporheben, damit der Herr, der «sein WORT den Kündenden in vieler Kraft verleiht», auch uns das «WORT in Kraft» schenke und wir … das Wesen der Liebe darlegen können. – Zu Beginn der Reden des Moses, dort, wo von der Weltschöpfung gehandelt wird, finden wir die Erschaffung

zweier Menschen erwähnt, deren erster «nach Bild und Gleichnis Gottes gemacht», deren zweiter «aus dem Ton der Erde geformt» ist. Das hatte Paulus wohl verstanden, und er war darin aufs genaueste unterrichtet, und so schreibt er in seinen Briefen deutlicher und augenscheinlicher, daß jeder einzelne Mensch ein doppelter ist. Denn so sagt er: «Wenn auch unser äußerer Mensch zugrunde geht, so wird doch der innere von Tag zu Tag erneut.» Und abermals: «Zur Lust ist mir das Gesetz Gottes dem innern Menschen nach.» Und Ähnliches schreibt er noch anderswo ... Erklären wir nun aber, warum wir den innern und äußern Menschen erwähnten. Wir wollen nämlich dadurch zeigen, daß in den heiligen Schriften durch Homonyme, das heißt, durch ähnliche Bezeichnungen, ja durch dasselbe Wort die Glieder des äußern Menschen und die Teile und Regungen jenes innern bedeutet werden und daß diese nicht nur den Worten nach angenähert, sondern der Sache selbst nach miteinander verglichen werden. Zum Beispiel: es ist einer dem innern Alter nach ein Kind, er kann wachsen und zum Jünglingsalter gelangen, und von dort durch weitere Zunahme «zum vollkommenen Manne» und Vater werden ... Wenn vom «Kind in Christo» die Rede ist, so bezieht sich diese Altersbezeichnung doch gewiß auf die Seele und nicht auf den Leib. Schließlich sagt gerade Paulus auch an anderer Stelle: ... «Bis wir alle zum vollkommenen Manne hingelangen, zum Vollmaß des Wuchses der Fülle Christi.» ... Wie diese erwähnten Altersbezeichnungen gleichlautend dem äußern Menschen und dem innern zugeschrieben werden, so findest du auch die Namen leiblicher Glieder auf die Glieder der Seele übertragen, welche besser Wirkvermögen und Regungen der Seele genannt werden. «Des Weisen Augen sind in seinem Kopfe», heißt es im Prediger, und ebenso im Evangelium: «Wer Ohren hat zu hören, der höre.» Und bei den Propheten: «Das WORT Gottes, das in die Hand Jeremias» oder eines andern «gegeben wurde ...» So zeigt sich deutlich, daß diese Gliederbezeichnungen nicht auf den sichtbaren Körper passen können, sondern auf die Teile der unsichtbaren Seele anzuwenden sind ... Es gibt für diesen stofflichen Menschen, der auch der äußere genannt wird, eine Speise und einen Trank, die seiner Natur verwandt sind: diese körperlichen und irdischen. Auf ähnliche Weise hat auch der geistige Mensch, der der innere genannt wird, seine eigene Speise, jenes «lebendige Brot, das vom Himmel herabstieg». Und er hat auch seinen Trank, aus jenem Wasser, das Jesus verhieß, als er sagte: «Wer immer aus diesem Wasser, das ich ihm geben werde, trinkt, der wird in Ewigkeit nicht dürsten.» Daher kommt es, daß gewisse einfachere Geister, die unvermögend sind, zu unterscheiden und zu trennen, was in den heiligen Schriften dem innern Menschen, was dem äußern Menschen zuzuschreiben ist, durch die Ähnlichkeit der Worte getäuscht, sich zu törichten Fabeln und sinnlosen Erfindungen wandten, wie etwa diesen, daß man auch nach der Auferstehung sich noch dieser körperlichen Speisen bedienen und nicht nur aus jenem «wahren Weinstock» trinken werde, der in Ewigkeit lebt … –

Wenn sich dies also verhält, dann gibt es, wie man von einer fleischlichen Liebe spricht, welche die Dichter auch Cupido nannten, so auch eine geistige Liebe, welcher gemäß jener innere Mensch liebend «im Geiste sämt …» Von himmlischer Liebe und Begierde aber wird die Seele getrieben, wenn sie, die Schönheit und die Pracht des WORTES Gottes erblickend, seine Wohlgestalt liebgewinnt und von ihm einen gewissen Pfeil und eine Liebeswunde empfing. Es ist nämlich dieses WORT «das Bild und der Abglanz des unsichtbaren Gottes, der Erstgeborene aller Schöpfung, in dem alles geschaffen ist so im Himmel als auf Erden, so Sichtbares als Unsichtbares». Vermag also einer fähigen Geistes die Schönheit und die Herrlichkeit von allem, was «in ihm erschaffen wurde», zu erraten und zu erwägen, so wird er durch die Pracht der Dinge und den Glanz der Majestät erschüttert; und gleichsam von einem (wie der Prophet sagt) «auserwählten Pfeile» durchbohrt, empfängt er von ihm eine heilsame Wunde und entbrennt von dem seligen Feuer seiner Liebe. Aber auch das müssen wir wissen: wie der äußere Mensch sich in eine verbotene und ungesetzliche Liebe verstricken kann, daß er etwa nicht die Braut oder die Gattin, sondern eine Dirne oder eine Ehebrecherin liebt, so kann sich auch der innere Mensch, das heißt die Seele, in eine Liebe verstricken, nicht zum rechtmäßigen Gatten, von dem wir sagten, er sei das WORT Gottes, sondern zu irgendeinem Ehebrecher und Verführer … Es entbrennt diese geistige Liebe der Seele gelegent-

lich zu gewissen Geistern der Bosheit ... Man muß aber auch dies begreifen, daß es unmöglich ist, daß die Menschenseele nicht immer etwas liebt. Denn jeder, der zu dem Alter gelangt, das man das der Reife nennt, liebt etwas, sei es ungeordnet, wenn er liebt, was er nicht soll, sei es geordnet und förderlich, wenn er liebt, was er soll ... Von dieser Liebe also handelt [das Hohe Lied], in dem die glückliche Seele zum WORTE Gottes hin glühend entbrannt und im Geiste das Hochzeitslied singt, in dem sich die Kirche dem himmlischen Gatten, Christus, vereint und verbindet, in dem sie ersehnt, sich ihm durch das WORT zu vermischen, um aus ihm zu empfangen und «gerettet» zu werden durch diese keusche «Zeugung von Kindern, wenn sie in Glauben und Heiligkeit mit Keuschheit verharrt», Kindern, die aus dem Samen des WORTES gezeugt und von der unbefleckten Kirche oder der Seele getragen und geboren werden ...
Man müßte aber über diese Liebe so vieles sagen als über Gott selbst, denn er ist ja selber die Liebe ... «Laßt uns einander lieben», heißt es, «denn die Liebe ist aus Gott.» Und kurz darauf: «Gott ist die Liebe.» Damit ist gesagt, daß sowohl Gott selber Liebe ist, als auch der, welcher aus Gott ist, Liebe ist. Wer aber wäre aus Gott, wenn nicht der, der spricht: «Ich bin aus Gott hervorgegangen und bin in diese Welt gekommen»? Wenn aber Gott der Vater die Liebe ist und der Sohn die Liebe ist, Liebe und Liebe aber eins ist, und in nichts verschieden, so sind also auch der Vater und der Sohn eins und in nichts verschieden ... Und weil Gott die Liebe ist und der Sohn, der aus Gott ist, Liebe ist, so sucht er auch in uns etwas, was ihm gleicht, damit wir durch diese Liebe, die in Christus Jesus ist, dem Gott, der Liebe ist, durch den gleichen Liebesnamen wie durch eine Sippenverwandtschaft verbunden werden, wie jener schon Verbundene zu ihm sprach: «Wer wird uns trennen von der Liebe Gottes, die da ist in Christus Jesus unserem Herrn?» Und diese Liebe rückt jeden Menschen in eine nächste Nähe. Aus diesem Grunde tadelte der Erlöser einen, der da glaubte, eine gerechte Seele brauche gegenüber der, die in Sünden verstrickt ist, die Pflichten der Liebe nicht zu beobachten; aus diesem Grunde erfand er das Gleichnis, in dem einer «unter die Räuber fiel», als er «von Jerusalem nach Jericho hinab» stieg, und worin er den «Priester» und

den «Leviten» anklagt, die «den Halbtoten erblickten und vorübergingen», und sich entscheidet für den «Samariter, der Barmherzigkeit übte». Und seine Antwort bestätigte es, daß dieser der «Nächste» des Fragenden sei, und er sprach: «Gehe hin und tue desgleichen.» Denn der Natur nach sind wir alle einander «Nächste», durch die Werke der Liebe aber wird der zum «Nächsten», welcher einem wohlzutun vermag, der es nicht vergelten kann. Darum wurde auch unser Erlöser uns zum «Nächsten» und «ging» nicht «vorbei», als wir wie «Halbtote» mit den «Wunden der Räuber» dalagen. So muß man also wissen, daß die Liebe Gottes immerdar zu Gott hinstrebt, von dem sie ihren Ursprung hat, und auf den «Nächsten» schaut, mit dem sie Gemeinschaft hat, weil sie miteinander hineingeschaffen sind in die Unverweslichkeit ... So kommt also der eigentliche Name der Liebe Gott zu, und darum werden wir geheißen, Gott zu lieben, «aus unserem ganzen Herzen und aus unserer ganzen Seele und aus allen unsern Kräften», als den nämlich, von dem wir es haben, überhaupt lieben zu können. Und darin ist ohne Zweifel mitenthalten, daß wir auch die Weisheit und die Gerechtigkeit und die Frömmigkeit und die Wahrheit und alle Tugenden gleichfalls lieben, denn es ist dasselbe, Gott zu lieben und das Gute zu lieben. In zweiter Linie werden wir durch einen gleichsam übertragenen Titel, der von jenem ersten abgeleitet ist, geheißen, auch ... unsern Nächsten zu lieben wie uns selbst ...»

[Gott also] ist die Liebe. Wie nämlich niemand den «Vater kennt als der Sohn und wem der Sohn es offenbaren will», so kennt niemand die Liebe als der Sohn. Und gleicherweise «kennt niemand den Sohn», da ja auch er die Liebe ist, «als der Vater». Und auch in der Hinsicht, daß er «Liebe» genannt wird, ist ferner der Heilige Geist der Einzige, der «aus dem Vater hervorgeht», und darum weiß er, was in Gott ist, wie «der Geist des Menschen weiß, was im Menschen ist». Dieser «Tröster», der «Geist der Wahrheit, der vom Vater ausgeht», durchzieht die Welt und sucht, ob er würdige und fähige Seelen finde, denen er die Größe dieser Liebe offenbaren kann, die «aus Gott ist».

Die inneren Sinne

GEIST-SINN UND GEIST-UNTERSCHEIDUNG

Sinne für Gott

Aus zerstreuten Worten der Schrift und aus seiner Lehre vom ‹doppelten› Menschen hat Origenes als erster die Lehre von den geistigen Sinnen aufgebaut, die ein Kernstück aller spätern mystischen Theologie geblieben ist. Diese innere ‹göttliche› Sinnlichkeit und die Mannigfaltigkeit ihrer Betätigungen ist gleichsam die Form, in der die Vielheit des Gesetzes (das doch für den Christen aufgehoben ist) im christlichen Leben weiterbesteht. Denn durch die Gnade hat der Christ ein ‹Sensorium› für das Göttliche erhalten, das in seiner Zartheit und Genauigkeit ins Unendliche verfeinert werden kann und das ihm immer richtiger angibt, was in jeder Lebenslage Gott von ihm will. Man kann diese ‹Sinne› ‹mystisch› im weitern Sinne nennen, aber sie sind, wenigstens anfangsweise, mit der Gnade selbst gegeben und als solche nicht eigentlich mystische Phänomene, noch viel weniger eine hüllenlose Erfahrung Gottes. In manchem treffen sie mit den ‹Gaben des Heiligen Geistes› zusammen.

Von Gott selber wendet die Schrift Ausdrücke sinnlicher Tätigkeiten an. Dies erweist die Möglichkeit einer geistigen ‹Übersinnlichkeit› (536). Die geistige Verschiedenheit der Menschen zeigt ihrerseits, daß abstrakte Gesetze niemals diese geistigen Individualitäten in ihrem Reichtum regeln können, das innere Leben vielmehr die Buntheit einer höheren Sinnlichkeit haben muß (537). Wenn auch diese Sinne letztlich immer zu Gott, dem einzigen innern Lehrer, vorspüren (538), so begegnet doch das göttliche WORT der Seele in solchem Reichtum, daß es jeden ‹Sinn› in anderer Weise sättigt (539–540). Mannigfaltigkeit der inneren Sinnlichkeit (541–544). Wie Gott mit innern Sinnen spürbar ist, so auch sein Widerpart, der geistige Tod (545). Absterben der Sinne aber ist Zeichen dieses Todes (546). Notwendigkeit und Erhabenheit des geistigen Sinnes (547–548).

(536) Wir sagen das aber wiederum nicht (nach dem Irrtum der Juden oder auch gewisser aus uns, die mit jenen zusammen irren) in dem Sinne, daß, weil menschliche Schwachheit nicht anders von Gott zu vernehmen versteht, als so, wie ihr Dinge und Worte bekannt sind, wir nun auch glauben, Gott handle mit Gliedmaßen, die den unsern ähnlich seien oder mit menschlichem Gehaben. Das ist kirchlichem Glauben fremd. Sondern eben, daß er im Herzen eines jeden Heiligen einhaucht oder auch einen Klang an seine Ohren kommen läßt, heißt das Reden Gottes zum Menschen. So auch, wenn er bekanntgibt, daß er wisse, was ein jeder sagt oder treibt, sagt er von sich, er «höre», und wenn er bekanntgibt, daß etwas Unrechtes von uns geschehen sei, sagt er von sich, er «zürne», und wenn er uns anklagt, wir seien gegen seine Wohltaten undankbar, so nennt er sich «bereuend», indem er solches wohl durch diese den Menschen geläufigen Leidenschaften anzeigt, nicht aber durch solcherlei Organe ausübt, was Sache körperlicher Natur ist.

(537) Wir Menschen sind zwar alle ähnlich, aber ein jeder hat doch sein Eigenes, Unterscheidendes, sei es im Antlitz selbst oder im Wuchs oder in der Haltung oder in seinem Gehaben ... Und dieselbe Verschiedenheit wie in den Gesichtszügen der Menschen findet sich auch in den Seelen ... Jeder, der lesen kann, weiß gewiß die vierundzwanzig Buchstaben ... und mit ihnen schreibt er alles, was man schreiben kann. Und doch wird zum Beispiel das Alpha, das Petrus schreibt, ein bestimmtes Aussehen haben, ein anderes, das Paulus schreibt, und so wirst du bei jedem Menschen, der schreiben kann, verschiedene Schreibzeichen für jeden Buchstaben finden können. Darum wird auch des einzelnen Handschrift an gewissen eigentümlichen Anzeichen und Merkmalen erkannt. Obschon es die gleichen Elemente sind, so liegt doch in der Ähnlichkeit der Buchstaben selbst eine große Verschiedenheit der Zeichen ... Geh nun über zu den Regungen der Geister und der Seelen, durch welche sie angetrieben werden, etwas zu tun. Schaue die Handschrift an und sieh, wie zum Beispiel der Geist Pauli die Keuschheit vorstellt, und nichtsdestoweniger auch der Geist Petri, und doch eine gewisse eigene Keuschheit die des Petrus ist und eine andere die des Paulus ... Gleicherweise mit der Weisheit und den üb-

rigen Tugenden. Wenn es nun selbst in diesen Fällen, die wir als Beispiele vorbrachten, möglich ist, daß solche, die eins sind durch den Geist Gottes, in der Art und Weise, eine Tugend zu besitzen, sich unterscheiden, um wieviel mehr besitzen die übrigen Menschen gewisse eigentümliche Zeichen in den Regungen der Seelen.

(538) Das ist gesunde Lehre, daß der wahre Meister der Tugend der Mensch nicht sein kann. «Der den Menschen die Weisheit lehrt», so steht es in den Psalmen, «ist kein anderer als Gott.» Es lehrt aber Gott, indem er in die Seele des von ihm Lernenden hineinleuchtet und den Geist mit dem wahren Licht, mit seinem eigenen WORTE erhellt. Und wenn auch gerechte Menschen uns unterweisen, da sie die Gnade der Unterweisung erhielten, ist es doch der Herr, der durch sie hindurch uns lehrt, und die Einsicht selber und das Öffnen unserer Herzen zur Aufnahme der göttlichen Lehren geschieht selbst durch göttliche Gnade.

(539) Obwohl Christus in seinem Wesen einer ist, so gibt er sich doch jedem Einzelnen verschieden, je nach dem Bedürfnis dessen, in dem er wirkt.

(540) Und es braucht nicht verwunderlich zu erscheinen, daß Christus, so wie er «Quell» ist und «Ströme lebendigen Wassers aus» ihm «fließen», wie er «Brot» ist und «das Leben gibt», er auch «Narde» ist und «duftet» und «Salbe» ist, mit der gesalbt man zum «Christ» wird, – wie es im Psalm heißt: «Rührt meine Christe nicht an!» Und vielleicht macht sich Christus für solche, die nach dem Apostel «geübte Sinne zur Unterscheidung des Guten und Bösen» haben, jedem einzelnen der Seelen-Sinne zu etwas Eigenem. Darum nämlich wird er «Wahres Licht» genannt, damit die Seelen Augen haben, durch die sie eingestrahlt werden können, darum «Wort», damit sie «Ohren haben zu hören», darum «Brot», damit die Seelen einen Geschmack haben zu schmecken, darum wird er also auch «Salböl» oder «Narde» genannt, damit der Geruchssinn der Seele offen sei dem Dufte des WORTES. Darum wird das WORT, das «Fleisch geworden», auch «tastbar» und «mit Händen berührbar» genannt, damit die innere Hand der Seele «etwas vom Worte des Lebens ertasten» könne. Aber alles dies ist ein und dasselbe WORT Gottes, das, in jeder dieser [Erscheinungen] den Neigungen des Gebetes ange-

staltet, keinen seelischen Sinn von seiner Gnade unberührt läßt.

(541) «Wir eilen hinter dir nach dem Dufte deiner Salben.» Dies geschieht, wenn man erst einen «Duft» von ihm erspürte. Was glaubst du, werden sie tun, wenn sich erst einmal das WORT Gottes ihres Gehörs, ihres Gesichts und des Tastens und Schmekkens bemächtigt haben wird? Wenn es jedem einzelnen Sinn die Kraft verleiht, die seiner Natur und seinem Vermögen zukommt? So, daß das Auge, wenn es erst einmal «seine Herrlichkeit, als die Herrlichkeit des Einziggeborenen vom Vater» zu schauen vermag, nichts anderes mehr sehen will, und das Gehör nichts anderes als das «WORT des Lebens» und «des Heils». Und wessen Hand etwas «vom Worte des Lebens tastete», wird nichts Stoffliches mehr, nichts Zerbrechliches und Hinfälliges mehr anfühlen wollen, und der Geschmack, der einmal «gekostet, wie gut das» WORT Gottes «ist», und sein Fleisch und das «Brot, das vom Himmel herabkam», wird es nicht ertragen, nach diesem noch etwas anderes zu schmecken.

(542) [Es gibt] göttlichere Sinne, welche Salomon «die göttlichen» nennt, welche Jeremias die «Sinne des Herzens» heißt, und welche im Hebräerbrief von Paulus bezeichnet werden als «geübte Sinne zur Unterscheidung des Guten und Bösen».

(543) Die seligen Propheten entdeckten die göttliche Sinnlichkeit; sie schauten auf eine göttliche Weise und hörten auf eine göttliche Weise, und sie schmeckten und rochen vermittelst einer, wenn ich so sagen darf, unsinnlichen Sinnlichkeit und tasteten an das WORT durch den Glauben, so daß es sie wie ein heilender Regen überströmte.

(544) Denn wie es im Leibe unterschiedene Sinne gibt, etwa Schmecken und Sehen, also gibt es nach der von Salomon göttlich genannten Sinnlichkeit ein Schau- und Einsichts-Vermögen der Seele, ein Geschmacks-Vermögen, das die Beschaffenheit der geistigen Speisen prüft; und wie der Herr, insofern er «das lebendige Brot ist, das vom Himmel herabgekommen ist», schmackhaft wird, weil nahrhaft für die Seele, wie er als die Weisheit sichtbar ist in einer Schönheit, als deren Liebhaber sich einer bekannte, der sprach: «Ein Liebender bin ich ihrer Schönheit», ... so steht auch in den Psalmen das Wort: «Schmeckt und seht, daß der Herr gut ist.»

(545) Und wie der Herr gekostet und gesehen werden kann, so kann auch sein Feind, der Tod, gekostet und gesehen werden. Daß er gekostet werden kann, bezeugt das Wort: «Es sind unter den hier Stehenden einige, die den Tod nicht kosten werden.» … Daß er sichtbar ist, jenes andere: «Wenn einer mein Wort bewahrt, so wird er den Tod in Ewigkeit nicht sehen.» … Achte, ob es nicht vielleicht auch einen Geruch des Todes gibt in jenen Wunden der Sünde, von denen es heißt: «Es faulten und stanken meine Schwären», und im Todesgeruch des Lazarus …

(546) Und wie beim leiblichen Tode die Sinne zugrundegehen, so daß keiner mehr durch den Leib weder Gehör noch Geruch noch Geschmack erhält noch Getast, also auch der Mensch, der die geistigen Sinne der Seele verlor, so daß er weder Gott sieht noch das WORT Gottes hört, noch den Wohlgeruch Christi faßt, noch das süße WORT Gottes schmeckt, noch das WORT des Lebens betastet – solche Menschen gelten mit Recht für tot. Als solche fand uns die Ankunft Christi vor, aber es belebte uns seine Gnade.

(547) Denn nicht ist oberflächlich und nach Willkür aufzufassen, was der Apostel von den Vollkommenen sagt, daß sie «geübte Sinne haben zur Unterscheidung des Guten und Bösen». Um dies klarer zu machen, nehmen wir ein Beispiel von diesen leiblichen Sinnen und gehen dann über zu den «göttlichen Sinnen», wie die Schrift sie nennt, denen des inneren Menschen. Soll also das leibliche Auge sein Sehen ausüben, so muß es ohne zwischenstehendes Hindernis deutlich und ohne allen Irrtum sowohl die Farben der Körper wie ihre Größen und Beschaffenheiten wahrnehmen können. Denn wird der Blick durch Dunkelheit oder sonst eine Schwäche gehindert, so daß er rot für weiß und grün für schwarz und das Krumme und Gewundene für gerade hält, so wird ohne Zweifel das Urteil des Geistes verwirrt und eins statt des andern getan werden. Genau so das innere Gesicht: ist es nicht durch Übung und Fleiß «geübt», … sondern sitzen Unwissenheit und Unerfahrenheit auf den Augen wie eine Finsternis, oder kommt noch die Triefkrankheit eines Lasters hinzu, so vermag es in keiner Weise die «Unterscheidung des Guten und Bösen» zu fassen, und daher kommt es, daß es das Böse statt des Guten tut, das Gute aber als ein Übel verachtet.

(548) Solange Moses in Ägypten war und «in aller Weisheit der Ägypter» unterrichtet, war er nicht von «schwacher Stimme» und nicht «schwer von Zunge», und er behauptete nicht, daß er unberedt sei. Er war vielmehr, im Hinblick auf die Ägypter, von mächtiger Stimme und von unvergleichlicher Beredsamkeit. Als er aber begann, die Stimme Gottes zu hören und die göttlichen Aussprüche aufzunehmen, da spürte er, daß seine Stimme dünn und schmächtig war, da verstand er, daß seine Zunge schwer und behindert war, da bekannte er sich stumm, als er jenes wahre WORT zu erkennen begann, das «im Anfang bei Gott war». ... Wenn der vernünftige Mensch, auch der unerfahrene und ungelehrte, den stummen Tieren verglichen wird, so erscheint er beredt, ... betrachtet aber einer das göttliche WORT, blickt er auf die göttliche Weisheit selbst, ... so wird er sich gegenüber Gott viel stummer bekennen, als es die Tiere uns gegenüber sind. Das war's, was der selige David sah, und in diesem Verhältnis wog er sich selbst gegen die göttliche Weisheit ab, als er sagte: «Wie ein Tier bin ich vor dir geworden.» Diesem gemäß spricht auch der größte der Propheten, Moses, an der vorliegenden Stelle zu Gott, er sei «von schwacher Stimme und von schwerer Zunge». ... Selig die, denen Gott den Mund zum Reden öffnet ... Ich fürchte aber, es gibt solche, denen im Gegenteil der Teufel den Mund auftut ... Schau, was über Judas geschrieben steht, wie berichtet wird, daß «Satan in ihn eintrat» und daß «der Teufel ihm ins Herz eingab, ihn zu verraten». Der selber also machte ihm den Mund auf, daß er «sich mit den Führern und den Pharisäern unterredete, wie er ihn verriete», wenn er das Geld erhalten ... Nicht ohne die Gnade des Heiligen Geistes ist es möglich, auf solche Weise den Mund und die Worte zu unterscheiden, und darum wird bei der Aufzählung der Gnaden des Geistes auch dies erwähnt, daß einigen die «Unterscheidung der Geister» geschenkt wird. Es ist also eine geistige Gnade, wodurch der Geist unterschieden wird, wie der Apostel auch anderswo sagt: «Prüfet die Geister, ob sie aus Gott seien.» Wie aber Gott den Mund der Heiligen auftut, so meine ich, daß Gott auch die Ohren der Heiligen öffnet, damit sie die göttlichen Worte hören. So nämlich sagt der Prophet Isaias: «Der Herr öffne mir das Ohr, damit ich weiß, wann das Wort gesagt werden muß.»

Die geistige Schlacht

Die Sinne wirken nicht nur den Verkehr des Geistes mit Gott, sie sind auch Sinne der Unterscheidung des Guten und Bösen. Denn das innere Leben ist ein Kampf, den die Seele für Gott gegen den Teufel kämpft. Auch dieser Begriff der ‹geistigen Schlacht› hat in der Hauptsache Origenes zum Urheber, bis in die einzelnen Formulierungen, die über Basilius bis hin zum Exerzitienbüchlein weiterleben.

Freilich sieht Origenes nicht, wie spätere Väter, in jeder Versuchung und Unordnung der Natur den Teufel (549). Erst wenn den natürlichen Anfängen nachgegeben wird, mischt sich der Böse ein (550–551). So bringt Versuchung eine schon vorhandene innere Unordnung ans Licht (552), welche von der feindlichen Macht nur weiter ausgedehnt wird (553). Geht es bei diesem Kampf um das Wachstum des Gottesbildes in der Seele (554), so geschieht dies Wachstum wesensnotwendig im Kampf (555). Denn wenn dieses Wachstum Nachfolge Christi ist, so wird die Seele dabei in den großen, kosmischen Kampf hineingezogen, den der Feldherr Christus gegen das Reich der Finsternis führt (556–559).

(549) Die einfacheren Seelen unter denen, die an Christus den Herrn glauben, sind der Meinung, daß alle Sünden, die die Menschen begehen, von den feindlichen Mächten, die den Geist des Sünders bedrängen, verursacht werden, … und wenn es zum Beispiel keinen Teufel gäbe, würde überhaupt keiner der Menschen sündigen. Wir freilich, wenn wir den Geist genauer ansehen, sind nicht dieser Ansicht, zumal wenn wir in Erwägung ziehen, wie manches sich offenbar aus der Bedürftigkeit des Leibes ableitet. Oder soll man glauben, der Teufel kümmere sich um unser Essen und Trinken? … Ich für mich glaube nicht, daß die Menschen, auch abgesehen von jedem Anreiz des Teufels, das Maß und die Zucht in der Weise, Speise zu sich zu nehmen, so wahren können, daß einer enthaltsam sein kann, ohne es durch lange Übung und Erfahrung gelernt zu haben … Und glaubst du nicht, daß wir ein Ähnliches leiden, was die Begierde nach geschlechtlicher Umarmung und die Zügelung der natürlichen Triebe angeht?

(550) Innen in dir ist der Kampf, den du führen sollst, inwendig ist jener schlechte Bau, der umzulegen ist: dein Feind geht aus deinem Herzen hervor.

(551) Die feindlichen Mächte erlangen keine Macht über uns, und der Teufel selbst vermag nichts in uns, wenn wir ihm nicht durch unsere Laster Kraft verleihen; gar sehr schwach wäre unser Feind, wenn wir ihn nicht durch Sündigen stark machten, wenn er nicht durch unsere Sünden eine Möglichkeit fände, in uns einzutreten und zu herrschen.

(552) Das ist der Nutzen der Versuchung: daß alles, was unsere Seele in sich aufnahm und was allen außer Gott verborgen ist, auch ihr selbst, durch die Anfechtungen ans Licht kommt.

(553) So ist es deutlich, daß, wie im Guten der gute Wille des Menschen für sich allein nicht zur Vollendung des Guten genügt – denn zum Vollkommenen wird jedes Ding nur durch göttlichen Beistand geführt –, wir auch im Gegenteiligen gewisse Anfänge und gleichsam gewisse Samen der Sünde von den Dingen empfangen, die in unserem täglichen Leben sind; wenn wir aber, mehr als recht ist, nachgeben und gegen die ersten Regungen der Unmäßigkeit nicht Widerstand leisten, dann nimmt die feindliche Macht den Platz dieses ersten Fehlers ein und stachelt und drängt auf jede Weise voran, im Bestreben, die Sünde weiter auszudehnen.

(554) «Groß mache meine Seele den Herrn.» Wie die Seele des Gerechten den Herrn groß macht durch ein großes Leben und große Einsicht, so verkleinert ihn umgekehrt ein anderer durch die Bosheit, die in ihm ist. Der Herr selbst freilich wächst weder, noch nimmt er ab, wir aber ziehen uns statt des Bildes des Erlösers fremde Bilder an, wir nehmen für das Bild des WORTES, der Weisheit, der Gerechtigkeit und der übrigen Tugenden die Gestalt des Teufels an.

(555) Wenn sich eine Seele dem WORTE Gottes zugesellt hat, dann darf sie nicht zweifeln, daß sie alsogleich Feinde haben wird, daß sich ihre früheren Freunde in Gegner verwandeln werden, und das soll sie nicht nur unter den Menschen so erwarten, sondern soll es für gewiß halten, daß es ihr auch von den gegnerischen Kräften und den Geistern der Bosheit her droht.

(556) Wie es unter Gottes Herrschaft viele Ordnungen gibt, so gibt es im entgegengesetzten Lager nicht nur «Gewalten», sondern auch die «Weltbeherrscher dieser Finsternis» und die «Geister des Bösen im Luftreich», vielleicht auch «Fürstentümer». Ich

glaube nämlich, daß alles, was auf Gottes Seite sich findet, seine Entsprechung im Gegenteil hat.

(557) «Viele verfolgen und bedrängen mich.» Die Menge deutet auf die sichtbaren und unsichtbaren Feinde, deren Verfolgungen und Bedrängnisse viele Gestalten haben. Die einen nämlich, Freundschaft vortäuschend, breiten vor uns die Lüste aus, die andern enthüllen offen ihre Feindschaft und bringen Anfechtungen aller Art.

(558) Der Apostel sagt, es gebe bei den feindlichen Mächten nicht *ein*, sondern mehrere «Fürstentümer», gegen die er und wir alle zu kämpfen hätten. Ich glaube aber doch, daß alle diese einen einzigen Fürsten haben, gleichsam einen hervorragenderen in der Bosheit und im Laster erhabeneren, welcher die ganze Welt, die jene – jeder für sich zu verschiedenen Einzelsünden verführen, allein wie der Feldherr der «Fürstentümer» und der Anführer des ganzen verworfenen Heers mit Krieg überzieht.

(559) Ruft vielleicht auch heute der Feldherr unseres Heeres, unser Herr und Erlöser Jesus Christus, zu seinen Kriegern und spricht: «Wenn einer furchtsam ist und ängstlichen Herzens», so komme er nicht mit mir in den Krieg? Denn das ist es, was er, zwar mit anderen Worten, aber mit gleichem Sinne, im Evangelium sagt: «Wer sein Kreuz nicht auf sich nimmt und mir nachfolgt, ist meiner nicht wert», und wiederum: «Wer nicht allem entsagt, was er besitzt, … der kann mein Jünger nicht sein.» Hält er nicht offenbar durch diese Worte die «Furchtsamen» und die «Ängstlichen» von seinem Lager ab und scheidet sie aus? … Und doch soll euch dieses Kriegsleben nicht abschrecken: es enthält in sich nichts Schwieriges, nichts Widriges oder Unmögliches.

WESEN UND SCHEIDUNG DER GEISTER

Die folgenden ‹Regeln zur Unterscheidung der Geister›, die in erstaunlicher Weise die ignatianischen Unterscheidungsregeln vorausnehmen, sind gleichsam das Ergebnis der Tätigkeit der geistigen Sinne und die überreiche Bestätigung, wie sehr Origenes' theologisches Denken zugleich ein aszetisch-mystisches, inneres, dramatisches Leben ist. Wie in den späteren Formen werden die ‹Unterscheidungsregeln› auf zwei ‹Geister› bezogen, welche (in der Übergänglichkeit, die wir schon beim Geistbegriff feststellten) sowohl zwei menschliche ‹Geistigkeiten›, wie zwei beistehende ‹Geister› (‹Schutzengel› und persönlicher Teufel), wie schließlich den höchsten Gegensatz von Gott-‹Geist› und satanischem ‹Geist› gleichzeitig meinen. Denn nur in dieser Vielfalt wird die perspektivische Situation, die von den ‹Regeln› gemeint ist, einigermaßen beschrieben. Deutlich aber konvergieren die verschiedenen ‹Geister› zuletzt auf den einen Geist Gottes, dessen vielfache Manifestationen sie sind. Die unmittelbare Erlebtheit und Lebendigkeit dieser Einsichten spricht so sehr für sich selbst, daß eine nähere Analyse sich erübrigt (560–603).

(560) Dem Menschen, der ein zusammengesetztes Wesen ist, ist es nicht möglich, solange noch «das Fleisch wider den Geist gelüstet, und der Geist wider das Fleisch», in seiner ganzen Natur ein Fest zu feiern. Denn entweder feiert einer nach dem Geiste und läßt den Körper leiden, … oder er festet dem Fleische gemäß und vermag nicht auch nach dem Geiste zu feiern.
(561) Einem jeden stehen zwei Engel zur Seite: einer der Gerechtigkeit, einer der Bosheit. Wenn gute Gedanken in unserem Herzen aufsteigen und im Geiste die Gerechtigkeit ihre Blüten treibt, dann ist kein Zweifel, daß der Engel des Herrn zu uns redet. Hausen aber schlechte Gedanken in unserem Herzen, so spricht zu uns der Engel des Satans.
(562) Unsere Seele wird entweder vom wahren Lichte erleuchtet, das nie erlischt, das Christus ist, oder aber, wenn sie dieses ewige Licht nicht in sich hat, wird sie zweifelsohne von einem zeitlichen und vergänglichen Lichte bestrahlt, von dem, der sich «in einen Engel des Lichts umgestaltet» und mit falschem Lichte die Seele des Sünders erleuchtet, damit ihm, was gegenwärtig und hinfällig ist, im Schein des Guten und Wertvollen erscheine.
(563) Wenn wir sehen, daß eine Seele von Sünden, von Fehlern, von Trauer, von Zorn, von Begierden, von Habsucht verwirrt wird, dann wissen wir, daß sie es ist, die der Teufel «nach Babylon hinwegführt». Wenn hingegen im Grunde des Herzens Stille, Heiterkeit, Friede ihre Frucht treiben, so wissen wir, daß «Jerusalem» in ihr wohnt, das heißt, die «Schau des Friedens» innen in ihr ist.
(564) Es steht aber in unserer Gewalt, wenn die böse Macht begonnen hat, uns zum Bösen zu locken, die schlimmen Einflüste-

rungen von uns zu weisen und dem verderblichen Schmeicheln zu widerstehen und gar nichts Schuldhaftes zu begehen.

(565) Immerdar schreitet der Feind neben uns her, niemals verläßt er uns, er sucht Gelegenheiten, uns nachzustellen, ob er uns etwa eine Niederlage beibringen könnte.

(566) Deutlich also und aus vielen Anzeichen ist es erweisbar, daß die menschliche Seele, solange sie in diesem Leibe weilt, mannigfache Einwirkungen verschiedener guter und böser Geister erleiden kann ... Es erleidet aber einer die Einwirkung des guten Geistes, ... wenn er zum Guten hin bewegt und gerufen wird und zu Himmlischem und Göttlichem begeistet, ... immer freilich so, daß es der Freiheit und dem Urteil des Menschen anheimgestellt bleibt, ob er folgen will oder nicht. Daher ist es möglich, durch diese offenbare «Unterscheidung» zu erkennen, auf welche Art die Seele durch die Gegenwart des guten Geistes bewegt wird, nämlich: wenn sie durch die gegenwärtige Einsprechung nicht die geringste Verdüsterung des Geistes erleidet.

(567) «Wir gingen durch Feuer und Wasser.» «Wasser» und «Feuer» sind sich entgegengesetzt. Dasselbe [nämlich Gegensätze] erleiden bis heute die ungereinigten Menschen: sie sind furchtsam und frech, treiben Vielgötterei und sind gottlos, sie lieben ohne Scham und hassen gleich darauf.

(568) «Ihr werdet aber von Kämpfen hören, ... seht zu, daß ihr nicht erschrecket, denn dies muß geschehen.» Es pflegen eben solche geistigen Kämpfe mit den verschiedensten Zuflüsterungen den gerechten Menschen zuzustoßen und ihre Seelen zu verwirren und zum Zweifeln zu bestimmen ... «Aber das ist noch nicht sogleich das Ende», das wir suchen. Wir müssen uns nämlich selbst festigen und beständig machen im Frieden, damit wir nicht «erschrecken», noch auch von «Aufruhr verwirrt werden», um dann erst nach alldem den «Frieden» zu erlangen.

(569) «Einen Gießbach durchschritt meine Seele.» «Gießbach» werden die Versuchungen genannt, weil sie nicht andauern, sondern plötzlich den Geist befallen und dann wieder vertrocknen und sich verlaufen.

(570) ‹Ekel› heißt eine im gleichen länger andauernde Erregung des Zorn- und Begehrungsvermögens, zugleich unwillig über das Gegenwärtige und nach dem Abwesenden begehrend.

‹Schläfrigkeit› ist das Unbekümmertsein der vernünftigen Seele um die Tugenden und die Erkenntnis Gottes. ‹Schlaf› ist die freiwillige Trennung der vernünftigen Seele vom wahren Leben.

(571) ‹Trost› heißt das Ausruhen der Seele nach den Mühen.

(572) ‹Trost› heißt das erneute Kräfte-Schöpfen der Seele nach Mühen.

(573) «Die Lust des Gerechten» ist die «Fülle des Friedens». Die «Fülle des Friedens» aber ist die Stille der Seele zugleich mit der Einsicht in die wahrhaft seienden Dinge.

(574) Wenn der Geist sieht, daß unser Geist sich abmüht in seinem Kampfe gegen das Fleisch und in seinem Willen, ihm anzuhängen, dann streckt er die Hand aus und steht seiner Ohnmacht bei. Und gleichwie der Lehrer, der einen einfältigen und des Lesens völlig unkundigen Schüler hat, sich zu den Anfangsgründen des Schülers hinabneigen muß, um ihn belehren und unterrichten zu können, und wie er den Namen des Buchstabens vorsagen muß, damit nachsagend der Schüler ihn lerne, und der Lehrer gleichsam dem Anfänger selbst ähnlich wird, das redend und überlegend, was der Anfänger reden und überlegen soll – also beginnt auch der Heilige Geist, wenn er sieht, daß unser Geist von den Angriffen des Fleisches verwirrt wird und nicht weiß, was er beten soll, gleichsam wie ein Lehrer das Gebet, das dann unser Geist, wenn anders er ein Schüler des Heiligen Geistes zu sein begehrt, fortsetzen muß: er selbst bringt «Seufzer» dar, durch welche unser Geist lernen soll, zu «seufzen», um sich Gott zu versöhnen. Wenn aber der Geist zwar lehrt, unser Geist ... hingegen nicht folgt, so wird durch seine eigene Schuld die Lehre des Meisters in ihm unfruchtbar.

(575) Christus ist es, der dem Winde und dem Meere gebietet und der die große Windstille schafft, damit die Schiffer bald an dem Lande anlegen können, nach dem sie eilen.

(576) Wenn du auf einem Schiffe dich befindest und dahinfährst, so siehst du Erde und Vorgebirge und Hügel vorüberfliegen: nicht als ob jene sich wirklich bewegten, sondern sie scheinen sich zu entziehen und zu fahren, weil du unter einem günstigen Winde vorübereilst. So also auch hier: wenn der Heilige Geist deine Seele durchhaucht und begeistert, dann schiffst du mit günstiger und erfolgreicher Fahrt und eilst in deinem Geiste

vorüber an all diesen sichtbaren Dingen, weil sie zeitlich sind, und schaust die ewigen an, und gewiß sagst du, daß all dies Sichtbare schon nicht mehr ist, weil es einst nicht mehr sein wird.

(577) Zu jeglicher Zeit freilich müssen wir der Worte Gottes eingedenk sein, am meisten aber, wenn «Finsternis mich rings umgibt», wenn mich Mauern bedecken, wenn die unreine Lust überhandnimmt und den Grund der Seele verwirrt.

(578) Die Bedrängnis leiden und doch nicht eingeengt werden, sollen wissen, daß sie aus der Bedrängnis befreit und zur heiligen Weite Gottes hingeführt werden ... gemäß dem Worte: «In der Bedrängnis hast du mich ausgeweitet.»

(579) Ich glaube aber, daß, wie diese Sonne hier für die sichtbare Welt Tage schafft, also auch die «Sonne der Gerechtigkeit» gewisse geistige Tage hervorbringt, die von den Strahlen der Wahrheit und der Leuchte der Weisheit erhellt sind.

(580) Auf zweifache Weise sagt man von Gott, er gebe: entweder wenn er erlaubt oder wenn er wirkt; so wie man auch etwa von der Sonne sagen könnte, daß sie sowohl den Tag wie die Nacht mache, den Tag aber durch Leuchten, die Nacht, indem sie sich entzieht.

(581) Wenn der «Weg, der zum Leben führt», wirklich «eng und schmal» ist, dann frommt es dir, daß du von aller Süßigkeit abgeschieden in der gegenwärtigen Welt mit Bitterkeit erfüllt werdest. Oder weißt du nicht, daß das Fest Gottes nicht ohne bittere Kräuter gefeiert wird?

(582) Sollten aber auch Beispiele vonnöten sein, so sehen wir uns den an, der im ersten Korintherbrief «die Gattin seines Vaters hatte»; denn er konnte bei dieser schlechten Tat nicht ohne einen kräftigen Einfluß des Teufels sein. Aber er bereute sie, wie die Schrift selbst bezeugt, und betrübte sich in einer «Trauer, die Gott gemäß» ist, einer Trauer, «die die Buße zu einem bestandhaften Heile wirkt». Als er aber in diese neue Trauer gekommen war, da machte sich der Teufel wiederum an ihn heran, indem er versuchte, diese seine Trauer über das Maß hinaus zu übertreiben, damit sie nicht eine «Gott gemäße Trauer» sei, ... und so der Teufel ihn in eine «Überfülle von Trauer» versenken könnte. Der Apostel, der das vorauswußte, gab den Korinthern den Rat,

«die Liebe gegen ihn zu festigen», und gab diesen Grund an: «damit er in seiner Lage nicht durch übermäßige Trauer untergehe ... Denn wir kennen seine listigen Anschläge nur zu gut».

(583) Nicht nur keine Enge hat die Bedrängnis der Heiligen, sondern sie hat selbst Weite, denn so spricht der Gerechte: «In der Bedrängnis hast du mich geweitet ...» In dieser Herzensweite der Heiligen «wohnt» Gott nicht nur, sondern «wandelt» selbst in ihr. In den Herzen der Sünder aber, wo Enge herrscht, weil sie dem eindringenden Teufel Raum gegeben haben, tritt zwar der Teufel herein, aber er wohnt nicht darin und wandelt nicht, weil da ja Enge ist; sondern er kauert darin wie in einer Höhle, er ist ja Schlange.

(584) Die schlechten Werke nämlich engen den Bösen auf ihn selber ein ... Die Liebe zu Gott schafft in den Seelen der Menschen breiten Raum.

(585) «Jesus erhob seine Augen und sprach.» ... Wir erfahren daraus, daß er seinen Geist aus dem Umgang mit denen, die unten weilen, hinweghob und ihn emporführte und erhöhte, indem er ihn durch das Gebet zum Vater, der über allem ist, aufrichtete ... Wollte aber einer hier den Zöllner gegenüberstellen, der nicht einmal wagte, seine Augen aufzuschlagen, und sich an die Brust schlug und sprach: «O Gott, sei mir Sünder gnädig», so wäre darauf zu sagen: wie es nicht wünschbar ist, daß von allen und zu jeder Zeit die «Gott gemäße Trauer» gepflegt wird, ... und sie mit Maß und nicht übertrieben gepflegt werden muß, ... so mag es auch nicht für alle wünschbar sein, die Augen nicht aufheben zu wollen und «von ferne zu stehen».

(586) Es gibt einen gewissen Geist des Menschen, der ihm inwendig ist; ferne sei von mir, daß ich ihm gemäß wandle, sondern, den Heiligen Geist Gottes begreifend, will ich meinem Herrn und Gott gemäß wandeln. Diese Propheten also, «die nach dem eigenen Herzen prophezeien» und «dem Geiste gemäß wandeln», aber weniger dem Gottes, als dem ihren, die ... «schauen überhaupt nichts».

(587) Fragen wir uns ...: wenn es besser ist für die Seele, dem Geiste zu folgen, wann der Geist das Fleisch besiegt, und es demnach für sie schlimmer zu sein scheint, dem Fleische zu folgen, das gegen den Geist ankämpft und die Seele an sich zu zie-

hen versucht – ob es dennoch nicht vielleicht nützlicher zu sein scheint, daß die Seele vom Fleisch übermocht wird, als daß sie in ihrem eigenen Wollen sitzen bleibe. Denn weil sie dann weder kalt noch warm ist, sondern in einer Art mittelmäßiger Lauheit beharrt, so wird sie nur eine widerstrebende und schwierige Bekehrung finden. Hängt sie aber dem Fleische an, so wird sie nicht selten von dem Schlimmen selbst, das sie von den Lastern des Fleisches erduldet, gesättigt und angefüllt, gleichsam mürbe gemacht unter den unerträglichen Lasten der Unzucht und der Begierlichkeit und kann sich so leichter und schneller aus den stofflichen Unreinheiten zu himmlischer Sehnsucht und geistiger Gnade bekehren.

(588) Das «harte Herz» scheint die Schrift als den Zustand zu bezeichnen, in dem der menschliche Geist, wie vom Froste der Bosheit gefrorenes Wachs, das Siegel des göttlichen Bildes nicht mehr empfängt.

(589) Die Stärke selbst und die Feste selbst der Heiligen ist der Herr. Niemand also ist stark oder gefestigt außer im Herrn. Nicht aber ist dasselbe das Feste und das Verhärtete. Nicht dasselbe Stärke und Wahnsinnskraft.

(590) Der Übermut [des Stolzes] ist das Heucheln der Großmut.

(591) Wenn unser Herz sich nicht verhärtet, so «wird es wie Weihrauch im Angesichte des Herrn emporgelenkt».

(592) Ich glaube nicht, daß die menschliche Natur, auf sich allein angewiesen, gegen die «Engel und die Höhen und Tiefen» und andere Geschöpfe den Kampf aufnehmen könnte; spürt sie aber in sich die Gegenwart und das Einwohnen des Herrn, so sagt sie mit Vertrauen auf die göttliche Hilfe: «Der Herr ist meine Erleuchtung, wen sollte ich fürchten?»

(593) Ich weiß, daß [meine] Seele eingewohnt wird, ich weiß auch, daß [meine] Seele verlassen wird. Denn wenn sie Gott nicht hat, dann hat sie Christus nicht, der da spricht: «Ich und mein Vater werden zu ihr kommen und bei ihr Wohnung nehmen»; wenn sie den Heiligen Geist nicht hat, dann ist die Seele verlassen.

(594) «Und Jesus schritt aus dem Tempel hinaus.» Weil also jeder durch den einwohnenden Geist Gottes in ihm ein heiliger Tempel Gottes ist, ist er, wenn er sündigt, schuld an seiner Verödung

und daß Christus aus ihm hinausschreitet; so daß er aus einem Tempel des Sohnes Gottes zu einem verlassenen Hause wird.

(595) Wenn du zum Beispiel im Urteilen auf die Person eines Mächtigen Rücksicht nimmst oder einem Freunde zuliebe die Wahrheit unterdrückst, dann hast du der Gerechtigkeit und der Wahrheit nicht die schuldige Ehre gegeben, sondern hast die Gerechtigkeit entehrt und der Wahrheit Schmach angetan, und weil die Gerechtigkeit und die Heiligung und die Wahrheit Christus ist, gleichst du denen, die Christus ohrfeigten und ihm ins Gesicht spieen und mit einem Rohre sein Haupt schlugen und auf seinen Scheitel eine Krone von Dornen setzten.

(596) Wie es sich mit dem körperlichen Lichte verhält, daß es denen, die gesunde Augen haben, zugleich sich selbst und die Gegenstände offenbart, so geschieht es auch, daß Gott mit einer gewissen Kraft an unsern Geist herankommt und, wenn nur dieser Heimgesuchte nicht verhängt ist und seine Hellsichtigkeit kein Hindernis von seiten der Leidenschaften erfährt, sich selber zu erkennen gibt und die von seinem Lichte getroffene Seele zu den andern geistigen Gegenständen führt. Man braucht sich aber nicht zu wundern, wenn manche in den Künsten oder in bestimmten Wissenschaften scharfsichtig sind und äußerst spitzig in gewissen ethischen Fragen und logischen Problemen, und doch Gott nicht kennen. Ihr Verstand gleicht dem Auge, das alles eher als die Sonne bemerkte.

(597) «Und der Geist ruhte auf ihnen und sie weissagten alle.» Wir lesen nicht, daß «der Geist» auf jedem beliebigen «ruhe», sondern auf den Heiligen und Seligen. Der Geist Gottes ruht nämlich in denen, «die reinen Herzens sind», und in denen, die ihre Seelen von Sünde reinigen, wie er im Gegensatz dazu nicht wohnt in einem Leibe, der der Sünde untertan ist, auch wenn er früher einmal darin wohnte, denn es kann der Heilige Geist keine Gemeinsamkeit und Gesellschaft mit dem Geiste des Bösen dulden. Denn es ist kein Zweifel, daß zur Zeit der Sünde im Herzen eines jeden der böse Geist gegenwärtig ist und sein Geschäft treibt. Und wenn dem einmal Raum gegeben wird und er von uns eingelassen wird durch schlimme Gedanken und böse Begierlichkeit, so flieht der Heilige Geist betrübt aus uns und sozusagen durch Enge hinausgedrängt ... Wenn aber der Geist in-

folge der Reinheit des Herzens und der Aufrichtigkeit des Geistes … «auf ihnen ruht», so muß er sogleich auch in ihnen wirken, und er erträgt keine Muße, wo ein des Wirkens werter Stoff sich darbietet. So sagt ja die Schrift: «Und es ruhte der Geist auf ihnen und sie weissagten.»

(598) Der Apostel redet von der Frucht der guten [Werke] in der Einzahl: … «Die Frucht aber des Geistes ist Liebe, Freude, Friede.» Die Werke des Fleisches aber, die er tadelt, bringt er in der Mehrzahl vor. Wollte aber einer dagegen einwenden, daß in den Psalmen geschrieben steht: «Die Mühen deiner Früchte sollst du essen», und dies im guten Sinn und doch in der Mehrzahl, so ist zu wissen, daß gleich wie jener, der mit vielen Perlen handelte und die eine kostbare fand, alle verkaufte, um die eine zu kaufen, in gleicher Weise jeder von den vielen Früchten anfangen muß, um zur einen Frucht der Vollendung zu streben.

(599) «Er führte die Winde aus seinen Schätzen heraus.» Es gibt gewisse Schätze der Winde, Schätze der Geister: der Geist der Weisheit und der Einsicht, der Geist des Rates und der Kraft, der Geist der Wissenschaft und der Frömmigkeit, der Geist der Furcht Gottes und der Stärke und der Liebe … Wo sind diese Schätze? Doch gewiß in dem, in welchem «die Schätze der Weisheit und Wissenschaft verborgen sind». In Christus haben sie ihren Sitz … Alle diese Schätze haben einen einzigen Schatz, in dem sie wohnen, darum sagt Paulus: «in welchem die Schätze der Weisheit und Wissenschaft verborgen sind». Und wie ich die eine kostbarste Perle durch die vielen andern Perlen mir erwerbe, so komme ich zum Schatz der Schätze, zum Herrn der Herren und zum König der Könige, wenn ich würdig bin der Geister, die in den Schätzen Gottes wohnen.

(600) Die verschiedenen Gaben des *einen* Geistes werden also von Paulus als viele Geister bezeichnet.

(601) Gott «erlöst uns von dem Übel» nicht dadurch, daß der Feind zu keinem Kampfe uns naht, mit irgendeiner seiner Listen oder irgendeinem seiner Helfer, sondern wenn wir durch männlichen Widerstand gegen die Angriffe siegen … Gott befreite den Job nicht dadurch, daß Satan die Erlaubnis nicht erhalten hätte, ihm diese und jene Anfechtung zuzufügen – er bekam sie ja –, sondern dadurch, daß er in allem, was über ihn kam, «vor

Gottes Antlitz nicht sündigte», vielmehr als Gerechter erwiesen wurde.

(602) Denn Christus trägt über keinen den Sieg davon, der es nicht will, sondern siegt nur durch Überzeugen: Er ist ja das WORT Gottes.

(603) Gott reißt keinen Menschen gegen seinen Willen mit sich fort. Risse er ihn mit sich, so würde er nicht sagen: «Kommet alle zu mir, die ihr mühselig und beladen seid, und ich werde euch erquicken.» Und: «Wenn ihr wollt und mich höret, werdet ihr von den Gütern der Erde genießen.» Es wurde Paulus freilich in den dritten Himmel entrissen, aber erst nachdem er sich selber Gott gegeben.

GEHÖR

Die überragende Bedeutung der Lehre von den inneren Sinnen enthüllt sich erst ganz bei der Einsicht in die Tätigkeit der einzelnen Sinne. Jeder Sinn enthält eine andere Weise geistigen Kontaktes mit dem Göttlichen. ‹Hören› ist die innere Bereitschaft und ‹Hörigkeit› der Seele zu Gott, für den inneren Dialog, der ohne Laut von der Seele zu Gott (604–606) und von Gott zur Seele sich vollzieht (607–609). Sünde schafft Schwerhörigkeit der Seele und Verstummen Gottes (610–612), Bereitschaft in der Stille, aber immer geheimere und engere Einheit mit Gott (613–618). ‹Hören› aber kann sich nur erhalten, wenn es zugleich Tat ist (619).

(604) Man muß aber wissen, daß es im innersten Herzen des Menschen eine Stimme gibt, die sich nicht des Körpers bedient, die der Mensch bisweilen, wenn er in sich gesammelt ist und eingetreten in sein Kämmerlein, bei verriegelten Türen der Sinne und getrennt von seinem Leibe zu dem entsendet, der allein eine solche Stimme zu hören vermag.

(605) «Es schrie Moses zum Herrn.» Wie schreit er? Kein Geräusch seiner Stimme wird hörbar, und doch entgegnet ihm der Herr: «Was schreist du zu mir?» Wissen möchte ich, wie die Heiligen ohne Stimme zu Gott rufen. Es lehrt der Apostel: «Gott gab uns den Geist seines Sohnes in die Herzen, der da ruft: Abba, Vater!»

Und er fügt bei: «Der Geist selbst tritt für uns ein mit unaussprechlichen Seufzern.» Und wiederum: «Der aber die Herzen durchforscht, weiß, was der Geist ersehnt, denn er bittet Gott gemäß für die Heiligen.» So also wird im Einstehen des Heiligen Geistes bei Gott durch das Schweigen der Heiligen hindurch ein Rufen hörbar.

(606) Glaube Gott und weihe dich ihm. Wäre deine Stimme auch dünn, deine Zunge schwer, liefre dich aus dem WORTE Gottes, so wirst du nachher sagen können: «Ich tat meinen Mund auf und sog den Geist an.»

(607) Wenn man die menschliche Rede als ‹angeschlagene Luft›, nämlich durch die Zunge bewegte, beschrieben hat, so mag auch Gottes Stimme eine durch göttliche Macht oder göttlichen Willen bewegte Luft genannt werden. Daher kommt es dann, daß, wenn einmal von Gott her eine Stimme herüberklingt, sie nicht allen zu Ohren dringt, sondern nur denen, die sie auffassen sollen. Man soll daran eben erkennen, daß der Klang nicht vom Schlag einer Zunge ausgeht – sonst würde ja ein gemeines Hören eintreten –, sondern durch die oberste Vorsehung gelenkt wird. Darum wird berichtet, daß den Propheten, den Patriarchen und den übrigen Heiligen das WORT Gottes auch ohne Klang einer Stimme zukam, ... wobei, um es kurz anzudeuten, der erleuchtete Geist vom Heiligen Geiste zu Worten geformt wird. In beiden Weisen also ... kann man sagen, daß Gott redet.

(608) «Und alle wunderten sich.» Worüber wunderten sie sich? Nicht über seine Fragen, obwohl auch sie wunderbar waren, sondern «über seine Antworten». Er stellt Fragen an die Gesetzeslehrer, und weil sie oft keine Antwort wußten, gab er sie selber auf seine Frage. Es förderte Jesus seine Lehrer und unterrichtete sie auch durch Fragen, als er «in ihrer Mitte lehrte». Er stachelte sie an zu fragen, was sie nicht wußten, und zu erforschen, wovon sie bis dahin nicht einmal wissen konnten, ob sie es wüßten oder nicht ... Gelegentlich stellt Jesus eine Frage, gelegentlich gibt er eine Antwort, und wenn auch, wie wir sagten, seine Frage wunderbar ist, so ist doch viel wunderbarer seine Antwort. Daß also auch wir ihn hören und er uns Fragen stelle, die er selbst löst, wollen auch wir ihn bitten und mit viel Mühe und Leid ihn suchen, um so den Gesuchten zu finden. Denn nicht

umsonst heißt es: «Ich und dein Vater haben dich mit Schmerzen gesucht.» Wer Jesus sucht, darf nicht nachlässig und obenhin und vorübergehend suchen, wie manche es tun, die ihn darum nicht finden können.

(609) «Habt ihr dies alles begriffen? Sie sagten: Ja.» Er fragt nicht aus Nicht-wissen, vielmehr, da er einmal den Menschen angezogen, verwendet er alles, was an ihm ist, und deren eines ist Fragen.

(610) Wie sollte uns Gott hören, wenn *wir* ihn nicht hören? Wie sollte er unseren Willen tun, wenn wir den seinen nicht tun? Und doch will uns Gott so, daß wir wie Götter mit Gott uns unterreden, als Mitteilhaber und Miterben des Sohnes Gottes, und sagen, wie er sagt: «Vater, ich weiß, daß du mich immerdar hörst.»

(611) Es gibt aber eine gewisse Schwerhörigkeit, welche der Menschenseele schadet ... Die Sünde wird von der Schrift «schwer» genannt. Darum sprach einer, der seine Sünden spürte: «Wie ein schweres Gewicht lasten sie auf mir.» ... Was ist es, daß das Gehör nicht schwer, sondern leicht macht? Die Flügel des WORTES, die Flügel der Tugend ...

(612) Wird aber dieses beiwohnende und erleuchtende WORT nicht zugelassen, so droht es damit, wegzugehn, und sagt: «Ich gehe dahin», und wenn wir nachher den Entschwundenen suchen, finden wir ihn nicht mehr, sondern «sterben in» unseren «Sünden».

(613) Glauben wir nicht, daß Gott uns von außen her redet, denn die heiligen Gedanken, die in unser Herz dringen, sind Stimmen und Worte, durch welche Gott zu uns spricht. Fasse es so auf, wenn es heißt, Gott habe zu dem und jenem gesprochen. Die Schrift bezeugt, daß es sich so verhält: «Selig der Mann, dem Hilfe von dir kommt, Herr; er bereitete Aufstiege in seinem Herzen.»

(614) Er will nicht, daß du in Taten des Fleisches und der Finsternis verharrest, sondern daß du hinausgehest in die Wüste und hintretest zu dem Orte, leer vom Wirren und Wogen der Welt, und dich nahest der Stille des Schweigens. Denn «die Worte der Weisheit werden in Schweigen und Stille erlernt».

(615) Wie wäre es denn sagbar, was der Geist Gottes zu Gott spricht, wenn des öfteren selbst unser Geist in Worten nicht auszudrücken weiß, was er spürt und versteht?

(616) «Wenn ihr nicht im Verborgenen hört, wird eure Seele weinen.» Ich kann das Gesetz im Verborgenen und im Unverborgenen hören: … Wer das Gesetz vom Osterlamm im Verborgenen hört, der ißt vom Lamme Christus, «denn als unser Osterlamm ist Christus geschlachtet». Wissend, was das Fleisch des WORTES Gottes ist und daß es wahrhaft eine Speise ist, nährt er sich von ihm; er hat Ostern im Verborgenen gehört.
(617) Je mehr Worte Gottes einer hört, um so mehr ist er aus Gott.
(618) Wem Gott schweigt, «wird denen, die in die Grube steigen, gleichgeachtet.» … Es «steigen» aber «in die Grube», die sich eifrig um diese kalten stofflichen Dinge kümmern … Alle Sünde ist kalt; heiß aber, wie sich ziemt, die göttlichen Dinge.
(619) Wir bitten aber die Barmherzigkeit des allmächtigen Gottes, der uns nicht nur zu Hörern seines WORTES, sondern auch zu Tätern mache, daß er auch über unsere Seelen die Sintflut seiner Wasser kommen lasse und in uns alles austilge, was er für tilgenswert hält, und belebe, was er für belebenswert achtet, durch Christus unseren Herrn und seinen Heiligen Geist.

GESICHT

DAS INNERE GESICHT

Es gibt zweierlei Weisen zu schauen: eine fleischliche und eine geistige, beide sind unverträglich (620–623). Mit jener ist nicht das äußere, sinnliche Schauen gemeint, sondern das sündige Sich-Verschauen in die sinnlichen Dinge, statt durch sie hindurch Gott zu erblicken (624–625). Nicht jeder, der Christus sinnlich sah, sah ihn auch geistig (626–628); wie denn auch Jesus sich (gleichzeitig) in verschiedenen ‹Stufen› von Geistigkeit offenbaren kann (629). Durch geistige Handauflegung Christi werden auch wir sehend (630–631), wenn anders wir gleichzeitig unser geistiges Antlitz zu ihm hinwenden und der Sünde entsagen (632–634). Doch bleibt unsere Schau hienieden spärlich und trüb (635), es sei denn, Ekstase reiße uns außer dem Leibe (636).

(620) Wir alle, die wir Menschen sind, haben in uns ein Sehen und ein Blindsein. Adam sah und sah nicht. Und auch Eva, noch be-

vor «ihnen die Augen aufgingen», soll schon gesehen haben: «Es sah», heißt es, «das Weib den Baum, daß er gut wäre zum Essen und schönen Anblicks für das Auge, und sie nahm von der Frucht des Baumes und aß und gab ihrem Manne, und sie aßen». Sie waren also nicht blind, sondern sahen. Dann aber folgt: «Und es gingen ihnen die Augen auf.» Also waren sie doch blind gewesen und sahen nicht, da ihre Augen erst nachher aufgingen. Vielmehr, während sie vorher gut gesehen hatten, begannen sie nach der Übertretung des Gebotes Gottes schlimm zu sehen, und als die Sünde sich einschlich, verloren sie das Gesicht des Gehorsams. In diesem Sinne verstehe ich auch das Wort, das der Herr spricht: «Wer schuf den Stummen und den Tauben, den Sehenden und den Blinden, etwa nicht ich, der Herr Gott?» Es gibt ein Auge des Leibes, mit dem wir diese irdischen Dinge betrachten, ein Auge nach dem Sinne des Fleisches, wovon die Schrift sagt: «Eitel einherschreitend, aufgebläht im Sinne des Fleisches.» Dem entgegengesetzt besitzen wir noch ein anderes, besseres und das Göttliche sinnendes Auge, und weil das in uns erblindet war, kam Jesus, um es sehend zu machen.

(621) «Die Augen gingen ihnen auf.» Auf gingen ihnen die Augen der Sinnlichkeit, die sie vordem trefflich verschlossen hatten, um nicht von Zerstreuung gehindert zu werden, mit dem Auge der Seele zu schauen; die Augen der Seele aber, die sie bis dahin sehend hatten und erfreut an Gott und seinem Paradiese, die schlossen sie, glaube ich, durch die Sünde zu.

(622) In derselben Ordnung, in der sich die einen Augen schließen und die andern öffnen, schließen sich auch die einen Ohren und öffnen sich die andern ... Bevor das Gesicht des Bösen nicht verschlossen wird, steht die Schau des Guten nicht frei.

(623) Daß es ein anderes Antlitz als dies unser körperliches Gesicht gibt, bezeugt neben vielen anderen Stellen auch das Wort des Apostels: «Wir alle aber, mit aufgehülltem Antlitz die Glorie des Herrn schauend, werden in dasselbe Bild gleichsam vom Geiste Gottes verwandelt von Glorie zu Glorie.» Dieses leibliche Antlitz tragen wir Menschen alle aufgehüllt, wenn wir nicht etwa in Not und Bedrängung sind. Das Antlitz aber, von dem der Apostel spricht, ist in den meisten verdeckt, in wenigen nur «aufgehüllt». Allein wer offene Aufrichtigkeit des unbefleckten Le-

bens hat, in gesundem Sinne, in wahrhaftem Glauben, ist frei von der Hülle der verdeckenden Beschämtheit und der Sünde und schaut durch sein reines Gewissen «mit aufgehülltem Antlitz die Glorie des Herrn».

(624) Wahrlich: die, die Götzenbilder machen und auf sie vertrauen, «sind ihren Göttern ähnlich». Ohne Sinne, ohne Vernunft sind sie zu Stein und Holz verwandelt. Selbst wo sie eine so herrliche Ordnung, Schönheit und Dienstwilligkeit in den Geschöpfen, eine solche Pracht der Welt sehen, wollen sie doch aus den Geschöpfen den Schöpfer nicht einsehen, ... sondern sind blind und sehen die Welt mit keinen andern Augen an als das unvernünftige Vieh und die Tiere. Denn sehen sie auch die von Vernunft gelenkten Dinge, so bemerken sie doch nicht die Vernunft in ihnen.

(625) «Ihr Blinden, blickt auf zum Schauen.» Es sehen aber die Blinden dann, wenn sie aus der gewaltigen Schönheit der Geschöpfe bei ihrem Blick in die Welt aus ihnen in analoger Weise die Bildner schauen.

(626) Das Gesicht, durch das Gott gesehen wird, ist nicht das des Leibes, sondern des inneren Gemüts und des Geistes. Das hob auch der Erlöser im Evangelium durch ein besonderes Wort heraus, da er nicht sagte: Niemand sieht den Vater als der Sohn, sondern: «Niemand kennt den Vater als der Sohn.» Und endlich gibt er denen, die er Gott sehen läßt, den «Geist der Weisheit» und den «Geist der Wissenschaft», damit sie durch den Geist selbst Gott sähen. Und in diesem Sinne sprach er zu den Jüngern: «Wer mich sieht, sieht den Vater.» Und wir werden gewiß nicht die Torheit haben, zu glauben, daß, wer Jesus dem Leibe gemäß sah, auch den Vater erblickte, sonst müßte man ja auch von den Schreibern und Pharisäern, jenen «Heuchlern», von Pilatus, der ihn mit Geißeln schlug, und vom ganzen Haufen, der da schrie: «kreuzige, kreuzige ihn», behaupten, sie hätten, Jesu Fleisch sehend, auch den Vater gesehen. Und das schiene nicht allein unsinnig, sondern geradezu gotteslästerlich. Wie er nämlich damals, als ihn die Volksmenge auf seinem Gange mit den Aposteln bedrückte, von keinem derer, die ihn preßten und einengten, sagte, er habe ihn berührt, außer von jener einzigen, die mit ihrem Blutfluß zu ihm herankam und «den Saum seines

Gewandes berührte», und er ihr allein das Zeugnis ausstellt mit den Worten: «Es hat mich jemand berührt, denn ich fühlte eine Kraft von mir ausgehen» – also wird auch von keinem der vielen, die ihn sahen, gesagt, er habe ihn «gesehen», außer wenn er erkannte, daß er das WORT Gottes und der Sohn Gottes ist, und darin heißt dann der Vater zugleich «erkannt» und «erblickt».

(627) Die Apostel sahen also das WORT, nicht nur, weil sie den Leib des Herrn und Erlösers schauten, sondern weil sie zugleich das WORT Gottes sahen.

(628) «Es gaben aber die Pharisäer und Priester das Gebot, daß, wenn jemand wüßte, wo er sich aufhalte, er es anzeige und sie ihn fassen könnten.» Wer Jesus nachstellt, weiß nicht, wo er ist. ... Und ebenso gilt, daß jeder, der das Christentum durchschnüffelt, um es zu widerlegen und anzuklagen, solch ein «Pharisäer» ist.

(629) Und es ist auch nicht verwunderlich, daß der von Natur verwandelbare und änderliche Stoff, der sich in alles umgestalten kann, was der Schöpfer will, und jede Eigenschaft annehmen, die dem Künstler beliebt, das eine Mal die Gestalt annimmt, von der gesagt ist: «Er hatte weder Aussehen noch Schönheit», das andere Mal eine so herrliche und staunenerregende und wunderbare, daß vor einer solchen Schönheit die drei mit Jesus heraufgekommenen Jünger auf ihr Antlitz fielen[1].

(630) «Und Joseph wird seine Hände über deine Augen legen.» Der wahre «Joseph», unser Herr und Erlöser hat, wie er seine leibliche Hand auf die Augen des Blinden legte und ihm das Gesicht zurückgab, gleicherweise auch auf die Augen des Gesetzes seine geistigen Hände gelegt (diese Augen, die durch das körperhafte Verstehen der Schreiber und Pharisäer erblindet waren) und ihnen das Gesicht zurückgegeben, damit denen, welchen der Herr «die Schriften eröffnet», die geistige Sicht und Einsicht des Gesetzes erscheine.

(631) O daß doch auch wir, die wir «am Wege» der Schriften «sitzen» und sehen mit Augen, die «blind» sind und nicht sehen, wenn wir erfahren haben, daß Jesus vorbeikommt, ihn durch unser Bitten zum Stehen bewegen könnten und ihm sagen: wir

[1] Vgl. Text 332–333, 429.

möchten, «daß unsere Augen geöffnet werden»! Wenn wir es in der Gesinnung sagen, daß wir die Dinge sehen möchten, welche durch die Wohltat Jesu gesehen werden, sobald er die Augen der Seele berührt hat, so wird unser Erlöser von Mitleid gerührt werden und die Augen berühren, die vor seiner Ankunft nicht sahen. Er ist ja die Kraft und das Wort und die Weisheit und was immer derlei von ihm geschrieben steht. Und wenn er sie berührt hat, flieht die Finsternis und das Unwissen, und in einem werden wir ihn nicht nur sehen, sondern ihm auch nachfolgen; und dieser unser Aufblick weg zu ihm hilft uns, nichts anderes mehr zu tun, als dem nachfolgen, der uns das Gesicht zurückgegeben, damit wir ihm stets nachfolgen und von ihm zu Gott geführt werden und mit unseren durch seine Güte sehenden Augen zugleich mit allen, die «selig» ob ihres «reinen Herzens» sind, Gott anschauen.

(632) «Wenn sich einer zum Herrn kehrt, so wird der Schleier hinweggenommen, denn wo der Geist Gottes ist, da ist Freiheit.» Wir müssen also den Herrn selbst, den Heiligen Geist selbst bitten, er möge sich würdigen, allen Nebel und alle Dunkelheit, welche aufgehäuft durch den Unrat der Sünden, das Gesicht unserer Seele verfinstern, hinwegzunehmen, damit wir den geistigen und wunderbaren Sinn seines Gesetzes verstehen können, so wie der, der sagte: «Enthülle meine Augen, und ich werde die Wunder deines Gesetzes betrachten.»

(633) «Wir schliefen in unserer Beschämung ... und es überdeckte uns unsere Schmach.» Oft schon sprachen wir von dem Schleier, der das Antlitz derer deckt, die sich nicht zum Herrn kehren. Um dieses Schleiers willen versteht, «wenn Moses gelesen wird», der Sünder ihn nicht ... Denn solange wir noch Werke der «Beschämung» treiben, ist es klar, daß wir den Schleier haben, wie der 43. Psalm sagt: «Und die Beschämung meines Antlitzes bedeckte mich.» Hat aber einer keine Werke der «Beschämung», so hat er den Schleier nicht. Ein solcher war Paulus, da er sprach: «Wir aber schauen mit aufgehülltem Angesicht die Glorie des Herrn ...» Ist zum Beispiel unsere Seele voll Zorn gegen jemand, so ist ein Schleier über unser Antlitz gezogen. Wenn wir daher beten wollen: «Ausgeprägt ist über uns das Licht deines Antlitzes, Herr», so müssen wir erst den Schleier wegnehmen ...

Es ist also nicht Gott, der vor uns seine Glorie verbirgt, sondern wir selbst, die unserem Geiste den Schleier der Bosheit überziehen ... In unserer Macht und in keines andern ist es, den Schleier wegzunehmen. «Denn während sich Moses zum Herrn zurückwandte, wurde der Schleier hinweggenommen ...» Er war das Gleichnis derer, die zum Herrn zurückkehren.

(634) «Und es erblickte alles Fleisch das Heil Gottes.» Du warst auch einmal «Fleisch», oder vielmehr, um etwas Wundersameres zu sagen: während du noch im «Fleische» bist, siehst du das «Heil Gottes».

(635) «Es segnete der Herr Isaak, und er wohnte neben dem Brunnen ‹Schau›.» Dies ist der ganze Segen, womit der Herr Isaak segnete: daß er wohnen durfte beim «Brunnen ‹Schau›». Einsichtigen ist dies ein großer Segen. O gäbe doch auch mir der Herr diesen Segen, wohnen zu dürfen «neben dem Brunnen ‹Schau›» ... Aber wann werden wir es auch nur verdienen, vielleicht einmal vorüberzugehen am Brunnen ‹Schau›? Jener verdiente es, in der Schau zu bleiben und zu wohnen, wir, nur spärlich erleuchtet durch Gottes Barmherzigkeit, können in jeglicher Schau kaum ein bißchen spüren oder ahnen.

(636) In «Schau» also «sitzt im Mittag», wer «feiert, um Gott zu sehen». Darum heißt es [von der Braut im Hohen Lied] nicht, daß sie im Zelt weilt, vielmehr sitzt sie draußen «am Eingang des Zeltes». Außen nämlich und außerhalb des Leibes hält sich der Geist auf, der fern ist von leiblichen Gesinnungen, fern von fleischlichen Begierden, und der also aus allem herausgestellte ist's, den Gott heimsucht.

GLAUBE, TAT UND SCHAU

Schau aber ist bereits die Entfaltung eines Glaubens (wie inneres Hören die Entfaltung eines äußern Hörens der Lehrverkündigung ist); Glaube aber wird zu Schau einzig in der Aneignung als Tat. So gibt es also zunächst Stufen des Glaubens (637–638) und seiner Schattenhaftigkeit (639). Aber diese Stufen sind als solche schon Stufen des Handelns, weil der Fortschritt auf dem ‹Weg› der Erkenntnis notwendig zugleich ein Ausschreiten auf dem ‹Weg› ist, der Christus ist, das heißt auf ‹hei-

ligem Lande› (640). So bedingen sich Erkennen und Tun gegenseitig (641), Gottes Licht steht gleichmäßig über beidem (642). Freilich gibt es auch eine bloße, unlebendige ‹Wahrheit›; aber die Wahrheit Gottes ist Leben (643–649). Sünde tötet den Blick für die wesentliche Wahrheit (650). Die Überlegenheit der christlichen Wahrheit ist ihre Fundierung in der Tat (651–652). Das wahre Licht ist im wahren Leben fundiert (653). Allmählichkeit der Entwicklung (654–655) von Glaube über Hoffnung zur Liebe (656–658).

(637) Ohne die Glaubenslehre, und zwar die vollendete Glaubenslehre, ist es unmöglich, daß ein Mensch sündelos wird.
(638) «Gleichnisse von Gold werden wir dir herstellen mit Unterscheidungen von Silber.» Solange die Seele noch klein ist und unvollkommen und «unter Aufseher und Vormunde» gestellt (seien es die Lehrer der Kirche, seien es die Engel, welche die der Kleinen heißen und «immerdar das Angesicht des Vaters im Himmel schauen»), bekommt sie nur «Gleichnisse von Gold», da sie noch nicht mit der festen und kräftigen Speise des WORTES Gottes genährt wird, sondern durch «Gleichnisse» großgezogen. Wir können dafür auch sagen, daß sie durch Parabeln und Beispiele unterwiesen wird, im Hinblick auf welche von Christus selbst gesagt wird, er «wachse an Alter und Weisheit und Gnade bei Gott und den Menschen». In diesen «Gleichnissen» also wird sie herangebildet und es glücken ihr kleine «Unterscheidungen von Silber». Denn auch denen, die herangezogen werden, eröffnet man von Zeit zu Zeit einiges Spärliche über die verborgeneren Geheimnisse, damit sie Sehnsucht nach höheren Dingen fassen. Denn nicht einmal ersehnt kann werden, was in keiner Weise gekannt ist.
(639) Sind wir auch nicht mehr unter jenem «Schatten», den der Buchstabe des Gesetzes warf, so sind wir doch unter einem besseren «Schatten». Denn «im Schatten Christi leben wir unter den Heiden». Und es ist ein Fortschritt, vom «Schatten des Gesetzes» zum «Schatten Christi» zu kommen, damit wir, da ja Christus «der Weg» ist «und die Wahrheit und das Leben», zunächst in den «Schatten» des «Weges» und in den «Schatten» des «Lebens» und in den «Schatten» der «Wahrheit» gestellt werden, und «in Bruchstücken erkennen» und in «Spiegel und Rätsel», um dann

später, wenn wir auf diesem «Wege», der Christus ist, ausschreiten, dazu hingelangen zu können, daß wir «von Angesicht zu Angesicht einsehen», was wir vorher nur im «Schatten» und im «Rätsel» sahen. Niemand nämlich vermag zu jenen Dingen, die wahr und vollkommen sind, hindurchzugelangen, wenn er nicht vorerst sich gesehnt und begehrt hat, in diesem «Schatten» zu wohnen.

(640) Richtet aus den «Weg des Herrn». Auf doppelte Weise wird der «Weg des Herrn» bereitet. Einmal in Hinblick auf die Einsicht, die durch die Wahrheit, von allem Truge unvermischt, geschärft wird. Dann im Hinblick auf das Handeln gemäß der gesunden Einsicht in das zu Tuende, dann nämlich, wenn die Tat sich harmonisch richtet nach der gesunden Einsicht in das zu Tuende. Um aber genauer zu verstehen, was das Wort «Richtet aus den Weg des Herrn» bedeutet, wird es gut sein, ein Wort der Sprichwörter danebenzustellen: «Weiche nicht ab, weder nach rechts noch nach links.» Wer nämlich nach einem von beiden abwich, der hat das «Ausrichten» aufgegeben, und durch sein Abweichen von der Richtigkeit des Weges ist er nicht mehr würdig, «beachtet» zu werden. Denn «der Herr ist gerecht, und er liebt die Gerechtigkeiten, und sein Antlitz beachtet die Richtigkeit». Auf was er aber blickt, das erleuchtet er, und darum spricht der Beobachtete, in der Erkenntnis der Nützlichkeit dieser Beachtung: «Ausgeprägt ist über uns das Licht deines Antlitzes, Herr.» Laßt uns also, nach dem Worte Jeremias', «auf den Wegen stehen», und stehend die «ewigen Pfade» des Herrn suchen, und sehen, welches der gute Weg ist und auf ihm wandeln, wie die Apostel standen und suchten die «ewigen Pfade des Herrn», nämlich die Patriarchen und die Propheten, deren Schriften befragend sie nachher, durch Einsicht darein, den guten Weg fanden, Jesus Christus, der sprach: «Ich bin der Weg», und auf ihm wandelten. Denn das ist der gute Weg; der … den «guten und getreuen Knecht» zum guten Vater führt. Freilich ist der Weg eng, weil die Menge und die Fettleibigen nicht auf ihm zu gehen vermögen, aber er ist auch «zerstampft» von solchen, die gewaltsam auf diesem Wege zu gehen versuchen … Denn wer seine Schuhe nicht von den Füßen streift und nicht ehrlich anerkennt, daß der Ort, auf dem er steht und geht, «heiliges Land»

sei, der «zerstampft» den lebendigen Weg, der die Beschaffenheit des Wanderers wohl zu spüren vermag. Er führt aber hin zu dem, der das Leben ist, der sprach: «Ich bin das Leben.» ... Wer auf diesem Wege wandelt, der wird unterwiesen, daß er nichts auf ihm mitnehmen soll, da er selber Brot hat und was sonst zum Leben notwendig ist.

(641) «Reinen Herzens» also und «keuschen Herzens» scheint mir der zu sein, der ein von allen falschen Meinungen gereinigtes und keusches Herz besitzt, und ebenso: «unschuldig von Händen» und «sündenrein» der, welcher in den Handlungen seines Lebenswandels untadelhaft ist. Man muß aber wissen, daß, wie es gemäß der Wahrheit unmöglich ist, «unschuldig von Händen» und «sündelos» zu sein, wenn man nicht zugleich «reinen und keuschen Herzens» ist in bezug auf falsche Meinungen, es auch ebenso unmöglich ist, «reinen und keuschen Herzens» von falschen Meinungen zu sein, wenn man nicht «unschuldig von Händen» und «sündenrein» ist. Diese beiden Dinge folgen gegenseitig auseinander und sind voneinander unzertrennlich: das reine Wort in der Seele und das untadelhafte Leben.

(642) «Das Licht der Menschen» ist vielleicht das Allgemeinere über zwei besonderen Dingen ... Denn es geschieht, daß, wer das «Licht der Menschen» besitzt und seiner Strahlen teilhaftig wurde, einerseits «die Werke des Lichts» vollbringt, anderseits durch die Einleuchtung das Licht der Einsicht erkennt.

(643) Die aber neben anderem vom Göttlichen WORTE auch dies gelernt haben und es tun: geschmäht zu werden und zu segnen, verfolgt zu werden und standzuhalten, verleumdet zu werden und zu trösten, die dürften es wohl sein, die die Schritte ihrer Seele auf den rechten Weg gerichtet haben, die ihre *ganze* Seele reinigen und in Bereitschaft setzen, um nicht nur in bloßen Reden *Sein* und *Werden* zu unterscheiden, *Geistiges* und *Sinnliches*, die Wahrheit dann mit dem Sein in eins zu fügen und auf jede Art dem mit dem Werden verbundenen Irrtum auszuweichen – sondern in der Weise, wie sie es gelernt, nicht auf das Werdende zu schauen, ... sondern auf höhere Dinge.

(644) Wir leben als Hausgenossen seiner Seligkeit durch den herrlichen Geist der Sohnschaft, der in den Söhnen des himmlischen Vaters wohnt, welche nicht ein geistreiches Wort, sondern

Tat-Sachen aussprechen, wenn sie im Verborgenen das erhabene «Abba, Vater» sagen.

(645) Dies heißt auf eine untadelige Weise «Herr, Herr» rufen: wenn die Werke selbst rufen und sagen: «Herr, Herr.»

(646) Von jenem kann man sagen, er kenne «die Werke des Herrn», der «die Werke des Herrn» tut. Der aber ist in Unwissen über «Gottes Werk», der «das Werk Gottes» nicht tut.

(647) Die Frucht der Werke ist die Schau der Wesen.

(648) Die Gerechtigkeit kennen, heißt gerecht handeln. Woraus folgt, daß, wer die Gerechtigkeit verkündet und nicht gerecht handelt, die Gerechtigkeit nicht kennt.

(649) Es gibt auch in der Ungerechtigkeit eine Wahrheit. Nehmen wir etwa jenen Wahrsagegeist, von dem die Apostelgeschichte berichtet, er habe in einer Magd gewohnt und hinter den Aposteln hergerufen: «Diese sind große Diener Gottes, die den Menschen die Wege Gottes verkünden.» Wahrheit war in diesen Worten, denn was er sprach, war richtig, aber nicht diese Wahrheit war in Christus, und darum wandte sich Paulus zu der Magd und sagte: «Verstumme und fahr aus ihr aus.» ... Man muß also annehmen, daß die Wahrheit Christi dort ist, wo auch die übrigen Tugenden, welche als Christus beschrieben werden, sich finden. Wo also zum Beispiel Gerechtigkeit, wo Friede, wo Wort Gottes ist, da findet sich die Wahrheit Christi.

(650) Wie aber, wenn ich so sagen soll, eine durch lange Zeit angeschaute Dunkelheit das Sehvermögen des Schauenden vernichtet, also tötet die Schau des Todes bei einem, der das WORT nicht wahrt, den sehenden Blick und macht ihn blind.

(651) Strengen wir uns an, daß wir die Heiden ebensosehr in unsern Taten und Werken übertreffen, als wir ihnen im Glauben voraus sind.

(652) «Seine Hände werden Gott ein Opfer darbringen.» Ruft es da der Gesetzgeber nicht in aller Deutlichkeit aus, daß es nicht der Mensch ist, der das Opfer darbringt, sondern «seine Hände», das heißt seine Werke? Denn die Werke sind es, die das Opfer Gott empfehlen.

(653) Lassen wir auch dies nicht außer acht, warum [Johannes], während er doch hätte schreiben können: Was in ihm wurde, war das Licht der Menschen und das Licht der Menschen war

das Leben – das Umgekehrte tat. Er ordnet nämlich das «Leben» dem «Licht der Menschen» vor, wenn auch das «Leben» und das «Licht der Menschen» dasselbe sind. Der Grund ist, weil uns in denen, die des «Lebens» teilhaftig werden (welches zugleich das Licht der Menschen ist), zuerst das Leben im vorgenannten göttlichen «Leben» begegnet, noch vor dem Erleuchtet-werden. Denn zugrunde liegen muß das «Leben», damit der Lebende erleuchtet werden könne.

(654) Aber auch das müssen wir wissen, daß dieses Absterben den Taten des Fleisches durch Geduld geschieht, und nicht auf einmal, sondern allmählich.

(655) Denn ein eilig Ding ist der Wille, das sich ohne viel Hindernis da- und dorthin kehrt, die Tat aber ist schwerfällig, denn sie fordert Übung, Kunst und den Schweiß der Arbeit.

(656) Mit guten Gründen aber und seiner Gewohnheit gemäß fügt der Apostel, wo er vom Glauben handelt, auch die Hoffnung bei, wissend, daß die Hoffnung untrennbar mit dem Glauben zusammenhängt. So sagt er im Hebräerbrief, dasselbe lehrend: «Es ist aber der Glaube das Bestehen der erhofften Dinge.» ... Und mir scheint, daß der erste Anfang des Heils und seine Grundlage der Glaube ist, das Fortschreiten aber und das Wachsen des Gebäudes die Hoffnung, Vollendung und First des ganzen Werkes aber die Liebe.

(657) Überlege, ob nicht, wie Abraham «gegen die Hoffnung auf Hoffnung hin glaubte», so auch alle «Söhne des Glaubens Abrahams» in allen Dingen «gegen die Hoffnung hin» glauben, sei es was die Auferstehung der Toten, sei es was die Erlangung des Himmelreiches oder des Reiches Gottes betrifft. Denn im selben Maße, als diese Dinge «gegen die Hoffnung» sind, wenn die menschliche Natur betrachtet wird, sind sie «gemäß der Hoffnung» für die, die aus dem Glauben hoffen, wenn auf das Können Gottes und seine untrüglichen Verheißungen gesehen wird. Und weil der Glaubende «auf Hoffnung hin glaubt», darum «bleiben Glaube, Hoffnung», aus denen noch das Dritte, Größere geboren wird: «die Liebe». Und ich meine, der «Glaube» habe die Bedeutung der Grundlegung, die «Hoffnung» die des Fortschritts, die «Liebe» die der Vollendung.

(658) Denn das geisthafte Erkennen Gottes ist Liebe.

GLAUBE ALS SCHAU

Nachdem der Weg von Glaube zu Schau durch die lebendig-tätige Aneignung geschildert wurde, läßt sich die ‹Analogie des Glaubens› als solche herausstellen. Alle christliche Einsicht beruht auf der Grundlage des Glaubens (659) und ist nur die Entfaltung des Samenkorns des Glaubens zu voll entwickeltem, schauendem Glauben (das augustinische credo ut intelligam*). Von einem nur abstrakten ‹an etwas› Glauben geht der Weg zum konkreten, hingebenden ‹an Jemand› Glauben (660). Zwar schon jenes ist heilsam und nicht verwerflich (661). Doch ist die äußere Verkündigung nur ein Mittel, die Seele in das unmittelbare Glauben an Christus zu führen (662). Der Glaube wird in der Einsicht nicht überholt, sondern erst recht er selber: der eschatologische Glaube in der Schau Gottes ist die Erfüllung des nicht verstehenden Glaubens (663). Doch ist dieser Weg nicht gleichbedeutend mit einem Hinter-sich-Lassen des menschgewordenen Christus: die Einigung mit Christus vollendet sich vielmehr eben durch sein Fleisch (663a–667). Glaube ist Gnade (668) und Einsicht ist der Lohn dieser Gnade (669). Der vollkommene Glaube ‹faßt alles› (670). Aber auch die höchste Einsicht zittert vor der Übermacht Gottes (671), auch sie erkennt Gott hienieden nie, wie er ist (672). Glaube als der heimliche Weg zum geliebten Gott (673). All-Gnade (674).*

(659) Jedesmal wenn wir einsehen, danken wir es unserem Glauben, daß wir einsehen.

(660) Es besteht ein Unterschied zwischen: «an ihn glauben», und: «an seinen Namen glauben …» Denen, die «an seinen Namen glauben», «vertraut sich Jesus nicht an». Wir müssen darum mehr «ihn» denn «seinen Namen» haben, um nicht hören zu müssen, was zu jenen gesagt wurde, die «in seinem Namen Wunder wirkten.» … Die also «an ihn» glauben, die sind es, die den «engen Weg» und den «bedrängten» wandeln, der zum Leben führt und von den wenigsten gefunden wird.

(661) Wir fragen uns allerdings hinsichtlich der großen Menge der Gläubigen, die sich der groben Flut der Bosheit, in der sie sich früher wälzten, entledigten, ob es für sie besser ist, ohne tiefere Einsicht zu glauben und dabei ihre Sitten in Ordnung zu bringen, und aus dem Glauben, daß die Sünden bestraft und die

guten Werke belohnt werden, Nutzen zu ziehen, oder aber so lange ihre Besserung aus einfachem Glauben nicht anerkannt zu sehen, als sie sich nicht einer gründlichen Prüfung der Glaubenssätze hingegeben. Denn es ist ganz klar, daß die Menge, mit verschwindenden Ausnahmen, daraus nicht einmal den Nutzen zöge, den sie aus dem einfachen Glauben zieht, sondern in ihrem lasterhaften Leben fortfahren würde. Gäbe es noch mehr Erweise dafür, daß die «Menschenfreundlichkeit» des WORTES nicht ohne Willen Gottes in das Leben der Menschen eingetreten ist, dann wäre auch dieser hinzuzuzählen.

(662) Daß es geringer ist, ohne Einsicht geglaubt als mit Einsicht erfaßt zu werden, wird aus des Johannes Wort klar: «Wenn ihr in meinem Werke bleibt, so werdet ihr die Wahrheit erkennen und die Wahrheit wird euch frei machen ...» Die Zwölfe glaubten zuerst und sahen nichts ein, dann faßten sie durch den Glauben die Umrisse der Einsicht ... und schließlich schritten sie in der Einsicht fort.

(663) «Zu dem Weibe aber sprachen sie: nun glauben wir nicht mehr wegen deiner Rede – denn wir selbst haben jetzt erkannt, daß dieser wahrhaft ist der Erlöser der Welt.» Sie verleugnen den Glauben, den sie durch die Rede des Weibes hatten, weil sie im Hören des Erlösers einen besseren gefunden hatten, so daß sie selbst erkannten, daß er «wahrhaft ist der Erlöser der Welt». Und gewiß ist es besser, mit eigenen Augen das WORT zu sehen und es ohne das Werkzeug eines Lehrenden zu hören, wie es nicht durch Lehrer den Geist, der in Klarheit die Gestalten der Wahrheit findet, mit Bildern befruchtet, denn als durch Diener, die ihn geschaut, seine Lehre zu erhalten, ohne ihn selbst zu erblikken, noch von seiner Kraft erleuchtet zu werden. Unmöglich nämlich ist es, daß die Leidenschaft, die im Geistesgrunde des Schauenden entstand, auch in dem entstehe, der den Schauenden und davon Meldenden anhört, und besser ist es wahrlich «in Schauen zu wandeln als im Glauben».

(663a) «Als er von den Toten auferstanden war, da erinnerten sich seine Jünger, daß er das gesagt hatte, und sie glaubten der Schrift und dem Worte, das Jesus gesprochen.» Glauben im eigentlichen Sinne hat der, der alles bei der Taufe zu glauben Vorgestellte mit ganzer Seele annimmt. Was nun aber den geistigen Sinn betrifft – [wir wissen ja], daß uns die Auferstehung des Ganzen Leibes

Christi [verheißen] ist –, so muß man wissen, daß die Jünger, «erinnert» durch die Erfüllungen der Schrift (die ihnen früher, als sie im Leben waren, unverstanden blieb, jetzt aber vor Augen liegt und ihnen zeigt, welcher himmlischen Dinge Gleichnis und Schatten sie gewesen), nun erst an eben diese Dinge *glaubten*, an die sie bis dahin nicht geglaubt, und an das Wort Jesu, das sie vor der Auferstehung – wie es des Redenden Absicht war – nicht verstanden. Denn wie könnte man von einem, der in der Schrift nicht den Sinn des Heiligen Geistes schaut, wirklich sagen, daß er «der Schrift glaubt», wo doch Gott will, daß wir viel mehr ihm als dem Gebote des Buchstabens glauben? Demgemäß ist zu sagen, daß keiner derer, die nach dem Fleische wandeln, an das Geistige des Gesetzes glaubt, dessen Anfangsgründe er nicht einmal vermutet. Aber da kommen sie und sagen: seliger seien, die nicht sehen und glauben als die, die gesehen und geglaubt haben – und legen dabei in verkehrter Weise aus, was am Schluß von Johannes der Herr zu Thomas sagt: «Selig, die nicht sehen und glauben.» Aber keineswegs nennt er sie seliger, ... denn es wären nach dieser Annahme seliger, die nach den Aposteln kommen als die Apostel selbst, was von allem das Törichteste ist. Vielmehr muß im Geiste sehen, was er glaubt, wer so selig sein soll wie die Apostel, und das Wort vernehmen; «Selig eure Augen, weil sie sehen ...», und jenes: «Viele Propheten und Gerechte sehnten sich, zu sehen, was ihr seht und sahen es nicht ...» Soweit über das Wort: «Sie glaubten der Schrift und dem Worte, das Jesus gesprochen», damit wir aus dem über den Glauben Gesagten begriffen, daß uns die Vollendung des Glaubens geschenkt werden wird bei der großen Auferstehung des gesamten Leibes Christi, nämlich seiner heiligen Kirche[1] ... Denn jetzt glaube ich «zum Teil», wenn aber «die Vollendung» des Glaubens herbeikommt, «so wird vernichtet werden, was zum Teil ist», und es wird der Glaube durch die «Eigengestalt» ein ganz anderer sein als der

[1] Der Sinn des Vergleiches ist, kurz gefaßt, dieser: Der Glaube der Jünger vor der Auferstehung Christi und ihr (einsichtiger, vollendeter) Glaube nach der Auferstehung Christi bieten in ihrem gegenseitigen Verhältnis das Gleichnis des Verhältnisses vom irdischen Glauben überhaupt und jenseitigem (schauendem, auferstandenem) Glauben.

Glaube, wenn ich so sagen kann, «durch Spiegel und Rätsel», wie es auch die jetzige Erkenntnis ist.

(664) Nicht auf gleiche Weise aber werden alle Sehenden von Christus erleuchtet, sondern jeder einzelne seinem Maße entsprechend, in dem er Licht zu empfangen vermag. Und wie auch unsere leiblichen Augen nicht in gleicher Weise von der Sonne erleuchtet werden, sondern je höher einer emporsteigt und von je erhabenerer Warte einer ihren Aufgang betrachtet, um so mehr von ihrem Glanze und ihrer Wärme bestrahlt wird, ebenso wird auch unser Geist, je höher und steiler er sich Christus genähert und von je größerer Nähe er sich seinem Licht ausgesetzt hat, um so herrlicher und heller von seinem Glanze beschienen, wie er selbst durch den Propheten sagt: «Nähert euch mir, und ich will mich euch nähern, spricht der Herr.» Und wiederum: «Ich bin ein nahender Gott und nicht ein Gott von ferne.» Aber nicht auf gleiche Weise kommen wir alle an ihn heran, sondern «ein jeder seinem eigenen Vermögen gemäß». Entweder nämlich kommen wir mit der Volksmenge zu ihm, und er erquickt uns mit Gleichnissen gerade soweit, daß wir nicht vor vielem Fasten «auf dem Wege umkommen», oder aber wir sitzen ständig und ohne Unterlaß «zu seinen Füßen» und befassen uns ganz damit, sein Wort zu hören, ohne uns im geringsten «um vielerlei Beschäftigung» zu kümmern, sondern erwählen «den besten Teil, der nicht von uns genommen wird». Und gewiß, wer so zu ihm herantritt, wird weit mehr von seinem Licht erhalten. Wenn wir uns aber wie die Apostel gar nie von ihm entfernen, sondern immer mit ihm ausharren in allen seinen Bedrängnissen, dann wird er uns das, was er zum Volke gesprochen, geheimnisvoll erklären und «auslegen» und uns noch viel heller bestrahlen. Sollte einer endlich so sein, daß er mit ihm auf den Berg steigen kann wie Petrus und Jakobus und Johannes, der wird nicht nur vom Glanze Christi, sondern selbst von der Stimme des Vaters erleuchtet.

(665) Eines ist es, Gott zu erkennen, ein anderes, den bloßen Glauben an Gott zu haben … Wollte einer entgegnen, daß wir [den Worten] Gewalt antun, wenn wir behaupten, Glauben und Erkennen sei nicht dasselbe, … so höre er, wie Jesus zu den «Juden, die an ihn geglaubt hatten», sprach: «Wenn ihr in meinem

Wort bleibt, so werdet ihr die Wahrheit erkennen, und die Wahrheit wird euch frei machen.» Beachte nämlich ..., daß davor geschrieben steht: «Es sprach aber Jesus zu den Juden, die an ihn geglaubt hatten ...» Ein großer Unterschied besteht aber zwischen Erkennen beim Glauben und Glauben allein. «Dem einen nämlich wird durch den Geist das Wort der Weisheit gegeben, einem andern das Wort der Erkenntnis nach demselben Geiste, einem andern der Glaube in demselben Geist ...» Sieh aber zu, ob die Schrift nicht noch in einem andern Sinne von denen, die sich mit etwas verschmelzen und eins werden, sagt, daß sie das erkennen, womit sie sich verschmolzen und vereinten, vor einer solchen Einigung und Gemeinschaft es aber nicht erkannten, selbst wenn sie davon schon gewisse Begriffe besaßen. So hat also Adam, da er von Eva sagte: «Das ist jetzt Bein von meinem Beine und Fleisch von meinem Fleische», die Frau nicht erkannt, als er sich aber dann mit ihr vereinigte, heißt es: «Es erkannte aber Adam seine Frau.» Sollte sich aber jemand daran stoßen, daß wir zur Erläuterung der Gotteserkenntnis dies Beispiel ... herangezogen, so erinnere er sich zunächst der Worte: «Dieses Geheimnis ist groß», zweitens aber stelle er dem gegenüber, was beim Apostel über das Männliche und Weibliche gesagt wird: er verwendet dieselbe Redeweise für den Menschen und für den Herrn: «Wer sich der Dirne anschmelzt, wird ein Leib», und «wer sich dem Herrn anschmelzt, wird ein Geist». So erkennt denn, wer mit der Dirne sich verschmelzt, die Dirne, und wer der Frau sich anschmelzt, die Frau, mehr als das aber und auf heilige Weise erkennt den Herrn, wer sich dem Herrn anschmelzt ... Fassen wir aber das Erkennen nicht auf diese Weise im Sinne eines Verschmolzen und Einswerdens, so erkläre uns jemand das Wort: «Jetzt aber Gott erkennend, vielmehr aber von Gott erkannt», und jenes andere: «Es kannte der Herr die Seinen.» Nach uns nämlich «kannte der Herr die Seinen», indem er ihnen sich anschmolz und ihnen teilgab an seiner eigenen Gottheit und sie empornahm in seine Hand.

(666) «Denn es haben meine Augen dein Heil gesehen.» Vorher nämlich, sagte [Simeon], begriff ich durch Überlegen, erkannte ich durch Schlüsse, jetzt aber habe ich auch durch die Augen des Leibes geschaut, um so vollendet zu werden.

(667) «Unser Gott wird offenkundig kommen.» Wenn unser «Gott offenkundig kommen» wird, dieser Gott aber Christus ist, und Christus im Fleische kam, so meint also «offenkundig» das Fleisch. Sinnlich nämlich war das Fleisch Christi, damit er sich selbst den durch Frömmigkeit Würdigen mit Leidenschaft hingeben könnte.

(668) Er wird uns erhören, wenn wir die Gründe bekennen, warum wir noch nicht glauben, und gleich solchen, die krank sind und des Arztes bedürfen, wird er uns helfen und mit uns wirken, damit wir die Gnade des Glaubens erhalten, die Paulus an dritter Stelle bei der Aufzählung der Geistesgaben erwähnt.

(669) Ich könnte mir denken, daß für jede Tugend der Einsicht gewisse entsprechende Geheimnisse der Weisheit dem tugendhaft Lebenden eröffnet werden, indem der Erlöser denen, die nicht «von den Pforten der Hölle überwältigt werden», ebensoviele «Schlüssel» gibt, als da Tugenden sind, um ebensoviele Türen aufzuschließen.

(670) Ein «heiler Glaube» wird der genannt, der vollkommen ist und dem nichts fehlt, und der ist es, der glaubt, daß er «alles essen kann», das heißt, alles fassen kann.

(671) Es steht geschrieben, daß die drei Apostel, beim Hören der Stimme aus der Wolke, welche den Sohn bezeugte, auf ihr Angesicht fielen, weil sie die Majestät der Stimme und die von ihr ausgehende Macht nicht ertrugen, und daß sie zu Gott flehten; denn das Befremdende der Erscheinung und der Stimmen, die aus ihr geredet hatten, hatte sie gar sehr erschreckt. Sieh zu, ob zu dieser Stelle nicht gilt, daß die Jünger, in der Meinung, es sei der Sohn Gottes selbst gewesen, der einst dem Moses geantwortet habe mit den Worten: «Denn nicht wird ein Mensch mein Antlitz sehen und leben», und indem sie das Zeugnis Gottes über ihn darauf bezogen, «unter der mächtigen Hand Gottes gedemütigt wurden».

(672) Denn wenn wir hienieden gewürdigt werden, Gott zu schauen im Geiste und im Herzen, so sehen wir ihn keineswegs so, wie er ist, sondern wie er sich gemäß der über uns verfügten Heilsordnung uns gibt; am Ende der Dinge aber und bei der Wiederbringung des All … werden wir ihn nicht wie jetzt, so wie er nicht ist, sehen, sondern (wie es sich dann ziemen wird) so wie er ist.

(673) Ich aber [spricht die Braut], die ich von niemand anderem

gesehen werden will als von dir allein, ich begehre zu wissen, auf welchem Wege ich zu dir gelange, damit er geheim bleibe, damit niemand zwischen uns sei, damit kein fremder, kein außenstehender Zeuge mir unterwegs begegne.

(674) «Ich werde auf euch blicken und euch vermehren.» Wie die Sonne auf die Getreidefelder blickt und die Saat hervortreibt – und würde sie nicht daraufschauen, so blieben sie gewiß ohne Frucht –, also blickt Gott auf die Saaten unseres Herzens und «vermehrt» uns durch die Strahlen seines WORTES und vervielfältigt uns.

GETAST

Wie der Glaube vom objektiven Fürwahrhalten, das schon aus sich wirksam ist, zur subjektiven Aneignung und Einsicht fortschreitet, so schreitet der geistige Tastsinn vom objektiven, sakramentalen, zum subjektiv-persönlichen ‹Kontakt› mit Gott fort. Origenes hat, weit mehr als andere platonisierende Väter, mehr auch als Augustinus, einen durchaus realistischen Begriff vom sakramentalen opus operatum. *Dem Taufwasser ist eine reale göttliche Kraft einwohnend (P 4, 142–143), es ist ‹nicht mehr bloßes Wasser› (P 4, 512); dasselbe gilt in höherem Maße von der Eucharistie. Diese Wirksamkeit des äußern Elementes aber gründet in der Eigenwirksamkeit des Fleisches Christi, das als Leib des WORTES selbst göttliche Kräfte besitzt.*

Die Berührung Jesu ist auch den Kindern heilsam (675), obwohl sie (als nur objektive) nicht so wirksam ist wie die mit subjektiver Disposition entgegengenommene (676). Die körperlichen Heilungen sind ‹Sakrament› von geistigen (677). Der geistige Tastsinn und die geistige Berührung Christi (678–679). In diesem Kontakt mit Christus besteht der einzige Zugang zu einem Kontakt mit Gott (680). Die Gegenwart des WORTES in jeder Seele (681–681a) muß sich mehr und mehr aus einem objektiven und virtuellen in einen subjektiven und aktuellen Kontakt verwandeln (682–685). Der Kuß als Symbol höchster geistiger Berührung (686). Simeon als Gleichnis (687).

(675) Nach Matthäus war die Absicht derer, die die Kinder zu ihm brachten, «daß Jesus ihnen die Hände auflege und bete», nach Markus aber, «daß er sie berühre …» Denn durch das Gebet Jesu

und seine Berührung konnten die Kinder und Säuglinge, die nicht hören konnten, was die schon Geistigen hören, Nutzen und Förderung erhalten, soweit sie ihrer fähig waren, denn es haftete an ihnen die Kraft Jesu ... Weil viele verderbliche Geister vom ersten Anfang an die menschliche Seele besetzen und vieles gegen sie im Schilde führen, ... so brachte man, denke ich, die Kinder zum Heiland, damit durch seine Handauflegung und sein Gebet ... das Böse vertrieben werde und die eingegebene Kraft auch für die kommende Zeit genüge, da sie das Anrühren der feindlichen Mächte hindern könne. Und der Heiland, der diese Handlung nicht für eine Kleinigkeit und für bedeutungslos hielt, sondern für heilsam denen, die er durch seine Handauflegung berührte, sagte zu den Jüngern, die es tadelten und durch ihren Tadel verhindern wollten, daß die Kinder vorgestellt würden: «Lasset die Kleinen, und wehret es ihnen nicht, zu mir zu kommen.»

(676) Man wisse, daß die Kinder, auch wenn sie als Kinder nicht allem folgen können, was gesagt wird, von Jesus die Auflegung der Hände erhielten. Und erst, als er sie aufgelegt, ging er weiter. Nachdem er durch die Berührung den Kindern eine Kraft mitgeteilt, entfernte er sich von den Kindern, die nicht auf gleiche Weise wie die Jünger Jesu zu folgen vermochten.

(677) Und ähnlich berührte Jesus den Aussätzigen auf eine mehr geistige als sinnliche Weise, um ihn, wie mir scheint, doppelt zu reinigen: indem er ihn nicht nur (wie die meisten die Stelle verstehen) vom körperlichen Aussatz durch eine körperliche Berührung reinigte, sondern auch von dem andern [der Seele] durch seine wahrhaft göttliche Berührung.

(678) Sehen wir zunächst, was Berühren heißt, und was die Berührung ist, die unrein macht, was hingegen die Berührung, die rein macht. Es sagt der Apostel: «Gut ist es dem Manne, das Weib nicht zu berühren.» Diese Berührung ist unrein. Es ist nämlich jenes, was der Herr im Evangelium sagt: «Wenn einer ein Weib zur Begehrlichkeit anschaut, so hat er mit ihr schon die Ehe gebrochen in seinem Herzen.» Es berührte sein Herz das Laster der Begehrlichkeit, und so wurde seine Seele unrein. Wenn also einer ein Ding so anrührt, sei es durch Begehrlichkeit des Weibes, sei es durch Gier nach Geld oder sonst eine sündige

Lust, der hat ein Unreines berührt und ist befleckt.» … Soll ich dir die Seele zeigen, die ein «Unreines berührte» und unrein wurde und wiederum ein Reines berührte und rein wurde? Die den Blutfluß erlitt und all ihr Geld den Ärzten gegeben hatte, was doch nichts nützen konnte, die war durch die Unreinheit der Sünde soweit gekommen. Sie hatte die Sünde berührt und hatte darum eine Geißel des Fleisches erhalten. Aber als sie voll Glauben «den Saum Jesu berührte, da blieb der Blutfluß stehen», und auf einmal war sie rein.

(679) «Jeder, der diese Dinge berührt, wird geheiligt werden.» Das Opfer, als dessen Sinnbild und Gleichnis alle Opfer [des Alten Bundes] vorausgegangen waren, ist das eine und vollkommene, als das «Christus geschlachtet wurde». Wenn einer das Fleisch dieses Opfers berührt, so wird er sogleich geheiligt, wenn er unrein ist, geheilt, wenn er eine Wunde hat. So hat es jene begriffen, von der wir kurz zuvor handelten, «die an einem Blutfluß litt», daß er das wahrhafte «Opferfleisch» und das «allerheiligste Fleisch» sei, … und darum trat sie heran. Und freilich wagte sie nicht, das heilige Fleisch selbst zu berühren, … darum «berührte sie den Saum des Gewandes», das das heilige Fleisch verhüllte, und die gläubige Berührung lockte «eine Kraft» aus dem Fleische hervor, die sie von der Unreinheit heiligte und von der Wunde heilte … – Dieses Fleisch berührten alle, die, aus dem Heidentum kommend, glaubten. Auch der berührte es, der sprach: «Denn auch wir waren töricht und ungläubig, irrend, den Begierden gehorchend … Aber als die Güte und Menschlichkeit unseres Erlösers Gottes aufleuchtete, heilte er uns durch das Bad der Wiedergeburt und der Erneuerung des Heiligen Geistes.» Und anderswo sagt er: «Das also wart ihr einst, aber ihr seid geheiligt worden, aber ihr seid gerechtfertigt worden im Namen unseres Herrn Jesus Christus und im Geiste unseres Gottes.» Wenn nämlich einer in der beschriebenen Weise das Fleisch Jesu berührt und mit ganzem Glauben, vollem Gehorsam zu Jesus herantritt, als zum Fleisch gewordenen WORT, der berührt «das Fleisch des Opfers und ist geheiligt».

(680) Gott ist nicht an einem Orte, sondern ist eine verborgene und unsagbare und unsichtbare Macht. Ist aber Gott nicht an einem Orte, und können wir uns doch gelegentlich Gott nä-

hern, so geschieht es offenbar durch das in uns, was unsichtbar ist. Was aber ist in uns unsichtbar? Der im Herzen verborgene Mensch, den die Schrift den «inneren Menschen» nennt. Der also kann sich Gott nähern. Nähern aber können wir uns [einzig] durch Jesus Christus, vor allem, wenn wir ihn begreifen als die Gerechtigkeit, als die Wahrheit und Weisheit und die Auferstehung und das wahre Licht. Denn ohne all das ist es unmöglich, sich Gott zu nähern, und auch nicht ohne den Frieden, der «Herzen und Gedanken bewacht», und der Christus ist. Und je mehr einer dieser Dinge bar ist, ich meine der Gerechtigkeit und Weisheit, um so ferner ist er von Gott.

(681) «In eurer Mitte steht der, den ihr nicht kennt.» Das ist vom Sohne Gottes zu fassen, durch den alles geschaffen wurde, der wesenhaft als eine Person in sich besteht und das gleiche ist wie die Weisheit. Er durchwohnt die ganze Schöpfung, damit das Werdende immer durch ihn werde und damit von jeglichem immer wahr sei, was gesagt ist: «Alles wurde durch ihn, und ohne ihn wurde nichts», und jenes andere: «Alles schufst du in der Weisheit.» Wenn er aber die ganze Schöpfung durchwohnt, so offenbar auch die, die fragten: «Was also taufst du, wenn du nicht Christus bist und nicht Elias und nicht der Prophet?» Es stand das WORT in der Mitte und stand fest, überall durch den Vater festgegründet. Oder aber man versteht den Ausspruch: «in eurer Mitte steht» so: in der Mitte von euch Menschen steht, weil ihr vernünftige Wesen seid, das Vernunft-Wort ... Und die in ihrer Mitte das Vernunft-Wort besitzen und doch über sein Wesen sich keine Gedanken machen: weder von welcher Quelle und von welchem Urgrund her es kam, noch auf welche Art es in ihnen zustandekam, diese kennen nicht, was sie in ihrer Mitte haben. ... Immerdar «steht» das WORT in seiner Tätigkeit als Retter, auch wenn es Mensch wird, auch wenn es «in der Mitte» der Menschen steht, unbegriffen, aber auch ungesehen, «steht lehrend» und ruft alle heran zum Trinken an seiner nie verweigerten Quelle.

(681a) Bei seinem Zeugnis über das Licht wußte Johannes [der Täufer], daß Gott WORT-Vernunft war, denn diese ist jedem Vernunftwesen gegenwärtig. Das Einsichtsvermögen, auch führendes Vermögen genannt, ist «mitten in uns», in dieser Mitte nämlich befindet sich die inwendige Vernunft, der gemäß wir Vernunftwesen sind, und diese besieht und besucht als Gott der Christus, der das Vernunft-WORT ist, wenn er kommt, um getauft zu werden. Dieser steht als euch Unbekannter «mitten unter euch», indem er alle Herzen und Nieren erforscht.

(682) Beachte, ob es vielleicht nicht dasselbe bedeutet: «Mit» jemand sein, ... und: «in der Mitte» derer stehen, die einen nicht kennen.

(683) Auf diese Weise ist Christus, der das WORT Gottes ist, der Möglichkeit nach neben uns; das heißt, man muß von ihm glauben, daß Er neben jedem Menschen so steht, wie die Vernunft in den kleinen Kindern; der Wirklichkeit nach aber heißt er in mir, wenn ich «mit meinem Munde den Herrn Jesus bekannt habe» und in meinem Herzen glaube, daß Gott ihn von den Toten erweckte ... Er ist also auch «in der Mitte» derer, «die ihn nicht kennen», aber er ist der Möglichkeit nach «in der Mitte», nicht der Wirklichkeit, ... das heißt dem Ergebnis der Sache selbst und des Wirkens nach.

(684) [Fragt man] uns nach dem Grunde, warum nicht das WORT das «Licht der Menschen» genannt wird, sondern das «Leben», das «im WORTE» wurde, so antworten wir folgendes: Es wird hier nicht das den vernünftigen und unvernünftigen Wesen gemeinsame «Leben» gemeint, sondern jenes, das zu dem in uns vollgewordenen Vernunft-Wort hinzukommt durch die Teilnahme am Ersten Vernunft-WORT, und dessen wir vor allem durch Abwendung von dem scheinbaren, nicht wahrhaft seienden Leben und durch Sehnsucht nach dem wahren Leben teilhaftig werden. Und ist dies einmal in uns, so wird es auch zur Grundlage für das Licht der Einsicht. Und vielleicht ist das «Leben» bei einigen zwar der Möglichkeit nach, nicht der Wirklichkeit nach Licht, ... bei anderen aber auch der Wirklichkeit nach Licht geworden.

(685) « Ich bin bei euch bis ans Ende der Welt.» Nicht dasselbe besagt: «Ich bin bei euch» und: «Ich bin in euch.» Vielleicht müßte man im eigentlichen Sinne nicht sagen, daß der Heiland «in» denen ist, die seine Jünger sind, sondern daß er «bei» ihnen sei, solange sie im Geiste noch nicht bis zum «Ende der Welt» gekommen sind. Wenn sie aber sehen, daß das «Ende der Welt», die

ihnen «gekreuzigt ist», herangekommen ist (soweit das von ihrer eigenen Bereitschaft abhängt), dann ist Jesus nicht länger mehr «bei ihnen», sondern «in ihnen», und sie sagen das Wort: «Nicht mehr ich lebe, sondern Christus lebt in mir.»[1]

(686) «Er küsse mich mit dem Kuß seines Mundes.» Wie der Kirche als Mitgift die Bücher des Gesetzes und der Propheten gegeben wurden, so [der einzelnen Seele] das Gesetz der Natur und die Vernunft und die Freiheit des Willens. Mit den Gaben dieser Mitgift ausgestattet, mag sie die ersten Unterweisungen von Erziehern und Lehrern erhalten. Aber weil in diesen Dingen ihre Sehnsucht und Liebe nicht ihre volle und ganze Erfüllung finden, so bittet sie darum, es möchte ihr reiner und jungfräulicher Geist von den Einstrahlungen und Heimsuchungen des WORTES selber erleuchtet werden. Wenn nämlich durch keines Menschen oder Engels Dienst mehr der Geist mit göttlichen Sinnen und Einsichten erfüllt wird, dann mag er glauben, daß er die «Küsse» des WORTES selbst empfangen habe … Und in diesem Sinne meinte es vielleicht der vollkommene Geist des Propheten, der da sprach: «Ich öffnete meinen Mund und sog den Geist an.» Der «Mund» des Bräutigams aber ist als jene Kraft zu verstehen, die den Geist erleuchtet und sich gleichsam wie ein Liebeswort an ihn wendet, wenn anders er die Gegenwart einer so erhabenen Kraft zu fassen verdient, und die ihm alles Unbekannte und Dunkle offenbart; dies ist im wahrsten und eigentlichsten und heiligsten Sinne der «Kuß», den der Bräutigam, das WORT Gottes, der Braut, der reinen und vollkommenen Seele, darreicht. Sein Gleichnis ist jener Kuß, den wir uns in der Kirche zur Zeit der Mysterien gegenseitig darreichen.

(687) Was hatte [Simeon] für einen Nutzen davon, Christus zu sehen? Oder war ihm nur verheißen, ihn zu sehen, ohne daraus eine Förderung zu erhalten? Lag darin nicht ein Gott würdiges Geschenk verborgen, das der selige Simeon verdiente und erhielt? Das Weib «berührte den Saum des Gewandes Jesu und wurde geheilt». Wenn diese vom äußersten Teil des Kleides so großen Nutzen hatte, was muß man dann nicht von Simeon glauben, der «das Kind in seine Hände nahm» und, es in den Ar-

[1] Vgl. Text 887.

men haltend, sich freute und jubelte. Denn er sah den Kleinen, den er trug, der gekommen war, die Gefesselten zu lösen und ihn selbst von den Banden des Leibes zu befreien, und er wußte, daß niemand einen andern aus dem Kerker des Leibes entlassen kann mit Hoffnung auf ewiges Leben als der, den er in Armen hielt. Und so sprach er zu ihm: «Nun entlösest du deinen Knecht im Frieden.» Solang ich nämlich Christus nicht hielt, solang ich ihn nicht in meinen Armen umfing, war ich verschlossen und konnte nicht aus meinen Fesseln heraus. Das aber ist nicht nur von Simeon, sondern vom ganzen Menschengeschlecht anzunehmen. Wenn einer aus der Welt auszieht, wenn einer aus dem Kerker und aus dem Hause der Gefesselten entlassen wird, um zum Herrschen zu gehen, so nehme er Jesus in seine Hände und lege seine Arme rings um ihn, ganz halte er ihn in seinem Schoße, und dann kann er jubelnd ziehn, wohin er will ... Daß also auch wir, im Tempel stehend und den Sohn Gottes haltend und ihn umfangend, würdig werden der Lossprechung und der Wanderung zu Höherem, darum laßt uns den allmächtigen Gott bitten, darum laßt uns auch den kleinen Jesus bitten, mit dem zu reden und den in Armen zu halten wir ersehnen.

GERUCH

Der geistige Geruchssinn ist das, was man landläufig ‹eine Nase haben› nennt, hier für die Dinge Gottes. Wer diesen Sinn hat, vermag auch aus dem Weltlichen das Christliche herauszuspüren (688–688a). Aber wie das Wort Gottes nach Origenes nur dadurch in die Welt ausgeflossen ist, daß es als geistliches Blut aus der Seitenwunde des Gekreuzigten floß, so strömte auch der Duft Gottes nur dadurch in die Welt hinaus, daß in der Selbstentleerung (kenosis) *Gottes das Nardengefäß seiner Liebe zerbrach. Diesem Dufte nach ziehen die sehnsüchtigen Seelen (689), bis in der mystischen Liebe sich der Duft des Geschöpfs und des Schöpfers geheimnisvoll durchdringen (690).*

(688) Wer einen reinen Geruchssinn für Düfte hat und durch ein Wahrnehmen des göttlichen WORTES «nach dem Dufte seiner

Salben zu laufen vermag», der hat eine ‹Nase› für das, was geistlicher «Wohlgeruch» ist, und vermag aufzuspüren, welche Einsichten der Heiden vorzüglich scheinen.

(688a) «Wir sind Christi Wohlgeruch für Gott an jeglichem Ort.» Mir aber will scheinen, daß jede einzelne Tugend ihren bestimmten, besonderen Wohlgeruch hat, der jeweils die Tugenden erfüllt. Umgekehrt stinken die Laster, gemäß dem Worte: «Es faulten und zersetzten sich meine Schwären.»

(689) «Eine ausgeleerte Salbe ist dein Name, darum liebten dich die Jungfrauen, sie zogen dich an, hinter dir im Dufte deiner Salben laufen wir.» Denn wenn er die «Salbe» nicht «ausgeleert» hätte, nämlich die Fülle des Heiligen Geistes, und sich nicht «erniedrigt hätte, Gestalt des Sklaven annehmend», hätte ihn niemand in jener Fülle der Gottheit fassen können, als vielleicht die Braut allein, weil sie andeutet, daß jenes ausgeleerte Salböl nicht ihr, sondern den «Jungfrauen» zum Anlaß des Liebens geworden sei … Um dieser «Jungfrauen»-Seelen willen also, deren Leben wächst und fortschreitet, «leerte er sich aus», der «in der Gestalt Gottes» war, damit sein Name «ein ausgeleertes Salböl» werde und er nicht allein mehr das «unzugängliche Licht» bewohne und «in der Gestalt Gottes» durchharre, sondern «das WORT Fleisch werde», wodurch diese «Jungfrauen» und wachsenden Seelen ihn nicht nur lieben könnten, sondern ihn auch «an sich ziehen». Es zieht aber jede Seele und nimmt an sich das WORT nach dem Maße ihrer Fassungskraft und ihres Glaubens. Zogen aber die Seelen das WORT Gottes einmal an sich, haben sie es ihren Sinnen und Gedanken eingeprägt, haben sie seinen Wohlgeruch und seinen «Duft» gewittert, … (dann nämlich, wenn sie den Grund seiner Ankunft und der Erlösung und des Leidens und seine Liebe erkannt, durch die er zum Heil aller «bis zum Tode am Kreuz», er, der Unsterbliche, ging), dann laufen diese Jungfrauen-Seelen, voll von neuer Kraft und Jugendlichkeit von alldem wie von einem gewissen göttlichen und unaussprechlichen «Duft von Salben» angelockt, «nach ihm» und nach seinem süßen Wohlgeruche, nicht mäßigen Schrittes und träger Füße, sondern in eiligem Lauf und mit aller Anspannung, so wie jener, der sagte: «So laufe ich, daß ich es erreiche …» Ich frage mich aber, wenn bereits sein «Name» allein, der zu «ausgegossenem

Salböl» wurde, so viel vermochte und die «Jungfrauen» so antrieb, … was dann erst seine eigene Gegenwart tun wird? … Mir scheint aber, wenn sie einmal dazu gelangen, daß sie dann nicht mehr wandern und «laufen», sondern mit gewissen Fesseln der Liebe gebunden ihm «anhängen», und daß es für sie keinen Raum für Bewegung mehr gibt, sondern sie mit ihm «ein Geist» geworden sind, und sich voll in ihnen erfüllt, was die Schrift sagt: «Wie du Vater in mir und ich in dir eins sind, also sollen auch diese in uns eins sein.»

(690) «Meine Narde gab ihren Geruch.» Im Verlauf des Schauspiels [des Hohen Liedes] scheint dies vorzugehen: daß nach den letzten Worten die Braut zum Bräutigam einzog und sie ihn mit ihren Salben salbte, und dies auf eine wundersame Weise: nämlich so, daß die Narde, die vorher keinen Duft von sich gegeben hatte, als sie noch bei der Braut war, nun ihren Duft gibt, da sie den Leib des Bräutigams berührt, so daß nicht so sehr er von der Narde, als diese von ihm ihren Duft zu erhalten scheint. Lesen wir aber die Stelle mit dem Unterschied, der sich in andern Handschriften findet: «Meine Narde gab seinen Duft,» so finden wir etwas noch Göttlicheres: daß dieses Nardenöl, womit der Bräutigam gesalbt wurde, nicht den eigenen, der Narde natürlichen Geruch, sondern den Geruch des Bräutigams von sich gab, und daß die Narde seinen Duft der Braut zurücktrug …, und sie dann etwa so sagt: meine Narde, mit der ich den Bräutigam salbte, kam mir zurück und brachte mir den Duft des Bräutigams, und trug mir, als ob ihr naturgemäßer Duft überwältigt worden wäre, die Süßigkeit des Bräutigams selber zu. Soviel zur Erklärung des Schauspiels; kommen wir nun zum geistigen Verstehen. Fassen wir hier die Braut als die Kirche, und diese in der Gestalt der Maria, von der es geziemend heißt: «Sie brachte ein Pfund kostbarer Nardensalbe und salbte die Füße Jesu und trocknete sie mit ihren Haaren», und sie bekam sozusagen und gewann durch ihr Haupthaar die Salbe zurück, bereichert von Duft und Kraft seines Leibes, und sie zog den Wohlgeruch nicht so sehr der Narde als des WORTES Gottes selbst mit der Salbe in ihren Haaren an sich, mit denen sie seine Füße trocknete … Ist es also nicht dasselbe, wenn im Hohen Lied die Braut den Bräutigam mit Salböl salbt, und im Evangelium die Schülerin

den Meister und Maria Christus salbt, in der Hoffnung, wie wir sagten, daß aus dieser Salbe ihr der Duft des WORTES und der Wohlgeruch Christi zurückkehre, so daß auch sie sagt: «Ein Wohlgeruch sind wir für Gott»? Und weil diese Salbe voller Glauben und kostbarer Gesinnung war, darum gab ihr Jesus auch das Zeugnis und sprach: «Sie hat ein gutes Werk an mir vollbracht.» Und wie hier das «Werk» der Maria, so lobt er nach kurzem im Hohen Lied die «Aussendungen» der Braut, denn er sagt: «Deine Aussendungen sind ein Paradies, mit der Frucht von Äpfeln, Cyprus und Narde.»

GESCHMACK

Gottes geistige Süßigkeit schmeckt die geistige Seele, während die Sünde diese Süßigkeit verbittert (691–693). Der geistige Geschmackssinn wird aber erst vollends deutlich aus dem folgenden Abschnitt.

(691) «Sag dem verbitternden Hause.» Wenn wir sehen wollen, welche Sünde die «Verbitterung» ist, so müssen wir verstehen, wie süß dem Einsichtigen die Reden Gottes sind, wenn er sagt: «Wie süß sind meiner Kehle deine Reden.» Wenn die Gläubigen sie, die in sich selbst süß sind, aufnehmen, so leben sie entweder gut, oder sie tun das Gegenteil. Wenn sie der göttlichen Vorschrift gemäß wandeln, so wahren sie den Reden Gottes die angestammte Süßigkeit, und mir scheint, daß sie mit der Güte des Wandels sogar die Süßigkeit der Reden Gottes erhöhen, indem sie die Süße des Lebens zur Süße des WORTES hinzumischen. Sündigt aber einer und schreitet er außerhalb der Gesetze Gottes verkehrt einher, so macht dieser aus den süßesten Worten Gottes durch das gar bittere Wesen der Sünde … alle Süßigkeit zu einem bitteren Geschmack.

(692) Wer immer also sündigt, «verbittert» und verhöhnt und verunehrt sowohl die empfangenen Reden Gottes, als ihn, der sie lehrte, selbst.

(693) Wer die Worte Gottes hört und sie nicht befolgt, der «verbittert» seine Worte.

Speise

GEIST-NAHRUNG

Die geistigen Sinne hatte Origenes durch sein allgemeines Gesetz der sinnlich-geistigen Analogie gefunden. Dasselbe Gesetz enthüllt ihm nun auch die geistige Speise. Es wäre hier wie dort (wie auch bei der ‹allegorischen› Schriftdeutung) durchaus verkehrt, die geistige Wirklichkeit (Sinne, Speise, Schriftsinn) nur als eine schattenhafte, ‹übertragene› zu deuten. Das Geistige ist vielmehr die Grundwirklichkeit (analogatum princeps). *So ist auch hier die geistige Ernährung der Seele durch das substantielle WORT Gottes durchaus höchste Realität, ja realer als leibliche Ernährung. Sie ist eine der Grundfunktionen des inneren Menschen in seinem Leben der Einigung mit Gott.*
Es gibt also geistige Nahrung (694). Schon das Gebiet des Körperhaft-Sinnlichen bietet solche dem Geiste (695). Es gibt Ekel und Hunger auch bei geistiger Speise (696–698). Und es gibt einen Fortschritt in dieser Speise (699). Das wesenhafte Brot der Seele ist das WORT (700–706), das sie unsterblich macht (707) und im Aufnehmen immer reichlicher wird (708). Kein Geschöpf kann ohne es leben (709–710); es ist die Nahrung der gesamten Welt (711–712), das sie immer am Leben erhält (713).

(694) So wie sich Schafe von Gras und Wasser nähren, so wird der Mensch durch Tun und Wissen am Leben erhalten.
(695) «Und Gott sprach: Siehe, ich gab euch allen Samen des Grases, … er sei euch zur Speise und allen Tieren der Erde …» Im allegorischen Sinne kann das «Gras» der Erde und ihre Frucht, die dem Menschen zur Speise überlassen ist, von den Leidenschaften des Körpers verstanden werden. So sind zum Beispiel Zorn und Begierde «Samen» des Leibes. Die Frucht dieses «Samens», nämlich die Tat, ist uns und den Tieren der Erde gemeinsam. Denn wenn wir für die Gerechtigkeit erzürnen, das heißt zur Besserung des Fehlenden und zu seinem Heile, dann nähren wir uns von dieser Frucht der Erde, und Speise wird uns der leibliche Zorn, wodurch wir die Sünde zurück-

drängen, die Gerechtigkeit wiederherstellen ... Diese Speise irdischen Zornes wird also *unsere* Speise, wenn wir sie vernunftgemäß zur Gerechtigkeit gebrauchen ... Dasselbe gilt auch von der Begierde und von allen andern derartigen Leidenschaften. Denn wenn «begehrt und lechzt unsere Seele zum lebendigen Gott», so ist die Begierde unsere Speise.

(696) So wie die Kranken vor aller Speise Ekel empfinden, so weisen die Unreinen alle Weisheit von sich.

(697) «Ihre Seele empfand Ekel vor allem Fleische.» Die Seele derer, die des Sündentodes starben, empfindet ihres Siechtums halber Ekel vor den geistigen Nahrungen, die ihrer Natur angemessen wären. Sie speit alle geistige Nahrung aus.

(698) «Die hungrige Seele.» Leer ist die Seele, die voller Bosheit und Zerstreuung ist ... Sieh zu, ob eine Seele, die so voll ist, daß sie den Hunger [nach Gott] nicht zu spüren vermag, nicht dazu angeleitet werden kann, diesen Hunger zu spüren. Die Güter, womit Gott die hungernde Seele speist, sind unsere wahren Güter.

(699) «Ich habe eine Speise zu essen, die ihr nicht kennt.» Immer wird, wer weiter vorankam als die Zurückbleibenden, die nicht dasselbe wie er einzusehen vermögen, sagen: «ich habe eine Speise zu essen, die ihr nicht kennt ...» Je mehr wir also vorankommen, um so Besseres und Reichlicheres essen wir, bis wir vielleicht einmal dahin gelangen, dieselbe Speise zu essen wie der Sohn Gottes, die Speise, die die Jünger hier nicht kennen.

(700) «Unser wesenhaftes Brot gib uns heute.» Weil einige glauben, es werde uns hier geboten, um das leibliche Brot zu beten, so ist es recht, wenn wir nach Widerlegung ihres Irrtums das Richtige über das «wesenhafte Brot» vorbringen ... «Es sandte Gott sein WORT und heilte sie», heißt es in den Psalmen, und gemeint sind die [vor Hunger] Dahinsiechenden. Mit diesem WORT wirken die Gläubigen die Werke Gottes, die eine Speise sind, die «ins ewige Leben bleibt». Und «mein Vater», heißt es, «gibt euch das wahre Brot vom Himmel». Es ist das Brot Gottes, «das vom Himmel stieg und der Welt das Leben gibt». Das wahre Brot ist das, welches den wahren Menschen speist, den, der nach dem «Bilde» Gottes gemacht wurde und, wenn er sich davon nährt, auch zum «Gleichnis» Gottes wird ... Der Ausdruck «wesenhaft»

aber soll anzeigen, daß das Brot in das Wesen selbst [des Essenden] übergeht.

(701) Keiner aber, der «das Bild des irdischen Menschen trägt», kann das «Brot des Himmels» essen, denn der «seelische Mensch faßt nicht, was des Geistes ist». Das ist das Brot, das man dich zu erbitten lehrte, «das wesenhafte Brot», das nicht ausgeschieden wird, sondern in die Wesenheit der Seele selbst aufgenommen wird[1].

(702) Der Mensch, der im geheimen Herzen wohnt, der «nach dem Bilde Gottes geschaffen» ist, er werde der Tafelgenosse der Engel, teilhaft des wahren Manna und der Speise vom Himmel, und nicht der verfluchten «Erde», die der Sünder «mit Tränen ißt».

(703) Handelt es sich hier also um eine geistige Speise, so … müssen wir das Wesen [der Seele] als dem Brote verwandt betrachten: wie das leibliche Brot in den ernährten Leib aufgenommen wird und in sein Wesen übergeht, also wird das «lebendige, vom Himmel herabgestiegene Brot» in den Geist und die Seele aufgenommen und teilt dem, der sich seiner Speise darbietet, seine eigene Kraft mit.

(704) Die wahre Speise des Geistes aber ist das WORT Gottes.

(705) Denn gar nichts anderes macht die geistige Seele ihr eigenes Leben leben als das Sprechen Gottes.

(706) Was könnte für die Seele nährender sein als das WORT? Was könnte wertvoller sein dem Geiste, der ihr Raum gibt, als die Weisheit Gottes? Was dem vernünftigen Wesen angemessener als die Wahrheit?

(707) Das «wesentliche Brot» also, das der Vernunftnatur am gemäßesten ist und ihrem Wesen anverwandt, verleiht der Seele

[1] Dieser Wesensassimilation der Speise durch den Geist ist die während der ersten Jahrhunderte verbreitete Lehre zu vergleichen, daß die eucharistischen Gestalten vom Leibe nicht ausgeschieden, sondern als ganze in den Organismus aufgenommen werden, und damit wiederum der Gedanke einer Art Vorbereitung des sterblichen Leibes durch die Eucharistie zur Auferstehung. Origenes verwirft diese Ansicht durchaus (M 13, 949 B); die eucharistischen Gestalten haben hier kein Vorrecht, einzig das über ihnen ausgesprochene WORT heiligt die Seele und nährt sie substantiell.

zugleich Gesundheit, gutes Verhalten und Kraft und teilt dem Essenden die eigene Unsterblichkeit mit – denn unsterblich ist das WORT Gottes ... Wir müssen also darum beten, seiner würdig befunden zu werden und, genährt mit dem WORTE, das «Gott ist» und «im Anfang bei Gott war», vergöttlicht zu werden.

(708) Dies nämlich ist das Brot, das immer vorhanden bleibt, auch wenn man es immer ißt, ja es vermehrt sich nur immer. Es ist also, wie der Apostel sagt, die «geistige Speise», die um so reichlicher wird, je mehr man von ihr genießt. Je mehr du nämlich vom WORTE Gottes aufnimmst, je beharrlicher du diese Speise issest, um so üppiger wird sie dir überfließen.

(709) Man muß aber im Geiste von den Tieren und den Menschen auch zu den Engeln aufsteigen: auch sie werden genährt und sind nicht völlig unbedürftig.

(710) Auch den Engeln fehlt ihr «Jakobsbrunnen» nicht, aus dem sie trinken können, da jeder in sich selbst einen Brunnen Wassers besitzt, das «ins ewige Leben aufsprudelt», der ihnen vom WORTE selbst und von der Weisheit selbst her entriegelt ist.

(711) «Du hast ihnen Speise vorbereitet.» Es ist hier geistige Speise gemeint, und es heißt, sie sei «vorbereitet» worden: es wurde ja wirklich vor Grundlegung der Welt das Geheimnis Christi vorausbeschlossen, der das «Brot vom Himmel ist».

(712) «Brot der Engel ißt der Mensch.» Zuerst also aßen es die Engel, jetzt aber essen es auch die Menschen. Essen aber bedeutet hier: Begreifen. Das nämlich ißt der Geist, was er begreift, und das ißt er nicht, was er nicht begreift.

(713) «Gib uns unser tägliches Brot.» Notwendig wird das «täglich» beigefügt, denn es ist das wahre Leben das, was uns sozusagen je-wieder-herstellt, damit der innere Mensch Gott gemäß lebe.

WORT ALS FLEISCH UND BLUT

Das WORT kommt uns nur vermittelst des Todes Christi zu: alle Offenbarung wurzelt in der blutigen Erlösung. Darum ist das substantielle ‹Brot› vom Himmel zugleich Fleisch und Blut. Origenes will damit keineswegs die Eucharistie «spiritualisieren» auch wenn ihm das geistige, innere Geheimnis des Essens des WORTES als die Erfüllung des rituel-

len, sakramentalen (aus sich zweifellos wirksamen) Genusses der eucharistischen Gestalten erschien (so wie Einsicht bleibender, aber erfüllter Glaube war). Eucharistie und Heilige Schrift rücken sich freilich dadurch nahe: beide sind, aber in verschiedener Weise, sinnliche ‹Sakramente›, wirksame Zeichen für die Gegenwart des göttlichen WORTES in der Welt (714–718). Es folgt aus dem Opfercharakter der Offenbarung auch die Notwendigkeit der Opferung des Predigers Christi (718–720). Mysteriencharakter der kirchlichen Verkündigung (721–726). Der wahre Weinstock (722–724). Satan als das tote Brot (725). Außen und Innen des Wortes (727).

(714) Die Christen genießen täglich vom Fleische des «Lammes», das heißt: sie essen täglich vom Fleische des WORTES.

(715) «Dies ist mein Leib.» Das Brot, von dem das WORT Gott bekennt, daß es sein «Leib» sei, ist das WORT, das die Seelen nährt, das Wort, das aus dem WORT Gott hervorgeht, und das Brot, das aus dem himmlischen Brot stammt ... Und jener Trank, von dem das WORT Gott bekennt, daß es sein «Blut» sei, ist das WORT, das herrlich die Seelen der Trinkenden tränkt und berauscht. Er ist in dem Becher, von dem es heißt: «Und dein berauschender Becher, wie herrlich ist er», und er ist der Trank aus jenem «Erzeugnisse» des «wahren Weinstocks», welcher sprach: «Ich bin der wahre Weinstock», und es ist das Blut jener Traube, die, in die Keltern des Leidens geworfen, diesen Trank hervorgebracht, wie auch das «Brot» das Wort Christi ist, von jenem Weizen gemacht, der in die Erde fallen mußte, um viele Frucht zu bringen ... Denn was anderes könnte der Leib oder das Blut des WORTES sein, als das nährende WORT und das WORT, das «das Herz erfreut»?

(716) «Er speiste sie mit dem Mark des Weizens und sättigte sie mit Honig vom Felsen.» Das ist der «Weizen», von dem es heißt: «Wenn das Weizenkorn nicht in die Erde fällt und stirbt, bleibt es allein. Stirbt es aber, so bringt es viele Frucht.» Aus dem «Mark» dieses «Weizenkorns» speiste uns Gott, er reicht uns das «Brot des Lebens», das der Vater erzeugt. Und der «Weizen» ist zugleich auch der «Felsen: Der Felsen aber war Christus». Aus diesem «Felsen» fließt nicht nur «Wasser», um das Volk zu tränken, sondern auch «Honig» sättigt die selig Hungernden. Einst ward dies

vom Wasser der Beschneidung gesprochen, jetzt aber vom «Wasser des Lebens», das aus der Seitenwunde Jesu floß.

(717) Denn Christus hat den Erdkreis mit heiligen und göttlichen Flüssen überströmt. Er, der das göttliche Wasser den Dürstenden strömt und Wasser aus seiner von der Lanze aufgeschnittenen Seite quellen läßt, er ist es auch, der die Bitterkeit von «Merra» (das heißt des grausamen Gesetzes) umwandelte in die Süßigkeit des Kreuzesholzes und seines Geheimnisses[1].

(718) Welches also ist das Volk, das da Blut zu trinken pflegt? ... Wir trinken das Blut Christi nicht nur beim sakramentalen Ritus, sondern auch, wenn wir seine Worte empfangen, in welchen das Leben besteht, wie er selbst sagte: «Die Worte, die ich geredet habe, sind Geist und Leben.» Er selber ist also der Verwundete, dessen Blut wir trinken ... Es sind aber doch auch Verwundete, die uns sein Wort verkündet haben: denn wenn wir seiner Apostel Worte lesen und das Leben, das in ihnen liegt, aufnehmen, trinken wir Blut von Verwundeten.

(718a) «Die Weisheit hat ihre Opfertiere geschlachtet, ihren Wein gemischt.» Opfertiere heißen hier alle jene Propheten, die durch Christi Unterweisung besiegelt und hingeschlachtet wurden, weil sie im Mischkrug der Weisheit die wie Wein süße Erkenntnis Christi gemischt haben, für jene, die sie verstehen, gemäß seinem Worte: «Fürchte nicht die, die den Leib töten, die Seele aber nicht töten können.» Denn er selber hat sie geschlachtet und schlachtet sie immer noch, indem er die an ihn Glaubenden aufmuntert, für ihn zu sterben, «so wie er für euch gestorben ist».

(719) «Heiligen Priesterdienst versehend am Evangelium Gottes.» Wie ehemals die Priester, bevor sie opferten, sich vergewissern mußten, daß die Opfergabe makellos sei, ... also muß, wer den «heiligen Priesterdienst am Evangelium versieht» und das WORT Gottes verkündet, in jeder Weise dafür sorgen, daß keine Makel in der Verkündigung, kein Fehler im Lehren, keine Schuld in der Unterweisung sich einschleiche; vielmehr soll er sich, wenn es möglich ist, sozusagen vorher selbst dahinopfern und seine Glieder für die Sünde abtöten, damit er nicht nur durch Lehren,

[1] Vgl. Text 411.

sondern auch durch das Beispiel des Lebens zum Heil seiner Jünger eine Gott wohlgefällige Opfergabe darbringen kann.

(720) So sei denn also das bereitete Wort von Feuer durchglüht, damit es die Kraft habe, die Hörenden zu gewinnen, und zeige, wie die Reden, die den Lippen entströmen, blutvoll und lebenspendend sind, den Lippen, die gleichsam noch triefen von dem wahren Tranke des Blutes Christi[1].

(721) Ihr, die ihr den heiligen Geheimnissen beiwohnen durftet, wißt es: Wenn man euch den Leib des Herrn reicht, so hütet ihr ihn mit aller Sorgfalt und Verehrung, damit kein bißchen davon auf die Erde falle, damit nichts von dem geweihten Geschenke verlorengehe ... Wenn ihr aber so große Sorge aufwendet, seinen Leib zu bewahren – und ihr wendet sie mit Recht auf –, wie könnt ihr dann glauben, es sei eine geringere Schuld, das WORT Gottes zu vernachlässigen, als seinen Leib?

(722) Fügen wir zum Gesagten bei, wie der Sohn der «wahre Weinstock» ist. Das wird denen klar sein, welche den Ausspruch: «der Wein erfreut des Menschen Herz» auf eine der prophetischen Gnade würdige Art verstehen. Denn steht das «Herz» für die Vernunft, und «erfreut» diese das WORT, jenes allertrinkbarste, das den Sinn allem Menschlichen entreißt und in Verzükkung versetzt und in eine Trunkenheit, die nicht vernunftlos, sondern göttlich ist, ... so ist dieser, der den «herz-erfreuenden Wein» trägt, gewiß der «wahre Weinstock».

(723) Wenn aber das «Blut des Bundes» in unsere Herzen «zur Vergebung» unserer «Sünden» eingegossen wurde, so sind wahrlich, wenn einmal dieses trinkbare «Blut» in unsere Herzen ausgegossen ist, alle Sünden vergeben und vernichtet, die wir vordem begingen.

(724) Darum wird «über sie all das gerechte Blut kommen, das sie vergossen haben» dadurch, daß sie die Wahrheit der Schriften verkehren wollten; denn die Schriften werden mit Recht Blut und Leben genannt. Alle Schrift nämlich, wenn sie nicht nach der Wahrheit verstanden wird, ist tot. Sie vergießen die Wahrheit der Schriften wie ihr Blut; wie vergossen ward das Blut Abels. Und nicht nur damals schrie «das Blut Abels zu Gott», sondern

[1] Vgl. Text 303–304, 411, 992.

immerdar legt die Wahrheit der Schriften – «angefangen vom Blute» Christi, das heißt von der Wahrheit des Evangeliums – durch alle Schriften hindurch Einsprache bei Gott ein gegen die, die sie verkehren wollen.

(725) Wie also Christus das lebendige Brot ist, so ist sein Feind, der Tod, das tote Brot. Jede vernünftige Seele aber nährt sich aus einem von beiden.

(726) Was uns zur Speise gegeben ist, wollen wir nicht zu einem Fraß der Schweine oder der Hunde machen, sondern wir wollen es so in uns zubereiten, wie es sich für solche ziemt, die in der Herberge unseres Herzens den Sohn Gottes mit seinem Vater empfangen, wenn sie kommen, um bei uns im Heiligen Geiste Wohnung zu nehmen.

(727) Jede Rede also, durch die wir geistig getränkt werden, oder jede Erzählung, durch die wir genährt werden, ist ein Gefäß für Speise und Trank. So werden wir denn ermahnt, uns nicht zu kümmern um die Reden und Erzählungen, die das Äußere sind, sondern um das Innere, damit unser Herz von reinen, trink- und eßbaren Sinnen erfüllt werde, und nicht von Worten und deren kunstvollen Gefügen. Denn «das Reich Gottes besteht nicht in Worten, sondern in der Kraft». Wer also bestrebt wäre, eine gepflegte Rede hervorzubringen, mehr denn eine von heilsamen Sinnen erfüllte, dessen «Kelch» der Schilderung wäre wohl von außen gereinigt, innen aber voll des Schmutzes der Eitelkeit. Darum bekennt Paulus, der nicht die Gewohnheit hatte, «Kelch und Schüsseln» von außen zu reinigen, sondern von innen, sich als unkundig «in der Rede, nicht aber in der Wissenschaft». Wenn wir nun zu einem damit verwandten Gedanken übergehen, so können wir sagen, daß der Buchstabe von Gesetz und Propheten die «Kelche» geistiger Tränke der Seelen und die «Schüsseln» von Speisen sind, die den gläubigen Menschen notwendig sind, oder «Krüge» weise verborgener Nahrungen … Dessen äußern und landläufigen Sinn erforschen die Schreiber und Pharisäer und sind bemüht, ihn als rein und heilig hinzustellen, die Jünger Christi aber bemühen sich, den innern und geistigen Sinn zu reinigen und durch Einsicht und überzeugende Beweise zu heiligen, um die von innen gereinigten Gesetze und Propheten zu essen und zu trinken, voll Begier, den innern und

geheimen Sinn zu hören und aufzunehmen und überschreitend den äußern Wortsinn. Gut also ist's, «von innen» mit aller Sorgfalt «Kelch, Schüssel und Krug» zu reinigen. Denn wer zuerst, was innen im Kelch ist, gereinigt hat, dem wird auch das Äußere wahrhaft rein: dann sind die Gefäße der Rede wahrhaft rein, wenn deren wahrer und geistiger Sinn geoffenbart ist.

WANDLUNG DES NÄHRENDEN WORTES

Wie der Sage nach das Manna jeden Geschmack annahm, so wird Christus allen Alles (728). Jeder Stufe paßt sich seine Nahrung an, denn jeder Mensch hat seine eigene Wahrheit (vgl. 131). Trotz dieser Metamorphosen der Wahrheit wird diese nicht Lüge (729). Die Stufen der Speisen (730–734) gipfeln im wahren himmlischen Gastmahl (734–738), wo der ganze mystische Leib gekeltert sein wird (735), und wo auch noch ein Fortschritt ohne Ende zu erwarten steht (736), mitten in der vollen Sättigung (737–738).

(728) Eilen wir, das göttliche Manna zu genießen, denn dies Manna nimmt im Munde eines jeden den Geschmack an, den er will. Denn höre, wie der Herr denen, die zu ihm kommen, sagt: «Es geschehe dir gemäß deinem Glauben.» Auch dir also, wenn du das WORT Gottes, das in der Kirche Gottes verkündet wird, mit vollem Glauben und voller Ehrfurcht aufnimmst, wird das WORT werden, was immer du willst. Zum Beispiel, wenn du bedrängt wirst, tröstet es dich und sagt: «Ein zerknirschtes und demütiges Herz verachtet Gott nicht.» Freust du dich in der kommenden Hoffnung, so überhäuft es dir die Freuden und sagt: «Freut euch im Herrn und jubelt ihr Gerechten.» Bist du zornig, so sänftigt es dich und sagt: «Laß ab vom Zorn und verlaß die Entrüstung.» Bist du in Schmerzen, so heilt es dich und sagt: «Der Herr heilt all dein Siechtum.» Wirst du von der Armut verzehrt, so tröstet es dich und sagt: «Der Herr hebt den Dürftigen von der Erde auf und richtet den Armen aus dem Kote auf.» Auf solche Weise gibt dir das Manna des WORTES Gottes in deinem Munde jeden Geschmack, den du willst.

(729) Über die Natur des WORTES also läßt sich sagen, daß, wie

in der nährenden Mutter die Eigentümlichkeit der Speisen sich der Natur des Kindes entsprechend in Milch verwandelt, oder die Speisen vom Arzt gemäß den Ansprüchen der Heilung dem Kranken verordnet werden und dem Stärkeren um so kräftigere bereit stehn, so auch Gott die Kraft des WORTES, das die menschliche Seele zu nähren vermag, jedem nach Würdigkeit verwandelt ... Und man wird darum nicht sagen können, daß das WORT seine eigene Natur verleugne, wenn es jedem so wie er's fassen kann zur Nahrung wird. Es führt nicht in die Irre und lügt nicht.

(730) Einst also «gab Gott seinem Volke Brot vom Himmel, das ohne Mühe sich allen Freuden anpaßte, denn es wandelte sich zu dem, was jeder wollte». Das gleiche Wesen hat jetzt das seele-nährende WORT, angepaßt dem Vermögen des Ernährten. Wenn es als Gesetz das kleine Kind nährt, so wird es «Milch»; wenn eine noch schwache Seele, «Kräuter»; wenn eine vollendete Seele, «feste Speise».

(731) Einer ist Kind und Kleiner im Glauben: so braucht er «Regen» und «Milch-Regen» ... Aber es gibt eine andere Erde, die fähig ist, starke Fluten zu ertragen, auch die «Flüsse» des WORTES Gottes zu tragen und reißende Gießbäche auszuhalten. Von solchen nämlich sagt der Prophet in den Psalmen: «Und den Gießbach deiner Lust wirst du ihnen zum Trank reichen.»

(732) Geschieht dies, dann bleibt unser «dürres Land» nicht mehr dürr.

(733) «Wer aber aus diesem Wasser trinkt, das ich ihm geben werde, in dem wird ein Quell entstehen, Wassers, das ins ewige Leben aufspringt.» Wer aber, der diesen Quell in sich hat, wird noch dürsten können? Der vornehmlichste Sinn aber mag dieser sein: wenn sich jemand mit der Tiefe [menschlicher][1] Worte befaßt, und er eine kleine Weile ausruht, indem er den Sinn, den er heraufschöpfte und gefunden zu haben meint, für das Tiefste hält, so wird er doch, wenn er's ein zweitesmal überdenkt, darüber wieder unsicher, worüber er sich schon zufrieden gegeben hatte, weil der von ihm vermeinte Abgrund keine deutliche und hervortretende Vorstellung des Gesuchten zu geben vermag.

[1] Lücke im Text.

Und wenn er auch, völlig gewonnen, der Wahrscheinlichkeit des Gesagten sich ausliefert, so findet er doch später dieselbe Ausweglosigkeit in sich vor, die er schon besaß, bevor er dies erfahren. Ich aber besitze ein solches WORT, daß es in dem, der meine Verkündigung aufnimmt, zu einer Quelle lebendigen Trankes wird; und ein solches Gut wird empfangen, wer mein Wasser aufnimmt, daß in ihm ein Quell aufwärtssprudelnder Wasser, der alles Gesuchte zu finden vermag, entquillt, und der Geist auf der Bahn dieses leichtbeweglichen Wassers, das ihn in seinem Springen und Sprudeln mit zum Höhern emporreißt, aufspringt und eiligst hindurchfliegt – ins ewige Leben.

(734) Wie [das WORT] jene, in denen es «Weisheit» und «Wissenschaft» wird, nicht auf einmal, sondern durch ein gewisses Fortschreiten und einen Stufengang, je nach ihren Anstrengungen, ihrer Beflissenheit und ihrem Glauben ... weise und wissend macht und in den Tugenden kräftigt, also gewährt es denen, für die es zum «wahrhaften Weinstock» ward, nicht vom ersten Anfang an reife und süße Trauben und gibt sich ihnen nicht sofort als milder «Wein», der «des Menschen Herz erfreut», sondern zuerst sproßt es ihnen nur in der Blüte der Süßigkeit des Duftes, damit die Seelen, in den Anfängen durch die Lieblichkeit seines Wohlgeruchs eingeladen, nachher die Bitterkeit der Trübsale und der Anfechtungen zu ertragen vermöchten, ... und erst dann gewährt es ihnen die Süßigkeit der Reife, bis daß es sie zuletzt hinführe zu den Keltern, wo das «Blut der Traube» vergossen wird, das «Blut des Neuen Bundes», das droben am festlichen Tage getrunken werden mag, wo das «große Gastmahl bereitet» ist.

(735) Das ist der «Wein», der von jenem «Weinstock» geerntet ist, welcher sprach: «Ich bin der wahre Weinstock», der Wein, den der himmlische Vater, der Weingärtner, ausgepreßt. Es ist der Wein, den die «Rebzweige» getragen haben, die in Jesus blieben.

(736) Der Wein aber, der vom «wahren Weinstock» hervorgebracht wird, ist immerdar «neu»; immerdar nämlich wird im Fortschritt der Lernenden die Erkenntnis der göttlichen Weisheit und Wissenschaft erneuert. Und darum sagte Jesus zu seinen Jüngern: «Neu werde ich ihn mit euch trinken im Reiche meines Vaters.» Immerdar nämlich erneuert sich die Erkenntnis der Geheimnisse wie die Offenbarung des Verborgenen durch die Weisheit Gottes,

nicht nur den Menschen, sondern auch den Engeln und den himmlischen Mächten.

(737) Eine selige Sättigung wird sein im Erblicken und klaren Schauen der Herrlichkeit Gottes. Dies nämlich ist die Speise, die den ganzen Tisch der Seele decken wird, an der sich wird sättigen und erfüllen können, wer nach ihr hungert, und wer sie heilsamerweise begehrt.

(738) Was also zögern und schwanken wir, das Hindernis des sterblichen Leibes, das «die Seele beschwert», das «irdische Zelt», das den «vielsinnenden Geist» belastet, abzulegen, uns aus den Fesseln zu lösen und die Anker zu lichten aus den Wogen des Fleisches und Blutes, um mit Christus Jesus der Seligkeit eigenste Erquickung zu genießen, das lebendige WORT, das im All alles ist, zu schauen, von ihm genährt zu werden und seine unendlich mannigfaltige Weisheit zu erfassen, von der Ur-Wahrheit eingeprägt zu werden?

Zeugung

ZEUGUNG AUS GOTT

Der Parallelismus des äußern und innern Menschen läßt noch ein letztes Geheimnis der geistigen Einheit mit Gott erkennen, das Geheimnis der Ehe und der geistigen Fruchtbarkeit. Origenes hat den ersten mystischen Kommentar zum Hohen Liede geschrieben und alle späteren Grundthemen der Brautmystik bereits angeschlagen.
Zwischen Gott und Seele besteht das Verhältnis von Bräutigam und Braut (739–742). Aus der Einigung mit dem WORTE empfängt und gebiert die Seele geistige Kinder: die Tugenden und guten Werke (743–745). Aber ihre geistige Fruchtbarkeit dehnt sich noch weiter aus: sie kann für Christus Seelen zeugen (746–747), und das in der eigentlichen Braut Christi, der Kirche (748). Endlich aber ist diese Fruchtbarkeit ein Mit-erzeugen des mystischen Leibes Christi und darum ein jeweils Neu-geboren-werden Christi selber: die Seele wird mit Maria seine Mutter (749–754).

(739) «Wer seine Seele zu wahren sucht, wird sie verlieren, und wer sie verliert, wird sie wahren.» Die Martyrer suchten ihre Seele zu wahren: darum verloren sie sie, um sie zu wahren. ...Weiter: «Wer dem Herrn anhängt, wird *ein* Geist.» Wenn also einer, der «seelisch-sinnlich» war, durch die Verbindung mit dem Herrn geistig und «ein Geist» wird, so laßt denn auch uns unsere «[Sinnen-]Seele verlieren», um, «dem Herrn anhängend», in den «einen Geist» verwandelt zu werden.
(740) Legen wir das «Bundeszelt» auf den Menschen hin aus, so werden wir das Innere des Schleiers, wo die unzulänglichen Dinge verhüllt werden, als den Seelengrund deuten, der allein die Mysterien der Wahrheit empfangen kann und fähig ist der verborgenen Geheimnisse Gottes.
(741) Gott tritt ein in die Seele, und die Seele wandert in Gott aus.
(742) Wenn Gott die Seele verläßt, wird sie unfruchtbar, wirkt er aber in ihr, so wird sie Mutter.
(743) Wie man Kinder nicht zeugen kann außer mit einer Frau und der dazu gemäßen Handlung, so kann einer das und jenes

nicht empfangen, wenn er nicht in einer bestimmten Gesinnung und einem bestimmten Glauben betet und vor dem Gebet ein bestimmtes Leben geführt hat.

(744) In der geistigen Vermählung aber merke auf die Beiwohnung des WORTES als des Bräutigams, aus der zur rechten Zeit ein Sproß hervorgeht, mit der Seele-Braut, die dem WORTE angetraut ist (und sie wird von ihm nicht verletzt oder versehrt, sondern immer, wenn sie ihm beiwohnt, empfängt sie Unversehrtheit), und was für Kinder aus solcher Ehe entspringen: geistige Geburten.

(745) Wie nämlich in den Schwangeren der Same gestaltet und ausgebildet wird, also geschieht es auch der Seele, die das WORT aufnahm: allmählich bildet und gestaltet sich in ihr die Empfängnis des WORTES ... In dem Brief an Timotheus sagt [der Apostel]: ... die Frau werde gerettet «durch Kindergebären, wenn sie in Glaube und Liebe und Heiligkeit mit Keuschheit verharrt». Wer aber ist diese Frau, wenn nicht die Seele, die das WORT Gottes und der Wahrheit empfing und gute Werke gebiert, die Christus gleichen?

(746) «Gott sprach zu Abraham: Was immer dir Sara sage, höre auf ihre Stimme ...» Ich denke, daß «Sara», welches ‹Fürst› oder ‹Leitender› übersetzt wird, ein Gleichnis für die Tugend ist ... Hat also einer sich die Tugend angetraut, so höre er in allem ihre Stimme, in allem gebe sie ihm Rat. Abraham also will die Tugend nicht mehr seine Gattin nennen. Denn solange die Tugend Gattin heißt, ist sie dem einzelnen gehörig und kann mit niemand geteilt werden. Und so ziemt es sich auch, daß wir, solange wir noch auf dem Wege zum Vollendeten sind, die Tugend der Seele für uns behalten; sind wir aber einmal zum Vollendeten gelangt, so daß wir auch andere unterweisen können, dann dürfen wir die Tugend nicht mehr wie eine Gattin in unserem Schoße bergen, sondern müssen sie auch andern Willigen wie eine Schwester zur Ehe geben. Zu denen schließlich, die vollendet sind, sagt das WORT Gottes: «Nenne die Weisheit deine Schwester.» In diesem Sinne nannte also auch Abraham Sara seine Schwester.

(747) «Fünfundsiebzig Seelen zogen mit Jakob nach Ägypten hinab.» Es sind die Seelen, die Jakob gezeugt. Ich glaube aber

nicht, daß jeder beliebige Mensch Seelen zeugen kann, er sei denn ein solcher wie der, welcher sprach: «Denn habt ihr auch viele Erzieher in Christus, so doch nicht viele Väter. Denn in Christus Jesus habe ich euch durch das Evangelium gezeugt.» Solche sind es, die Seelen zeugen und mit ihnen schwanger gehen, wie es denn anderswo heißt: «Meine Kinder, mit denen ich wiederum schwanger gehe, bis daß Christus in euch ausgebildet sei.» Andere nämlich wollen die Sorge solchen Zeugens nicht übernehmen oder können es nicht.

(748) Die vernunfthafte Wesenheit, von der die Menschenseele ein Teil ist, vermag aus sich selbst keinerlei Gut zu gebären, obwohl sie solches zu empfangen vermag. Sie muß also nach Art eines Weibes aus einem andern gebären, was sie an Tat- und Erkenntnis-Tugenden zur Welt zu bringen vermag. Darum nenne ich sie «Braut» ... In diesem Zusammenhang ist auch hineinzunehmen, was Paulus an die Korinther schreibt und was also lautet: «Ich habe euch einem Manne zugestaltet, um Christo eine reine Jungfrau zuzuführen.» «Braut» nennt er hier die ganze Kirche, die infolge richtiger Lehren und Sitten eine reine Jungfrau ist. Und im Briefe an eine andere Gemeinde erwähnt derselbe Apostel Adam und das Weib und fährt fort: «Dieses Geheimnis ist groß, ich sage es in bezug auf Christus und die Kirche»: daß, wie jene die Eltern aller Menschen wurden, so Christus und die Kirche die Zeuger aller guten Werke, Gedanken und Worte sind.

(749) Welche aber sind's, die säen? Die, welche Gottes WORT in der Kirche vortragen ... Den Seelen ... sollen sie die geheimen Mysterien vertrauen, ihnen das WORT Gottes und die Geheimtiefen des Glaubens aussprechen, daß in ihnen Christus durch den Glauben geformt werde. Oder weißt du nicht, daß aus diesem ausgesäten Samen des WORTES Gottes Christus im Herzen der Hörenden geboren wird? Denn so spricht der Apostel: «Bis daß Christus in euch ausgebildet sei.» ... Das ist das Gebären der heiligen Seelen, das die Empfängnis, das die heiligen Umarmungen, die ziemen und zukommen dem Hohenpriester Jesus Christus unserem Herrn.

(750) «Schwangeres Weib» wird die Seele genannt, die vor kurzem das WORT Gottes empfangen hat ... Das «sich bildende Kind»

ist das WORT Gottes im Herzen derselben Seele, die die Gnade der Taufe empfangen hat.

(751) Nicht nur in Maria begann seine Geburt mit seiner «Überschattung», sondern auch in dir, wenn du dessen würdig bist, wird das WORT Gottes geboren.

(752) Bist du so reinen Sinnes, so heiligen Leibes, so makelloser Taten, so kannst du Christus selber gebären, gemäß dem Worte dessen, der sprach: «Meine Kinder, mit denen ich wiederum schwanger gehe, bis daß Christus in euch ausgebildet sei.» Und so sagte der Herr selbst von sich: «Wer den Willen meines Vaters tut, der im Himmel ist, der ist mir Bruder und Schwester und Mutter.»

(753) Die das Mysterium der Jungfrau nicht kennen, sagen zu Jesus: «Deine Brüder.» Denn hätten sie es gekannt, so hätten sie an ihn geglaubt. Dadurch aber, daß einer den «Willen des Vaters im Himmel» tut, wird er «Bruder oder Schwester oder Mutter» Jesu. Wenn die ganz jungfräuliche und unverdorbene Seele aber auch nicht Jesu leiblicher «Bruder» usw. ist, so wird sie doch, wenn sie aus dem Heiligen Geiste empfängt, um den «Willen des Vaters» zu gebären, zur «Mutter» Jesu.

(754) «Selig, die allzeit die Gerechtigkeit tun.» Allzeit die Gerechtigkeit tun ist Sache des Vollkommenen, der dem Bilde dessen angeglichen ist, der ihn geschaffen hat. Wer aber «die Gerechtigkeit tut», der tut Christus, der die Gerechtigkeit ist. Seine Seele wird, indem sie ihn gebiert, die Mutter Christi. Denn Christus, die Gerechtigkeit, formt sich in ihm.

TREUE

Aber nicht nur das Fleischliche in der äußern Ehe wird auf die innere übertragen, sondern ebenso das geistige Treueverhältnis. Jede Sünde ist persönliche Untreue, ist Unzucht und Ehebruch (755–760); je intimer das Verhältnis zu Gott war, um so schwerer ist der Bruch (761). Heilige Furcht der Seele (762).

(755) Gar wohlgestaltet ist die Menschenseele, und sie hat eine wundersame Schönheit. Denn ihr Bildner, da er sie erstmals

schuf, hatte gesprochen: «Laßt uns den Menschen zu unserm Bild und Gleichnis machen.» Was ist schöner als so schöne Ähnlichkeit? Gewisse ehebrecherische und unsaubere Liebhaber gieren darum, von ihrer Schönheit angezogen, nach ihr und möchten «über ihr Unzucht treiben». Darum sagt der weise Paulus: «Ich fürchte aber, es möchte, wie die Schlange in ihrer Bosheit Eva verführte, auch eure Seele verdorben werden.» In der fleischlichen Unzucht werden die Leiber verderbt, in der geistigen Unkeuschheit aber der «Geist-Sinn verdorben» und die Seele selber verletzt.

(756) Die widrigen Mächte lieben die Schönheit der Menschenseele, und wenn die Menschenseele die Samen ihrer Buhlen aufnimmt, treibt sie gleichsam Unzucht mit ihnen.

(757) Unsere Seele war zuerst jenem schlechten Manne und schlimmen Gatten, dem Teufel, verkuppelt, durch dessen Besiegung und Auslöschung die Seele vom Gesetze jenes ersten und schlimmen Mannes befreit wurde und ihrem guten und rechtmäßigen Gatten angetraut.

(758) Jedes Weib ist entweder unter dem Manne und den Gesetzen des Mannes unterworfen, oder aber sie ist eine Dirne und nimmt sich die Freiheit der Sünde heraus. Wer zur Dirne eintritt, weiß, daß er zu einer Frau geht, die sich hinwirft und für jeden, der will, zu haben ist, und er kann sich nicht ereifern, wenn er noch andere Liebhaber bei ihr sieht. Wer aber in rechtmäßiger Ehe lebt, gestattet der Frau nicht, von der Freiheit zur Sünde Gebrauch zu machen, sondern brennt voll Eifer, die Keuschheit der Ehe zu wahren, um aus ihr rechtmäßiger Vater zu werden. An diesem Beispiel sollen wir einsehen, daß jede Seele entweder von den Dämonen geschändet wird und viele Buhlen hat (so daß einmal der Geist der Unzucht zu ihr eingeht, und wenn der sie verläßt, der Geist der Habsucht, und nach ihm der des Stolzes, des Neides, der eiteln Gefallsucht und viele andere mehr), ... oder wenn sie dem rechten Gatten angetraut ist (jenem Gatten, dem Paulus die Seelen vermählt und verbindet, wenn er sagt: «Denn ich beschloß, euch als keusche Jungfrau dem einen Manne anzutrauen, Christus»), ... so erträgt es dieser nicht, daß die Seele, die er sich nahm, mit Ehebrechern tändelt: seine Eifersucht erwacht über ihr, er verteidigt die Keuschheit

der Ehe. Und Gott wird ein «eifernder Gott» genannt, der es nicht leidet, daß die ihm verbundene Seele sich mit den Dämonen mischt. Tut sie es dennoch, ... so gibt er ihr den Scheidebrief und entläßt sie.

(759) «Rebekka war eine Jungfrau, und kein Mann hatte sie erkannt ...» Gibt es denn eine solche, die ein Mann erkannte? Ich sagte aber schon oft, daß hier nicht Geschichten erzählt, sondern Geheimnisse geflochten werden. So scheint mir denn dies hier gemeint zu sein: Wie Christus der Mann der Seele genannt wird, den die Seele ehelicht, wenn sie zum Glauben kommt, so ist der andere, ihm entgegengesetzte Mann, dem die Seele sich anvermählt, wenn sie von der Glaubenstreue abfällt, jener «feindliche Mann», der «Unkraut unter den Weizen säte». Es genügt also nicht, daß eine Seele dem Leibe nach keusch sei, es ist ebenso erfordert, daß jener schlimme Mann sie nicht «erkenne». Es kann gar wohl sein, daß jemand dem Leibe nach keusch ist und doch jenen schlimmen Mann, den Teufel, «erkennt», von ihm die Pfeile der Begierlichkeit im Herzen aufnimmt und die Keuschheit der Seele verliert. Weil also Rebekka eine heilige Jungfrau war an Leib und Seele, darum wird ihr Lob doppelt ausgesprochen.

(760) Es gibt eine verfluchte Unzucht des Leibes. Denn was ist so fluchwürdig, als den «Tempel Gottes» schänden und «die Glieder Christi nehmen und sie zu Gliedern einer Dirne machen»? Und doch ist weit verfluchter jene allgemeine Unzucht, in der jede Art von Sünde enthalten ist. Allgemeine Unzucht wird es genannt, wenn die Seele, die in die Lebensgemeinschaft des WORTES Gottes und gleichsam in seine Ehe aufgenommen ist, von einem beliebigen und darum fremden und feindlichen Manne ... geschändet und genotzüchtigt wird. Mann und Gatte der lautern und züchtigen Seele ist also das WORT Gottes, das Christus der Herr ist ... Solange die Seele ihrem Gatten anhängt und sein Wort hört und es umfängt, empfängt sie auch gewiß den Samen des WORTS, wie jener es sagte: «Von deiner Frucht, Herr, haben wir im Schoße empfangen ...» Wenn also die Seele so von Christus empfängt, gebiert sie Söhne, von denen man sagen kann: «Sie wird sich retten durch Kindergebären, wenn sie ausharrt in Glauben und Liebe und Heiligkeit mit Keuschheit.» ... Verläßt aber die unglückliche Seele den heiligen Ehebund

und wirft sie sich in die ehebrecherischen Umarmungen des Teufels und der Dämonen, von ihrem Trug verführt, so wird sie sicherlich auch daraus Söhne gebären, aber nur solche, von denen geschrieben steht: «Die Kinder der Ehebrecher werden nicht vollgültig sein, und die Frucht eines verruchten Beilagers wird vernichtet werden ...» Niemals also kann die Seele ohne Kindergebären sein, immer erzeugt sie Söhne.

(761) Je näher wir Gott schon waren, je nachbarlicher der Seligkeit, um so ferner werden wir von ihr, wenn wir sündigen, um so näher den Schrecken der größten Strafen.

(762) O möchte darum doch auch mich Jesus immerdar in seiner Gefangenschaft halten und in seiner Kriegsbeute mit sich führen, und ich mit seinen Fesseln gebunden bleiben, damit auch ich würdig erfunden werden möge, ein «Gefesselter Jesu Christi» zu heißen.

HOHER GESANG

Im Hohen Lied und seiner geistigen Auslegung fassen sich alle Situationen der mystischen Ehe zusammen. Wichtig dabei ist das bewußte Schwanken zwischen der Auslegung der Braut als Seele und als Kirche: beide Auslegungen bedingen einander und sind nicht adäquat trennbar (763–777).

(763) Gesänge werden genannt, was einst von den Propheten und Engeln gesungen wurde (denn «das Gesetz», heißt es, «wurde durch die Engel, durch die Hand eines Mittlers gegeben»). Alle jene also, die von diesen verkündet worden waren, waren Gesänge der Freunde des Bräutigams, die vorausgingen. Dies hier aber ist der Eine GESANG, den der Bräutigam selber, bei der Aufnahme seiner Braut, als ein Hochzeitslied singen sollte. In ihm will die Braut nicht mehr durch die Freunde des Bräutigams besungen werden, sondern begehrt schon die Worte des gegenwärtigen Bräutigams selbst zu hören: «Er küsse mich mit den Küssen seines Mundes.» Darum wird er auch mit Recht allen andern Gesängen vorgezogen, denn es scheint, daß die übrigen Gesänge, die das Gesetz und die Propheten gesungen, sich an die noch

kindliche und noch nicht ins reife Alter getretene Braut richteten, dieser Gesang aber sich an die Erwachsene und herrlich Erstarkte und der männlichen Kraft und des vollkommenen Geheimnisses Fähige wende. Demgemäß wird von ihr gesagt, sie sei «die eine, vollkommene Taube».

(764) Das WORT ist der Bräutigam, Braut ist das vernunftbegabte Lebewesen, dann, wenn es zur Einsicht kommt und der Bräutigam die Braut umfängt. Ist jener als das WORT, so eint er sich nicht einer Seele allein, sondern vielen und verschiedenen: einer königlich geehrten und strahlenden – sie mag die «vollkommene Taube» heißen –, dann den königlichen, aber doch tiefer stehenden – darum die «siebzig Königinnen» –, dann andern Seelen, welche durch das Fürchten Gottes erzogen und als «Nebenfrauen» bezeichnet werden.

(765) «Siehe, der Winter verging, der Regen ist vorbei und verschwunden, Blumen wurden auf der Erde gesehen.» Zuerst begreife mir den «Winter» der Seele, da sie noch von den Wogen der Begierde hochgeht und von den Stürmen der Laster und den harten Windstößen der widrigen Geister gepeitscht wird. Während dieser Zeit heißt sie das WORT Gottes nicht «hinaustreten», sondern sich in sich selbst sammeln und sich schützen und von allen Seiten einhüllen gegen das verderbliche Blasen der bösen Geister. Keine «Blumen» erscheinen da in ihr, wenn sie die heiligen Schriften liest, noch hallen wider wie die «Stimme der Taube» die Geheimnisse tieferer Weisheit und die verborgenen Mysterien. Aber auch ihr Geruch nimmt kein Liebliches wahr, gleichsam aus den «Blüten des Weinbergs», und ihr Blick ergötzt sich nicht an den «Knospen des Feigenbaums». Sondern es ist genug, wenn sie in den Stürmen der Versuchungen vor dem Fall in Sünde sicher bewahrt bleibt. Wenn sie dies erreicht, daß sie unverletzt überdauere, so vergeht ihr «der Winter», und es kommt für sie der Frühling. Frühling nämlich wird es für sie, wenn dem Geiste Ruhe gegeben wird und Stille dem Gemüte. Denn kommt das WORT Gottes zu ihr, dann ruft es sie zu sich und heißt sie «hinausgehen», nicht nur aus dem Hause, sondern aus der Stadt selbst, das heißt: nicht nur aus den Lastern des Leibes, sondern aus allem heraus, was in der Welt leiblich und sichtbar ist.

(766) «Siehe, er steht hinter unserer Wand, er lehnt sich durch die Fenster herein, er späht durch die Gitter. Mein Freund antwortet mir, und spricht mit mir ...» Die Braut des WORTES, die Seele, die sich in seinem königlichen Hause, das heißt, in der Kirche, aufhält, wird vom WORTE Gottes, das ihr Bräutigam ist, in allem unterwiesen, was im Königshause und im «Gemach» des Königs geborgen und verwahrt ist, ... und ist sie darin genügend geübt, so mag sie ihn selbst empfangen, das WORT, das als Gott «im Anfange bei Gott war». Nicht freilich so, daß es immerdar bei ihr bleibe – denn dessen ist menschliches Wesen nicht fähig –, sondern zuzeiten mag sie von ihm heimgesucht werden, zuzeiten wieder verlassen werden, damit sie lerne, ihn besser zu ersehnen. Wird sie aber vom WORTE heimgesucht, so kommt es, wie gesagt wird, «über die Berge springend» zu ihr, ihr nämlich die Sinne hoher und erhabener himmlischer Weisheit offenbarend, so daß sie hingelangt bis zum Auferbauen der Kirche, «die das Haus des lebendigen Gottes ist, die Säule und Grundfeste der Wahrheit», und sie «neben der Mauer» oder «hinter der Mauer» steht, und [das WORT] weder völlig verborgen bleibt noch auch offen mit Händen zu greifen ist. Das WORT Gottes nämlich und die «Rede der Weisheit» erscheint nicht öffentlich und vor aller Augen und «mit Füßen tretbar», sondern erscheint nur, wenn es gesucht wird, und auch dann, wie wir sagten, nicht in unverdeckter Greifbarkeit, sondern verhüllt und gleichsam «hinter der Mauer» sich bergend. Die Seele aber, die als in der Kirche weilend bezeichnet wird, wird damit nicht zwischen Steinmauern gedacht, sondern hinter dem Schutzwall des Glaubens und dem Bauwerk der Weisheit geborgen und von der hohen Kuppel der Liebe gedeckt. Gute Lebensführung und Glaube der richtigen Wahrheiten machen also, daß die Seele im Hause der Kirche weile, welches verschiedene Abteile besitzt: «Gemach» oder «Weinhaus» oder anderswie genannt, je nach den Stufen der Gnaden und den Unterschieden in den geistlichen Gaben. So ist auch die «Wand» hier ein Teil dieses Hauses, der die Festigkeit der Lehren bezeichnen könnte, unter welcher der Bräutigam stehend genannt wird und in denen er so hoch und erhaben ist, daß er das ganze Gebäude überragt, und auf die Braut blickt, das heißt auf die Seele. Aber noch zeigt er sich ihr nicht offen

und ganz, sondern, gleichsam «durch Gitter spähend», mahnt er sie und muntert sie auf, nicht im Innern müßig sitzen zu bleiben, sondern zu ihm herauszukommen, und zu versuchen, ihn nicht mehr durch «Fenster» und «Gitter» und durch «Spiegel und Rätsel» zu erblicken, sondern hinausgehend ihn «Gesicht zu Gesicht» zu schauen. Jetzt nämlich, weil sie ihn noch nicht so schauen kann, steht er noch nicht «vor», sondern «hinter» ihr und «hinter der Mauer». Er «lehnt sich» aber «durch die Fenster herein», welche zweifellos offen standen, um Licht hereinzulassen und das Haus zu erhellen. Durch die also lehnt sich das WORT Gottes herein, und spähend mahnt es die Seele, aufzustehn und zu ihm zu kommen. Wir dürfen aber unter den «Fenstern» die körperlichen Sinne verstehen …: wenn die Seele, die Schönheit der Welt erblickend, aus der Wohlgestalt der Geschöpfe Gott, den Schöpfer aller Dinge, begreift, und wenn sie seine Werke bestaunt und den Gründer der Werke lobt, so tritt zu einer solchen Seele das LEBEN durch die Fenster der Augen herein … Wenn es aber heißt, es «spähe durch die Gitter der Fenster», so ist damit ohne Zweifel bedeutet, daß sie, solange sie im Hause dieses Leibes weilt, die Weisheit Gottes noch nicht entblößt und offen fassen kann, sondern durch gewisse Gleichnisse, Hinweise und Bilder von sichtbaren Dingen das Unsichtbare und Unkörperliche betrachtet.

(767) «Wenn ihr die Liebe erhebt und erweckt, bis wohin sie will.» Das bedeutet: wenn ihr schon dahin gelangt seid, daß ihr nicht mehr durch den Geist der Furcht, sondern durch den Geist der Kindschaft bewegt werdet, und wenn ihr so weit vorankommt, daß die vollendete Liebe in euch die Furcht hinauswarf und ihr die Liebe in euch erhebt und erhöht und erweckt – dann erhöht und erhebt sie so lange, als er selbst es will, der «Sohn der Liebe», ja er selbst, der «die Liebe aus Gott» ist, damit ihr nicht etwa, in der Meinung, daß in der Gottesliebe die Maße der menschlichen Liebe genügen, etwas Gottes weniger Würdiges tut. Das Maß der Liebe Gottes nämlich ist einzig dieses: daß er so sehr geliebt werde, als er es sein will; der Wille Gottes aber ist immer derselbe und ändert sich niemals. Niemals also gibt es eine Änderung oder ein Ende der Liebe Gottes. Dann ist auch zu bemerken, daß es nicht heißt: Wenn ihr die Liebe bekommt,

sondern: wenn ihr sie «erhebt», gleich als läge sie schon in euch, läge aber noch darnieder und sei noch nicht aufgerichtet. Und wiederum heißt es nicht: wenn ihr die Liebe findet, sondern: wenn ihr sie «erweckt», gleich als sei sie schon im Innern da, läge aber und schlummere in ihnen, bis sie einen Erwecker finde. Es weckt sie, wie mir scheint, auch Paulus, da sie in gewissen Jüngern noch schlief, wenn er spricht: «Wach auf, du Schläfer, und du wirst Christus gewinnen.»

(768) Ohne Unterbruch sucht die Seele des Bräutigams das WORT, und findet sie es, so bittet sie schon wieder, wie eine Dürftige, andere darum, und hat sie auch das betrachtet, so begehrt sie nach Offenbarung dessen, was noch übrigbleibt, und hat sie dies erreicht, so bittet sie den Bräutigam, zu weiterem überzusiedeln.

(769) «Steh auf, meine Freundin, meine Schöne, und komm, meine Taube in den Spalten des Felsens, in der Höhlung der Felswand; zeige mir dein Antlitz ...» Es begehrt die Seele die sinnlichen Dinge zu überschreiten. Denn die sinnliche Welt wird gleichsam «Mauer und Wall» der Stadt genannt. Es muß also die geistbegabte Seele nicht nur außerhalb der Stadtmauer, sondern des Walls selbst in der Höhlung des Felsens weilen, um nahe geworden «mit entschleiertem Angesicht die Herrlichkeit des Herrn» widerzuspiegeln. Der «Wall» aber ist die Grenze der körperlichen ... und der Anfang der unkörperlichen Dinge.

(770) «Öffne mir, meine Schwester, ... denn mein Haupt ist voll Tau.» Notwendig muß nach dem «öffne» das «mir» folgen, damit nicht etwa feindlichen Mächten aufgetan werde ... Nach der Auferstehung trat er bei verschlossenen Türen herein und lud Thomas, und durch ihn alle ungläubigen Seelen, ein, ihr eigenes Herz zu «öffnen» und die ganze Fülle der Auferstehung zu empfangen, lud den ein, der schließlich sprach: «Mein Herr und mein Gott.» Der Tau aber weist auf die morgendliche Auferstehung hin, denn am Morgen fällt der Tau.

(771) «Von Liebe bin ich verwundet.» Von dem empfing sie die Wunde, von dem Isaias sagt: «Er nahm mich wie einen erwählten Pfeil und verbarg mich in seinem Köcher.» Mit solchen Wunden ziemt es Gott, die Seelen zu verwunden, mit solchen Pfeilen und Geschossen sie zu durchbohren und mit so heilsa-

men Wunden sie zu versehren, damit nun auch sie – weil ja «Gott die Liebe» ist – sagen: «Von Liebe bin ich verwundet ...» Es kann aber auf gleiche Weise die glühende Seele zur Weisheit Gottes sprechen: von Weisheit bin ich verwundet, sie nämlich, die die Majestät seiner Weisheit schauen durfte. Und eine andere Seele, welche die Größe seiner Kraft betrachtete und die Macht des WORTES Gottes bestaunte, kann sagen: von Macht bin ich verwundet; das war wohl jener, der sprach: «Der Herr ist meine Erleuchtung und mein Retter, wen sollte ich fürchten? ...» Aber das Allgemeinste, das dies alles umfaßt, ist die Wunde der Liebe, von der die Braut verwundet zu sein bekennt.

(772) Wie schön ist es und wie ehrenvoll, von der Liebe eine Wunde zu erhalten! Andere trifft der Pfeil fleischlicher Lust, andere sind von der Begier des Irdischen verwundet; du entblöße deine Glieder und halte dich hin dem «erwählten Pfeile», dem herrlichen Pfeile, denn Gott ist der Schütze ... Von diesem Pfeile waren verwundet, die sich miteinander besprachen und sagten: «Brannte nicht unser Herz unterwegs, als er uns die Schriften eröffnete?»

(773) Selig also jene Seelen, die ihren Rücken beugten, um über sich das WORT Gottes aufzunehmen und seinen Zügeln sich zu fügen, daß, wohin immer er will, er sie lenke und führe mit den Zügeln seiner Gebote; sie schreiten ja nicht mehr nach eigenem Willen einher, sondern zu jeglichem werden sie durch den Willen des Reiters hin- und zurückgelenkt.

(774) «Führet mich in das Weinhaus.» So spricht sie zu den Freunden des Bräutigams, zu den heiligen Engeln oder den Aposteln oder Propheten, als ob sie sagte: verbindet mich dem Leibe Christi.

(775) So sagt auch Paulus: «Der Leib nicht der Unzucht, sondern dem Herrn, und der Herr dem Leibe.» Denn der «Leib» Christi ist die Braut, die Kirche.

(776) «Siehe eine leuchtende Wolke überschattete sie.» Es überschattet «eine leuchtende Wolke» die Gerechten, von der sie zugleich bedeckt und erleuchtet werden.

(777) Darum spricht die Braut: «Ich will ihn nicht entlassen, bevor ich ihn nicht in das Haus meiner Mutter eingeführt habe», um auch nach diesem Leben mit ihm in das Haus des «Oberen Jeru-

salem» einzugehen, in das hinein sie das Zugänglichere aus dem Wissensbestand des WORTES einführt. Das Vollends-Verborgene aber [seiner Weisheit] führt sie ins Brautgemach derer ein, die einst die Braut empfangen hatte. Daß die Mutter und die Empfangende aber dieselbe ist, wird daraus deutlich, daß einerseits mit der Empfängnis der erste Ursprung der Dinge bezeichnet ist, anderseits Mutter genannt wird [dieselbe Empfangende] nach der ausformenden Schwangerschaft und nach der Vollendung der Empfangenen[1]:

GOTTGEBURT

Aber das ganze Ehegeheimnis ist doch eingegründet in das letzte Kindschaftsgeheimnis in Gott selber. Immerdar wird der ewige Sohn aus dem Vater geboren (778–779), und im Geborenwerden des Sohnes werden wir mitgeboren (780). Der Weg geht daher für den Christen nicht von Jugend zu Alter, sondern vom Alter der Sünde zur ewigen Jugend des Kindseins aus Gott (781–783).

(778) «Mein Sohn bist du, heute habe ich dich gezeugt», sagt Gott zu ihm, dem immer «Jetzt» ist. Denn es gibt, denke ich, für Gott keinen Morgen und keinen Abend, sondern eine sozusagen sich mit seinem ungewordenen und ewigen Leben gleichewig ausdehnende Zeit, in welcher der Sohn geboren ist. So ist seines Werdens kein Anfang zu finden, wie auch jenes Tages nicht.

(779) Für die Menschen zwar, die vorher der Ankunft des WORTES Gottes nicht fähig waren, *wird* das WORT; bei Gott aber

[1] Origenes knüpft gerne an das Wort Pauli an, das das himmlische Jerusalem (für Origenes die überweltliche Gemeinschaft der Seelen) unsere Mutter nennt. Hier wird die Identität dieses himmlischen Jerusalem mit der irdischen Kirche hergestellt; die Periode der irdischen Existenz scheint dabei durch die ‹Schwangerschaft› versinnbildlicht zu sein. Vor dem Fall ist die Kirche empfangende, nach dem Wiederaufstieg Mutter geborener Kinder, zugleich aber Braut des WORTES, das sie selbst (sofern das WORT nun in ihr vollendete Einsicht wurde) ins Himmlische einführt.

wird es nicht, als wäre es vorher nicht bei ihm gewesen, sondern weil es immerdar beim Vater war, heißt es: «Und das WORT war bei Gott ...», denn vor aller Zeit und aller Ewe «war das WORT».

(780) Vielfach selig, wer immerdar aus Gott geboren wird. Denn ich sage nicht, der Gerechte werde nur einmal aus Gott geboren, sondern in jedem Werke der Tugend wird der Gerechte geboren, denn in ihm gebiert Gott den Gerechten. Sollte ich aber dich dem Erlöser zugesellen (da nämlich der Vater ihn nicht geboren hat, um ihn sodann nach seiner Geburt zu entlassen, sondern er gebiert ihn immerdar), so könnte ich auch über den Gerechten ein Ähnliches danebenstellen. Wir wissen aber, wie es sich mit unserem Erlöser verhält: er ist der «Abglanz der Herrlichkeit». Der Abglanz der Herrlichkeit aber ist nicht ein für allemal geworden und wird dann nicht mehr, sondern solange das Licht dauert, das den Abglanz hervorbringt, solange wird auch der Abglanz der Herrlichkeit Gottes hervorgebracht. Unser Erlöser ist die Weisheit Gottes, diese aber ist der «Abglanz des ewigen Lichtes». Wird nun also der Erlöser immerdar ... vom Vater geboren, so gebiert auch dich, wenn du den Geist der Sohnschaft empfangen hast, Gott in ihm bei jeglichem Werke, bei jeglichem Sinnen, und also geboren wirst du immerdar geboren als Sohn Gottes in Christus Jesus.

(781) Denn glaube nicht, daß eine, wie man sagt, einmalige Lebenserneuerung genügt; vielmehr ist immerdar und jeden Tag, wenn man so sagen kann, die Neuheit selbst zu erneuern. Denn also spricht der Apostel: «Wenn auch der äußere Mensch zugrunde geht, so wird doch der innere von Tag zu Tag erneuert.» Wie nämlich der alte mehr und mehr veraltet, so verjüngt sich dieser neue immerdar.

(782) Es ist wohl möglich, von Greisentum und «Runzel» zu Jugend überzuschreiten, und das Wundersame daran ist dies: daß der Leib von Jungsein zu Greisentum fortschreitet, die Seele aber, wenn sie auf die Vollendung zuschreitet, vom Alter zur Jugend übergeht.

(783) Kleine Kinder sind alle Menschen, wenn du sie mit der Vollkommenheit des WORTES vergleichst ... Und weil alles, was Kindern bereitet wird, weit geringer ist, als was man Männern

aufhebt, so sollen sich die nicht überheben und nicht hochmütig tun, die etwa unter den Kindern von schärferer und rascherer Auffassungskraft scheinen. Kinder werden alle Menschen genannt, auf die auch der Erlöser hinwies, als er sprach: «Siehe ich und die Kinder, die mir Gott gegeben.» … Es wäre aber falsch, zu meinen, der hätte sie nicht, dem sie gegeben wurden, weil der, der sie gab, sie noch immer hat.

Mystischer Leib

EIN LEIB

Erst nachdem so die innere Aneignung der objektiven ‹Inkarnationen› des Wortes (als Gnade, innere Sinne, Speisung und Ehe) vollzogen ist, kann der Vollsinn jener ‹Inkarnationen› sichtbar werden: der Aufbau des mystischen Leibes Christi und dessen inneres göttliches Leben.
Der Heilige Geist ist Prinzip der Einheit (784). Das Zeichen des Guten ist Einheit (785–786). Das höchste Lob eines Menschen ist Einheit (787). Konkret ist die Einheit des Menschengeschlechts Christus (788–790), dies aber aufbauend auf einer natürlichen Einheit in Adam. Ja, die ganze Schöpfung, einschließlich der Engel, gehört zu dem Leibe des WORTES (791–795). Wie die Seele nicht in sich, sondern im Leibe leidet, so Christus in seinen Gliedern (796). Der Berührungs- und gleichsam Verschmelzungspunkt Christi und der Kirche ist das Fleisch Christi (797). Christus und die Kirche sind ‹ein Fleisch› wie Adam und Eva, sie sind seit Weltbeginn einander zugestaltet (798). Wer darum die Kirche verfolgt, verfolgt Christus (799). In Christi Tod und Auferstehung ist das Schicksal der Kirche mitgegeben (800). Christi Leben vollzieht sich in der Kirche weiter (801–802). Sein Leben im Fleische war nur Symbol seines wahreren Lebens in der Kirche (803). Das Miteinanderleiden der Glieder (804). Auch die Heiligen im Himmel leiden noch mit der leidenden Kirche (805). Die Auferstehung vollzieht sich stufenweise, wie das Leben Jesu es beweist (806). In Hoffnung heil (807).

(784) Wenn der All-Gott seinen Heiligen einwohnend und vertraut wird und so der Gott Abrahams, der Gott Isaaks, der Gott Jakobs genannt wird, um wieviel mehr kann der Heilige Geist, wenn er den Propheten einwohnend vertraut wird, gewissermaßen ihr «Geist» genannt werden, so daß man vom «Geist des Elias», vom «Geist des Isaias» redet?
(785) Das Kennzeichen des Bösen ist die Verwirrung der Sprachen, das Kennzeichen des Guten, daß «alle ein Herz und eine Seele waren». Indem du so der Schrift folgst, findest du, daß stets die

Zahlenvielheit, die Zerreißung, die Spaltgeisterei, das Nichtzusammenstimmen usw. das Kennzeichen des Bösen ist, hingegen stets die Einheit, die Eintracht ... das Kennzeichen des Guten.

(785a) Das Eine WORT besteht aus vielen Aspekten, und jeder dieser Aspekte ist ein Teil des ganzen WORTES. Von den außerhalb dieses verkündeten Wortes, ... auch wenn sie sich irgendwie um die Wahrheit drehen, ist doch keines das Wort, sondern es sind neue Worte. Denn nirgends ist die Eins, nirgends der Zusammenhang und das Einssein, denn vor lauter Zerreißen und Streiten ist von ihnen die Eins zugrunde gerichtet worden, und so wurden die Zahlen, und vielleicht gar zahllose Zahlen.

(786) Wo Sünden sind, da ist Vielheit, da sind Spaltungen, Sekten, Meinungsverschiedenheiten; wo aber Tugend, da Einmütigkeit, da Einigung, so daß alle Gläubigen «ein Herz und eine Seele waren».

(787) «Es war einer, ein Mann aus Armathem vom Berge Ephraim.» Es war also «ein» Mann. Sieh zu, ob nicht eben das mit zum Lob des Gerechten gehört, daß man von ihm sagen kann: «es war ein Mann». Wir, die wir noch Sünder sind, können diesen Ruhmestitel noch nicht erwerben, weil wir alle noch nicht «einer» sind, sondern viele. Es schaue mir doch einer dies Gesicht an: eines Menschen, der jetzt zornig ist, jetzt wieder traurig, kurz nachher wiederum lustig und wieder verwirrt und wieder sanft, zu einer Zeit mit den göttlichen Dingen und Taten ewigen Lebens sich befassend, ein wenig später aber Sachen treibend, die zur Habsucht oder zu weltlichem Ruhm gehören. Siehst du, wie er, der wohl für «einer» gehalten wird, nicht «einer» ist: so viele Rollen erscheinen an ihm, als Weisen des Gehabens, da ja auch nach der Schrift «der Tor sich ändert wie der Mond». So scheint zwar der Mond wegen der Unveränderlichkeit seiner Substanz einer zu sein und ist doch immer von sich selber verschieden und immer ein anderer, und darum ist er auch nicht eins, sondern viele ... Die Gerechten aber heißen nicht nur jeder für sich «Einer», sondern mit Recht auch in ihrer Gesamtheit. Und wie sollten sie nicht «Einer» heißen, wo doch über sie steht: «ein Herz und eine Seele?» Eine Weisheit betrachten sie immerdar, eines sinnen sie, eines trachten sie, einen Gott ehren sie, einen Jesus Christus bekennen sie als Herrn, von einem Geiste Gottes sind sie erfüllt.

Und mit Grund werden sie alle nicht nur eins, sondern «Einer» genannt, wie es der Apostel bedeutete, da er sagt: «Alle freilich laufen, aber einer erhält den Preis.» Da siehst du offenbar, daß alle Gerechten «Einer» sind, der den Preis erhält. Denn wahrhaft ahmt der Gerechte, der so ist, den einen Gott nach. Denn wenn durch die Propheten gesagt wird: «Höre Israel, der Herr dein Gott ist Einer», so scheint mir damit nicht bloß die Zahl Eins gemeint zu sein, da doch offenbar Gott über alle Zahl erhaben zu denken ist, sondern vielmehr: so muß er als Einer verstanden werden, daß er niemals ein anderer, als er ist, werden kann, das heißt, sich niemals verändert, nie in etwas anderes übergeht, so wie es David von ihm bekennt: «Du aber bist derselbe selbst, und deine Jahre fallen nicht dahin.» ... So wird auch der Nachahmer Gottes, der Gerechte, der «nach seinem Bilde geschaffen» ist, «Einer» genannt, wenn er zum Vollkommenen hindurchgelangt ist ... Weil also dieser wundersamen Einheit gemäß der Gerechte «Einer» genannt wird, ja mehrere Gerechte «Einer» sind, darum ermahnt der Apostel auch die gesamte Kirche mit den Worten: «Redet alle eine Rede und laßt keine Spaltungen unter euch aufkommen, seid aber vollkommen im einen Sinnen und im einen Wissen.»

(788) «Wißt ihr nicht, daß die Läufer im Stadion alle zwar laufen, aber nur einer den Preis gewinnt?» Ist es also so, daß wir alle laufen und einer den Preis gewinnt und wir andern zugrunde gehen? ... Alle Erlösten sind eins und ein Leib. Denn wir alle «sind ein Brot und haben am selben Brote teil». Und «ihr alle seid der Leib Christi». So sind alle Erlösten der Eine, der den Preis gewinnt, ... der eine Mensch, von dem der Apostel sagt: «Bis wir hingelangen zum vollkommenen Manne, zum Maße des Alters der Fülle Christi.»

(789) ‹Eins› wird in vielem Sinne ausgesagt ... Im Sinne der Zusammenstimmung, wenn es heißt: «Die Menge der Gläubigen war ein Herz und eine Seele»; im Sinne der Gleichheit aber, wenn gesagt wird: «Denn wir alle sind in einem Geiste in einen Leib hinein getauft», gemäß der Ähnlichkeit der Natur. Und wie man von uns sagt, daß wir alle *einen* Leib besitzen, sofern wir der Natur nach Adam zum Ursprung und zum Haupte unseres Geschlechtes haben, so rechnen wir Christus als unser Haupt durch

die göttliche Wiedergeburt, welche für uns die Gleichnis-Wirklichkeit seines Todes und seiner Auferstehung ist, der «als Erstgeborener der Toten erstand». Wir bekennen ihn als unser Haupt gemäß der Vorbildlichkeit seiner Auferstehung, «dessen Glieder wir sind jeder nach seinem Teile», und sein «Leib», durch den Geist «wiedergeboren zu Unverweslichkeit».

(790) Jede Vielheit von Ähnlichem ist eins, und nicht sind viele, die ähnlich sind, viele Leiber, sondern alle *ein* Leib gemäß dem, was geschrieben steht: «Ihr aber seid der Leib Christi und seine Glieder jeder nach seinem Teil.» Und unser Erlöser kam zu suchen und zu retten, was verloren war im Sinnbild der «neunundneunzig» nicht verirrten «Schafe» und des «einen verlorenen»: …«Ein Leib» sind die vielen Leiber und ein Schaf sind die vielen Schafe, die verloren waren …

(791) Christus [hat] also das ganze Menschengeschlecht, ja vielleicht sogar die Allheit der gesamten Kreatur zum Leibe, und ein jeder von uns ist «Glied, je nach seinem Teil».

(792) «Ihr aber seid alle Brüder.» Alle: das heißt die gesamte Schöpfung. Und einer und ein einziger ist Herr, Jesus Christus.

(793) Er ist das Haupt, als Geschenk von Gott dem ganzen Gebäude geschenkt, und «ein wundersames Haupt in unseren Augen», die es selbst anzuschauen vermögen.

(794) «Oder glaubst du, ich kann meinen Vater nicht bitten, und er würde mir mehr als zwölf Legionen Engel senden?» Mehr nämlich brauchen die Engel die Hilfe des eingeborenen Sohnes Gottes als er die ihre. Darum ist auch das Schriftwort: «Denn er hat seinen Engeln befohlen über dir, daß sie dich behüten auf allen deinen Wegen», nicht als vom eingeborenen Sohne Gottes gesagt zu verstehen, sondern, in der Rolle Christi, von jedem gerechten Menschen, den Christus in seinem Leibe trug, oder von Christus seiner menschlichen Natur gemäß.

(795) Wenn aber Johannes sagt: «Er ist die Sühne für unsere Sünden, nicht aber nur für unsere, sondern auch für die der ganzen Welt», so scheint uns damit eine Vertiefung des Geheimnisses gebracht; dadurch, daß er zeigt, daß Jesus die Sühne nicht nur für uns Gläubige ist, sondern auch die für die ganze Welt, nicht aber erst für «die Welt» und dann für uns, sondern zuerst für uns und dann erst für «die ganze Welt». Erwartet auch die Gesamtheit der

Kreatur die Gnade des Erlösers, so wird doch ein jeder gemäß seiner Ordnung zum Heile kommen.

(796) An die Gläubigen wurde geschrieben: «Ihr seid der Leib Christi und seine Glieder, jeder nach seinem Teil.» Wie demnach die Seele, die im Leibe wohnt, zwar in ihrer geistigen Wesenheit nicht Hunger empfindet, aber doch jede Speise des Leibes erhungert, weil sie mit ihrem Leibe zusammengespannt ist, so leidet auch der Erlöser, was immer sein Leib, die Kirche, leidet, obwohl er selbst leidensunfähig ist, was seine Göttlichkeit betrifft[1].

(797) «Siehe, du bist gut, mein Freund, und siehe, nun bist du schön, und schattig ist unser Lager ...» Das gemeinsame Lager, von dem [die Braut] hier spricht und das sie mit dem Bräutigam gemeinsam nennt, das scheint mir der Leib der Seele zu sein, in welchem noch weilend sie zum Verkehr mit dem Worte Gottes heranzutreten gewürdigt wird ... Daß sie es aber «unser Lager» nennt, und so gleichsam auf einen ihr und dem Bräutigam ihres Leibes gemeinsamen Ort hinweist, das verstehe im Hinblick auf das Gleichnis, in welchem auch Paulus sagte, unsere Leiber seien «die Glieder Christi». Durch das «unser» bedeutet er, daß es der Leib der Braut ist, durch das «Glieder Christi» aber der des Bräutigams ... Erwäge aber, ob das nicht «Lager» genannt werden kann, das ihm und der Braut gemeinsam ist, weil ja doch durch ihn die Kirche mit Christus verbunden wurde und Teilnahme am Worte Gottes empfangen konnte, demgemäß er auch «Mittler Gottes und der Menschen» heißt und der Apostel sagt: «In ihm haben wir Zugang durch den Glauben in Hoffnung auf die Glorie Gottes.»

(798) Während es denen, die «mit Gott zusammenhangen», vorbehalten sein mußte, «ein Geist» mit ihm zu sein, so werden auf die, die von Gott verbunden wurden, nach den Worten: «Sie sind also nicht mehr zwei», die folgenden Worte bezogen: «sondern ein Fleisch». Gott aber ist der, der zwei zu eins verknüpft, so daß es nicht mehr zwei sind, wenn die Frau sich einmal zum Manne fügte; und weil Gott der ist, der zusammenfügt, so ist ein Gnadengeschenk in den von Gott Verbundenen. Paulus wußte

[1] Zum Sinn von «Göttlichkeit» vgl. Text 323 und Anmerkung dazu.

das wohl, da er ... von der dem Worte Gottes gemäßen Ehe sagte, sie sei eine Gnadengabe ... Da aber der Apostel den Ausspruch: «Und zwei werden sein in einem Fleische» auf Christus und die Kirche angewendet wissen will, so ist zu sagen, daß Christus (der jenes: «was Gott verbunden, soll der Mensch nicht trennen», treu wahrte) aus keinem andern Grunde seine, sozusagen, frühere Gattin, die Synagoge verstieß, als weil dies Weib, vom Bösen verführt, Ehebruch beging und mit jenem zusammen ihrem Manne nachstellte und ihn tötete mit den Worten: «Weg von der Erde mit einem solchen Menschen, kreuzige, kreuzige ihn!» Es ist also vielmehr sie, die sich davon machte, und nicht der Mann, der sie mit dem Scheidungsbrief entlassen hätte ... Der ihn aber im Anfang schuf nach seinem Bilde, als den in der «Gestalt Gottes wesenden»[1], der schuf ihn männlich, weiblich aber die Kirche. Und er gewährte ihnen die Gnade, eins zu sein dem Bilde gemäß.

Der Herr nun, der der «Mann» ist, verließ um der Kirche willen den Vater, den er schaute, als er «in der Gestalt Gottes weste», verließ auch seine «Mutter» (da auch er Sohn des «oberen Jerusalem» war) und hing «seiner Gattin» an, die hier herabgefallen war, und hier wurden «beide *ein* Fleisch». Denn um ihretwillen wurde auch er Fleisch, da «das Wort Fleisch ward und unter uns wohnte», und «nun sind es nicht mehr zwei, sondern ein Fleisch», denn es wird ja zur Frau gesagt: «Ihr aber seid der Leib Christi und seine Glieder, jeder nach seinem Teile.» Denn es ist ja auch der Körper Christi nicht etwas abgesondert für sich Bestehendes neben der Kirche, die «sein Leib» ist und «seine Glieder, jeder nach seinem Teil», sondern Gott hat beide, die nicht mehr zwei sind, zu «einem Fleisch» zusammengefügt, verbietend, daß «der Mensch» die Kirche vom Herrn «trenne».

(799) Daraus ist folgerichtig einzusehen, daß jeder, der die Jünger Christi verrät, für einen Verräter Jesu gehalten wird. Daher [das Wort] zu Saulus, da er noch Verfolger war: « Saulus, Saulus, warum verfolgst du *mich*?»

(800) «Mit Christus zusammen hat uns Gott auferweckt und mit ihm zusammen ließ er uns im Himmel thronen.» Wenn ihr

[1] Vgl. Anmerkung zu Text 316.

glaubt, daß Christus von den Toten erstand, so glaubt auch, daß ihr selbst mit ihm erstanden seid. Und wenn ihr glaubt, daß er zur Rechten des Vaters im Himmel sitzt, so glaubt auch, daß ihr selbst nicht mehr auf Erden, sondern in den Himmeln weilt, und wenn ihr glaubt, daß ihr mit Christus mitgestorben seid, so glaubt auch, daß ihr mit ihm mitleben werdet, und wenn ihr glaubt, daß Christus der Sünde gestorben ist und Gott lebt, so sterbt auch ihr der Sünde und lebet Gott.

(801) Wäre nur ein Mensch im Schoße Mariens gewesen und nicht der Sohn Gottes, wie hätte es geschehen können, daß seit jener Zeit nicht leibliche, sondern auch vielfache Krankheiten der Seelen geheilt werden? ... Wer von uns irrte nicht und schweifte nicht ziellos, während wir jetzt wegen der Ankunft des Erlösers nicht mehr schwanken und verwirrt sind, sondern auf dem Weg sind, auf jenem nämlich, der sagt: «Ich bin der Weg»? Wir können auch alles Übrige heranziehen und sehn, daß alles über ihn Geschriebene, ... seine Geburt, sein Heranwachsen, seine Kraft und sein Leiden nicht nur zu jener Zeit, sondern auch jetzt sich wirksam in uns vollziehen.

(802) Sein Tod also wie seine Auferstehung wie seine Beschneidung: sie sind im Hinblick auf uns vollzogen worden.

(803) Beides, sowohl der Tempel wie der Körper Jesu, scheint mir in einem der möglichen Sinne ein Vor-Bild der Kirche zu sein, sofern diese «aus lebendigen Steinen erbaut» ist «zu einem geistigen Hause, einer heiligen Priesterschaft» ... Wiedererbaut wird der Tempel, und auferstehen wird der Leib am dritten Tage nach dem Tage der Bosheit, der gegen ihn droht, und nach dem der Weltvollendung. Denn es steht ein dritter Tag bevor in einem «neuen Himmel» und einer «neuen Erde», wenn «dies Gebein», nämlich «das ganze Haus Israel», am großen Herrntage auferweckt und der Tod besiegt wird, so daß die aus dem Kreuzesleiden schon vollzogene Auferstehung Christi das Geheimnis der Auferstehung des vollständigen Leibes Christi in sich einschließt. Gleichwie aber jener sinnliche Leib Jesu Christi gekreuzigt und begraben wurde und nachher auferstand, so ist der ganze Leib der Heiligen Christi mitgekreuzigt und lebt jetzt nicht mehr ...: «Zerstreut sind alle meine Gebeine.» Wenn aber die Auferstehung dieses wahrhaften und vollkommeneren Leibes Christi er-

folgen wird, dann werden die Glieder Christi, die «Gebeine» nämlich, die im Vergleich zum Kommenden verdorrt sind, zusammengefügt werden …, dann werden die vielen Glieder ein einziger Leib sein, wenn alle Glieder des Leibes, obschon sie viele sind, des einen Leibes sein werden. Die Unterscheidung aber von Fuß und Hand und Auge und Ohr und Nase, welche durch ihre Verschiedenheit das Haupt zusammensetzen und die Füße und die übrigen Glieder, die «schwächeren» und «geringeren» und die «weniger ehrenvollen» und die «ehrenvolleren», diese Unterscheidung zu bilden liegt allein bei Gott, der den Leib zusammenmischen wird, indem er auch mehr als jetzt dem Schwächeren ergiebige Ehre verleihen wird[1], damit auf keine Weise Spaltung im Leibe entstehe, sondern «die Glieder füreinander die gleiche Sorge tragen, und wenn das eine Glied sich freut, sich alle Glieder mitfreuen, wenn eines verherrlicht wird, alle mitjubeln».

(804) «Herr, mein Gott, ich rief zu dir, und du heiltest mich.» Werden diese Worte dem Erlöser zugeteilt, so sieh, ob sie auf diese Weise würdig erklärt werden: Die Gläubigen sind «der Leib Christi und Glieder, jeder nach seinem Teil, wenn aber ein Glied leidet, so leiden alle Glieder mit, und wird ein Glied verherrlicht, so werden alle Glieder» mitverherrlicht. Auf diese Weise leidet der Leib Christi und bedarf der Heilung.

(805) Es ist auch nicht ungereimt, anzunehmen, daß, wenn in diesem Leben die Weisheit den Heiligen nur «im Spiegel und im Rätsel» erscheint, dann aber «Antlitz zu Antlitz» sich aufhüllt, das Entsprechende auch für die übrigen Tugenden sich vollziehen werde, da doch alles, was in diesem Leben vorausbereitet wird, sich dann wahrhaft vollenden wird. Eine der vorzüglichsten Tugenden ist aber, dem göttlichen Worte gemäß, die Liebe zum Nächsten, welche die schon entschlafenen Heiligen, wie notwendig anzunehmen ist, in viel höherem Maße gegen die in

[1] Dahinter verbirgt sich der Gedanke, daß im Laufe der endlosen Äonen, während denen die Seelen zum himmlischen Ort aufsteigen, die ‹rückständigen› und tieferstehenden zuletzt die vollkommenen einholen, damit die ursprüngliche Gleichheit wiederhergestellt werde und alle Gerechten wie eine einzige Sonne leuchten.

diesem Leben noch Kämpfenden besitzen, als die noch in der menschlichen Schwachheit Lebenden und mit den Schwächeren zugleich Kämpfenden. Keineswegs nämlich erfüllt sich nur hier durch die brüderliche Liebe das Wort: «Wenn ein Glied leidet, so mitleiden alle Glieder, wird aber ein Glied verherrlicht, so mitfreuen sich alle Glieder», denn auch der Liebe der schon aus diesem Leben Geschiedenen ziemt es sich zu sprechen: «Sorge um alle Kirchen! Wer ist schwach, und ich werde nicht schwach? Wer nimmt Anstoß, und ich entbrenne nicht? »

(806) «Zerstört diesen Tempel, und in drei Tagen werde ich ihn aufrichten ...» Ein jeder muß durch den «Eifer» des ihm innewohnenden Sohnes Gottes zerstört werden, um von Jesus wiederaufgebaut zu werden ... «In drei Tagen.» Aufgebaut wird der Tempel am ersten und zweiten Tage nach der Zerstörung, vollendet aber wird der Aufbau, wenn die drei Tage voll sind. Darum ist die Auferstehung schon geschehen und steht doch die Auferstehung noch bevor, da wir ja «Christus mitbegraben sind und mit ihm auferstanden sind». Und weil das «wir sind auferstanden» nicht zur vollen Auferstehung genügt, wird zugefügt: «In Christus werden alle belebt werden, ein jeder aber seiner Ordnung gemäß, als Erstling Christus, dann die Christus angehören, bei seiner Wiederkunft, dann das Ende.» Denn es war schon Auferstehung, am ersten Tage in das «Paradies Gottes» einzutreten[1], Auferstehung auch, da er erscheinend sprach: «Berühre mich nicht, noch bin ich nicht zum Vater aufgefahren.» Die Vollendung der Auferstehung aber war es, da er zum Vater ging[2].

(807) Wenn also auch wir im Tode Christi «miteingepflanzt» wurden im Winter dieser Welt und dieses gegenwärtigen Lebens, so werden wir auch zum künftigen Frühling hin erfunden werden, Früchte der Gerechtigkeit aus seiner Wurzel treibend.

[1] Vgl. Text 376.

[2] Die drei Stufen der Auferstehung Christi sind das Gleichnis der drei Stufen der Auferstehung des mystischen Leibes.

EIN OPFER

CHRISTUS PRIESTER

Die Einheit des mystischen Leibes ist vor allem Einheit der Erlösung. Nicht nur das Haupt wird für das Heil der Welt geopfert, sondern der ganze Leib, wenn auch nur das Haupt das makellose Opfer ist, aus dessen Kraft alles übrige Opfern seines Leibes Möglichkeit und Wirksamkeit erhält. Die folgenden Stellen entstammen großenteils dem Levitikuskommentar, also der Erklärung des alttestamentlichen Priestertums. Man muß sich dabei stets vor Augen halten, daß die Anwendung des Priester- (oder Hohepriester-) Namens auf Christus noch für Origenes und seine Zeit (wie schon für den Hebräerbrief) durchaus den Charakter eines Vergleiches *hat, bzw. einer geistigen ‹Allegorie›.*
Im eigentlichen Sinne ist der einzige Priester des Neuen Bundes Christus (808–809). Er ist geistige Opfergabe, Priester und Altar zugleich (810–811). Blutig hat er sich für alle Menschen schlachten lassen, aber seine geistige Opfergesinnunng kommt auch dem Himmel zugute (812–813).

(808) Jeder, der unter Menschen Priester ist, ist gegenüber jenem Priester, von dem Gott sagt : «Du bist Priester auf ewig gemäß der Ordnung des Melchisedek», klein und verschwindend. Er aber ist der «große Priester», welcher «durch die Himmel dringen kann» und die gesamte Schöpfung überschreiten und emporsteigen zu dem, der «das unzugängliche Licht bewohnt», Gott, dem Vater des All.
(809) Und zwar ist der eine große Hohepriester unser Herr Jesus Christus. Er ist aber nicht der Hohepriester von Priestern, sondern der Hohepriester von Hohenpriestern, wie er nicht König des Volkes, sondern «König der Könige» genannt wird, und nicht Herr der Knechte, sondern «Herr der Herren».
(810) Wer also ist's, der «im Angesicht des Herrn opfert»? Der, denke ich, der nicht «vom Angesicht Gottes wegtrat» wie Kain und dadurch «fürchtend und zitternd» wurde. Ist also einer, der die Offenheit hat, «im Angesicht des Herrn» zu stehen und vor seinem Angesicht nicht ausweicht oder wegen des Bewußtseins seiner Sünde ihn anzuschauen vermeidet, so ist der es, der ein

Opfer «im Angesicht des Herrn darbringt ...» Etwas Höheres möchte die Rede noch wagen, wenn anders nur euer Hören mitfolgt. Welches ist das Opfer, das «für die Sünden» dargebracht wird und «das Heilige der Heiligen» ist, wenn nicht der eingeborene Sohn Gottes, mein Herr Jesus Christus? Er ist allein das Opfer «für die Sünden», und er ist das «heilige der heiligen Opfer». Wenn es aber weiter heißt: «Der Priester, der es darbringt, wird es essen», so scheint das schwer verständlich. Was nämlich gegessen werden soll, scheint sich auf die Sünde zu beziehen, wie auch anderswo der Prophet von den Priestern sagt: «Sie werden die Sünden meines Volkes essen.» ... Oft haben wir aus den heiligen Schriften bewiesen, Christus sei sowohl die Opfergabe, die für die Sünde der Welt dargebracht wird, wie der Opferpriester, der die Gabe darbringt, was der Apostel in einem Worte erklärt, da er sagt: «Der sich selbst Gott zum Opfer darbrachte.» Er also ist der Priester, der die Sünden des Volkes verzehrt, in sich aufzehrt ... Wie verzehrt er die Sünden des Volkes? Höre, was geschrieben steht: «Unser Gott ist ein verzehrendes Feuer.» Was verzehrt der Gott-Feuer? Werden wir so töricht sein zu glauben, Gott verzehre «Holz» oder «Stroh» oder «Heu»? Es verzehrt aber der Gott-Feuer menschliche Sünden, diese vernichtet er, diese verschlingt er, diese reinigt er, wie er auch anderswo sagt: «Und ich werde dich reinigen mit Feuer, bis du rein bist.» ... Während im Gegenteil die, die in Sünden bleiben, der «Tod verschlingt».

(811) So findest du, daß ... er selbst der Opferaltar und der Priester und das Opfer ist, das für das Volk dargebracht wird.

(812) Was aber ist das Opfer des Priesters «für die Sünde»? «Ein Rind», heißt es, «zum Vollbrandopfer». Ein zweitesmal finden wir, daß «ein Rind zum Vollbrandopfer» vom Priester [doppelt] dargebracht wird: einmal für das Amt, einmal für die «Sünde». Das im Amt dargebrachte wird auf dem Rauchopferaltar verzehrt, das für die «Sünde» aber «außerhalb des Lagers» ... Sieh zu, ob nicht Jesus, von dem Paulus sagt, er habe «durch sein Blut versöhnt, nicht nur was auf Erden, sondern auch was im Himmel ist», etwa dieses «Rind» sei, das im Himmel zwar nicht «für die Sünde», sondern «für das Amt» dargebracht wurde, auf Erden aber, wo die Sünde von «Adam bis auf Moses herrschte», «für die

Sünde» dargebracht wurde. Und eben dies heißt, «außer dem Lager» leiden: außerhalb des himmlischen «Lagers» der Engel Gottes, das Jakob sah, ... und bei dessen Anblick Jakob sagte: «Das sind die Lager Gottes!» Außerhalb des himmlischen Lagers also ist jeder der irdischen Orte, die wir bewohnen, wo im Fleische Christus litt.

(813) Aber auch das ist vielleicht nicht ohne Grund, daß es oben hieß: «Er bringe [das Rind] an den Eingang des Bundes-Zeltes», später aber bei der Wiederholung: «an den Altar, der am Eingang des Bundeszeltes ist». Als hätte es nicht genügt, in der gleichen Schilderung den Ort gleich zu bezeichnen. Außer es sollte vielleicht verstanden werden, daß das Blut Christi nicht nur in Jerusalem vergossen werde, wo der Altar stand und seine Stufen und das Bundeszelt, sondern daß dieses selbe Blut auch den obern Altar, der im Himmel steht, wo «die Kirche der Erstgeborenen» ist, besprenge, wie der Apostel sagt: «Er versöhnte durch das Blut seines Kreuzes sowohl was auf Erden ist als was im Himmel.» Mit Grund also erwähnt er das zweitemal den «Altar, der am Eingang des Bundeszeltes ist», weil nicht für die Irdischen allein, sondern auch für die Himmlischen das Opfer Jesus dargebracht wurde; und zwar hat er hier für die Menschen die körperliche Materie seines Blutes vergossen, im Himmel aber – durch den Dienst von Priestern, wenn auch dort welche sind – brachte er die Lebens-Kraft seines Leibes dar als ein gleichsam geistiges Opfer. Du möchtest wissen, [wie] in Christus ein doppeltes Opfer war, ein dem Irdischen angepaßtes und ein für den Himmel geeignetes? Der Apostel schreibt an die Hebräer: «durch den Vorhang, das heißt durch sein Fleisch». Dann aber wird weiterhin ein «innerer Vorhang» vom Himmel gedeutet, in den Christus «eindrang, und er steht nun vor dem Angesicht Gottes für uns, immerdar Fürbitte einlegend für uns». Wenn es also zwei Vorhänge gibt, durch die Jesus gleichsam als Hoherpriester hindurchschritt, so muß man folgerichtig auch ein doppeltes Opfer annehmen, durch das er sowohl die Irdischen wie die Himmlischen rettete.

Das königliche Priestertum

Wenn in dem, was das Priestertum betrifft, Haupt und Leib Ein Christus sind, so fällt das Priestertum des Leibes radikal allen Gliedern zu. Alle sind sacerdotes, *aber nur einige sind* presbyteri, *durch eine besondere Weihe dazu bestimmt, das* typische *Opfer für die Gemeinde darzubringen.*

Jedes Glied der Kirche hat als Priester sein Lobopfer zu verrichten, so daß Christus es vor den Vater tragen kann (814–815). Aber es gibt in der Kirche, abgesehen von der äußern, auch eine innere Priester-Hierarchie, welche nach dem äußern Vorbild des mosaischen Priestertums Stufen innerer Priestergesinnung kennt (816). Das Opfer des Christen ist sein eigenes Leben (817), sein Herz (818), auf dem immer das Opferfeuer brennen soll (819), seine ganze Existenz (820–821). Wer aber ‹Presbyter› ist, hat darum nicht auch schon die innere Priestergesinnung (822). Abrahams herrliches Vorbild in der Opferung seines Sohnes (823). Das entscheidende Opfer aber ist das Opfer seiner selbst (824), das ‹Verlieren› seiner Seele (825).

(814) Du hast von den zwei Gebäuden gehört: das eine gleichsam sichtbar und zugänglich den Priestern, das andere gleichsam unsichtbar und unzugänglich; außer dem einzigen Hohenpriester bleiben die andern draußen. Unter dem ersten Gebäude kann man, wie mir scheint, diese Kirche verstehen, in der wir jetzt im Fleische leben, in welcher Priester «am Rauchopferaltar» den Dienst versehen, wo jenes Feuer entzündet ist, von dem Jesus sagte: «Feuer kam ich auf die Erde zu senden, und was will ich anderes, als daß es entzündet werde?» Und du sollst dich nicht wundern, daß dieses Gebäude nur für Priester offen steht. Alle nämlich, welche mit der Salbung des heiligen Salböls [bei der Taufe] gesalbt wurden, sind Priester geworden, wie ja auch Petrus zur ganzen Kirche sagt: «Ihr aber seid ein auserwähltes Geschlecht, ein königliches Priestertum, ein heiliges Volk.» Ihr seid also ein Geschlecht von Priestern und darum seid ihr zum Heiligen herangetreten. Aber auch ein jeder von uns hat in sich selber sein Brandopfer und entzündet selbst den Altar seines Brandopfers, auf daß er immerdar brenne. Wenn ich «allem entsage», was ich besitze, und «mein Kreuz auf mich nehme und Jesus nachfolge», so

habe ich ein Brandopfer dargebracht am Altar Gottes, oder «wenn ich meinen Leib dahingebe zum Verbrennen» und «die Liebe habe» und die Glorie des Martyriums erlange, so habe ich mich selbst als ein Brandopfer am Altare Gottes dargebracht. Wenn ich meine Brüder liebe, so daß «ich meine Seele dahingebe für meine Brüder», wenn ich «für die Gerechtigkeit, für die Wahrheit bis zum Tode kämpfe», so habe ich ein Brandopfer dargebracht am Altare Gottes. Wenn ich «meine Glieder abtöte» von aller Begierlichkeit des Fleisches, wenn «mir die Welt gekreuzigt ist und ich der Welt», so habe ich ein Brandopfer dargebracht am Altare Gottes und bin zum Priester meiner eigenen Opfergabe geworden. Auf diese Weise also wird das Priesteramt im ersten Gebäude ausgeführt, werden die Opfer dargebracht, und von diesem Gebäude aus schreitet der Hohepriester weiter, mit geheiligten Gewändern angetan, und geht ein in das Innere des Vorhangs, wie wir schon oben die Worte Pauli anführten: «Nicht in ein von Händen gebautes Heiligtum, sondern in den Himmel selbst drang Jesus ein und erscheint vor dem Angesicht Gottes für uns.» Der Himmel und der Sitz Gottes wird also durch das Gleichnis und das Bild des inneren Gebäudes bedeutet. Aber betrachte die wundersame Anordnung der Geheimnisse: Der Hohepriester trägt, wenn er in das Allerheiligste eintritt, das Feuer von diesem Altar und nimmt den Weihrauch aus diesem Gebäude mit. Aber auch die Kleider, mit denen er angetan ist, empfängt er von diesem Ort. Glaubst du, wird sich mein Herr, der wahre Hohepriester, wohl würdigen, auch von mir einen Teil «zerstoßenen Räucherwerks» aufzunehmen, das er mit sich zum Vater trage? Glaubst du, er findet auch in mir einen kleinen Funken und mein Rauchopfer entzündet, daß er sich würdige, daraus «seine Pfanne mit Kohlen zu füllen» und auf ihnen Gott dem Vater einen «Duft der Süßigkeit» darzubringen? Selig der, dessen Gluten er so lebendig und so feurig in seinem Rauchopfer vorfindet, daß er sie für geeignet erachtet, «auf den Rauchopferaltar gelegt zu werden». Selig der, in dessen Herzen er ein so zartes, auf das Geringste achtendes, so geistiges Sinnen findet, daß er daraus seine Hände zu füllen sich würdige und Gott dem Vater den «süßen Duft» seiner Einsichtigkeit darbringe. Unselig dagegen die Seele, deren Feuer des Glaubens erlischt und deren Glut der Liebe erkaltet, in der unser himmlischer Hohepriester, wenn er kommt und bei ihr glühende und feurige Kohlen sucht, um darauf dem Vater ein Weihrauchopfer darzubringen, nur unfruchtbare Schlacke und kalte Asche findet. Solche Seelen sind alle die, welche sich dem WORTE Gottes entziehen und sich in eine Ferne von ihm bringen, damit sie nicht, die göttlichen Reden hörend, zum Glauben entzündet, zur Liebe entbrannt, zur Barmherzigkeit angefeuert würden. Soll ich dir zeigen, wie aus den Worten des Heiligen Geistes Feuer ausgeht und die Herzen der Gläubigen entzündet? Höre wie David im Psalme sagt: «Der Ausspruch des Herrn befeuerte ihn.» Und wiederum steht im Evangelium, da der Herr mit Kleophas gesprochen hatte: «Brannte nicht unser Herz in uns, da er uns die Schriften eröffnete?» Wie also wolltest du brennen, wie sollten sich in dir «Feuerkohlen» finden, wenn du dich nie vom WORTE des Herrn entzünden lässest, niemals von den Worten des Heiligen Geistes in Flammen gesetzt wirst?

(815) Die unvernünftigen Tiere werden «mit ihrem Fette» dargebracht und völlig vom Feuer verzehrt, die vernünftigen Wesen aber erst, nachdem sie völlig verzehrt sind, fett; nach der Reinigung des Feuers nämlich ist für die Einschau würdig vorbereitet, was ganz durch das Feuer geheiligt ist.

(816) Es gibt solche, die aus den Stämmen [Israels] «Zehnten» und «Erstlinge» Gott darbringen durch die Leviten und Priester, sie erhalten aber selbst überhaupt keine Zehnten und Erstlinge. Die Leviten aber und Priester, die von allem die «Zehnten» und «Erstlinge» für sich erhalten, opfern Gott die «Zehnten» und, wie ich denke, auch die «Erstlinge» durch den Hohenpriester. Aus uns aber, die wir zur Schule Christi herantreten, sind die meisten fast immer mit den Dingen dieses Lebens beschäftigt und bringen nur wenig Taten vor Gott empor ... Die hingegen dem göttlichen Worte obliegen und im Dienste Gottes allein und rechtmäßig stehen, können Leviten und Priester genannt werden. ... Vielleicht aber werden die, die sich vor allem auszeichnen und gleichsam die ersten ihres Geschlechtes sind, Hohepriester sein (nach der Ordnung des Aaron, nicht «nach der Ordnung des Melchisedek»).

(817) Oder wißt ihr nicht, daß auch euch, das heißt, daß der ganzen Kirche Gottes und dem Volke der Gläubigen das Priestertum

gegeben ist? Höre, wie Petrus von den Gläubigen sagt: «Ein auserwähltes Geschlecht, ein königliches, ein priesterliches, ein heiliger Stamm, ein Volk der Erwählung.» Du hast also ein Priestertum, da du «ein priesterliches Geschlecht» bist, und du mußt darum «Gott ein Lobopfer darbringen», ein Opfer von Gebet, ein Opfer von Barmherzigkeit, ein Opfer von Schamhaftigkeit, ein Opfer von Gerechtigkeit, ein Opfer von Heiligkeit.

(818) Der Altar also … ist des Menschen Herz, das als das Vornehmste im Menschen gilt; Gelübde und Gaben, die auf den Altar gelegt werden, sind all das, was aufs Herz gelegt wird. Du nimmst dir zum Beispiel vor zu beten: du legtest das Gelübde des Gebets auf dein Herz, gleichsam wie auf einen Altar … Es macht also das Herz eines Menschen sein Gelübde zu etwas Ehrwürdigem und Heiligem, von ihm aus wird es Gott dargebracht. Es kann daher kein würdigeres Gelübde geben als das Herz des Menschen selbst, welches das Gelobte weitergibt … Denn das Herz dessen, der «reinen Herzens ist», ist ein Altar, der sein Gelübde heiligt.

(819) Höre: «Es soll immer Feuer auf dem Altare sein.» Auch du, wenn du ein Priester Gottes sein willst – so wie geschrieben steht: «Ihr werdet alle Priester des Herrn sein» –, denn auch zu dir ist gesagt: «ein auserwähltes, ein königliches Priestertum, ein Volk der Erwählung» – wenn du also das Priestertum deiner Seele verwalten willst, so weiche nie das Feuer von deinem Altare.

(820) Als ich einmal beim Apostel las, daß er sagt: «Betet ohne Unterlaß», frug ich mich, ob es möglich sei, dieses Gesetz zu erfüllen. Denn wer kann niemals aufhören zu beten, so daß er nicht einmal Zeit hat, Nahrung oder Trank zu sich zu nehmen? Vielmehr scheint das Gebet unterlassen werden zu müssen, damit das geschehen kann … Sehen wir also zu, ob nicht alle Taten dessen, der im Dienste Gottes steht, und alle Handlungen oder Worte, die er Gott gemäß tut oder redet, auf das Gebet beziehbar sind … Ich glaube, wir bekommen diese Lehre auch von den Psalmen, wo es heißt: «Die Erhebung meiner Hände ist ein Abend-Opfer.» Ich glaube nämlich nicht, daß, wenn einer seine Hände zum Himmel erhebt oder ausstreckt, wie es die Haltung des Betenden zu sein pflegt, er eben dadurch schon Gott ein Opfer dargebracht hat. Sehen wir aber zu, ob das Wort Gottes an

dieser Stelle unter den «Händen» nicht Taten verstanden haben will: Es hebt seine Hände empor, wer seine Werke von der Erde emporhebt, und während er noch auf Erden wandert, ist «sein Wandel» schon «im Himmel».

(821) Jenes Wort: «Betet ohne Unterlaß» … können wir so verstehen, daß wir sagen, das ganze Leben eines heiligen Menschen sei ein einziges großes fortwährendes Gebet, von dem das, was man gewöhnlich Gebet nennt, auch ein Teil ist.

(822) Es muß aber auf den Unterschied der niedrigen Priesterämter von den höheren Priesterämtern geachtet werden. Jenen wird weder ein doppeltes Gewand gereicht, noch auch ein «Schulterkleid», noch das «Brustschild der Weisheit», noch der «Kopfschmuck», sondern nur «Diademe» und «Gürtel», die das Kleid halten. Auch sie also bekommen die Gnade des Priestertums und verwalten ihr Amt, aber nicht so wie der, welcher mit dem «Schulterkleid», dem «Brustschild der Weisheit» geschmückt ist, der von [den heiligen Losen] «Offenbarung und Wahrheit» widerstrahlt und mit dem Prunk des «goldenen Stirnblattes» geziert ist. Ich halte es darum für etwas Verschiedenes bei den Priestern, ob sie [nur] ihr Amt verwalten oder ob sie in jeglichem gebildet und geschmückt seien. Ein jeder kann in feierlichem Dienst vor dem Volke amten, wenige aber sind mit Sitten geschmückt, mit Wissen belehrt, in Weisheit geschult, wirklich geeignet, die Wahrheit der Dinge darzulegen … Einer ist demnach der Name des Priestertums, nicht eine aber die Würde, [sondern je nach] Verdienst des Lebens oder nach den Tugenden der Seele [verschieden].

(823) «Es versuchte Gott Abraham … und sprach zu ihm: Nimm deinen vielgeliebten Sohn, den du liebst, Isaak.» Denn es genügte nicht, zu sagen: «deinen Sohn», sondern es wird hinzugefügt: «deinen vielgeliebten». Gut, – aber was wird dann noch beigesetzt: «den du liebst»? Blicke aber auf das Gewicht der Versuchung! Mit lieben und süßen Namen, immer wiederholten, wird die Vaterliebe aufgeweckt, damit unter dem wachsamen Gedenken der Liebe die väterliche Rechte beim Opfer des Sohnes zögere und gegen den Glauben des Geistes das ganze Streitheer des Fleisches ankämpfe … Was war es aber nötig, auch noch «Isaak» zu setzen? Wußte der Vater vielleicht nicht, daß sein «viel-

geliebter Sohn, den er liebte, Isaak» hieß? Warum wird das eben jetzt hinzugefügt? Damit Abraham sich erinnere, daß du zu ihm gesagt hast: «In Isaak wird ein Same erweckt werden und in Isaak dir Verheißungen sein.» Es wird auch der Name erwähnt, damit die Verzweiflung selbst die Verheißungen, die unter diesem Namen gemacht wurden, anfasse. Dies alles aber, weil Gott Abraham versuchte. Was nachher? «Geh», sagt er, «in ein hohes Land, auf einen der Berge, den ich dir zeigen werde, und dort bringe ihn als Opfer dar.» Seht im einzelnen, wie sich die Versuchung steigert ... Hätte nicht Abraham zuerst mit seinem Knaben in jenes «erhöhte Land» geführt werden ... und dort zu ihm gesagt werden können, daß er seinen Sohn opfere? Es wird ihm aber zuerst gesagt, er solle seinen Sohn opfern, erst nachher wird er geheißen, in ein «hohes Land» zu gehen und auf «einen Berg» zu steigen. Wozu das? Damit, während er wandelt, während er des Weges zieht, er den ganzen Weg lang von Gedanken zerrissen werde, er von einer Seite durch das so überaus dringende Gebot, von der andern durch den Widerstreit der Liebe zu seinem Einzigen gefoltert werde. Darum wird also auch eine Wanderung auferlegt, eine Bergersteigung, auf daß in alldem die Leidenschaften und der Glaube Raum gewännen, die Gottesliebe und die Fleischesliebe, der Reiz des Gegenwärtigen und die Erwartung des Künftigen. Er wird in ein «hohes Land» entsandt, und für das Werk, das der Patriarch vollbringen sollte, genügte nicht einmal ein «hohes Land», sondern er soll sogar einen «Berg» besteigen, damit er nämlich, vom Glauben emporgehoben, das Irdische hinter sich lasse und zu Höherem aufsteige. «Abraham stand des Morgens auf ...» Er verhandelt nicht, er nimmt nicht zurück, er holt sich auch von keinem Menschen Rat, sondern macht sich sogleich auf den Weg. «Und er gelangte ... zu dem Orte, den ihm der Herr bezeichnet hatte, am dritten Tage.» (... Denn auch das Volk opferte beim Auszug aus Ägypten am dritten Tage und wurde am dritten Tage gereinigt, und der Tag der Auferstehung ist der dritte ...) Es gab also keinen Berg in der Nähe, während das Ganze sich auf Bergen vollziehen sollte, drei Tage lang wird die Wanderung hinausgezogen und drei lange Tage das Herz des Vaters in immer neuer Sorge gequält, da der Vater während so langer Zeit seinen Sohn anschauen mußte, mit ihm Speise nehmen, in so langen Nächten der Knabe in den Umarmungen des Vaters lag, an seiner Brust hing, in seinem Busen wohnte. Schau, wie hoch sich die Versuchung aufhäuft. «Abraham nahm die Hölzer für das Brandopfer und legte sie Isaak seinem Sohn auf und nahm das Feuer in seine Hände und das Schwert, und so zogen sie zusammen fort.» Da Isaak die «Hölzer zum Brandopfer» selbst trägt, das ist Vor-Bild dafür, daß auch Christus «selbst sein Kreuz trug»; und doch wäre es Sache des Priesters, das Holz für das Opfer zu tragen. Er ist also selber Opfer und Priester …

Viele unter euch hier in der Kirche, die ihr das hört, seid Väter. Hat wohl einer aus euch aus der Erzählung dieser Geschichte so viel Festigkeit, so viel Kraft der Seele erworben, daß er sich an Abraham ein Beispiel nimmt, wenn vielleicht ein Sohn des gemeinen und von allen geschuldeten Todes stirbt, selbst wenn es der einzige ist, selbst wenn er «geliebt» ist? … Und doch wird solche Größe der Seele nicht von dir verlangt, daß du selbst deinen Sohn bindest, selbst ihn anfassest, selbst das Schwert zückest, selbst ihm den Todesstreich versetzest! All diese Dienste werden von dir nicht verlangt. Sei wenigstens festen Geistes im Vorsatz, im Glauben gegründet, biete froh deinen Sohn Gott zum Opfer dar! Sei der Priester der Seele deines Sohnes! Es ziemt sich aber nicht für einen Priester, der Gott opfert, zu weinen. Willst du sehen, daß das von dir verlangt wird? Im Evangelium sagt der Herr: «Wäret ihr Söhne Abrahams, so würdet ihr doch die Werke Abrahams tun.» Siehe, das ist das «Werk Abrahams». Tut «die Werke, die Abraham vollbrachte», aber nicht mit Traurigkeit, «einen frohen Geber liebt Gott». Und seid auch ihr so schnell, wenn ihr Gott gehorcht, so wird auch zu euch gesagt werden: «Steige auf in ein hohes Land und auf einen Berg, den ich dir weisen werde, und dort opfere mir deinen Sohn …»

Wir aber wollen das nun vergleichen mit dem, was der Apostel von Gott sagt: «Der seines eigenen Sohnes nicht schonte, sondern für uns alle ihn dahingab.» Siehe, wie Gott in herrlicher Großmut mit den Menschen wetteifert: Abraham brachte seinen sterblichen Sohn, der nicht sterben sollte, Gott dar; Gott gab seinen unsterblichen Sohn für die Menschen in den Tod. Was werden wir dazu sagen? «Was sollen wir dem Herrn vergelten für alles, was er uns vergalt?» ... So scheinen wir also zugunsten des Herrn Handel treiben zu müssen, dann aber fallen uns die Gewinne des Handels zu; wir scheinen dem Herrn Opfer darzubringen, aber uns wird, was wir opfern, zurückerstattet. Denn Gott bedarf nichts, sondern will, daß wir reich seien, auf unser Fortschreiten allein ist er in allem einzelnen bedacht.

(824) Einen Sohn zu opfern oder eine Tochter oder Vieh oder Land, all das liegt außerhalb unser; sich selbst Gott zu opfern und nicht mit fremder Arbeit, sondern mit der eigenen ihm zu gefallen, das ist vollkommener und höher als alle Gelübde. Wer so handelt, ist Nachahmer Christi. [Gott] nämlich gab dem Menschen «die Erde, das Meer und alles, was in ihnen ist», zum Dienst gab er selbst den Himmel, gewährte auch Sonne, Mond und Sterne zur Gefolgschaft der Menschen, schenkte Regen, Winde und alles, was immer in der Welt ist, den Menschen. Aber nach alldem gab er sich selber: «So sehr nämlich liebte Gott die Welt, daß er seinen eingeborenen Sohn dahingab für das Leben dieser Welt.» Was tut also der Mensch Großes, wenn er sich selbst Gott zum Opfer anbietet, ihm, der sich als erster angeboten hat? Wenn du also «dein Kreuz auf dich nimmst» und Christus «nachfolgst», wenn du sagst: «Ich lebe, nicht mehr ich, sondern Christus lebt in mir», wenn unsere Seele ersehnt und erdürstet, «heimzukehren und mit Christus zu sein», ... dann hat einer sich selbst, das heißt seine Seele, Gott zum Opfer dargeboten.

(825) «Wer seine Seele heil haben will, wird sie verlieren.» Doppeldeutig ist, was da an erster Stelle gesagt ist: Es kann nämlich einesteils heißen: Wenn einer das Leben liebt und das gegenwärtige Leben für etwas Gutes ansieht und so mit Eifer seine Seele bewahrt, damit sie im Fleische lebe, indem er den Tod fürchtet, als ob er sie durch den Tod verlöre, so verliert er eben dadurch, daß er sich müht, seine Seele zu wahren, diese Seele, weil er sie außerhalb der Grenzen der Seligkeit versetzt ... Wir können das Gesagte aber auch auf andere Weise verstehen: Wenn einer sich vor seiner Seele Rechenschaft ablegt, was das Heil ist, und seiner Seele das Heil zu erringen wünscht, der «verliere seine Seele» für diese Welt, indem er diesem Leben entsagt, es abschlägt, «sein Kreuz auf sich nimmt und mir nachfolgt» ... Es braucht einen gewissen guten Untergang der Seele um Christi willen, als Vor-

spiel einer seligen Rettung ... Ein jeder also muß seine Seele verlieren, damit er, wenn er die sündige verlor, sie wiederempfange als eine zum rechten Handeln geheilte.

MITERLÖSUNG

Aus dem allgemeinen Priestertum aller Christen ergibt sich die aktive Miterlösung der Glieder mit Christus. Origenes spart sie zunächst für auserwähltere Seelen auf, welche zu ihren eigenen Leiden auch noch stellvertretende für andere erhalten (826–827). Aber schließlich sind alle Christen zu ihren leidenden Brüdern gesandt (828–829). Sie müssen darum folgerichtig auch an den Leiden der Apostel und Propheten teilhaben (830). Jeder Christ muß Christo im Opfer gleichgestaltet werden (830–835), mit der Gnade Christi (836). Jeder Fortschritt im Christenleben ist eine Mehrung der Leiden und Verfolgungen (837–840), und die Schau Gottes fällt schließlich mit dem Tode überein (841). Ersehnung des geistlichen Todes (842). Das heroische Opfer Pauli (843). Christi ‹größere› Taten in seinen schwachen Gliedern (844). Das Alltagshafte des christlichen Martyriums (845–846).

(826) Aber kehren wir zurück zu unserem Hohenpriester, «dem Hohenpriester, der durch die Himmel drang, Jesus Christus», unserm Herrn, und sehen wir, wie er selbst, zusammen mit «seinen Söhnen», seinen Aposteln nämlich und Martyrern, «die Sünden der Heiligen» hinwegnimmt. Zunächst weiß jeder, der an Christus glaubt, daß er ... durch seinen Tod unsere Sünden vernichtete. Versuchen wir aber aus den göttlichen Schriften zu beweisen, wie auch «seine Söhne», die Apostel und Martyrer, die «Sünden der Heiligen» hinwegnehmen. Höre zuerst Pauli Wort: «Gerne nämlich will ich Opfer bringen und selbst zum Opfer gebracht werden für eure Seelen», und anderswo: «Denn schon werde ich dahingeopfert, und die Zeit meiner Auflösung steht bevor.» Der Apostel sagt also, er werde «zum Opfer gebracht» und «dahingeopfert» für die, denen er schreibt. Ein Opfer aber wird zu dem Zweck dargebracht, daß es die Sünden derer, für die es geschlachtet wird, tilge. Von den Martyrern aber schreibt der Apostel Johannes in der Geheimen Offenbarung: «Die See-

len derer, die für den Namen Jesu geschlachtet wurden, stehen vor dem Altare.» Wer aber «vor dem Altare» steht, zeigt dadurch, daß er priesterliche Amtshandlungen verrichtet, das Amt des Priesters aber ist es, für die Sünden des Volkes Fürbitte einzulegen.

(827) Es gibt im Volke Gottes solche, die, wie der Apostel sagt, «für Gott kämpfen»; es sind zweifellos die, die sich nicht in weltliche Geschäfte verstricken. Diese sind's, die zum Kriege ausziehn und gegen die feindlichen Völker und die «geistigen Mächte des Bösen», für das übrige Volk und die Schwächeren kämpfen ... Sie kämpfen aber durch Gebete und Fasten, Gerechtigkeit und Frömmigkeit, Sanftmut und Keuschheit, alle Tugenden der Enthaltsamkeit, als mit ebenso vielen Kriegswaffen, die sie schützen, und wenn sie zum Lager zurückkehren, so genießen auch die Schwächeren die Früchte ihrer Mühen.

(828) «Gut ist es für uns, hier zu weilen.» Da Petrus ein der Beschauung gewidmetes Leben liebte und dessen Tröstliches einem lästigen Leben unter der Menge vorzog, wo er Hilfe und Nutzen den Gutwilligen bringen konnte, [sprach er]: «Gut ist es für uns, hier zu weilen.» Weil aber die Liebe nicht «sucht, was ihrer ist», gab Jesus diesem scheinbaren Gut des Petrus nicht den Vorzug, darum stieg er vom Berge herab zu denen, die den Berg nicht hatten besteigen können und seine Verklärung nicht schauen, damit sie ihn doch so sähen, wie sie ihn zu sehen fähig waren. Es gehört also zum Gerechten, welcher die Liebe hat, die «nicht das Ihre sucht», «von allem zwar frei zu sein, aber sich zum Knecht aller Geringeren zu machen, um recht viele von ihnen zu gewinnen».

(829) Wer ist der, der «kein Gewand hat»? Der, welcher Gott gar nicht besitzt. Wir müssen also uns selbst ausziehen und dem geben, der nackt ist.

(830) Wir sagen wohl oft im Gebet: Gott, Allmächtiger, gib uns Teil mit den Propheten, gib uns Teil an den Aposteln deines Christs, damit wir in der Nachfolge Christi selber erfunden werden mögen. Indem wir so sprechen, merken wir aber nicht, worum wir bitten. Eingehüllterweise nämlich reden wir so: Gib uns das zu leiden, was die Propheten litten, gib uns, so gehaßt zu werden, wie die Propheten gehaßt wurden, leg uns solche Worte

in den Mund, um derentwillen wir gehaßt werden mögen, gib uns, in solche Unglückslagen zu fallen, wie die Apostel. Zu sagen: Gib mir Teil an den Propheten, und die Leiden der Propheten nicht erdulden und auch nicht erdulden wollen, ist Unrecht! Zu sagen: Gib mir Teil mit den Aposteln, und nicht aufrichtig aus der Gesinnung Pauli sagen: «In Mühen überreichlich, in Plagen mehr als genug, in Gefangenschaften überreichlich, in Todesgefahren gar oft» und das übrige – das ist von allem das Ungerechteste! ... Die Apostel aber, die bewunderungswürdigen, die auf unzählige Arten um der Wahrheit willen mißhandelt wurden, sprechen so: «Ich freue mich in den Schwachheiten, in den Mißhandlungen, in den Bedrängnissen, in den Verfolgungen und Mühsalen, die ich für Christus leide.» Nur darauf müssen wir in Bedrängnis sehn, daß wir um nichts anderes als um Christi willen mißhandelt werden, ... daß die Ursache der Leiden Christus sei.

(831) «Sie bekämpfen mich ohne Grund.» Der Gerechte, den man bekämpft – nicht auf jede Art, sondern «ohne Grund», den man «ohne Grund haßt» –, der hat Teil an Christus. Es ist ein Geschenk Gottes, bekämpft und gehaßt zu werden um Jesu Christi willen.

(832) Und darum müssen wir, die wir dies lesen oder hören, uns beider Dinge befleißen: keusch zu sein im Leibe und recht im Geiste ... auf daß wir würdig befunden werden, dem Opfer Christi in Ähnlichkeit gleichgestaltet zu werden.

(833) In ihn hinein wird nämlich jegliche Opfergabe zusammengefaßt und wiederholt.

(834) Darum soll jede unserer Reden und jeglicher Gedanke, jedes Wort und jede Tat, was uns betrifft, unsere Selbstverleugnung atmen, für Christus aber und in Christus Zeugnis ablegen; denn ich bin überzeugt, daß jede Tat des Vollkommenen ein Zeugnis Jesu Christi ist und jede Enthaltung von Sünde eine Verleugnung seiner selbst, die in die Fußstapfen Jesu führt. Ein solcher ist Christus mitgekreuzigt und, «sein Kreuz auf sich nehmend, folgt er dem nach», der sein Kreuz für uns trägt, gemäß dem Worte bei Johannes: «Sie nahmen es also und legten es ihm auf.»

(835) «Sie nötigten» [den Simon], daß er das Kreuz auf sich nehme. Nicht dem Erlöser allein geziemte es, sein Kreuz auf sich zu

nehmen, sondern auch uns ziemt sich, es zu tragen, indem wir uns einer heilsamen Nötigung unterziehen.

(836) «Den Kelch des Heils will ich empfangen.» Gleich als ob ich auf die Frage: «Kannst du den Kelch trinken, den ich trinken werde?», antwortete und sagte: «Ich kann es, Herr.» So also will ich sprechen: Den Kelch deines Leidens will ich gerne empfangen, daß ich aber die Gnade deines Kelches, das heißt deines Leidens, bis zum Ende bewahre, das kann ich nicht aus eigenen Kräften tun, sondern: «Ich will den Namen des Herrn anrufen.»

(836a) Wenn also ein Christ verurteilt wird, nicht um einer anderen Sache willen, nicht um seiner Verbrechen willen, sondern weil er Christ ist, so ist Christus der Verurteilte. Auf der ganzen Welt also wird Jesus Christus verurteilt.

(837) Sobald wir der vollkommenen Güter teilhaftig werden, haben wir stärkere und zahlreichere Widersacher, wie der Apostel sagt: «Eine weite Tür ist mir aufgegangen und viele Widersacher.»

(838) Sooft du also bedrängt wirst, sooft wird dir geistliche Speise gereicht.

(839) Sobald einer fortzuschreiten beginnt und mit aufgehülltem Auge des Geistes den inneren Menschen zum Schauen Gottes zu schärfen und aufzurufen beginnt, wird er nicht mehr nur mit den Verleumdungen des Feindes, sondern von «Überverwünschungen», das heißt, von heftigern Verleumdungspfeilen angefallen.

(840) Und je weiter er zu einer offenbareren Schau des Wortes voranschreitet, um so mehr wird er, gerade weil Christus in ihm vollkommener erfunden wird, von allen, die Christen hassen, gehaßt werden, und nicht so sehr nur von allen Heiden dem Fleische nach, als von den Heiden der «geistigen Mächte des Bösen». Denn eben die eingepflanzte Offenbarung der Eigenschaften Christi in ihm, um derentwillen er ja auch Christ heißt, läßt ihn von allen denen gehaßt werden, welche den Geist der Welt haben.

(841) «Es bedeckte sie die Wolke des Bundeszeltes, und die Gemeinde stürzte sich auf Moses und Aaron, und es erschien die Glorie des Herrn.» Wenngleich Moses und Aaron groß waren an Verdiensten im Leben, wenngleich sie mit einer Fülle von seeli-

schen Tugenden begabt waren, erscheinen konnte ihnen die Glorie Gottes doch nicht anders als in Verfolgungen, in Bedrängnissen, in Gefahren, und da sie schon beinahe im Tode schwebten. Du also glaube nicht, daß dir in Schlaf und Muße die Glorie Gottes erscheine.

(842) Und von «Nahaliel» aus kommen wir nach «Bamoth», welche übersetzt wird: «Ankunft des Todes». Welches Todes Ankunft sollen wir verstehen, wenn nicht dessen, durch den wir «Christo mitsterben, um ihm mitzuleben», und durch den wir «unsere Glieder, die auf Erden sind, abtöten müssen», da wir ja wiederum «ihm mitbegraben sind durch die Taufe in den Tod»? Wenn also einer die Reihenfolge dieses heilsamen Weges einhält, ... so muß er nach langer Wanderung auch zu diesem Orte kommen, von dem wir sagten, er bedeute: «Ankunft des Todes». Wie wir aber aus den Schriften lernen, gibt es einen gewissen Tod, der Feind Christi ist, und einen gewissen, der Freund ist. Es ist also hier nicht die Rede vom Feinde Christi, von dem es heißt: «Als letzter Feind wird zerstört werden der Tod», welcher der Teufel ist, sondern von dem Tode, durch den «wir ihm mitsterben, um ihm mitzuleben», und den Gott meint, wenn er sagt: «Ich töte und mache lebendig.» Es ist uns ... also zu wünschen, daß wir nach «Bamoth» kommen und mit großer Bereitschaft der Ankunft dieses seligen Todes entgegenziehen.

(843) «Ich will nicht, daß ihr in Unkenntnis über das Geheimnis seid, Brüder, daß Blindheit einen Teil Israels bedeckte, bis die Fülle der Heiden unteneingegangen war, und so ganz Israel gerettet werde.» Du siehst also, daß Paulus erhört wurde und, weil er sich selbst «für die Verdammnis» anbot, seinen Brüdern das Heil verdiente. Und dazu scheint mir alles frühere vorausgeschickt, daß er nämlich durch «keine Macht von der Liebe Christi getrennt» werden könne, damit du nachher, wenn er sich für seine Brüder «zur Verdammnis» anbietet, nicht seinen Abfall für möglich haltest. Vielmehr: wie jener, der vom Vater unzertrennlich ist und als Unsterblicher in den Tod kam, in die Hölle abstieg, so wird auch dieser, dem Meister nachfolgend, während er «von der Liebe Christi nicht getrennt» werden konnte, für seine Brüder «von Christus verdammt», in Hingabe offenbar, nicht in Übertretung.

(844) Vielleicht war es dies, was in den Evangelien stand: daß, wer an ihn glaubt, nicht tun wird, was er selbst getan, sondern auch «Größeres als das tun wird». Wirklich größer nämlich scheint es mir, wenn ein Mensch, in das Fleisch gestellt, zerbrechlich und hinfällig, nur mit dem Glauben an Christus und an sein Wort bewaffnet, über Giganten und Teufelslegionen siegt. Ist es zwar auch er, der in uns siegt, so nennt er es doch «größer», daß er durch uns siegt, als daß er durch sich allein siegt.

(845) «Alle, die fromm leben wollen in Christus, werden Verfolgungen erleiden.» Aber wenn auch dem Gerechten stets Verfolgung bevorsteht, so braucht diese Verfolgung nicht immer von außen zu kommen: «Außen Kämpfe, innen Ängste!» Denn die feindlichen Mächte sind es, die verfolgen und zur Sünde verleiten, durch die Hausgenossen, durch ein zänkisches und geschwätziges Weib, durch einen unbotmäßigen Knecht, durch hundert andere Dinge ... So oft einer die Kämpfe der Martyrer betrachtet, mit der Absicht, in ähnlicher Weise wie sie zu kämpfen, so oft wird er Martyrer Gottes ... Es gibt keinen Gerechten, der nicht verfolgt wird, keinen, der nicht Martyrer wäre.

(846) Die Kranken berührten nicht ihn selber, nicht einmal sein ganzes Gewand. Es war genug, daß sie nur den Saum berührten, um gesund zu werden. Wir aber können, wenn wir nur wollen, ihn ganz und gar besitzen. Denn auch sein Leib ist uns nun vorgelegt, und nicht nur um ihn zu berühren, sondern um ihn zu essen und uns davon zu sättigen. So schreite denn im Glauben jeder Bresthafte hinzu: wenn jene schon aus dem Saum seines Gewands, das sie berührten, solche Kraft zogen, um wieviel mehr die, welche ihn ganz und gar umfangen!

EIN MAHL

Alles wesentliche WORT in der Welt, das heißt alle Gemeinschaft und Hingabe gründet in einem Opfer. Die große Gesamt-Eucharistie des mystischen Leibes Christi (so wie auch Augustinus sie verstand) ist nichts als diese Kommunikation der Glieder unter sich in Christus, dieses gegenseitige Sich-zur-Frucht-sein, das dann freilich über sich hinausweist auf eine jenseitige, vollendete Eucharistie (847–857).

(847) «Jesus nahm Brot.» Von Gott nahm er es, der es ihm reichte, und gibt es denen, die würdig sind, von Gott Brot und Kelch entgegenzunehmen. «Nicht Moses gab euch Brot, sondern mein Vater gibt euch Brot, vom Himmel, lebendiges.»

(848) Und immerdar reicht Jesus das Brot seinen Jüngern, die mit ihm ein Fest feiern, indem er es vom Vater empfängt, «Dank sagt» und «es bricht», im Maße als ein jeder von ihnen zu empfangen versteht; und gibt es «mit den Worten: Nehmet hin und esset»; und zeigt, wenn er sie mit diesem Brote nährt, daß es sein eigener Leib ist, da er ja selbst das WORT ist, das uns nötig bleibt, sowohl jetzt, als auch wenn es «im Reiche Gottes erfüllt» ist. Jetzt freilich ist es noch nicht erfüllt, dann aber wird es erfüllt sein, wenn auch wir dazu vorbereitet sein werden, das volle Ostermahl zu fassen, welches der zu «erfüllen» kam, der nicht kam, «das Gesetz zu lösen, sondern es zu erfüllen», zu erfüllen aber jetzt schon gleichsam «im Spiegel und im Rätsel» der Erfüllung, dann aber «Angesicht zu Angesicht», wenn herankommt, was vollkommen ist.

(849) Mit Beziehung auf das Brot aber heißt es ähnlich bei Lukas: «Mit Sehnsucht habe ich ersehnt, dies Ostermahl mit euch zusammen zu essen; ich sage euch, daß ich es von jetzt an nicht mehr essen werde, es sei denn erfüllt im Reiche Gottes.» Es wird also der Erlöser dieses Osterbrot und diesen Ostertrank wieder erneut im Reiche Gottes essen und trinken und wird mit seinen Jüngern zusammen essen und trinken, ... wann er «das Reich Gott und dem Vater übergeben wird». Achte nämlich darauf, daß er sagt: «Wenn ich ihn mit euch *neu* trinken werde», zu keiner andern Zeit als «im Reiche meines Vaters». Anderswo aber: «Das Reich Gottes ist nicht Speise und Trank.» Körperlich nämlich, und nach der Ähnlichkeit jetziger Speise und jetzigen Tranks «ist das Reich Gottes nicht Speise und Trank», [geistig aber ist es «Speise und Trank»][1] denen, die sich würdig zeigen des «Himmelsbrotes» und des «Brotes der Engel» und jener Speise, von der der Erlöser sagt: «Meine Speise ist es, den Willen dessen zu tun, der mich gesandt hat, und sein Werk zu vollenden.»
Daß wir aber im Reiche Gottes essen und trinken werden, das

[1] Lücke im Text.

kann aus vielen Stellen der Schriften erwiesen werden, vor allem daraus, daß es heißt: «Selig, der Brot essen wird im Reiche Gottes.» Also wird im Reiche Gottes dieses Ostermahl erfüllt werden, und Jesus wird mit seinen Jüngern zusammen essen und trinken, und was der Apostel sagt: «Niemand richte euch wegen Speise und Trank und wegen des übrigen, welches Schatten der kommenden Dinge sind», hat einen Offenbarungssinn zu den kommenden Geheimnissen geistiger Speisen und Tränke hin, deren Schatten das war, was über Speisen und Tränke im Gesetz geschrieben worden war. Es ist aber offenbar, daß wir wahrhaftige Speise und Trank essen und trinken werden «im Reiche Gottes», durch sie jenes wahrhaftigste aller Leben auferbauend und stärkend.

(850) Er selbst aber, der den Kelch nahm und sprach: «trinket alle daraus», er tritt nicht weg, während wir trinken, sondern er trinkt ihn mit uns, weil er selbst in jedem Einzelnen ist, weil wir ja nicht allein und ohne ihn von jenem «Brote» essen oder «vom Erzeugnis jenes» wahren «Weinstocks» zu trinken vermögen, ...das da getrunken und vergossen wird. Getrunken wird es von den Jüngern, ausgegossen aber «zur Vergebung der Sünden», die eben von denen begangen wurden, die trinken ... Suchst du aber, wie es auch vergossen werde, so nähere diesem Worte auch, was geschrieben steht: «Denn die Liebe Gottes ist ausgegossen in unseren Herzen.» ... Wundere dich auch nicht darüber, daß er selbst das «Brot» ist und doch mit uns zusammen das Brot ißt, daß er selbst der «Trank vom Erzeugnis des Weinstocks» ist und doch mit uns zusammen trinkt. Allmächtig nämlich ist das WORT Gottes und wird mit vielerlei Namen genannt und unzählig ist er in der Vielfalt seiner Möglichkeiten, da alle Möglichkeiten er selbst ist, der Eine.

(851) Christus gesteht ja auch, daß er an der Türe stehe und klopfe, um einzugehen zu dem, der ihm öffnet, und um mit ihm zu speisen von dem, was jener besitzt.

(852) Wie nämlich der erste Brunnen, der das WORT Gottes ist, zu vielen Brunnen und Quellen und unzähligen Flüssen wird, so kann auch die «nach Gottes Bild» geschaffene Seele Brunnen und Quellen und Flüsse in sich haben und aus sich hervorbringen. Freilich brauchen diese Brunnen, die in uns sind, einen, der

sie gräbt, ... damit die Adern geistigen Sinnes, die Gott ihr eingab, Reines und lauter Fließendes aus sich geben.

(853) Unser Herr und Heiland sagt: «Wenn ihr nicht mein Fleisch esset und mein Blut trinkt, so werdet ihr das Leben nicht in euch haben. Denn mein Fleisch ist wahrhaft eine Speise und mein Blut ist wahrhaft ein Trank.» Weil also Jesus als Ganzer im Ganzen rein ist, darum ist sein ganzes Fleisch «eine Speise» und sein ganzes Blut «ein Trank». Denn jedes seiner Werke ist heilig und jedes seiner Worte ist wahr. Darum ist also sein Fleisch eine «*wahre* Speise» und sein Blut ein «*wahrer* Trank». Mit dem Fleische und Blute seines WORTES nämlich tränkt und erquickt er als mit einer reinen Speise und einem reinen Trank das ganze Menschengeschlecht. An zweiter Stelle nach seinem Fleische sind eine «reine Speise» Petrus und Paulus und alle Apostel, an dritter deren Jünger. Und so vermag ein jeder, je nach der Menge seiner Verdienste oder der Reinheit seines Sinnes seinem Nächsten eine «reine Speise» zu werden ... Jeder Mensch hat eine gewisse Speise in sich; wenn sie gut ist und einer daraus schöpft, und er «aus dem guten Schatze seines Herzens Gutes vorbringt», so bietet er seinem Nächsten eine «reine Speise». Ist er aber schlecht und «bringt er Schlechtes hervor», so bietet er seinem Nächsten eine unreine Speise.

(854) «Es hungerte aber Jesus, als er zum Feigenbaume kam», ihn, der immer geistige Früchte vom Gerechten pflücken möchte, und die «Feigen», sozusagen, die er hungrig ißt, sind die Liebe dessen, der sie als Frucht trägt – sie, die erste «Frucht des Geistes» –, sind die «Freude», der «Friede», die «Langmut» und alle die andern. Wann immer wir sie als Früchte hervortreiben, werden wir nicht «verdorren» ... Tritt aber der nach unsern Früchten Hungernde heran und wir werden erfunden als solche, die nichts haben als die leere Forderung des Glaubens allein, ohne Früchte daran, so «verdorren» wir augenblicks, indem wir auch noch den Schein, Gläubige zu sein, verlieren.

(855) «Emanuel», der «aus der Jungfrau geborene», ißt «Butter und Honig», und er sucht von jedem von uns, «Butter und Honig» zur Speise zu bekommen ... Denn unsere milden Werke, unsere wahrhaft lieben und nützlichen Worte sind der «Honig», den «Emanuel» ißt ... Sind aber unsere Reden voll Bitterkeit, Zorn,

Zank, Groll, Schändlichem, Lasterhaftem, Eifersucht, so gab ein solcher «Galle in meinen Mund», und von diesen Reden nimmt der Erlöser keine Speise zu sich ... Es wird aber der Erlöser von den Menschengesprächen essen, wenn ihre Reden «Honig» sind. Laßt uns das aus der Schrift erweisen: «Siehe ich stehe vor der Tür und klopfe, wenn einer mir die Türe auftut, so trete ich ein zu ihm und ich werde mit ihm speisen und er mit mir.» Er verspricht also selber, von dem Unsrigen mit uns zu speisen. Sicher aber ist es, daß auch wir mit ihm speisen, wenn wir ihn essen. Indem er von unsern guten Reden sich nährt, speist er uns in Tat und Einsicht mit seinen Speisen, göttlichen und besseren. Weil es darum selig ist, unsern Retter zu empfangen, laßt uns die Tore unseres Seelengrundes öffnen und ihm «Honig» und sein ganzes Gastmahl bereiten, damit er selbst uns zum großen Gastmahl im himmlischen Reiche führe.

(856) Es will also Gott zuerst von uns etwas bekommen und so gegen uns freigebig sein, daß er den Schein habe, seine Gaben Verdienenden und nicht Verdienstlosen zu schenken. Was aber ist's, was Gott von uns will? Höre den Spruch der Schrift: «Und nun, Israel, was fordert der Herr dein Gott von dir anderes, als daß du den Herrn deinen Gott fürchtest, und in allen seinen Wegen wandelst, und ihn liebest aus deinem ganzen Herzen und aus deiner ganzen Seele und aus allen deinen Kräften?» ... Ich sage also: Wenn wir ihm unsere Gerechtigkeit opfern, so werden wir von ihm die Gerechtigkeit Gottes dafür empfangen, und opfern wir ihm unsere, das heißt, des Leibes Keuschheit auf, so werden wir von ihm die Keuschheit des Geistes empfangen, und opfern wir ihm unsern Sinn, so werden wir von ihm seinen Sinn erhalten, wie der Apostel sagte: «Wir aber haben den Sinn Christi.»

(857) «Die Liebe Gottes ist ausgegossen in unsern Herzen.» Es scheint überlegt werden zu müssen, ob hier von der Liebe die Rede ist, mit der wir Gott lieben, oder von der, mit der wir von Gott geliebt werden ... Gewiß ist, daß die Liebe als ein gleichsam höchstes und größtes Geschenk des Heiligen Geistes gesetzt ist, und daß wir, dieses Geschenk zuerst von Gott empfangend, eben dadurch Gott selbst zu lieben imstande sind, daß wir von Gott geliebt werden.

EIN LEBEN

So gibt es für die Glieder des Leibes Christi kein privates Leben mehr. Alles ist Gemeinsamkeit der Liebe (858–859), wie auch der Schuld: eine *Sünde befleckt den ganzen Leib (860). Der Seinszusammenhang fordert aus sich den der Liebe (861). In allen Gliedern ist Christus, und ihm wird alles Gute getan (862–863). Alles Gute sammelt Gott am Ende für sich ein, weil er im Schenkenden wie im Beschenkten ist (864). Sehnsucht der Glieder, mitzuhelfen am Aufbau des Leibes (865). Nur zusammen wird der Leib vollendet werden, denn er hat in Leiden und Auferstehung nur ein Schicksal (866–869).*

(858) Suchen wir zu verstehen, was das sei: die Gemeinschaft des Geistes. Höre den Apostel …: «Wenn eine Tröstung der Liebe, wenn eine Gemeinschaft des Geistes, wenn ein erbarmendes Herz [etwas gelten], so erfüllet mir meine Freude.» Du siehst also, wie der Apostel Paulus das Gesetz der Gemeinschaft verstand. Höre auch Johannes, wie er in einem und demselben Geiste ausspricht: «Und wir haben Gemeinschaft mit dem Vater und seinem Sohne Jesus Christus.» Und wiederum sagt Petrus: «Wir sind teilhaft der göttlichen Natur geworden», das heißt: mit ihr in Gemeinschaft … Es nennt uns aber Paulus auch «Mitgenossen der Heiligen», und das ist kein Wunder; wenn es nämlich heißt, wir hätten «Gemeinschaft mit dem Vater und dem Sohne», wie dann nicht mit den Heiligen, nicht nur mit denen, die «auf Erden sind», sondern auch «im Himmel»? Da ja doch Christus «durch sein Blut Irdisches und Himmlisches versöhnte», so daß er das Irdische und Himmlische in Gemeinschaft brachte!

(859) «Ordnet in mir die Liebe!» Solchergestalt aber ist ihre Ordnung und ihr Maß: Gott zu lieben ist keine Weise und kein Maß, außer dies eine, daß du das Ganze aufwendest, was du hast … Den Nächsten zu lieben ist aber schon ein gewisses Maß … Denn sind wir, wie der Apostel sagt, «einander Glieder», so müssen wir, wie mir scheint, eine solche Gesinnung zu ihnen haben, daß wir sie nicht wie gleichsam fremde Körper, sondern wie unsere Glieder lieben. Sofern wir also «einander Glieder» sind, müssen wir gegen alle eine gleiche und ähnliche Liebe haben. Sofern dann aber «im Leibe» gewisse Glieder «ehrenhafter und

geehrter» sind, andere aber «weniger ehrenhaft und geringer», so denke ich, daß wiederum nach Verdienst und Ansehen der Glieder das Maß der Liebe gewogen werden muß.

(860) Schau, wie weit du vorangeschritten bist: Aus einem Erden-Männlein bist du gewiß zum «Tempel Gottes» fortgeschritten, in dem Gott wohnen soll, und der du Fleisch und Blut warst, bist vorangeschritten, daß du ein «Glied Christi» wurdest. ... Nicht ist es dir mehr erlaubt, den «Tempel Gottes» anders zu gebrauchen als in Heiligkeit, noch die «Glieder Christi» zu einem unwürdigen Gebrauch zurückzuholen ... Füge aber noch dies hinzu: «Wer Unkeuschheit treibt, sündigt gegen seinen Leib» – nicht nur diesen Leib, der zu einem «Tempel Gottes» wurde, sondern auch jenen, von dem es heißt, daß «die Kirche der Leib Christi ist»; gegen die ganze Kirche scheint sich zu verfehlen, wer seinen Leib befleckte, denn durch ein Glied wird ein Makel über den ganzen Leib hin ausgebreitet.

(861) «Wiederum sage ich euch: Wenn zwei von euch zusammenklingen auf der Erde, um was immer sie bitten mögen, es wird ihnen geschehen.» Das Wort Symphonie wird von den Musikern vor allem auf dem Zusammenklang von Stimmen angewandt. Es gibt ja in der Tonkunst Töne, die mit andern zusammenklingen, andere, die auseinanderklingen. Es kennt aber auch das Evangelium jenes aus der Tonkunst stammende Wort, wo es heißt: «Er hörte die Symphonie und den Chor.» Denn es ziemte sich, als der Sohn aus der Verlorenheit wiedergefunden wurde, ob des in Reue entstandenen Zusammenklangs mit dem Vater, daß da eine Symphonie erklang, um das Haus zu ergötzen. ...Verwandt aber mit dieser Symphonie ist das, was im zweiten Buche des Königs steht, als nämlich die Brüder des Aminadab «vor der Lade gingen. David aber und die Söhne spielten vor dem Angesicht des Herrn auf wohlgestimmten Instrumenten in Kraft und in Liedern». Die «wohlgestimmten Instrumente» nämlich, «in Kraft und in Liedern», hatten in sich jenen Zusammenklang der Töne, welcher so große Macht hat, daß, wenn nur «zwei» mit jenem «Zusammenklang», der in der göttlichen und geistigen Musik gilt, warum immer eine Bitte dem Vater im Himmel vorbringen, es ihnen der Vater gewährt ... Das klingt freilich wundersam. In diesem Sinne fasse ich auch die Worte

des Apostels auf: «Enthaltet einander nichts vor, es sei denn aus Zusammenstimmen für eine kurze Zeit, um dem Gebete zu obliegen.» Da nämlich das Wort Zugestaltung (*Harmonia*) an einer Stelle der Sprichwörter auf die in eine Ehe von Gott Zusammengefügten angewendet wird (wo es heißt: «Haus und Habe werden die Väter den Söhnen teilen, vom Herrn aber ist die Frau dem Manne zugestaltet»), so ist folgerichtig, daß diese von Gott gefügte «Harmonie» Gebrauch machen kann vom Namen wie von der Sache eines «Zusammenstimmens zum Gebet», so wie es die Stelle zeigt: «Es sei denn aus Zusammenstimmen.» – Es erklärt dann das WORT im folgenden, daß das «Zusammenklingen zweier auf Erden» das gleiche sei wie: «mit Christus zusammenklingen», und fährt fort: «Denn wo zwei oder drei in meinem Namen versammelt sind.» ... Willst du aber solche «auf Erden Zusammenklingende» sehen, so schau auf die, welche hörten: «Daß ihr zusammenhängen möget in einem Geiste und in einer Meinung», dieselben, die das aneiferten: «Aller Gläubigen war ein Herz und eine Seele», die so weit kamen – wenn anders es möglich ist, unter mehreren so etwas zu finden –, daß nicht der geringste Mißklang mehr zwischen ihnen war, so wie zwischen den Saiten des zehnsaitigen Psalters keine Verstimmung herrscht ... Denn es löst auf der Mißklang, so wie der Einklang zusammenführt. Der Mißklang aber vertreibt den Sohn Gottes, der nur in der Mitte der Zusammenklingenden erfunden wird. Zwei Dinge machen nun aber vor allem den Zusammenklang aus: Das «Sich-ver-Fügen» (wie der Apostel sagt) des gleichen Sinnes, indem man die gleichen Grundsätze hat; ferner gleiche Absichten, indem man ähnlich lebt. Da hast du den Sinn des Wortes: «Wenn zwei zusammenklingen auf der Erde, sie mögen bitten um was immer, es wird ihnen gewährt werden von dem Vater, ... der im Himmel ist.» Und es ist klar, daß, welchen immer vom «Vater, der im Himmel ist», nicht gewährt wird, worum sie bitten, diese zwei «auf der Erde» nicht zusammenklangen. Das ist der Grund, warum wir im Gebet nicht erhört werden: daß wir miteinander nicht «zusammenklingen auf Erden», weder im Denken noch im Leben. Wenn wir nun aber der «Leib Christi» sind, und wenn «Gott hinsetzte die Glieder, jedes einzelne im Leibe», damit «das gleiche füreinander sinnen die

Glieder» und «zusammenklingen», und wenn ein «Glied leidet, alle mitleiden, wenn eines verherrlicht wird, alle sich mitfreuen», dann müssen wir diese aus göttlicher Musik stammende Symphonie wahren. Wie es nämlich in der Musik ohne Zusammenklang der Stimmen keinen Genuß des Hörens gibt, so freut sich auch Gott nicht an der Kirche, wenn sie nicht zusammenklingt, noch erhört er ihre Stimmen. Laßt uns denn zusammenstimmen, damit, wenn wir «im Namen Christi versammelt» sind, «Christus in unserer Mitte» sei, der das WORT Gottes ist und die Weisheit Gottes und die Kraft Gottes.

(862) «Ich hungerte und ihr gabt mir zu essen.» ... Es scheint mir hier gesagt, daß nicht nur eine einzige Art von Gerechtigkeit belohnt wird, wie viele glauben, sinnlos nämlich ist es, keine andere Art von Tugend in dem anzunehmen, der so belohnt wird, als einzig die Mitteilung der Menschlichkeit. Wir sagen das aber nicht, damit wir die Menschlichkeit nachlässiger pflegen sollten, da sie doch von allen Gläubigen in vorzüglicher Weise zu üben ist ... Mögen wir es nun von geringern und leiblichen oder von geistigen Wohltaten auffassen, sicher ist, daß, wer auf diese oder jene Weise ein gutes Werk tut, dem hungernden und dürstenden Christus Speise und Trank reicht ... In gleicher Weise weben wir dem frierenden Christus ein Gewand ... Und glaube nicht, es sei eine Lästerung, Christus krank zu nennen. Er selbst wurde ja «aus Schwäche gekreuzigt», wegen der Barmherzigkeit, und «er hat unsere Gebrechen getragen», und alle seine Freunde mit ihm: ... «Wer wird schwach, und wir werden nicht schwach, wer nimmt Anstoß, und wir brennen nicht?» Und wenn die Jünger mit den Schwachen mit-schwach werden, um wieviel mehr dann ihr Retter und Schöpfer? Denn wen größeres Mitleid mit den schwachen Menschen faßt, den fesselt die Schwäche ernstlicher ... Schließlich ist alles Hiesige ein Kerker Christi und derer, die sein sind. Gehen wir darum zu denen, die in dem Hause dieser Fesseln wie in einem Kerker leben, und die, in dieser Welt lebend, durch die Notwendigkeit der Natur wie in einem Verlies festgehalten werden, ... besuchen wir sie im Kerker und Christus in ihnen.

(863) Wenn Heilige der Speise bedürfen, so hungert er selbst in andern seiner Glieder, welche Heilmittel bedürfen, ist er auch als

gleichsam Kranker ihrer bedürftig, in andern wiederum, die aufgenommen zu werden bedürfen, sucht er selbst gleichsam als Fremdling in ihnen, «wo er sein Haupt hinlege», so friert er auch in den Nackten und wird in den Bekleideten bekleidet ... Darum sagt er auch: «Ich war im Kerker und ihr habt mich nicht besucht», denn ist ein Glied Christi im Kerker, so ist auch der im Kerker nicht gelöst, der vom Gerechten sagt: «Mit ihm zusammen bin ich in der Bedrängnis», das heißt: ich mit-leide ihm. So wie nämlich der, der mir angehört, im Leiden mit mir ist, so bin auch ich im Leiden mit ihm.

[(864)] «Du wußtest, daß ich ernte, wo ich nicht gesät, und einsammle, wo ich nicht ausstreute?» Wie aber sollen wir es verstehen, daß unser Herr wirklich «erntet», wo er «nicht gesät», und «einsammelt», wo er «nicht ausgestreut»? Mir aber fällt zu dieser Stelle ein, daß der Gerechte «im Geiste sät», woraus «er das ewige Leben ernten wird». Alles aber, was von einem andern, ich meine vom gerechten Menschen gesät wird zum «ewigen Leben», das «erntet» Gott. Gottes Besitz ist nämlich der Gerechte. Jener erntet, wo nicht er selbst «säte», sondern der Gerechte. Folgerichtig werden wir auch sagen, daß «der Gerechte ausstreut und den Armen gibt», Gott aber alles einsammelt, was immer der Gerechte «ausgestreut und den Armen gab». Indem er aber «erntet», was er «nicht säte», und «einsammelt», wo er nicht «ausstreute», rechnet er sich selbst zu und nimmt es als sich selbst gegeben, was immer den armen Gläubigen gesät und ausgestreut wurde, indem er zu den Wohltätern seiner Nächsten sagt: «Kommt, ihr Gesegneten meines Vaters, erbet das Reich, das euch bereitet ist; ich hungerte nämlich und ihr gabt mir zu essen» und so fort.

[(865)] Ich wünschte wohl, wenn es möglich wäre, daß ein Meiniges in jenem «Golde» sei, daraus der «Sühneopferaltar» gezimmert wird, oder daraus die «Lade gedeckt» oder der «Leuchter» und die «Lampen» gemacht werden. Oder, wenn ich kein «Gold» habe, daß ich wenigstens etwas «Silber» zu stiften imstande sei, das für die «Säulen» oder für ihre «Sockel» nützlich wäre, oder daß ich gewiß etwas «Erz» im Tempel zu haben vermöge, woraus die «Kreise» gemacht werden und das übrige, was das WORT Gottes beschreibt. O daß es mir doch möglich wäre, einer der

«Fürsten» zu sein und «Edelsteine zu opfern» für den Schmuck des Hohenpriesters … Aber weil auch das über meiner Kraft ist, möchte ich doch verdienen, etwas «Ziegenhaar» darzubringen für das «Zelt Gottes», damit ich nicht in allem leer und unfruchtbar erfunden werde.

(866) Und es sprach der Herr zu Aaron: «Wein und berauschendes Getränk sollt ihr nicht trinken, du und deine Söhne mit dir, wenn ihr zum Zelt des Bundes herantretet oder wenn ihr zum Altare schreitet.» … Es will also das göttliche WORT, daß die Priester in allem nüchtern seien, da sie ja «zum Altare Gottes treten» sollen, um für das Volk zu beten und für fremde Vergehen einzutreten … Wenn wir uns nun aber fragen, auf wie viele Weisen der menschliche Sinn sich berauschen kann, so finden wir auch solche trunken, die sich selbst nüchtern vorkommen. Zorn macht die Seele betrunken, Wut macht sie übertrunken, wenn es etwas über die Trunkenheit geben könnte. Begierlichkeit und Habsucht machen den Menschen nicht nur trunken, sondern rasend. Unkeusche Begier umnebelt die Seele, wie im Gegenteil auch die heiligen Begierden sie berauschen, aber mit jener heiligen Trunkenheit, von der einer der Heiligen sagte: «Und dein berauschender Kelch, wie herrlich ist er!» … Es wird aber von Paulus unser Herr und Heiland «der Hohepriester der kommenden Güter» genannt. Er selbst also ist «Aaron», seine «Söhne» aber sind die Apostel, zu denen er selber sprach: «Meine Kindlein, nur noch kurze Zeit bin ich bei euch.» Was also schreibt das Gesetz «Aaron und seinen Söhnen» vor? Sie sollen «keinen Wein und kein berauschendes Getränk» trinken, wenn sie « zum Altare schreiten». Sehen wir zu, wie wir das auf unsern Herrn Jesus Christus, den wahren Hohepriester und auf seine Priester und Söhne, unsere Apostel, anwenden können. Zuerst ist darauf zu achten, wie dieser wahre Hohepriester und seine Priester, bevor sie «zum Altare schreiten», wohl Wein trinken, wenn er dann aber beginnt, «zum Altare heranzutreten» und in das Zelt des Bundes einzutreten, dann enthält er sich des Weins … Bevor er opferte, trank er in den Zeitläufen des irdischen Heilgeschehens Wein. Er wurde ja schließlich ein «Fresser und Säufer» genannt, ein «Freund der Zöllner und Sünder». Da aber die Zeit seines Kreuzes herankam und er «zum Altare treten» sollte, wo er das

Opfer seines Fleisches darbringen wollte, da «nahm er», heißt es, «einen Kelch, segnete ihn und gab ihn seinen Jüngern mit den Worten: Nehmet hin und trinket daraus.» Ihr, sagte er, trinket, die ihr nicht in Bälde «zum Altare treten» werdet. Er aber, als einer, der nun «zum Altare trat», sprach: «Wahrlich, ich sage euch, ich werde von dem Erzeugnisse dieses Weinstocks nicht trinken, bis daß ich es mit euch trinke neu im Reiche meines Vaters.» Wenn jemand von euch jetzt mit gereinigten Ohren herantritt, so schaue er ein unaussprechliches Geheimnis. Was besagt es, wenn er spricht: «Ich werde nicht mehr trinken ...»? Wir sagten oben, daß den Heiligen das Versprechen einer heiligen Trunkenheit gemacht ist ... Haben wir also eingesehen, was die Trunkenheit der Heiligen ist, ... so lasset uns nun sehen, auf welche Weise der Herr «nicht mehr» Wein «trinkt», bis er ihn «neu trinke im Reiche Gottes». Mein Heiland trauert auch jetzt über meine Sünden. Mein Heiland kann sich nicht freuen, solange ich in Verkehrtheit bleibe. Warum kann er das nicht? Weil «er selbst Fürsprecher für unsere Sünden beim Vater ist». Wie sein Mit-Eingeweihter Johannes es sagt: «Wenn einer gesündigt hat, so haben wir einen Fürsprecher beim Vater, Jesus Christus, den Gerechten; und er selbst ist das Sühneopfer für unsere Sünden.» Wie also kann der, der Fürsprecher ist für meine Sünden, den «Wein» der Freude trinken, er, den ich mit meinen Sünden betrübe? Wie kann der, der «zum Altare schreitet», um für mich Sünder zu sühnen, in Freude sein, er, zu dem immerdar die Traurigkeit meiner Sünden aufsteigt? «Mit euch», sagt er, «werde ich trinken im Reiche meines Vaters.» Solange wir nicht so handeln, daß wir zum Reiche aufsteigen, kann er den Wein nicht allein trinken, den er «mit uns» zu trinken versprach. Solange also ist er in Trauer, als wir in Irrtum verharren. Wenn nämlich sein Apostel «über einige trauert, welche früher sündigten und nicht Buße taten für ihr Vergehen», was soll ich dann von ihm selbst sagen, welcher der «Sohn der Liebe» genannt wird, der sich selbst «entleerte» wegen der Liebe, die er für uns hatte, und nicht «suchte, was sein» war, da «er Gott gleich» war, sondern suchte, was unser war, und darum «sich ausleerte»? Wenn er also auf diese Weise das Unsere suchte, soll er etwa jetzt nicht mehr das suchen, was unser ist, nicht mehr sinnen, was unser ist, nicht mehr über unser Irren trauern und unsere Verlorenheit und Bedrängnisse weinen, der «über Jerusalem weinte» und zu ihr sprach: «Wie oft wollte ich deine Söhne versammeln, wie die Henne ihre Küken sammelt, und du wolltest nicht?» Der also «unsere Wunden auf sich nahm» und unsertwegen litt als ein Arzt der Seelen und der Leiber, er sollte sich nichts mehr machen aus den schwärenden Wunden? ... Er wartet also, daß wir uns bekehren, daß wir seinem Beispiel folgen, daß wir in seine Fußstapfen treten, und er sich «mit uns» freue und «mit uns den Wein trinke im Reiche seines Vaters» ... Wir also sind's, die, unser Leben vernachlässigend, seine Freude aufschieben. Er wartet auf uns, um zu trinken «von dem Erzeugnis dieses Weinstocks». Welches «Weinstocks»? Jenes, dessen er selbst das Vor-Bild war: «Ich bin der Weinstock, ihr seid die Reben.» So konnte er auch sagen: «Mein Blut ist wahrhaft ein Trank und mein Fleisch ist wahrhaft eine Speise.» Denn er hatte in Wahrheit «im Blute der Traube sein Gewand gewaschen». Was also ist es? Er wartet auf die Freude. Wann erwartet er sie? «Wenn ich dein Werk vollendet haben werde», sagt er. Wann vollendet er dies «Werk»? Wenn er mich, den letzten und schlimmsten aller Sünder, vollendet und vollkommen gemacht haben wird, dann hat er sein Werk vollendet; jetzt nämlich ist sein Werk noch unvollendet, solang ich noch unvollkommen bin. Schließlich: solange ich dem Vater noch nicht «untergetan» bin, wird auch er selbst nicht «untergetan» genannt. Nicht darin, daß er selbst noch der Unterwerfung unter den Vater bedürfte, sondern für mich, in dem er sein Werk noch nicht vollendet, wird er selber nicht untergetan genannt, denn so lesen wir: daß wir «der Leib Christi sind und Glieder je zum Teile». Sehen wir aber zu, was das sagt, «zum Teile». Ich bin zum Beispiel jetzt Gott untertan nach dem Geiste, das heißt im Vorsatz und Willen, aber solang in mir «das Fleisch gegen den Geist begehrt und der Geist gegen das Fleisch», und ich noch nicht vermochte, das Fleisch dem Geiste zu unterwerfen, so bin ich zwar Gott «untergetan», aber noch nicht im Ganzen, sondern «zum Teile». Vermochte ich aber auch mein Fleisch und alle meine Glieder in einem Zusammenklang mit dem Geiste zu bringen, so werde ich voll «untergetan» sein. Wenn du nun begriffen hast, was da sei «zum Teil», und was im Ganzen «untergetan» sein, so kehre nun zurück zu dem, was wir über die Unterwerfung des Herrn sagten, und sieh: da es von uns allen heißt, wir seien sein Leib und seine Glieder, so kann von ihm nicht gesagt werden, er sei völlig «unterworfen», solange einige aus uns noch nicht in voller Unterwerfung untergetan sind. Wenn er aber sein Werk vollendet und seine gesamte Kreatur zur Vollzahl der Vollkommenheit geführt haben wird, dann wird er auch in denen, die er «dem Vater unterwarf», «unterworfen» heißen, in denen er «das Werk, das der Vater ihm aufgetragen, vollbracht» hat, auf daß «Gott alles in allem» sei ... Dann nämlich wird Freude sein, und dann «werden die erniedrigten Gebeine jubeln», und wird sich erfüllen, was geschrieben steht: «Schmerz und Trauer und Klagen fliehen.» Aber übergehen wir auch das nicht, daß nicht nur von Aaron gesagt wird: «Er trinke keinen Wein», sondern auch von «seinen Söhnen», wenn sie zum Heiligtum schreiten. Noch haben nämlich auch die Apostel selbst ihre Freude nicht erhalten, sondern auch sie warten, daß ich ihrer Freude teilhaft werde. Denn auch die von hinnen scheidenden Heiligen erhalten nicht sogleich den vollen Lohn ihrer Verdienste, sondern sie warten auf uns, auch wenn wir verzögern, auch wenn wir träge bleiben. Nicht nämlich haben sie volle Freude, solange sie wegen unserer Irrungen unsere Sünden betrauern und beklagen. Du wirst mir das vielleicht nicht glauben, wer bin ich ja, daß ich einen Satz von solchem Gewichte behaupten kann? Aber ich bringe dafür einen Zeugen bei, an dem du nicht zweifeln kannst, den «Lehrer der Völker» nämlich, «in Glaube und Wahrheit», den Apostel Paulus. Nachdem er, an die Hebräer schreibend, alle heiligen Väter aufgezählt, die durch den Glauben gerechtfertigt wurden, fügt er am Ende bei: «Diese aber, die alle das Zeugnis des Glaubens haben, erlangten noch nicht die Verheißung, indem Gott für uns etwas Besseres vorsah, damit sie nicht ohne uns die Vollendung erlangten.» Du siehst also wohl, daß noch wartet Abraham, die Vollendung zu erlangen? Es warten auch Isaak und Jakob, und alle Propheten warten auf uns, um mit uns zusammen die vollendete Glückseligkeit zu erreichen. Darum wird denn auch jenes Geheimnis des bis zum letzten Tag verschobenen Gerichtes bewahrt. «Ein Leib» nämlich ist's, der der Rechtfertigung harrt, «Ein Leib», der zum Gerichte aufersteht. «Sind es auch viele Glieder, so doch ein Leib, es kann das Auge nicht zur Hand sagen: ich brauche dich nicht.» Selbst wenn das Auge heil ist und im Sehen nicht verwirrt – fehlen ihm die übrigen Glieder, welches wäre die Freude des Auges? Oder was wäre das für eine Vollkommenheit, wenn es keine Hände hat, wenn die Füße fehlen und die übrigen Glieder nicht da sind? Denn gibt es einen hervorragenden Ruhm des Auges, so besteht er vor allem darin, daß es der Führer des Leibes sei und von den Diensten der übrigen Glieder nicht verlassen werde. Ich glaube, dies wird uns auch durch jene Schau des Propheten Ezechiel gelehrt, da er sagt: «Gebein» müsse sich «zu Gebein» finden, und «Gelenk zu Gelenk», und «Sehnen und Adern und Haut», jedes müsse an seinem Orte erfunden werden ... Ein jedes nämlich aus diesen Gebeinen war geschwächt und siechte unter der «Hand des Stärkeren». Denn es fehlte ihm das «Gelenk» der Liebe, die «Sehnen» der Geduld, die «Adern» des Lebensgeistes und die Kraft des Glaubens. Als aber der kam, der «das Zerstreute sammelt» und «das Auseinandergerissene verbindet», indem er «Gebein zu Gebein und Gelenk zu Gelenk» fügt, da begann er den heiligen Leib der Kirche aufzubauen ... Siehe zuletzt, was der Prophet beifügt: «Diese Gebeine» – er sagt nicht: alle Menschen, sondern: diese Gebeine – «sind das Haus Israel.» Du wirst also [zwar] Freude haben, wenn du als Heiliger aus diesem Leben scheidest; dann aber wird deine Freude voll sein, wenn dir kein Glied mehr fehlt. Warten wirst nämlich auch du, wie du selbst erwartet wirst. Wenn es aber dir, der du Glied bist, keine volle Freude scheint, solang ein Glied fehlt, um wieviel mehr muß unser Herr und Heiland, der das Haupt und der Urheber dieses Leibes ist, es für keine volle Freude ansehen, wenn er noch immer gewisse Glieder seines Leibes fehlen sieht? ... Er will also nicht ohne dich seine volle Glorie empfangen, das heißt, nicht ohne sein Volk, das «sein Leib» ist und «seine Glieder». Denn er will in diesem Leib seiner Kirche und in diesen Gliedern seines Volkes selber wie die Seele wohnen, damit jede seiner Bewegungen und seiner Taten von seinem Wollen ausgehe, so daß sich in uns das Wort erfülle: «Wohnen werde ich in ihnen und einwohnen.» Jetzt zwar, solange wir nicht alle vollkommen sind, sondern «noch in Sünden», ist er «zum Teil» in uns, und darum «wissen wir zum Teil und weissagen wir zum Teil», so lange, bis einer zu jenem Maße hinzugelangen verdient, das der Apostel beschreibt: «Ich lebe, doch nicht ich, sondern Christus lebt in mir.» «Zum Teil», also, wie der Apostel sagt, sind wir jetzt «seine Glieder» und «zum Teil seine Gebeine». Wenn aber einmal «Gebein zu Gebein und Gelenk zu Gelenk gefügt sein wird», in dem Sinne, den wir oben beschrieben, dann wird auch er jenes prophetische Wort in uns sagen: «Alle meine Gebeine sagen: Herr, wer ist dir gleich?» Denn dann reden «alle Gebeine» und sagen den Lobgesang und danken Gott.

(867) Daß wir also «Söhne» sind und «Erkaufte», das besteht «in Hoffnung». «Jetzt nämlich sehen wir durch Spiegel und Rätsel, dann aber Antlitz zu Antlitz.» «Durch Spiegel und Rätsel» also empfangen wir die Annahme an Kindesstatt und die Erkaufung. ... Wenn aber kommen wird, was vollkommen ist, dann werden wir die Annahme an Kindesstatt «Antlitz zu Antlitz» empfangen. Wenn es aber heißt: «Die Erlösung unseres Leibes», so scheint mir damit der ganze Leib der Kirche gemeint zu sein ... Daß der ganze Leib der Kirche erlöst werde, erhofft der Apostel und glaubt nicht, daß das Vollkommene den einzelnen Gliedern gegeben werden kann, außer wenn der vollständige Leib versammelt ist.

(868) Das Lob Gottes ... wird am Anfang durch eine Menge gesungen, am Ende aber durch Einen. Wisse, daß die Kirche jetzt eine Menge ist, ... daß der Eine aber der Herr ist, der für die Kirche Dank sagt.

(869) Weil er also, wie wir sagten, nicht nur die Ordnung des Führens oder Herrschens, sondern auch die des Gehorchens wiederherzustellen kam, in sich selbst zum voraus erfüllend, was er von den andern erfüllt haben wollte, darum wurde er dem Vater nicht nur «bis zum Tode am Kreuze gehorsam», sondern er unterwirft am Ende der Welt auch alle dem Vater, sie in sich zusammenfassend, und die durch ihn zum Heil kommen, mit denen und in denen wird er selbst «dem Vater unterworfen» genannt, da ja «alles in ihm seinen Bestand hat, und er das Haupt aller ist», und «in ihm die Fülle» der das Heil Erlangenden ist.

IV.
GOTT

Gottgeheimnis

*Die objektive Heilsordnung (WORT) und ihre subjektive Aneignung (Geist) münden in das endzeitliche und überweltliche Geheimnis ‹Gottes›, welches schon bei Paulus der ausgezeichnete Name des Vaters ist. So rundet sich bei Origenes der implizit trinitarische Aufbau seines Denkens. Hinter der gesamten Weltweisheit erhebt sich das undurchdringliche Geheimnis Gottes, der die Anfänge (*Peri Archon*) und Enden der Dinge in seinen unerforschlichen Händen hält (870–874). In dieses Geheimnis hat die menschliche Wissenssehnsucht sich zu resignieren (875). Selbst durch die ‹Öffnung›, die Christus heißt, wird nie der ganze Gott sichtbar (876).*

(870) «Und Seraphim standen um ihn her, sechs Flügel hatte der eine und sechs Flügel der andere.» Zwei Seraphim erblicke ich, deren ein jeder sechs Flügel hat. Sodann die Ordnung der Flügel: «Und mit zwei Flügeln deckten sie das Angesicht» – nicht das ihre, sondern das Gottes –, «mit zwei Flügeln deckten sie die Füße» – nicht die ihren, sondern die Gottes –, «mit zwei Flügeln aber flogen sie.» Was geschrieben steht, scheint sich zu widersprechen: wenn sie «standen», konnten sie nicht «fliegen». So steht aber geschrieben: «Sie standen um ihn her, sechs Flügel hatte der eine und sechs Flügel der andere, und mit zweien deckten sie das Angesicht, mit zweien deckten sie die Füße, und mit zweien flogen sie, und einer rief dem andern zu.» Diese Seraphim aber, die Gott umstehen, die nur innen im Geiste rufen: «Heilig, heilig, heilig», die wahren das Geheimnis der Dreieinigkeit, weil sie selber heilig sind; unter allem, was ist, gibt es nichts Heiligeres als sie. Und nicht müßig rufen sie «einer dem andern zu: Heilig, heilig, heilig», sondern sie rufen ein allen heilsames Bekenntnis. Wer sind diese zwei Seraphim? Mein Herr Jesus[1] und der Heilige Geist … Sie deckten das Angesicht Gottes, denn der Ursprung Gottes ist unbekannt. Aber auch die Füße. Denn

[1] Vgl. die Anmerkung zu Text 124.

was würde als das Letzte in unserm Gott begriffen? Nur das Mittlere ist sichtbar, was davor war, weiß ich nicht. Aus dem was jetzt ist, erkenne ich Gott; was nach diesem künftig sein wird, weiß ich nicht ... Sie «stehen» also und sie «regen sich». Sie «stehen» mit Gott, sie «regen sich», indem sie auf Gott hinzeigen. Erkenne, wie sie das Angesicht verhüllen, die Füße verhüllen: sie bewegen nicht, was verhüllt ist, sie verhüllen nicht, was sie bewegen.

(871) «Und ich sah den Herrn Sabaoth mit meinen Augen.» Warum sollten wir hier nicht eine Überlieferung der Juden erwähnen, die einen Schein von Wahrheit hat, wenn sie auch nicht den Tatsachen entspricht? ... Sie sagen nämlich, Isaias sei vom Volke zersägt worden, weil er das Gesetz übertreten und Nicht-Schriftgemäßes verkündigte. Denn die Schrift sagt: «Niemand wird mein Angesicht sehen und leben.» Der hier aber sagt: «Ich sah den Herrn Sabaoth.» Moses, sagen sie, hat nicht gesehen, und du willst gesehen haben? Und darum hätten sie ihn zersägt und als Gottlosen verurteilt; sie wußten nämlich nicht, daß «mit zwei Flügeln die Seraphim das Angesicht Gottes deckten». «Ich sah den Herrn.» Wenn Isaias das Angesicht sah, dann hat auch Moses gesehen. «Er sah ihn von hinten», so steht von Moses geschrieben; er sah wohl den Herrn, auch wenn er sein Angesicht nicht sah. So hat auch dieser hier gesehen, auch wenn er das Angesicht nicht sah.

(872) Unmöglich ist es, den Urgrund Gottes zu finden. Den Anfang der Bewegung Gottes wirst du niemals einsehen, ich will nicht sagen: du, sondern nicht irgendwer, sondern kein seiendes Wesen. Allein der Erlöser und der Heilige Geist, die immerdar mit Gott waren, sehen sein Angesicht, vielleicht sehen auch die Engel, die «immerdar das Angesicht des Vaters, der im Himmel ist, schauen», die Ursprünge der Dinge. Auf gleiche Weise verhüllen aber die Seraphim auch die «Füße» vor den Menschen, denn die letzten Dinge können in ihrer Wirklichhkeit nicht ausgesagt werden. «Wer meldet von den letzten Dingen», sagt die Schrift. Was wir sehen – um doch zuzugestehen, daß wir etwas sehen –, ist das Mittlere. Was vor der Welt war, wissen wir nicht, und doch waren gewisse Dinge vor der Welt. Was nach der Welt erfolgen soll, das können wir nicht mit Gewißheit feststellen,

und doch werden andere Dinge nach der Welt sein. Wenn also geschrieben steht: «Im Anfang machte Gott Himmel und Erde, die Erde aber war unsichtbar und ungeordnet, und Finsternis war über dem Abgrund, und der Geist Gottes schwebte über den Wassern», so wird darin folgendes erfaßt. Diese «Wasser», über denen «der Geist Gottes schwebte», gehören zur Welt. Aber auch die «Finsternis», die «über dem Abgrund war», ist nicht ungeschaffen: beide sind aus nichts erschaffen. Höre, wie Gott bei Isaias sagt: «Ich bin Gott, der das Licht baute und die Finsternis schuf.» Höre, wie die Weisheit in den Sprichwörtern kündet: «Vor allen Abgründen bin ich geboren.» So sind also diese nicht ungeschaffen, wann aber und wie sie geboren sind, weiß ich nicht. Verhüllt nämlich werden von den Seraphim der Anfang der Werke Gottes, das heißt das «Angesicht Gottes», und auf ähnliche Weise auch die «Füße». Wer könnte darlegen, was nach der letzten Ewe in den Ewen der Ewen sein wird? Sache geschwätziger Menschen ist es, die Kenntnis dieser Dinge zu versprechen, Sache von Leuten, die nicht wissen, daß der Mensch nur das Mittlere erfaßt … Und sie verschleierten nicht nur, sondern sie «verdeckten» auch, das heißt sie verhüllten so, daß man auch nicht ein bißchen von den Anfängen, ich meine vom «Angesicht», und nicht das Geringste von den letzten Dingen, nämlich von seinen «Füßen» wahrnehmen konnte. «Und mit zweien flogen sie.» Offen stehen die mittleren Dinge der Betrachtung.

(873) Es gibt eine gewisse Tür, … die verschlossen ist und durch die niemand eintritt. Denn es gibt gewisse Dinge, die sind der gesamten Geschöpflichkeit verborgen und Einem allein bekannt. Denn nicht eröffnet der Sohn alles, was er weiß, der Welt.

(874) Dunkelheit, Finsternis und Sturm, sagt das Buch Exodus, ist um Gott her … Denn wenn einer die Fülle von Erkenntnis und Wissen, das um Gott ist und der menschlichen Natur unzugänglich bleibt, erwägt, unzugänglich vielleicht auch allen andern Wesen außer Christus und dem Heiligen Geist, der wird begreifen, in welchem Sinne um Gott Finsternis ist.

(875) «Was übrigbleibt vom Fleisch der Opfer bis zum dritten Tag, das soll im Feuer verbrannt werden.» In diesen zwei Tagen kann man die zwei Testamente sehen, in denen jedes auf Gott bezügli-

che Wort – dies nämlich ist das «Opfer» – erforscht und durchbesprochen werden darf, um daraus die Einsicht in alle Dinge zu gewinnen … Aber «was übrigbleibt», wollen wir «dem Feuer» übergeben, das heißt Gott überlassen … Damit also nicht etwa unser Opfer nicht angenehm sei, und die Weisheit, die wir aus den heiligen Schriften schöpfen möchten, uns nicht zur Sünde ausschlage, laßt uns die Maße einhalten, die uns das … heilige Gesetz vorschreibt.

(876) Moses begehrte Gott zu schauen, und Gott verkündete ihm und sprach: «Siehe, ich werde dich in die Öffnung des Felsens stellen, und du wirst mich von hinten sehen, denn mein Angesicht wird dir nicht sichtbar sein …» Was also war jener Felsen? «Der Felsen aber war Christus.» Was war die Öffnung des Felsens? Wenn du die Ankunft Jesu siehst, und ihn ganz als «Felsen» begriffen hast, so wirst du in seiner Ankunft die Öffnung sehen, durch welche Öffnung erblickt wird, was unter Gott ist. Denn das ist gemeint mit dem Worte: «du wirst mich von hinten sehen.»

Gott-Feuer

GEISTIGES WELTENDE

*Aber die Beziehung zum Vater ist nicht nur eine endzeitliche im chronologischen Sinn. Denn die ungeheure Gegenwart Gottes ist hinter dem Schleier der Erscheinungswelt schon jetzt gegenwärtig (877), und so kann sich für den, dem sich dieser Schleier jetzt schon lüftet, bereits die Apo-kalypse (d.h. Enthüllung) Gottes vollziehen. Es gibt neben der ‹teleologischen› auch eine ‹axiologische› Beziehung zu den letzten Dingen, welche nichts anderes ist als das Transzendieren der Weltlichkeit im Mitsterben und Mitauferstehn mit Christus. Denn Christi Tat ist nicht nur eine einmalige, sondern eine durch die ganze Geschichte sich immerdar erfüllende (878–879). Seine Ankunft (*Parusie*) ist ebensosehr eine tägliche und stündliche wie eine endzeitliche (880–886). Darum wendet sich des Christen Aufmerksamkeit ganz dem mystisch kommenden Christus zu. Diese Wendung ins Axiologische besagt kirchengeschichtlich die wahre und tiefe Überwindung des allgemeinen Eschatologismus des Urchristentums (887). Aber endzeitliche und mystische Ankunft stehen sich selbst nicht unvermittelt gegenüber. Vielmehr geht Origenes so weit, die endzeitliche Ankunft nur als die gleichsam allgemein gewordene mystische zu deuten, in der die ganze Erscheinungswelt gleichsam innerlich zu Ende ist und Gott für alle transparent wird. Damit will er nicht die zeitliche Realität der zweiten Parusie und der leiblichen Auferstehung leugnen, sondern nur den frühern, stark materialistischen Chiliasmus eines Irenäus und anderer treffen (888). Auch das Gericht ist ein ganz innerlicher Vorgang: die Gegenwartwerdung des ganzen Lebens in einem Nu (889). Aber Christi zweite Ankunft wird wahrhaft seine ganze göttliche Kraft offenbaren (890). Sie erfolgt, wenn die Welt auch als materielle innerlich zu Ende ist (891). Von Gott aus gesehen, ist das Ende schon da (892).*

(877) «Erwartend die Enthüllung unseres Herrn Jesus Christus.» Enthüllung (Apokalypse) wird es genannt, und damit bedeutet, daß nicht alles gesehen wird, was doch ist und gegenwärtig ist. Einst aber wird es auch hervortreten.

(878) Wer also seine Lampe angezündet hält, der wartet auf seinen Herrn, das WORT Gottes … Und jeder entzündet seine Lampe mehr oder weniger im Lichte der Einsicht, je nach seinem Fortschreiten, und gießt ihr Öl ein durch Betrachtung … Und wer voller ausschreitet und «vergißt, was hinter ihm liegt», das Böse nämlich, … dem kann man sagen: «Die Nacht ist vorgeschritten, der Tag hat sich genaht.»
(879) «Dies Geschlecht wird nicht vorübergehn, bevor das alles sich erfüllt.» Es wird dies Geschlecht freilich vorübergehn, wenn nicht nur «die Erde», sondern auch «der Himmel» vorübergehen wird, das heißt, nicht nur die Menschen, deren Leben irdisch ist und daher ‹Erde› heißt, sondern auch jene, deren «Wandel im Himmel ist», und die darum ‹Himmel› heißen. Sie werden aber mitsamt all ihren Befindlichkeiten zum Kommenden übergehen, um zu Höherem und Besserem zu gelangen. Ihre Enthüllung erwartet die Kreatur – sie sind ja die «Söhne Gottes» –, und «die ganze Schöpfung seufzt mit ihnen und liegt in Wehen», bis daß sie, «aus der Furcht Gottes im Schoße empfangend», den «Geist des Heils» geboren haben in guter Niederkunft, und dann wird das «Geschlecht», von dem Christus spricht, vorübergehen, und der «Himmel», wie wir ihn verstanden, und die «Erde», wie wir sie ausgelegt. Die «Worte aber, die» der Erlöser «gesprochen, werden nicht vorübergehn», denn sie wirken immerdar ihrem Wesen gemäß, und wirken jetzt und werden immer wirken. Denn sie sind schon voll-endet und nehmen keinen Fortschritt zum Bessern an, und gehen nicht vorüber von dem, was sie sind, zu dem, was sie nicht sind. Sondern: «Himmel und Erde werden vorübergehen», seine «Worte aber werden bleiben», als die Worte dessen, «durch den alles geworden». Wenn er aber sagt: «Meine Worte aber werden nicht vorübergehen», so müssen wir, glaube ich, auch dies untersuchen, ob nicht vielleicht die Worte Moses' und der Propheten vorübergingen, die Worte Christi aber nicht vorübergingen; denn was von jenen geweissagt wurde, ist in Erfüllung gegangen, die Worte Christi aber sind immerdar voll und immer im Begriff sich zu erfüllen, und sie füllen sich täglich und niemals sind sie überfüllt; sie nämlich sind es, die in den Heiligen sich erfüllten, und sich erfüllen und noch künftig erfüllen werden. Oder vielleicht dürfen wir nicht einmal sagen, daß die

Worte Moses' und der Propheten vollständig erfüllt sind, denn im eigentlichen Sinne sind auch sie Worte des Sohnes Gottes und werden immerdar erfüllt. – Ist es also gut, die Höhen der göttlichen Worte in einfachen Reden darzulegen, so wollen wir doch um der Wenigen willen auch dies erörtern und begreifen: daß das WORT, das im WORTE Gottes menschlich ist, [zwar] von der Erschaffung der Welt bis zur Vollendung nicht «vorübergeht». Denn es ist gegenwärtig und wirkt, es hat aber keinen Anfang des Wirkens vor der Zeit empfangen, sondern es begann mit den Geschöpfen und wird mit den Geschöpfen «vorübergehen». Das WORT aber, das vor aller Geschöpflichkeit war, wird mit der Geschöpflichkeit nicht vorübergehen.

(880) «Wachet, denn ihr wißt nicht, zu welcher Stunde euer Herr kommen wird.» Der Einfachere mag sagen, daß [Christus] hier von seiner zweiten Ankunft spricht, ein anderer aber, [daß] er von der geistigen, kommenden Ankunft des WORTES im Geiste der Jünger spricht, denn er war in ihrem Geiste noch nicht so, wie er es später sein sollte ... In den Wachenden wirkt er die Taghelle seiner Ankunft in die Seele derer, die vom wahren ankommenden Lichte erleuchtet werden.

(881) Solange die Kirche, welche der Leib Christi ist, «den Tag und die Stunde nicht weiß», so lange heißt es auch vom Sohne selbst, er wisse «Tag und Stunde nicht»; dann aber wird er wissend genannt, wenn auch seine Glieder alle wissen.

Vielleicht ist auch alles, was mit den Sinnen wahrgenommen wird, bis zum Himmel hin und zu dem, was er enthält, ein «weißes» Feld, «reif zum Schnitt» für die, die «ihre Augen erheben».

(882) Vielleicht ist jede einzelne Tugend ein Himmelreich, und die ganze zumal wäre das «Reich der Himmel». Und demnach wäre, wer den Tugenden gemäß lebt, schon im «Reich der Himmel», und jenes Wort: «Tut Buße, denn das Reich der Himmel hat sich genaht», nähme nicht Bezug auf die Zeit, sondern auf die Taten und die innere Haltung. Denn Christus, der alle Tugend ist, hat seine Ankunft vollzogen und redet, und darum ist «inwendig in» den Jüngern «das Reich Gottes, und nicht da oder dort».

(883) Es gibt eine doppelte Auferstehung, die eine, durch welche wir in Geist und Vorsatz und Glaube mit Christus aus dem Irdi-

schen auferstehen, um Himmlisches zu sinnen und das Kommende zu suchen, die andere, welche die allgemeine sein wird, die Auferstehung im Fleische.

(884) «Die Nacht ist fortgeschritten, der Tag hat sich genaht.» Man muß wissen, daß die Ankunft dieses Lichts und dieses Tages auf doppelte Weise zu fassen ist. Das allgemeine Licht und der allgemeine Tag wird sein, wenn die Zeit der künftigen Ewe anbricht, im Vergleich zu der der Raum der jetzigen Welt Finsternis heißt. Diese Zeit naht heran mit jedem Tage, der flieht, und was die Vergangenheit an Raum gewinnt, verliert die Zukunft. Darum sagt [Paulus], daß «unser Heil näher gerückt ist, als da wir glaubten», und es rückt täglich näher, wie auch unser Herr, die Zeichen des Endes erklärend, sprach: «Wenn ihr das alles erblickt, so erhebt euer Haupt, denn es naht eure Erlösung.» Es vollzieht sich diese Ankunft aber auch in jedem einzelnen. Denn auch uns schafft Christus den TAG, wenn er in unserem Herzen ist.

(885) Noch auf andere Weise kann man die doppelte Ankunft Christi verstehen, nämlich als Ankunft des Wortes in der Seele. Denn die Einfachen und erst Anfangenden in der Erkenntnis Christi sagen zuerst, weil sie die durchsichtige Schönheit noch nicht sehen können: «Wir sahen ihn, und er hatte weder Aussehen noch Schönheit.» … Es gibt eine zweite Ankunft Christi in den Vollkommenen, von denen der Ausspender dieses Wortes sagt: «Weisheit aber reden wir unter den Vollkommenen.» Sie aber sind vollendete Liebhaber seiner Schönheit geworden … Mit dieser zweiten Ankunft ist das Ende der Welt gegeben, in dem, der zum Vollendeten gelangt ist und sagt: «Es sei aber fern von mir, mich in etwas anderem zu rühmen als im Kreuze unseres Herrn Jesus Christus, durch den mir die Welt gekreuzigt ist und ich in der Welt.» Denn ist den Gerechten die Welt «gekreuzigt», so ist für sie offenbar das Ende der Welt gekommen.

(886) Gemäß der geschichtlich berichteten Ankunft unseres Herrn Jesus Christus war sein Kommen im Fleische ein gewissermaßen allgemeines und die ganze Welt erleuchtendes … Man muß aber wissen, daß er auch vorher schon angekommen ist, wenn auch nicht im Fleische, sondern in einem jeden der Heiligen, und daß er auch nach dieser seiner sichtbaren Ankunft weiterhin für uns ankommt.

(887) Die, welche das Evangelium in tieferer Weise hören, ... kümmern sich nicht viel um das allgemeine Weltende, ob es plötzlich und auf einmal, oder nach und nach kommen wird, sondern sie denken nur an das eine, daß das Ende eines jeden Einzelnen ohne sein Wissen kommt, da ihm Tag und Stunde seines Todes verborgen ist ... Ich weiß aber noch ein Ende des Gerechten ...: dem nämlich die «Welt gekreuzigt» ist, für den ist das Welt-Ende gewissermaßen schon da, und wer den Dingen der Welt abgestorben ist, der hat die Wochentage übersprungen und ist zum Sonntag gekommen, an dem der Menschensohn in seiner Seele Ankunft hält.

(888) Wir müssen aber auch davon handeln, ob die Ankunft des Erlösers in Herrlichkeit an einem Orte stattfinden wird oder ob wir eine andere Auslegung suchen müssen. Denn wo wäre der Ort, der in einem einzigen Blick sowohl alle Engel, die mit Christus ankommen, als alle versammelten Völker fassen würde? ... Ich glaube also, die Zeit der Ankunft Christi wird dann gekommen sein, wenn eine so große Offenbarung Christi und seiner Gottheit stattfinden wird, daß nicht nur keiner der Gerechten, sondern auch sonst niemand Christus mißkennt «in dem, was er ist», wenn auch die Sünder in seinem Angesicht ihre Sünden einsehen werden und die Gerechten hüllenlos erblicken werden, zu welchem Ende die Saaten ihrer Gerechtigkeit sie geführt haben. Das ist mit dem Worte gemeint: «Vor ihm werden alle Völker versammelt werden.» Wenn nämlich jetzt, wo weder alle Christus erkennen «in dem, was er ist», noch auch die scheinbar Erkennenden ihn offen erkennen, sondern die Menschen im Glauben vor sein Angesicht hintreten, wenn sie glaubend Kenntnis von ihm erlangen (wie geschrieben steht: «Tretet vor sein Angesicht mit Jubel») – mit wieviel mehr Recht wird gesagt, daß alle Völker vor sein Angesicht versammelt und gestellt werden, wenn er sich allen, Guten wie Bösen, Gläubigen wie Ungläubigen, offen darbieten wird vor den Augen ihres Geistes, nicht mehr durch Glauben oder in der Bemühung eines Forschens gefunden, sondern durch die Offenbarung seiner Gottheit selbst vorgestellt? Nicht an einem Orte wird der Menschensohn erscheinen, wenn er in seiner Herrlichkeit kommt, ... sondern ... «die Ankunft des Menschensohnes wird sein wie der

Blitz, der vom Osten ausgeht und bis zum Westen hin sichtbar ist …» Darum wird er überall sein und überall vor dem Angesicht aller sein, und alle werden überall in seinem Angesicht sein … Solange also die Verkehrten in Verwirrung verhüllt sind und weder sich noch Christus kennen, sondern in Irrungen umdunkelt sind, und solange die Gerechten «durch Spiegel und Rätsel» erkennen und nur «zum Teil» sich kennen, nicht dem gemäß, was sie wirklich sind, solange sind auch die Guten von den Bösen noch nicht getrennt. Wenn aber durch die Ankunft des Gottessohnes alle zu ihrer Selbsteinsicht gekommen sind, dann wird der Erlöser die Guten und die Bösen «trennen».

(889) Wenn nämlich Gott im Gedächtnis eines jeden emporreißen will, was er Gutes oder Böses getan, dessen er sich erinnern soll, so wird er mit einer unaussprechlichen Macht bewirken, daß alles über die ganze Zeit Zerstreute einem jeden gegenwärtig sei … Wollte einer der Schnelligkeit der Macht Gottes in diesen Dingen nicht glauben, so hat er den Allschöpfer Gott noch nicht begriffen, der keine Zeit brauchte, um ein so großes Werk wie den Himmel und die Erde und was in ihnen ist, zu schaffen (denn heißt es auch, daß er es in sechs Tagen gemacht habe, so muß man doch verstehen, in welchem Sinne das zu fassen ist …).

(890) Es kommt Jesus «in Kraft und Herrlichkeit», mit der ihn der Vater verherrlichte, in der Kraft, mit der er «Zeichen und Wunder im Volke tat», und «alle Krankheit und alles Siechtum heilte», im Hinblick auf die er auch sagte: «Es rührte mich jemand an, denn ich spürte eine Kraft von mir ausgehen.» Aber alle diese Kraft ist im Vergleich zu der großen Kraft, mit der er am Ende kommen wird, gering, denn es ist die Kraft Eines, der sich selbst ausgeleert hatte.

(891) «Hunger und Seuchen werden herrschen und überall Erdbeben, dies alles sind die Anfänge der Leiden.» So nämlich kranken die Leiber derer vor dem Tode, die nicht von außen Gewalt leiden; und wie bei allen die Trennung der Seele von ihrem Leibe sich durch Krankheiten anbahnt, so muß diese so große und gewaltige Kreatur der Welt, da sie ja Anfang und Ende hat, … wenn sie sich aufzulösen beginnt, vor ihrem Hinscheiden dahinsiechen… Denn «die Himmel werden zugrundegehen», weil sie «wie ein Kleid veralten». Was immer aber veraltet und vergreist, das ist dem Untergang nahe.

(892) «Von jetzt an werdet ihr den Menschensohn zur Rechten der Kraft sitzend sehen.» Sieh zu, ob hier Tag und Stunde nicht nach der Kürze dessen, was bei Menschen Stunden und Tage sind, sondern nach der Länge zu messen sei, die beim immerwährenden Gott herrscht, für den vom Anfang bis zum Ende der Welt nur ein Tag ist. Das wird bewiesen durch die Parabel, wo die Rede ist von den Taglöhnern im Weinberg, am Morgen und zur dritten Stunde, zur sechsten und bis zur elften. Es ist also kein Wunder, wenn hier der Erlöser «von jetzt an» den Zeitraum ganz klein nennt bis dann, wo das Wort gilt: «Ihr werdet den Menschensohn zur Rechten der Kraft sitzend sehen.»

DAS FEUER

Der Durchgang durch die Welt zu Gott (ob endzeitlich oder mystisch) ist auf jeden Fall ein Sterben. Denn Welt als solche kann ‹Gottes Antlitz nicht sehen und leben›. Das Feuer, das sie ausbrennen muß, ist das Feuer Gottes selbst. Origenes hat diese Wahrheit, daß Gott ‹verzehrendes Feuer› und ‹feuriges Schwert› ist, selber mit einer verzehrenden Leidenschaft zu Ende gedacht. Das Feuer Gottes ist entweder das mystisch-reinigende, in denen, die sich ihm überlassen, oder das strafende, in den Sündern (893–895). Aber auch das erste ist furchtbar, furchtbarer als alles stoffliche Feuer (896), ist schon vorausgenommenes, inneres Gerichtsfeuer (897–899). In jedem Menschen ist Gut und Bös gemischt (900) und so gibt es keinen, der nicht durchs Feuer müßte (901), der nicht abgerissen werden müßte (902), nicht des feurigen Schwertes bedürfte (903). Denn Sünde ist schnell getan, aber ein Bruch heilt nur langsam und unter Qualen (904–905). Die vielen Wege Gottes bei dieser Reinigung (906). Wenn Gott eine Seele als Feuer ausgebrannt hat, ist er nachher nur noch Licht für sie (907–908).

(893) «Und es wurde einer der Seraphim zu mir entsandt, der trug eine glühende Kohle in seiner Hand, die er mit einer Zange vom Altare genommen.» Nicht obenhin und zufällig wird der Prophet nicht mit einfachem Feuer gereinigt, sondern mit Feuer «vom Altare» Gottes. Wirst du nicht mit dem «Feuer vom Altare» gereinigt, so bleibt dir jenes, von dem gesagt ist: «Gehet von mir

in das ewige Feuer, das dem Teufel und seinen Engeln bereitet ist.» Nicht so ist das «Feuer vom Altar» beschaffen. Alle müssen ins Feuer, aber nicht alle in das gleiche … So berühre denn das züchtigende WORT die Lippe unseres Geistes und unserer Seele, daß auch wir sprechen können: «Und er berührte meinen Mund …» Es schlage das WORT Gottes seinen Zahn in uns, es brenne unsere Seelen aus, daß wir, ihm lauschend, sprechen: «War nicht unser Herz brennend in uns?»

(894) «Und er nahm eine Schaufel voll glühender Kohlen.» Nicht alle werden durch das Feuer gereinigt, das vom Altare genommen wird. Aaron wird mit jenem Feuer gereinigt, Isaias und wer etwa diesen ähnlich ist; die andern aber, unter die ich mich zähle, die nicht von der Art sind, wir werden von einem andern Feuer gereinigt werden, ich fürchte, es ist jenes, von dem geschrieben steht: «Ein Feuerfluß lief vor ihm her.» Dieses Feuer ist nicht vom Altar. Das Feuer vom Altar ist das Feuer des Herrn; das außerhalb des Altars ist, ist nicht das des Herrn, sondern ist das jedem Sünder eigene, von dem es heißt: «Ihr Wurm wird nicht sterben und ihr Feuer wird nicht erlöschen.» Es ist das Feuer derer, die es selbst entfacht haben, wie anderswo geschrieben steht: «Wandelt in eurem Feuer und in der Flamme, die ihr euch angezündet habt.»

(895) Jenes Feuer, das die Sünder überfällt, das sie innen ausbrennt, ist unsichtbar, geistig und strafend. Willst du ein Bild für dieses Feuer, so nimm einen Menschen, der maßlos fiebert und von diesem Feuer verbrannt wird. Mit den Augen findest du in ihm kein Feuer, und doch ist es da, verdeckt, und verbrennt ihm die Eingeweide. Nicht anders, wer vom Fieber der Sünde ausgebrannt wird.

(896) «Ich werde den Namen des Herrn nicht aussprechen und ferner nicht mehr in seinem Namen reden. Da wurde aber in meinem Herzen gleichsam ein brennendes Feuer, flammend in meinem Gebein, und ich werde allenthalben aufgelöst und kann es nicht ertragen.» Das WORT Gottes fiel brennend in sein Herz ein … Er bekennt seine Sünden mit den Worten: «Ich werde den Namen des Herrn nicht aussprechen und ferner nicht mehr in seinem Namen reden», und sobald Jeremias sie ausgesprochen, hat er sie auch von sich geworfen. Daß doch auch ich im Augen-

blick der Sünde, und wenn ich ein sündhaftes Wort sage, es spürte, wie ein Feuer in mein Herz einfällt gleich einer brennenden Flamme, wühlend in meinem Gebein, so daß ich es nicht ertragen könnte ... Er sagte, es gebe eine Art von Feuer, von unsinnlichem Feuer, das den Gezüchtigten mit solcher Qual züchtigt, daß er es nicht mehr zu ertragen vermag, ... und ich fürchte, ein solches Feuer ist uns aufgespart, wie das in Jeremias' Herz einfallende. Aber wir haben es noch nicht erfahren; hätten wir es erfahren, und würden uns zwei Feuer vorgelegt, dieses Feuer und das äußere Feuer, in dem wir die brennen sehen, die von den Statthaltern der Heiden gemartert werden, wir würden wohl dies letzte wählen statt jenem. Denn dieses brennt die Oberfläche, jenes aber verbrennt das Herz, und vom Herzen verbreitet es sich durch das ganze Gebein, und vom Gebein aus schreitet es durch den ganzen Brennenden hin, und schreitet so, daß der Brennende es nicht aushält ... *Dieses* Feuer entzündet der Erlöser, wenn er spricht: «Feuer bin ich gekommen auf die Erde zu werfen ...» Wer ist schon würdig, dieses Feuer im Herzen zu empfangen? ... Weil aber jeder gezüchtigt werden muß, so bete er zu Gott, daß dieses Feuer, das in Jeremias war, über ihn komme ..., damit er nicht einem andern Feuer aufgehoben werde.

(897) «Und Feuer entbrannte von seinem Antlitz.» So verbrannte es den Zöllner Matthäus und den «Verfolger und Lästerer» Paulus.

(898) Und die «Bücher wurden aufgeschlagen», nämlich die, die jetzt in den Herzen eingerollt und überdeckt sind, und die schriftlich enthalten, was wir getrieben, und mit bestimmten Zeichen in unsere Gewissen eingegraben sind, die aber Gott allein kennt. Diese Bücher unserer Seele also oder diese Seiten unseres Herzens werden aufgeschlagen «im Angesicht des flammenden Thrones und der Räder von glühendem Feuer und dem Feuerfluß, der vor dem Alten der Tage herläuft.»

(899) «Du hast mein Herz versucht und es nachts heimgesucht, du hast mich mit Feuer geprüft und es fand sich keine Verkehrtheit in mir.» [David] wurde versucht und ohne Hilfe gelassen, damit er einsehe, was menschliche Ohnmacht vermag.

(900) Weil wir, die wir nicht «in jeder Hinsicht vollkommen sind», zwar nicht so reden, daß wir immer gerechtfertigt sind, aber im Gegensatz dazu auch nicht so Sünder sind, daß wir immer ver-

urteilt werden, sondern Worte haben, um derentwillen wir gerechtfertigt, und Worte, um derentwillen wir verurteilt werden, so legt Gott beides auf seine Waage und wägt es mit Sorgfalt aus und urteilt, worin ich gerecht bin und in welchen Reden zu verurteilen. Und was er mit den Reden tut, dasselbe tut er auch mit den Taten.

(901) «Unser Gott ist ein verzehrendes Feuer.» Was verzehrt dieses «Feuer» ? Nicht sichtbares «Holz», nicht sinnliches «Heu», nicht sinnenfälliges «Stroh», sondern wenn «du auf der Grundlage Christi Jesu» das «Holz» der Sündenwerke, das «Stroh» der Sündenwerke, das «Heu» der niedrigen Sündenwerke «überbaust», so kommt dieses «Feuer» und «prüft» all das. Was ist das für ein «Feuer», das das Gesetz verkündet und von dem das Evangelium nicht schweigt? «Wie beschaffen eines jeden Werk ist, das wird das Feuer erweisen.» Was ist, o Apostel, dieses «Feuer», das unsere Werke erweist? Was ist dieses so weise Feuer, das mein «Gold» bewahrt oder mein «Silber» glänzender erweist, das den «kostbaren Stein», der in mir ist, unversehrt läßt, das nur das Schlechte verzehrt, das ich getan, nur das «Holz, das Heu und das Stroh, das ich überaufgebaut» habe? Was ist dieses «Feuer»? «Feuer bin ich gekommen auf die Erde zu senden, und wie sehr will ich, daß es entzündet werde.» Jesus Christus sagt: «Wie sehr will ich, daß es entzündet werde.» Denn er ist gut und weiß, daß, wenn dieses «Feuer entzündet» sein wird, die Bosheit verzehrt werden wird. Es steht bei den Propheten: «Er heiligte ihn in flammendem Feuer und verzehrte den Wald wie Heu.» Und wiederum: «Der Herr Sabaoth wird in deine Ehre Schmach senden, und in deinem Ruhm wird ein brennendes Feuer entfacht werden.» Was heißen will: damit du verherrlicht werdest, wird «Feuer» in deine sündigen Werke entsandt werden.

(902) Und es ist dem Herrn angemessen, solches zu verzehren und das Schlimme zu vernichten, und während er das tut, denke ich, entstehen Schmerzen und Qualen im Grunde der Seele, die von keiner körperlichen Berührung stammen, dort, wo das Bauwerk steht, das wert ist, eingerissen zu werden.

(903) Welches ist dieses «Schwert», vor dem wir uns fürchten müssen, daß es nicht «auf» unsere «Erde» gesandt werde, … und wir nicht durch das «Schwert» hindurch müssen, durch ein

«Schwert» aber, das zur Strafe etwas Zweifaches wirkt? Denn jedes Schwert hat die Eigenschaft, den zu teilen und zu schneiden, in den es hineinfährt, tut aber neben der Schärfe der Spitze auch noch seine Berührung selbst weh, so wird der doppelt gepeinigt, der mit diesem «Schwert» gestraft werden soll. Es heißt nämlich: «Er bestellte ein feuriges Schwert, und Cherubim, um den Weg zum Baume des Lebens zu behüten.» Und wie, wenn ein scharfes und heißglühendes Schwert in den Leib gestoßen wird, es einen doppelten Schmerz verursacht, Brand und Schnitt, so gibt auch dieses feurige Schwert, das zur Bewachung des Paradieses bestellt wurde, ... [der Seele] eine doppelte Qual: es brennt sie und zerteilt sie.

(904) Wie die leiblichen Wunden oft in einem Augenblick zustandekommen, die Heilung der Wunden aber mit ungeheuren Schmerzen verbunden ist und nicht nach der Zeitlänge gemessen wird, die die Wunde beifügte, sondern nach der des Heilungsverfahrens – in einem Nu ist eine Hand gebrochen und ein Fuß verstaucht, und was so in kürzester Zeit geschieht, wird kaum in drei Monaten oder noch längerer Zeit geheilt –, so verführen die sündige Lust, die die Sehnen der Seele zerschneidet, die Unzucht und alle andern Sünden, die unglückliche Seele in der kleinsten Zeit und führen sie zum Laster, tragen ihr aber nachher eine lange Zeit in Schmerzen und Foltern ein.

(905) Wenn dem Leib eine Wunde zugefügt wird oder ein Knochen gebrochen oder das Gefüge der Sehnen gelöst wird, so pflegen solche Verletzungen in einem Augenblick den Körpern zugefügt zu werden, und dann kaum in langen Zeiten mit vielen Leiden und Qualen geheilt zu werden; wieviel Schwellungen, wieviel Schmerzen entstehen nicht an der Stelle? Und wenn es gar geschieht, daß einer in derselben Wunde öfter verwundet wird, an derselben Bruchstelle wieder und wieder gebrochen wird, mit wieviel Qual wird er geheilt, mit wieviel Foltern gebessert? ... Mach nun den Übergang von dem körperlichen Beispiel auf die Wunden der Seele ... : oh, könnten wir doch bei jeder Sünde sehen, wie unser innerer Mensch verwundet wird, wenn ein böses Wort ihn verletzt! ... Könnten wir das alles sehen und die Narben der verletzten Seele spüren, wir würden gewiß der Sünde bis zum Tode widerstehen. Wir aber, wie die Be-

sessenen oder Wahnsinnigen, die nicht fühlen, wenn sie verwundet werden, weil sie die natürlichen Sinne verloren haben, wir sind durch die Begierden dieser Welt von Sinnen oder durch die Laster berauscht und spüren nichts.

(906) Und es wird nötig sein, daß über eine solche Seele das «Feuer» gesandt wird, das die Dornen zu finden versteht und ihnen kraft seiner Göttlichkeit nahe auf den Leib rückt und etwas anderes als Weizen und Stroh des Feldes verzehrt. Dessen aber, das die «Sünde der Welt hinwegzehrt», des Lammes, das mit seiner eigenen Schlachtung begann, sind viele Wege ... Was sollte man auch aufzählen, auf wie vielen Wegen man unter Menschen zum Glauben schreiten kann, wo doch jeder, der noch im Leibe ist, es selbst zu erwägen vermag? Einer der Wege zum Glauben und zur Vergebung der Sünden führt durch Züchtigungen und geistige Qualen und beschwerlichste Krankheiten und sehr ermüdende Schwächen.

(907) Das Feuer aber hat eine doppelte Kraft: die eine, wodurch es erleuchtet, die andere, wodurch es brennt ... Gehen wir zum Geistigen über, so gibt es auch hier ein doppeltes Feuer: es gibt ein Feuer in dieser Welt, es gibt eins in der kommenden. Der Herr Jesus sprach: «Feuer kam ich auf die Erde zu senden»: dieses Feuer erleuchtet. Derselbe Herr sagt wiederum im Kommenden zu den Übeltätern: «Geht in das ewige Feuer, das mein Vater dem Teufel und seinen Engeln bereitet hat»: dieses Feuer brennt. Und doch: es erleuchtet freilich das Feuer, das Jesus auf die Erde zu senden kam, «jeden Menschen, der in diese Welt kommt», es hat aber dennoch selbst etwas Brennendes an sich, wie jene bekennen, die sagen: «Brannte nicht unser Herz innen in uns, als er uns die Schriften eröffnete?» Er entzündete und erleuchtete also in einem, da er «die Schriften eröffnete». Ich weiß nicht, ob nicht etwa auch das Feuer in der kommenden Welt, das brennt, etwas Erleuchtendes hat.

(908) Aber gedenke dessen, was geschrieben steht: «Wer sich mir naht, der naht dem Feuer»[1] ... Selig also, die ganz nah sind und so nah, daß das Feuer sie nicht brenne, sondern [nur mehr] erleuchte.

[1] Eines der berühmtesten außerbiblischen Worte Christi.

HEILSSINN DER STRAFE

Es ist aber für Origenes unvorstellbar, daß das Feuer Gottes in einer Seele nur strafe, nicht auch reinige. Mit diesem Gedanken (der bereits mehrfach durchklang, so bei der ‹Allerlösung› der Welt durch das Leiden des WORTS) spricht Origenes seine Lehre von der Totalität der Erlösung aus. Er weiß, daß er damit gleichsam einen Griff in das secretum regis, *das Gott allein vorbehaltene Geheimnis, tut. Aber diese Lehre scheint ihm an so vielen Stellen der Schrift so unmißverständlich durchscheinend, daß er sich nicht scheut, sie für Gereinigte, d.h. für solche, bei denen sie ob ihrer Ehrfurcht vor dem Liebesgeheimnis Gottes keinem Mißbrauch ausgesetzt ist, offen auszusprechen. Mit dieser Lehre wird er aber noch tiefer in das Geheimnis der Vorsehung hineingelockt: denn jetzt erscheint die Sünde wie eine Episode in diesem Liebesgeheimnis; und obzwar sie einzig und allein aus menschlicher Freiheit geschieht, so wird sie durch Gottes Güte doch insofern dem Sünder zum Heil, als sie ihn ‹experimentell› belehrt, was es ist, sich von Gott abzuwenden, und ihm daher nach seiner Rückkehr eine tiefere und dauerndere Liebe zu Gott einpflanzt, als er sie im Anfang besaß.*
Für die Sünder ist also Gott Strafe (909–910). Sie sinken durch ihre Schwere in den Grund des Feuers (911), dessen Qualen unvorstellbar schrecklich sind (912). Aber Leiden ist schon Gnade (913–917), und Leiden hienieden erspart jenseitiges Leiden (918). Und alles Leid ist reinigend (919–924).

(909) «Es trieb eine Rute aus der Wurzel Jesse und eine Blüte stieg aus einer Wurzel empor.» Was ist die «Blüte» und was die «Rute»[1]? Denn beide sind dasselbe in dem einen Subjekt beider, es ist nur eine Verschiedenheit der Tätigkeiten. Denn bist du Sünder, so wirst du die «Blüte» nicht sehen und sie ist für dich nicht «Blüte aus der Wurzel Jesse»; es kommt nämlich über dich die «Rute», wie es [Paulus], der Schüler der «Rute» und der «Blüte», sagt. Von der «Rute» sagt er: «Was wollt ihr, soll ich in der Rute zu euch kommen?», von der «Blüte» aber: «Oder in der Liebe Gottes und im Geiste der Milde?» So treibt also «aus der Wurzel Jesse eine Rute» für den, der gepeinigt wird, … «eine Blüte» für

[1] Statt ‹radix› muß es wohl ‹virga› heißen.

den, der schon in Einsicht fortschritt ... und schon anfangen kann, zu blühen der vollendeten Frucht entgegen.

(910) Die Sonne scheint eine doppelte Macht zu haben: durch die eine erleuchtet sie, durch die andere brennt sie; aber je nach den Dingen und Stoffen, die ihr unterliegen, erleuchtet etwas oder schwärzt sie es und verhärtet es durch ihre Glut. In diesem Sinn heißt es vielleicht, daß «Gott das Herz Pharaos verhärtete», weil nämlich der Stoff seines Herzens so beschaffen war, daß er die Gegenwart der Sonne der Gerechtigkeit nicht von ihrer erleuchtenden, sondern von ihrer brennenden und verhärtenden Seite her aufnahm ... Wo aber keine Sünde ist, da wird auch nicht gesagt, daß die Sonne brenne oder schwärze, wie es von dem Gerechten im Psalm heißt: «Am Tage soll dich die Sonne nicht brennen und der Mond nicht in der Nacht ...» Sie brennt aber die Sünder, weil diese selbst «das Licht haßten, da sie Böses tun».

(911) «[Das Heer Pharaos] fiel in die Tiefe wie ein Stein.» Denn sie waren nicht solche Steine, aus denen «Söhne Abrahams hervorgerufen» werden können, sondern solche, die das tiefe und flüssige Element liebten, das heißt, die die bittere und verfließende Lust der gegenwärtigen Dinge schöpfen möchten. So wird von ihnen gesagt: «Sie wurden versenkt wie Blei in gewaltigen Wassern ...» Die Heiligen aber sinken nicht ein, sondern wandeln auf den Wassern, denn sie sind leicht ... So wandelte auch unser Herr und Erlöser auf den Wassern, denn er ist der, der von der Sünde nichts wußte. Es wandelte darauf auch sein Jünger Petrus, wenn auch schon ein wenig einsinkend, denn er war nicht so groß und so rein, daß er nicht ein bißchen Blei in sich untermischt gehabt hätte ... Wer also heil wird, der wird «heil durch Feuer», damit er, wenn er etwas Blei in sich untermischt hat, vom Feuer davon abgeschmolzen und getrennt werde, und damit alle zu reinem Gold werden; es heißt ja, das «Gold jenes Landes» sei «gut», wo die Heiligen wohnen sollen, und wie «der Ofen das Gold prüfe», so prüfe die Gerechten die Anfechtung. Alle müssen denn ins Feuer, alle in den Schmelzofen, ... und ist einer ganz Blei, so geschieht mit ihm was geschrieben steht: er versinkt «wie Blei in die Tiefe in gewaltigen Wassern».

(912) Wenn es im gegenwärtigen Leben so unerträglich schmerzliche Strafen gibt, was muß es dann erst sein, wenn diese Seele

nicht mehr dieses gröbere Gewand anhat, sondern es bei der Auferstehung vergeistigt zurückerhält, und sie, je feiner es geworden ist, um so rasender die Macht des Schmerzens fühlen wird? Denn so groß der Unterschied in dieser Welt ist zwischen der Geißelung eines Nackten und eines Bekleideten, ... so groß, glaube ich, wird drüben der Unterschied des Leidens sein, wo der menschliche Leib gleichsam die Grobheit dieses Gewandes abgelegt hat und anfangen wird, wie ein nackter Leib die Qualen zu erleiden.

(913) Großer Zorn ist es, von Gott keine Foltern zu erdulden. Denn wer gezüchtigt wird, auch wenn er vom sogenannten «Zorne Gottes» gezüchtigt wird, wird doch für seine Besserung gestraft ... Wenn du es so auffassest, so erwäge, wie der Strafe nicht einmal würdig ist, wer bis auf den heutigen Tag sündigt und doch nicht gestraft wird. Denn die Heimsuchung Gottes zeigt sich am Leiden des Heimgesuchten.

(914) Es kommt zuweilen vor, daß gewisse körperliche Glieder absterben und verdorren, und es leiden oft solche abgestorbenen Glieder [nichts, auch] wenn Schmerzerregendes an sie angelegt wird ... Was du am Körper gesehen, übertrag's auf die Seele und sieh, wie es eine Seele geben kann, deren Glieder so abgestorben sind, daß sie nichts spürt von den Geißelhieben, auch wenn Schmerzliches an sie angelegt wird. Furchtbares wird angelegt, aber eine solche Seele wird nichts spüren – eine andere wird spüren. Und vielleicht trauert der Fühllose, sozusagen, über das Nichtfühlen der zugefügten Qualen mehr als über das Fühlen, und er wünschte lieber, bei etwas Schmerzlichem Schmerz zu empfinden, denn dies wäre ein Zeichen, daß er lebt.

(915) «Es erhöre dich der Herr am Tage der Bedrängnis.» Wer auf dem «engen» und «bedrängten Weg wandelt», der ist immerdar in «Bedrängnis», und betend wird er immerdar erhört; wer auf dem breiten wandelt, wird weder bedrängt noch erhört.

(917) Das ist schrecklich, das ist das Äußerste: wenn wir für unsere Sünden schon nicht mehr gezüchtigt werden, für unsere Übertretungen nicht mehr gebessert.

(918) «Er straft nicht zweimal dasselbe im Gericht.» Er strafte einmal im Gericht bei der Sintflut, er strafte einmal im Gericht über Sodoma und Gomorrha, er strafte einmal im Gericht über

Ägypten und über die sechstausend Israeliten. Glaube nicht, daß diese Rache eine bloße Strafe für die Sünder war und sie nach Tod und Qual abermals neue Qualen erwarten. Sie wurden hienieden gestraft, um nicht drüben dauernd gestraft zu werden. Schau den Armen im Evangelium: er wird von Elend und Armut bedrängt und ruht nachher im Schoße Abrahams. «Er empfing seine Leiden in diesem Leben.» Woher weißt du, ob nicht die bei der Sintflut Umgekommenen «ihre Leiden in diesem Leben» erhalten haben? Woher weißt du, ob nicht Sodoma und Gomorrha «ihre Leiden in diesem Leben» ausgezahlt wurden? Höre das Zeugnis der Schriften ... Willst du das Zeugnis des Alten Testaments? ... «Sodoma wird wie einst wiederhergestellt werden.» Und du zweifelst noch, daß der Herr gut sein wird den Sodomiten gegenüber? «Erträglicher wird es dem Lande von Sodoma und Gomorrha im Gerichte ergehen», sagt der Herr, sich der «Sodomiter» erbarmend. Gütig ist der Herr, mild ist der Herr, «er läßt seine Sonne über den Guten und Bösen aufgehn», ... nicht nur diese Sonne, die wir mit Augen sehen, sondern auch jene Sonne, die mit den geistigen Augen betrachtet wird.

(919) So also richtet es der milde und gütige und menschenfreundliche Gott ein, daß er unter die Foltern, womit er die Sünder straft, auch die Wohltat seiner Heimsuchung mischt und die Armen nicht mit unmäßiger Strafe bedrängt. Immer ist der Herr so: er quält die Bösewichte, aber wie ein gütiger Vater verbindet er Milde mit den Foltern.

(920) Sieh, Pharao war wohl sehr hart, dennoch schreitet er fort unter der Züchtigung. Vor den Hieben kannte er den Herrn nicht, nach der Züchtigung bittet er, man möge für ihn zum Herrn beten. Es ist ein Fortschritt bei der Strafe, zu merken, warum man Strafe verdient.

(921) «Werft ihn hinaus in die äußerste Finsternis», damit er, in der «äußersten Finsternis» weilend, das Licht erdürste und zu dem Gotte weine, der ihm Wohltat erweisen und ihn von dort herausziehen kann.

(922) Die Gerechten versammelt Gott, die Sünder zerstreut er ... Als das Volk Israel nicht sündigte, war es in Judäa, nachdem es gesündigt, wird es über die ganze Erde hin zerstreut und überallhin ausgesät. Ein Ähnliches begreife von uns allen. Es gibt eine

«Kirche der Erstgeborenen, die im Himmel aufgezeichnet sind», wo der Berg Sion ist und die Stadt des lebendigen Gottes, das himmlische Jerusalem. Die Seligen werden dort versammelt werden, um beisammen zu sein. Die Bösen aber werden auch darin gestraft, daß sie nicht beisammen sein können ... Damit das erzieherische Leiden wachse, werden die Büßenden voneinander getrennt.

(923) Weil eine geschwinde und rasch erledigte Heilung für einige ein Anlaß ist, die Krankheiten, in die sie gefallen, als leicht heilbare geringzuachten, so daß sie, einmal gesund geworden, wiederum in sie fallen, so wird [Gott] bei solchen nicht ohne Grund das Wachsen der Bosheit übersehen und ihre bis zur Unheilbarkeit gehende Ausbreitung unbeachtet lassen, damit sie im Verkehr mit dem Bösen und Sich-Anfüllen mit der Sünde, die sie begehrten, bis zum Ekel übersättigt und des Unheils inne werden, um von Haß erfüllt gegen das, was sie einst angestrebt, geheilt auf eine dauerndere Weise der Gesundheit ihrer Seelen sich erfreuen zu können, die ihnen durch die Heilung wiedergegeben ward.

(924) «Du züchtigst jeden Sohn, den du annimmst.» Ich flehe dich an, züchtige auch mich und spare mich nicht mit denen auf, die nicht gezüchtigt werden ... Ich bin bereit, wenn du über mich Krankheiten verhängen willst, mir Siechtum senden, ich will's geduldig ertragen, ich weiß, daß ich nicht nur wert bin, durch Kranksein meine Sünden abzubüßen, sondern es ist mir recht, durch jegliche Drangsal geläutert zu werden, wenn ich nur nicht den ewigen Strafen und Qualen aufgehoben werde ... Wenn du verfügst, daß mir alle Sinne vergehen sollen, so mögen sie zugrunde gehen, nur meine Seele möge nicht bei dir zugrunde gehen.

UNRICHTBARE SCHULD

Die Kirche hat keinen Menschen als mit Sicherheit verdammt erklärt. Menschen können und dürfen nicht richten. Origenes ist unerschöpflich im Aufweisen von Milderungsgründen bei den Bösen: und wenn er ein Körnchen Gut in einer Seele gefunden, so glaubt er die ewige Strafe schon abgewendet (925–933).

(925) Welches aber die Arten der «Sünde zum Tode», welche hingegen «nicht zum Tode» seien, sondern zum «Schaden» [wie der Apostel sagt: «Wessen Werk aber brennen wird, der wird Schaden leiden, er selbst aber wird heil sein, doch wie durch Feuer»], das wird, wie mir scheint, kaum von einem Menschen entschieden werden können. Denn es steht geschrieben: «Wer hat Einsicht in die Sünden?»
(926) Sieh, Kain, der doch ein offenbarer Sünder war, hat dennoch eines recht gemacht, um dessentwillen der Herr zu ihm sagte: «Wenn du gut opferst». Und als Pharao sprach: «Der Herr ist gerecht, ich aber und mein Volk sind gottlos», da tat er etwas Rechtes. Doch wird er darum nicht ein Gerechter genannt.
(927) Wenn einige es einer Naturnotwendigkeit zuschreiben möchten, daß «ein schlechter Baum nicht gute Früchte hervorbringen kann», so mögen sie uns sagen, ob nicht ein Hauch von Gutheit in Judas war, auch wenn er sich nicht voll und nicht, wie er hätte sollen, bekehrte: eben dies, daß er die «dreißig Silberlinge zurückbrachte» und in der Einsicht seiner Sünde sprach: «Ich habe gesündigt, gerechtes Blut überliefernd», woraus stammt das, wenn nicht aus der guten Pflanzung des Geistes und der Saat der Tugend, die in jeder geistigen Seele eingesät ist?
(928) Hätte er jede Regung des Guten aus seiner Seele verjagt, so wäre er wohl nicht in sich gegangen, als er Jesus verurteilt sah.
(929) Es war ein Zeichen der Ehrfurcht bei Pilatus, daß er sich die Hände wusch und sprach: «Ich bin unschuldig an dem Blute dieses Menschen, seht ihr zu.»
(930) Es ist zu beachten, daß zwar geschrieben steht, die «törichten [Jungfrauen]» seien gesandt worden, Öl zu kaufen, daß aber nicht gesagt wird, ob sie gekauft oder welches erhalten haben, sondern dies wird in Schweigen übergangen. Und es heißt nachher nur: «Dann kamen auch die andern Jungfrauen und sagten: Herr, Herr, öffne uns». Während es doch hätte heißen können: dann kamen sie, als sie sich Öl erworben und gekauft hatten. Aber dies wird geziemend verschwiegen, damit nicht zu solchen, die Öl haben oder in letzter Stunde ihre Lampen schmückten, sich das Wort richte: «Ich kenne euch nicht.»
(931) Da also «das Gericht beim Herrn liegt» und dieses das einzige wahre ist ..., darum laßt uns niemanden verurteilen, auch

wenn wir etwas Böses an ihm bemerken. Denn wir wissen nicht, nach welchem Maß er gesündigt hat, wir wissen nicht, in welcher Verfassung er gefehlt hat, und ob er nicht gute Entlastungsgründe für seine Sünde besitzt. Wenn wir also vorsichtig sein wollen, so «richten wir nicht vor der Zeit». Sondern im Gerichte Gottes durch unseren Erlöser Jesus Christus werden wir alles erfahren.

(932) Nehmen wir also das Gericht Gottes nicht voraus und sagen: ‹Der geht zugrunde›, oder voll Freude: ‹Der ist gerettet!› Denn wir verstehen es nicht, Tat gegen Tat abzuwägen und einzuschätzen.

(933) «Er streckte seine Rechte aus und die Erde verschlang sie.» Und doch ist da nicht völlig zu verzweifeln. Denn es ist möglich, daß, wenn der Verschlungene vielleicht umkehrt, er wieder ausgespien werden kann, wie Jonas. Aber mir will scheinen, daß uns alle einst die Erde als Verschlungene in den Eingeweiden der Unterwelt festgehalten hat, und darum unser Herr nicht nur bis auf die Erde herabstieg, sondern bis «zum Untern der Erde».

HEILSSINN DER SCHULD

In diesem Zusammenhang begreift sich der Sinn und die Rolle des Bösen in der Welt: es hat die Aufgabe, Gelegenheit zu Kampf und Bewährung zu geben (934–935) und verwandelt sich in Gottes Hand in ein Mittel zum Guten (936–939). ‹Not-wendig› kann man es innerhalb dieser *(kontingenten) Weltordnung nennen (940). Pädagogik Gottes (941–946). Töten und Lebendigmachen (947–949). Licht und Finsternis (950–951).*

(934) Es mag aber einer fragen, warum die großen «Meerungeheuer» und «Drachen» als schlimm, die «Vögel» aber als gut [von der Schrift] betrachtet werden, da doch von allen zusammen gesagt ist: «Und Gott sah, daß es gut war»? Für die Heiligen ist auch das gut, was ihnen entgegen ist, weil sie es besiegen können und durch den Sieg größerer Herrlichkeit bei Gott teilhaftig werden. Als der Teufel bat, es möchte ihm Macht über Job gegeben werden, wurde diesem der ankämpfende Feind Anlaß einer

doppelten Herrlichkeit nach dem Siege. Das zeigte sich darin, daß er in dieser Welt das Verlorene verdoppelt wiederbekam, wobei er sicher noch drüben im Himmel entsprechend belohnt wurde. Und der Apostel sagt, daß «niemand gekrönt wird, der nicht ordnungsgemäß gekämpft hat». Und wahrlich, wie sollte denn Kampf sein, wenn nichts widersteht? Wie schön und glänzend die Sonne ist, das würde nicht erkannt, wenn nicht die Finsternis der Nacht dazwischenkäme. Warum werden einige für ihre Keuschheit gelobt, wenn nicht, weil andere wegen ihrer Schamlosigkeit verurteilt werden? Wie würden starke Männer verherrlicht, wenn nicht daneben kriegsuntüchtige und zaghafte stünden? Stellst du ein Bitteres daneben, so wird das Süße gelobter. Schaust du ins Schwarze, so wird dir das Helle erfreulicher erscheinen. Und um es kurz zu sagen: aus der Erwägung der Übel ergibt sich die Zier des Guten unmittelbarer. Darum sagt von alldem die Schrift: «Und Gott sah, daß es gut war.»

(935) Ich halte dafür, daß man die Versuchungen als den Wind deuten kann, der aus dem durcheinandergemischten Haufen der Gläubigen die einen als Spreu, die andern als Weizen erweist. Denn wenn deine Seele von irgendeiner Versuchung übermocht wurde, so hat nicht dich die Versuchung zu Spreu gemacht, sondern da du Spreu warst, ... zeigte die Versuchung offen, was du heimlich warst.

(936) Was zunächst ein Böses schien, die ägyptische Hungersnot, wurde zum Ausgangspunkt der besten Ratschlüsse für die Hebräer. Ja, was immer als böse angesehen wird, selbst wenn es wirklich böse ist, verwandelt sich später in ein Gutes.

(937) Eine ungeprüfte und ununtersuchte Tugend ist keine Tugend. ... Nehmen wir Joseph: nimm die Bosheit seiner Brüder weg, nimm weg den Neid, nimm weg die ganze vatermörderische Lügengeschichte, mit der sie gegen den Bruder wüteten, bis sie ihn verkauft hatten, nimm das alles weg, und sieh dann, wie sehr du die Heilsordnung Gottes umstürzest, denn mit demselben Schlag schneidest du alles ab, was in Ägypten von Joseph zum Heile aller gewirkt wurde ... Niemand hätte verstanden, was Gott dem Könige offenbarte, niemand hätte Getreide gesammelt, ... Ägypten wäre zugrunde gegangen, auch die Umgebung wäre vor Hunger zugrunde gegangen, auch Israel und sei-

ne Nachkommenschaft wäre auf der Suche nach Brot nicht in Ägypten eingezogen, noch auch unter Wundern Gottes daraus wieder ausgezogen, ... niemand wäre trockenen Fußes durch das Rote Meer gewandelt, das sterbliche Leben hätte die Manna-Speise nie gekannt, keine strömenden Wasser wären aus dem «nachfolgenden Felsen» hervorgebrochen, und das Gesetz wäre den Menschen nicht von Gott gegeben worden ... Wenn du die Bosheit des Judas aufhebst und seinen Verrat wegnimmst, so hebst du gleichzeitig das Kreuz Christi und sein Leiden auf, und wenn kein Kreuz ist, so werden die «Fürstentümer und Gewalten» nicht «entmächtigt», und es wird nicht «im Holze des Kreuzes triumphiert». Wäre der Tod Christi nicht gewesen, so offenbar auch nicht seine Auferstehung, und keiner wäre der «Erstgeborne aus den Toten» geworden. Hätte es aber keinen «Erstgebornen aus den Toten» gegeben, so wäre für uns auch keine Hoffnung der Auferstehung. Setzen wir auch vom Teufel das gleiche: zum Beispiel, daß er durch irgendeine Notwendigkeit gehemmt worden wäre, zu sündigen, oder daß ihm nach der Sünde der Wille zum Bösen hinweggenommen worden wäre: mit dem gleichen Schlage wäre uns der Kampf gegen die Listen des Teufels hinweggenommen, und wir würden nicht «die Krone» dessen erwarten können, der «ordnungsgemäß gekämpft» ... Aus alldem ergibt sich, daß Gott zu dem guten Werke nicht nur das Gute gebraucht, sondern auch das Böse, und das ist wahrlich wunderbar ... «Im großen Hause» dieser Welt «sind nicht nur goldene und silberne Gefäße, sondern auch hölzerne und tönerne, und die einen zur Ehre, die andern aber zur Schmach», beiderlei aber sind notwendig ... Nicht machte sie der Schöpfer zu solchen, sondern er fügt diese Geister ihren eigenen Entschlüssen gemäß durch die Gerechtigkeit seiner Vorsehung und nach einem unaussprechlichen Plane der Weltordnung ein. Wie zum Beispiel in den großen Städten gewisse Menschen, die unwürdig sind und der Auswurf der Gesellschaft und von schlimmster Lebensart, dazu verurteilt werden, die niedrigsten und beschwerlichsten Dienste zu leisten – sie dienen zum Beispiel als Heizer in den Öfen der Bäder, damit du deine Bequemlichkeit und deine Lust habest, oder sie reinigen die Latrinen und tun ähnliche Arbeit, damit dir der Aufenthalt in der Stadt angenehm werde, und sie tun das entweder freiwillig oder gezwungen durch ihre Schuld, ihr Werk aber nützt denen, für die das Gute und Nützliche getan wird – so ist es auch hier: Gott hat die Bosheit nicht geschaffen, aber da er sie dennoch in der vorsätzlichen Absicht derer vorfand, die vom rechten Wege abgewichen, wollte er sie keineswegs aufheben, indem seine Vorsehung aus dem, was den Sündern selber ohne Nutzen sein mochte, doch eine Förderung schuf für die, gegen welche sie geübt wurde.

(938) «Wie unerforschlich sind seine Gerichte.» Wie nämlich könnte ein menschlicher Geist so etwas vermuten, daß bei voller Wahrung der Freiheit des Einzelnen, des einen Bosheit dem andern zum Heil ausschlagen könnte!

(939) Wie der Rauch die Folge des Feuers und Lichtes ist, so sind die Sünder die Folge der Gerechten.

(940) Nach diesem ist das Wort «Notwendigkeit» zu untersuchen, in dem Ausspruch: «Notwendigkeit ist es, daß Ärgernisse kommen.» … So, wie es notwendig ist, daß ein Sterblicher sterbe, …[1] wie es notwendig ist, daß das Körperliche sich ernähre, … so ist es notwendig und unumgänglich, daß «Ärgernisse kommen». Es ist «Notwendigkeit», daß unter den Menschen die Sünde der Tugend vorangehe, von der Sünde aber «kommen die Ärgernisse», denn es ist unmöglich, einen völlig sündelosen Menschen zu finden, und einen, der ohne Sünde die Tugend errang. … Glaube aber darum nicht, daß die Ärgernisse in der Natur selbst und in der Veranlagung liegen, wenn sie gewisse Menschen, «durch die sie kommen», heimsuchen; denn wie Gott den Tod nicht schuf, so schuf er auch die Ärgernisse nicht, sondern die Freiheit ist es, die in den gewissen, welche die Mühen der Tugend nicht auf sich nehmen wollten, das Ärgernis schuf.

(941) Darum nimmt er dem Teufel die Weltherrschaft nicht weg, weil sein Tun weiterhin dient zur Vervollkommnung derer, die

[1] Im selben Maße, wie innerhalb einer beschreibenden Wesensphilosophie der Mensch als ‹Dasein zum Tode› erscheint und nicht anders erscheinen kann, im gleichen Grade erscheint das Böse dann als ‹notwendig›. Daß diese Notwendigkeit einer höheren theologischen Betrachtung als kontingent erscheinen muß, dies kann von der Philosophie aus nicht ausgemacht, nicht einmal geahnt werden.

gekrönt werden sollen, weil man seiner Mithilfe noch bedarf für die Kampfübungen und Siege der Seligen.

(942) Darum heißt es auch von Gott, er gestatte den feindlichen Mächten, ja er treibe sie beinahe an, gegen uns zu Felde zu ziehen, damit wir zu siegen Gelegenheit hätten.

(943) Da Gott die Zukunft vorauswußte, und welches Streben zur Frömmigkeit Paulus zeigen werde, ... [sprach er zu sich]: am Anfang will ich hingehen lassen, in der Jugend, daß sich Eifer in ihm mit Blindheit verbinde und er die Gläubigen, die an meinen Christus glauben, unter dem Vorwand der Frömmigkeit verfolge, ... damit er nach diesem jugendlichen Treiben sich einen Anlaß daran nehme und, zu Besserem gewandelt, sich vor meinem Angesicht nicht rühme, sondern spreche: «Durch die Gnade Gottes bin ich was ich bin.»

(944) Nicht schon, wenn wir gehorchen wollen, gehorchen wir auch wirklich sogleich, es braucht eine gewisse Zeit: wie für die Heilung von Wunden, so auch bei der Bekehrung bis zur vollen reinen Hinwendung zu Gott.

(945) «Gott überlieferte sie den Begierden ihres Herzens in Unreinheit.» Wie kann es gerecht sein, daß einer ... auch wenn er um seiner Sünde willen überliefert wird, der Begierlichkeit übergeben werde? Wie nämlich, wer zur Strafe der Finsternis übergeben wird, nicht dafür verantwortlich gemacht werden kann, daß er im Dunkeln ist, und wer dem Feuer übergeben wird, nicht dafür, daß er gebrannt wird, so scheint es auf den ersten Blick nicht mit Recht denen zur Last zu werden, daß sie ihren Leibern Schmach antun, die den Begierden und Unreinheiten überliefert werden.

(946) «Und Hunger will ich über sie schicken und Mensch und Tier von ihr nehmen.» Wie mag ich so verhüllte Dinge öffentlich vortragen? Woher käme es mir zu, dies zu erklären, warum der Erde Hungersnot und warum ihr Fruchtbarkeit zustoßen? Warum Überfluß, warum Mangel? «O Tiefe der Reichtümer, der Weisheit und Erkenntnis Gottes.»

(947) Es mag aber einer sagen, das Wort: Jesus ist «nicht gekommen», jetzt «die Welt zu richten», sei nicht völlig verständlich, wenn man das Folgende danebenhält: «Das aber ist das Gericht, daß das Licht in die Welt kam.» Und in diesem selben Evangeli-

um sagt Jesus: «Zum Gericht bin ich in die Welt gekommen.» Lösen wir also die Schwierigkeit: beides wirkt Jesus durch seine Ankunft: er richtet die Welt und er rettet sie. Aber das eine durch das andere. Denn er kam zum Gericht in die Welt, um sie zu retten (er rettet ja nicht, um zu richten), und er kommt wie ein Arzt zum Kranken, um ihn zu heilen … «Wer an ihn glaubt, wird nicht gerichtet.» Denn wer durch den Glauben zur vollkommenen Erlösung hindurchgelangt ist, unterliegt nicht dem Gerichte. Wer freilich nicht glaubt, richtet sich selbst und ist somit schon gerichtet.

(948) Die Worte Gottes tun zuerst, was notwendig ist: Entwurzeln, Niederreißen, Zerstörung des Bösen. Dann bauen sie das Gute auf. Und immer bemerkten wir, daß in der Heiligen Schrift das Düsterblickende, sozusagen, an erster Stelle steht, dann an zweiter Stelle, was für heiter gilt. «Ich töte und mache lebendig.» Wen töte ich? Paulus den Überlieferer, Paulus den Verfolger. Und «ich mache lebendig» – damit er Paulus der Apostel werde. Würden das die unseligen Häretiker[1] einsehen, so würden sie uns nicht ständig wiederholen: Siehst du, wie der Gott des Gesetzes wild und unmenschlich ist, wie er spricht: «Ich töte und mache lebendig?» Siehst aber du nicht in den Schriften die Auferstehung der Toten, oder siehst du nicht, daß die Auferstehung der Toten schon in den Einzelnen begonnen ist? «Wir wurden in der Taufe Christo mitbegraben», und «wir sind mit ihm auferstanden.» … Es muß eben die Bosheit aus der innersten Tiefe ausgerissen werden, es muß der Bau der Sünde in unseren Seelen abgebrochen werden, damit nachher die WORTE bauen und pflanzen können, … damit das Götzenbild niedergelegt werde und dort der Tempel Gottes erstehe und in dem erbauten Tempel die Glorie Gottes erfunden werde.

(949) Die Wohltat des Regens fiel auch auf die schlechtere Erde, aber weil der Boden ungepflegt und unbestellt war, brachte er «Dornen und Disteln» hervor. Auf gleiche Weise sind die Wunderwerke Gottes gleichsam ein Regen, die freien Willen aber sind wie die bestellte oder die vernachlässigte Erde, Erde freilich beide ihrem Wesen nach. Wie wenn die Sonne eine Stimme

[1] Die Marcioniten.

annähme und sagte: ich schmelze und dörre, so würde sie trotz des Gegensatzes von Schmelzen und Dörren doch in Hinsicht auf den Gegenstand nicht unwahr reden, denn von ein- und derselben Wärme wird das Wachs geschmolzen, der Kot vertrocknet. So wurde auch durch die einzige Tätigkeit, die Moses gewirkt, Pharao wegen seiner Bosheit als verhärtet erwiesen, die untermischten Ägypter aber, die zugleich mit den Hebräern aufgebrochen waren, als gehorsam.

(950) «Das Licht leuchtete in der Finsternis, und die Finsternis hat es nicht erfaßt.» Auf doppelte Weise hat die Finsternis das Licht nicht erfaßt: entweder durch große Entfernung und durch seine Unfähigkeit, mit der eigenen Langsamkeit dem geschwinden Laufe des Lichts, selbst der Ausdehnung nach, zu folgen. Oder wenn das Licht beschließt, sich von der Finsternis verfolgen zu lassen, und nach einem bestimmten Ratschluß das Licht die sich Heranschiebende erwartet –: sobald sie dem Licht naht, vergeht sie. Auf beide Arten aber erfaßte die Finsternis nicht das Licht.

(951) Das Licht, das in Gott ist, zerstreut alle Finsternis und Unwissenheit und Sünde. Darum läßt es sich, wenn es in einer so großen Finsternis erscheint, von ihr nicht erfassen. Dies Licht ist die Weisheit und die Gerechtigkeit Gottes, als Weisheit zerstreut es die Unwissenheit des Geistes, als Gerechtigkeit stellt es die Abwege der Seele wieder richtig. Und dies eben ist das Leuchten in der Finsternis: daß es seine eigenen Strahlen ohne Zurückhaltung hinsendet zum erleuchteten Menschen. Darum wird es von der Finsternis nicht erfaßt: weil diese sich auflöst und sich verflüchtigt vor seiner Gegenwart. Nicht wie ein Bestehendes und sich Anstrengendes faßt sie nicht, sondern durch Auflösung und In-Nichts-Vergehen. So hat Paulus, als er ihn nicht kannte, Christus verfolgt, er stürmte heran wegen seiner damaligen Unwissenheit, und die wir die Finsternis nannten. Als aber das verfolgte Licht über ihr strahlend aufging mit seinen eigenen Flammen, da zerlöste sich die Finsternis und vermochte das Licht, dem es nachstellte, nicht zu fassen. Der Schächer am Kreuz, da der bereut, war ein Verzweifelter, der in dieser Finsternis das Licht verfolgte, aber des Schächers Finsternis wird zerstreut, und also faßt sie das Licht nicht. Um den Gedanken noch durchsichtiger zu machen: das Licht ist die Wahrheit. Wenn Lüge und jeg-

liche Art von Betrug (das ist die Finsternis) dem Lichte nachstellen, so vergehen sie und zerrinnen im Augenblick, wo sie es einholen. Geht die Wahrheit auf, so zerlösen sich Lüge und Betrug. Und ich sage das Widersprüchliche: nur wenn die Finsternis ferne ist, verfolgt sie das Licht, sobald sie heranrückt, um zu fassen, vergeht sie. Die Lüge hat im Menschen so lange Macht und Wirksamkeit, solange sie sich von der Wahrheit fern hält, um die Wahrheit aus dem Geiste zu vertreiben; rückt sie ihr aber auf den Leib, so erweist sie ihr völliges Nichts. Darum ist's, daß Gott mit Notwendigkeit die Sünde bestehen ließ, auch wenn er es hätte verhindern können, damit die Größe der Tugend gezeigt würde.

LIST DER LIEBE

Damit mündet das Geheimnis der reinigenden Strafe in das letzte Geheimnis der Übermacht der Liebe über das Böse. Auch die menschliche Freiheit ist nicht so absolut, daß sie nicht von Gottes absoluterer Liebe umgriffen bliebe (952–953). Aber dies Geheimnis bleibt verhüllt und muß es bleiben (954–959). Denn nur wenn das Leben eine absolute Wahl ist, behält es seinen Ernst und seine Spannung (960). Der Mensch muß unter Gott bleiben (961). Jeremias' vorwurfsvolle und doch tiefer liebende Anklage gegen den ‹Betrug› Gottes: sowohl die Leiden, die Gott aufspart, wie das Gute, das er daraus zieht, müssen ob ihrer Größe verborgen bleiben (962–963). Der Begriff des ‹Zornes› Gottes hat teil an demselben Charakter der ‹Verstellung›, wie die gesamte oikonomia *(Heilsordnung) es in alexandrinischer Sicht hat (964–966). Das eigentliche, umfassende Gericht ist das Kreuz (966a).*

(952) Es hätte also der Gott des All zwar in uns ein Schein-Gut wirken können: daß wir aus Notwendigkeit Almosen geben, aus Notwendigkeit besonnen seien. Aber das wollte er nicht. Nicht aus trüber Ergebung oder aus Zwang befiehlt er uns zu wirken, was wir tun, damit freiwillig sei das Getane. So muß er denn, wenn ich so sagen soll, einen Weg suchen, wie einer freiwillig das tue, was Gott will[1].

[1] Vgl. Text 1019–1020.

(953) Weil das WORT und seine Heilkraft mächtiger ist als alle Sünden der Seele, so wendet es diese bei jedem Einzelnen an, und das Ende der Dinge ist die Vernichtung der Sünde.
(954) Dies war es, was verborgen bleiben sollte und nicht in die Öffentlichkeit gebracht – aber die Häretiker zwingen uns, die zu verbergenden Dinge offenzulegen –, denn sie sind nützlicherweise verdeckt vor denen, die noch dem seelischen Alter nach «Kinder» sind, die der Furcht bedürfen, ... damit sie die Güte Gottes nicht verachten.
(955) Was freilich in dieser Reinigung durch das Feuer für ein Zeitraum, wie viele Ewen Qual von den Sündern gefordert werden, kann der allein wissen, dem «der Vater das ganze Gericht übergab», der sein Geschöpf so sehr liebte, daß er sich für dasselbe ausgeleert «aus der Form Gottes und Form des Sklaven anzog, sich erniedrigend bis zum Tode», «wollend, daß alle Menschen gerettet werden und zur Erkenntnis der Wahrheit gelangen». Aber dessen müssen wir immer eingedenk bleiben, daß der Apostel die vorliegende Stelle wie ein Geheimnis behandelt wissen wollte und daß die Gläubigen und die Vollkommenen diese Einsicht als das Mysterium Gottes mit Schweigen umhüllen und nicht wahllos Unvollkommenen und weniger Fähigen mitteilen. «Gut ist es», sagt die Schrift, «das Geheimnis des Königs zu verhüllen.»
(956) Es ist eine Sitte beim Apostel, wenn er von der Güte Gottes und seiner unaussprechlichen Milde etwas geoffenbart hat, wiederum der nachlässigeren Hörer wegen gleichsam etwas zu verbittern, was er gesagt, und den weniger sich Anstrengenden etwas Furcht einzuflößen, so wie er über das Ende aller Dinge den Korinthern gegenüber handelt: «Wie nämlich in Adam alle sterben, so werden in Christus alle wiederbelebt», und kurz darauf: «Dann das Ende, wenn er das Reich Gott dem Vater übergibt», und was folgt. Für die aber, von denen er fürchtet, sie möchten die Reichtümer der Güte und der Geduld und Langmut Gottes verachten, «gemäß ihrer Härte und ihrem unbußfertigen Herzen sich Zorn sammeln für den Tag des Zorns und der Offenbarung des gerechten Gerichts Gottes», fügt er nach dem, was er über das Ende gesagt, noch bei: «Laßt euch nicht verführen. Böse Reden verderben gute Sitten. Wacht auf, ihr Gerechten, und sün-

digt nicht. Viele unter euch sind unwissend, ich sage es zu eurer Beschämung.»

(957) Denn nicht gefiel es dem Heiligen Geiste, der von diesen Dingen handeln wollte, daß sie öffentlich und sozusagen unter die Füße der Unerfahrenen zum Zertreten dalägen, sondern er sorgte dafür, daß, selbst wenn man ihrer auch öffentlich habhaft zu sein scheint, sie doch durch die Dunkelheit der Reden verborgen, in Geheimnis und Verhüllung überdeckt verwahrt bleiben.

(958) «In meinem Herzen hast du deine Worte verborgen, damit ich dir nicht sündige.» Es sündigt gegen Gott, wer der verborgeneren Worte gewürdigt wurde und sie nicht verbirgt, vor wem er soll.

(959) Auch Wahres von Gott zu sagen, ist gefährlich. Denn nicht nur das bringt Schaden, was über ihn falsch vorgebracht wird, sondern auch das Wahre, das unzeitgemäß veröffentlicht wird, wird dem Redenden zur Gefahr. Gewiß ist es eine echte «Perle», aber wird sie «vor die Schweine geworfen», so zum Gerichte dessen, der sie unter ihre Füße preisgab.

(960) Bei Jeremias heißt es: «Vielleicht werden sie hören und sich bekehren.» Gott sagt das nicht, weil er nicht weiß, ob sie sich bekehren werden oder nicht, … sondern um in diesen Worten das Gleichgewicht der Möglichkeiten zu zeigen, damit nicht der vorausverkündete Ausgang, den Schein der Notwendigkeit an sich tragend, die Hörenden niederdrücke, (als ob die Bekehrung nicht in ihren Kräften stehe, und jene die Ursache der Sünden sei), und wiederum damit die Voraussicht denen, die durch das Nichtwissen des kommenden Guten durch Kampf und Anstrengung gegen das Böse ein Leben nach der Tugend führen könnten, nicht zu einem Anlaß der Abspannung werde und sie nicht mehr mit der rechten Spannung gegen die Sünde stehen, da ja das vorausgesagte Gute auf jeden Fall eintreffe. Und so würde die Voraussicht gewissermaßen ein Hindernis werden für das Gute, das eintreffen soll. Da also Gott die ganze Weltordnung trefflich verwaltete, so hat er uns mit guten Gründen für die Zukunft blind gemacht, denn Einsicht in sie würde uns in unserem Ringen mit der Sünde hemmen, … ja, es würde der Widerspruch entstehen, daß einer zugleich zur sittlichen Güte gelangt

und voraus weiß, daß er durchaus gut sein werde. Denn zu dem hinzu, was wir von Natur besitzen, ist uns ein unbändiger Schwung und eine gewaltige Spannung vonnöten, um zur sittlichen Güte zu gelangen; das vorausgenommene Wissen, daß wir durchaus gut sein werden, lähmt aber die Anstrengung. Darum ist es förderlich, daß wir nicht wissen, ob wir gut oder böse sein werden[1].

(961) «Ich verhärte das Herz des Pharao und vermehre meine Zeichen … Und es wurde das Herz Pharaos verhärtet.» Wenn wir wirklich glauben, daß diese Schriften göttlich sind und vom Heiligen Geiste geschrieben, so werden wir, denke ich, doch nicht so unwürdig vom göttlichen Geiste denken, daß wir in einem so großen Werke es für Zufall halten, wenn in solchem Wechsel das eine Mal gesagt wird: «Gott» habe «das Herz des Pharao verhärtet», dann aber, es sei nicht von Gott, sondern gleichsam aus eigenem Antrieb «verhärtet worden». Ich freilich bekenne mich als wenig geeignet und weniger fähig, aus solchen Unterschieden die Geheimnisse der göttlichen Weisheit zu lesen. Ich sehe aber Paulus, der sich wegen des in ihm wohnenden Heiligen Geistes nicht scheute, zu sagen: «Uns aber offenbart Gott, durch seinen Geist; denn der Geist durchforscht alles, auch die Tiefen Gottes» – den also sehe ich als einen, der begriff, worin sich unterscheidet: daß Pharaos Herz sich verhärtet habe, und daß der Herr das Herz Pharaos verhärtet habe. Denn er sagt zwar an einer Stelle: «Oder verachtest du die Reichtümer seiner Güte und Geduld und Langmut und weißt nicht, daß die Geduld Gottes zur Buße führt? Deine Verstockung und deinem unbußfertigen Herzen gemäß sammelst du dir Zorn für den Tag des Zorns und der Offenbarung des gerechten Gerichtes Gottes», dadurch offenbar einen beschuldigend, der aus eigenem Antrieb sich verhärtet hat. Anderswo aber stellt er gleichsam über diese Dinge eine Frage und redet also: «Wessen er also will, dessen erbarmt er sich. Du sagst mir also: Was beklagt er sich dann

[1] Hiermit ist ein Prinzip ausgesprochen, das diese gesamte Erlösungslehre nicht als falsch erklärt, wohl aber dem Zugriff des Menschen und einer (notwendig objektiven, als Lehre selbst nie ‹existentiellen›) Theologie entzieht.

noch? Denn wer widersteht seinem Willen?» Und er fügt dem zuletzt bei: «O Mensch, wer bist du, daß du Gott herausgeben willst?» Mit diesen Worten beantwortet er, wie einer von Gott verhärtet wird, und tut es nicht sosehr durch Lösung der Frage, als durch apostolische Autorität. Ich denke, er hielt es nicht für angebracht, im Hinblick auf die Unfähigkeit der Hörer, die Lösung solcher Geheimnisse «dem Papier und der Tinte anzuvertrauen» – so wie er anderswo von gewissen Worten sagt, er habe Dinge gehört, «die ein Mensch nicht reden darf». So schreckt er in der Folge den, der weniger mit dem Anspruch ernster Anstrengung, als aus Wissensgier sich neugierig in geheimnisvolle Fragen einmischt, mit der großartigen Strenge des Meisters ab und sagt: «Oh, Mensch, wer bist du, daß du Gott herausgeben willst? Sagt etwa das Tongebilde zu dem, der es knetete: Warum hast du mich so gemacht?», und der Rest. So mag es uns genügen, dies allein beachtet und betrachtet und den Hörern gezeigt zu haben, wie Gewaltiges in den Geheimnistiefen des göttlichen Gesetzes versenkt ist, um dessentwillen wir im Gebete sagen müssen: «Aus der Tiefe rufe ich zu dir, Herr.»

(962) «Du hast mich betrogen, Herr, und ich wurde betrogen.» Gott – betrügt? Wie ich die Erklärung lenken soll, weiß ich nicht; soll ich in diesem Wort etwas auf Gott und sein WORT Bezügliches sehen, so bedarf es einer edlen Auslegung ... So muß man sich das Betrügen Gottes andersartig vorstellen als den Betrug, den wir verüben. Was also ist dieser Betrug Gottes, den der Prophet merkte, als er schon vorüber war, da er, den Nutzen des Betrogenwerdens merkend, sagte: «Du hast mich betrogen, Herr, und ich wurde betrogen»? ... Als ich dies also hörte, dachte ich bei mir selber nach, und wünschte wohl, etwas Wahres zu dieser Stelle gefunden zu haben. Ist es vielleicht so, daß, wie der Vater den Sohn, wenn er noch klein ist, zu dessen Nutzen betrügen will, da er dem Kinde nicht anders nützen kann, als indem es betrogen wird; daß, wie der Arzt den Kranken zu betrügen versucht, wenn dieser nicht anders geheilt werden kann, als durch betrügerische Worte, auch Gott es so machen muß, wenn er sich vorgenommen, dem Menschengeschlecht zu helfen? Es sage der Arzt zum Kranken: Du mußt geschnitten werden, du mußt mit dem glühenden Eisen gebrannt werden, du mußt wei-

teres Beschwerliches dulden, so wird sich der andere wohl nicht hergeben; aber gelegentlich redet er anders und verbirgt unter einem Schwamme jenes schneidende und trennende Eisen. Und wiederum verbirgt er, sozusagen, unter Honig das Bittere und das freudlose Heilmittel, nicht mit dem Willen zu schaden, sondern den Kranken zu heilen. Von solchen Heilmitteln ist die ganze göttliche Schrift angefüllt, und oft ist ein Süßes verborgen, oft aber ein Bitteres. Wenn du den Vater Drohungen ausstoßen siehst, als ob er den Sohn haßte und dem Sohne schreckliche Dinge sagen und seine Zärtlichkeit nicht zeigen, sondern seine Liebe zum Sohne verbergen siehst, dann weißt du, daß er den Kleinen betrügen will. Denn es ist nicht gut für den Sohn, daß er die Vaterliebe verstehe und deren besorgte Zärtlichkeit; er würde sich nur gehen lassen und nicht erzogen werden. Darum verbirgt jener das Süße der Zärtlichkeit und zeigt das Bittere der Drohung her. Und etwas Ähnliches wie der Vater und der Arzt tut Gott. Es gibt gewisse bittere Dinge, die auch noch den Gerechtesten und Weisesten heilen (...)[1]. Denn jeder Sündigende muß für seine Sünden gestraft werden. «Laßt euch nicht täuschen: Gott läßt seiner nicht spotten. Unkeusche, Ehebrecher, Weichliche, Knabenschänder, Diebe, Trunkenbolde, Verleumder, Räuber werden das Reich Gottes nicht erben.» Hätten das jene verstanden und genau erwogen, die das heilende Eisen unter dem Schwamm nicht sehen und den bittern Trank unter dem Honig nicht begreifen können, so müßten sie den Mut fallen lassen. Denn wer von uns ist sich keines unbedachten Trinkens und Berauschtseins bewußt? Wer von uns ist von Diebstahl rein und davon, sich das Notwendige auf ungerechte Weise verschafft zu haben? Aber sieh, was das Wort sagt: «Laßt euch nicht darüber täuschen, daß diese das Reich Gottes nicht erben werden.» Das Geheimnis dieser Stelle ist zu verbergen, damit die Menge nicht den Mut verliere, damit sie nicht, die Wahrheit erfahrend, den Ausgang nicht als ein Ausruhen, sondern als eine Züchtigung erwarte. Denn wer ist ein zweiter Paulus, daß er sagen kann: «Besser aber ist es, aufgelöst zu werden und mit Christus zu sein?» Ich für mich kann dieses Wort nicht sagen ... Wie es von den Gütern

[1] Lücke.

der Gerechten heißt, daß «in keines Menschen Herz aufstieg, was Gott denen bereitet hat, die ihn lieben», so stieg es auch in keines Menschen Herz auf, was er den Unzuchtsündern und Ehebrechern bereitet hat. Denn wenn es «in das Herz aufstieg», wessen der schuldig wird, der seinem Bruder «du Tor» sagt, so ist es klar, daß etwas Schlimmeres, als was «in das Herz aufstieg», denen bereitet ist, die schlimmere Sünden begehen. Ich kann mir nichts Schlimmeres als «die Gehenna» denken, aber ich glaube, daß den Unzüchtigen etwas Schlimmeres als «die Gehenna» aufbewahrt ist ... Was sagt ferner der Apostel? «Wer das Gesetz Moses' übertritt, der stirbt ohne Erbarmen, wenn zwei oder drei Zeugen sind. Einer wieviel schrecklicheren Strafe glaubt ihr, wird der schuldig sein, der den Sohn Gottes mit Füßen tritt?» Nenne, o Paulus, die Strafe, sprich sie aus! Ich nenne sie nicht, sagt er, über alles Sagbare hinaus ist die Strafe derer, die gegen das Evangelium sündigen ... Siehst du, wie das alles der Menge der Gläubigen verborgen ist? Und es ist mit gutem Grunde verborgen. Und ein jeder von uns, der nicht Götzendienst getrieben, der nicht Unzucht getan (wären wir doch wenigstens davon rein!), glaubt, daß er, aus diesem Leben scheidend, gerettet wird! Und wir denken nicht daran, daß «wir uns alle vor dem Richterstuhle Christi stellen müssen, damit jeder den Lohn empfange für das, was er im Leibe getan, Gutes oder Böses» ... Da also der Arzt oft das heilende Eisen unter dem zarten und weichen Schwamm verbirgt, und auch der Vater seine Zärtlichkeit in drohende Worte einhüllt, ... so begriff der Prophet im Geheimnis, daß Gott ein Ähnliches tut; und sich im Guten von Gott betrogen sehend, spricht er: «Du hast mich betrogen, Herr, und ich wurde betrogen.» In eine solche Entrückung hat Gott ihn versetzt, daß er zu Gott selbst sprach: Betrüge mich, wenn es förderlich ist. Denn ein anderes ist der Betrug von Gott, ein anderes der Betrug der Schlange. Sieh, was das Weib zu Gott sagt: «Die Schlange hat mich betrogen, und so aß ich.» Und der Betrug der Schlange warf Adam und Eva aus dem Paradiese Gottes hinaus; der Betrug aber, der dem Propheten zustieß, ... hat ihn zu einer so hohen Gnade der Prophetie gehoben, daß seine Kraft dadurch vermehrt und er vollendet wurde und ohne jede Menschenfurcht dem Willen des WORTES Gottes gehorchen konnte ...

Was immer die Schlange sagen mag, sei es wahr, was sie flüstert, oder wolle sie mich betrügen, ich bin ihren Worten gegenüber voll Mißtrauen. Ich weiß: wenn sie mich betrügt, wie wenn sie wahr sagt, schadet sie mir. Denn auch ihre Wahrheit schadet. Nichts Nützliches kommt von der Schlange, denn «ein schlechter Baum kann nicht gute Früchte tragen». Was immer mir aber Gott rede, wenn ich nur sicher bin, daß es Gott ist, der redet, so bin ich bereit, mich dem hinzugeben. Redet er wahr? Ich nehme es auf. Will er mich betrügen? Ich lasse mich gern betrügen. Nur Gott betrüge mich, und hab ich mich einmal gegeben, und weiß ich, daß Gott es ist, der redet, so ist es mir gleich, betrogen zu werden ... Darum sage ich nicht nur, daß du einen Betrug angezettelt hast, sondern auch, daß ich weiß, daß du mich betrogen hast, und so sage ich: «Du hast mich betrogen, Herr, und ich wurde betrogen ...» Wir betrügen die Kinder, die Kindliches fürchten, damit die kindliche Unerzogenheit weiche ... Aber wir alle sind Kinder vor Gott und bedürfen der Kindererziehung. Darum schont uns Gott, wenn er uns betrügt, auch wenn wir den Betrug vor der Zeit nicht wahrnehmen, damit wir nicht etwa, die Kindheit überspringend, statt durch Betrug, durch die Wahrheit selbst erzogen werden müssen ...

(963) Auch wenn er gegen mich mit großer Macht und vielen Drohungen anfährt, ich weiß doch, daß bei ihm die Wahrheit liegt.

(964) Gott will, und der «Zorn Gottes» ergeht, damit werde, was Gott will. Denn will einer nicht im Willen des WORTES Gottes werden, so wird der Zorn über ihn gesandt.

(965) Denn wahrhaft ist «der Zorn» etwas von Gott Verschiedenes, so daß er ihm nicht als etwas ihm Einwohnendes verbunden werden kann. So wird auch von den Sündern gesagt: «Du sandtest deinen Zorn aus und er vertilgte sie.» Niemand kann «aussenden», was mit ihm verbunden und verwandt ist.

(966) Aber vielleicht ist da einer, der sich am Worte «Zorn» stößt und diesen in Gott anklagt. Dem antworten wir, daß der «Zorn Gottes» nicht sosehr ein «Zorn», als eine notwendige Heilsordnung sei.

(966a) Das Leiden am Kreuz war das Gericht über diese gesamte Welt, denn «indem er durch das Blut seines Kreuzes Frieden herstellte sowohl für die irdischen wie für die himmlischen Dinge» und bei seinem «Triumph am Kreuz» «die Herrscher und Mächte beraubte», setzte er sich im Himmel nieder und ordnete vollendend jegliches Ding zu seinem ihm zukommenden und passenden Ziele hin. Da also das, was eines jeden Dinges Gericht enthielt, die im Kreuz begründete Heilsausspendung war, sagte er, als die Zeit dieses Leidens nahte: «Jetzt ergeht das Gericht über die Welt.»

FURCHT DER LIEBE

Für den Menschen, der in diese Geheimnisse gestellt ist, bleibt als letzte Haltung nur die Spannung zwischen Furcht und Liebe. In der Furcht wird er mit Christus ans Kreuz geschlagen, in der Liebe steht er mit Christus von den Toten auf. Aber wenn auch die (knechtische) Furcht durch Liebe überwunden wird, so doch nicht der Affekt des lobenden Dienstes (967–974).

(967) So wie er zugleich Opfer und Priester, zugleich in der «Sklavengestalt» und in der «Gottesgestalt» ist, so ist er auch zugleich unser Fürsprecher und unser Richter.

(968) Denn weder ist er nur gütig und nicht auch streng, noch auch nur streng und nicht auch gütig. Wäre er nur gütig und nicht auch streng, so würden wir zumeist seine Güte verachten, wäre er nur streng und nicht auch gütig, so würden wir ob unserer Sünden verzweifeln. Nun aber besitzt er als Gott beides.

(969) «Selig der Mann, der den Herrn fürchtet.» Wer nicht fürchtet, ist nicht selig.

(970) «Jubelt ihm mit Zittern.» Immer mit dem Blick darauf, daß es möglich sei zu fallen, wenn der Beistand den verläßt, der etwas Lobwürdiges tut.

(971) «Und sie betrübten sich sehr und begannen der Reihe nach zu sagen: Bin etwa ich es, Herr?» Ich denke aber, daß jeder der Jünger aus den Lehren Jesu wußte, daß die Menschennatur veränderlich und zum Bösen neigbar ist … Wir alle müssen, die wir schwach sind, alles Künftige fürchten, wir, die noch nicht die Weisheit der Vollkommenheit bekommen haben, der gemäß

der Apostel sagte: «Ich vertraue aber, weil weder Tod noch Leben» noch alles andere «uns trennen kann von der Liebe Gottes, die da ist in Christus Jesus». Wer aber noch nicht vollkommen ist, der zweifle an sich selbst wie an einem, der fallen kann. Dieser menschlichen Schwäche gemäß schrieb Paulus an die Korinther: «Ich züchtige meinen Leib und unterwerfe ihn mir, damit ich nicht, während ich andern predige, selbst verlorengehe.»

(972) «Nagle an mein Fleisch mit deiner Furcht, denn deine Gerichte fürchte ich.» Wer angenagelt ist, der ist gekreuzigt. Ich suche also das Kreuz und frage mich, ob es nicht die Furcht Gottes wäre. Es sagt ja auch der Erlöser: «Wenn einer sein Kreuz nicht trägt und mir nachfolgt, ist er meiner nicht wert.» Oft haben wir zwischen Furcht und Liebe unterschieden und gesagt, daß der Liebende vollkommener sei als der Fürchtende, und daß die Furcht notwendig sei für den Anfang. Wo aber die «vollkommene Liebe» eintritt, da «wirft sie die Furcht hinaus». Da sich also der Gerechte von Gott mit der «Furcht angenagelt» findet, so frage ich, ob nicht etwa der Gekreuzigte, der von den Nägeln der Furcht durchbohrt ist, sich davor fürchtet, daß seine «irdischen Glieder absterben», wenn aber die vollkommene Liebe eintritt, er vom Kreuze abgenommen wird, begraben wird und von den Toten aufersteht, um «in der Neuheit des Lebens zu wandeln», es nicht mehr durch Furcht geschieht, sondern durch die Liebe in Christus Jesus?

(973) Wie er nicht ein Gott «der Toten, sondern der Lebendigen» ist, so ist er auch nicht der Herr feiler Sklaven, sondern solcher, die zwar am Anfang, als sie noch klein waren, durch die Furcht zu Edeln und Freien wurden, die aber später unter der Liebe in ein seligeres Dienen eintraten, als es das der Furcht war.

(974) Auch ein Sohn kann dienen. Und nicht allein die Furcht ist Anlaß des Dienstes, sondern auch die Liebe.

Gott alles in allem

DIE SAKRAMENTE DER WAHRHEIT

Die Grundverfassung des Seins, seine Doppelheit als Wahrheit und Gleichnis, bewährt sich im Endzeitlichen ein letztes Mal. Schon früher wurde angedeutet, daß, wie das Alte Testament Gleichnis des Neuen war, so das Neue, ja die ganze Schrift, Gleichnis des ewigen Evangeliums. Alles, was in der irdischen Heilsordnung geschieht, ist Zeichen und Sakrament, Spiegel und Rätsel dessen, was in der ewigen Heilsordnung sich vollzieht. So ist es mit dem Gnadenleben (975–976), mit dem Auferstehen (977–980), mit der Erkenntnis Gottes (981), mit dem Glauben (982) und der Tugend (983). Aber auch die Sakramente der Kirche sind, in all ihrer echten Wirksamkeit, erst Schatten der ewigen Sakramente: die Taufe das Gleichnis jener ewigen Feuer-Taufe (984–988), die Ehe das Gleichnis der ewigen Hochzeit (989), die Eucharistie das Gleichnis des himmlischen Gastmahls (990), das liturgische Opfer Gleichnis des ewigen Opfers (991). Aber die Erinnerung an das irdische Todesgeschehen wird bleiben (992). Und auch die irdische (Wahl-)Freiheit ist erst Gleichnis der himmlischen (Liebes- und Gnaden-)Freiheit (993). Drüben wird die Kreatur völlig in Gott hineinverweht (994) und dann wird der große Sabbat eintreten (995–996).

(975) Wenn wir sagen, was doch folgerichtig scheint, daß, wenn «der Tod zerstört» wurde, das Leben herrscht, so kann man uns erwidern: Wie wird dann noch gesündigt? Und es ist klar, daß der Tod herrscht, wo Sünde ist. Wollten wir aber sagen, in einigen herrschte Christus, das heißt das Leben, in einigen aber der Tod, – fänden wir denn solche, und wo fänden wir sie, in denen das Leben so herrschte, daß die Herrschaft des Todes in ihnen keine Gewalt mehr hätte, solche also, die völlig ohne Sünde wären? … Der Herr selber sagte am Anfang seiner Predigt nicht: Das Himmelreich ist gekommen, sondern nur: «Das Himmelreich hat sich genaht.»

(976) «Willst du zum Leben eingehen, so halte die Gebote.» Beachte, daß dies wie zu einem gesagt wird, der sich noch außer-

halb des Lebens befindet ... Ist nicht in einer Weise außerhalb des Lebens, wer außerhalb dessen ist, der spricht: «Ich bin das Leben», und wer ihm fremd ist? In einer andern Weise aber kann jeder auf Erden Weilende, auch wenn er der Gerechteste ist, im Schatten des Lebens weilend genannt werden, und sagen ...: In deinem Schatten leben wir unter den Heiden» und nicht im Leben selber ... So sagt auch Paulus: «Euer Leben ist verborgen mit Christus in Gott.»

(977) Schon jetzt also möge «unser Verwesliches» die «Heiligkeit und Unverweslichkeit anziehen», die in aller Keuschheit und Reinheit liegt, auf daß «das Sterbliche» nach Austreibung des Todes die väterliche Unsterblichkeit anziehe, Gott in uns herrsche und wir bereits in den Gütern der Wiedergeburt und der Auferstehung weilen.

(978) Oder siehst du nicht, daß die Auferstehung von den Toten schon in den Einzelnen begonnen ist?

(979) Schon, heißt es, hat uns der Herr auferweckt, schon ist demnach die Auferstehung vor sich gegangen. Eine Auferstehung vielleicht, die eine «teilweise» ist, wie [den Christen] eine «teilweise Erkenntnis» gegeben ist.

(980) «Er hat uns in Jesus Christus mitauferweckt und mit ihm zusammen ins Himmlische versetzt.» Einer, der die Worte «mitauferweckt» und «mitversetzt» in einfacherem Sinne verstehen wollte, wird sagen, sie seien gemäß dem Vorwissen und Vorbeschluß Gottes gesagt, als sei das Künftige schon eingetreten. Wer aber Einsicht hat in das geistige Königreich Christi, der wird nicht zögern zu sagen, daß der Heilige schon jetzt nicht mehr auf der Erde ist, auch wenn er für die Sinne noch da zu sein scheint, so wie er auch nicht mehr im Fleische ist, obschon er es den Einfacheren noch zu sein scheint. Wer im Geiste ist, der ist nicht mehr auf Erden.

(981) «Gekannt ist Gott in Judäa.» In jenem obern «Judäa» ist Gott gekannt, wo der wahre Gott ist und nicht seine vorbildliche Glorie. Denn hienieden ist Gott nur «durch Spiegel und Rätsel gekannt».

(982) Im Vergleich zu dem «Vollkommenen», das «bei seiner Ankunft alles, was Teil ist, zerstören wird», ist all unser jetziges Glauben Kleingläubigkeit, und im Vergleich zu jenem Wissen

wissen wir «zum Teil Wissende» noch nicht und haben noch kein Gedächtnis, denn wir vermögen noch kein der Fülle der geistigen Gegenstände hinreichendes und genügend ausgedehntes Gedächtnis uns zu gestalten.

(983) Hienieden in diesem Leben, während wir noch im Leibe sind und «dieses irdische Zelt den vielsinnenden Geist beschwert», haben wir nur einen Entwurf des Wissens, nicht das Wissen selbst, wie der Apostel anderswo sagt: «Jetzt sehen wir durch Spiegel und in Rätsel ...» So glaube ich auch, daß wir zwar in diesem Leben auch einen Entwurf und einen Schatten der Tugenden uns erwerben können, die Tugenden selbst aber erst, wenn «kommt, was vollkommen ist». So lebt der Gerechte, wie mir scheint, mehr im Schatten der Tugenden als in den Tugenden selber.

(984) Die also dem Erlöser gefolgt sind, werden «auf zwölf Thronen sitzen und die zwölf Stämme Israels richten», und sie werden diese Macht bei der Auferstehung der Toten erhalten. Und das ist jene «Wiedergeburt», welche wirklich eine neue Geburt ist, wenn «ein neuer Himmel und eine neue Erde» für die sich selbst Erneuernden geschaffen und ein Neues Testament übergeben wird. Ein Vorspiel jener «Wiedergeburt» ist das, was Paulus das «Bad der Wiedergeburt» nennt und [das Sinnbild] jener Neuheit, [den Geist, der] nach dem «Bade der Wiedergeburt» über [den Wassern] schwebte, im [Bade] der Erneuerung des Geistes[1]. Und vielleicht ist der Geburt nach «niemand frei von Schmutz, auch wenn sein Leben nur einen Tag dauerte», infolge des Geheimnisses unserer Geburt, über das jeder Einzelne, der ins Leben tritt, die Worte Davids im fünfzigsten Psalm sprechen kann: «Denn in Gesetzlosigkeit wurde ich empfangen, und in Sünden empfing mich meine Mutter.» Durch die «Wiedergeburt» aus dem «Bade» aber ist zwar jeder, der «aus dem Wasser und dem Geiste» von oben her wiedergeboren wurde, frei von «Schmutz», aber, wenn ich kühn reden darf, rein nur «durch Spiegel und Rätsel»; erst bei jener andern Wiedergeburt, wenn «der Sohn

[1] So deuten wir diesen elliptischen Text. Wir beziehen uns dafür auf das von Origenes JoCo 6, 17 (P 4, 143, Zeile 15) Gesagte.

Gottes auf dem Throne seiner Herrlichkeit sitzen wird», wird jeder, der zu solcher Wiedergeburt in Christus gelangt, gänzlich rein sein von «Schmutz», «Angesicht zu Angesicht». Hin zu dieser Wiedergeburt gelangt er [freilich nur] durch das «Bad der Wiedergeburt». Willst du dir eine Vorstellung von jener Wiedergeburt machen, so erwäge, was Johannes, der im Wasser zur Buße taufte, über den Erlöser sagte: «Er wird euch im Heiligen Geiste und im Feuer taufen.» In der Wiedergeburt durch das Bad also wurden wir mit Christus begraben. «Durch die Taufe sind wir», gemäß dem Apostel, «mit ihm begraben worden». Im «Bade der Wiedergeburt» durch «Feuer und Geist» werden wir aber «dem Leibe der Herrlichkeit Christi gleichgestaltet», ... wenn anders wir «alles verlassen haben», ... und «Christus gefolgt sind».

(985) «Als die Tage ihrer Reinigung sich erfüllt hatten.» Es erfüllen sich diese Tage auch in einem mystischen Sinne. Denn eine Seele wird nicht unmittelbar bei ihrer Geburt gereinigt und empfängt nicht bei ihrem Ursprung gleich die volle Reinheit. Sondern wenn es im Gesetze heißt: «Hat sie ein Männliches geboren, so wird die Mutter sieben Tage in unreinem Blute sitzen, dann dreiunddreißig Tage in reinem Blute, und zuletzt wird sie und das Kind in reinstem Blute sitzen»; da das Gesetz aber «geistig ist» und «den Schatten der kommenden Güter enthält», so können wir daraus entnehmen, daß uns die volle Reinigung erst nach einiger Zeit wird. Ich halte dafür, daß wir auch nach der Auferstehung von den Toten eines Sakraments bedürfen, das uns wäscht und reinigt ... Bei dieser Wiedergeburt also wird es ein ähnliches Geheimnis der Reinigung geben, als es Jesus bei seiner Geburt auf sich genommen.

(986) Höre, wie der Erlöser an zwei Stellen den Sinn des «Feuers» und des «Schwertes» erklärt. Einmal sagt er: «Ich bin nicht gekommen, Friede auf die Erde zu senden, sondern das Schwert.» Und ein andermal: «Ich bin gekommen, Feuer auf die Erde zu senden, und oh, daß es schon brennte!» So trägt der Erlöser «Schwert» und «Feuer» und «tauft» im «Schwert» und «im Feuer». Denn jene, die noch nicht heil wurden durch die «Taufe des Heiligen Geistes», tauft er «mit Feuer» ... Göttliche Sakramente und unaussprechliche sind das und Gott allein bekannte. Und

dabei nicht sosehr aus vielen Qualen als aus Gnadengeschenken bestehend.

(987) Wie Johannes neben dem Jordan stand und auf die wartete, die zur Taufe kämen, und die einen wegsandte mit den Worten: «Ihr Natterngezücht» und so weiter, die andern aber, die ihre Fehler und Sünden bekannten, aufnahm, ebenso wird der Herr Jesus im «Feuerflusse» stehen mit dem «feurigen Schwerte», um jeden, der aus diesem Leben scheidet und zum Paradiese überzugehen sich sehnt und der Reinigung bedarf, in diesem «Flusse» zu reinigen und zum Ersehnten hinüberzuführen, jeden aber, der das Zeichen der früheren Taufen nicht an sich trägt, nicht in der Feuertaufe zu reinigen. Denn es muß einer zuerst «durch Wasser und Geist» getauft werden, um dann, wenn er zum «feurigen Flusse» kommt, sich auszuweisen, daß er die Taufen mit «Wasser und Geist» bewahrt hat, und so zu verdienen, auch die «Taufe im Feuer» zu empfangen «in Christo Jesu».

(988) Und ich glaube, wir alle müssen zu jenem Feuer gelangen. Auch wenn einer Paulus wäre oder Petrus, er müßte doch zu jenem Feuer. Aber diese hören dann: «Auch wenn du durch das Feuer schreitest, die Flamme wird dich nicht brennen.» Ist aber einer wie ich ein Sünder, so kommt er zwar wie auch Petrus und Paulus zum Feuer, aber er geht nicht so hindurch wie Petrus und Paulus.

(989) Bei der Auferstehung der Toten wird der «Königssohn» eine Hochzeit feiern über alle Hochzeit hinaus, die je «ein Auge gesehen und ein Ohr gehört und die in eines Menschen Herz aufstieg»; und in jenen unaussprechlichen Worten, die «einem Menschen zu sagen verboten sind», liegt diese verehrungswürdige und göttliche und geistige Hochzeit verborgen. Es mag aber einer noch weiterfragen, ob es noch andere, ähnliche Ehen geben wird, wie die Ehe des «Bräutigams» bei der Auferstehung der Toten, oder ob bei der Auferstehung der Toten der «Bräutigam» alle anderen Ehen vernichten und als Einziger Hochzeit feiern wird, wo nicht «zwei in einem Fleische» sein werden, sondern wo es angemessener ist, zu sagen, daß der Bräutigam und die Braut «ein Geist» sein werden. (Freilich, wenn du solches hörst, gib acht, daß du nicht abgleitest zur Annahme jener Mythen von den männlichen und weiblichen Aeonen, gemäß der Lehre derer, die ihre Syzygien [Doppelwesenheiten] annehmen,

wovon sich aber nichts in den heiligen Schriften findet) ... Wenn einer also, das Gesetz erforschend und die Stellen lesend, die von der Ehe der Frauen und Männer handeln, nichts anderes darin vermutet als den wörtlichen Sinn, der «irrt, weil er die Schriften und die Kraft Gottes nicht versteht».

(990) Wisse aber dies: Solange einer in diesem Leben weilt, blickt er «durch Spiegel und durch Rätsel» und ist ein «Schäflein», das vom «Hirten» geleitet wird, geht er aber in die kommende Welt hinüber, so rückt er «Angesicht zu Angesicht» vor die Wahrheit und setzt sich an das geistige Gastmahl, jenem Worte gemäß: «Und ich werde euch einen Bund bereiten, daß ihr esset und trinket am Tische meines Vaters in der Wahrheit.»

(991) Dann wird auch ... das unaufhörliche Opfer besser dargebracht werden. Denn dann wird die Seele besser unaufhörlich vor Gott stehen und das «Opfer des Lobes» darbringen können durch den Hohenpriester, welcher «Priester auf ewig ist nach der Ordnung des Melchisedek».

(992) Das WORT Gottes, das auf weißem Rosse reitet, wird von Johannes nicht nackt erblickt, sondern mit einem blutgefärbten Gewande bekleidet, denn das WORT, das Fleisch geworden, ist rings von Blutspuren umgeben, da es gestorben ist infolge seiner Fleischwerdung und sein Blut auf die Erde ausgegossen wurde, als der Soldat seine Seite durchbohrte. Denn sein Leiden und jene Wahrheit, die in unserem Leibe erschien, um uns emporzuführen, werden wir nie ganz vergessen, auch wenn wir vielleicht einmal zur erhabensten und höchsten Schau des WORTES gelangen werden.

(993) Aber auch dies wollen wir hier beifügen, daß wie das Wissen, das den Heiligen hienieden gegeben ist, nur «durch Spiegel und Rätsel» gegeben wird, ebenso auch die Freiheit, welche den Heiligen geschenkt wird, noch nicht die volle Freiheit ist, sondern gleichsam eine Freiheit «durch Spiegel und Rätsel», und darum die Heiligen sich noch Knechte nennen im Vergleich zu jener Freiheit, die «Angesicht zu Angesicht» verliehen wird.

(994) Die «Sonne der Gerechtigkeit» ist Christus, und wenn sich ihm der «Mond», das heißt seine Kirche, die von seinem Lichte erfüllt ist, verbinden wird und ihm von Grund aus anhängen (so daß, nach des Apostels Wort, «wer sich dem Herrn verbindet,

mit ihm ein Geist wird»), dann feiert sie das «Neumondfest», dann wird sie neu, ... dann kann sie endlich auch nicht mehr gesehen werden, nicht mehr von menschlichen Blicken begriffen werden. Denn die Seele, die sich ganz und gar dem Herrn zugesellt hat und völlig in den Glanz eines Lichts hineinverweht ist, ... wie sollte sie noch von den Menschen oder von menschlichen Blicken gesehen werden?

(995) Wenn es in der Genesis heißt: «Es ruhte der Herr am Tage des Sabbats von seinen Werken», so sehen wir das weder damals ... noch heute erfüllt. Denn immerdar sehen wir Gott wirkend, und es gibt keinen Sabbat, an dem Gott nicht wirkte, an dem er nicht «seine Sonne über Guten und Bösen aufgehen ließe» und nicht «regnete über Gerechten und Ungerechten», an dem er nicht «das Heu auf den Bergen hervorbrächte und Gras zum Dienste der Menschen», an dem er nicht «schlägt und heilt», an dem er nicht «zur Unterwelt hinabführt und wieder emporführt», an dem er nicht «tötet und lebendig macht» ... So sagt auch der Herr im Evangelium: «Mein Vater wirkt bis jetzt und auch ich wirke.» ... Es wird aber ein wahrer Sabbat sein, wann Gott von allen seinen Werken ausruhen wird, ... dann, wenn «Gott alles in allem» sein wird.

(996) Gott schuf die Werke der Welt in sechs Tagen und ruhte am Sabbat aus. Er ruhte aber von den Werken der Welt, die er unternommen hatte. Die Werke der Gerechtigkeit aber wirkt er immerdar ohne Anfang und er wird sie auch ohne Ende wirken.

ÜBERWELT

Das Gesetz der Aufhebung (als Bewahrung durch den vernichtenden Feuertod hindurch) wendet sich schließlich auf die Gesamtheit der Welt an. Darum ist keines von den jetzigen sichtbaren Dingen als solches das Ewige (997–1000). Auch der Mensch wird Übermensch sein müssen, um in die Überwelt einzugehen (1001). Jedes Böse ist daselbst zerstört (1002–1004), der überhimmlische Ort wird eingenommen (d. h. der Ort über der Veränderbarkeit der himmlischen Sphären (1005). Einsetzung der Glieder Christi zu seinen Miterben (1006–1008).

(997) Freunde lernen «von Angesicht» und nicht «durch Rätsel», nicht eine Weisheit, die in bloßen Worten und Sprüchen und Gleichnissen und Abbildern besteht, sie dringen durch bis zum Wesentlich-Geistigen und zur Schönheit des Wahren.

(998) Erwäge denn, wie Großes, wie Gewaltiges es ist, was nicht nur «kein Mensch sehen» noch «hören» durfte, sondern selbst «in keines Menschen Herz aufgestiegen ist», das heißt, in seine Gedanken überhaupt nicht aufsteigen kann. Wolltest du mir also die Erde nennen oder den Himmel oder diese Sonne oder den Blitz dieses sichtbaren Lichts –: all das sieht das Auge und hört das Ohr, und so kann es nicht das sein, was «ein Auge nicht sah und ein Ohr nicht hörte und in eines Menschen Herz nicht aufstieg». Überschreite also all dies und steige hindurch durch alles, was immer du siehst, was immer du hörst, ja selbst was immer du dir vorzustellen vermagst, und von jenem wisse, daß es «denen, die Gott lieben», hinterlegt ist, was nicht einmal zur Ahnung deines Herzens aufzusteigen vermochte. So denke ich denn auch, daß man bei jenen Verheißungen an keines dieser leiblichen Dinge denken darf. Das Wesen der leiblichen Materie entgeht nicht durchaus dem Begreifen des menschlichen Denkens, jene Dinge aber können in kein Begreifen, in niemandes «Herz aufsteigen», die da in der einzigen Weisheit Gottes enthalten sind.

(999) Keins von den Dingen, die hier gesehen werden, ist für die Zukunft zu erhoffen. Denn «ein Auge hat nicht gesehen, was Gott denen bereitete, die ihn lieben». Es sieht aber das Auge den Himmel und die Erde, so darf man nicht von diesen Dingen, die gesehen werden, glauben, daß sie Gott «bereitet» hat; ein Himmel muß es sein, ja viele Himmel, die weit erhabener und höher sind, als dieses mit Augen sichtbare Firmament.

(1000) Denn da «das WORT Gottes lebendig ist und wirksam und durchdringender als jedes zweischneidige Schwert und einfahrend bis zur Trennung von Seele und Geist ...», so warf Gott es zwischen das Bild des «Irdischen» und das Bild des «Himmlischen», um jetzt das Himmlische von uns zu empfangen und dadurch in Zukunft, wenn wir verdienen, nicht mehr entzweigeschnitten zu werden, uns vollständig zu Überhimmlischem zu machen.

(1001) «Und kein Mensch wird da sein, wenn der Hohepriester eintritt durch den Vorhang ins Innere des Bundeszeltes.» In welchem Sinn wird «kein Mensch da sein»? Ich fasse es so, daß, wer Christus folgen konnte und mit ihm ins Innere des Zeltes eintreten und die Höhen der Himmel ersteigen konnte, nicht mehr Mensch ist, sondern nach seinem Worte «wie ein Engel Gottes». Oder vielleicht erfüllt sich an ihm auch das Wort, das der Herr selbst gesprochen: «Ich sagte, ihr seid Götter und Söhne des Allerhöchsten alle.» Sei es also, daß er, geistig geworden, «mit dem Herrn zu einem Geiste» werde, sei es, daß er durch den Glanz der Auferstehung in die Reihen der Engel rücke, gewiß ist er nicht mehr Mensch. Ein jeder aber ist selbst Ursache davon, ob er den Menschennamen übersteigt oder innerhalb dieser Bezeichnung eingerechnet wird. Wenn nämlich der «im Anfang» geschaffene Mensch auf das geachtet hätte, was ihm die Schrift sagt: «Siehe, ich stelle vor deine Augen den Tod und das Leben, wähle das Leben», so wäre gewiß das menschliche Geschlecht nie in dieses sterbliche Schicksal gelangt. Aber weil es, das Leben verlassend, dem Tode folgte, ist der Mensch Mensch geworden, und nicht nur Mensch, sondern auch Erde, wie es denn auch von ihm heißt, daß er «zur Erde zurückkehre» ... Und mir will scheinen, daß die menschliche Seele in sich selbst betrachtet weder sterblich noch unsterblich genannt werden kann. Sondern sie wird, wenn sie das Leben wählt, durch Teilnahme am Leben unsterblich sein (ins Leben nämlich fällt der Tod nicht ein), wendet sie sich aber vom Leben ab und pflegt sie Gemeinschaft mit dem Tode, so macht sie sich selbst sterblich. Und darum sagt der Prophet: «Die Seele, die sündigt, die wird sterben», wenngleich wir diesen Tod nicht als Untergang des Daseins verstehen; sondern dies eben, daß sie von Gott, der das wahre Leben ist, fremd und verbannt ist, muß als ihr Tod angesehen werden.

(1002) «Er muß herrschen, bis der letzte Feind zerstört ist, der Tod.» Ist dieser zerstört, so «wird» nicht länger «der Tod vor dem Angesicht derer stehen», die gerettet werden sollen, sondern allein «das Leben, das geglaubt wird». Denn solange der Tod vor Augen steht, wird von denen, über die er Macht hat, nicht an das Leben geglaubt, ist aber der Tod zerstört, so wird das Leben von allen geglaubt.

(1003) Jetzt freilich «klebt meine Seele am Boden» und wurde zu Fleisch. Bei der Auferstehung aber wird das Fleisch der Seele anhängen und Seele werden, die bei der allgemeinen Auferstehung «dem Herrn anhängen» und mit ihm «ein Geist» sein wird, und so wird der Leib geisthaft.

(1004) Wenn aber einst die Vollendung aller Dinge herankommt und ihm die «vollkommene Braut», das heißt die Gesamtheit der vernünftigen Kreatur verbunden wird, weil er «durch sein Blut versöhnt hat nicht nur was auf Erden ist, sondern auch was im Himmel», wird er nur noch den Namen ‹Friedensfürst› tragen, dann, «wenn er das Reich Gott dem Vater übergeben wird, nachdem er alle Fürstentümer und Mächte niedergerungen ...». Wenn so alle Dinge befriedigt sind und alle dem Vater unterworfen, wenn bereits «Gott alles in allem» sein wird, dann wird er nur noch ‹Friedensfürst› heißen.

(1005) Die Braut des Hohen Liedes ist so weit fortgeschritten, daß sie etwas Höheres ist, als das Reich «Jerusalems». Denn der Apostel spricht von einem «himmlischen Jerusalem», und er ermahnt die Gläubigen, zu diesem «hinzuzutreten». Den Bräutigam aber, zu dem die Braut jetzt eilt, nennt derselbe Paulus den «Hohenpriester» und beschreibt ihn so, als ob er nicht in dem Himmel wäre, sondern «eindrang und hindurchschritt durch alle Himmel», und als ob ihm dort hindurch diese seine vollkommene Braut gefolgt wäre, oder besser, als ob sie, ihm «anhängend» und ihm verbunden, mit ihm zugleich dorthin aufgestiegen wäre, da sie ja mit ihm «ein Geist» wurde.

(1006) «Wohlauf, du guter und getreuer Knecht.» Sein Glaube ist ihm, der «in Wenigem treu war», zur Rechtfertigung angerechnet worden. Das «Wenige» aber sind alle Dinge dieses Lebens, auf die hin das Mysterium der Auferstehung ihm anvertraut wurde ... Beachte aber, daß der Herr zum zweiten Knecht nicht anders redet als zum ersten, nämlich: «Wohlauf, du guter und getreuer Knecht, über Weniges warst du getreu, über Großes will ich dich setzen.» Ich frage mich, warum von beiden dasselbe gesagt wird. Soll vielleicht der, welcher weniger Möglichkeiten erhalten und doch das Ganze, das er bekam, so verwaltete, wie es sich ziemte, von Gott nicht weniger erhalten als der andere, der in größere Güter eingesetzt worden war, damit sich an ihnen erfülle, was geschrieben steht: «Wer viel sammelte, hatte doch keinen Überfluß, wer wenig sammelte, hatte keinen Mangel»? Ein

Gleiches scheint sich mir auch in bezug auf das Gebot der Liebe Gottes oder des Nächsten zu zeigen, ... denn wer Gott «aus» seinem «ganzen Herzen und aus» seiner «ganzen Seele und aus allen» seinen «Kräften» geliebt hat, der wird den gleichen Lohn der Liebe haben, wie wer ein weiteres Herz und eine höhere Seele und eine größere Kraft empfing. Dies eine wird allein verlangt, daß was immer der Mensch aus Gott hat, er es ganz zur Glorie Gottes verbrauche.

(1007) «Zeigt mir die Münze.» Und als er sie empfangen, sprach er: «Wessen Aufschrift trägt sie? Sie antworteten: des Kaisers. Er antwortete ihnen wiederum: Gebet, was des Kaisers ist, dem Kaiser, und was Gottes ist, Gott.» Und diese gleiche Folgerung zieht auch Paulus, wenn er sagt: «Wie wir das Bild des Irdischen trugen, laßt uns auch das Bild des Himmlischen tragen.» ... Gott verlangt uns zurück. Was verlangt er? Lies Moses: «Und jetzt, was verlangt der Herr Gott von dir zurück?» Und das folgende: Es verlangt Gott von uns und fordert, nicht weil er etwas nötig hätte, das wir ihm geben sollten, sondern um uns unsere eigene Gabe zum Heile wenden zu können ... Gott fordert und verlangt von uns, um Gelegenheit zum Schenken zu haben, um geben zu können, was er gefordert hat ... Laßt uns Gott bitten, er möge uns würdig machen, ihm Gaben darzubringen, die er uns wiedergeben kann, irdische Gaben, für die er uns himmlische gewähre, in Christo Jesu.

(1008) «Über alle Güter» des Hausvaters eingesetzt werden, was sagt das anderes, als «Erben Gottes und Miterben Christi» sein und mit Christus zusammen herrschen, dem der Vater all das Seinige übergeben hat, wie er selbst sagt: «Mir ist alle Macht übergeben im Himmel und auf Erden»? Und als Sohn des guten Vaters ... teilt er diese Würde und Herrlichkeit seinen treuen und klugen Verwaltern mit, daß auch sie über alle Kreatur und Macht erhaben seien, daß auch sie mit Christus seien.

EINHEIT IN GOTT

Das von Gott bereitete Erbe (1009–1010). Gott selber das ewige Erbteil der Seele (1011–1012). Christus als der ewige Friede (1013), als das ewige Evangelium (1014). Die einzelne Seele als ‹Himmelreich›, die Gemeinschaft aller Seelen als ‹Reich der Himmel› (1015–1017). Vergottung (1018). Unterwerfung der gesamten Kreatur unter Christus und Übergabe des Reiches an den Vater (1018–1025). Aufstieg bis zur trinitarischen Mit-Schau des Vaters mit dem Sohne (1026–1029). Von dieser Schau gibt es keinen möglichen Abfall mehr (1030–1031). Gott alles in allem (1032–1033).

(1009) «In deiner bereiteten Wohnstatt, die du, o Herr, bereitet hast.» Sieh die Güte des milden Herrn: Er will nicht, daß du selber Arbeit habest, er will nicht, daß du dir selbst eine Wohnstatt bauest, er führt dich zu einem schon fertiggebauten Haus. Höre, wie der Herr im Evangelium sagt: «Andere haben vor euch gearbeitet, ihr seid in ihre Arbeit eingetreten.» ... Wie also? Deinetwegen pflanzt Gott und baut er, er wird zum Landmann und zum Maurer, damit dir nichts fehle.

(1010) Selig aber ist es, in solchen Bedingungen das ewige Leben zu erben, das so viele «Äcker» besitzt, die zu erben sind, so viele von Gott gezogene «Bäume» und Häuser «aus lebendigen Steinen», in denen ausruht, wer immer «Brüder und Schwestern» und alles andere verließ.

(1011) Man darf weiter fragen, ob nicht auch Gott selbst das «Erbe der Heiligen» sei und man so von Gotteserben reden kann ... So etwas mochte das Gesetz im Sinn haben, wenn es sprach: «Den Söhnen Levis wirst du kein Erbe geben unter ihren Brüdern, denn ich bin ihr Teil, spricht der Herr.» Und anderswo: «Der Herr ist das Erbe der Heiligen.»

(1012) «Das Heil der Gerechten aber ist beim Herrn.» Er sagt nicht: das Heil der Gerechten ist im Himmel. Auch darüber hinaus geht er. Nicht bei irgendeiner Kreatur, denn nichts ist unbeweglich oder unveränderlich. Sondern «beim Herrn ist das Heil des Gerechten», der immer bleibt, der immer unveränderlich ist, und nie kann das Heil des Menschen gesicherter sein, als wenn es beim Herrn ist. Er sei mir Ort, er sei mir Haus, er sei mir Wohnstatt, er mir Ruhe, er mir Heim.

(1013) «Denn er ist unser Friede.» Es ist zu fragen, ob Christus, so wie er das WORT ist und die Weisheit und die Kraft und das Leben, so auch der «Friede» sei. Denn wir müssen alle seine Namen aus der ganzen Schrift zusammentragen, um ihn genauer zu erkennen. Wie also, wer ihn besitzt, das WORT besitzt, wenn er ihn als WORT gesucht und gefunden – und ein Ähnliches gilt für die Weisheit und die Gerechtigkeit –, so müssen wir ihn auch als den «Frieden» suchen, um ihn auch zu besitzen, sofern er der Friede ist und der Friede aller geistigen Wesen. Wer aber den Frieden nicht hat, der hat auch Christus nicht.

(1014) Und auch das wäre zu untersuchen, ob nicht vielleicht Christus, weil er die «Kraft Gottes» genannt wird, und anderseits auch das Evangelium «Kraft Gottes» heißt, unter vielem andern auch als das ‹Evangelium› verstanden werden müßte, und vielleicht das Wort vom «Ewigen Evangelium» von ihm selbst zu verstehen ist.

(1015) «Weh euch, ihr Schriftgelehrten!» Das ist jedem gesagt, der neben dem Buchstaben nichts versteht. Von da aus kann man fragen, ob es nicht auch einen «Schriftgelehrten» des Evangeliums gibt (wie es solche des Gesetzes gibt), welcher sowohl das Gesetz liest und hört und erklärt, was darin «allegorisch zu verstehen ist», als auch das Evangelium, in dem er, ohne den geschichtlichen Sinn deswegen aufzugeben, den untrüglichen Aufstieg zu den geistigen Dingen erkennt ... Es wird aber einer als «Schriftgelehrter des Himmelreiches» unterrichtet, nach dem einfacheren Sinne, wenn er, aus dem Judentum kommend, die kirchliche Lehre Jesu Christi annimmt, nach dem verborgeneren aber, wenn er, die Einführung, die durch den Buchstaben der Schriften gegeben wird, verstehend, zu den geistigen Dingen emporschreitet, die «Reich der Himmel» genannt werden. Und aus der Gesamtheit der begegnenden Sinne (wenn der Sinn in seiner aufsteigenden Bedeutung verstanden wird und verglichen und begründet), kann man das «Himmelreich» erfassen, so daß, wer die Fülle der truglosen Weisheit besitzt, in das Reich der vielen also verstandenen «Himmel» eintritt. So kannst du auch im übertragenen Sinne das Wort verstehen: «Wendet euch, denn das Reich der Himmel hat sich genaht», daß nämlich die «Schriftgelehrten», die sich bisher mit dem bloßen Buchstaben begnügten, sich von dieser Annahme ab«wenden» und unterweisen lassen in der geisthaften Lehre Jesu Christi, des beseelten WORTES, welche «Reich der Himmel» genannt wird. So kommt es auch, daß, solange Jesus Christus, Gott-WORT, das «im Anfang bei Gott war», nicht zu einer Seele gekommen ist, das «Reich der Himmel» nicht in ihr weilt, daß aber, wenn jemand nahe daran ist, das WORT zu fassen, dann «das Reich der Himmel sich genaht» hat. Wenn aber der Sache nach (wenn auch nicht dem Begriff nach) das «Reich Gottes» und das «Reich der Himmel» dasselbe ist, so ist klar, daß zu denen, die das Wort hören: «Das Reich Gottes ist in euch», auch gesagt werden könnte: «Das Reich der Himmel» ist in euch, und dies besonders durch die Sinnesumwendung vom Buchstaben zum Geiste. Denn «wenn sich» einer «zum Herrn wendet, wird der Schleier», der auf dem Buchstaben liegt, «hinweggenommen; der Herr aber ist der Geist».

(1016) Wenn der «Wille Gottes wie im Himmel so auch auf Erden geschehen» soll, so wird die «Erde» nicht «Erde» bleiben, ... so werden wir alle «Himmel» werden.

(1017) Der Sohn Gottes ist König der Himmel und wie er die Weisheit an sich und die Gerechtigkeit an sich und die Wahrheit an sich ist, so auch das Königtum an sich. Königtum aber nicht über irgendein unteres Ding oder einen Teil derer, die oben sind, sondern über alle die, die oben sind, so viele immer «Himmel» heißen. Du fragst dann, in welchem Sinne gilt: «Ihrer ist das Reich der Himmel.» Und du kannst antworten, daß Christus «ihrer» ist, sofern er das Königtum an sich ist, als König herrschend über jeden Gedanken dessen, der nicht mehr von jener Sünde beherrscht wird, welche «im sterblichen Leibe derer herrscht», die sich ihr unterworfen haben. Und wenn ich sage, er herrsche über jeden seiner Gedanken, so meine ich, er herrsche, sofern er die Gerechtigkeit ist und die Wahrheit und alle übrigen Tugenden, über den, der im Tragen des «Bildes des Himmlischen» selbst «Himmel» geworden ist.

(1018) Wenn du jenen Menschen, der für dich «versucht worden ist», nachahmst und alle Versuchung besiegst, so hast du die gleiche Hoffnung wie jener Mensch, der einst Mensch war, jetzt aber aufgehört hat, Mensch zu sein ... Wenn aber nun Gott ist, der einst Mensch war, dann ziemt es sich, daß auch du ihm ähnlich werdest, wenn «wir ihm ähnlich sein werden und ihn sehen werden, wie er ist». Dann wirst auch du Gott werden müssen in Christo Jesu.

(1019) Wenn sich «vor Jesus alle Knie beugen», so ist es ohne Zweifel Jesus, dem «alles unterworfen ist …», durch welchen «dem Vater alles unterworfen wird». Denn durch die Weisheit, das heißt durch das WORT der VERNUNFT, nicht durch Gewalt und Zwang, wird alles unterworfen. Und darin eben besteht seine «Verherrlichung», daß er alles erreicht, was er will, und dies ist die allerreinste Allmacht und die zarteste und hellste Glorie, daß alles durch WORT und Weisheit und nicht durch Gewalt und Zwang unterworfen ist.
(1020) Alles muß Christo «unterworfen» werden, dann wird auch er «unterworfen» sein, in einer Unterwerfung, versteht sich, wie sie von einem Geiste angenommen zu werden sich schickt.
(1021) Also ziemt es sich für ihn zu herrschen, daß er das Geheimnis der Heilsordnung im Fleische durchführe: daß er zwar die Guten offenbare, von den Schuldigen aber jeder nach seinen Werken erhalte. Wenn er aber «das Reich Gott dem Vater übergeben» und alle gereinigt Gott darbringen wird und das Mysterium der Weltversöhnung vollendet hat, dann, heißt es, werden alle vor dem Stuhle Gottes stehen, damit sich erfülle, was folgt: «Ich lebe, spricht der Herr, damit sich mir alle Knie beugen und jede Zunge Gott lobe.»
(1022) Wenn wirklich «alle Völker hintreten» sollen, um den Namen des Herrn anzubeten, so werden ohne Zweifel auch die Völker kommen, «die Krieg wollen». Dann aber wird folgerichtig die gesamte vernunftbegabte Kreatur vor dem Herrn niederfallen und anbeten.
(1023) Und wahrlich, wenn die Ewigkeit des Todes der des Lebens gleichgesetzt würde, so wäre der Tod nicht mehr das Gegenteil des Lebens, sondern sein ebenbürtiges Seitenstück. Denn das Ewige ist dem Ewigen nicht entgegengesetzt, sondern ihm gleich.
(1024) Das war der Vorsatz des Apostels: zu zeigen, was der «erste Adam» gebracht hat, «der als lebende Seele geschaffen worden war», was dann «der zweite Adam», der «zu einem belebenden Geiste wurde», getan … Und zeigen will er, daß das Leben viel stärker ist als der Tod und die Gerechtigkeit als die Sünde.
(1025) Ich glaube, daß, wenn von Gott gesagt wird, er werde «alles in allen» sein, dies auch bedeutet, er werde zugleich in jedem

Einzelnen alles sein. In jedem Einzelnen wird er aber auf diese Weise alles sein, daß, wenn einmal aller Schmutz der Sünde ausgefegt ist, alles, was immer ein vernünftiger Geist fühlen oder einsehen oder denken kann, Gott ist, und er weiterhin nichts anderes sehen kann als Gott, nichts anderes halten kann als Gott, daß Gott Weise und Maß jeder seiner Regungen ist, und so «Gott alles» ist, … und er fürderhin kein Begehren mehr trägt, vom «Baume des Wissens von Gut und Böse» zu essen, weil er immer im Guten ist.

(1026) Wenn uns der Schöpfer selbst geschenkt ist, wie würde uns nicht mit ihm zugleich die ganze Schöpfung mitgeschenkt? Obschon dies Wort: «Mit ihm zusammen wird er uns alles schenken», einen doppelten Sinn haben kann. Denn es kann auch dies meinen, daß uns, wenn wir Christus in uns haben, sofern er WORT und Weisheit und Gerechtigkeit und Frieden ist und alles andere, was die Schrift von ihm sagt, mit dieser Fülle der Tugenden auch alles andere mitgegeben wird, so daß wir nicht mehr einen vereinzelten Platz unter allen Geschöpfen, nicht mehr diesen engen Erdenort, den wir jetzt bewohnen, einnehmen, sondern alles, was immer Gott schuf, Sichtbares und Unsichtbares, Verborgenes und Offenbares, Zeitliches und Ewiges zugleich mit Christus besitzen werden. Es kann dann das Wort: «Mit ihm zusammen wird er uns alles geben», auf andere Weise so verstanden werden: ihm als «Erben» wird Gott alles Geschaffene zum Genusse geben und ebenso uns, sofern wir seine «Miterben» sind.

(1027) Wenn einer, den Sohn erblickend, «den Vater sieht, der ihn gesandt hat», so sieht er den Vater im Sohne. Wenn er aber den Vater und was des Vaters ist, so wie der Sohn sieht, dann wird er gleich wie der Sohn zu einem Augenzeugen des Vaters und dessen, was des Vaters ist, und er erkennt nicht mehr an einem Bilde das, was dieses abbildet. Und ich glaube, dies wird «das Ende» sein, «wenn der Sohn das Reich Gott dem Vater übergeben wird und wenn Gott alles in allen sein wird».

(1028) Dann wird es für die, die zu Gott durch das WORT, das bei ihm weilt, gelangten, nur noch eine einzige Tätigkeit geben. Alle werden in der Erkenntnis des Vaters so gebildet sein … wie jetzt einzig der Sohn, … und sie «werden eins sein, wie» der Vater und der Sohn «eins» sind.

(1029) Die Schau aller geschaffenen Dinge ist begrenzt, einzig die Erkenntnis der heiligen Drei ist unbegrenzt. Denn sie ist die Weisheit an sich.

(1030) «Ich bin überzeugt: Weder Tod noch Leben, weder Engel noch Herrschaften, weder Gegenwärtiges noch Zukünftiges, weder Mächte, weder Hohes noch Niedriges noch sonst etwas Geschaffenes wird uns scheiden können von der Liebe Gottes, die da ist in Christo Jesu, unserm Herrn.» Achte, ob durch das Wort «Ich bin überzeugt» nicht gut gesagt ist, daß uns «nichts trennen kann» ... Der Tod, der uns trennen will, ... ist nicht der gewöhnliche, von dem früher gesagt wurde: «Deinetwegen sterben wir den ganzen Tag», sondern der Feind Christi und der «letzte», der «vernichtet werden» muß. Dieser aber wird trennen wollen, zum Beispiel den Paulus, er wird es aber nicht können, vernichtet durch den in diesem weilenden Christus. Und das Leben, [das uns trennen will], ist nicht das diesem Tode entgegengesetzte. Denn was sich entgegengesetzt ist, kann nicht ein und dasselbe wollen. Es ist vielmehr das Leben, womit einer der Sünde lebt und ihren Gestalten und der Lüge ... Aber es wird das nicht können, sondern vernichtet werden, sei es von dem Tode, den einer «der Sünde stirbt», sei es von dem «Leben», mit dem einer «mit Christus in Gott verborgen» ist. Und auch Engel werden uns trennen wollen von der Liebe Gottes in Christo Jesu, Engel, im Hinblick auf welche denen, die links stehn, gesagt wird: «Geht hinweg in das ewige Feuer, das dem Teufel und seinen Engeln bereitet ist ...» Das «Gegenwärtige» bezieht sich auf die sichtbaren und zeitlichen Dinge. Fragen wir jetzt, welches «das Zukünftige» sei: Bezieht es sich auf die in der Folgezeit gegen den Apostel Kämpfenden, während seines Erdenlebens, in den Tagen, die auf die Niederschrift des [Römer-]Briefes folgen? Und nicht vielmehr auf die [Kämpfe], die nach diesem Aeon und nach dem Hinscheiden sogleich zu erwarten stehen, wann der «Herrscher dieser Welt» und seine ihm untertanen Mächte sich des Ausziehenden zu bemächtigen versuchen, es aber nicht vermögen bei denen, die zuvor die Liebe Gottes in Christo Jesu sich erworben? Weiter sagt er: «Auch die Gewalten nicht», welche eine Art geistige Wesen ohne sterblichen Leib zu sein scheinen. Niemals nämlich wird die Seele des Menschen verfolgt, weder vom «Hohen» (das heißt den «Geistmächten der Bosheit im Überhimmlischen») noch vom «Niedrigen» (das heißt den «Unterirdischen»), so daß keiner davon den in der Liebe Gottes Kämpfenden von ihr zu trennen vermag. Wenn es aber neben dieser ganzen sichtbaren Schöpfung noch eine andere Schöpfung geben sollte, die ihrem Wesen nach zwar sichtbar ist, jetzt aber noch nicht geschaut wird, so kann man fragen, ob nicht auf sie zu beziehen wäre das Wort: «Noch irgendeine andere Schöpfung wird uns trennen können von der Liebe Gottes.»[1]

(1031) «Siehe Herr, du weißt alles: das Letzte und das Erste.» Das Mittlere wird mit Schweigen übergangen, weil es das Böse ist, das den Zwischenraum einnimmt. Denn es war am Anfang nicht und es wird auch am Ende nicht mehr sein.

(1032) «Aus ihm und durch ihn und in ihm ist alles.» «Aus ihm» besagt die erste Schöpfung, und daß alles, was ist, aus Gott seinen Ursprung nahm. «Durch ihn», daß, was erst geschaffen wurde, von ihm gelenkt und geführt wird, von dem her es den Ursprung des Daseins genommen. «In ihm», daß die, die schon erzogen und gebessert sind, in seiner Vollkommenheit gegründet sind.

(1033) «Ein Gott und Vater aller, über allem, durch alles und in allem.» Nehmen wir ein körperliches Bild: Dem Orte nach ist die Sonne «über» alles erhaben, was immer auf der Erde ist; von ihren Strahlen aber kann man sagen, daß sie «durch» alles hindurchdringen; wenn aber die Kraft ihres Lichts auch in jegliche Tiefe herabgedrungen ist, kann man sagen, sie sei «in allem». Auf gleiche Weise scheint uns das «über allem» im Geistigen das Über-hinaus anzuzeigen, das «durch alles» das Hin-reichen für alle und zu allem, das «in allem» die Ankunft der Kraft Gottes, so daß nichts völlig leer erfunden wird dessen, der «in allen» ist.

[1] Dieser griechische Text aus der Cramerschen Katene wurde bisher zu wenig beachtet. Denn er gibt dem (stets als unecht bezweifelten) Text Rufins (Rim. Co. VII, 12) das Zeugnis der Echtheit. Die Endgültigkeit des Heils ist darin mit voller Klarheit ausgedrückt. Daß scheinbar entgegengesetzte Äußerungen in Wirklichkeit keine Schwierigkeiten machen: vgl. Einführung S. 29f.

Epilog

(1034) Den Weisen genügt es, «Gelegenheiten gegeben zu haben», denn es ist nicht wünschbar, daß der Hörer Geist durchaus müßig und tatenlos verharre. Aus unserer Unterredung möge sich denn ein Weiteres ernten lassen, ja selbst etwas Durchdringenderes und Göttlicheres der Schau sich bieten, «denn nicht mit Maß gibt Gott den Geist». Aber weil der Herr Geist ist, darum «weht er» auch, «wo er will», und wir wünschen, daß er auch euch anwehe, auf daß ihr in den Worten des Herrn Besseres und Höheres als dies erspürt, hindurchwandernd durch das Land, das wir mit unserer Mittelmäßigkeit beschrieben. Dann werden auch wir mit euch auf jenem obern und erhabenern Wege ausschreiten können, geleitet von dem Herrn Jesus Christus selbst, welcher «Weg und Wahrheit und Leben» ist, bis wir hindurchgelangen zum Vater, «wenn er das Reich Gott dem Vater übergeben und ihm alle Fürstentümer und Mächte unterwerfen wird, ihm sei die Herrlichkeit und die Herrschaft in die Ewigkeit der Ewigkeiten. Amen».

NACHWORT ZUR ZWEITEN AUFLAGE

Die zweite Auflage ist der ersten gegenüber nur wenig verändert. Stilistisch wurde einiges gebessert, eine kleine Anzahl von Texten (406a, 681a, 688a, 718a, 785a, 966a) wurde neu hinzugefügt, ein paar ungewichtige zur Lehre von der Unterscheidung der Geister (569–573, vielleicht auch 590) hätten von rechtswegen gestrichen werden sollen, da sie, wie ich selber nachwies (ZfkTh 1939, 86–106, 181–206), mit einer großen Reihe ähnlicher, die sich unter den Werken des Origenes befinden, von Evagrius Ponticus stammen; ich ließ sie jedoch stehen, um die eingeführte Numerierung nicht ändern zu müssen. Leider war mir die Veröffentlichung der neuaufgefundenen Origenestexte bei dem Papyrusfund von Turra 1941, worunter eine Schrift über die Dreieinigkeit, ein Gespräch mit Bischöfen, und eine Homilie über die Hexe von Endor, noch nicht zugänglich.

DIE DRITTE AUFLAGE

erscheint im Johannes Verlag Einsiedeln als Neuauflage der zweiten. Außer der Korrektur weniger Druckfehler, einiger Angleichungen in der Schreibweise und der Zeichensetzung innerhalb des Buches ist der Text unverändert übernommen worden.

VERZEICHNIS DER ABKÜRZUNGEN

Ausgaben und Herausgeber

B = Baehrens (Berliner Ausgabe Bd. 6–8)
Cad = Cadiou, Commentaires inédits des Psaumes (s. Einleitung) Paris 1936
Cramer = Cramer: Catenae Graecorum Patrum (1838–1844) 8 Bände.
Gregg = Ausgabe der Epheserbrief-Kommentar-Fragmente (Journal of theological Studies 1903)
K = Koetschau (Berliner Ausgabe Bd. 1–2; 5)
Kl = Klostermann (Berliner Ausgabe Bd. 3)
KlB = Klostermann und Benz (Berliner Ausgabe Bd. 10–11)
M = Migne (Patrologia Graeca Band 11–17)
P = Preuschen (Berliner Ausgabe Bd. 4)
PitAn. = Pitra (Analecta sacra Bd. 2–3)
R = Rauer (Berliner Ausgabe Bd. 9)
TU = Texte und Untersuchungen hrsg. von Harnack, Bd. 17 und 38.

Werke

Homilien, Kommentare, Scholien und Fragmente zur Bibel

Act = Apostelgeschichte; Apoc = Geheime Offenbarung; Cant = Hoheslied; Col = Kolosserbrief; Cor = Korintherbrief; Eph = Epheserbrief; Ex = Buch Exodus; Ez = Ezechiel; Ga = Galterbrief; Gen = Buch Genesis; Hebr = Hebräerbrief; Is = Isaias; Jer = Jeremias; JesNav = Josue-Buch; Jo = Johannesevangelium; Job = Buch Job; Jud = Richterbuch ; Lev = Buch Levitikus; Luc = Lukasevangelium; Mt = Matthäusevangelium; Num = Buch Numeri; Os = Osee; Prov = Sprichwörterbuch; Ps = Psalmenbuch; Reg = Buch der Könige; Rom = Römerbrief; Ser = «Commentariorum Series» (alte lat. Übersetzung des Matthäus-Kommentars).

Sonstige Werke

CCels = Acht Bücher gegen Celsus;
EpadGreg. = Brief an Gregorius Thaumaturgus;
Mart. = Mahnrede zum Martyrium;
PA = Peri Archon (Über die Ursprünge);
PE = Peri Euches (Über das Gebet);
Resurr = Über die Auferstehung;
h = Homilie;
Co = Kommentar;
frag = Fragment;
schol = Scholion.

VERZEICHNIS DER ANGEFÜHRTEN STELLEN

1	Num h 17,4	B 7,159–60	
2	CCels 6,15	K 2,85	M 11,1312D–13A
3	PA 4,26	K 5,345–7	M 11,399B–400C
4	PsCo 118,114		Pit.An. 3,294
5	PsCo 118,147		Pit.An. 3,304
6	PsCo 70,14		Pit.An. 3,91
7	Gen h 13,1–4	B 6,113–121	
8	Gen h 12,5	B 6,112	
9	Gen h 13,4	B 6,121	
10	Jud h 8,5	B 7,514–5	
11	Jer h 18,9	KlB 3,163–4	M 13,481B–4A
12	PsCo 117,14		M 12,1581A
13	PA 2,11,4	K 5,187	M 11,243BC
14	CantCo 2	B 8,146–9	
15	CantCo 2	B 8,141–2	
16	Lev h 5,2	B 6,336–7	
17	Luc h 21	R 9,141–2	
18	Lev h 12,4	B 6,462	
19	Lev h 13,5	B 6,476	
20	Lev h 3,3	B 6,318	
21	PA 3,6,7	K 5,289	M 11,340AB
22	PsCo 1		M 12,1089C
23	PA 2,2,2	K 5,112	M 11,187B
24	PE 16,2	K 2,337	M 11,469AB
25	PE 17,1	K 2,338	M 11,472B
26	CantCo 2	B 8,160	
27	JesNav h 14,2	B 7,378–9	
28	PE 21,2	K 2,345	M 11,481A
29	Os frag		M 13,828C
30	JoCo 1,24	P 4,31	M 14,69A
31	CCels 4,74	K 1,344	M 11,1145A
32	JoCo 19,5	P 4,323–4	M 14,568B

33	CantCo 3	B 8,208–9	
34	CantCo 4	B 8,238	
35	Is h 5,3	B 8,266	
36	RomCo 4,9		M 14,995AB
37	CCels 7,63	K 2,213	M 11,1512A
38	RomCo 4,9		M 14,994AB
39	JoCo 20,31	P 4,380–1	M 14,665AB
40	Gen h 15,3	B 6,129	
41	PA 1,5,5	K 5,77	M 11,164C
42	Lev h 12,2	B 6,457	
42a	Ez h 1,3	B 8,326	
43	Lev h 2,2	B 6,292–3	
44	RomCo 4,14		M 14,1101C
45	1Cor frag		Cramer 5,112
46	Gen h 1,12	B 6,14	
47	Gen h 2,6	B 6,38	
48	PsCo 145,8		PitAn. 3,357
49	Gen h 1,14–5	B 6,19	
50	MtCo 13,2	KlB 10,183–4	M 13,1097B
51	MtCo 13,2	KlB 10,180	M 13,1093AB
52	PA 2,8,1–3	K 5,152–4,161	M 11,219–23
53	Ser 57,62	KlB 11,132,144	
54	PA 4,36–7	K 5, 361–4	M 11,411–3
55	PA 3,6,5	K 5,287	M 11,338B
56	1Reg h 1,11	B 8,20–1	
57	RomCo 4,5		M 14,978C
58	PA 4, anac	K 5,356	M 11,407A
59	JoCo 2,12	P 4,75	M 14,145C
60	PsCo 114,4		M 12,1573D
61	JoCo 2,4	P 4,61	M 14,120C
62	PsCo 24		PitAn. 2,483
63	PsCo 118,156		M 12,1621C
64	RomCo 10,38		M 14,1287C
65	Gen h 1,2	B 6,3–4	
66	Gen h 2,4	B 6,33	
67	RomCo 4,1		M 14,965AB
68	Gen h 1,2	B 6,3	
69	Gen h 1,13	B 6,15	

70	PsCo 4,3		M 12,1140B
71	Luc h 39	R 9,229	
72	Gen h 1,13	B 6,17–18	
73	JesNav h 22,4	B 7,436	
74	Ex h 6,5	B 6,196–7	
75	PA 3,6,1	K 5,280–1	M 11,333–4
76	Gen h 1,13	B 6,16–17	
77	JoCo 1,28	P 4,34–5	M 14,73D
78	PA 2,6,3	K 5,141–2	M 11,211B
79	Jer h 14,10	Kl 3,114	M 13,416AB
80	1Thess frag		M 14,1299B
81	JoCo 2,11	P 4,74	M 14,144B
82	JoCo 2,9	P 4,72	M 14,141
83	JoCo 2,9	P 4,71–2	M 14,140BD
84	JoCo 2,3	P 4,55–6	M 14,109D–12B
85	Num h 21,2	B 7,202	
86	JoCo 2,7	P 4,69	M 14,136AB
87	PsCo 1,6		M 12,1100A
88	Gen h 4,6	B 6,56–7	
89	Gen h 15,2	B 6,128–9	
90	MtCo 13,9	KlB 10,203	M 13,1116C–7A
91	JoCo 20,22	P 4,363–4	M 14,636B
92	CCels 4,40	K 1,313–4	M 11,1093A–6A
93	JoCo 20,21	P 4,361	M 14,632BC
94	Jer h 8,1	Kl 3,56	M 13,337AB
95	PA 3,1,21	K 5,239	M 11,297BC
96	Ez h 1,5	B 8,330	
97	Is h 3,2	B 8,255	
98	Ex h 4,8	B 6,181	
99	RomCo 3,2		M 14,931BC
100	Ex h 6,9	B,6,200	
101	PA 3,1,12	K 5,214–216	M 11,269B–272A
102	Gen h 9,1	B 6,88–9	
103	Jer h lat 3,4	B 8,314	
104	Ex h 3,3	B 6,165	
105	CantCo 3	B 8,212	
106	Num h 26,4	B 7,249–50	
107	JesNav h 5,1	B 7,314	

108	Ex h 5,4	B 6,189	
109	Num h 17,4	B 7,163–4	
110	CantCo 1	B 8,106	
111	CantCo 4	B 8,223	
112	Num h 20,3	B 7,195	
113	Ez h 13,2	B 8,444	
114	Num 27,4–12	B 7,260–279	
115	CantCoProl	B 8,79	
116	JoCo 32,6	P 4,437	M 14,760BC
117	JoCo 1,26	P 4,34	M 14,73A
118	PsCo 118,1		Pit.An. 3,251
119	JoCo 32,19	P 4,478	M 14,825C
120	PsCo 118,109		M 12,1609C
121	PsCo 46,7		PitAn. 3,45
122	PsCo 144,1		M 12,1672CD
123	Hebr frag 1,8		Cramer VII,361–2
124	Gen h 1,1	B 6,1	
125	Jer h lat 3,4	B 8,313	
126	Jer h 8,2	Kl 3,57	M 13,337
127	JoCo 1,22	P 4,23	M 14,56B
128	JoCo 19,5	P 4,324	M14,568BD
129	PA 1,2; 2–4	K 5,30–31	M 11,131B–2AB
130	Apoc schol 20		TU 38,3, s. 29
131	JoCo 6,3	P 4,114–5	M 14,209D–212C
132	JoCo 1,24	P 4,30–31	M 14,68B
133	JoCo 20,32	P 4,382	M 14,668A
134	Jer h 19,1	Kl 3,176	M 13,500C
135	JoCo 1,23	P 4,29–30	M 14,65C
136	JoCo 1,39	P 4,43	M 14,89BD
137	PA 1,2,4	K 5,31–32	M 11,133A
138	JoCo 1,11	P 4,14	M 14,40C–41A
139	PA 1,1,5–6	K 5,20–21	M 11,124A–5A
140	CCels 6,65	K 2,135–6	M 11,1397B
141	CCels 6,65	K 2,135	M 11,1397A
142	JoCo 2,3	P 4,57	M 14,113B
143	MtCo 16,23	KlB 10,555	M 13,1453B
144	MtCo 10,2	KlB 10,2	M 13,840A
145	PA 2,1,3	K 5,108	M 11,184BA

146	CCels 7,37	K 2,188	M 11,1473A
147	CCels 7,44	K 2,194–195	M 11,1484C
148	CCels 7,42	K 2,193	M 11,1481AC
149	CCels 7,44	K 2,195–196	M 11,1484D–85B
150	JoCo 1,42	P 4,48–49	M 14,97B–100B
151	Col frag		M 14,1297C
152	Luc h 15	R 9,105	
153	MtCo frag		M 17,289AB
154	MtCo frag		M 13,832C
155	JoCo 13,46	P 4,272	M 14,481A
156	Jer h frag	Kl 13,197	M 13,544C
157	JoCo 2,4	P 4,61	M 14,121A
158	JoCo 19,2	P 4,309	M 14,544A
159	JoCo 2,4	P 4,60	M 14,117D–120A
160	JoCo 10,18	P 4,201	M 14,357BC
161	Lev h 3,8	B 6,314	
162	PA 1, Prooem 8	K 5,14	M 11,119B
163	Ex h 1,4	B 6,149	
164	Lev h 8,1	B 6,394	
165	CCels 4,50	K 1,323	M 11,1109A
166	PsCo 1,3		M 12,1081AB
167	Gen h 9,1	B 6,86–7	
168	JesNav h 23,4	B 7,446	
169	PA 4, anaceph.	K 5,347	M 11,402A
170	RomCo 5,1		M 14,1007C–1008C
171	PA 4,10	K 5,310–311	M 11,361BC
172	MtCo 14,12	KlB 10,304	M 13,1212C–13A
173	CCels 4,38	K 1,310–311	M 11,1089B
174	Ez h 11,1	B 8,424	
175	JoCo 13,42	P 4,269	M 14,476A
176	JoCo 13,46	P 4,272	M 14,481A
177	CCels 3,33	K 1,230	M 11,961C
178	JoCo 10,2	P 4,173	M 14,312AB
179	JoCo 10,4	P 4,175	M 14,313C
180	PsCo 38,6		M 12,1389A
181	ProvCo23		M 17,221CD–224A
182	ProvCo 5,15		M 17,173CD
183	Jer h 39 frag	Kl 3,196–7	M 13,541D

184	Luc h frag c 8	R 9,240	M 17,340AB
185	PsCo 36,23		M 17,133B
186	Ep ad Greg 3		M 11,92A
187	PsCo 104,19		PitAn. 3,207
188	MtCo 10,12	KlB 10,13–14	M 13,861B–864A
189	MtCo 10,8–9	KlB 10,9–10	M 13,853A–857B
190	Jer h 5,15	Kl 3,44	M 13,317C
191	Jer h 39 frag	Kl 13,197–198	M 13,544A–C
192	Ser 18	KlB 11,32–33	
193	Lev h 4,1	B 6,316	
194	Ser 40	KlB 11,78	
195	MtCo 14,6	KlB 10,288	M 13,1197A
196	CCels 6,2	K 2,71–72	M 11,1289CD–92A
197	CCels 6,5	K 2,75	M 11,1296D–7A
198	MtCo 10,5	KlB 10,5	M 13,844A–5A
199	JoCo 2,4	P 4,58	M 14,116C
200	JoCo 5 frag	P 4,102–3	M 14,189B–192D
201	PsCo frag 39,8		PitAn. 3,36
202	Ex h 1,1	B 6,145	
203	Gen h 12,5	B 6,112	
204	Ex h 5,1	B 6,184	
205	MtCo 12,3	KlB 10,73	M 13,980C–81A
206	RomCo 4,2		M 14,968AD–969A
207	PA 4,14,15	K 5,320–21	M 11,372A–373C
208	Num h 9,1	B 7,77	
209	Lev h 5,5	B 6,344	
210	Num h 9,7	B 7,63–64	
211	Gen h 2,6	B 6,36–37	
212	CantCoProl	B 8,77–79	
213	Lev h 5,1	B 6,333–4	
214	Is h 6,3	B 8,272	
215	MtCo 10,13	KlB 10,15	M 13,865B
216	CantCo 3	B 8,216	
217	Ser 38	KlB 11,72	
218	JoCo frag 9,6	P 4,534	
219	PsCo frag 80,1		PitAn. 3,135
220	JoCo 1,6	P 4,8–9	M 14,29D–32B
221	Is h 1,5	B 8,247–8	

222	CantCo 3	B 8,201	
223	Lev h 1,1	B 6,280–1	
224	Ser 139	KlB 11,289	
225	CantCo 3	B 8,204–5	
226	Gen h 7,5	B 6,75–76	
227	JoCo 13,60	P 4,294–5	M 14,517CD
228	Ser 79	KlB 11,190–191	
229	Ser h 10	KlB 11,19–20	
230	Ser 4	KlB11,7–8	
231	Gen h 7,4	B 6,74	
232	Num h 9,4	B 7,59	
233	JoCo 13,5	P 4,229–230	M 14,405B–D
234	RomCo 3,1		M 14,924BC
235	RomCo 3,7		M 14,942C
236	Ex h 12,3	B 6,264	
237	Lev h 10,1	B 6,441	
238	MtCo frag 12,1		Cramer 1,89
239	Ser 101	KlB 11,221	
240	Luc h 20	R 9,132	
241	Lev h 10	B 6,442	
242	Jer h 14,12	Kl 3,117	M 13,417BC
243	Ser 27	KlB 11,45–46	
244	Num h 7,4	B 7,44	
245	Lev h 2,2	B 6,292	
246	RomCo 8,6		M 11,1174C–75A
247	Ser 31	KlB 11,56–57	
248	Num h 23,1	B 7,210–11	
249	Lev h 4,10	B 6,331	
250	RomCo 1,15		M 14,861BC
251	MtCo 10,10	KlB 10,11	M 13,857BC
252	MtCo 11,14	KlB 10,57	M 13,947B
253	RomCo 6,11		M 14,1092C–3A
254	MtCo 11,5–6	KlB 10,41–43	M 13,913C,916B, C 920B
255	JesNav h 20,5	B 7,424	
256	Lev h 6,2	B 6,361	
257	MtCo 12,43	KlB 10,168	M 13,1084AB
258	RomCo 4,7		M 14,985A

259	Gen h 14,1	B 6,121–2	
260	JesNav h 24,3	B 7,461–2	
261	JoCo 20,12	P 4,342	M 14,600BC
262	RomCo 2,11		M 14,896D
263	Col frag		M 14,1297–8
264	Ser 28	KlB 11,53	
265	RomCo 8,11		M 14,1193C
266	PA 2,6,2	K 5,140–141	M 11,210B
267	PsCo 117,27		M 12,1584D–85A
268	CCels 4,69	Kl 338–339	M 11,1137BC
269	Ez h 6,6	B 8,384–5	
270	Jer h 8,8	Kl 3,61–2	M 13,345A
271	PA 1,2,8	K 5,38	M 11,136C
272	CorCo frag		Cramer V,30
273	PsCo frag 69,5–6		PitAn. 3,88
274	PE 23	K 2,350	M 11,488B
275	PsCo 118,151		M 12,1620D
276	CCels 3,28	K 1,226	M 11,956CD
277	CCels 4,17	K 1,286	M 11,1048D–49A
278	Jer h 7,3	Kl 3,54	M 13,333B–334A
279	PsCo 131,7		PitAn. 3,330
280	Luc h 39	R 9,201–2	
281	MtCo 16,20	KlB 10,545	M 13,1443B
282	Jer h 1,8	Kl 3,8	M 13,265AB
283	Ez h 1,4	B 8,328	
284	Luc h 8	R 9,54–55	
285	MtCo 10,17	KlB 10,22	M 13,877A
286	Luc h 9	R 9,81–82	
287	Luc h 14	R 9,97–8	
288	Luc h 27	R 9,170–71	
289	Ez h 1,6	B 8,331	
290	CCels 1,62	K 1,113,114	M 11,776AB
291	JoCo 13,28	P 4,252	M 14,448AB
292	JoCo 1,37	P 4,41	M 14,85C
293	Ser 113	KlB 11,235	
294	PsCo 19,6		M 12,1248B
295	EphCo frag		Gregg 411–412
296	Ser 75,97	KlB 11,176,216	

297	Ser 92	KlB 11,208	
298	Ser 92	KlB 11,209	
299	Lev h 1,2	B 6,283	
300	Luc h 17	R 9,115–6	
301	RomCo 4,2		M 14,968AB
302	Jer h 11,2	K 13,79–80	M 13,369A
303	Ex h 11,2	B 6,254	
304	PsCo 77,31		M 17,141D
305	ProvCo 31,16		M 17,252A
306	Ser 125	KlB 11,261–262	
307	RomCo 5,10		M 14,1051AB
308	JesNav h 8,6	B 7,338–342	
309	Ser 138	KlB 11,284	
310	CCels 6,68	K 2,138	M 11,1401BC
311	CCels 4,15	K 1,285	M 11,1048AB
312	Gen h 8,9	B 6,84–5	
313	Lev h 1,4	B 6,286–7	
314	RomCo 1,6		M 14,852AB
315	PsCo 15,9		M 12,1215–1216
316	JoCo 32,17	P 4,470	M 14,812D–3B
317	PsCo 2,8		M 12,1108A
318	Ser 50	KlB 11,109	
319	CCels 7,34	K 2,184	M 11,1468C
320	PA 4,31	K 5,353	M 11,405
321	JoCo 6,15	P 4,140	M 14,252C
322	PA 2,11,6	K 5,190–191	M 11,246
323	Ser 65	KlB 11,151–153	
324	JoCo 10,4	P 4,176	M 14,316C
325	Ser 33	KlB 11,64–65	
326	JoCo 18,60	P 4,296–7	M 14,521CD
327	RomCo 5,10		M 14,1048C
328	CCels 2,63	K 1,185	M 11,896B
329	CCels 2,65	K 1,187	M 11,897D–900A
330	CCels 2,67	K 1,189	M 11,901B
331	Ser 28	KlB 11,54	
332	Ser 35	KlB 11,65	
333	Luc h 3	R 9,20–23	
334	Luc h 4	R 9,41–42	

335	PsCo 64,3		M 12,1494B
336	JoCo 13,21	P 4,245	M 14,436A
337	RomCo 5,9		M 14,1047AB
338	RomCo 5,9		M 14,1046BC
339	Gal frag		M 14,1295BC
340	CCels 2,16	K 1,145	M 11,828AB
341	RomCo 5,9		M 14,1044
342	MtCo 17,29	Kl 10,665–8	M 13,1561C–64AB, 1565AC
343	CCels 5,22,23	K 2,23–24	M 11,1216AC
344	Luc frag	R 9,227	
345	PA 2,10,3	K 5,175–176	M 11,235B–236B
346	De Resurr frag		M 11,97D–98A–C
347	JoCo 13,59	P 4,293	M 14,516CD
348	CCels 7,32	K 2,183	M 11,1465D
349	RomCo 2,13		M 14,913BC
350	CCels 8,50	K 2,265	M 11,1589C
351	PsCo 23,6		M 12,1268B
352	Jer h 15,6	Kl 3,130	M 13,436CD
353	Ser 83	KlB 11,195	
354	JoCo 1,37	P 4,42	M 14,88AB
355	MtCo 15,24	KlB 10,419–420	M 13,1324B
356	RomCo 3,6		M 14,939C
357	RomCo frag		Cramer IV,20
358	MtCo 12,4	Kl 10,73–4	M 13,981A–D
359	PE 9,2	K 1,319	M 11,444D
360	JoCo 1,34	P 4,40	M 14,84B
361	Gen h 8,8	B 6,83	
362	JoCo 1,34	P 4,38	M 14,81AB
363	Hebr frag 2,9		Cramer VII,147
364	JoCo 13,37	P 4,263	M 14,464D–465A
365	JoCo 1,40	P 4,45	M 14,93A
366	JoCo 19,1	P 4,305	M 14,536CD
367	MtCo 16,5		M 13,1380A
368	CantCo 2	B 8,157–8	
369	Gen h 2,3	B 6,30	
370	RomCo 4,4		M 14,971BC
371	Gen h 6,3	B 6,69	

372	Jud h 5,5	B 7,495	
373	CantCo 1	B 8,90	
374	CantCo 1	B 8,98	
375	CantCo 2	B 8,118–121	
376	Gen frag		M 12,100B
377	PsCo 48,1–2		M 12,1441D
378	Gen h 1,5	B 6,7	
379	Gen h 1,6	B 6,8	
380	Luc h 32	R 9,193	
381	CantCo schol 4,9		M 17,272D
382	MtCo 11,2	KlB 10,35	M 13,905A
383	Is h 6,4	B 8,274	
384	RomCo 8,5		M 14,1167AB
385	RomCo 6,13		M 14,1100C–1101A
386	Ez h 6,2	B 8,378–9	
387	Luc h 32	R 9,192,195	
388	Lev h 7,4	B 6,383	
389	Luc h 16	R 9,109	
390	JesNav h 7,6	B 7,334	
391	Ser 47	KlB 11,95–96	
392	Ser h 47	KlB 11,98	
393	MtCo 12,4	KlB 10,75	M 13,984B–5A
394	Ser 8	KlB 11,13	
395	JesNav h 3,3–5	B 7,304–7	
396	Jer h 5,16	Kl 3,46	M 13,321A
397	Ser 35	KlB 11,68	
398	1Cor frag		Cramer V,11
399	JesNav h 21	B 7,428–9	
400	PsCo 73,3		M 12,1529C
401	Jer h 15,3	Kl 3,127	M 13,432BC
402	Luc h 38	R 9,222–3	
403	MtCo 16,21		M 13,1445BA
404	Jer h 15,3	Kl 3,128	M 13,432CD
405	Luc h 2	R 9,14	
406	MtCo 11,18	KlB 10,65–6	M 13,965CD
406a	Ez h 6–10	B 8,378–423	
407	Jer h 18,12	Kl 3,168	M 13,488AB
408	JoCo 20,29	P 4,378	M 14,661B

409	Ser 129	KlB 11,266–7	
410	JoCo 20,6	P 4,334	M 14,585B
411	Jer h 10,2	Kl 3,72	M 13,360BC
412	Num h 9,1	B 7,55	
413	JoCo frag 3,31	P 4,522	
414	JoCo 13,13	P 4,237–8	M 14,417D–420A
415	CCels 3,12–13	K 1,211–213	M 11,933–936B
416	PsCo 17,44		M 12,1240A
417	Job frag 20,15		M 12,1036A
418	RomCo 6,1		M 14,1055C
419	PsCo 82,19		PitAn. 3,142
420	Ser 38	KlB 11,72	
421	PsCo frag 67,6		PitAn. 3,82
422	PsCo 44,11		M 12,1432B
423	Lev h 11,3	B 6,452–3	
424	MtCo 17,13		M 13,1516AC,1517A
425	1Cor frag		Cramer V,48
426	PsCo 21,19		M 12,1257B
427	CantCo IV	B 8,232	
428	CantCo IV	B 8,234–5	
429	MtCo 12,37–38	KlB 10,152–154	M 13,1068B–69C
430	Ser 138	KlB 11,284–6	
431	JoCo 1,9	P 4,12	M 14,36CD
432	RomCo 5,1		M 14,1020BC
433	RomCo 3,11		M 14,958AD–9A
434	Ser 113	KlB 11,236	
435	JoCo 32,17	P 4,472–3	M 14,816D–17A
436	JoCo frag 3,29	P 4,520–1	M 14,992BC
437	RomCo 4,8		
438	JoCo 32,18		M 14,820B–D
439	CCels 6,71	K 2,141	M 11,1405BC
440	PA 1,3,1	K 5,49	
441	JoCo frag 3,8	P 4,513	M 11,145–6
442	RomCo 7,6		M 14,1120C–21
443	JoCo 2,6	P 4,65	M 14,129A
444	CCels 8,54	K 2,270	M 11,1597BC
445	CCels 4,6	K 1,278–279	M 11,1036CD
446	JoCo 13,23	P 4,247	M 14,437C

447	PE 2	K 2,301–302	M 11,421A
448	1Cor frag		Cramer V,43
449	1Cor frag		Cramer V,46–7
450	JoCo 1,30	P 4,35–36	M 14,76C–77A
451	RomCo 6,7		M 14,1070C
452	Jer h 9,1	Kl 3,64	M 13,347CD
453	Gen h 9,3	B 6,92	
454	Gen h 9,2	B 6,89	
455	1Cor frag		Cramer V,66
456	Is h 2,1	B 8,248–9	
457	Gen h 3,7	B 6,49–50	
458	Luc h 22	R 9,144	
459	CantCo 4	B 8,227	
460	Ex h 13,2	B 6,271	
461	Lev h 3,3	B 6,305	
462	Luc h 21	R 9,140–141	
463	PsCo 76,19		M 12,1539CD
464	Luc h 1	R 9,7	
465	JoCo 2,26	P 4,89	M 14,169D–172B
466	JoCo 6,10	P 4,126–7	M 14,229B–232C
467	Luc h 4	R 9,29–30	
468	Luc h 21	R 9,138–9	
469	JoCo frag 9,35	P 4,539	
470	PsCo 47,9		M 12,1440C
471	Ser 63–64	KlB 11,145–150	
472	RomCo 8,5		M 14,1166A–7A
473	Jer h 16	Kl 3,132–3	M 13,437D–440C
474	RoCo 9,3		M 14,1215AB
475	JoCo 20,18	P 4,351–2	M 14,616B
476	JoCo 20,18	P 4,352	M 14,616C
477	MtCo 11,16	Kl 10,60	M 13,957A
478	JoCo 20,24	P 4,367–8	M 14,641B–644C
479	MtCo 10,19	Kl 10,25–6	M 13,884A–885B
480	JesNav 13,4	B 7,374	
481	RomCo 3,6		M 14,938CD–9A
482	JoCo 19,2	P 4,307–8	M 14,540B–541A
483	PA 3,1,18–19	K 5,229–235	M 11,288A–293B
484	RomCo 4,1		M 14,963C–4A

485	RomCo frag		Cramer IV,28
486	RomCo 4,5		M 14,974CD
487	RomCo frag		Cramer IV,24
488	RomCo 9,3		M 14,1213B–1214A
489	RomCo 8,7		M 14,1178C–79A
490	RomCo 4,3		M 14,970C
491	RomCo 3,9		M 14,953CD
492	RomCo 3,7		M 14,943AB,944C
493	RomCo 2,7		M 14,887A–888AC
494	RomCo 1,12		M 14,857CD
495	MtCo 15,10	Kl 10,376–77	M 13,1281B–1284A
496	Ser 69	KlB 11,162–3	
497	Ser 77	KlB 11,185–6	
498	Num h 11,7	B 7,88	
499	RomCo 9,4		M 14,1218AB
500	RomCo 9,31		M 14,1232B
501	MtCo 12,25	Kl 10,125–6	M 13,1040AB
502	RomCo 9,2		M 14,1208BC
503	Num h 12,3	B 7,101	
504	CCels 1,10–11	K 1,62–64	M 11,673C–77A
505	CCels 3,39	K 1,235–236	M 11,969C–72A
506	PA 3,3,2	K 5,257,8,256	M 11,314C–315C
507	RomCo 4,9		M 14,994CD
508	PE 1	K 2,297	M 11,416A
509	RomCo 2,14		M 14,919ABC
510	PsCo 11,7		M 12,1201CD
511	JesNav h 7	B 7,334–5	
512	Ex h 9	B 6,260	
513	Gen h 14,3	B 6,123–4	
514	Lev h 7,6	B 6,391	
515	Lev h 5,7	B 6,347	
516	Jer h 19 (20),5	Kl 3,184	M 13,512BC
517	PsCo 115,2		PitAn. 3,236
518	JoCo 20,23	P 4,367	M 14,641B
519	Ez h 3,8	B 8,355–6	
520	RomCo 2,13		M 14,912D–913AB
521	Luc h 11	R 9,77–9	
522	Ex h 8,2	B 6,218–9	

523	Iudic h 2,3	B 7, 476–477	
524	Jer h 7,3	Kl 3,53	M 13,332D–333A
525	Is h 8,1	B 8,286	
526	Jer h 16,9	Kl 3,141	M 13,449C
527	Jer h 5,2	Kl 3,32–3	M 13,300A
528	CCels 8,17–18	K 2,234–236	M 11,1540C–45C
529	Luc h 16	R 9,109,113	
530	Luc h 17	R 9,114	
531	Ex h 3,3	B 6,169	
532	Ex h 7,6	B 6,212–3	
533	Gen h 6,3	B 6,68	
534	PsCo frag 74,2		PitAn. 3,102–3
535	CantCoProl	B 8,63–67; 72 (11–15); 74 (10–21); 69 (20–26); 70 (12–32); 71 (13–20); 74 (21–30)	
536	Gen h 3,2	B 6,40–41	
537	Num h 2,2	B 7,10–12	
538	Job frag 22,2		M 12,1036D–37A
539	Num h 9,9	B 7,67	
540	CantCo 2	B 8,167–8	
541	CantCo 1	B 8,103–4	
542	Ser 66	KlB 11,154	
543	CCels 1,48	K 1,98	M 11,749B
544	JoCo 20,33	P 4,386	M 14,676AB
545	JoCo 20,33	P 4,386–88	M 14,676BC–677A
546	RomCo 4,5		M 14,977D–8A
547	CantCo 1	B 8,105	
548	Ex h 3,1–2	B 6,161–163	
549	PA 3,2,1–2	K 5,247	M 11,305B–6A
550	JesNav h 5,2	B 7,316	
551	Iudic h 3–4	B 7,484–5	
552	PE 29	K 2,391	M 11,544CD
553	PA 3,2,2	K 5,247	M 11,306BC
554	Luc h 8	R 9,56–57	

555	JesNav h 11,2	B 7,363	
556	MtCo 17,2	Kl 10,580	M 13,1478BC
557	PsCo 118,157		M 12,1621D
558	JesNav 15,5	B 7,390	
559	Iudic h 9,1	B 7,517–8	
560	CCels 8,23	K 2,240	M 11,1552C
561	Luc h 12	R 9,86	
562	Iudic h 1,1	B 7,466	
563	Ez h 15,2	B 8,435	
564	PA 3,2,4	K 5,251	M 11,309C
565	Luc 35	R 9,209	
566	PA 3,3,4	K 5,260	M 11,317AB
567	PsCo 65,12		PitAn. 3,77
568	Ser 35	KlB 11,64,66	
569	PsCo 123,6		PitAn. 3,322
570	PsCo 118,28		M 12,1593AB
571	PsCo 118,82		M 12,1601B
572	PsCo 93,19		M 12,1553D
573	PsCo frag 36,11		PitAn. 3,10
574	Rom 7,6		M 14,1119B–20
575	PsCo 88,13		PitAn. 3,161
576	Ps 36 h 5,5		M 12,1364B
577	PsCo 118,55		M 12,1597D
578	PsCo 17,19,20		M 12,1232BC
579	JesNav h 16,1	B 7,395	
580	PsCo 46,16		M 12,1677C
581	Jer,14,16	Kl 3,122	M 13,425A
582	Ser 117	KlB 11,247	
583	RomCo 2,6		M 14,885CD–886A
584	PsCo 118,45		M 12,1596CD
585	JoCo 28,4	P 4,392–3	M 14,685BC
586	Ez h 2,3	B 8,344	
587	PA 3,4,3	K 5,267	M 11,322C–3A
588	RomCo 2,4		M 14,875A
589	PsCo 17,2–3		M 12,1224CD
590	PsCo frag 100,5		PitAn. 3,191
591	Jer h 18,10	Kl 3,164	M 13,484A
592	PA 3,2,5	K 5,253	M 11,311C

593	Jer h 8,1	Kl 3,55	M 13,336C
594	Ser 29	KlB 11,55	
595	RomCo 2,5		M 14,882B
596	PsCo 4,7		M 12,1164BC
597	Num h 6,3	B 7,32–33	
598	RomCo 1,13		M 14,859CD–860A
599	Jer h 8,5–6	Kl 3,60–61	M 13,341D–344C
600	RomCo 7,5		M 14,1115A
601	PE 30	K 2,393–4	M 11,545C–8A
602	PsCo 4,1		M 12,1133B
603	PsCo 68,5		M 12,1512D–13A
604	Ps 4,4		M 12,1142BC
605	Ex h 5,4	B 6,189	
606	Is h 6,1	B 8,270	
607	Gen h 3,2	B 6,41	
608	Luc h 18	R 9,124	
609	Mt 10,14	Kl 10,16	M 13,866D
610	Ps 37 h 2,3		M 12,1384B
611	Is h 6,6	B 8,277	
612	Jo 19,3	P 4,311–2	M 14,548BC
613	Ps 27,1		M 12,1283B
614	Ex h 3,3	B 6,167	
615	RomCo 7,6		M 14,1121A
616	Jer h 12,13	KlB 3,99	M 13,396BC
617	JoCo 20,27	P 4,372	M 14,652B
618	PsCo 27,1		M 17,116D–117A
619	Gen h 2,6	B 6,38–9	
620	Luc h 16,9	R 9,109–10	
621	CCels 7,39	K 2,189–190	M 11,1476C
622	Num h 17,3	B 7,158	
623	Ez h 3,1	B 8,348–9	
624	Luc h 22	R 9,149	
625	MtCo 11,18	Kl 10,66	M 13,967
626	CantCo 3	B 8,215–216	
627	Luc h 1	R 9,8	
628	JoCo 28,21	P 4,424	M 14,737CD
629	CCels 6,77	K 2,146	M 11,1413D–6A
630	Gen h 15,7	B 6,135	

631	MtCo 16,11	Kl 10,508–9	M 13,1407BC
632	Lev h 1,1	B 6,281	
633	Jer h 5,8–9	Kl 3,37–9	M 13,305B–308C
634	Luc h 22	R 9,145	
635	Gen h 9,3	B 6,105	
636	CantCo 2	B 8,140	
637	CCels 3,69	K 1,262	M 11,1012C
638	CantCo 2	B 8,164	
639	CantCo 3	B 8,182–3	
640	JoCo 6,11	P 4,127–8	M 14,232D–33C
641	Ser 33	KlB 11,61–62	
642	JoCo 2,20	P 4,81–82	M 14,158B
643	CCels 7,46	K 2,198	M 11,1488D–9A
644	CCels 8,6	K 2,225	M 11,1528A
645	PsCo 4,1		M 12,1136C
646	Iudic h 1,4	B 7,471	
647	PsCo 103,13		PitAn. 3,204
648	Jer h 10,1	Kl 3,72	
649	RomCo 7,13		M 14,1137CD
650	JoCo 20,31	P 4,382	M 14,668CD
651	RomCo 3,2		M 14,932C
652	Lev h 5,12	B 6,355	
653	JoCo 2,18	P 4,80	M 14,156AB
654	RomCo 6,14		M 14,1102C
655	RomCo 6,9		M 14,1088B
656	RomCo 4,6		M 14,980BC–1A
657	RomCo frag		Cramer IV,34
658	Prov Co 6,3		M 17,176D
659	MtCo 16,9	Kl 10,503	M 13,1401BC
660	JoCo 10,28	P 4,222–3	M 14,393C–396B
661	CCels 1,9	K 1,62	M 11,673AB
662	MtCo 12,15	Kl 10,103	M 13,1017AC
663	JoCo 13,52	P 4,281–2	M 14,496D–7A
663a	JoCo 10,27	P 4,221–2	M 14,392A–3B
664	Gen h 1,7	B 6,9–10	
665	JoCo 19,1	P 4,301–2	M 14,529A–32C
666	Luc h 15	R 9,105	
667	PsCo frag 49,3		PitAn. 3,50

668	JoCo 20,26	P 4,369	M 14,645D
669	MtCo 12,14	Kl 10,96–7	M 13,1012BC
670	RomCo 4,6		M 14,981C
671	MtCo 12,43	Kl 10,167	M 13,1083D–4A
672	MtCo 17,19	Kl 10, 640	M 13,1537AB
673	CantCo 2	B 8,136	
674	Levh 16,7	B 6,505	
675	MtCo 15,6–7	Kl 10,364–6	M 13,1269A–72A
676	MtCo 15,8	Kl 10,371	M 13,1276BC
677	CCels 1,48	K 1,98–99	M 11,749C
678	Lev h 3,3	B 6,303–4	
679	Lev h 4,8	B 6,326–7	
680	PsCo 118,169		M 12,1625BC
681	JoCo 6,22	P 4,146–147	M 14,264C–265B
681a	JoCo frag 1,26	P 4,566	
682	JoCo 32,19	P 4,477	M 14,824D
683	RomCo 8,2		M 14,1163AB
684	JoCo 2,19	P 4,81	M 14,156C–7A
685	JoCo 10,8	P 4,179–180	M 14,321BC
686	CantCo 1	B 8,90–93	
687	Luc h 15	R 9,102–3,104–5	
688	CantCo school		M 17,282D
688a	Gen frag		M 12,124B
689	CantCo 1	B 8,107–8; 102–3	
690	CantCo 2	B 8,165–167	
691	Ez h 12,1	B 8,432–3	
692	Ez h 12,1	B 8,434	
693	PsCo 104,28		PitAn. 3,209
694	PsCo 22,1		M 12,1259C
695	Gen h 1,17	B 6,20–21	
696	PsCo 106,18		M 12,1567A
697	PsCo 106,17		Cad S 93
698	PsCo 106,9		Cad S 92–3
699	JoCo 13,34	P 4,259–60	M 14,457C–460C
700	PE 27	K 2,363,367	M 11,505AC,509C
701	PsCo 77,31		M 17,144A–145C
702	ebd.		M 17,148C
703	PE 27	K 2,369	M 11,512CD

704	Num h 27,1	B 7,255–6	
705	PsCo 118,50		PitAn. 3,272
706	PE 27	K 2,364	M 11,505D–508A
707	PE 27	K 2,369,370,372	M 11,513A,516D, 517A
708	Num h 11,6	B 7,88	
709	JoCo 13,33		M 14,457B
710	JoCo 13,7	P 4,231–2	M 14,409A
711	PsCo 64,10		M 12,1495C
712	PsCo 77,25		M 12,1541BC
713	Luc schol 11,3		M 17,353C
714	Gen h 10,3	B 6,97	
715	Ser 85	KlB 11,196–197	
716	PsCo 80,17		PitAn. 3,139
717	PsCo 77,19–20		PitAn. 3,117–118
718	Num h 16,9	B 7,151–2	
718a	ProvCo 9,2		M 17,185B
719	RomCo 10,11		M 14,1268BC
720	CantCo schol 4,3		M 17,269D–72A
721	Ex h 13,3	B 6,274	
722	JoCo 1,33	P 4,37	M 14,77D–80A
723	Ser 86	KlB 11,199	
724	Ser 27	KlB 11,48	
725	Luc schol 9,27		M 17,341A
726	Gen h 1,17	B 6,22	
727	Ser 22–23	KlB 11,38–39	
728	Ex h 7,8	B 6,216	
729	CCels 4,18	K 1,287	M 11,1049CD
730	PsCo 77,31		M 17,144DA
731	Lev h 16,2	B 6,496	
732	Gen h 1,2	B 6,5	
733	JoCo 13,3	P 4,228	M 14,404AC
734	CantCo 2	B 8,171	
735	ebd. 3	B 8,185	
736	ebd.	B 8,186	
737	PsCo 16,15		M 12,1224BC
738	Mart 47	K 1,43	M 11,629B–632A
739	Luc h 36	R 9,215–216	

740	Num h 10,7	B 7,73	
741	CantCo 2,16		M 17,265C
742	Ps 112,9		M 12,1571C
743	PE 8	K 2,316	M 11,441A
744	MtCo 17,21	Kl 10,643	M 13,1539CD–42A
745	Ser 43	KlB 11,87	
746	Gen h 6,1	B 6,66–7	
747	Ex h 1,3	B 6,148	
748	JoCo frag 3,29	P 519–20	
749	Lev h 12	B 6,466–7	
750	Ex h 10,3–4	B 6,248,250	
751	Cant h 2,6	B 8,51	
752	RomCo 4,6		M 11,983CD
753	MtCo frag 12,48		Cramer I,99
754	PsCo 105,3		Cad S 91
755	Ez h 7,6	B 8,396	
756	Ez h 8,1	B 8,401	
757	JesNav h 13,2	B 7,372	
758	Ex h 8,5	B 6,227–8	
759	Gen h 10,4	B 6,97–8	
760	Num h 20,2	B 7,187–9	
761	Ez h 10,2	B 8,419	
762	Num h 18,11	B 7,175	
763	CantCo Prol	B 8,80	
764	CantCo schol 6,7–8		M 17,277CD
765	CantCo 4	B 8,223,229–230	
766	CantCo 3	B 8,218–20	
767	CantCo 3	B 8,198–99	
768	CantCo schol c 5,9		M 17,273CD
769	CantCo schol c 2,13–14		M 17,264–5
770	CantCo schol c 5,2		M 17,273BC
771	CantCo 3	B 8,194–5	
772	Cant h 2	B 8,53–4	
773	CantCo 2	B 8,153	
774	CantCo schol c 2,4		M 17,261C
775	CantCo schol c 2,16		M 17,265C
776	MtCo 12,42		M 13,1081A
777	CantCo c 3,1–4		M 17,269C

778	JoCo 1,32	P 4,37	M 14,78CD
779	JoCo 2,1	P 4,53	M 14,106C
780	Jer h 9,4	Kl 3,70	M 13,355D–8A
781	RomCo 5,8		M 14,1042A
782	Ez h 13,2	B 8,447	
783	Is h 7,1	B 8,280–1	
784	JoCo 6,7	P 4,120	M 14,221A
785	Act frag 4,32		Cramer III,82
785a	JoCo frag	P 4,102–3	
786	Ez h 9,1	B 8,406	
787	IReg h 1,4	B 8,5–7	
788	Cor frag		Cramer V,182
789	JoCo frag 17,11	P 4,574	
790	Ez h 4,6	B 8,367	
791	Ps 36 h 2,1		M 12,1330A
792	RomCo 9,36		M 14,1237A
793	MtCo 17,12		M 13,1511C
794	Ser 102	KlB 11,223	
795	RomCo 3,8		M 14,951AB
796	Ser 73	KlB 11,172	
797	CantCo 3	B 8,174–176	
798	MtCo 14,16–17	Kl 10,326	M 13,1229A–32B
799	JohCo 1,12	P 4,17	M 14,43D–45A
800	RomCo 4,7		M 14,985BC
801	Luc h 7	R 9,52–3	
802	Luc h 14	R 9,95	
803	JoCo 10,20	P 4,209–11	M 14,369D–72B, 373AB
804	PsCo 29,3		M 12,1291D–1294A
805	PE 11	K 2,322	M 11,450A
806	JoCo 10,21	P 4,211–212	M 14,373D–376A
807	RomCo 5,9		M 14,1044C
808	Lev h 12,1	B 6,454–5	
809	Lev h 6,2	B 6,362	
810	Lev h 5,3	B 6,338–9	
811	RomCo 3,8		M 14,950BC
812	Lev h 2,3	B 6,294	
813	Lev h 1,3	B 6,284–5	

814	Lev h 9,9	B 6,436–7	
815	PsCo 19,4		M 12,1247A
816	JoCo 1,3	P 4,5	M 13,24D–25B
817	Lev h 9,1	B 6,418–9	
818	Ser 18	KlB 11,33	
819	Lev h 4,6	B 6,323–4	
820	IReg h 1,9	B 8,15–16	
821	PE 12	K 2,324–5	M 11,451CD
822	Lev h 6,6	B 6,367–8	
823	Gen h 8,2–10	B 6,78–86	
824	Num h 24,2	B 7,229–30	
825	MtCo 12,26–27	Kl 10,127–8	M 13,1042–3
826	Num h 10,2	B 7,71–2	
827	Num h 25,4	B 7,238	
828	MtCo 12,41	Kl 10,163–4	M 13,1079
829	Luc h 23	R 9,153	
830	Jer h 14,14	Kl 3,119–20	M 13,422A–D
831	PsCo 108,3		Cad S 95
832	Lev h 1,5	B 6,288	
833	Lev h 3,5	B 6,309	
834	MtCo 12,24	KlB 10,124–5	M 13,1038
835	Ser 126	KlB 11,263	
836	RomCo 2,14		M 14,919D–920A
836a	Jer h 14,7	KlB 3,112	M 13,412D
837	PsCo 22		PitAn. 2,480
838	PsCo 22		PitAn. 2,480
839	Num h 15,2	B 7,132	
840	Ser 39	KlB 11,77	
841	Num h 9,2	B 7,57	
842	Num h 12,3	B 7,102–103	
843	RomCo 7,13		M 14,1139AB
844	Num h 7,6	B 7,48	
845	PsCo 118,157		PitAn. 3,307–8
846	MtCo frag 14,28		Cramer I,119–120
847	Ser 86	KlB 11,198	
848	Ser 86	KlB 11,198–9	
849	Ser 86	KlB 11,197–8	
850	Ser 86	KlB 11,199	

851	PE 27	K 2,370	M 11,514D
852	Num h 12,1	B 7,96	
853	Lev h 7,5	B 6,386–7	
854	MtCo 16,27	Kl 10,566–7	M 13,1464A–65A
855	Js h 2,2	B 8,252	
856	Num h 24,2	B 7,228–9	
857	RomCo 4,9		M 14,997B
858	Lev h 4,4	B 6,319–320	
859	CantCo 3	B 8,186–7	
860	JesNav h 5,6	B 7,319–20	
861	MtCo 14,1–2	KlB 10,271–277	M 13,1182–90
862	Ser 72	KlB 11,168–70	
863	Ser 73	KlB 11,172–3	
864	Ser 68	KlB 11,159–60	
865	Ex h 13,3	B 6,273–4	
866	Lev h 7,1–2	B 6,370–380	
867	RomCo 7,5		M 14,1116C–17A
868	PsCo frag 74,1		PitAn. 3,102
869	PA 3,5,6	K 5,277	M 11,331
870	Is h 1,2	B 8,244–245	
871	Is h 1,5	B 8,247	
872	Is h 4,1	B 8,257–8	
873	Ez h 14,2	B 8,452–3	
874	JoCo 2,23	P 4,85	M 14,161D–164A
875	Lev h 5,9	B 6,350–1	
876	Jer h 16,2	Kl 3,134	M 13,441A
877	1Cor frag		Cramer V,10
878	Ser 59	KlB 11,136	
879	Ser 54	KlB 11,123–4	
880	Ser 59,55	KlB 11,133,126–7	
	Ser 55	KlB 11,126–7	
881	JoCo 13,42	P 4,268	M 14,473C
882	MtCo 12,14		M 13,1012C–1013A
883	RomCo 5,9		M 14,1047CD
884	RomCo 9,32		M 14,1233A–C
885	Ser 32	KlB 11,58–9	
886	Jer h 9,1	Kl 3,63	M 13,348BC
887	Ser 56	KlB 11,130–1	

888	Ser 70	KlB 11,164–6	
889	MtCo 14,9		M 13,1205BC
890	Ser 50	KlB 11,110	
891	Ser 36	KlB 11,68–9	
892	Ser 111	KlB 11,232	
893	Is h 4,5–6	B 8,262	
894	Lev h 9,8	B 6,432	
895	Job schol 20,25		M 17,75AB
896	Jer h 19,8–9	Kl 3,190–2	M 13,519B–D,522
897	PsCo 17,8–9		M 12,1228B
898	RomCo 9,41		M 14,1242C
899	Ez h 9,5	B 8,415	
900	Ez h 2,3	B 8,343	
901	Ez h 1,3	B 8,324	
902	JoCo 13,23		M 14,437A
903	Ez h 5,1	B 8,371	
904	Ez h 10,4	B 8,421–2	
905	Num h 8,1	B 7,51–52	
906	JoCo 6,38	P 4,166–167	M 14,301AB
907	Ex h 13,4	B 6,275–6	
908	JesNav h 4,3	B 7,311–2	
909	Is h 3,1	B 8,254	
910	CantCo 2	B 8,128–9	
911	Ex h 4,4	B 6,195–6	
912	PsCo 6		M 12,1177–78
913	Jer h lat 2,5	B 8,294–5	
914	Jer h 6,2	Kl 3,49	M 13,325AB
915	RomCo 2,2		M 14,874A
916	PsCo 19,23		M 12,1245D
917	Ex h 8,5	B 6,230	
918	Ez h 1,2	B 8,322–3	
919	Ez h 1,1	B 8,319	
920	Ex h 3,3	B 6,167	
921	MtCo 17,24		M 13,1548B
922	Jer h 12,3	Kl 3,90–91	M 13,384AC
923	PE 29,13	K 2,388	M 11,540AB
924	Ps 37 h 2,5		M 12,1385CD
925	Ex h 10,3	B 6,249	

926	Rom 5,5		M 14,1031C
927	Ser 117	KlB 11,244	
928	JoCo 32,12	P 4,458	M 14,793C
929	Ser 118	KlB 11,251	
930	Ser 64	KlB 11,151	
931	1Cor frag		Cramer V,73
932	ebd.		ebd. V,74
933	Ex h 6,6	B 6,197–8	
934	Gen h 1,10	B 6,11–12	
935	Luc h 24	R 9,166	
936	PsCo 104,16		PitAn. 3,207
937	Num h 14,2	B 7,121–124	
938	RomCo 8,13		M 14,1200C
939	PsCo 67,3		PitAn. 3,78
940	MtCo 13,23	Kl 10,241–3	M 13,1156–57A
941	Num h 13,7	B 7,117	
942	JesNav h 15,5	B 7,389	
943	PE 6,5	K 2,315	M 11,440AB
944	Jer h 5,10	Kl 3,39–40	M 13,310B
945	RomCo 1,18		M 14,865BC
946	Ez h 4,2	B 8,363	
947	JohCo frag 3,18–19	P 4,516	
948	Jer h 1,16	Kl 3,14–16	M 13,273D–276C
949	PA 3,1,10–11	K 5,211–212	M 11,267
950	JoCo 2,22	P 4,84	M 14,161C
951	JoCo frag 3	P 4,486–7	
952	Jer h 19,2	Kl 3,178	M 13,501D–504A
953	CCels 8,72	K 2,289	M 11,1625A
954	Ez h 1,3	B 8,325	
955	RomCo 8,12		M 14,1198BC
956	RomCo 5,1		M 14,1006D–7A
957	Num h 18,4	B 7,175	
958	PsCo 118,11		M 12,1589C
959	Ez h 1,11	B 8,334	
960	GenCo frag 3,7		M 12,68B–D
961	Ex h 4,1–2	B 6,172–3	
962	Jer h 18–19		M 13,495B,502C, 503C–506D,

			498CD–499A, 506–507B, 510BC,495CD
963	Job schol 23,6		PitAn. 2,373
964	Jer frag 30,21	Kl 3,225	M 13,580C
965	Ez h 10,2	B 8,420	
966	Ez h 1,2	B 8,321	
966a	JoCo frag 12,31	P 4,552–3	
967	RomCo 7,10		M 14,1131A
968	Jer h 4,4	Kl 3,26	M 13,289B
969	PsCo 118,128		M 12,1616B
970	PsCo 2,11		M 12,1116B
971	Ser 81	KlB 11,192–3	
972	PsCo 118,120		M 12,1613CD
973	PE 16,1	K 2,336	M 11,468C
974	PsCo 2,11		M 12,1113D
975	RomCo 5,3		M 14,1028AB
976	MtCo 15,12	Kl 10,380–1	M 13,1285BC
977	PE 25	K 2,359	M 11,499A
978	Jer h 1,16	Kl 3,15	M 13,275A
979	1CorCo frag 1		TU 17,4; S 62
980	EphCo frag		Gregg 405
981	PsCo 75,2		M 12,1536B
982	MtCo 12,6	KlB 10,78	M 13,989C
983	RomCo 6,3		M 14,1061C–62A
984	MtCo 15,22–23	Kl 10,416–18	M 13,1320B–21B
985	Luc h 14	R 9,98–99	
986	Ez h 5,2	B 8,372	
987	Luc h 24	R 9,158	
988	Ps 36 h 3,1		M 12,1337BC
989	MtCo 17,33–34	Kl 10,692–6	M 13,1589AB,1593A
990	PsCo 22,5		PitAn. 2,480
991	Num h 23,4	B 7,217	
992	JoCo 2,4	P 4,62	M 14,121D–124A
993	RomCo 1,1		M 14,839C–840A
994	Num h 23,5	B 7,217–8	
995	Num h 23,4	B 7,216	
996	Ser 45	KlB 11,90	

997	Mart 13	K 1,13	M 11,579C
998	Num h,8	B 7,65–6	
999	RomCo 7,5		M 14,1117C
1000	Mart 37	K 1,35	M 11,611C
1001	Lev h 9,11	B 6,438–440	
1002	MtCo 15,23	Kl 10,418–19	M 13,1321C–24A
1003	PsCo 118,25		M 12,1591D
1004	CantCoProl	B 8,84–5	
1005	CantCoProl	B 8,85	
1006	Ser 67	KlB 11,158	
1007	Luc h 39	R 9,229–231	
1008	Jer 62	KlB 11,143	
1009	Ex h 6,11–12	B 6,202	
1010	MtCo 15,25	Kl 10,425	M 13,1328C–9A
1011	EphCo frag		Gregg 399
1012	Ps 36 h 5,6		M 12,1365D
1013	EphCo frag		Gregg 406
1014	RomCo 1,14		M 14,860–861
1015	MtCo 10,14	KlB 10,17–18	M 13,868C–869B
1016	PE 26	K 2,363	M 11,503C–506A
1017	MtCo 14,7	KlB 10,289–290	M 13,1197BC
1018	Luc h 39	R 9,181–2	
1019	PA 1,2,10	K 5,43–44	M 11,142A
1020	Ps 36 h 2,1		M 12,1329C
1021	RomCo 9,41		M 14,1243BC
1022	PsCo 85,9		Pit.An. 3,148–9
1023	RomCo 5,7		M 14,1037A
1024	RomCo 5,2		M 14,1022BC
1025	PA 3,6,3	K 5,283–4	M 11,335C–6B
1026	RomCo 7,9		M 14,1129C–30A
1027	JoCo 20,7	P 4,334	M 14,587A
1028	JoCo 1,16	P 4,20	M 14,50D–51A
1029	PsCo 144,3		PitAn. 3,354
1030	RomCo frag		Cramer IV,155–7
1031	PsCo 138,5		PitAn. 3,341
1032	RomCo 3,10		M 14,956AB
1033	EphCo frag		Gregg 412–3
1034	Num h 27,13	B 7,280	

In der Reihe «Christliche Meister» sind lieferbar:

1 Basil Kardinal Hume, Gott suchen
2 Johannes Tauler, Predigten, Bd. I
3 Johannes Tauler, Predigten, Bd. II
4 Richard von Sankt-Victor, Die Dreieinigkeit
6 Angelus Silesius, Cherubinischer Wandersmann
7 Der Franckforter (A.M.Haas), Theologia Deutsch
8 Die Wolke des Nichtwissens, (Wolfgang Riehle)
9 Charles Péguy, Das Tor zum Geheimnis der Hoffnung
10 Malcolm Muggeridge, Jesus, der Mann, der lebt
11 Irenäus, Gott in Fleisch und Blut
12 Wilhelm von St-Thierry, Der Spiegel des Glaubens
13 Paul Claudel, Die Messe des Verbannten
14 Nikolaos Kabasilas, Das Buch vom Leben in Christus
16 Aurelius Augustinus, Der Gottesstaat
17 Blaise Pascal, Schriften zur Religion
18 Der Brief an Diognet, (Bernd Lorenz)
19 Diadochus von Photike, Gespür für Gott
20 Aurelius Augustinus, Über die Psalmen
21 Gregor der Große, Homilien zu Ezechiel
22 Pierre de Bérulle, Leben im Mysterium Jesu
23 Gregor von Nyssa, Der versiegelte Quell
24 Die apostolischen Väter - Clemens, Ignatius, Polykarp
25 Augustinus, Die Bekenntnisse,
26 Bernhard von Clairvaux, Was ein Papst erwägen muß
28 Marie de l'Incarnation, Der Lebensbericht
29 Origenes und Gregor der Große, Das Hohelied
30 Jan van Ruusbroec, Die Zierde der geistlichen Hochzeit
31 Mechthild von Hackeborn, Das Buch vom strömenden Lob
32 Léon Bloy, Schrei aus der Tiefe
33 Thomas von Aquin, Sentenzen über Gott und die Welt
34 Paschasius Radbert, Vom Leib und Blut des Herrn

35 Beda Baumer, Endzeit armenisch. Die Hoffnung eines bedrängten Volkes
36 Juliana von Norwich, Offenbarungen von göttlicher Liebe
37 Aelred von Rievaulx, Spiegel der Liebe
38 Petrus Faber, Memoriale. Das geistliche Tagebuch des ersten Jesuiten in Deutschland
39 Dionysios Areopagita, Von den Namen zum Unnennbaren
40 Friedrich Spee, Güldenes Tugend-Buch
41 Augustinus, Das Antlitz der Kirche
42 Jerónimo Nadal, Der geistliche Weg
43 Origenes, Geist und Feuer
44 Ambrosius von Mailand, Der Tod - ein Gut
45 Ignatius von Loyola, Die Exerzitien
46 H. U. von Balthasar, Texte zum ignatianischen Exerzitienbuch (hg. von J. Servais)
47 Ludolf von Sachsen, Das Leben Jesu Christi
48 Gregor der Große, Von der Sehnsucht der Kirche
49 Maximos der Bekenner, Drei geistliche Schriften
50 Charles de Foucauld, Der letzte Platz
51 Elisabeth von Dijon, Der Himmel im Glauben
52 Bonaventura, Breviloquium
53 Georges Bernanos, Das sanfte Erbarmen – Die Geduld der Armen
54 Aurelius Augustinus, Die Bergpredigt
55 Ambrosius, Über das Paradies
56 Calderón de la Barca, Das große Welttheater
57 Johannes Paul II., Barmherzigkeit Gottes – Quelle der Hoffnung
58 Benedikt XVI., Geistliche Schriftlesungen
59 Péguy, Das Geheimnis der unschuldigen Kinder
60 Paul VI., Wohin geht der Mensch?
61 Hurtado, Gelingendes Leben

62 Ratzinger, Der Weg des Lebens
63 Augustinus, Kommentar zum Johannesevangelium
64 Albertus Magnus, Über die Eucharistie
65 Ratzinger / Benedikt XVI., Zeichen des neuen Lebens
66 Ratzinger / Benedikt XVI., Zeugen des wahren Lebens
67 Origenes, Das Evangelium nach Johannes
68 Ambrosius, Der Mächtige und der Arme
69 Ratzinger / Benedikt XVI., Der österliche Mensch
70 Ephräm der Syrer, Der Glaube als «zweite Seele»